IFRS

개정3판

International Financial Reporting Standards

회계원리

이만우 · 김기영 · 최우석 · 조광희 · 심준용 지음

Accounting Principles

생능

IFRS 회계원리

초판발행 2016년 1월 4일
제3판1쇄 2024년 8월 22일

지은이 이만우 · 김기영 · 최우석 · 조광희 · 심준용
펴낸이 김승기, 김민정
펴낸곳 (주)생능 / **주소** 경기도 파주시 광인사길 143
출판사 등록일 2014년 1월 8일 / **신고번호** 제2014-000003호
대표전화 (031)955-0761 / **팩스** (031)955-0768
홈페이지 www.booksr.co.kr

책임편집 이종무 / **편집** 신성민, 최동진 / **디자인** 유준범, 노유안
마케팅 최복락, 김민수, 심수경, 차종필, 백수정, 송성환, 최태웅, 명하나
인쇄 새한문화사 / **제본** 일진제책사

ISBN 979-11-86689-55-4 93320
정가 31,000원

개정3판 ·머·리·말

글로벌 빅테크 기업의 IT(정보통신)와 AI(인공지능) 주도권 경쟁이 치열하다. IT 기기 내에 AI 기능을 탑재하는 온 디바이스 역량에 대한 관심도 높다. 회계 관련 작업을 AI가 대신하면 회계직의 일자리가 줄어들 것이라는 전망도 돈다. 미국 일부 경영대학에서는 전통적 회계전공 교수 대신 AI와 IT를 도구로 회계정보의 활용도를 높일 교수요원을 충원하고 있다. 그러나 회계정보에 대한 AI 활용도가 확대될수록 회계의 기본구조에 대한 이해는 더욱 강조되고 회계원리 교과는 강화될 것이다.

회계의 기본적 체계는 1494년 이탈리아에서 발간된 루카 파치올리의 저서에 최초로 등장한다. 채권자와 자본주와는 별개의 주체인 기업의 "보유자산은 이에 대한 청구권과 일치한다"는 항등식이 회계의 기본 틀이다. 채권자의 청구권은 「부채」, 자본주의 청구권은 「자본」으로 부르며, 기업이 보유한 자산은 부채와 자본의 합계와 일치한다는 등식이 기본구조다.

$$\text{자산} = \text{부채} + \text{자본}$$

이런 등식은 회계기간 기초 및 기말 시점에는 항상 성립한다. 회계기간 동안 수익과 비용이 생기면 그 차액인 순이익(마이너스가 되면 순손실)을 기말자본에 합산(순손실의 경우는 차감)하여 등식을 유지한다.

대항해시대에 들어서면서 유럽 각지에서 자본주로부터 출자를 받아 선박을 마련하고 선원을 모아 인도 등 아시아 국가로 항행해 차와 향신료, 직물과 도자기 등을 구입해 귀항하고 가져온 물건을 매각한 현금이나 현물 자체를 자본주에게 분배하는 벤처가 성행했다. 이러한 항행사업의 공정성은 회계에 의해서 검증됐고 국가적 신뢰를 얻었으며, 아메리카 대륙으로도 확산됐다. 네덜란드 암스테르담에서는 1602년 주식회사 형태의 동인도회사가 설립됐고 1603년에는 세계 최초의 증권거래소가 출범했다. 영국과 미국으로 확산된 주식회사 제도는 세계 경제의 구도를 완전히 바꿨는데 그 배경에는 '자산은 부채와 자본의 합'이라는 회계시스템이 자리하고 있다.

이 책은 12 Chapter로 구성되어 있는데, 그 자세한 내용은 Chapter 1의 Section 4에 요약돼 있다. Chapter 1에서 4까지는 회계의 정의, 회계거래의 측정과 기록 및 서비스업과 상품매매업의 회계절차를 설명했다. Chapter 5에서 10까지는 유형자산, 무형자산, 금융자산, 지급채무와 충당부채 및 자본을 다뤘고 Chapter 11과 12는 현금흐름표와 재무재표 구성 및 분석을 설명했다. 각 Chapter 말미에는 예제, 토의문제, 자습문제 및 연습문제를 제시했는데 스스로 풀어서 각종 시험 준비에 활용할 수 있기를 희망한다.

일생 동안 기업 경영에 헌신한 경영자들에게 경영을 다시 시작할 기회가 주어진다면 꼭 보완할 부분이 있는지 물어보면 외국어 실력과 심도 있는 회계지식이라고 답하는 분들이 많다. 기업이 갑자기 어려워지거나 세무조사가 들이닥칠 때 그 해법을 찾으려면 회계지식을 든든히 갖춰야 한다. 회계를 처음 시작하면 대부분 기본구조에 대한 이해에서 어려움을 겪는다. 집중적으로 공부해 이 단계를 넘어서면 어느 날 갑자기 두발자전거 타기에 익숙해지는 것처럼 자신감이 생긴다. 회계의 기본구조를 이해하고 경제 전반에 응용하다 보면 독일 지성의 상징인 괴테가 회계를 일컬어 "인간의 마음에서 이끌어 낸 가장 훌륭한 발명품(the finest invention of the human mind)"이라고 극찬한 마음에 공감할 수 있다.

저자 일동

개정판 ·머·리·말

2016년 1월에 이 책의 초판이 출간된 이후에도 주요 기업회계기준서 개정작업이 계속 이루어졌습니다. 특히 기업회계기준서 제1039호 금융상품: 인식과 측정이 제1109호로 대체돼 2018년 1월 1일부터 시행될 예정입니다. 금융상품 관련 기준서의 대폭적인 개정으로 이 책의 제7장과 제8장 부분은 새로 써야 할 필요성이 제기돼 이번 개정판을 출간하게 됐습니다.

개정판을 출간하면서 각 장마다 자습문제와 연습문제의 배열을 학습효과가 극대화될 수 있도록 조정하고, 내용상 오류나 오탈자를 바로잡는 데 최선을 다했습니다. 초판에 비해 많이 개선됐으나 부족한 부분은 계속 가다듬어 나가겠습니다. 개정된 기업회계기준서 내용에 대한 보완과 함께 각 장마다 회계가 실무적으로 어떤 영향을 미치고 있는지를 이해하는데 도움이 될 신문기사를 추가했습니다. 관련 신문기사를 통해 회계정보가 우리 실생활에 얼마나 밀접하게 연관되어 있는지를 깨닫는 계기가 되리라 기대합니다.

각 장마다 수록된 자습문제는 풀이과정에 대한 충분한 설명을 제시했습니다. 그러나 연습문제는 강의 교재로 사용하시는 선생님께서 숙제로 활용할 수 있도록 풀이와 관련된 체크포인트만 [부록 2]에 수록했습니다. 교재로 사용하시는 선생님께서 요청하시면 출판사에서 연습문제 해답집을 별도로 보내드릴 것입니다.

이번 개정판이 갈수록 복잡해지는 기업회계기준서를 잘 이해하고 회계공부의 기초를 탄탄히 하는 데 도움이 될 수 있기를 소망합니다.

2017년 7월

저자 일동

머·리·말

이 책은 회계에 대한 기초적 소양을 갖춰 적극 활용할 수 있도록 안내하는 것이 목표다. 회계는 기업을 위시한 제반 경제주체가 재무상황을 측정해 보고하는 시스템이다. 회계의 핵심적 기능은 기업의 재무상태와 경영성과를 측정해 자본시장 등 경제사회에 전달하는 언어 역할이다.

국제회계기준(IFRS)이 2011년부터 우리나라 상장기업에 의무적으로 적용되면서 회계 교육과 실무는 대폭 진화했다. 회계가 추구하는 목적에서부터 측정기준과 공표 양식까지 바뀌었다. 종전 회계기준에 비해 역사적 원가 활용은 줄고 공정가치가 중요해졌다. 실제로 발생한 거래를 역사적 원가 중심으로 기록하던 종전 회계와는 달리 시가평가에 의한 평가손익을 반영한 포괄손익이 중요하게 부각됐다. 종전의 대차대조표와 손익계산서 명칭도 재무상태표와 포괄손익계산서로 바뀌었다. 그러나 상법을 비롯한 관련 법령에는 종전 명칭이 그대로 남아 있다. 회계와 상법 · 세법의 불일치 해소를 위한 관련 학계 및 실무계의 보다 적극적인 노력이 요구된다.

이 책의 서술체계는 종전 회계원리 교과서와는 다르다. 2장과 3장의 회계구조는 서비스업에 한정해 설명한다. 서비스업과 상품매매업은 상품이라는 재고자산이 없고 있고의 차이를 넘어 수익 · 비용 구조부터 다르다. 상품매매업의 핵심 비용인 매출원가는 서비스업에는 없다. 4장에서는 상품매매업을 새로 다루면서 3장의 회계절차를 복습하고 상품 등 재고자산 회계규정도 학습한다.

4장의 재고자산에 이어 유형자산과 무형자산은 5장과 6장에서 다룬다. 재고자산 등 비금융 실물자산을 먼저 설명하고 금융자산은 7장부터 다룬다. 금융자산은 주식 · 채권 등의 금융상품 형태가 주류다. 금융상품은 투자자 입장에서는 금융자산이다. 금융상품 중 채권은 발행자 입장에서는 금융부채가 되는데 이는 8장에서 다루고 9장에서는 지급채무와 충당부채를 설명한다. 금융상품 중 주식은 발행주체 입장에서는 자본이 되는데 이는 10장에서 다룬다. 7장부터 10장까지는 금융상품과 직 · 간접적으로 연관된 회계문제를 연결시켜 실무적 감각을 익힐 수 있게 구성했다. 11장에서는 현금흐름표를 활용성 중심으로 다뤘고 12장에서는 재무제표 작성 사례를 살피고 재무분석의 기초도 설명했다.

회계원리가 중급회계와 고급회계 등 재무회계 분야 상급과목과 연계되는 점을 감안해 이 책의 난이도를 조정했다. 회계원리 단계에서도 '일반적으로 인정되는 회계원칙'을 제대로 이해할 필요가 있다. 2011년부터 상장기업은 물론이고 상장예정기업 등 지정 기업도 국제회계기준의 한국어 번역본인 한국채택국제회계기준(K-IFRS)을 준수해야 한다. 그밖의 기업은 국제회계기준을 자발적으로 채택할 수는 있지만 부담이 적은 일반회계기준을 사용해도 무방하다. 이 책은 국제회계기준을 중심으로 기술했다.

국제회계기준의 한국어 번역본은 기존의 기준체계와의 조화를 위해 '기업회계기준서'라는 명칭으로 4자리 번호체계를 유지한다. 예를 들어 기업회계기준서 제1101호는 '한국채택국제회계기준의 최초 채택'으로서 IFRS 1 'First-time Adoption of International Reporting Standards'의 한국어 번역본이다. 회계원리 수준으로서는 너무 앞서가는 느낌도 있지만 상급 재무회계 과목의 수강기회가 없는 독자를 위해 기업회계기준서의 핵심적 사항에 대해서도 폭넓게 다뤘다. 회계원리 교과서 중에서 중상(中上) 수준의 난이도를 유지하기 때문에 익히기는 쉽지 않지만 중급회계 등 상위과목을 배울 때 어드밴티지는 분명히 있다.

이 책의 문제는 예제, 토의문제, 자습문제 및 연습문제로 구성된다. 예제는 내용의 이해를 돕기 위해 본문 중에 삽입되며, 토의문제는 본문 내용 중에서 토론주제를 정리한 것이다. 자습문제는 자세한 풀이과정을 제시함으로써 본문 내용의 이해를 다질 목적이며 연습문제는 숙제로 활용할 수 있는데 주요 풀이과정이 책 부록에 요약돼 있다. 각 장 말미에 학습내용을 실무스펙으로 연결시키는 원포인트 레슨(one point lesson)을 추가했다.

기업 일구기에 일생을 바친 경영자에게 다시 한 번 경영인생을 시작할 때 무엇을 미리 준비하겠느냐고 묻는다면 대부분의 경영자들이 외국어 능력과 회계적 소양이라고 답할 것이다. 회계지식은 수익 원천을 제대로 찾아내고 재무적 위험에 미리 대비할 능력을 키워 극심한 경쟁을 뚫고 나갈 기업인의 뒷배다.

회계를 처음 시작하면 기본원리 단계에서 어려움을 겪지만 이 단계를 넘어서면 어느 날 갑자기 두 발 자전거 타기에 익숙해지는 것과 같은 '앎의 기쁨'을 얻는다. 회계의 기본구조를 이해하고 경제 전반에 활용하다 보면 독일 지성의 상징인 괴테가 회계를 "인간의 마음에서 끌어낸 가장 훌륭한 발명품(the finest invention of the human mind)"이라고 말한 혜안에 공감할 수 있을 것이다.

2016년 1월

이만우 · 김기영 · 최우석 · 조광희

차·례

CHAPTER 1 회계란 무엇인가?

1.1 회계의 기본구조 19
1. 회계의 과제 19
2. 회계의 정의 23
3. 회계의 수요와 공급 24
4. 회계의 분류 26

1.2 회계기준의 구성 27
1. 회계원칙 27
2. 회계기준 제정기구 28
3. 재무보고를 위한 개념체계 29

1.3 재무제표의 종류 35
1. 재무상태표 35
2. 포괄손익계산서 38
3. 자본변동표 및 현금흐름표 40
4. 연결재무제표 40

1.4 책의 구성 41
■ 토의문제 43
■ 자습문제 44
■ 연습문제 46
■ 실무스펙 1 47

CHAPTER 2 회계거래의 측정과 기록

2.1 회계거래의 성격 51

2.2 회계등식의 구성 52

1. 회계등식의 기본구조 52
2. 개인기업의 회계등식 53
3. 주식회사 기업의 회계등식 55

2.3 회계거래의 이중적 성격 60

1. 계정과 분개 60
2. 분개의 유형 62

2.4 분개와 전기 67

1. 분개 67
2. 총계정원장으로의 전기 68

2.5 서비스업의 회계절차 70

■ 토의문제 74

■ 자습문제 75

■ 연습문제 83

■ 실무스펙 2 89

CHAPTER 3 서비스업의 회계순환

3.1 회계의 순환과정 93

3.2 수정전 시산표 94

1. 수정전 시산표의 작성방법 94
2. 시산표 작성의 목적 97

3.3 재무제표작성을 위한 수정분개 99

1. 수정분개의 의의 99

2. 수정분개의 유형 100

3.4 수정후 시산표와 정산표 및 재무제표 109

1. 수정후 시산표 109

2. 정산표 109

3. 재무제표의 작성 112

3.5 결산분개 114

1. 결산분개의 의의 114

2. 결산후 시산표 118

[보론] 재수정분개 119

■ 토의문제 124

■ 자습문제 125

■ 연습문제 141

■ 실무스펙 3 154

CHAPTER 4 상품매매 회계와 재고자산

4.1 상품매매업의 개요 및 회계절차 157

1. 상품매매업의 개요 157

2. 상품매매업의 회계처리 157

4.2 상품매매업의 순환과정 161

1. 일상적 회계절차 161

2. 주기적 회계절차 167

3. 결산마감절차 170

4. 매입계정에서 매출원가를 산출하는 방법 172

5. 상품매매업의 회계순환과정 종합예제 173

4.3 재고자산의 취득 175

1. 재고자산의 의의 175

2. 재고자산의 인식시점 175

3. 재고자산의 취득원가 176
4.4 재고자산의 판매 182
1. 재고자산 매출 관련 회계의 특이성 182
2. 매출원가와 기말재고의 구분 183
3. 매출과 관련된 고려사항 184
4. 매출원가 및 기말재고액 산정 시 단가 결정 방법 187
4.5 재고자산의 평가 194
1. 평가대상 재고자산의 포함 범위 194
2. 재고자산의 저가평가 195
3. 재고자산의 감모 197
[보론] 추정에 의한 재고자산의 평가 198
1. 매출총이익률법 198
2. 소매재고법(매가환원법) 199
■ 토의문제 203
■ 자습문제 204
■ 연습문제 222
■ 실무스펙 4 230

CHAPTER 5 유형자산

5.1 유형자산의 개념 및 수명주기 233
1. 정의 및 인식 233
2. 유형자산 수명주기 및 각 주기별 주요 고려사항 234
5.2 취득단계 234
1. 유형자산 원가의 산정 234
2. 일괄구입 235
5.3 사용단계 236
1. 감가상각의 개념 236

2. 감가상각방법 238
3. 감가상각방법의 특징 및 비교 247
4. 기중취득자산 – 월할계산 248
5. 원가모형과 재평가모형 250
5.4 제거단계–처분 252
[보론] 투자부동산 255
1. 투자부동산의 정의 255
2. 투자부동산의 인식 및 취득원가 측정 256
3. 인식 후의 측정 257
4. 투자부동산의 타 계정 대체 258
■ 토의문제 260
■ 자습문제 261
■ 연습문제 268
■ 실무스펙 5 271

CHAPTER 6 무형자산

6.1 무형자산의 개념 및 취득원가의 측정 275
1. 무형자산의 정의 및 인식 275
2. 무형자산과 영업권의 비교 276
3. 무형자산 개별취득에 있어서 취득원가 측정 277
4. 사업결합 및 내부창출의 경우 취득원가 측정 278
6.2 무형자산의 평가 및 처분 279
1. 원가모형과 재평가모형 279
2. 무형자산의 상각 281
3. 무형자산의 폐기와 처분 283
[보론] 기준서 적용사례(기업회계기준해석서 제1038호 첨부자료) 284
1. 취득한 방송 라이선스로서 5년 후에 만료되는 경우(기준서 사례 4) 284

2. 앞 사례의 방송 라이선스가 더 이상 갱신되지 않을 경우(기준서 사례 5) 285
■ 토의문제 286
■ 자습문제 287
■ 연습문제 290
■ 실무스펙 6 292

CHAPTER 7 금융자산

7.1 현금 및 현금성자산 295
1. 현금 295
2. 현금성자산 296
7.2 현금 내부통제에 대한 회계처리 297
1. 당좌예금의 이용 297
2. 소액현금제도의 이용 298
3. 은행계정조정표의 작성 301
7.3 수취채권 · 대여금 308
1. 수취채권의 의의 및 유형 308
2. 수취채권의 취득 시 회계처리 309
3. 수취채권의 손상에 대한 회계처리 310
7.4 증권형 금융자산 314
1. 금융자산의 회계상 분류 314
2. 금융자산의 측정 318
3. 금융자산의 처분 341
■ 토의문제 349
■ 자습문제 351
■ 연습문제 369
■ 실무스펙 7 375

CHAPTER 8 금융부채

8.1 금융부채의 정의 및 분류 379

8.2 사채의 발행 380

1. 사채의 의의 및 유형 380

2. 사채의 발행가액 결정 381

8.3 사채의 액면발행 383

8.4 사채의 할인발행 386

8.5 사채의 할증발행 391

8.6 사채의 상환 396

■ 토의문제 398

■ 자습문제 399

■ 연습문제 408

■ 실무스펙 8 411

CHAPTER 9 지급채무와 충당부채

9.1 지급채무 415

9.2 충당부채 420

■ 토의문제 425

■ 자습문제 426

■ 연습문제 429

■ 실무스펙 9 431

CHAPTER 10 자본

10.1 자본의 개념 435

1. 자본의 의의 435
2. 자본의 분류 436
3. 공시 437

10.2 주식의 수와 종류 438

1. 주식의 수 438
2. 주식의 종류: 보통주와 우선주 439

10.3 주식의 발행 및 감소 440

1. 주식의 발행: 회사설립시 발행 및 증자 440
2. 주식의 감소: 감자 441

10.4 자기주식 443

1. 자기주식의 개념 443
2. 회계처리 445

10.5 배당 및 이익잉여금 448

1. 배당의 개념 448
2. 배당관련 회계처리 448
3. 이익잉여금 450
4. 주당이익 또는 주당순이익 451

10.6 자본변동표 452

- 토의문제 454
- 자습문제 455
- 연습문제 460
- 실무스펙 10 463

CHAPTER 11 현금흐름표

11.1 현금흐름표의 기초 467

1. 현금흐름표의 의의 467
2. 현금 및 현금성자산의 구성요소 467

11.2 현금흐름의 유형 468

1. 현금흐름 유형 구분 468
2. 활동구분의 특수사항과 비현금거래 470
3. 유형별 현금흐름의 특성 470

11.3 현금흐름표의 작성 471

1. 현금흐름표 작성의 기초 471
2. 최초 회계연도의 현금흐름표 사례 473
3. 비교재무상태표에 의한 현금흐름표 작성사례 477

■ 토의문제 482

■ 자습문제 483

■ 연습문제 487

■ 실무스펙 11 489

CHAPTER 12 재무제표 구성 및 분석

12.1 재무상태표와 포괄손익계산서의 연관성 493

12.2 재무상태표 497

1. 재무상태표에 표시할 사항 497
2. 재무상태표 구성항목 497
3. 재무상태표의 작성방법 및 예시 502

12.3 포괄손익계산서 504

1. 포괄손익계산서에 표시될 사항 504
2. 포괄손익계산서에 포함될 계정과목 505

3. 포괄손익계산서의 작성방법 및 예시 506

12.4 재무제표 분석 513

1. 재무제표 분석의 의의 513

2. 추세분석 513

3. 구성비율분석 514

4. 재무비율분석 515

■ 토의문제 523

■ 자습문제 524

■ 연습문제 531

■ 실무스펙 12 534

[부록 1] 현가표 536

[부록 2] 연습문제 풀이 체크포인트 540

찾아보기 559

1

CHAPTER

회계란 무엇인가?

오늘날 경제주체의 자원에 관한 정보는 다양한 목적으로 활용된다. 경제주체가 관리하는 자원을 금전적으로 평가한 재무정보가 핵심이다. 정보이용자들은 가계의 재산은 얼마인지, 기업의 순자산은 얼마인지, 국가부채 총액은 얼마인지와 같은 재무적 정보에 관심이 많다.

회계는 경제주체의 자원을 재무적으로 측정해 보고하는 시스템이다. 가계의 경우 보유하고 있는 자산에서 갚아야 할 부채를 차감한 금액을 재산(또는 순재산)이라 한다. 기업에서는 자산에서 부채를 차감한 금액을 자본 또는 순자산이라 한다. 정부의 경우 자산은 대부분 공공목적으로 사용돼 처분이 제한되기 때문에 이자부담이 생기는 부채에 관심이 집중된다. 1장에서는 회계가 무엇인지, 회계는 어떤 기준에 의해 처리되는지, 회계 측정의 결과 작성되는 재무제표의 내용은 무엇인지 살펴보기로 한다.

1.1 회계의 기본구조

1.2 회계기준의 구성

1.3 재무제표의 종류

1.4 책의 구성

실무스펙 1

1.1 회계의 기본구조

학습포인트

- 회계의 필요성
- 회계의 유형
- 회계원칙 및 제정기구
- 재무제표의 종류

1. 회계의 과제

유년기를 지나 혼자 길거리로 나설 수 있는 나이가 되면 누구나 주머니에 어느 정도의 돈(화폐)을 지닌다. 돈으로 교통비를 내고 음료수도 사서 마신다. 다른 사람이 내는 돈을 거리낌 없이 받는 이유는 그 가치를 모두들 인정하기 때문이다. 돈은 누가 만들고 어떤 권위로 어떻게 유통되는 것일까?

대부분 국가에서 자국 중앙은행이 발행한 독자적 화폐가 통용된다. 유럽연합국가 일부는 1999년부터 화폐발행을 유럽중앙은행(European Central Bank)에 집중시키고 개별 국가의 화폐는 폐기했다. 우리나라에서는 한국은행이 화폐를 발행한다. 한국은행은 한국조폐공사에서 인쇄 또는 주조한 화폐를 은행 등 금융회사에 대출하는 방식으로 공급한다.

한국은행을 떠난 화폐는 한국은행 재무상태표에 '화폐발행' 부채로 계상되며 동시에 빌려준 금융회사에 대한 '대여금' 자산으로 계상된다. 각 주체가 보유한 화폐는 은행에 맡겨둔 예금을 인출했거나 다른 주체로부터 받은 것이다. 화폐의 흐름을 이해하려면 각 경제주체의 회계시스템을 먼저 파악해야 한다.

최근에는 지갑에 가지고 다니는 돈보다는 직불카드(영어로는 debit card), 신용카드(영어로는 credit card, 그러나 실제 의미로는 후불카드 또는 외상카드로 번역하는 것이 적절함), 또는 스마트폰을 통한 각종 페이 어플리케이션이 중요한 결제수단이 되었다. 직불카드는 은행에 맡겨둔 예금에서 직접 결제되므로 사용할수록 예금자산이 인출된다. 신용카드로 결제하면 대금이 나중에 청구되므로 실제로는 미지급금(부채)이 발생된다. 신용카드의 경우 카드회사가 가맹점으로부터 수수료를 받는 대신 대금을 먼저 지급하고 추후에 카드 이용자에게 대금을 청구한다. 스마트폰을 통한 페이 어플리케이션에서는 개인이 보유한 예금, 직불카드, 신용카드의 정보를 가

지고 있으며, 이를 통해 돈, 실물카드가 없더라도 간편하게 대금을 결제할 수 있는 기능을 제공한다. 이렇게 가계가 사용하는 화폐, 카드, 페이 어플리케이션의 배후에도 회계 시스템이 작동된다. 이러한 회계의 기본 원리에 대한 이해는 경제생활을 영위하거나 사회의 지도적 역할을 수행하는 데 있어서 매우 중요하다.

美유엔대사 내정 헤일리 '공화당의 오바마'로 불린 차세대 기수

도널드 트럼프 미국 대통령 당선인이 유엔주재 미국대사로 지명한 니키 헤일리(44) 사우스캐롤라이나 주지사는 '공화당의 오바마'로도 불리던 공화당의 차세대 기수다. 공화당 지지 성향이 강한 사우스캐롤라이나를 기반으로 삼고 있지만, 이민자 출신 여성으로 정치 현안에서는 균형감각을 중시한다.

주지사를 하면서 사우스캐롤라이나 주의 실업률을 낮추는 등 경제 분야에서 나름대로 성과를 내면서 폴 라이언 하원의장 등과 더불어 공화당의 '샛별'로 분류돼 왔다. 1972년 사우스캐롤라이나 주 중남부의 작은 마을 뱀버그에서 인도계 이민자의 딸로 태어난 헤일리는 13세 때부터 가족이 운영하던 의류점에서 회계 일을 했고, 그런 경험을 바탕으로 사우스캐롤라이나 주 클렘슨 대학에서 회계학과를 졸업했다. 일부 언론에서는 이런 유년기 환경을 마거릿 대처 전 영국 총리와 비교하기도 한다.

청년 시절 지역 상공회의소에서 기업활동환경 개선을 위해 일하던 헤일리는 2004년 사우스캐롤라이나 주 하원의원에 당선되면서 정치계에 첫발을 디뎠고, 2010년에는 주지사에 당선됐으며 2014년에는 주지사에 재선됐다. 헤일리는 사우스캐롤라이나 주 최초의 여성 · 소수계 주지사고, 바비 진달에 이은 두 번째의 인도계 미국 주지사다.

– 연합뉴스 2016.11.24 기사 중 –

가계의 자산과 부채는 어떻게 평가할까? 팝의 황제 마이클 잭슨(Michael Joseph Jackson, 1958년~2009년)이 갑자기 세상을 떠났을 때 그의 재산에 대한 논란이 제기됐다. 최초의 언론보도 타이틀은 '팝 황제 빚더미 위에서 죽다'로, 깜짝 놀랄 만큼 자극적이었다. 씀씀이가 컸고 오랜 기간 소송에 시달려 은행 차입금이 5억 달러에 이르고 주택 등 실물도 대부분 담보로 잡혀 있어 갚을 수 없는 부채가 2억 달러에 이른다는 것이다.

사망 직후 언론보도에 따른 잭슨의 재산

자 산	−	부 채	=	순부채
3억 달러		5억 달러		2억 달러
(주택, 출자금)		(은행 빚)		

당시 기자는 마이클 잭슨의 자산을 평가하면서 주택과 출자금 등 현존하는 가시적인 것만 포함시켰다. 그러나 이런 보도는 오래가지 못했고 천문학적인 음반 등 저작권 가치와 기념품 매각에 대한 기대수입이 거론되기 시작했다. 언론에서는 '마이클 잭슨, 죽어서도 돈방석'이라는 제목으로 영화 판권과 음반 및 기념품 판매 수입이 엄청날 것으로 보도하면서 유산상속 다툼 가능성도 제기했다.

'빚더미'에서 '돈 방석'으로의 변화는 개인의 자산과 부채에 어떤 것을 포함시키고 어떻게 평가할지가 결정적 요인임을 보여준다. 이는 회계가 자연과학 영역과 같은 확정적 잣대로 측정하는 것이 아니라 사회적 합의로 정한 준거에 따른 주관적 요인이 측정에 개입됨을 보여주는 사례다.

음반 등 저작권 가치를 감안한 잭슨의 재산

자 산	−	부 채	=	순자산
(음반, 기념품 판매수익 기대치 포함)		(은행 빚과 소송비용 미지급액)		(유산재단에 편입돼 상속세 납부 후 상속인에 분배됨)
?		5억 달러 내외		?

기업의 경우 자산에서 부채를 차감한 금액을 자본이라 한다. 이를 달리 표현하면 자산은 부채와 자본을 합한 금액이라는 것이다. 이런 등식관계는 모든 시점에 항상 성립한다. 기초 시점에서 보면 기초자산은 기초부채와 기초자본의 합계다. 아울러 기초자산에서 기초부채를 차감하면 기초자본이 된다.

기말시점에서 보면 기말자산은 기말부채와 기말자본의 합계와 일치한다. 아울러 기말자산에서 기말부채를 차감하면 기말자본이 된다. 기중에 주주들에 대한 현금배당이 없었다면 기말자본은 기초자본과 순이익을 합한 금액과 일치한다. 이러한 관계를 요약하면 다음과 같다.

기초자산 = 기초부채 + 기초자본　　　　　기초자산 − 기초부채 = 기초자본

기말자산 = 기말부채 + 기말자본　　　　　기말자산 − 기말부채 = 기말자본

기말자본 = 기초자본 + 순이익　　　　　　기말자본 − 기초자본 = 순이익

부채를 자본으로 나누어 부채비율을 계산한다. 부채비율이 너무 높으면 신용이 불안한 것으로 평가될 수 있어 기업은 자본을 늘리는 증자를 통해 부채비율을 감소시킨다.

유증효과 한화오션, 일 년 새 'BBB+'로 두 단계 점프

한화오션이 올해 단행한 두 차례 대규모 유상증자 효과를 톡톡히 봤다. 신용등급(BBB+)은 1년 전 대우조선해양 시절 BBB-에 비해 두 단계나 상승했다. 자금 수혈로 부채비율이 하락하면서 재무안정성이 높아지자 신용평가 기조도 달라진 것이다. (중략)

올해 연이어 진행한 유상증자 효과가 컸다는 분석이다. 한화오션은 2020년까지만 해도 수주 부진으로 매출 성장세가 정체되며 2021~2022년 대규모 영업적자가 발생했다. 그런데 올해 5월 한화그룹 편입에 따른 유상증자(2조 원) 효과로 인해 재무안정성 지표가 크게 향상됐다. 뒤이어 11월에 실시한 유상증자 1조 5,000억 원을 추가로 감안하면 재무구조는 더욱 개선될 전망이다.

나이스신용평가사는 "5월에 이어 11월 유증분까지 감안하면 재무지표가 크게 개선된다."며, "부채비율은 작년 말 1,771% 수준에서 올해는 9월 말 재무제표 기준으로 264.9%까지 낮아질 전망"이라고 설명했다.

– 더벨 2023. 12. 26. 기사 중 –

기업의 자산과 부채 범위와 평가방법을 정하는 과정에는 고려할 사항이 많다. 회계가 모든 자산과 부채에 대해 미래의 예상 현금흐름을 정확히 측정해 화폐의 시간가치를 고려한 현재가치로 순자산가치를 계산하고, 주식시장에서는 효율적으로 주가가 결정된다면 기업의 회계상 순자산가치와 주식 시가총액은 원칙적으로 일치해야 한다. 그러나 실제에 있어서 회계기록상 순자산가액과 주식의 시가총액은 상당한 차이를 보인다.

회계는 기업뿐만 아니라 개인이나 국가 또는 단체의 재무, 재산 또는 재정상태를 측정하고 평가해 보고한다. 그러나 가장 자주 활용되는 것은 기업의 재무상태와 경영성과를 측정하는 기업회계이다. 이 책에서는 기업을 대상으로 하는 기업회계를 중심으로 설명하기로 한다. 가계와

정부 그리고 기타 단체의 회계도 큰 틀에서 보면 기업회계와 일맥상통하는 면이 있기 때문에 기업회계에 대한 이해가 가장 중요하다.

2. 회계의 정의

회계(Accounting)의 정의는 관련 단체의 보고서마다 달리 규정되고 있는데 가장 자주 인용되고 있는 것은 미국회계학회(American Accounting Association; AAA로 줄여 부름)의 기초적 회계이론에 관한 보고서(A Statement of Basic Accounting Theory; ASOBAT으로 줄여 부름)에서 사용하는 개념이다.

"회계는 정보이용자가 합리적 판단과 의사결정을 내릴 수 있도록 경제적 정보를 식별하고 측정해 전달하는 시스템이다."

미국회계학회가 1966년에 발표한 동 보고서에서는 회계를 장부기록의 범위를 넘어서 정보시스템(information system)의 개념으로 확장하고 있다. 이는 회계가 부기(book-keeping)에서 시작됐으나 정보이용자와 활용 목적이 다양해지고 그 영향도 중요해짐에 따라 시스템적 개념으로 확장되고 있음을 의미한다.

초보적 회계는 인류의 경제생활과 함께 시작됐을 것이다. 그러나 체계화된 처리방법은 1494년 이탈리아에서 발간된 루카 파치올리(Luca Pacioli)의 '산술, 기하, 비율 및 비례 총람'에서 처음 제시됐다. 레오나르도 다빈치와 교분을 맺은 것으로 기록돼 있는 루카 파치올리는 경제주체의 자산은 이에 대한 청구권과 일치한다는 등식관계를 기초로 부기이론을 전개했다. 부기와 회계는 자료를 만드는 개념과 이의 제작과 활용까지를 포함한 개념의 차이로서 회계가 부기를 내포하는 개념으로 이해할 수 있다. 기업을 대상으로 하는 회계시스템의 흐름은 [그림 1-1]과 같다.

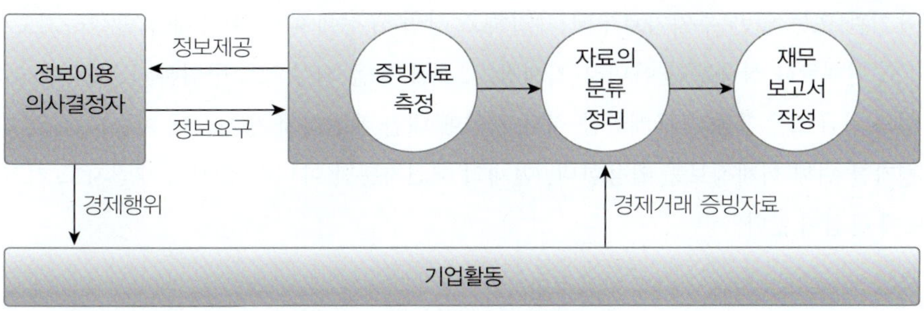

[그림 1-1] 회계시스템의 흐름

기업에 자금을 제공하거나 상품 또는 용역을 거래하는 이해관계자 집단은 경제행위의 결과를 분류 · 정리한 정보를 필요로 한다. 경제적 거래행위를 수행하는 기업이 거래 결과 발생된 증빙자료에 의해 자산과 청구권의 증감변동을 측정하고 분류과정을 거쳐 재무정보를 만들고 이를 담은 보고서를 작성해 이해관계자에게 제공하는데 이러한 일련의 과정을 회계시스템이라 한다.

3. 회계의 수요와 공급

(1) 회계정보의 수요자

기업 관련 회계정보의 이용자는 현재 및 미래의 투자자와 채권자, 기업의 경영자, 세금부과와 각종 규제를 담당하는 정부 등 다양하다.

● 투자자

주식회사 형태의 기업의 주주 및 개인기업의 업주 등은 투자한 기업의 재무상태와 경영성과에 관심을 갖게 된다. 주식회사의 경우 현재의 주주뿐만 아니라 그 회사의 주식을 매입할 것을 고려하는 잠재적 투자자 또는 미래 투자자도 재무정보에 관심을 갖게 된다.

투자자는 당해 기업이 부채를 상환하거나 재조달할 능력이 있는지, 그리고 보유하고 있는 자산의 건전성은 확보돼 있는지와 수익성은 지속될 수 있을지에 대한 관심이 높다. 과거 또는 당기의 경영성과를 기초로 미래의 수익성과 주식가격을 전망한다. 따라서 회계정보는 현재의 주주 또는 기업주뿐만 아니라 일반 투자자에게도 중요한 관심사다.

● 채권자

기업은 주주나 자본주로부터 자본출자를 받기도 하지만, 영업활동에 소요되는 장단기 자금을 금융기관 또는 일반 투자자로부터 차입하고 상법 규정에 따라 회사채를 발행하기도 한다. 이외에도 원재료나 상품뿐만 아니라 기계장치, 건물 등을 외상으로 구입하기도 한다. 이와 같은 기업의 자금조달 활동과 구매활동 결과 기업에 대한 채권자가 생기는데 이들도 채권 회수가능성 평가를 위해 회계정보를 활용한다. 현재의 채권자뿐만 아니라 잠재적 채권자도 기업의 회계정보에 관심이 많다.

● 경영자

기업의 최고경영자와 임원도 경영의사결정 과정에서 회계정보를 활용한다. 경영자가 활용하는 정보는 기업이 외부에 공시하는 정보뿐만 아니라 비공개 내부정보를 포함한다. 회계분야 중에서 외부에 공표하는 재무보고서 작성에 이용되는 재무회계 정보뿐만 아니라 내부관리 목적의 관리회계 정보도 경영자의 관심대상이다. 경영자가 요구하는 회계정보는 구체적 형식이 정해져있지 않고 사용목적에 따라 다양한 유형으로 변화된다.

● 기타 이용자: 정부, 소비자, 근로자 등

정부는 기업에 대해서 세금을 부과하거나 각종 규제 목적으로 회계정보를 요구하게 된다. 회계정보에 대한 적정한 보고를 담보하기 위해 금융위원회의 지휘 아래 금융감독원이 감독활동을 수행한다. 기업의 공정한 경쟁체제를 확보하기 위해 설치된 공정거래위원회에서도 회계정보를 활용해 독점 및 부당경쟁행위에 대한 규제활동을 펼친다.

기업은 획득한 매출수익에 대한 부가가치세 및 과세소득에 대한 법인세를 납부한다. 아울러 임직원 급료 및 주주에 대한 배당에 대해서는 소득세를 원천징수해 납부한다. 국세를 부과하고 징수하는 국세청과 지방세 과세권을 보유한 지방자치단체도 적법한 세정운영을 위해 기업의 회계정보를 활용한다.

소비자 또는 소비자단체에서도 소비자 보호활동을 위해 기업의 매출 또는 매출원가와 순이익 등 회계정보에 관심을 갖는다. 기업의 근로자와 노동조합에서도 임금인상 등의 교섭활동에 회계정보를 활용한다.

(2) 회계정보의 공급자

기업의 회계정보는 경영자 책임으로 제공된다. 회계정보 공시의무는 주식회사 등의 외부감사에 관한 법률('외감법'으로 줄여 부르기도 함), 상법, 자본시장과 금융투자업에 관한 법률('자본시장법'으로 줄여 부르기도 함) 등의 법령에 의해 강제된다. 국세 또는 지방세 납세의무와 관련된 회계정보 제공은 불이행 시 세법에 의하여 가산세를 부과하는 방식으로 강제된다.

회계정보 공시를 경영자 재량에 맡기면 과소하거나 부정확한 정보로 인해 시장실패를 유발할 위험이 생긴다. 일부 경영자는 의도적으로 회계정보를 허위로 공시해 주가조작을 통한 사적 이익을 노리기도 한다. 회계정보 제공에 있어서 불법행위를 방지하기 위해 관련 법규를 제정해 위반할 경우 형벌 또는 행정제재를 부과한다. 이와 같은 공시규제를 담당하는 정부조직은 금융위원회이고 산하 증권선물위원회에서 회계규제업무를 주관하며, 금융위원회의 지휘를 받아 금융감독원이 감독업무를 집행한다.

4. 회계의 분류

회계는 재무회계, 관리회계 및 원가회계, 세무회계, 비영리회계 및 기금회계 등의 분야로 나누어진다.

(1) 재무회계

재무회계(financial accounting)는 주주, 채권자, 소비자 및 근로자, 정부 등 기업의 내부정보에 직접적으로 접근하기 어려운 외부이용자에게 재무적 정보를 제공하는 분야다. 재무회계의 주된 기능은 기업의 경제적 거래를 기록하고 이를 집계하고 정리해 재무제표를 작성 · 공시하는 것이다.

재무회계는 대학에서 강의 편의상 회계원리(accounting principle), 중급회계(intermediate accounting), 고급회계(advanced accounting) 등으로 구분된다. 회계원리는 회계의 기초적 구조를 설명하는 과목이며 경제적 거래에 대해 분개하고 이를 정리해 재무제표를 만드는 과정을 다룬다. 중급회계는 회계원리보다 심화된 이론을 강의하며 고급회계는 투자관계로 연결된 기업을 결합시키는 합병 및 연결회계를 중점적으로 다룬다.

재무회계와 연관되는 분야로 회계감사(auditing)가 있는데 이는 외부의 회계전문가(공인회계사)가 기업 재무제표의 적정성을 독립적으로 확인해 감사의견(적정, 한정, 부적정, 의견거절)을 제시하는 분야다.

(2) 관리회계 및 원가회계

관리회계(managerial accounting)는 재무제표로 공표되는 회계정보 이외에 경영자들이 경영관리에 활용하기 위한 내부정보를 다루는 분야다. 관리회계의 개념에 포함되기도 하지만 재무회계와도 연결된 분야로 원가회계(cost accounting)가 있다. 원가회계는 제조업을 영위하는 기업이 재료비, 노무비, 제조경비를 투입해 제품을 생산하는 과정에서 사용된 원가를 집계하는 분야다. 또한, 회계정보의 전산처리와 관련된 분야를 회계정보시스템(accounting information system)이라 한다.

(3) 세무회계

기업의 소득에 대해 법인기업은 법인세, 개인기업은 소득세를 부담한다. 세무회계(tax accounting)는 재무회계에 의해 산출된 순이익으로부터 세법이 규정하는 방식에 따른 가감조정을 통해 과세소득을 계산하고 이에 세율을 적용해 부담할 세액을 산출하는 분야다. 법인세를 산정하기 위해 재무회계에 의해 산출된 순이익을 조정해 과세소득을 산출하는 절차를 '세무조정'이라 한다.

(4) 비영리회계 및 기금회계

정부, 각종 기금, 비영리단체 등 특수한 기관의 회계를 다루는 분야를 비영리회계(non-profit organization accounting)라 한다. 비영리회계 중에서 각종 기금의 운용과 관련된 분야는 별도로 기금회계(fund accounting)로 분류하기도 한다.

1.2 회계기준의 구성

1. 회계원칙

재무회계의 주된 기능은 재무제표를 작성해 정보이용자에게 전달하는 것이다. 재무제표가 기업의 재무상태와 경영성과를 적정하게 표시하고 기업별로 또는 회계기간별로 비교가능한 정보를 제공하기 위해서는 회계실무를 이끌 회계원칙이 필요하다. 회계원칙은 회계처리에 대한 기본적 개념체계에 의해 뒷받침돼야 한다. 아울러 기업 간 비교가능성과 의사결정에 있어서의 유용성이 확보된 재무제표 작성을 유도할 수 있는 권위 있는 지침이 돼야 한다.

회계원칙은 가급적이면 객관적이고 통일성 있는 회계처리가 이루어지도록 이끌어야 한다. 그러나 기업의 사정과 경제적 거래의 성격이 서로 다를 수 있기 때문에 다양성을 어느 정도 인정할 수밖에 없다. 회계원칙 제정은 회계전문가의 합의와 이의 수용과정을 거치게 되는데 이런 측면에서 '일반적으로 인정되는 회계원칙(Generally Accepted Accounting Principles; GAAP로 줄여 부름)'이라는 긴 이름이 자주 사용된다.

2. 회계기준 제정기구

(1) 우리나라 회계기준

우리나라 회계기준은 초기에는 법령의 형식으로 제정됐다. 본격적인 법령의 체제를 갖춘 것은 1980년에 외감법이 제정되고 동법 규정에 따라 1981년에 '기업회계기준'이 공포되면서부터였다. 회계원칙 제정기구도 정부부처 또는 정부기관에 속하는 재무부, 증권감독원, 금융감독위원회, 금융위원회 등으로 바뀌었다. 한편 2000년에 개정된 외감법 규정에 따라 민간기구에 회계기준 제정을 위탁할 수 있는 근거가 마련됐는데, 이에 따라 제정권한을 보유한 금융위원회가 한국회계기준원을 회계기준 제정기관으로 지정하고 있다. 한국회계기준원은 내부에 한국회계기준위원회(Korea Accounting Standards Board; KASB로 줄여 부름)를 설치해 운영한다.

한국회계기준원은 기업회계기준서를 발표하고 있다. 이의 제정 또는 개정을 위한 토론서(discussion paper) 및 공개초안(exposure draft)을 통해 이해관계자의 검토의견을 수렴하고 한국회계기준위원회의 의결을 거쳐 기업회계기준서 제정안 또는 개정안을 확정한다.

2007년에 우리나라에서도 국제회계기준 도입을 위한 로드맵이 발표됐고 2011년부터 상장기업은 국제회계기준의 적용이 의무화됐다. 국제회계기준서(International Financial Reporting Standards; IFRS로 줄여 부름)는 국제회계기준위원회(International Accounting Standards Board; IASB)가 제정한다. 우리나라에서는 영문으로 제정된 국제회계기준서를 한국어로 번역한 한국채택국제회계기준서('K-IFRS'로 줄여 부름)를 실제로 적용한다. 한국채택국제회계기준의 각 기준서의 명칭은 종전에 한국회계기준원이 발행한 기준서와 혼선을 피하기 위해 '기업회계기준서'로 부르면서 일관성 있는 번호체계를 유지하고 있다. 국제회계기준 적용대상에는 주권상장법인뿐만 아니라 상장예정법인, 일부 비상장금융회사 및 관계 법령에 규정된 공공기관도 포함된다.

국제회계기준 적용의무에서 제외되는 경우에는 2011년부터 한국회계기준원이 2009년 12월에 제정한 일반기업회계기준에 따라 재무제표를 작성한다. 일반기업회계기준은 종전 기업회계기준과 기업회계기준서를 골격으로 비상장기업에 적합하게 제정됐다.

(2) 국제회계기준

경제의 글로벌화가 급격히 진행되고 국제적 자본교류가 증가됨에 따라 회계기준을 국제적으로 통일해 운영할 필요성이 증대되고 있다. 국가 간 회계기준을 통일하려는 움직임의 중심에는 영국 주도로 런던에서 1973년에 설립된 국제회계기준위원회(International Accounting Standards Committee; IASC로 줄여 부름)가 자리하고 있다. 국제회계기준위원회의 영문이름은 2001년부터는 International Accounting Standards Board(IASB)로 변경됐다.

국제회계기준위원회는 대부분 국가가 사용하던 규칙중심 회계기준(rule−based accounting standards)과는 다른 원칙중심 회계기준(principle−based accounting standards)을 지향하고 있다. 이 기준은 회계전문가의 판단을 보다 중요하게 반영하고 측정의 객관성보다는 공정한 가치평가를 우선하는 입장을 견지한다. IASB는 국제회계기준서(IFRS)를 제정해 발표하며 필요시에는 기준서에 대한 해석서를 제정해 공표한다. 한편, 종전의 IASC가 발행한 기준서(International Accounting Standards; IAS로 줄여 부름)와 해석서도 현재 적용되는 IFRS에 포함된다. 앞에서 설명한 바와 같이 우리나라에서도 국제회계기준 도입 이후 K−IFRS를 발표하고 있는데 국제회계기준의 내용과 원칙적으로 일치된다.

(3) 미국 회계기준

미국의 회계기준이 국제적으로 널리 인정받은 것은 미국공인회계사회를 중심으로 운영하던 회계기준심의회(Accounting Principles Board; APB로 줄여 부름)의 제정권한을 1973년에 재무회계기준위원회(Financial Accounting Standards Board; FASB로 줄여 부름)로 이관하면서부터였다. FASB는 별도의 유지재단을 두고 독립적으로 회계기준을 제정함으로써 국제사회의 회계기준을 주도했다. 그러나 엔론(Enron) 사태 이후 미국 회계실무에 대한 의문이 증폭됐고 국제회계기준을 수용하는 나라가 급증함에 따라 미국의 회계기준제정기구의 위상이 약화됐다. 국제회계기준위원회와 미국의 재무회계기준위원회는 각자 별도로 제정한 회계기준의 차이를 조정하기 위한 협의를 계속 진행하고 있다.

3. 재무보고를 위한 개념체계

(1) 개요

기업의 경제활동 결과를 재무적으로 분석 · 정리해 재무상태와 경영성과를 나타내는 정보를 재무제표 형식으로 전달하는 것이 재무회계의 주된 기능이다. 주관적 판단에 맡겨두면 기업 간 비교 또는 기간별 비교 목적에 유용한 정보를 제공하는 기능을 제대로 발휘할 수 없다. 회계기준과 회계실무를 이끌 기본적 틀이 필요한데 이를 '재무보고를 위한 개념체계'라 한다. 국제회계기준위원회는 재무제표의 작성과 표시를 위한 재무보고를 위한 개념체계를 [그림 1-2]와 같이 제시하고 있다.

[그림 1-2] 재무보고를 위한 개념체계의 구조

(2) 재무제표의 목적

재무제표의 목적은 현재 및 잠재적 투자자, 종업원, 대여자, 공급자, 채권자, 고객, 정부와 유관기관, 일반대중 등 다양한 이용자의 정보수요(information needs)를 충족시킬 재무적 정보를 제공하는 데 있다.

(3) 재무제표의 질적 특성 - 근본적 질적 특성

재무제표의 질적 특성은 제공되는 정보가 정보이용자에게 유용하기 위해 갖춰야 할 속성이다. 크게 상위 개념인 근본적 질적 특성과 하위 개념인 보강적 질적 특성으로 구분된다. 재무정보가 유용하기 위해서는 목적적합하고 나타낼 바를 충실하게 표현해야 한다. 재무정보가 비교가능하고, 검증가능하며, 적시성 있고, 이해가능한 경우 그 재무정보의 유용성은 보강된다.

근본적 질적 특성은 목적적합성과 충실한 표현으로 구성된다. 목적적합성이란 의사결정에 유용한 정보가 되기 위한 조건으로 재무정보가 정보이용자의 경제적 의사결정에 차이를 발생시킬 수 있어야 하는 속성이다. 목적적합한 정보는 일부 정보이용자가 이를 이용하지 않거나 다른 원천으로 이미 알고 있을지라도 의사결정에 차이를 발생시킬 수 있다. 의사결정에 유용한 정보가 되려면 나타내려는 현상을 충실하게 표현해야 하는데 이를 표현의 충실성이라 한다. 충실한 표현을 위해서는 완전하고 중립적이고 오류가 없어야 한다는 3가지 특성이 담보돼야 한다.

(4) 재무제표의 질적 특성 – 보강적 질적 특성

비교가능성, 검증가능성, 적시성 및 이해가능성은 목적적합하고 충실하게 표현된 정보의 유용성을 보강하는 질적 특성이다.

비교가능성은 정보이용자가 항목 간의 유사점과 차이점을 식별하고 이해할 수 있게 하는 질적 특성이다. 기업에 대한 정보는 다른 기업과 비교할 수 있고(기업 간 비교가능성), 해당 기업의 다른 기간 또는 다른 날짜의 유사 정보와 비교할 수 있으면(기간 간 비교가능성) 더욱 유용할 수 있다. 다른 질적 특성과 달리 비교가능성은 하나의 항목에 관한 것이 아니어서 최소한 2항목 이상이 필요하다. 하나의 경제적 현상을 충실하게 표현하는 방법이 여러 가지로 나뉠 수 있지만 동일한 경제적 현상에 대해 대체적 회계처리방법을 허용하면 비교가능성이 약화된다.

검증가능성은 제공되는 정보에 대해 합리적 판단력을 보유한 독립적 관찰자가 어떤 것이 충실한 표현인지에 대한 의견 일치를 이룰 수 있음을 의미한다(완전한 일치에 미달한 경우도 수용될 수 있음).

적시성은 의사결정에 영향을 미칠 수 있도록 정보를 제때 이용가능하게 하는 것을 의미한다. 일반적으로 정보는 오래될수록 유용성이 줄어든다. 그러나 일부 정보는 보고기간이 경과한 이후에도 상당기간 동안 적시성이 유지되기도 한다.

이해가능성은 정보가 이용자에게 쉽게 이해될 수 있도록 제공돼야 함을 의미한다. 정보를 명확하고 간결하게 분류하고, 특징을 밝히며, 의미 있게 표시하면 이해가능성이 높아진다.

보강적 질적 특성은 가능한 범위 내에서 극대화돼야 한다. 그러나 정보가 목적적합하지 않거나 충실하게 표현되지 못하면 보강적 질적 특성만으로 그 정보가 유용하게 될 수는 없다. 보강적 질적 특성의 한 요소가 다른 질적 특성의 극대화를 위해 희생될 수도 있다. 예를 들면, 새로운 재무보고 기준을 전진적으로(현재와 미래 기간에 한해) 적용하면 비교가능성은 일시적으로 희생되지만 장기적으로 목적적합성이나 충실한 표현이 향상될 수 있다. 적절한 공시를 통해 비교가능성의 희생은 어느 정도 보충할 수 있다.

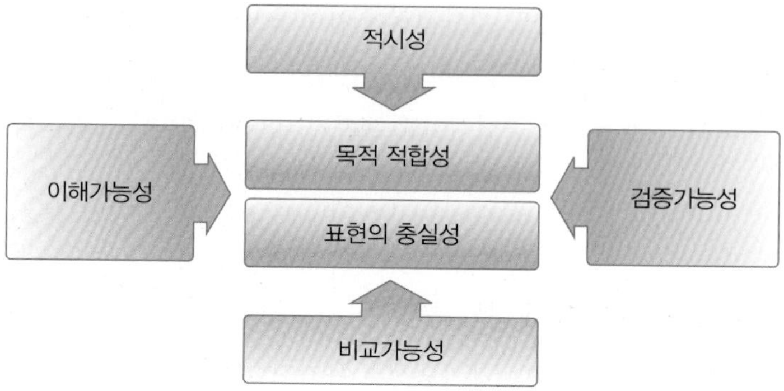

(5) 재무제표와 보고기업

재무제표의 작성주체는 보고기업이며, 보고기업은 단일의 기업, 또 다른 기업의 일부, 둘 이상의 기업일 수도 있다. 보고기업은 '발생기준'과 '계속기업의 가정'을 적용하여 재무제표를 작성한다. 발생기준(accrual basis)은 현금의 입금 및 출금 시점을 기준으로 하는 현금기준과는 달리 거래나 사건의 영향이 발생된 기간에 장부에 기록하고 재무제표에 표시하는 원칙이다. 거래나 그밖의 사건의 영향을 현금이나 현금성자산의 수취나 지급 시점이 아닌 발생 기간에 인식하며 해당 기간의 장부에 기록하고 재무제표에 표시한다. 발생기준을 적용해 작성한 재무제표는 현금의 수지를 수반한 과거 거래뿐만 아니라 미래에 현금을 지급할 의무와 현금 수취가 기대되는 자원에 대한 정보도 제공한다. 따라서 재무제표는 과거의 거래와 그밖의 사건에 대해 이용자의 경제적 의사결정에 가장 유용한 형태의 정보를 제공한다.

계속기업(going concern)이란 다른 반증이 없으면 기업이 청산되지 않고 계속적으로 영업한다는 가정이다. 계속기업 가정에 따라 특정한 자산은 결산일에 처분할 가치가 아니라 구입한 원가에 따라 회계처리할 수 있다.

(6) 재무제표의 요소

재무회계의 주된 과제는 재무제표를 작성해 공표하는 데 있다. 재무제표는 재무상태표, 포괄손익계산서, 자본변동표, 현금흐름표로 구성된다.

기업의 재무상태를 나타내는 재무상태표의 구성요소는 자산, 부채 및 자본이다. 자산(assets)은 과거 사건의 결과를 기업이 통제하고 있고, 미래 경제적 효익을 창출할 것으로 기대되는 경제적 자원이다. 부채(liability)는 과거 사건에 의하여 발생했으며, 경제적 효익이 내재된 자원이 기업으로부터 유출됨으로써 이행될 것으로 기대되는 현재 의무이다. 자본(equity)은 기업의 자산에서 모든 부채를 차감한 후의 잔여지분이다.

포괄손익계산서는 경영성과의 측정치인 이익을 표시하는 보고서다. 이익은 수익에서 비용을 차감한 개념이다. 수익(income)은 자산의 유입이나 증가 또는 부채의 감소에 따라 자본의 증가를 초래하는 특정 회계기간 동안 발생한 경제적 효익의 증가로, 자본참여자에 의한 출연과 관련된 것은 제외한다. 비용(expenses)은 자산의 유출이나 소멸 또는 부채의 증가에 따라 자본의 감소를 초래하는 특정 회계기간 동안에 발생한 경제적 효익의 감소로, 지분참여자에 대한 분배와 관련된 것을 제외한다.

'재무제표 요소의 인식(recognition)'이란 재무제표 요소의 정의에 부합하는 항목이 일정 기준을 충족할 경우 이를 재무제표에 반영하는 과정이다. 즉, 회계거래가 발생하면 이와 관련된 항목을 뜻하는 계정명칭과 금액을 기술하고 그 금액을 재무상태표나 포괄손익계산서 총계에 산입하는 것을 말한다. 여기서 일정 기준이란 해당 항목과 관련된 미래 경제적 효익이 기업에 유입되거나 기업으로부터 유출될 가능성이 높고 그 항목의 원가 또는 가치를 신뢰성 있게 측정할 수 있음을 의미한다.

측정(measurement)이란 재무제표에 인식 및 평가과정을 밟아 한 요소의 화폐금액을 결정하는 과정이다. 재무제표 작성을 위한 측정기준은 역사적 원가와 현행가치로 구분되며, 현행가치는 (1) 공정가치, (2) 자산의 사용가치 및 부채의 이행가치, (3) 현행원가를 포함한다.

역사적 원가(historical cost)란 자산의 경우는 당해 자산의 취득대가로 취득 당시에 기록한 현금 또는 현금성자산이나 기타 대가의 공정가치를 말하며, 부채의 경우는 부담하는 의무의 대가로 수취한 금액을 말한다.

공정가치(fair value)란 측정일에 시장참여자 사이의 정상거래에서 자산을 매도할 때 받거나 부채를 이전할 때 지급하게 될 가격이다.

자산의 사용가치(realizable value)란 기업이 자산의 사용과 궁극적인 처분으로 얻을 것으로 기대하는 현금이나 현금성 자산의 금액의 현재가치이다. 부채의 이행가치(settlement value)란 정상적인 영업 과정에서 부채를 상환하기 위해 지급될 것으로 예상되는 현금이나 현금성자산의 현재 가치를 의미한다.

현행원가(current cost)란 자산의 경우는 동일하거나 동등한 자산을 현재 시점에서 취득할 경우 대가로 지불할 현금이나 현금성자산 금액으로 평가하며, 부채의 경우에는 현재시점에서 그 의무를 이행하는 데 필요한 현금이나 현금성자산의 할인되지 않은 금액으로 평가한다.

현재가치(present value)란 미래에 발생할 것으로 예측되는 현금흐름을 현재의 가치로 평가하는 방법이며, 공정가치, 자산의 사용가치와 부채의 이행가치를 측정하는 데 사용되는 하나의 측정 방법이다.

포괄손익계산서의 이익 계산은 경제학의 자본유지개념(concepts of capital maintenance)과 연관이 있다. 이익은 기말순자산이 기초순자산을 초과한 금액을 말하며, 손실은 기말순자산이 기초순자산에 미달한 경우를 말한다. 따라서 이익과 손실을 계산하기 위해서는 유지할 자본의 개념을 먼저 확정해야 한다. 유지할 자본의 개념은 재무자본유지와 실물자본유지로 구분되며, 재무자본유지개념은 명목화폐단위로 자본을 정의하는 개념과 불변구매력단위로 자본을 정의하는 개념으로 구분된다.

(7) 재무제표의 작성 및 제공

재무제표(financial statements)란 현재 및 잠재적 투자자를 비롯한 회계정보 이용자의 경제적 의사결정에 유용한 정보를 제공하는 목적을 지닌 보고서를 말한다. 재무제표에는 기업의 재무상태, 경영성과와 재무상태변동에 관한 정보가 포함돼야 한다. 따라서 재무제표에는 자산, 부채, 자본 및 수익과 비용, 소유주로부터의 출자와 소유주에 대한 배분, 현금흐름의 정보가 포함된다. 재무제표에는 다음과 같은 사항이 포함되는데 실제 적용되는 명칭은 유연성 있게 변경할 수 있다.

① 기말 재무상태표
② 기간 포괄손익계산서
③ 기간 자본변동표
④ 기간 현금흐름표
⑤ 주석(재무제표에 표시된 항목을 구체적으로 설명하거나 기타의 정보를 제공하기 위한 것으로, 일반적으로 중요한 회계정책의 요약 및 기타 필요한 설명으로 구성됨)
⑥ 회계정책을 소급하여 적용하거나, 재무제표의 항목을 소급하여 재작성 또는 재분류하는 경우 가장 이른 비교기간의 기초 재무상태표

넥센타이어, 올해도 '주주총회 1호'… 18년 연속 기록

넥센타이어는 17일 경남 양산 본사에서 '제 59기 정기 주주총회'를 개최했다. 회사는 지난 2000년 사명 변경 이후 18년째 주총 1호 개최 기록을 달성했다. 이는 투명경영을 최우선으로 하는 회사의 경영방침과 주주에게 경영성과를 빠르게 돌려주기 위한 주주 중심 경영의 일환이라는 설명이다.

넥센타이어는 지난해 매출액 1조 8,947억원을 기록해 전년 대비 3.1% 증가했다고 밝혔다. 영업이익은 2,480억원으로 2015년에 비해 10.3% 성장했다. 수익 구조 개선과 브랜드 인지도 상승으로 매출 증가율을 크게 웃도는 실적을 기록했다고 회사 측은 전했다. 이날 주주총회에서는 재무제표 및 연결재무제표의 승인과 이익잉여금처분안 승인의 건, 이사 선임의 건 등이 의결됐다. 현금배당은 액면가 500원 기준 보통주 100원, 우선주 105원을 결의했다.

– 동아일보 2017.2.18 기사 중 –

1.3 재무제표의 종류

1. 재무상태표

(1) 재무상태표의 의의

재무상태표(statement of financial position)는 특정 시점 현재 기업의 자산, 부채 및 자본의 잔액을 표시하는 재무제표로 종전에는 이를 대차대조표(balance sheet)로 불렀다. 재무상태표에는 기업이 자금의 조달과 운영결과를 유동성 정도와 기업환경에 따라 구분해 표시함으로써 기업의 재무구조, 유동성 및 지급능력, 경영환경 변화에 대한 대응능력을 평가할 수 있는 정보를 제공한다.

(2) 표시되는 정보 및 표시방법

기업회계기준서에는 재무상태표에 최소한 다음에 해당하는 금액을 나타내는 항목을 표시하도록 규정하고 있다. 이 외에도 기업은 환경에 따라 필요한 것으로 판단되는 항목을 재무상태표에 추가해 표시할 수 있다. 그러나 국제회계기준에서는 재무제표에 표시될 항목이나 양식을 따로 제시하지 않고 있다.

① 유형자산

② 투자부동산

③ 무형자산

④ 금융자산

⑤ 지분법에 따라 회계처리하는 투자자산

⑥ 생물자산

⑦ 재고자산

⑧ 매출채권 및 기타채권

⑨ 현금 및 현금성 자산

⑩ 매입채무 및 기타채무

⑪ 충당부채

⑫ 금융부채

⑬ 소유주에게 귀속되는 납입자본과 적립금(연결재무제표의 경우에는 지배기업분을 표시함)

⑭ 기타 기준서에 규정된 매각예정자산과 관련된 자산 또는 부채, 법인세와 관련한 부채 또는 자산 및 이연법인세부채 또는 자산, 연결재무제표 상 자본에 표시된 비지배지분

이러한 분류는 최소한의 지침이며 기업의 환경에 따라 회계정보이용자에게 보다 목적적합한 정보를 제공하기 위해서는 유사항목을 통합하거나 특정항목을 세분해 표시할 수 있다. 자산과 부채를 유동과 비유동으로 구분해 표시하는 방법으로는 다음 3가지가 있다.

① 유동성/비유동성 구분법

② 유동성 배열법(유동성/비유동성 구분법보다 신뢰성 있고 보다 목적적합한 정보를 제공하는 경우)

③ 위의 두 가지를 혼합표시하는 방법(혼합표시가 신뢰성 있고 보다 목적적합한 정보를 제공하는 경우)

여기서 유동성은 보고기간 후 12개월 이내에 실현되거나 결제일이 도래하는지 여부에 따라 판단한다. 다만 기업의 정상적 영업주기가 12개월보다 긴 경우 정상적 영업주기 이내에 도래하는지에 따라 유동성 여부를 판단한다.

유동성 여부를 판단할 때 앞에서 설명한 12개월 또는 정상적 영업주기 외에도 주로 단기매매 목적으로 보유하거나 12개월 이상의 사용제한기간이나 부채의 결제를 연기할 권리를 가지고 있지 않은 경우에는 유동성 항목으로 분류한다. 유동성 여부에 따라 자산은 유동자산(current assets)과 비유동자산(non-current assets)으로 분류하고, 부채는 유동부채(current liabilities)와 비유동부채(non-current liabilities)로 분류한다.

(3) 재무상태표의 형식

재무상태표는 신뢰성 및 목적적합성 관점에서 특별한 사유가 없는 경우에는 유동성/비유동성 구분법에 의해 비유동 항목부터 먼저 표시하는 방식을 택한다. 재무상태표를 예시하면 [표

[표 1-1] 재무상태표 예시

재무상태표

회사명	20x1년 12월 31일 현재	(단위 : 원)
과 목	금액	
자 산		
비유동자산		×××
유형자산	×××	
무형자산	×××	
투자부동산	×××	
유동자산		×××
재고자산	×××	
매출채권 및 기타채권	×××	
현금 및 현금성 자산	×××	
자산총계		×××
자본 및 부채		
소유주에게 귀속되는 자본		×××
납입자본	×××	
이익잉여금	×××	
자본총계		×××
비유동부채		×××
장기차입금	×××	
유동부채		×××
매입채무 및 기타채무	×××	
단기차입금	×××	
부채총계		×××
자본 및 부채총계		×××

1–1]과 같다(편의상 한 연도분만 표시했으며 실제로는 비교표시하는 형식이 사용됨).

재무상태표는 당기 재무제표에 보고되는 모든 금액에 대해 전기의 금액을 비교해 함께 표시해야 한다. 기업의 영업활동을 나타내기에 적절한 방법으로 재무제표의 개별항목을 세 분류로 표시하고 공시할 수 있다. 납입자본과 관련된 수권주식수 등의 사항은 주석으로 공시한다. 재무상태표에 대한 자세한 내용은 12장에서 다시 설명된다.

2. 포괄손익계산서

(1) 포괄손익계산서의 의의

포괄손익계산서(statement of profit or loss and other comprehensive income)란 일정한 회계기간 동안 발생된 수익과 비용을 보고하는 재무제표인데 수익과 비용의 차이인 당기순손익뿐만 아니라 당기에 발생한 기타포괄손익 항목도 표시된다. 기타포괄손익은 당기순손익 계산에 반영되는 수익과 비용에는 포함되지 않지만 포괄손익계산서 하단에 표시하고 이를 합산해 총포괄손익을 산출한다. 기타포괄손익은 일부 금융자산의 공정가치변동과 유형자산의 재평가에서 주로 발생한다.

(2) 표시되는 정보 및 표시방법

기업회계기준서에 따르면 포괄손익계산서에는 최소한 다음의 항목을 포함하도록 규정하고 있다.

① 수익
② 금융원가
③ 지분법 적용대상인 관계기업 등의 당기순손익에 대한 지분
④ 법인세비용
⑤ 중단 영업손익과 이로 인한 자산 평가나 처분에 따른 세금효과를 반영한 손익
⑥ 당기순손익
⑦ 기타포괄손익
⑧ 총포괄손익

수익과 비용은 회계규정에서 특별히 정하지 않은 경우에는 서로 상계해 표시할 수 없는 것으로 총액표시가 원칙이다.

(3) 포괄손익계산서의 형식

포괄손익계산서는 단일포괄손익계산서 또는 2개의 보고서(당기순손익의 구성요소를 표시하거나 별개의 손익계산서와 당기순손익에서 시작하여 기타포괄손익의 구성요소를 표시하는 포괄손익계산서를 말함) 중 한 가지 방법으로 작성한다. 단일포괄손익계산서의 형식을 예시하면 [표 1-2]와 같다.

포괄손익계산서는 당기 재무제표에 보고되는 모든 금액에 대해 전기의 금액을 비교해 같이 표시해야 한다. 또 특정한 수익과 비용이 중요한 경우에는 그 성격과 금액을 주석으로 별도로 표시해야 한다. 포괄손익계산서에 대한 자세한 내용은 12장에서 다시 설명된다.

[표 1-2] 포괄손익계산서 예시

포괄손익계산서

회사명 | 20x1년 12월 31일로 종료하는 회계연도 | (단위 : 원)

과 목	금액
매출액	×××
매출원가	×××
매출총이익	×××
기타수익	×××
관리비	×××
금융비용	×××
·	
·	
·	
법인세비용 차감전 순손익	×××
법인세비용	×××
계속영업손익	×××
중단영업손익	×××
당기순손익	×××
기타포괄손익	×××
총포괄손익	×××
주당이익	
기본주당이익	×××
희석주당이익	×××

3. 자본변동표 및 현금흐름표

(1) 자본변동표

자본변동표(statement of changes in equity)란 특정 회계기간 동안 자본이 증가 또는 감소된 내용을 보고하는 재무제표이다. 자본변동표에는 자본의 각 구성요소별 장부금액과 이의 기초시점과 기말시점 사이의 조정내용이 표시된다. 자본변동표의 구성항목과 표시방법은 10장에서 자세히 설명된다.

(2) 현금흐름표

현금흐름표(statement of cash flows)는 특정 회계기간 동안의 기업의 현금 및 현금성자산의 유입과 유출에 관한 정보를 제공하는 재무제표로서 당해 기간의 현금흐름을 영업활동 현금흐름, 투자활동 현금흐름 및 재무활동 현금흐름으로 분류해 표시한다.

일반적으로 기업 설립 초기에는 재무활동으로부터 현금이 유입돼 투자활동에 사용하고 영업활동에서도 현금이 유출되는 현상을 보인다. 기업이 정상적인 수익과 성장을 계속해 확장되면 영업활동과 재무활동에서는 현금이 유입되고 투자활동에서 현금유출이 발생하는 선순환 구조를 보인다.

현금흐름표는 발생주의에 의해 회계처리되는 손익정보와는 달리 현금흐름을 기준으로 작성하기 때문에 손익상황과 현금흐름의 차이가 생기는 이유를 찾는 데 유용하게 활용된다. 현금흐름표는 11장에서 자세히 설명된다.

4. 연결재무제표

(1) 연결재무제표의 의의

다른 기업의 의결권 있는 주식의 전부 또는 지배권을 행사하기에 충분한 만큼 보유할 경우 주식을 보유하고 있는 투자기업을 지배기업(parent)이라 하고 투자대상이 된 기업을 종속기업(subsidiary)이라 한다. 지배기업과 종속기업은 실질에 있어서는 하나의 경제적 실체로 볼 수 있기 때문에 각각 작성한 개별재무제표에서 투자주식과 투자된 자본금을 상계하고 내부거래의 영향을 제거한 공동의 재무제표를 작성할 필요가 있는데 이를 연결재무제표(consolidated financial statements)라 한다.

(2) 기본 재무제표인 연결재무제표

국제회계기준에서는 연결재무제표를 기본재무제표로 작성하도록 규정하고 있다. 따라서 국제회계기준에 따른 재무제표에서는 지배기업의 소유주 귀속분과 비지배지분을 구분해 표시해야 한다. 재무상태표에서는 자본총계를 지배기업의 소유주에게 귀속되는 자본과 비지배지분으로 구분하고 포괄손익계산서에서는 당기순손익과 총포괄손익의 귀속을 지배기업 소유주와 비지배지분의 해당부분을 나누어 표시한다.

한편 연결재무제표 작성대상인 지배기업과 종속기업도 연결 절차 이전에는 각각의 재무제표를 작성하는데 이를 '별도재무제표(separate financial statements)'라 한다. 종속기업이 없는 기업의 경우 연결재무제표와 별도재무제표가 동일하며, 실무적으로 이를 '개별재무제표'라고도 한다. 연결대상이 없거나 연결하기 이전의 재무제표에서는 지배기업 소유주와 비지배지분 귀속분을 나누는 문제는 발생되지 않는다.

연결재무제표는 고급회계(advanced accounting)에서 자세히 다뤄진다. 이 책에서는 연결대상이 없거나 연결하기 전의 상황을 가정하고 회계처리와 재무제표 작성방법을 설명한다. 따라서 종속기업이 있는 지배기업의 공표용 재무제표와 이 책의 예시는 차이가 있는 점에 유의해야 한다.

1.4 책의 구성

이 책의 구성은 다음과 같다. 1장에서 4장까지는 회계의 기본개념, 회계의 순환과정, 재무제표 작성 등 재무회계 이해를 위한 큰 그림 및 밑바탕이 되는 기본사항에 대한 내용이다. 회계의 순환과정에 대해서는 서비스업과 상품매매업으로 나누어 설명한다. 서비스업은 재고자산이 없으므로 상품매매업에 비해 회계처리가 상대적으로 단순하다. 2장(회계거래의 분석)과 3장(주기적 및 결산마감절차)에서는 서비스업 회계를 먼저 학습하고, 4장에서 상품매매업의 회계절차에 대해 학습한다. 4장 후반부에서는 재고자산과 관련된 회계문제를 다루는데 이는 재고자산 회계가 상품매매업의 회계순환과 밀접한 관련이 있기 때문에 이해를 돕기 위해 통합 편성한 것이다.

5장부터는 재무제표의 각 구성요소들에 대해 설명한다. 1장부터 4장까지는 재무제표 작성에 필요한 기초를 다지는 것이 학습목표인데 비해, 5장부터는 재무제표의 각 구성요소들을 실제로 어떻게 측정해 보고하는지를 계정과목별로 나누어 학습한다. 5장은 유형자산, 6장은 무형자산을 다룬다. 7장과 8장은 금융상품에 대한 이해를 기반으로 금융자산과 금융부채 관련 사항을 학습한다.

9장은 지급채무와 충당부채를 다룬다. 10장에서는 부채 이외의 주요 자금 조달 원천인 자본에 대해 학습한다. 11장에서는 회계이익과는 다른 양상인 현금흐름을 분석하는 현금흐름표에 대해 설명한다. 마지막 12장에서는 회계의 순환과정을 통해 작성된 재무제표의 구성 및 상호간 연계성을 살펴보고 재무제표의 활용방법인 재무분석의 기초를 설명한다.

토·의·문·제

1. 회계는 어떻게 정의되는가?
2. 회계정보의 수요자와 공급자를 설명하라.
3. 회계는 어떤 종류로 분류되는가?
4. 회계원칙은 왜 필요한가?
5. 우리나라 회계기준 제정기구를 설명하라.
6. 국제회계기준의 도입 필요성에 대한 논의하라.
7. 재무보고를 위한 개념체계의 개요를 설명하라.
8. 재무제표의 의의와 종류를 설명하라.
9. 재무상태표와 포괄손익계산서의 관계를 설명하라.
10. 자본변동표란 무엇인가?
11. 현금흐름표란 무엇인가?
12. 연결재무제표란 무엇인가?

자·습·문·제

[회계등식과 부채비율]

1. A사의 20x1년 12월 31일 현재 자산은 ₩1,000,000 부채는 ₩600,000이다. A사의 동일자 현재 자본과 부채비율은 얼마인가?

풀이

자산 − 부채 = 자본
₩1,000,000 − ₩600,000 = ₩400,000
자본은 ₩400,000임.

부채비율을 계산하면;
₩600,000 / ₩400,000 = 1.5(150%)

[자본증감에 따른 순이익 계산]

2. A사의 기말자산은 ₩2,000,000이고 기말부채는 ₩1,200,000이다. 기중 증자, 감자 등의 자본거래와 배당이 없었고 당기순이익이 ₩200,000이었다면 기초자본은 얼마인가?

풀이

기말자본 = 기말자산 − 기말부채
₩800,000 = ₩2,000,000 − ₩1,200,000

순이익 = 기말자본 − 기초자본
₩200,000 = ₩800,000 − ?
기초자본 = ₩600,000

[자본증감에 따른 순이익 계산]

3. 자본거래와 현금배당이 없는 것으로 가정할 때 다음의 경우 순이익은 얼마인가?

기 초 자 산	₩500,000	기 초 부 채	₩300,000
기 말 자 산	700,000	기 말 부 채	400,000

풀이

기초자본 = ₩500,000 − ₩300,000 = ₩200,000
기말자본 = ₩700,000 − ₩400,000 = ₩300,000
순이익 = 기말자본 − 기초자본 = ₩100,000

[순이익과 회계등식의 관계]

4. 자본거래와 현금배당이 없는 것으로 가정할 때 다음의 경우 기말자산을 계산하면 얼마인가?

기 초 자 산	₩1,000,000	기 초 부 채	₩400,000
수 익	500,000	비 용	300,000
기 말 부 채	600,000		

풀이

수익 − 비용 = 순이익
₩500,000 − ₩300,000 = ₩200,000

기초자산 − 기초부채 = 기초자본
₩1,000,000 − ₩400,000 = ₩600,000

기말자본 = 기초자본 + 순이익
₩800,000 = ₩600,000 + ₩200,000

기말자본 = 기말자산 − 기말부채
₩800,000 = ₩? − ₩600,000

기말자산 = ₩1,400,000

연·습·문·제

[회계등식과 부채비율]

1. ㈜ AB의 20x1년 12월 31일 현재 자산은 ₩3,000,000 부채는 ₩1,800,000이다. ㈜ AB의 동일자 현재 자본과 부채비율은 얼마인가?

[자본증감에 따른 순이익 계산]

2. ㈜ AB의 기말자산은 ₩4,000,000이고 기말부채는 ₩2,400,000이다. 동사의 기초자본은 ₩1,200,000이었고 기중 증자, 감자 등의 자본거래와 배당이 없었고 당기순이익이 ₩400,000이었다면 기말자본은 얼마인가?

[자본증감에 따른 순이익 계산]

3. 자본거래와 현금배당이 없는 것으로 가정할 때 다음의 경우 순이익은 얼마인가?

기 초 자 산	₩2,000,000	기 초 부 채	₩1,200,000
기 말 자 산	2,800,000	기 말 부 채	1,600,000

[순이익과 회계등식의 관계]

4. 자본거래와 현금배당이 없는 것으로 가정할 때 다음의 경우 기말부채를 계산하면 얼마인가?

기 초 자 산	₩3,000,000	기 초 부 채	₩1,200,000
수 익	1,500,000	비 용	900,000
기 말 자 산	4,200,000		

[실무스펙 1] 유보이익을 현금으로 오해하다니

회계의 기본 틀을 제대로 이해하지 못하면 제반 경제 현상에 대한 판단이 흐려진다. 기업이 유보이익을 쌓아놓고 투자하지 않아 청년실업이 생긴다는 어설픈 프로파간다(propaganda)에 현혹되기도 한다. 이익은 경제학에서 다루는 추상적 개념이며 실물 형태가 없기 때문에 쌓아둘 수 있는 것이 아니다. 회계학에서는 벌어들인 수익에서 이를 얻기 위해 쓴 비용을 차감해 순이익을 계산한다. 순이익은 회계절차를 통한 계산 결과일 뿐 실물로 존재하는 것은 아니다. 기간별로 얻은 순이익을 계속 누적한 금액이 이익잉여금이며 이를 통상 '유보이익'이라 부른다.

유보이익은 현금 · 예금, 건물 · 기계장치 등 실물자산과 간접적으로 연결된다. 수익을 얻기는 했으나 아직 대금을 받지 못한 상태라면 유보이익은 장래에 받을 매출채권과 연결된다. 현금을 회수하지 못해 빈손인데 유보이익이 생겼다고 투자하라 압박하면 현실적으로 투자할 돈이 없다. 회계지식이 없는 법조인이 채권확보 목적으로 기업 이익잉여금에 대한 압류를 시도했다가 망신당했다는 얘기도 떠돈다.

이익과 현금흐름의 관계를 다음의 간단한 서비스업 사례로 살펴보기로 한다. 주주가 2,000원의 현금을 출자하고 은행에서 8,000원을 연리 5%씩 연말에 이자를 지급하는 조건으로 차입해 총 10,000원을 지급하고 굴착기를 구입했다. 굴착기를 이용해 매년 1,800원씩 용역수입을 벌어들이고 급료는 매년 100원 지급한다. 굴착기는 10년 사용 후에 폐기처분하며 매년 1,000원씩 감가상각 처리하는 것으로 가정한다.

[표 1-3]에서 보는 바와 같이 1차년도 이자는 차입금 8,000원의 5%인 400원이다. 1차년도에는 1,800원을 벌고 급료와 이자를 합해 500원을 지출했기 때문에 현금 1,300원이 남는다. 이를 모두 차입금 상환에 쓰면 차입금 잔액은 6,700원으로 줄어들어 2차년도 이자는 335원이 된다. 순이익 계산에서는 감가상각비도 차감해야 한다. 따라서 1차년도 순이익은 300원, 2차년도 순이익은 365원이다. 1차년도 순이익은 이익누계인 이익잉여금과 동일하다. 그리고 2차년도 이익누계인 이익잉여금은 1차년과 2차년 순이익을 합한 665원이 된다.

같은 방식으로 계속하면 6차년도에 차입금이 모두 상환되고 현금잔액이 842원 생긴다. 그 이후에는 현금잔액이 계속 증가한다. 10차년도 말에 굴착기가 폐기되면 현금 7,642원이 남고 이는 주주가 처음 출자한 2,000원과 이익잉여금 5,642원의 합계와 일치한다.

이와 같은 사례에서 볼 수 있듯이 5차년도까지는 유보이익은 있어도 현금은 없다. 물론 차입금을 갚지 않고 현금을 보유할 수는 있다. 그러나 차입금에는 높은 이자가 부과되는 반면 일시적 여유자금의 운용수익률은 매우 낮은 상황에서 손해를 감수하고 현금을 쌓아둘지 신중히 결정해야 한다. 굳이 현금을 쌓아둔다면 미래의 자금 위기에 대비할 목적일 것이다. 유보이익을 현금배당으로 모두 지급한다면 10년 후에는 물가상승 여파로 굴착기 구입가액이 인상될 것이기 때문에 부채를 늘려야 한다. 기업의 안정적 성장을 유지하려면 이익 중 일부만 배당하고 대부분을 남겨 투자를 확대해야 한다.

유보이익이 쌓였다는 주장은 이익잉여금보다는 현금·예금을 의미할 가능성이 높은데 그렇다면 정확한 표현이 아니다. 이익잉여금이 많더라도 현금을 모두 기계장치 등 실물에 투자했다면 더 쓸 돈이 없다. 대규모 투자를 검토하고 있다면 착실히 자금을 모아야 한다. 휴대폰으로 삼성전자와 첨예한 경쟁을 벌이는 애플의 경우 현금·예금 보유수준이 통상 삼성전자의 3배 이상이다. 조선업은 경기가 나쁠수록 현금·예금 보유량을 늘리는데 이는 회사채 만기 도래 시점에 재발행이 어려워질 상황에 대비할 목적이다. 기업은 장래의 기회와 위험에 대비하기 위해 적절한 현금·예금을 보유해야 한다.

기업이 좋은 영업성적으로 신용을 쌓아 자금 차입조건을 더 유리하게 이끌고 주주로부터 증자도 지속적으로 받아낼 수 있어야 투자와 고용 확대가 가능한 것이다.

[표 1-3] 현금흐름과 이익누계

연도	현금흐름						순이익 및 이익누계		
	용역수입 (A)	급료 (B)	이자비용 (C)	남은 금액 (D=A-B-C)	차입금 잔액 (E=전기잔액-D)	현금 잔액 (F=전기잔액+D)	감가상각비 (G)	당기순이익 (H=D-G)	이익누계 (ΣHi)
1	1,800	100	400	1,300	6,700		1,000	300	300
2	1,800	100	335	1,365	5,335		1,000	365	665
3	1,800	100	267	1,433	3,902		1,000	433	1,098
4	1,800	100	195	1,505	2,397		1,000	505	1,603
5	1,800	100	120	1,580	817		1,000	580	2,183
6	1,800	100	41	1,659		842*	1,000	659	2,842
7	1,800	100	0	1,700		2,542	1,000	700	3,542
8	1,800	100	0	1,700		4,242	1,000	700	4,242
9	1,800	100	0	1,700		5,942	1,000	700	4,942
10	1,800	100	0	1,700		7,642	1,000	700	5,642

* 6차년도에 남은 금액 1,659원 중에서 차입금 817원을 상환하고 남은 금액을 현금으로 보관함으로써 차입금 부채는 없어지고 현금 자산이 계상됨.

2

CHAPTER

회계거래의 측정과 기록

복식부기는 자산과 청구권의 합계가 일치한다는 원리로 시작한다. 회계거래를 '차변' 및 '대변'으로 불리는 양편으로 나눠 정리하는데 모든 거래는 양편에 같은 금액으로 기록되는 속성을 지니며 이를 '거래의 이중성'이라 한다. 거래의 이중성 때문에 차변과 대변에 기록된 사항을 계정과목별로 집계하면 차변과 대변의 합계 · 잔액은 항상 일치되는데 이를 '대차평균의 원리'라 한다. 2장에서는 대차평균의 원리와 회계거래의 분개 및 전기하는 과정을 설명한다.

2장과 3장의 회계절차는 서비스업을 중심으로 설명한다. 4장에서 다뤄질 상품매매업의 경우 재고자산의 매입과 매출 및 재고조사가 중요한 비중을 차지한다. 서비스업과 상품매매업을 함께 다루면 회계원리 기초에서 혼란이 생길 수 있다. 2장과 3장에서는 서비스업에 국한된 회계문제를 다루고 상품매매업 관련 사항은 4장에서 설명한다.

2.1 회계거래의 성격

2.2 회계등식의 구성

2.3 회계거래의 이중적 성격

2.4 분개와 전기

2.5 서비스업의 회계절차

실무스펙 2

2.1 회계거래의 성격

학습포인트

- 회계거래와 회계등식
- 분개의 유형
- 분개에 대한 전기
- 서비스업의 회계절차

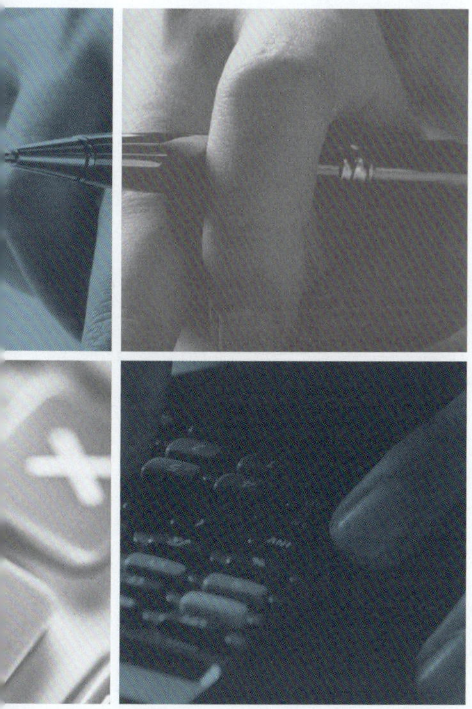

기업의 경영활동과 관련해 자산과 부채 및 자본의 증감변동을 가져오는 사건을 '거래(transaction)'라 한다. 거래를 인식하고 기록함에 있어서 경제학과 회계학은 서로 다른 입장을 취하고 있다.

회계거래로 인식되려면 일반적으로 교환이라는 형식이 전제가 된다. 예를 들면 돈을 주고 물건을 구입하는 것, 돈을 차입하거나 차입한 돈을 갚는 것 등은 회계거래다. 경제적 사건이면서 회계거래로 인식되지 않는 경우도 있다. 예를 들면 판매에 도움이 되는 새로운 인간관계가 형성됐다든지 보유 토지에 대한 개발정보를 입수한 사건 또는 생산을 담당하는 기술자가 추가적 비용지출 없이 우연한 기회에 새로운 제품 제조기술을 발견한 사건 등은 명백한 경제적 사건이고 경제적 거래로 고려할 사항이다. 그러나 회계학에서는 이런 사건은 회계거래로 취급하지 않는다. 교환이 발생되지 않음으로써 그 내용을 객관적으로 측정할 수 없기 때문이다.

경제적 가치가 증가되는 사건일 경우 회계거래로 인식하기 위한 교환 등의 요건을 보다 엄격하게 적용한다. 기업의 가치를 감소시키는 경제적 사건은 교환이라는 객관적 사실이 없어도 회계거래로 간주하는 경우가 많은데 이는 주로 보수주의 입장이 반영된 것이다.

국제회계기준에서는 공정가치의 변동은 가급적 회계거래로 인식하는 방향으로 이끌어 가고 있다. 그러나 경제적 사건의 진행 모두를 공정가치의 변화로 인식하는 것은 아니라는 점에 유의해야 한다. 경제적 거래와 회계적 거래의 관계를 예를 들어 살펴보면 다음과 같다.

① 축산기업이 사료용 작물 종자를 구입하는 것은 경제적 거래이면서 동시에 회계거래다.

② 파종된 종자가 시간 경과에 따라 성장하는 것은 경제적 거래이기는 하지만 전통적 회계관습에 의하면 회계거래는 아니다. 다만, 생물자

원 및 수확물에 대한 회계처리 규정에서 회계거래로 인식하는 특례가 있다.

③ 다른 기업에서 재배한 사료를 구입한 것은 경제적 거래이면서 동시에 회계거래다.

④ 사료용으로 재배한 작물이 가뭄으로 말라 죽어 폐기처분한 사건은 경제적 거래이면서 동시에 회계거래다.

⑤ 자사의 축산제품에 대한 소비자 선호가 증가하는 현상은 경제적 거래이나 회계거래는 아니다.

경제적 거래와 회계거래가 서로 다르다는 점은 회계가 어떤 사실은 보고하고 어떤 사실은 보고하지 않는지를 파악할 수 있게 한다. 회계에 의해 측정되는 정보만으로는 경제적 실질을 정확하게 파악할 수 없다는 회계의 제약점도 인식할 필요가 있다.

2.2 회계등식의 구성

1. 회계등식의 기본구조

루카 파치올리의 저서에서 처음 소개된 원리와 같이 기업에 귀속된 자산은 이에 대한 청구권과 항상 일치한다. 복식부기 원리의 출발점은 다음과 같은 등식관계다.

자산 = 청구권

회계등식 왼편의 자산은 미래의 효익(future benefit)이 기대되는 경제적 자원(economic resource)을, 오른편의 청구권(claim)은 이러한 자산을 청구할 수 있는 권리를 의미한다. 자산은 기업에서 활용되는 자원이며 이에 대한 청구권은 기업에 자금을 출자한 주주나 대출한 채권자에게 귀속된다.

청구권은 기업 외부에 존재하는 청구권과 내부 주주가 보유하는 청구권으로 구분된다. 외부 청구권은 은행이나 대출자에게 기업이 부담해야 하는 의무로서 부채(liability)라 한다. 내부청구권은 주주의 청구권으로 자본 또는 소유주지분(shareholders' equity)이라 한다. 이를 회계등식에 반영하면 다음과 같다.

자산 = 부채 + 자본(소유주지분)

회계등식에 따라 모든 거래는 자산과 청구권에 같은 금액의 영향을 미치는데 이를 '거래의 이중성(duality of transaction)'이라 한다. 서로 다른 자산항목 간의 대체거래도 있고, 부채항목 간의 대체거래도 생길 수 있으며 이런 구조도 거래의 이중성이 성립되는 것으로 본다. 거래의 이중성은 복식부기(double entry accounting)의 기본원리로서 아무리 복잡한 거래도 회계등식에 따라 분류하는 근거를 제공한다.

2. 개인기업의 회계등식

앞에서 설명한 등식관계가 회계거래 발생으로 어떻게 변화되는지에 대한 이해가 회계를 익히는 출발점이다. 일반적으로 거래의 분석에 활용되는 회계등식은 재무상태표 구조와 일치하는 재무상태표 등식이다.

예를 들어 A 씨가 현금 ₩500,000을 출자해 개인기업인 A 구두수선점을 개업한 경우를 생각해 보자.

● 거래 1

20x1년 1월 1일에 A 씨가 사업자금으로 현금 ₩500,000을 출자함. 이 거래는 A 구두수선점의 입장에서는 현금이 ₩500,000 증가된 동시에 청구권으로, A 씨 자본이 같은 금액만큼 증가된 것이므로 다음과 같은 등식관계로 표시된다.[1)]

자 산	=	부 채	+	자 본
현 금	=			A씨자본
₩500,000				₩500,000

● 거래 2

같은 날에 A 씨가 구두수선 후 닦는 데 필요한 구두 솔과 구두약 등 소모품 ₩50,000을 외상으로 구입. 이 거래의 영향으로 등식관계는 다음과 같이 변형된다.

1) 기업실체의 가정에 따라 소유주인 A의 시각이 아니라 기업을 하나의 실체로 보아 기업의 입장에서 현금이 증가되는 것으로 본다.

	자 산		=	부 채	+	자 본
	현 금	소모품	=	미지급금		A씨자본
〈거래전〉	₩500,000					₩500,000
〈거래 2〉		+ ₩50,000		+ ₩50,000		
〈거래후〉	₩500,000	₩50,000		₩50,000		₩500,000

소모품을 외상으로 구입한 거래는 A 구두수선점의 자산인 소모품을 ₩50,000 증가시키고 그 대금을 지급할 부채인 미지급금을 같은 금액만큼 증가시킨다. 이러한 거래가 있은 후의 A 구두수선점의 자산은 ₩550,000이 되는데 이는 부채 ₩50,000과 자본 ₩500,000의 합계액과 일치함으로써 회계등식이 성립한다.

● 거래 3

A 구두수선점은 설립 첫날부터 영업을 개시해 고객으로부터 구두수선료 ₩200,000을 현금으로 받음. 이 거래의 영향으로 등식관계는 다음과 같이 변형된다.

	자 산		=	부 채	+	자 본
	현 금	소모품	=	미지급금		A씨자본
〈거래전〉	₩500,000	₩50,000		₩50,000		₩500,000
〈거래 3〉	+ ₩200,000					+ ₩200,000
〈거래후〉	₩700,000	₩50,000		₩50,000		₩700,000

구두수선료 수입으로 현금이 증가하고 수익이 발생하는데 이는 A 씨에게 귀속돼 A 씨 자본에 가산된다.

● 거래 4

A 씨는 종업원의 일당을 매일 지급하기로 하고 영업 첫날의 일당 ₩75,000을 현금으로 지급함. 이 거래의 영향으로 등식관계는 다음과 같이 변형된다.

	자 산		=	부 채	+	자 본
	현 금	소모품	=	미지급금		A씨자본
〈거래전〉	₩700,000	₩50,000		₩50,000		₩700,000
〈거래 4〉	− ₩75,000					− ₩75,000
〈거래후〉	₩625,000	₩50,000		₩50,000		₩625,000

종업원에게 급료를 지급함으로써 현금이 감소되며 같은 금액만큼의 A 씨 자본이 감소돼야 한다. 즉, 구두수선료 수입을 A 씨가 차지했기 때문에 이를 얻기 위해 지급한 급료도 A 씨가 부담한다.

● 거래 5

첫날의 영업을 마치고 소모품을 살펴본 결과 그 중 ₩20,000만큼 사용됐고 ₩30,000 남아 있는 것으로 확인됨. 이 거래로 인하여 A 구두수선점의 자산(소모품)이 감소하는 동시에 같은 금액만큼의 A 구두수선점의 청구권(자본)이 감소하게 된다. 이는 위의 거래 4에서 설명한 급료처럼 구두수선료 수입을 A 씨가 얻기 위하여 소모품을 사용했음으로 줄어든 소모품만큼 A 씨가 부담하고 자신의 몫으로 가져갈 부분이 줄어들게 됨을 의미한다.

	자 산		=	부 채	+	자 본
	현 금	소모품	=	미지급금		A씨자본
〈거래전〉	₩625,000	₩50,000		₩50,000		₩625,000
〈거래 5〉		− ₩20,000				− ₩20,000
〈거래후〉	₩625,000	₩30,000		₩50,000		₩605,000

3. 주식회사 기업의 회계등식

주식회사 형태의 기업에서는 주주로부터의 출자액은 '자본금' 계정으로 처리하고, 영업결과 발생되는 수익과 비용의 차액은 이익잉여금이라는 계정으로 대체한다. 또한 사업부진으로 수익이 비용보다 적을 경우 이익잉여금은 마이너스(−)로 나타나며 이를 이월결손금이라 부른다. 이런 이월결손금으로 인해 실질자본이 자본금보다 적은 상태를 자본잠식이라 한다.

'워크아웃' 태영건설, '밑 빠진 독' 인제스피디움 정리 나설까?

태영건설(009410)이 사실상 '밑 빠진 독'이라는 평가를 받고 있는 인제스피디움의 유상증자에 참여하면서 우려의 목소리가 높다. 프로젝트 파이낸싱(PF) 위기로 기업 구조개선(이하 워크아웃)을 신청한 태영그룹이 수익을 전혀 내지 못하는 인제스피디움에 지원을 이어가기에는 부담이 크다는 평가다. 일각에서는 태영건설이 워크아웃 자구안 추진 과정에서 인제스피디움에 대한 적극적인 조치가 필요하다는 지적이 나온다. (중략)

문제는 인제스피디움이 실적 회복은커녕 손실폭만 키우면서 태영건설에 부담으로 작용하고 있다는 점이다. 태영건설이 매년 유상증자를 통해 지원에 나서고 있지만, 인제스피디움은 지난 2009년 설립 이후 단 한 차례도 수익을 내지 못하는 등 돈 먹는 하마로 전락한 지 오래다. 실제 인제스피디움의 올해 3분기 말 누계 기준 순손실 규모는 90억 원으로 전년 동기 43억 원 대비 2배 이상 급증했다. 지난해 전체 손실과 비교해도 55.2% 많은 수준이다.

수익을 내지 못하는 상황이 오랫동안 지속되며, 인제스피디움의 재무건전성에도 빨간불이 들어온 상태다. 인제스피디움의 3분기 말 기준 순자산은 마이너스(−) 1,269억 원으로 완전자본잠식 상태다. 사실상 모회사인 태영건설에 전적으로 의존해야 되는 상황으로 '밑 빠진 독에 물 붓기'라는 평가가 나오는 이유기도 하다. 실제 태영건설은 유상증자로만 인제스피디움에 총 1,404억 원을 지원했다.

– 이코노미스트 2023.12.28. 기사 중 –

예를 들어 주주로부터 현금 ₩2,500,000을 출자 받아 출장 요리업을 개시한 ㈜B 상사의 경우를 생각해 보자.

● 거래 1

20x1년 1월 1일에 주주가 ₩2,500,000을 출자함. 이 거래는 B상사의 입장에서는 현금이 ₩2,500,000 증가되는 동시에 자본금이 같은 금액만큼 증가하는 것으로, 다음과 같은 등식관계로 표시된다.

자 산	=	부 채	+	자 본
현 금	=			자본금
₩2,500,000				₩2,500,000

● 거래 2

20x1년 1월 2일 B 상사는 사무실로 사용할 건물을 건축할 계획으로 토지를 ₩3,500,000에 구입하고 대금 중 ₩1,500,000은 현금으로 지급하고 나머지는 6개월 후 지급하기로 함. 이 거래의 영향으로 등식관계는 다음과 같이 변형된다.

	자 산		=	부 채	+	자 본
	현 금	토 지	=	미지급금		자본금
〈거래전〉	₩2,500,000					₩2,500,000
〈거래 2〉	− ₩1,500,000	+ ₩3,500,000		+ ₩2,000,000		
〈거래후〉	₩1,000,000	₩3,500,000		₩2,000,000		₩2,500,000

이 거래로 인하여 자산 쪽에서는 현금이 ₩1,500,000 감소되고 토지가 ₩3,500,000 증가되어 순증가가 ₩2,000,000 발생됐는데 이는 청구권 쪽의 미지급금의 증가와 일치한다. 한편, 부채인 미지급금은 외상매입금과는 차이가 있다. 일반적으로 상거래와 관련된 대금을 외상으로 한 경우에는 외상매입금으로, 그밖의 대금을 외상으로 하는 경우에는 미지급금으로 처리한다.[2)]

● 거래 3

20x1년 1월 3일 출장 요리에 사용할 장식용 꽃과 식탁보 등 소모품 ₩500,000을 현금으로 구입. 이 거래의 영향으로 등식관계는 다음과 같이 변형된다.

		자 산		=	부 채	+	자 본
	현 금	소모품	토 지	=	미지급금		자본금
〈거래전〉	₩1,000,000		₩3,500,000		₩2,000,000		₩2,500,000
〈거래 3〉	− ₩500,000	+ ₩500,000					
〈거래후〉	₩500,000	₩500,000	₩3,500,000		₩2,000,000		₩2,500,000

이 거래는 자산인 현금이 감소된 만큼 다른 자산인 소모품이 증가된 것으로, 자산총액과 청구권의 총액에는 변동이 없다.

2) 외상매입금을 포함한 재무제표의 개별 항목(계정과목)은 4장부터 다뤄진다.

● 거래 4

20x1년 1월 31일 회사는 이미 서비스를 제공한 1개월분 출장요리비 ₩1,500,000을 모두 현금으로 받음. 이 거래의 영향으로 등식관계는 다음과 같이 변형된다.

	자산			=	부채	+	자본	
	현금	소모품	토지	=	미지급금		자본금	이익잉여금
〈거래전〉	₩500,000	₩500,000	₩3,500,000		₩2,000,000		₩2,500,000	
〈거래 4〉	+ ₩1,500,000							+ ₩1,500,000
〈거래후〉	₩2,000,000	₩500,000	₩3,500,000		₩2,000,000		₩2,500,000	₩1,500,000

이 거래를 통하여 자산인 현금이 ₩1,500,000 증가되며 같은 금액의 용역수입은 경영성과에 따른 소유주 청구권의 증가이므로 이익잉여금으로 계상된다. 앞에서 설명한 바와 같이 영업활동으로부터 벌어들인 수입은 자본금이 아니라 이익잉여금이라는 별도항목의 증가로 기록한다.

● 거래 5

20x1년 1월 31일 종업원의 1월분 급료 ₩700,000을 현금으로 지급. 이 거래의 영향으로 자산인 현금이 ₩700,000 감소됐으며 같은 금액만큼 수익에 대응시켜 비용으로 계상하게 되는데[3] 이는 결과적으로 이익잉여금의 감소로 나타나서 등식관계는 다음과 같이 변형된다.

	자산			=	부채	+	자본	
	현금	소모품	토지	=	미지급금		자본금	이익잉여금
〈거래전〉	₩2,000,000	₩500,000	₩3,500,000		₩2,000,000		₩2,500,000	₩1,500,000
〈거래 5〉	− ₩700,000							− ₩700,000
〈거래후〉	₩1,300,000	₩500,000	₩3,500,000		₩2,000,000		₩2,500,000	₩800,000

● 거래 6

1월 영업을 마치고 소모품을 살펴본 결과 그 중 사용분은 ₩300,000이며 ₩200,000은 남아 있음을 확인함. 이 거래의 영향으로 자산인 소모품이 ₩300,000 감소되는 동시에 같은 금액만

3) 수익 · 비용 대응의 원칙이란 일정한 기간에 발생한 수익과 이에 대응하는 비용을 인식하고 이익을 계산하는 원칙을 의미한다.

큼 이익잉여금이 감소된다. 즉, 소모품은 서비스매출을 얻기 위하여 사용된 것이므로 수익 · 비용 대응 측면에서 소모품비를 비용으로 계상하게 되는 것이다. 소모품비를 계상함으로써 등식 관계는 다음과 같이 변형된다.

	자산			=	부채	+	자본	
	현금	소모품	토지	=	미지급금		자본금	이익잉여금
〈거래전〉	₩1,300,000	₩500,000	₩3,500,000		₩2,000,000		₩2,500,000	₩800,000
〈거래 6〉		− ₩300,000						− ₩300,000
〈거래후〉	₩1,300,000	₩200,000	₩3,500,000		₩2,000,000		₩2,500,000	₩500,000

거래 6을 반영한 후 기말 현재 회계등식을 나타내면 다음과 같다.

	자산			=	부채	+	자본	
	현금	소모품	토지	=	미지급금		자본금	이익잉여금
〈기말현재〉	₩1,300,000	₩200,000	₩3,500,000		₩2,000,000		₩2,500,000	₩500,000

한편, 실제로 작성되는 재무상태표와 포괄손익계산서는 [표 2-1]과 같다. 재무상태표는 회계 등식의 자산, 부채 및 자본 현황을 나타내는 표이며 포괄손익계산서는 회사의 당해 수익과 비용을 요약한 표이다. 여기서 수익과 비용의 차액을 '당기순이익'이라 한다.[4]

[표 2-1] 재무상태표와 포괄손익계산서

재무상태표

(주)B상사 20x1년 1월 31일 현재 (단위 : 원)

자산		부채 및 자본	
토지	₩3,500,000	미지급금	₩2,000,000
소모품	200,000	자본금	₩2,500,000
현금	1,300,000	이익잉여금	500,000
		(당기순이익 ₩500,000)	
자산총계	₩5,000,000	부채 및 자본총계	₩5,000,000

4) 비용이 수익보다 크면 당기순손실이 생긴다. 기타포괄손익 부분 관련 사항은 추후 여러 곳에서 설명되고 다른 재무제표와의 연계관계는 12장에서 설명된다.

포괄손익계산서

(주)B상사 20x1년 1월 1일부터 ~ 20x1년 1월 31일까지 (단위 : 원)

수익		
용역수입		₩1,500,000
비용		
급료	₩700,000	
소모품비	300,000	1,000,000
당기순이익		₩500,000

2.3 회계거래의 이중적 성격

1. 계정과 분개

복식부기 원리에 따른 거래의 인식은 거래의 이중적 성격에 기반을 둔다. 예를 들어 건물의 현금구입은 건물의 증가와 현금의 감소로 기록되며 비품의 외상구입은 비품의 증가와 미지급금의 증가로 기록된다. 자산항목은 등식에서 부채와 소유주지분의 반대편에 위치한다. 따라서 자산 증가는 부채 및 소유주지분 증가의 반대편에 기록된다.

지금까지는 거래가 발생되면 회계등식에 따라서 재무상태표와 포괄손익계산서에 직접 반영하는 형식으로 설명했으나 거래량이 많아지면 특정 항목의 증감이 어떻게 이뤄졌는지 눈으로 대충 파악하기는 어렵다. 따라서 이를 쉽게 해줄 수 있는 분류체계가 필요하다. 이러한 분류체계의 구성요소를 '계정'이라 한다. 계정은 회계자료의 기본 저장단위며 재무제표에 표시될 항목으로 구성된다.

계정은 좌측과 우측의 두 변으로 나누어져 있는데 좌측을 차변(debit; Dr.), 우측을 대변(credit; Cr.)이라 한다. 계정양식의 윗머리에는 재무상태표와 포괄손익계산서에 표시되는 항목의 명칭을 기록하는데 이를 '계정과목'이라 한다. 실제로 재무상태표나 포괄손익계산서에 계정과목 모두가 표시되는 것은 아니다. 기업의 장부상 계정과목은 회계처리를 마친 후에는 성격이나 중요성에 따라 그룹별로 통합해 재무상태표나 포괄손익계산서에 표시되는 것이 일반적이다.

강의용으로는 표준식 계정양식을 간편화한 T형의 계정양식이 자주 이용되는데 T형의 계정양식은 다음과 같다.

현대기업들도 울고 갈 개성상인의 회계관리

분식회계를 밥 먹듯 하는 요즘 기업들, 개성상인에게 배워라.

대우조선해양(현재 한화오션)을 비롯한 일부 기업이 부실을 감추려고 분식회계를 저질렀다는 사실이 드러난 가운데 복식부기를 사용한 개성상인들의 회계관리가 현대 기업에 적용할 수 있을 정도로 철저했다는 연구결과가 최근 나와 주목된다.

전성호 한국학중앙연구원 글로벌 한국학부 교수 연구팀은 1887~1912년 개성상인의 회계장부를 분석한 결과 이들이 현대적 회계를 통해 소유와 경영을 철저히 분리하고 주기적으로 손익을 배분했다는 사실을 확인했다고 밝혔다.

전교수는 이를 바탕으로 최근 이탈리아 페스카라에서 열린 '제14차 세계 회계사 대회'에서 '한국 개성에서의 자본계정의 탄생'이라는 논문을 발표했다. 이 논문에 따르면 개성상인은 1년 단위로 손익을 측정해 그 한도 내에서 투자자에게 배당했고 이를 이익잉여금처분계산서로 기록했다. 전교수는 "이탈리아 등 유럽에서는 선박 무역에서 배가 돌아온 뒤 투자자의 수익을 분배하고 회사를 청산하는 식으로 일회성 이익 분배가 이뤄졌다"며 "현대주식회사와 마찬가지로 영업이익을 해마다 주기적으로 측정해 회사의 지속성을 담보한 회계기록은 개성상인이 최초"라고 말했다.

전교수 연구팀이 개성안인의 회계문서에 한자로 쓰인 내용을 번역한 결과를 현대적 회계 항목에 대입한 결과 거의 그대로 일치했다. 개성상인은 복식부기로 분개장(거래순서에 따라 기록한 장부), 총계정원장(모든 계정의 수입과 지출을 기록한 장부)뿐 아니라 대차대조표와 손익계산서를 구분해서 작성했다.

개성상인은 소유와 경영이 완벽하게 분리돼 있었다는 것도 확인됐다. 도중이 경영을 모두 말고 투자자는 배당만 받았다. 투자자와 도중은 손익을 절반씩 나눴다. 손해가 나도 절반, 이익이 나도 절반씩이었다.

–동아일보 2016.7.18. 기사 중–

계정과목

차변	대변

자산에 속하는 계정과목의 증가는 왼편(차변), 감소는 오른편(대변)에 기록하고 부채와 자본에 속하는 계정과목의 증가는 오른편(대변), 감소는 왼편(차변)에 기록한다. 수익은 이익잉여금의 증가를 가져오므로 자본과 동일하게 증가는 대변, 감소는 차변에 기록한다. 비용은 이익잉여금의 감소를 가져오므로 자본과는 반대로 증가는 차변, 감소는 대변에 기록한다. 거래의 분석을 위한 일반적인 모형을 살펴보면 [표 2-2]와 같다.

[표 2-2] 거래의 요소

계정	차변	대변
자산	증가	감소
부채	감소	증가
자본	감소	증가
수익	감소	증가
비용	증가	감소

앞에서 설명한 회계등식에 따라 모든 거래는 이중적 효과로 분석이 가능하다. 이와 같은 이중적 효과 분석에 따른 누계를 거래가 발생할 때마다 집계하지 않고 매일, 매주 또는 매월마다 주기적으로 집계하는 것이 보다 편리할 수 있다.

거래를 계정에 직접 기록할 때 발생하는 이와 같은 불편을 제거하기 위하여 먼저 '분개'라는 형식으로 표시한 다음 계정에 기입하는 절차를 밟게 된다. 분개란 어느 계정의 차변에 얼마를 기입하고 다른 계정의 대변에 얼마를 기입할지를 확정해 이행하는 절차다. 거래를 분개할 때는 차변에 기입할 계정과 금액을 먼저 적고 그 다음 대변에 기입할 계정과 금액을 기록한다. 이 경우 거래의 이중성에 따라 발생된 거래의 차변금액과 대변금액은 일치시켜야 한다.

2. 분개의 유형

분개는 일상적 언어를 회계 언어로 바꾸어 주는 첫 번째 단계다. 거래를 분석해 기록할 때 차변과 대변에 동일한 금액을 기입하는 것이 가장 중요하다. 차변과 차변에 기입하거나 대변과 대변에 기입하면 복식부기 원리에 어긋난다. 또 차변과 대변에 다른 금액을 기입하는 것도 복식부기 원리에 어긋나기는 마찬가지다.

분개의 대표적 유형은 다음과 같다.

① 자금의 원천에 대한 분개: 자산이 증가하면서 자본(부채)이 증가하는 경우로, 자본 또는 부채로 조달된 자금이 유입되는 유형 등

② 자산의 교환에 대한 분개: 자산이 증가하면서 자산이 감소하는 경우로, 자산계정이 재분류되는 유형 등

③ 자산과 부채의 증가에 대한 분개: 자본의 유입 이외에 자산이 증가하면서 부채가 증가하

는 유형 등

④ 비용 인식에 대한 분개: 비용이 증가하면서 자산이 감소하거나 부채가 증가하는 유형 등

⑤ 수익 인식에 대한 분개: 자산이 증가하면서 수익이 증가하는 유형 등

⑥ 부채와 자산의 감소에 대한 분개: 부채가 감소하면서 자산이 감소하는 유형 등

(1) 자금의 원천에 대한 분개 유형

자산이 증가하면서 자본(부채)이 증가하는 경우는 자금의 원천에 대한 분개 유형이다. 주식회사 설립 시에 주주로부터 출자를 받는다. 주식 발행으로 ₩1,000,000을 주주로부터 출자 받게 되면 차변에 자산의 증가, 대변에 자본의 증가로 분개를 한다.

(차) 현 금	1,000,000	(대) 자 본 금	1,000,000

이를 분석하면 차변에는 자산의 유형이 현금이라는 정보를, 대변에는 그 자금의 원천이 주주로부터 출자된 것이라는 정보를 나타낸다.

한편, 주식회사가 은행으로부터 돈을 ₩500,000 빌려온 거래를 복식부기 원리에 따라 분석하면 다음과 같다.

(차) 현 금	500,000	(대) 차 입 금	500,000

회사가 은행으로부터 돈을 ₩500,000 차입하는 대신 회사가 직접 회사채를 발행해 자금을 조달하는 경우의 분개는 다음과 같다.

(차) 현 금	500,000	(대) 사 채	500,000

은행으로부터 돈을 차입하거나 회사채를 발행해 자금을 조달하는 경우 차변에는 현금 자산이 증가하며, 그 자금의 원천은 주주가 아닌 채권자임을 나타낸다. 다만, 은행에서 돈을 빌려온 경우에는 채권자가 은행이 되고 회사채로 조달한 경우는 사채를 매입해 보유한 자가 채권자가 된다. 사채에 대해서는 8장 금융부채에서 자세히 다룬다.

(2) 자산의 교환에 대한 분개 유형

서비스업의 경우 회사설립 후 영업개시를 위해 소모품을 매입할 필요가 있다. 보유한 현금 중 ₩200,000을 지출해 소모품을 구입했다면 다음과 같은 분개가 이뤄진다.

(차) 소 모 품	200,000	(대) 현 금	200,000

이를 분석하면 차변에는 증가된 자산의 종류가 소모품이며 대변에는 이를 취득하기 위해 현금이라는 지불수단을 사용했음을 나타낸다. 이는 자산의 증가와 감소가 동시에 나타나는 자산 항목 사이의 교환거래다.

현금 ₩200,000으로 책상을 구입한 경우를 분개해 보면 소모품 대신에 비품으로 바뀔 뿐 차변의 자산 증가와 대변의 자산 감소는 동일하다.

(차) 비 품	200,000	(대) 현 금	200,000

비품 대신에 건물을 현금으로 구입했다면 아래와 같이 분개한다.

(차) 건 물	200,000	(대) 현 금	200,000

용역기업이 용역을 제공하고 현금을 받지 아니한 경우에는 외상매출금이라는 매출채권이 발생한다. 이를 현금으로 회수한 경우에도 다음과 같은 자산 교환 분개 유형이 발생한다.

(차) 현 금	200,000	(대) 외 상 매 출 금	200,000

(3) 자산과 부채의 증가에 대한 분개 유형

자산을 현금을 지급하지 않고 외상으로 구입하는 경우도 있다. 앞의 예에서 현금이 아닌 외상으로 구입했다면 분개는 다음과 같다.

(차) 비 품	200,000	(대) 미 지 급 금	200,000
(차) 건 물	200,000	(대) 미 지 급 금	200,000

비품이나 건물을 구입하고 대금을 지급하지 않은 경우에는 '미지급금(other payable 또는 account payable−others)'이라는 계정을 이용한다. 건물이나 비품 등의 구입은 주된 영업활동에서 발생되는 채무가 아니므로 외상매입금 대신 미지급금 계정을 사용한다. 상품매매업의 경우 서비스업과는 달리 판매할 목적으로 상품을 외상으로 매입하는 경우가 많은데 이 경우 '외상매입금(account payable 또는 account payable−trade)'이라는 계정을 사용한다.

(4) 비용의 인식에 대한 분개 유형

비용 발생은 차변에 기입하는데 상대편 대변 계정과목은 자산의 감소나 부채의 증가와 연결되는 것이 보통이다.

은행으로부터 빌려온 차입금에 대해 ₩50,000의 이자비용을 지급하는 거래는 아래의 분개로 나타낼 수 있다.

(차) 이 자 비 용	50,000	(대) 현 금	50,000

차변에는 비용의 증가, 대변에는 자산의 감소를 의미한다.

발생된 이자비용을 지급하지 않은 사항에 대한 분개는 다음과 같다.

(차) 이 자 비 용	50,000	(대) 미 지 급 비 용	50,000

차변에는 비용의 증가, 대변에는 부채의 증가를 나타낸다. 이자를 현금으로 지급한 경우와 다르게 대변에 미지급비용이라는 부채계정을 사용한다.

기업은 종업원들이 제공한 용역에 대해 급료를 지급하는데 이를 즉시 현금으로 지급할 수도 있고 나중에 지급할 수도 있다. 이에 대한 분개는 각각 다음과 같다.

(차) 급 료	60,000	(대) 현 금	60,000
(차) 급 료	60,000	(대) 미 지 급 비 용	60,000

위의 분개에서 발생된 부채를 미지급이자 또는 미지급급료로 구분해도 무방하지만 그 금액의 중요성에 따라 통합된 계정과목인 미지급비용을 사용할 수도 있다.

(5) 수익의 인식에 대한 분개 유형

수익 발생은 대변에 기입되는데 상대편 계정과목은 차변에 속하는 자산의 증가로 나타나는 것이 보통이다.

서비스를 제공하고 그 대가로 현금 ₩200,000을 받았다면 다음과 같은 분개를 행한다.

(차) 현 금	200,000	(대) 용 역 수 입	20,000

차변에는 자산의 증가, 대변에는 수익의 증가를 의미한다. 용역수입 대신 용역매출, 서비스매출, 영업수익 등 다양한 계정과목 명칭을 사용할 수 있다. 용역제공 시점에 대금을 받지 않고 추후에 회수하기로 했다면 현금 대신 외상매출금 계정을 사용한다.

(차) 외 상 매 출 금	200,000	(대) 용 역 수 입	20,000

차변에는 자산의 증가, 대변에는 수익의 증가로, 앞의 예와 동일하지만 자산의 유형은 현금이 아니라 나중에 받을 돈인 외상매출금이 된다.

(6) 부채와 자산의 감소에 대한 분개 유형

은행으로부터 차입한 부채 ₩500,000 중 절반을 현금으로 갚는 경우 분개는 다음과 같다.

(차) 차 입 금	250,000	(대) 현 금	250,000

차변에는 부채의 감소, 대변에는 자산의 감소로 표시된다.

지금까지 설명한 분개 유형을 요약하면 다음과 같다.

유형	차변	대변
자금원천	자산의 증가	자본의 증가
	자산의 증가	부채의 증가
자산교환	자산의 증가	자산의 감소
자산과 부채의 증가	자산의 증가	부채의 증가

비용인식	비용의 증가	자산의 감소
	비용의 증가	부채의 증가
수익계상	자산의 증가	수익의 증가
부채와 자산의 감소	부채의 감소	자산의 감소

이와 같은 분석은 처음 단계이므로 가정을 단순화한 것이며 발생주의와 같은 회계관습에 따른 변형에 관해서는 3장에서 다루기로 한다.

2.4 분개와 전기

1. 분개

기업은 매일 발생된 회계거래를 인식할 수 있는 증빙을 기초로 분개장에서 분개를 행한 다음에는 총계정원장으로 옮겨 적는 절차를 밟는데 이를 '전기(posting)'라 한다. 분개장 기입을 대신해 전표제도를 활용하기도 한다. 전산화된 환경에서는 분개를 전산에 입력하면 다음 회계절차는 전산시스템에 의해 자동적으로 처리되고 재무제표 등 결과가 곧바로 출력된다.

분개장 기입은 전표, 매입 또는 판매보고서, 영수증, 세금계산서의 증빙서류를 기초로 행한다. 분개장의 적요란에는 자세한 거래내용을 기입하는 대신 증빙서류번호만 기입하는 경우도 있다. 분개장을 사용하지 않고 입금전표, 출금전표, 대체전표 등으로 그 기능을 대신할 수도 있다.

회계거래가 발생하면 계정에 직접 기록하지 않고 분개장에 먼저 기록하고 이를 토대로 각 계정에 금액을 옮겨 적는 것이 일반적이다. 분개장의 양식은 [그림 2-1]에 나타나 있다. 적요란에는 관련 계정과목을 적고 간단히 거래내역을 기록한다. 면수는 분개장의 페이지 번호를 말한다. 한편 원면이라는 것은 계정을 모아 놓은 총계정원장의 페이지 수를 의미한다. 이는 분개장에 기록된 계정과목이 총계정원장상의 몇 페이지에 위치함을 알려준다.

분개장

면수 : 1

월	일	적 요	원면	차 변	대 변
1	1	현 금	2	2,500,000	
		자 본 금	3		2,500,000
		(현금으로 자본을 출자함)			
1	2	토 지	4	3,500,000	
		현 금	2		1,500,000
		미지급금	5		2,000,000
		(토지를 현금과 외상으로 구입함)			
1	3	소 모 품	6	500,000	
		현 금	2		500,000
		(소모품을 현금으로 구입함)			
1	31	현 금	2	1,500,000	
		용역수입	7		1,500,000
		(출장요리비를 현금으로 받음)			
1	31	급 료	8	700,000	
		현 금	2		700,000
		(급료를 현금으로 지급)			
1	31	소모품비	9	300,000	
		소 모 품	6		300,000
		(소모품 재고를 조사해 사용분을 비용계상함)			

[그림 2–1] 분개장

2. 총계정원장으로의 전기

분개장에서 행한 분개는 총계정원장의 해당 계정에 전기하게 된다. 이와 같은 전기의 절차는 다음과 같다.

① 총계정원장에서 해당 계정을 찾아낸다.

② 차변과 대변 중 어느 쪽에 기입할 것인가를 확인하고 금액, 일자, 상대 계정과목, 분개장 면수(분면으로 줄여 표시됨)를 기입한다.

총계정원장의 계정과목별 양식은 [그림 2–2]와 같다. 현금계정의 차변에 ₩2,500,000을 기입한 다음 분면란에 분개장의 면수(여기에서는 1)를 기입하고 월일란에 분개일자를, 적요란에 분개시의 상대편계정(여기에서는 자본금)을 기입한다. 잔액 앞의 '차 또는 대'는 잔액이 차변에 남았는지 대변에 남았는지를 표시한다. 정상적인 경우 자산 · 비용은 차변 잔액이, 부채 · 자본 및 수익은 대변 잔액이 계상된다.

총계정원장

현금

면수 : 2

월	일	적 요	분 면	차 변	대 변	차 또는 대	잔 액
1	1	자본금	1	2,500,000		차	2,500,000
	2	토지	1		1,500,000	차	1,000,000
	3	소모품	1		500,000	차	500,000
	31	용역수입	1	1,500,000		차	2,000,000
	31	급료	1		700,000	차	1,300,000

자본금

면수 : 3

월	일	적 요	분 면	차 변	대 변	차 또는 대	잔 액
1	1	현금	1		2,500,000	대	2,500,000

토지

면수 : 4

월	일	적 요	분 면	차 변	대 변	차 또는 대	잔 액
1	2	현금과 미지급금	1	3,500,000		차	3,500,000

미지급금

면수 : 5

월	일	적 요	분 면	차 변	대 변	차 또는 대	잔 액
1	2	토지	1		2,000,000	대	2,000,000

소모품

면수 : 6

월	일	적 요	분 면	차 변	대 변	차 또는 대	잔 액
1	3	현금	1	500,000		차	500,000
	31	소모품비	1		300,000	차	200,000

용역수입

면수 : 7

월	일	적 요	분 면	차 변	대 변	차 또는 대	잔 액
1	31	현금	1		1,500,000	대	1,500,000

급 료

면수 : 8

월	일	적 요	분 면	차 변	대 변	차 또는 대	잔 액
1	31	현금	1	700,000		차	700,000

소모품비

면수 : 9

월	일	적 요	분 면	차 변	대 변	차 또는 대	잔 액
1	31	소모품 사용	1	300,000		차	300,000

[그림 2-2] 총계정원장의 계정과목별 양식

2.5 서비스업의 회계절차

지금까지 설명한 회계거래의 분석과 분개 및 총계정원장 전기 과정에 대해 다음의 예를 통해 살펴보기로 한다.

㈜ C상사는 서비스를 제공하는 기업이며, 20x1년 5월 1일 주식 20주를 액면발행하고 현금 ₩100,000을 받아 설립하다.

(차) 현　금　100,000　(대) 자 본 금　100,000

5월 4일　사무설비 ₩8,000을 현금으로 구입하다.

(차) 사 무 설 비　8,000　(대) 현　금　8,000

5월 7일　사무실용 소모품 ₩4,000을 외상으로 구입하다.

(차) 소 모 품　4,000　(대) 미 지 급 금　4,000

5월 12일　임차한 건물의 임차료로 ₩5,000을 지급하다.

(차) 임 차 료　5,000　(대) 현　금　5,000

5월 15일 소모품 미지급대금 중 ₩2,000을 지급하다.

(차) 미 지 급 금	2,000	(대) 현 금	2,000

5월 26일 고객에게 용역 ₩48,000을 제공했으나 현금을 받지는 못했다.

(차) 외 상 매 출 금	48,000	(대) 용 역 수 입	48,000

5월 27일 종업원급료 ₩10,000을 지급하다.

(차) 급 료	10,000	(대) 현 금	10,000

5월 29일 토지 ₩20,000을 구입하고 이중 ₩6,000은 현금으로 지급하고 나머지는 외상으로 하다.

(차) 토 지	20,000	(대) 현 금	6,000
		미 지 급 금	14,000

5월 30일 5월 26일에 발생한 매출채권 중 ₩40,000을 회수하다.

(차) 현 금	40,000	(대) 외 상 매 출 금	40,000

위의 분개를 총계정원장에 전기하면 다음과 같다. 총계정원장은 T계정을 이용하기로 한다.

〈5월 1일〉

현금

5/1	100,000		

자본금

		5/1	100,000

현금이라는 자산이 증가했으므로 차변에, 자본금이라는 소유주지분이 증가했으므로 대변에 기록한다.

〈5월 4일〉

현금

5/1	100,000	5/4	8,000

사무설비

5/4	8,000		

현금이라는 자산이 감소했으므로 대변에, 사무설비라는 자산이 증가했으므로 차변에 기록해야 한다.

〈5월 7일〉

소모품

5/7	4,000		

미지급금

		5/7	4,000

소모품이라는 자산이 증가했으므로 차변에, 미지급금이라는 부채가 증가했으므로 대변에 기록해야 한다. 외상매입금은 일반적 상거래에서 발생한 매입채무를, 미지급금은 일반적인 상거래 이외에서 발생한 채무로 구분된다.

〈5월 12일〉

현금

5/1	100,000	5/4	8,000
		5/12	5,000

임차료

5/12	5,000		

임차료라는 비용이 증가했으므로 차변에, 현금이라는 자산이 감소했으므로 대변에 기록한다.

〈5월 15일〉

현금

5/1	100,000	5/4	8,000
		5/12	5,000
		5/15	2,000

미지급금

5/15	2,000	5/7	4,000

미지급금이라는 부채가 감소했으므로 차변에, 현금이라는 자산이 감소했으므로 대변에 기록해야 한다.

〈5월 26일〉

외상매출금

5/26	48,000		

용역수입

		5/26	48,000

외상매출금이라는 자산이 증가했으므로 차변에, 용역수입이라는 수익이 증가했으므로 대변에 기록해야 한다.

〈5월 27일〉

현금

5/1	100,000	5/4	8,000
		5/12	5,000
		5/15	2,000
		5/27	10,000

급료

5/27	10,000		

급료라는 비용이 증가했으므로 차변에, 현금이라는 자산이 감소했으므로 대변에 기록한다.

〈5월 29일〉

현금

5/1	100,000	5/4	8,000
		5/12	5,000
		5/15	2,000
		5/27	10,000
		5/29	6,000

미지급금

5/15	2,000	5/7	4,000
		5/29	14,000

토지

5/29	20,000		

토지라는 자산이 증가했으므로 차변에, 현금이라는 자산이 감소했고 미지급금이라는 부채가 증가했으므로 모두 대변에 기록해야 한다.

〈5월 30일〉

현금

5/1	100,000	5/4	8,000
5/30	40,000	5/12	5,000
		5/15	2,000
		5/27	10,000
		5/29	6,000

외상매출금

5/26	48,000	5/30	40,000

외상매출금이라는 자산이 감소했으므로 대변에, 현금이라는 자산이 증가했으므로 차변에 기록해야 한다.

토·의·문·제

1. 회계거래와 경제적 사건의 차이점을 설명하라.

2. 개인기업과 주식회사기업의 회계처리를 비교하라.

3. 계정이란 무엇인가?

4. 거래의 이중성에 대해서 회계등식과 함께 설명하라.

5. 대차평균의 원리를 설명하라.

6. 분개란 무엇인가 설명하고 분개의 유형에 관해 논의하라.

7. 자산의 증가와 자산의 감소가 연결되는 거래를 제시하라.

8. 자산의 증가와 수익발생이 연결되는 거래를 설명하라.

9. 일상적 회계절차에 대해서 설명하라.

10. 비용발생과 부채의 증가가 연결되는 예를 제시하라.

자·습·문·제

[자산, 부채, 자본 항목]

1. 다음의 계정과목 중에서 재무상태표의 자산, 부채, 자본에 해당되는 것을 선택하라.

1. 현 금	2. 보통주 자본금	3. 비 품	4. 이익잉여금
5. 미지급금	6. 외상매입금	7. 외상매출금	

풀이

자산 : 1, 3, 7
부채 : 5, 6
자본 : 2, 4

[회계등식]

2. A주식회사는 20x1년 12월 31일 현재 재무상태표에 ₩351,000의 자산을 보유하고 있다. 만일 회사의 총 부채가 ₩64,660이라면 자본금은 얼마인지 회계등식을 이용해 계산하라.

풀이

₩351,000 = ₩64,660 + X
∴ X = ₩286,340

[회계등식: 소모품]

3. 다음 정보를 이용해 A주식회사의 20x1년 12월 31일 현재 재무상태표에 나타나는 소모품 가액은 얼마인지 답하라.

현 금	₩2,500	소 모 품	₩ ?
토 지	4,300	부 채	6,700
자 본 금	5,000		

풀이

₩2,500 + X + ₩4,300 = ₩6,700 + ₩5,000
∴ X = ₩4,900

[회계등식: 부채]

4. 다음은 A주식회사의 9월말 현재 재무상태표를 요약한 것이다. 회사가 부담하는 부채는 얼마인가?

현 금	₩400	부 채	₩ ?
소 모 품	1,500	자 본 금	2,000
기 계	7,000	이익잉여금	6,000
기 타 자 산	3,000		

풀이

자산 = ₩400 + ₩1,500 + ₩7,000 + ₩3,000 = ₩11,900
부채 = ₩11,900 − ₩2,000 − ₩6,000 = ₩3,900

[손익계산서 항목]

5. 다음의 빈 항목에 해당되는 금액을 계산하라.

1. 수 익	₩560	비 용	₩350	순이익 = ?
2. 비 용	₩600	수 익	₩940	순이익 = ?
3. 순이익	₩400	비 용	₩540	수 익 = ?
4. 수 익	₩5,500	순이익	₩2,300	비 용 = ?
5. 순이익	₩7,900	비 용	₩12,500	수 익 = ?

풀이

1. ₩210 2. ₩340 3. ₩940 4. ₩3,200 5. ₩20,400

[회계등식: 기말 자본금]

6. 회계연도 말에 다음과 같은 계정 잔액이 결정됐다. 기말자본을 계산하라.

현 금	₩4,000	외상매출금	₩25,000
건 물	40,000	미지급이자	5,600
미 지 급 금	9,400	기 말 자 본	?

풀이

₩4,000 + ₩25,000 + ₩40,000 − ₩5,600 − ₩9,400 = ₩54,000

[회계등식: 기말 자본금]

7. 다음은 20x1년 말 현재 A주식회사의 재무상태표를 정리한 것이다. 기말자본은 얼마인가?

현 금	₩15,000	외상매출금	₩11,000
건 물	22,000	유형자산	17,000
미지급금	9,000	미지급비용	13,500
기말자본	?		

풀이

₩15,000 + ₩11,000 + ₩22,000 + ₩17,000 − ₩9,000 − ₩13,500 = ₩42,500

[회계등식: 이익잉여금]

8. A주식회사가 일 년 동안 영업을 한 이후에 ₩8,500의 자산을 보유하고 부채 총계는 ₩4,000으로 집계됐으며 보통주 자본금은 ₩1,500에 해당된다. 기말에 이익잉여금은 얼마인가?

풀이

₩8,500 = ₩4,000 + ₩1,500 + X

∴ X = ₩3,000

[회계등식: 이익잉여금]

9. A주식회사는 20x1년 초에 ₩100,000의 이익잉여금을 보유하고 있다. 20x1년 동안 매출액은 ₩2,500,000 발생했으며 비용은 ₩1,900,000 발생했다. 20x1년 기말 현재 이익잉여금은 얼마인가?

풀이

₩100,000 + ₩2,500,000 − ₩1,900,000 = ₩700,000

[회계거래]

10. 다음 중 회계적 거래가 아닌 것 하나를 선택하라.

1. 오피스텔을 1년간 임차하기로 임대인과 계약을 체결했다.
2. 영업점에서 사용하던 시계를 점검하기 위해 대리점에 맡기고 수리비로 현금을 지급했다.
3. 업무에 사용하던 노트북컴퓨터를 도난당했다.
4. 화재가 발생해 공장 집기물 중 일부가 소실됐다.
5. 업무에 사용하던 오디오를 아동복지시설에 기증했다.

풀이

1. 단순히 계약만 체결하는 것은 회계거래가 아님.

[거래의 6요소]

11. 다음의 각 거래 내역을 거래의 요소에 의해 분류하라.

1. 토지를 ₩600,000에 현금을 지급하고 구입했다.
2. 은행에서 ₩200,000을 1년 후 상환하는 조건으로 차입했다.
3. 현금 ₩100,000을 은행 당좌예금에서 인출했다.
4. 차량수리비 ₩10,000을 지출했다.
5. 은행에서 ₩300,000을 차입해 외상매입금을 지급했다.

풀이

1. 자산의 증가, 자산의 감소
2. 자산의 증가, 부채의 증가
3. 자산의 증가, 자산의 감소
4. 자본의 감소, 자산의 감소
5. 부채의 감소, 부채의 증가

[회계등식]

12. 다음의 빈 칸에 알맞은 금액을 기입하라.

사 례	A	B	C	D
7월 1일의 소모품재고액	₩(a)	₩600	₩800	₩500
7월 중 소모품구입액	700	(b)	5,000	3,000
7월 중 사용된 소모품가액	9,000	500	(c)	2,000
7월 31일의 소모품재고액	300	100	4,000	(d)

풀이

A a + ₩700 − ₩9,000 = ₩300 ∴ a = ₩8,600

B ₩600 + b − ₩500 = ₩100 ∴ b = ₩0

C ₩800 + ₩5,000 − c = ₩4,000 ∴ c = ₩1,800

D ₩500 + ₩3,000 − ₩2,000 = d ∴ d = ₩1,500

[계정의 분류]

13. 다음 항목을 자산, 부채 및 수익과 비용 항목으로 분류하라.

현 금	소 모 품	소 모 품 비	광 고 선 전 비
차 입 금	임 차 료	급 료	외 상 매 출 금
이 자 비 용	미 지 급 금		

풀이

자 산 : 현금, 소모품, 외상매출금
부 채 : 차입금, 미지급금
수익과 비용 항목 : 소모품비, 이자비용, 임차료, 급료, 광고선전비

[자산항목]

14. 다음 자료에 의해 A주식회사의 자산총액을 계산하면 얼마인가(자산 관련항목은 모두 포함되었으나 기타 항목은 일부만 제시됨)?

현금과 예금	₩20,000	이익잉여금	₩100,000
토 지	300,000	자 본 금	150,000
전 기 료	40,000	매출수익	50,000
단기차입금	60,000	외상매출금	300,000
미지급금	20,000	광고선전비	30,000
차량운반구	200,000		

풀이

자산총액 = ₩20,000(현금과 예금) + ₩300,000(토지) + ₩300,000(외상매출금)
+ ₩200,000(차량운반구) = ₩820,000

[분개]

15. 다음의 거래를 분개하라.

1. 4/1 은행으로부터 ₩100,000을 차입하다.
2. 4/6 현금 ₩30,000을 지불하고 비품을 구입하다.
3. 4/8 용역 ₩14,000을 외상으로 공급하다.
4. 4/14 급료로 현금 ₩4,000을 지급하다.
5. 4/18 차입금에 대한 이자 ₩1,000을 지급하다.
6. 4/25 추가적으로 ₩80,000을 출자하다.

풀이

1.	(차)	현 금	100,000	(대)	차 입 금	100,000
2.	(차)	비 품	30,000	(대)	현 금	30,000
3.	(차)	외상매출금	14,000	(대)	용역수입	14,000
4.	(차)	급 료	4,000	(대)	현 금	4,000
5.	(차)	이자비용	1,000	(대)	현 금	1,000
6.	(차)	현 금	80,000	(대)	자 본 금	80,000

[분개장 기입]

16. 자습문제15번의 거래를 아래의 분개장에 기입하라.

분개장

월	일	적 요	차 변	대 변

풀이

분개장

월	일	적 요	차 변	대 변
4	1	현 금	100,000	
		차입금		100,000
		(현금을 차입함)		
4	6	비 품	30,000	
		현 금		30,000
		(비품을 현금으로 구입함)		
4	8	외상매출금	14,000	
		용역수입		14,000
		(용역을 제공했으나 대금을 나중에 받기로함)		
4	14	급 료	4,000	
		현 금		4,000
		(급료를 현금으로 지급함)		
4	18	이자비용	1,000	
		현 금		1,000
		(이자비용을 현금으로 지급함)		
4	25	현금	80,000	
		자본금		80,000
		(자본을 출자함)		

[분개]

17. 다음의 거래를 분개하라.

7월 1일 현금 ₩20,000을 출자했다.
사무실 임차료로 ₩10,000을 현금 지급했다.
2일 외상으로 사무용 비품을 ₩4,000만큼 구입했다.
5일 소모품 ₩500을 현금으로 구입했다(소모품비로 처리).
10일 고객에게 ₩3,800의 용역을 제공하고 아직 대금을 받지는 못했다.
19일 고객으로부터 ₩2,000을 회수했다.
21일 통신비 ₩800을 지급했다.
29일 7월분 급여 ₩6,000을 아직 지급하지 못했다.
30일 소모품 중 ₩100만큼 남아있다.

풀이

7/1	(차) 현 금	20,000	(대) 자 본 금	20,000
7/1	(차) 임 차 료	10,000	(대) 현 금	10,000
7/2	(차) 비 품	4,000	(대) 미 지 급 금	4,000
7/5	(차) 소 모 품 비	500	(대) 현 금	500
7/10	(차) 외 상 매 출 금	3,800	(대) 용 역 수 입	3,800
7/19	(차) 현 금	2,000	(대) 외 상 매 출 금	2,000
7/21	(차) 통 신 비	800	(대) 현 금	800
7/29	(차) 급 여	6,000	(대) 미 지 급 급 여	6,000
7/30	(차) 소 모 품	100	(대) 소 모 품 비	100

[거래의 추정: 분개]

18. 다음의 분개에 해당하는 거래를 추정하라.

1.	(차) 받 을 어 음	6,000	(대) 외 상 매 출 금	6,000
2.	(차) 당 좌 예 금	3,500	(대) 현 금	3,500
3.	(차) 건 물	60,000	(대) 미 지 급 금	60,000
4.	(차) 대 여 금	8,300	(대) 현 금	8,300
5.	(차) 현 금	4,000	(대) 비 품	4,000

풀이

1. 외상매출금을 현금 대신 받을어음으로 받다.
2. 현금을 당좌예금에 입금하다.
3. 건물을 구입하고 대금은 나중에 지급하기로 하다.
4. 현금을 대여하다.
5. 비품을 매각하고 현금을 받다.

[T계정 기입]

19. 다음의 T계정 빈칸에 알맞은 금액을 제시하라.

현금

기 초	2,000	미지급금	(2)
차 입 금	(1)		
	(3)		(4)

미지급금

현 금	700	기 초	1,600
		기계장치	(5)
	(6)		(7)

기계장치

기 초	3,500		
미지급금	(8)		
	4,000		4,000

차입금

		기 초	1,500
		현 금	(9)
	2,500		2,500

풀이

(1) 차입금계정에서 구할 수 있다. ₩2,500 − ₩1,500 = ₩1,000, (9)와 동일
(2) 미지급금계정에서 구할 수 있다. ₩700
(3) ₩2,000 + ₩1,000 − ₩700 = ₩2,300
(4) ₩2,300, (3)과 동일
(5) ₩4,000 − ₩3,500 = ₩500, (8)과 동일
(6) ₩1,600 + ₩500 − ₩700 = ₩1,400
(7) ₩1,600 + ₩500 − ₩700 = ₩1,400, (6)과 동일
(8) ₩4,000 − ₩3,500 = ₩500, (5)와 동일
(9) ₩2,500 − ₩1,500 = ₩1,000, (1)과 동일

[거래의 요소 분석]

20. 다음의 각 거래 내역을 거래의 요소에 따라 차변과 대변으로 분류하라.

1. 현금 ₩500,000을 출자해 영업을 개시하다.
2. 비품 ₩200,000을 외상으로 구입하다.
3. 소모품 ₩100,000을 현금으로 구입하다.
4. 용역을 제공한 대가로 ₩150,000을 현금으로 수령하다.
5. 급료 ₩50,000을 현금으로 지급하다.

풀이

1.	(차)	자산의 증가	(대)	자본의 증가
2.	(차)	자산의 증가	(대)	부채의 증가
3.	(차)	자산의 증가	(대)	자산의 감소
4.	(차)	자산의 증가	(대)	수익의 발생
5.	(차)	비용의 발생	(대)	자산의 감소

연·습·문·제

[회계등식]

1. A주식회사는 20x1년 12월 31일 현재 재무상태표에 ₩600,000의 총자산을 보유하고 있다. 만일 회사의 총부채가 ₩350,000이라면 자본은 얼마인지 회계등식을 이용해 계산하라.

[회계등식: 비품]

2. A주식회사의 20x1년 12월 31일 현재 재무상태표에 표시되는 금액 전체가 다음과 같은 경우 비품에 해당하는 금액은 얼마인지 답하라.

현금	₩3,600	비품	₩?
건물	4,300	부채	8,800
자본금	6,000		

[회계등식: 부채]

3. 다음은 A주식회사의 9월말 현재 재무상태표 계정을 전부 표시한 것이다. 부채는 얼마인가?

현금	₩5,400	부채	₩?
소모품	2,500	자본금	2,000
기계장치	8,000	이익잉여금	6,000
기타자산	6,000		

[회계등식: 기말 자본금]

4. 기말 현재 재무상태표에 표시되는 금액 전체가 다음과 같은 경우 기말자본 금액을 계산하라.

현금	₩3,000	외상매출금	₩25,000
토지	20,000	미지급급료	6,500
차입금	7,400	기말자본	?

[회계등식: 이익잉여금]

5. A주식회사가 1년 동안 영업을 한 이후에 ₩17,500의 자산을 보유하고 부채 총계는 ₩7,000으로 집계됐으며 보통주 자본금은 ₩3,800일 경우, 기말이익잉여금은 얼마인가?

[회계등식]

6. 회계등식의 관계를 이용해 다음의 빈 칸에 알맞은 금액을 채워라.

	현 금	외상매출금	비 품	미지급금	차입금	자본금
1	₩5,000	₩(A)	₩3,000	₩6,000	₩2,560	₩4,800
2	2,500	8,124	5,630	(B)	3,600	10,000
3	4,542	10,000	45,032	1,000	4,500	(C)
4	(D)	3,000	2,400	300	10,000	5,000

[자산, 부채, 자본 항목]

7. 다음의 자산 · 부채 · 자본에 관한 자료를 이용해 자본금을 계산하라.

현 금	₩10,000
이 익 잉 여 금	20,000
차 입 금	12,500
차 량 운 반 구	30,000
기 계 장 치	20,500
외 상 매 출 금	9,800
사 채	12,000
토 지	8,300
건 물	15,000
미 지 급 금	4,600
자 본 금	X
소 모 품	1,000

[분개]

8. 다음의 T계정에 기록된 상황을 보고, 거래를 추정해 분개하라.

현금

A	50,000	B	30,000
D	8,000	E	4,000
F	10,000	H	10,000

기계장치

B	30,000	F	10,000
G	4,000		

소모품

C	5,600		

사 채

		D	8,000

자본금				미지급금			
H	10,000	A	50,000	E	4,000	C	5,600
						G	4,000

[거래의 6요소]

9. 다음의 거래요소의 결합 형태에 적합한 거래의 예를 한 가지씩 제시하라.

	차 변	대 변
1	자본의 감소	자산의 감소
2	부채의 감소	부채의 증가
3	자산의 증가	수익의 발생
		자산의 감소
4	자본의 감소	자본의 증가

[회계등식]

10. 다음의 자료를 이용해 A에 해당되는 금액을 계산하라(기초이익잉여금은 ₩0으로 가정함).

현금	₩4,800
외상매출금	10,000
토지	20,000
차량운반구	5,000
미지급금	8,200
차입금	6,000
사채	10,000
자본금	5,000
용역수입	19,500
광고선전비	(A)
보험료	1,000
이자비용	2,900

[회계 등식: T계정]

11. 다음 자료에 의해 당기순이익을 계산하라.

기말자산	₩40,000
기말부채	20,000
기초자본	10,000

[분개]

12. 다음의 분개에 해당되는 거래를 추정하라.

1.	(차) 현 금	10,000	(대) 자 본 금	10,000
2.	(차) 사 채	20,000	(대) 현 금	20,000
3.	(차) 현 금	30,000	(대) 토 지	30,000

[분개]

13. 다음 거래는 A산업에서 20x1년 8월 중 발생한 내역을 기록한 것이다. 해당 거래에 대해 분개하라.

8월 1일 주주가 A산업에 ₩3,000을 현금으로 출자했다.
8월 1일 은행에서 ₩10,000을 차입했다.
8월 1일 차량운반구 명목으로 ₩8,000을 지출했다.
8월 5일 고객에게 용역제공 후 고객으로부터 ₩2,000을 받았다.
8월 7일 고객에게 용역제공 후 외상매출에 의한 ₩5,000을 청구했다.
8월 15일 고객으로부터 7일 청구분 중 ₩1,000을 받았다.
8월 16일 신문사에 대한 광고료 ₩200을 지급했다.
8월 25일 임차료 ₩350과 급여 ₩2,150, 통신비 ₩50과 차량유지비 ₩250을 현금 지급했다.
8월 29일 고객에게 용역제공 후 외상매출에 의한 ₩6,000을 청구했다.

[분개]

14. A광고대행사의 20x1년 6월분 거래 내역을 기록한 다음 사항을 분개하라.

6월 1일 주주가 A광고대행사에 ₩8,000을 현금 출자했다.
6월 2일 주 영업인 광고대행용역의 완료로 현금 ₩600을 수령했다.
6월 5일 고객에게 용역제공 후 외상매출에 의한 ₩2,500을 청구했다.
6월 8일 고객으로부터 5일 청구분 중 ₩500을 수령했다.
6월 20일 전력회사로부터 ₩100의 전기료 사용에 대한 청구서를 수령했다.
6월 23일 광고대행업 협회에 새로이 가입했다.
6월 25일 고객으로부터 5일 청구분 중 ₩1,000을 수령했다.
6월 27일 광고비 ₩150, 통신비 ₩50, 차량유지비 ₩1,000, 급여 ₩2,500을 현금 지급했다.
6월 30일 고객에게 용역제공 후 외상매출에 의한 ₩2,000을 청구했다.

[분개]

15. 다음은 A산업의 20x1년 12월 중의 거래내역을 기록한 것이다. 거래내역에 따라 분개를 표시하라.

12월 1일 주주가 A산업에 ₩6,000을 현금 출자했다.
12월 1일 ₩9,000의 차량운반구를 구입했는데 ₩4,000은 현금 지급했다.
12월 2일 구입한 차량에 부착하는 부속품 ₩2,000을 현금 구입했다(차량운반구에 가산).
12월 3일 고객에게 ₩5,000의 용역제공에 대해 청구서를 송부했다.
12월 6일 차량 유지비로 ₩200을 현금 지출했다.
12월 14일 직원 급여 ₩1,500을 현금 지급했다.
12월 16일 차량 관련 과태료 ₩40을 현금 지급했다.
12월 20일 차량 수리비용 ₩350을 외상으로 처리했다.
12월 28일 용역매출로 ₩400을 수령했다.
12월 28일 직원 급여 ₩1,500을 현금 지급했다.
12월 31일 직원 급여 ₩450은 아직 현금 지급하지 못했다(미지급급여로 계상).

[분개]

16. 다음의 거래내역에 따라 분개를 표시하라.

1월 10일 용역매출 ₩300,000을 현금으로 수령했다.
1월 29일 미지급금 중 ₩90,000을 현금으로 지급했다.
2월 10일 소모품 ₩100,000을 현금으로 구입했다(소모품계정으로 처리).
4월 1일 비품을 ₩240,000에 현금 구입했다.
12월 25일 급여 ₩130,000을 현금으로 지급했다.
12월 31일 장기차입금에 대한 1년분 이자 ₩20,000을 현금으로 지급했다.

[거래의 추정: 분개]

17. 다음의 분개에 해당되는 거래를 추정하라.

	차변	금액	대변	금액
1.	(차) 현 금	9,000	(대) 자 본 금	9,000
2.	(차) 소 모 품	6,500	(대) 미 지 급 금	6,500
3.	(차) 비 품	30,000	(대) 미 지 급 금	30,000
4.	(차) 현 금	3,300	(대) 차 입 금	3,300
5.	(차) 현 금	14,000	(대) 건 물	14,000
6.	(차) 토 지	12,000	(대) 건 물	12,000

[거래의 추정: 분개]

18. 다음의 분개들을 보고 거래를 추정하라.

1.	(차) 당 좌 예 금	20,000	(대) 현 금	20,000
2.	(차) 소 모 품 비	6,500	(대) 소 모 품	6,500
3.	(차) 수 도 광 열 비	30,000	(대) 현 금	30,000
4.	(차) 이 자 비 용	3,300	(대) 현 금	3,300
5.	(차) 현 금	14,000	(대) 대 여 금	14,000
6.	(차) 토 지	12,000	(대) 기 계 장 치	12,000

[계정의 분류]

19. 다음 항목을 자산, 부채 및 수익과 비용 항목으로 분류하라.

매입채무	기계장치	차량운반구	운송료수익
구축물	상품	여비교통비	임대료수익
원재료	미지급급료		

[거래의 요소 분석]

20. 다음의 각 거래 내역을 거래의 요소에 따라 차변과 대변으로 분류하라.

1. 기계장치를 ₩200,000에 현금을 지급하고 구입하다.
2. 운송용역을 제공하고 현금 ₩300,000을 받다.
3. 전화요금 고지서 ₩120,000을 받았으나 아직 현금으로 지급하지 않다.
4. 교통비 ₩15,000을 지출하다.
5. 은행에서 ₩300,000을 차입해 차량운반구를 구입하다.

[실무스펙 2] 회계를 통한 한국은행에 대한 이해

우리나라의 중앙은행인 한국은행은 '효율적인 통화신용정책의 수립과 집행을 통해 물가안정을 도모함으로써 나라 경제의 건전한 발전에 이바지함'을 목적으로 설립됐다. 설립근거인 한국은행법은 1950년 5월 5일에 제정됐고 수차례 개정을 걸쳐 현재에 이르렀다. 한국은행의 주요 기능과 역할은 화폐의 발행, 통화신용정책의 수립 및 집행, 금융시스템의 안정, 은행의 은행, 지급결제제도의 운영 관리, 외국환업무 및 외환보유액 관리, 경제조사 및 통계작성을 들 수 있다.

한국은행의 기능 중에서 화폐의 발행과 외환보유액 관리를 제대로 이해하려면 회계구조를 알아야 한다. 지폐와 동전 등 화폐는 한국은행이 한국조폐공사에 제조를 의뢰한다. 돈을 찍거나 주조하는 '제조'와 실제로 한국은행 창구를 통해 공급하는 '발행'은 서로 다른 절차다. 한국조폐공사가 제조한 화폐를 한국은행이 인수해 금고에 보관하는 것은 한국은행 입장으로는 회계거래에 해당되지 않는다. 화폐 자체는 한국은행의 자산도 부채도 아니다. 이를 외부로 넘기면서 한국은행은 관련자산을 차변에, 화폐발행 부채를 대변에 계상한다. 예를 들어 시중은행에 어음대출로 대여한 경우에는 어음대출 자산과 화폐발행 부채가 계상된다.

시중에서 유통되거나 각종 금융회사가 보관하는 화폐는 모두 한국은행 재무상태표에 화폐발행 부채로 계상된다. 고액 자산가가 세금 추적을 피해 금고에 감춰둔 화폐도 한국은행의 화폐발행 부채에 포함된다. 한국은행은 금융회사로부터 대여금 이자를 계속 받지만 개인금고에 거액의 화폐를 보관하는 자산가는 이자를 한 푼도 못 받는다. 사실 그 화폐를 한꺼번에 사용하기도 어렵다. 금융정보분석원(FIU)은 금융회사로부터 2,000만원 이상의 현금거래 내역을 모두 보고받아 탈세가 의심되는 자료는 국세청에 통보한다. 이런 제반 사정을 보면 부자들이 개인금고에 엄청난 고액권 화폐를 쌓아두고 있다는 루머는 신빙성이 낮다.

화폐는 개인이나 기업이 금융회사에 예금하고 금융회사가 한국은행에서 빌린 어음대출을 상환하는 방식으로 한국은행으로 환류된다. 이 경우 한국은행은 화폐발행 부채 감소를 차변에 계상하고 어음대출 자산 감소를 대변에 계상한다.

한국은행은 우리나라의 외환보유액이 적정수준으로 유지되도록 관리한다. 시장 상황에 따라 외화를 매입하거나 매도해 환율을 미세하게 조정한다. 시장개입이 과도하면 국제금융시장에서 환율조작국으로 오해될 여지가 있다는 점도 신경 쓴다. 외화매입에 있어서 화폐발행을 활용하더라도 화폐가 너무 많이 풀리면 통화안정증권을 발행해 환수한다.

[표 2-3]의 한국은행의 2023년 말 현재 재무상태표에서 볼 수 있듯이 화폐발행 부채는 181.1조 원 수준이다. 달러화를 비롯한 외화증권 등의 유가증권 보유액은 400.5조 원이다. 외화증권 자산과 대응되는 부채 항목은 화폐 발행을 비롯해 통화안정증권 발행 등을 들 수 있다. 통화안정증권은 한국은행이 국채 금리 수준의 이자를 지급하지만, 외화자산에서는 그만큼 수익을 얻기 어렵다. 한국은 무역대국 중에서 기축통화에 끼지 못하는 유일한 국가이기 때문에 환율 방어를 위한 비용이 엄청나다. 우리 돈 원화를 기축통화로 끌어올리려면 국민 모두 힘을 합쳐 안정적 경제성장을 지속해야 한다.

한국은행은 무자본 특수법인이다. 자본금은 없지만, 과거 경영활동에서 얻은 순이익 누계액인 잉여금 21.5조 원이 쌓여 있다. 한국은행 임직원의 인건비와 관리비를 지출하고도 잉여금이 남는 것은 발권력을 통한 화폐 발행에서 생기는 이자수입 덕분이다.

[표 2-3] 한국은행 재무상태표(일부 재분류)

재무상태표

한국은행 2023년 12월 31일 현재 (단위: 조 원)

자산		부채 및 자본	
		부채	
유가증권	₩400.5	화폐발행	₩181.1
예치금	35.7	통화안정증권발행	122.4
어음대출	19.5	당좌예금	145.7
정부대출금	4.0	기타의 부채	65.7
투자자산	23.7	부채 총계	₩514.9
기타의 자산	53.0	자본	
		잉여금	₩21.5
		자본 총계	₩21.5
자산 총계	₩536.4	부채 및 자본 총계	₩536.4

3

CHAPTER

서비스업의 회계순환

일상적 회계절차는 분개와 총계정원장 전기가 핵심이다. 분개와 전기를 마친 후 기록의 정확성을 확인하고 재무제표를 작성하는 절차가 주기적으로 실행돼야 한다. 수정전 시산표 작성에 이어 수정분개와 수정후 시산표 작성을 마치고 나서 재무제표를 작성한다. 재무제표 작성 후에는 결산분개와 장부마감을 완료하고 필요한 사항에 대한 재수정분개를 행한다. 3장에서는 이와 같은 주기적 회계절차와 결산마감 절차를 학습한다. 2장과 마찬가지로 상품매매업이 아닌 서비스업을 중심으로 설명한다.

3.1 회계의 순환과정

3.2 수정전 시산표

3.3 재무제표작성을 위한 수정분개

3.4 수정후 시산표와 정산표 및 재무제표

3.5 결산분개

[보론] 재수정분개

실무스펙 3

3.1 회계의 순환과정

학습포인트

- 주기적 회계절차
- 시산표의 작성 목적
- 발생주의 회계
- 자산계상법과 비용계상법
- 부채계상법과 수익계상법
- 유형별 수정분개
- 정산표 작성
- 결산마감분개

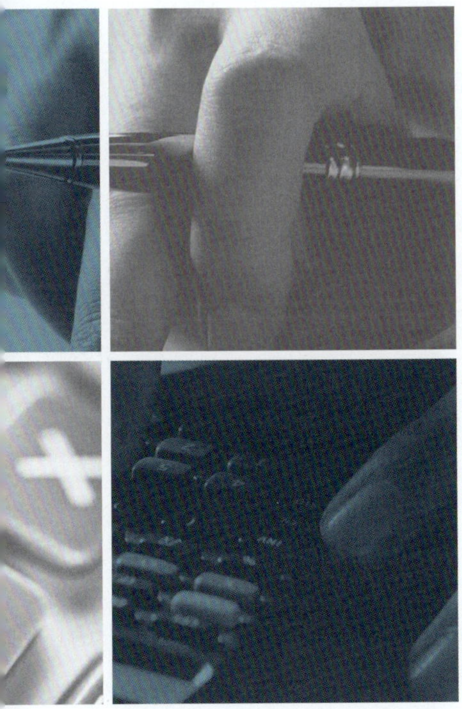

회계의 순환과정이란 매 회계기간마다 회계거래를 기록하고 보고하는 반복적인 순서를 의미하는데 이를 회계절차라고도 한다. 회계의 순환과정은 다음과 같다.

① 회계거래를 뒷받침하는 증빙을 확보한다.
② 증빙을 기초로 거래를 분개한다.
③ 총계정원장의 해당계정에 전기한다.
④ 각 계정잔액을 집결해 수정전 시산표를 작성한다.
⑤ 계정잔액이 실제와 다른 사항을 조사해 수정분개를 행한 다음 이를 전기한다.
⑥ 수정후 시산표를 작성한다.
⑦ 재무제표를 작성한다.
⑧ 결산분개를 행한 다음 이를 전기한다.
⑨ 계정마감을 행한 다음 결산 후 시산표를 작성한다.

앞의 9단계 절차 중에서 ①, ②, ③은 회계거래가 발생하는 날마다 수행하는 일상적 회계절차에 해당된다. 그리고 ④, ⑤, ⑥, ⑦은 재무제표를 작성하는 회계기간을 단위로 수행하는 주기적 회계절차에 해당된다. 즉, 기업이 매월마다 재무제표를 작성하기 원하는 경우는 월별로, 분기마다 재무제표를 작성하기 원하는 경우에는 분기별로 이와 같은 절차를 수행해야 한다. 한편, ⑧과 ⑨는 결산 시에 한 번만 수행하는 결산마감절차다.

이와 같은 회계순환과정을 그림으로 나타내면 [그림 3-1]과 같다.

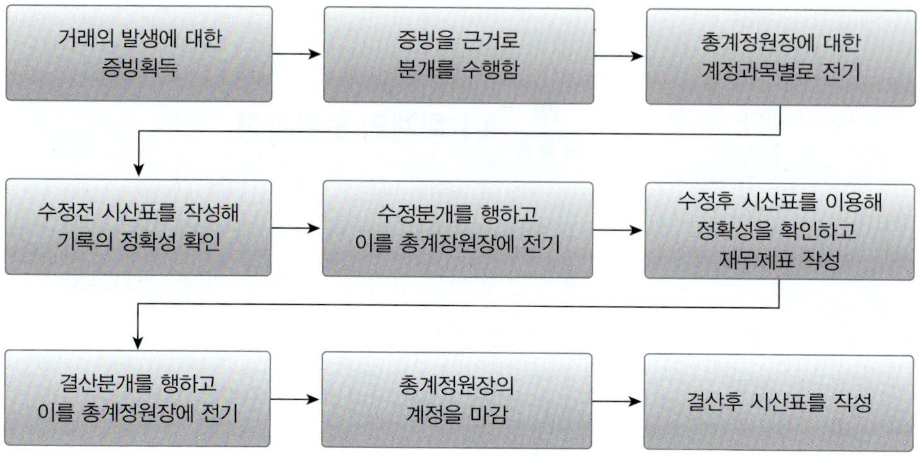

[그림 3-1] 회계의 순환과정

[그림 3-1]에서 볼 수 있듯이 분개를 행한 후에는 총계정원장으로 전기되고 총계정원장 계정 잔액을 바탕으로 시산표를 작성한다. 따라서 회계순환과정은 세부 내용의 차이는 있지만, 크게 보면 [분개 → 총계정원장에 전기 → 시산표 작성]이 3차례 반복되는 형식이다.

최초에 거래가 발생하면서 분개 → 총계정원장으로 전기 → (수정 전)시산표 작성이 이루어지고, 다음으로 (수정)분개 → 총계정원장으로 전기 → (수정 후)시산표 작성의 과정이 반복된 후, 마지막으로 재무제표 작성 이후 (결산)분개 → 총계정원장에 전기 → (결산 후)시산표 작성이 이뤄진다. 수정분개와 결산분개도 분개의 일종이므로 반드시 총계정원장에 전기돼야 하며, 이를 바탕으로 각각 수정후 시산표와 결산 후 시산표가 작성되는 것이다.

3.2 수정전 시산표

1. 수정전 시산표의 작성방법

기업경영에서는 재무상태와 경영성과 파악을 위한 재무제표가 수시로 활용된다. 결산재무제표뿐만 아니라 월별, 분기별, 또는 반기별로 중간재무제표를 작성한다. 이러한 재무제표를 작성하기 위해서는 분개를 총계정원장에 전기하고 계정잔액의 계산과정에 있어서 정확성을 미리 확인할 필요가 있다.

재무제표의 작성이 요구되는 월말, 분기말 또는 반기말에는 총계정원장 각 계정에서 차변에 기입된 금액의 합계와 대변에 기입된 합계를 산출하고 각 계정별로 그 대차합계액의 차액(잔액)을 계산하게 된다. 일반적으로 자산과 비용에 속하는 계정은 차변에 기입된 금액의 합계액이 대변에 기입된 금액의 합계액을 초과하기 때문에 차변잔액으로 나타나며, 부채, 자본, 수익에 속하는 계정은 대변합계가 차변합계를 초과하기 때문에 대변잔액으로 나타난다.

이와 같은 개별 계정의 잔액이 산출되면 이를 일람표시하는 시산표를 작성한다. 수정분개에 따른 전기를 수행하기 전의 계정잔액이 표시된 것을 수정전 시산표라 한다. 수정전 시산표에 기재된 차변잔액 합계는 대변잔액 합계와 반드시 일치해야 한다. 만약 수정전 시산표의 대차합계가 일치하지 않는다면 거래의 계정기입에 오류가 생겼음을 의미한다. 문제된 오류를 찾아내 모두 바로잡아 대차합계를 일치시켜야 다음 단계로 넘어갈 수 있다.

시산표는 합계시산표, 잔액시산표 및 합계잔액시산표의 3가지 종류가 있다. 합계시산표는 총계정원장의 계정과목별로 차변의 합계와 대변의 합계를 각각 보여준 것이며, 잔액시산표는 총계정원장의 각 계정과목별 차변 합계와 대변 합계의 차이인 잔액을 집계한 것이다. 합계잔액시산표는 합계시산표와 잔액시산표를 통합한 것이다.

[표 3-1]은 2장에서 사용한 서비스기업의 예로 작성한 수정전 시산표다.

[표 3-1] 시산표

합계시산표

20x1년 5월 31일 현재 (단위 : 원)

차 변	계정과목	대 변
₩140,000	현 금	₩31,000
48,000	외 상 매 출 금	40,000
4,000	소 모 품	
20,000	토 지	
8,000	사 무 설 비	
2,000	미 지 급 금	18,000
	자 본 금	100,000
10,000	급 료	
5,000	임 차 료	
	용 역 수 입	48,000
₩237,000	합 계	₩237,000

잔액시산표

20x1년 5월 31일 현재 (단위 : 원)

차 변	계정과목	대 변
₩109,000	현 금	
8,000	외 상 매 출 금	
4,000	소 모 품	
20,000	토 지	
8,000	사 무 설 비	
	미 지 급 금	₩16,000
	자 본 금	100,000
10,000	급 료	
5,000	임 차 료	
	용 역 수 입	48,000
₩164,000	합 계	₩164,000

합계잔액시산표

20x1년 5월 31일 현재 (단위 : 원)

차 변		계정과목	대 변	
잔 액	합 계		합 계	잔 액
₩109,000	₩140,000	현 금	₩31,000	
8,000	48,000	외 상 매 출 금	40,000	
4,000	4,000	소 모 품		
20,000	20,000	토 지		
8,000	8,000	사 무 설 비		
	2,000	미 지 급 금	18,000	16,000
		자 본 금	100,000	100,000
10,000	10,000	급 료		
5,000	5,000	임 차 료		
		용 역 수 입	48,000	48,000
₩164,000	₩237,000	합 계	₩237,000	₩164,000

2. 시산표 작성의 목적

시산표를 작성하는 목적에는 2가지가 있다. 첫째는 시산표를 작성하기까지 각 계정 기입이 정확했는지 여부를 검증하기 위한 것이다. 각 거래를 분개할 때 동일한 금액이 차변과 대변에 기입되도록 분개했고 또 그 분개 지시에 따라 각 계정의 차변과 대변에 정확하게 전기하고 계정 잔액을 정확하게 산출했다면 시산표의 차변합계와 대변합계는 반드시 일치할 것이다. 이와 같은 시산표의 계산구조 원리를 복식부기의 자기검증기능이라 한다. 그러나 계정의 기입이 부정확했음에도 불구하고 시산표는 여전히 대차평균을 유지하는 경우도 있다. 예를 들어, 차변과 대변에 같은 금액만큼 잘못 기재됐거나 차변과 대변에 같은 금액만큼 누락된 경우에는 복식부기의 자검기능을 통한 오류적발이 불가능하다.

보충설명

다음 설명은 시산표에 대한 이해와 작성 시 발생하는 예기치 못한 사태를 해결하는 데 도움이 될 수 있다. 시산표에 차변합계와 대변합계가 일치하지 아니하는 경우에는 다음의 두 가지 방법으로 불일치의 원인을 먼저 검토해 볼 필요가 있다.

첫째, 차변합계와 대변합계의 차액을 계산해 그 차액의 절반에 해당하는 금액이 합계가 더 많은 쪽에 기재돼 있는지를 살펴본다. 이러한 상황이 발견될 경우에는 그 금액이 반대편에 기입돼야 할 것인지 여부를 검토해야 한다. 예를 들어, 외상매출금 잔액 ₩10,000을 착오로 대변에 기입해 시산표를 작성한 경우 차변합계는 정확한 합계금액보다 ₩10,000이 적어지는 반면에, 대변합계는 정확한 합계금액보다 ₩10,000이 많아지게 된다. 따라서 잘못 계산된 대변합계는 차변합계보다 차변과 대변을 바꾸어 기재한 금액의 2배인 ₩20,000이 많은 것으로 나타나게 된다.

둘째, 차변합계와 대변합계의 차액이 9의 배수에 해당하는지를 살펴본다. 숫자를 쓰는 데 있어서 가장 자주 발생되는 오류는 자리바꿈(transposition)이다. 예를 들어 36을 63으로 잘못 쓴 경우 합계액이 27만큼 많은 것으로 나타나게 되는데 27은 9의 배수가 되는 것이다. 그리고 97을 79로 잘못 쓴 경우에는 합계액이 18만큼 적은 것으로 나타나게 되는데 18은 역시 9의 배수인 것이다. 예를 들어, ₩38,500을 ₩35,800으로 잘못 쓴 경우에는 그 차이가 ₩2,700으로 나타난다.

이와 같은 자리바꿈에 대한 검토는 두 자리 이상의 숫자의 자리바꿈에도 적용될 수 있다. 예를 들어 8,877을 7,788로 잘못 쓴 경우에는 그 차이가 1,089로 나타나는데 이 역시 9의 배수가 되는 것이다. 또한 숫자 단위를 잘못 쓴 경우에도 그 차이는 9의 배수로 나타난다. 예를 들어 180원을 18원으로 잘못 쓴 경우는 그 차이가 ₩162으로 나타나는데 이 숫자 역시 9의 배수가 되는 것이다. 이 경우는 180을 018로 처음 2단위와 나중 1단위 사이의 자리바꿈으로 볼 수 있는 것이다.

시산표 작성의 두 번째 목적은 재무상태표와 포괄손익계산서를 작성함에 있어 보조수단으로 활용하기 위한 것이다. 재무상태표나 포괄손익계산서에 계상되는 각 계정의 금액은 반드시 그 계정의 대변합계와 차변합계의 차액으로 표시되기 때문이다. 따라서 시산표에 표시된 계정 잔액에 의해 재무상태표와 포괄손익계산서를 용이하게 작성할 수 있다.

보충설명에서 제시된 두 가지 방법에 의해서도 오류가 발견되지 않는 경우에는 분개장에서 시작해 총계정원장에 이르는 회계처리과정과 계산과정을 일일이 추적해 오류를 발견하고 이를 수정하고 나서 그 다음 회계절차를 밟아야 한다. 현금으로 비용을 지출하고 회계처리를 누락한 경우 회계기록만으로는 오류를 찾아내기 어렵다. 현금 시재액을 조사해 돈이 부족한 것을 밝히고 그 이유를 규명함으로써 찾아낼 수 있다. 시산표 작성을 통해 오류를 발견하는 노력과 함께 내부감사와 외부감사를 효율적으로 운영해 오류뿐만 아니라 부정이 예방되고 적발될 수 있는 시스템을 갖춰야 한다.

원전 7조원 손실에 회계부정까지… 日 도시바 해체위기

'일본 전자기업의 자존심'으로 불리던 130년 역사의 도시바가 사실상 해체 수순을 밟고 있다. 원자력발전소 사업에서 거액의 손실을 낸 데다 회계부정이 잇따라 적발되면서 치명타를 입었다.

도시바는 15일 오전 도쿄 본사에 거래 중인 금융회사 약 80곳을 모아 설명회를 열고 다음 달 말까지 대출을 유지해줄 것을 요청했다. 도시바는 전날 결산자료 제출 마감일을 지키지 못했고 주가가 이틀 동안 15% 가까이 폭락했다. 상장사가 결산일을 지키지 못하는 것은 매우 이례적인 일이다. 쓰나카와 사토시 도시바 사장은 전날 기자회견에서 "원전 사업의 회계처리에서 부적절한 압력이 있었다는 내부 고발이 있었다"는 이유를 들었다.

도시바가 회계부정 논란에 휩싸인 것은 처음이 아니다. 2015년에는 2008년부터 2014년까지 2,248억 엔(약 2조 2,500억 원) 규모의 부정회계가 이뤄진 사실이 적발돼 최고경영진 3명이 한꺼번에 물러나는 초유의 사태가 벌어졌다.

이 사건의 여파로 도시바는 2015년 결산에서 4,600억 엔(약 4조 6,000억 원)의 대규모 적자를 냈고 자금 확보를 위해 지난해 핵심사업인 의료부분을 6,655억 엔(약 6조 7,000억 원)에 캐논에 매각해야 했다. 백색가전 부분은 중국 가전회사 메이더에 팔았다.

–동아일보 2017.2.16. 기사 중–

3.3 재무제표작성을 위한 수정분개

1. 수정분개의 의의

재무제표를 작성하기 위해서는 당해 기간 동안의 경영성과와 기말현재의 재무상태를 확정해야 한다. 일상적 회계절차를 통해 산출된 각 계정의 잔액을 재무제표에 표시돼야 할 금액으로 조정하는 분개가 필요한데, 이를 '수정분개'라 한다.

수정분개는 발생주의 회계와 밀접한 관련이 있다. '재무보고를 위한 개념체계'에서는 재무제표를 작성함에 있어 발생주의를 적용하도록 규정하고 있다. 이는 발생주의가 현금주의보다 수익과 비용을 적절하게 대응시키며, 채권과 채무를 보다 정확히 나타낼 수 있다는 합의에 기반을 두고 있다.

발생주의란 현금 수취 또는 지급 여부와 상관없이 경제적 사건의 발생에 따라 거래의 인식을 독립적으로 판단하는 원칙이다. 즉, 현금 수입 · 지출은 따지지 않고 용역의 제공, 상품의 판매, 비용의 발생 등의 사건이 일어났을 때 거래를 인식한다. 따라서 발생주의를 적용한 수익 · 비용의 인식은 현금흐름과는 반드시 일치하는 것은 아니다.

현금주의는 현금의 수취 또는 지급이 생긴 시점에 거래를 인식하는 방법이다. 현금주의에서는 용역이나 상품을 제공하고 대금을 받지 않았다면 수익으로 인식하지 않으며, 기중에 발생한 급료도 당기에 지급하지 않으면 당기 비용으로 인식하지 않는다. 현금주의를 적용한 재무제표는 특수한 목적을 지닌 예외적 상황에서 제한적으로 활용된다.

발생주의와 현금주의 적용 사례

20x1년 7월 1일 은행의 정기예금에 ₩1,000,000을 입금하고 연 6%의 이자를 20x2년 6월 30일에 현금으로 지급받는다고 가정한다. 이를 발생주의와 현금주의를 각각 적용했을 때 어떠한 차이를 보이는지 살펴보기로 한다.

현금주의를 적용하면 20x1년 12월 31일에 재무제표 작성 시 이자수익을 인식하지 않는다. 왜냐하면 6개월분 이자에 대하여 현금으로 수령한 바가 없기 때문이다. 다음 회계기간인 20x2년 6월 30일에 ₩60,000을 현금으로 수령하는 시점에서 이자수익으로 전액 인식하게 된다.

이에 비하여 발생주의를 적용하면 20x1년 12월 31일에 재무제표를 작성하는 시점에서 이자수익으로 6개월분 ₩30,000을 인식하고 20x2년 6월 30일에 나머지 이자수익 ₩30,000을 인식한다.

2. 수정분개의 유형

일상적 회계절차는 현금이나 청구서를 주고받는 등 외부적으로 확인 가능한 거래에 대해서 분개를 처리하는 방식으로 이뤄진다. 재무상태와 경영성과를 적정히 측정하기 위해서는 재무제표 작성일을 기준으로 발생주의에 부합하는 수정작업이 필요하다. 현금 수취 또는 지급보다 회계처리될 거래가 선행되는 발생항목이 전형적 수정대상이다. 또 다른 수정대상인 이연항목에서는 현금 수취 또는 지급이 먼저 일어나고 회계처리될 거래의 발생은 나중에 인식된다.

과거에 취득돼 수익활동에 사용하고 있는 재화나 용역의 소비를 사후에 발생주의에 따라 비용으로 처리하는 수정사항도 있는데 대표적 사례는 유형자산에 대한 감가상각이다. 거래 당시에 어떤 방법으로 회계처리 됐는지 상관없이 적절한 수정분개를 행하면 발생주의에 부합한 재무제표를 만들 수 있다. 수정분개는 총계정원장 계정잔액(장부잔액)이 실제잔액과 일치하지 않는 경우 이를 실제잔액에 맞춰 조정하는 역할도 수행한다.

수정분개의 유형은 다음과 같이 구분된다.

(1) 발생항목에 대한 수정분개

발생항목에 대한 수정분개는 당해 회계기간에 발생됐으나 아직 인식하지 않은 거래에 대한 것이다. 이와 관련된 수정분개 결과 나타나는 계정에는 미지급비용(미지급보험료, 미지급급료, 미지급이자, 미지급임차료 등)과 미수수익(미수이자, 미수임대료 등)이 있다.

● 미지급비용

회계기간 말까지 타인의 자산(건물이나 현금)을 사용했으면서도 임차료나 이자를 지급하지 않았을 경우에는 미지급임차료나 미지급이자 계정의 장부잔액이 실제잔액과 일치하지 않게 된다. 그리고 전기료, 수도료, 수선비 등은 비용이 발생된 다음 일정기간 후에 이를 지급하는 것이 일반적이다. 수익을 얻기 위해 이미 사용했으나 이에 대해 회계처리하지 않은 부분은 비용으로 계상하는 동시에 미지급비용이라는 부채로 계상해야 한다.

예를 들어, 12월분 전기료가 ₩100,000이 발생하고 이에 대한 청구서를 받았으나 아직 현금을 지급하지 않아 회계처리하지 못한 채로 12월 말일 현재의 재무상태표를 작성할 경우에는 다음과 같은 수정분개를 행해야 한다.

(차) 전 기 료	100,000	(대) 미 지 급 비 용	100,000

● 미수수익

수익은 용역 제공 시점에서 인식돼야 한다. 따라서 용역을 제공했으나 이에 대한 청구서를 발급하지 않아 회계기간 말 현재로 용역수입을 계상하지 아니한 경우에는 이를 수익으로 계상하고 미수수익을 자산으로 계상하는 수정분개를 행해야 한다. 예를 들어, 재무상태표를 작성하는 20x1년 12월 31일 현재 용역의 제공을 완료했으나 아직 대금청구서를 발급하지 아니한 부분 ₩30,000이 있는 경우에 수정분개는 다음과 같다.

(차) 미 수 수 익	30,000	(대) 용 역 수 입	30,000

이 경우 미수수익은 다음 달 초에 대금청구서를 발급하게 되면 외상매출금계정으로 대체된다. 그러나 주된 영업활동 이외의 원천에서 발생된 수익에 대한 미수수익은 대금을 회수할 때까지 미수수익계정에서 유지하게 된다. 이외에 금전이나 건물을 회계기간 말까지 빌려줬으나 이자나 집세 일부를 아직 받지 못한 때에도 미수이자(미수임대료) 계정과 이자수익(임대료 수익) 계정을 사용해 실제잔액을 반영해야 한다. 예를 들어 재무제표를 작성하는 20x1년 12월 31일 현재 자금을 대여하고 이에 대한 이자를 받지 못한 경우에도 다음과 같은 수정분개를 행한다.

(차) 미 수 이 자	20,000	(대) 이 자 수 익	20,000

(2) 이연항목에 대한 수정분개

이연항목에 대한 수정분개는 현금 수취 또는 지급과 관련된 거래는 기록했으나 당해 회계연도에 회계처리 대상 거래가 발생하지 않은 금액에 대해서는 다음 연도로 이연시키는 분개다. 이연항목 관련 계정과목으로는 선급비용(선급보험료, 선급이자, 선급임차료 등)과 선수수익(선수이자, 선수임대료 등)이 있다.

● 선수수익

회계기간 중 앞으로 1년 이상의 집세나 이자를 미리 받았을 경우에 회계기간 말 현재로는 임대수익(또는 이자수익)과 선수임대료(또는 선수이자) 계정의 장부잔액이 실제잔액을 제대로 반영하지 못한다. 또 장래에 용역을 제공하기로 약정하고 대금을 미리 받은 경우에는 회계기간 말까지 용역을 제공하지 않은 부분에 대해 선수수익을 인식하는 수정분개를 행해야 한다. 회계처리 방법으로는 이를 부채로 계상하는 부채계상법과 수익으로 계상하는 수익계상법의 2가지가 있다.

부채계상법에서는 대금을 받은 경우 이를 선수수익(부채)으로 계상하고 회계기간 말에는 용역을 제공한 부분에 대해서는 수익을 계상하는 동시에 같은 금액만큼 부채를 감소시킨다. 반면에 수익계상법에서는 대금을 받은 경우 이를 용역수입(수익)으로 계상하고 회계기간 말에 용역제공이 완료되지 않은 부분에 대해서는 용역수입(수익)을 감소시키고 같은 금액만큼 선수수익(부채)을 계상한다.

예를 들어 20x1년 1월 1일에 3년분 건물관리용역비 ₩240,000을 현금으로 받은 ㈜총무가 20x1년 12월 31일 현재의 재무상태표를 작성하기 위해 수행한 20x1년도 결산 관련 수정분개를 살펴보기로 하자. 이 경우 1년분 건물관리용역비는 ₩80,000으로 이에 대한 수정분개가 필요한 것이다.

수정분개를 행한 다음의 선수수익과 용역수입의 계정잔액은 부채계상법과 수익계상법이 동일하게 나타난다. 이론적으로는 부채계상법이 더 우수하지만, 실무적으로는 수익계상법을 더 선호하는 점은 추후 설명할 소모품이나 선급비용의 경우와 유사하다.

[부채계상법]

〈현금수령 시〉	(차) 현 금	240,000	(대) 선수수익	240,000
〈수정분개 시〉	선수수익	80,000	용역수입	80,000

[수익계상법]

〈현금수령 시〉	(차) 현 금	240,000	(대) 용역수입	240,000
〈수정분개 시〉	용역수입	160,000	선수수익	160,000

● 선급비용

회계기간 초 또는 회계기간 도중에 보험료, 임차료 등의 비용은 몇 개월분을 미리 지급하는 경우가 많다. 이러한 선급비용계정은 시간이 경과함에 따라 그 지출효력이 소멸했음에도 불구하고 소멸된 부분을 해당계정의 대변에 기입하지 않으면 장부잔액과 실제잔액이 일치하지 않게 된다. 이의 회계처리는 곧바로 설명할 소모품의 경우와 같이 자산계상법과 비용계상법의 2가지 중 하나를 선택할 수 있다. 예를 들어 20x1년 1월 1일에 2년분 임차료 ₩48,000을 현금으로 지급한 경우에 20x1년 1월분 재무제표 작성을 위한 자산계상법 및 비용계상법의 수정분개는 다음과 같다.

[자산계상법]

〈현금 지급 시〉	(차) 선 급 비 용	48,000	(대) 현 금	48,000
〈수정분개 시〉	임차료비용	2,000	선 급 비 용	2,000

[비용계상법]

〈현금 지급 시〉	(차) 임차료비용	48,000	(대) 현 금	48,000
〈수정분개 시〉	선 급 비 용	46,000	임차료비용	46,000

이 경우에도 수정분개 후에는 자산계상법과 비용계상법 모두 선급비용계정 차변잔액 ₩46,000과 임차료비용계정 차변잔액 ₩2,000으로 나타난다. 수정분개를 행한 후에는 두 방법 모두 1월 중 사용분 ₩2,000은 비용으로, 사용하지 아니한 선급분 ₩46,000은 자산으로 계상되는 것이다.

(3) 소모품에 대한 수정분개

소모품이란 영업활동 중 단기간 내에 사용할 것을 목적으로 하는 포장용지, 사무용품 등의 물품을 말한다. 여기서 단기간이라 함은 일반적으로 1년 이내의 기간을 말한다. 영업활동에 사용할 것을 목적으로 하나 그 수명이 1년 이상인 것은 비품 또는 설비 등의 유형자산으로 처리한다. 소모품계정은 소비할 때마다 소모품 자산 감소로 지속적으로 회계처리하지 않으면 계정의 장부잔액과 실제잔액이 일치하지 않게 된다.

소모품은 구입 시에는 자산으로 기록하고 회계기간 말에 소모된 분량만큼을 비용으로 회계처리하는 자산계상법과 구입 시에 미리 비용으로 계상하고 기말에 사용되지 않고 남은 부분에 대해 비용계상을 취소하고 자산으로 처리하는 비용계상법 중 한 가지를 선택해 회계처리할 수 있다.

예를 들어, 소모품 ₩100,000을 현금으로 구입한 경우 자산계상법과 비용계상법에 의한 회계처리는 다음과 같다.

[자산계상법]	(차) 소 모 품	100,000	(대) 현 금	100,000
[비용계상법]	소모품비	100,000	현 금	100,000

한편 기말에 소모품을 조사한 결과 ₩30,000이 남아 있는 것으로 확인된 경우를 가정해 보자. 자산계상법에 의하면 장부상 소모품재고액은 ₩100,000이다. 그러나 실제재고는 ₩30,000이므로 차액인 ₩70,000은 기중에 사용된 것으로서 이를 비용으로 계상하는 수정분개를 행해야 한다. 반면에 비용계상법에 의하면 소모품재고액이 실제로는 ₩30,000이 남아 있음에도 불구하고 장부상에는 재고액 없이 모두 비용처리된 것으로 기록돼 있기 때문에 미사용 부분을 자산으로 계상하고 같은 금액만큼 비용을 줄여주는 수정분개를 행해야 한다.

자산계상법과 비용계상법에 있어서의 수정분개는 다음과 같다.

[자산계상법]	(차) 소모품비	70,000	(대) 소 모 품	70,000
[비용계상법]	소 모 품	30,000	소모품비	30,000

자산계상법과 비용계상법에 의한 분개를 총계정원장의 계정에 기재하면 분개의 순서에는 차이가 있으나 자산계상법과 비용계상법 모두 소모품계정의 차변잔액 ₩30,000과 소모품비계정의 차변잔액 ₩70,000으로 동일한 결과에 이른다.

소모품에 대한 회계처리는 선급비용과 유사하지만, 시간 경과에 따른 비례적 배분방식을 적용하지 않고 사용분을 확인해 이를 비용으로 인식한다는 점에서 차이가 있다. 선급보험료 · 선급임차료 · 선급이자 등의 선급비용항목과 선수이자 · 선수임대료 등의 선수수익 항목 등은 기간경과분과 미경과분을 구분해 기간경과분은 비용이나 수익으로 인식한다.

선급이자 예를 통해 설명하기로 한다. 1년분 이자로 ₩12,000을 선급했는데 재무제표를 작성하는 시점에 5개월이 경과됐다고 한다면 총 금액 중 5개월분에 해당되는 ₩5,000은 이자비용으로 인식하고 나머지 금액은 선급이자라는 계정과목에 자산으로 계상되도록 수정분개를 행한다. 수정분개를 어떻게 행할지는 일상적 회계처리에서 자산과 비용 중에서 어떤 계정으로 처리했는지에 따라 결정된다. 이를 [그림 3-2]에서 설명하기로 한다.

[그림 3-2]의 분개에서 보면 자산계상법과 비용계상법 모두 이자비용 5,000원과 선급이자 7,000원으로 동일하게 나타남을 알 수 있다.

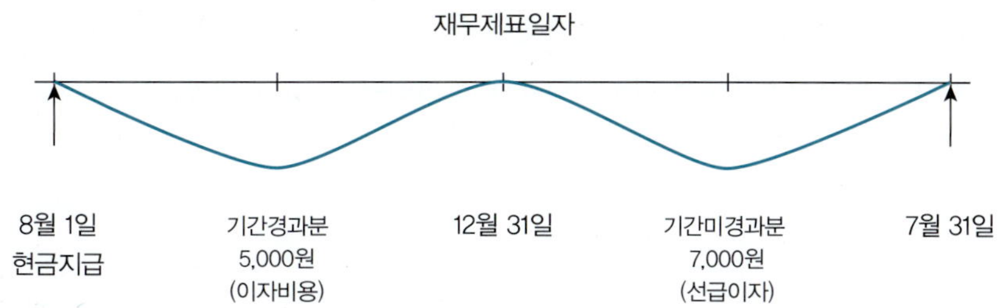

[자산계상법]

〈현금 지급 시〉	(차) 선 급 이 자	12,000	(대) 현 금	12,000
〈수정분개 시〉	이 자 비 용	5,000	선 급 이 자	5,000

[비용계상법]

〈현금 지급 시〉	(차) 이 자 비 용	12,000	(대) 현 금	12,000
〈수정분개 시〉	선 급 이 자	7,000	이 자 비 용	7,000

[그림 3–2] 기간경과에 따른 비용의 인식

(4) 유형자산 감가상각에 대한 수정분개

비품, 건물 등의 유형자산은 영업활동 중에 사용하기 위해 구입되는데 그 수명이 1년 이상의 장기적인 특성을 지닌다. 비품, 건물 등의 유형자산을 구입한 경우 이를 자산으로 계상해 보유하게 된다. 그러나 이러한 유형자산은 영업활동에 사용됨으로써 수익이 창출되며, 유형자산의 원가가 비용으로 인식돼야 함에도 불구하고 그 비용이 해당계정에 기입되지 않으면 수익 · 비용 대응이 적절히 이뤄지지 못한다. 이런 문제점을 해결하려면 유형자산 원가의 체계적 배분과정이 필요한데 이를 '감가상각(depreciation)'이라 한다. 감가상각에 대한 회계처리는 감가상각된 부분만큼 감가상각비(비용)를 계상하고 감가상각대상 유형자산에 대한 차감적 평가계정인 감가상각누계액을 같은 금액만큼 계상한다.

예를 들어, 회계기간 초에 비품 ₩100,000을 현금으로 구입했으며, 이 비품 중 ₩20,000이 감가상각된 경우의 회계처리는 다음과 같다.

〈구입 시〉	(차) 비 품	100,000	(대) 현 금	100,000
〈수정분개〉	(차) 감가상각비	20,000	(대) 감가상각누계액	20,000

감가상각비는 비용계정에 속하므로 포괄손익계산서에 표시되며 감가상각누계액은 비품계정에 대한 차감적 평가계정으로서 재무상태표에 표시된다. 비품에 대한 재무상태표 표시는 다음과 같이 이루어진다.

재무상태표(부분)

(주)A상사	20x1년 12월 31일 현재	(단위 : 원)
자 산		
비 품	₩100,000	
감가상각누계액	(20,000)	₩80,000

감가상각누계액은 20x1년 12월 31일까지 매 회계연도에 인식된 감가상각비를 합한 금액을 의미한다. 이에 관한 자세한 설명은 5장에서 다루기로 한다.[1)]

(5) 수취채권의 대손상각에 대한 수정분개

수취채권이란 다른 경제실체에 대해 일정한 금액을 청구할 수 있는 권리를 말한다. 기업이 보유하고 있는 수취채권이 회수불능이 되는 것을 '대손'이라 한다. 시간이 흐름에 따라 수취채권액 중 일부가 회수불가능한 것으로 판명되면 이들 계정의 장부잔액이 회수 가능한 채권의 실제잔액과 일치하지 않게 된다. 따라서 수정분개가 필요한데 일반적으로 대손은 수익을 계상한 회계기간 이후에 발생한다. 수익 · 비용 대응의 원칙에 의하면 수익을 얻기 위한 비용은 수익을 계상한 회계기간에 대응시켜 계상해야 한다. 따라서 대손예상액을 산출하고 이를 용역의 제공을 완료해 수익을 계상한 기간의 비용으로 계상해야 한다. 이때 손상차손이라는 계정과목을 사용해 비용으로 계상하는데 상대편 계정과목으로는 손실충당금이 사용된다. 손실충당금계정은 수취채권에 대한 차감적 평가계정에 속하며, 재무상태표 표시방법은 감가상각누계액의 경우와 같다. 손실충당금 ₩10,000을 회계처리하는 분개와 이에 대한 재무상태표의 표시는 다음과 같다.

〈수정분개〉	(차) 손 상 차 손	10,000	(대) 손실충당금	10,000

1) 감가상각과 곧바로 설명할 손상차손은 여기서는 기본적 사항만 학습하고 추후에 자세하게 설명된다.

재무상태표(부분)		
(주)A상사	20x1년 12월 31일 현재	(단위 : 원)
자 산		
수취채권	₩200,000	
손실충당금	(10,000)	₩190,000

(6) 오류나 누락된 거래에 대한 수정분개

일상적 회계절차에서 오류를 범하거나 발생된 거래의 분개를 누락한 경우에도 수정분개를 통해 바로 잡아야 한다. 분개장의 분개과정에서 오류를 범한 경우에는 그 분개와 반대되는 분개를 행하여 당초의 분개를 취소하고 올바른 분개를 새로이 행하는 방식이 보다 확실하다. 예를 들어, 비품 ₩30,000을 현금으로 구입했으나 착오로 이를 외상으로 구입한 것으로 처리한 경우에는 다음과 같은 수정분개를 행하게 된다.

(차) 미지급금	30,000		(대) 비품	30,000
비품	30,000		현금	30,000

위의 첫 번째 분개는 당초의 분개를 취소하기 위한 것이며, 두 번째 분개는 올바른 분개에 해당되는 것이다. 한편, 비품계정의 대변과 차변을 상계하고 다음과 같이 회계처리해도 무방하다.

(차) 미지급금	30,000	(대) 비품	30,000

발생된 거래에 대한 분개가 누락된 경우에는 누락된 분개를 수정분개로 행하면 된다.

앞에서 설명한 계정과목별 수정분개를 거래의 유형별로 정리하면 [표 3-2]와 같다. 소모품과 유형자산은 별도 유형으로 구분했다.

[표 3-2] 유형별 수정분개

유 형		내 용
발생	미지급비용	서비스를 제공받았으나 그 대금을 아직 지급하지 않은 경우
	미수수익	서비스 제공은 이루어졌으나 그 대금이 아직 회수되지 않은 경우
이연	선수수익	서비스 제공이 이루어지기 전에 그 대금을 미리 회수한 경우
	선급비용	서비스를 제공받기 이전에 그 대금을 미리 지급한 경우
소모품		소모품 구입 시 모두 자산 또는 비용으로 처리한 경우
감가상각과 손상차손		유형자산에 대한 원가배분 및 대손예상금액의 비용계상
회계기록상의 오류		오류나 누락으로 인하여 잘못 처리된 분개 바로잡기

중소기업 법인결산 아는 만큼 절세 된다

기업은 결산 시 반드시 결산 정리과정을 거쳐야 비로소 정확한 기업재무상태 및 경영성과를 알 수 있다.

최근에는 대부분의 기업이 장부정산 및 결산정리과정을 수기로 처리하지 않고 전산으로 처리하므로 이와 같은 결산 정리 과정을 위하여 복잡한 세법을 공부할 필요는 없으며, 전반적인 흐름만을 파악하고 있으면 된다.

유형자산은 감가상각비가 당기 중 반영되지 않아 이익이 과대하게 계상될 수 있으며, 반대의 경우 이익이 과소계상 될 수 있다. 이를 확인하기 위하여 당기 손익계산서의 감가상각비 금액을 전기와 비교하는 형태로 확인해 보거나 재무상태표 상의 자산별 감가상각 누계액을 확인해 볼 수 있다. 또한 유형자산과 관련하여 지출한 금액이 당기에 비용처리될 금액인지 자산에 가산하여 감가상각으로 비용처리할 부분인지 확인하여야 한다.

또한 당기에 지급한 비용에 대하여 다음 연도까지의 금액이 존재하는 경우 기간에 나누어 비용처리를 해야 하며, 수익 또한 마찬가지이다.

매출채권 중 올해 소멸시효 완성 등의 사유로 대손이 확정된 경우 대손처리를 통하여 비용처리를 반영할 수 있다. 급여 및 상여금과 관련하여 기말현재 미지급한 급여를 급여로 비용처리하였는지 확인해야 한다.

-매일경제 2017.2.28 기사 중-

3.4 수정후 시산표와 정산표 및 재무제표

1. 수정후 시산표

수정분개는 분개장에서 처리한 다음 총계정원장에 전기한다. 수정분개와 전기가 정확히 이루어졌는지를 확인하기 위해 시산표를 작성하는데 이를 수정후 시산표라 한다. 수정후 시산표는 수정분개와 전기의 정확성을 검증하는 것뿐만 아니라 재무제표의 작성을 위한 기초자료로 활용된다.

2. 정산표

회계기말에 실시해야 할 회계절차는 지나치게 방대하고 세부적이기 때문에 오류가 생길 가능성이 있다. 수정전 시산표의 작성에서부터 재무제표의 작성에 이르는 단계까지를 하나의 표로 요약한 정산표를 먼저 작성하면 오류로 인한 혼란을 줄일 수 있다. 정산표에는 회사의 명칭, 정산표라는 명칭, 정산표 작성기준일자의 3가지를 표시해야 한다. 시산표의 계정과목 중 자산, 부채 및 자본 항목은 재무상태표, 수익과 비용 항목은 포괄손익계산서로 이체한다. 정산표의 양식에는 8위식과 10위식이 있다.

정산표 작성의 주된 목적은 포괄손익계산서 및 재무상태표 작성을 쉽게 하는 것이다. 정산표는 결산절차를 하나의 표로 나타냄으로써 수정분개의 내용, 계정 상호 간의 관계 등 결산에 필요한 사항을 한눈에 파악하는 데 도움을 준다. 10위식 정산표의 양식은 [표 3-3]과 같다.

[표 3-3] 10위식 정산표의 양식

정 산 표

계 정 과 목	수정전시산표		수정분개		수정후시산표		포괄손익계산서		재무상태표	
	차 변	대 변	차 변	대 변	차 변	대 변	차 변	대 변	차 변	대 변

8위식정산표는 10위식정산표의 항목 중 수정후 시산표란을 생략한 양식이다. 정산표를 작성하는 과정은 다음과 같다.

① 총계정원장상의 계정잔액(수정 전)에 의해 수정전 시산표를 작성한다.

② 계정잔액과 그것의 실제잔액이 일치하지 않는 사항(수정분개사항)을 수정분개란에 기입한다. 이 때 수정분개에 필요한 계정이 계정과목란에 기입돼 있는 경우에는 그 줄의 수정분개란 차변 또는 대변에 금액만 기입하고 계정과목란에서 찾을 수 없는 계정은 계정과목란에 추가한 다음 그 줄의 수정분개란 차변 또는 대변에 금액을 기입한다.

③ 수정분개란의 처리가 끝나면 계정과목별로 수정전 시산표에 기입된 금액과 수정분개란에 기입된 금액을 같은 변에 있는 경우에는 합산하고 다른 변에 있는 경우에는 차감해 잔액을 계산해 수정후 시산표란에 이기한다. 수정후 시산표란에 모든 대차잔액이 이기되면 대차합계를 계산해 일치 여부를 확인한다.

④ 수정후 시산표란에 기입된 각 계정 금액을 계정 성격에 따라 재무상태표(자산, 부채, 자본계정) 및 포괄손익계산서(수익, 비용 계정)란으로 이기한다.

⑤ 포괄손익계산서란의 차변 및 대변합계를 산출하고 대변합계가 차변합계보다 클 경우(수익〉비용) 차액을 차변에 당기순이익으로 기입하고 반대의 경우(수익〈비용)에는 당기순손실로 대변에 기록함으로써 대차를 일치시킨다. 이와 동시에 재무상태표란의 반대편에 기입한다. 그 이유는 포괄손익계산서란의 차변에 기재된 당기순이익은 이익잉여금을 증가시키기 때문이므로 재무상태표란에는 대변에 기입돼야 하며, 포괄손익계산서란의 대변에 기재된 당기순손실의 경우는 반대로 이익잉여금을 감소시키므로 재무상태표란의 차변에 기입돼야 하는 것이다. 포괄손익계산서란의 기타포괄손익은 같은 방법으로 기재하되 재무상태표의 기타포괄손익누계액으로 기입한다.

⑥ 포괄손익계산서와 재무상태표 대차합계를 계산한다. 대차합계는 일치해야 하며, 일치하지 않을 경우에는 오류가 개입된 것으로서 이를 찾아내 바로잡아야 한다.

10위식 정산표의 작성방법을 [예 3−1]을 통해 살펴보기로 한다.

[예 3-1] 10위식 정산표의 작성방법

20x1년 1월 1일에 영업을 개시한 (주)A의 20x1년 5월 31일 현재의 수정전 시산표는 다음과 같다.

수정전 시산표

(주)A사 20x1년 5월 31일 현재 (단위: 원)

차변	금액	대변	금액
현금	₩109,000	미지급금	₩16,000
외상매출금	8,000	자본금	100,000
소모품	4,000	용역수입	48,000
토지	20,000		
사무설비	8,000		
급료	10,000		
임차료	5,000		
계	₩164,000	계	₩164,000

설립일부터 20x1년 5월 31일까지 회계기간의 재무제표 작성을 위한 수정분개를 조사한 결과 다음과 같은 사항을 발견했다.

① 사무설비의 감가상각비는 ₩200이다.
② 외상매출금잔액의 5%에 상당하는 금액이 손상돼 대손처리해야 할 것으로 예상된다.
③ 소모품의 재고액을 조사한 결과 ₩3,500이 남아 있음을 확인했다.

위의 자료를 이용하여 10위식 정산표를 작성하라.

정산표

(단위: 원)

계정과목	수정전시산표		수정분개		수정후시산표		포괄손익계산서		재무상태표	
	차변	대변	차변	대변	차변	대변	차변	대변	차변	대변
현 금	109,000				109,000				109,000	
외 상 매 출 금	8,000				8,000				8,000	
소 모 품	4,000			③ 500	3,500				3,500	
토 지	20,000				20,000				20,000	
사 무 설 비	8,000				8,000				8,000	
미 지 급 금		16,000				16,000				16,000
자 본 금		100,000				100,000				100,000
급 료	10,000				10,000		10,000			
임 차 료	5,000				5,000		5,000			
용 역 수 입		48,000				48,000		48,000		
계	164,000	164,000								
감 가 상 각 비			① 200		200		200			
감가상각누계액				① 200		200				200
손 상 차 손			② 400		400		400			
손 실 충 당 금				② 400		400				400
소 모 품 비			③ 500		500		500			
계			1,100	1,100	164,600	164,600	16,100	48,000	148,500	116,600
당 기 순 이 익							31,900			31,900
계							48,000	48,000	148,500	148,500

3. 재무제표의 작성

정산표를 작성한 후 이를 기준으로 재무제표를 작성하게 된다. 재무제표는 결산일자로 작성하는 결산재무제표와 결산일 이외에 월말, 분기말, 또는 반기말로 작성하는 중간재무제표로 구분된다. 결산재무제표에는 재무상태표, 포괄손익계산서, 자본변동표, 현금흐름표가 포함된다.[2)]

2) 재무제표 작성 및 상호 관련성은 12장에서 자세히 설명된다.

[예 3-1]을 이용해 재무상태표와 포괄손익계산서를 작성하면 [표 3-4]와 같다.

[표 3-4] 재무상태표와 포괄손익계산서

재무상태표

(주) A	20x1년 5월 31일 현재		(단위: 원)
자 산		부채 및 자본	
토 지	₩20,000	자본금	₩100,000
사무설비	8,000	이익잉여금	31,900
감가상각누계액	(200)	(당기순이익 ₩31,900)미지급금	16,000
소모품	3,500		
외상매출금	8,000		
손실충당금	(400)		
현금	109,000		
자산총계	₩147,900	부채 및 자본총계	₩147,900

포괄손익계산서

(주)A	20x1년 1월 1일부터 20x1년 5월 31일까지	(단위: 원)
수 익		
용역수입		₩48,000
급 료	₩10,000	
손상차손	400	
감가상각비	200	
소모품비	500	
임차료	5,000	
		(16,100)
당기순이익		₩31,900

기업정보 한눈에 보기-재무상태표

기업의 경제력을 표준화된 정보로 가공한 재무제표 중 기업 재산에 대한 정보를 체계적으로 표준화한 것이 바로 재무상태표다. 기업의 회계처리가 국제회계기준(IFRS)으로 바뀌면서 기존의 대차대조표라는 용어 대신 재무상태표로 불리고 있다.

재무상태표는 기업의 자산을 차변에, 부채 및 자본을 대변에 기재한다. 자산항목은 기업이 소유한 재산의 운용상태를 나타내고 부채 및 자본항목은 기업의 자본 조달형태를 보여준다. 가장 기본적인 회계등식에 따라 작성되는데 총자산의 합계는 항상 총부채와 총자본의 합계액과 정확하게 일치한다.

기업들은 보통 12월 말 기준으로 결산을 해 3월말까지 재무상태표를 포함한 재무제표를 공표한다.

코스피, 코스닥 상장기업의 경우 연간 사업보고서 외에도 매분기 단위로 보고서를 작성해 발표하고 있다.

기업들의 재무제표 자료는 금융감독원의 전자공시시스템(DART)에서 쉽게 확인 가능하다.

-중소기업신문 2016.5.5 기사 중-

3.5 결산분개

1. 결산분개의 의의

결산분개란 차기의 경영활동을 기록하기 위해 각 계정의 잔액을 마감하는 분개를 말한다. 포괄손익계산서에 표시되는 수익과 비용 계정은 당기의 경영활동만을 반영하는 것이며, 이는 최종적으로 자본으로 대체한다. 주식회사의 경우에는 이익잉여금(엄격히 말하면 미처분이익잉여금) 계정에 대체한다(개인기업은 자본금 계정에 대체함). 수익과 비용이 발생할 때 직접적으로 자본을 증감시키지 않고 별도의 수익·비용 계정을 사용했기 때문에 회계연도 말에는 이를 자본에 대체하는 분개가 필요한 것이다.

한 회계기간이 끝나면 수익, 비용 계정잔액을 ₩0으로 만들어주고 이를 집합손익이라는 임시계정으로 집계해 결국은 이익잉여금 계정에 대체한다. 한 회계기간이 끝날 때마다 잔액이 ₩0으로 되어 이월되지 않는다는 의미로 포괄손익계산서계정은 임시계정 또는 명목계정이라 한다.

영구계정과 임시계정의 의미

기업이 보유하고 있는 경제적 자원인 자산과 이러한 자산에 대한 채권자의 청구권인 부채와 주주의 청구권인 자본의 세부 계정 잔액은 기업이 존속하는 한 지속적으로 변동하게 된다.

따라서 기업의 일정 기간 재무상태라는 말은 성립할 수 없다. 예를 들어, 회계기간이 1년인 기업의 재무상태는 날마다 변할 것이므로 1년간 기업의 재무상태라는 기간 개념은 존재할 수 없는 것이다. 이러한 점 때문에 기업의 재무상태는 기간 개념이 아닌 특정 시점 개념으로 작성돼 공시된다. 이처럼 자산, 부채, 자본계정은 기업이 존속하는 한 지속적으로 변동되며, 차기로 이월되기 때문에 '영구계정' 또는 '실질계정'이라 한다.

반면, 경영성과에 관한 정보는 특정 시점이 아닌 일정 기간을 정해 제공할 때 의미가 있다. 1년간 기업이 벌어들인 수익은 얼마이고, 비용은 얼마였다는 정보를 제공해야 한 회계기간 동안 기업의 경영 성과가 좋았는지 여부를 판단할 수 있기 때문이다. 이는 수익계정과 비용계정은 재무상태표 계정과 달리 잔액이 다음 회계연도로 이월될 수 없음을 의미한다. 즉, 20x1년도 수익과 비용 계정의 잔액을 이용해 포괄손익계산서를 작성하고 이를 통해 총포괄손익을 산출했다면, 20x2년도에는 다시 잔액이 ₩0인 상태의 수익과 비용 계정을 이용해 당해 연도의 손익을 산출해야 한다는 뜻이다.[3)]

수익과 비용 계정과 관련해 혼동하지 말아야 할 점은 각 회계연도의 손익계정이 계속 연결되지는 않는다는 점이다. 예를 들어, 수익계정인 용역수입은 기업이 영업활동을 지속하는 한 20x1년에도 있고 20x2년에도 있을 것이나 양자는 특별한 연관성이 없다는 것이다. 즉, 20x1년 용역수입 계정은 회계기말 시점에 잔액이 '집합손익' 계정으로 대체돼 잔액이 ₩0인 상태로 마감되며, 20x2년도 초에는 잔액이 ₩0인 상태에서 시작하는 용역수입 계정이 신설되는 것이라고 이해해야 한다. 이러한 점 때문에 수익과 비용 계정은 '임시계정' 또는 '명목계정'이라 한다.

재무상태표에 표시되는 자산 · 부채 · 자본 계정은 포괄손익계산서 계정과 달리 한 회계기간이 끝나도 잔액을 계속 유지한다. 재무상태표 작성 후에는 이들 계정의 기말잔액을 산출해 다음 회계기간으로 넘기는 마감절차를 행한다. 잔액이 다음 회계기간으로 이어진다는 의미에서 재무상태표계정은 영구계정 또는 실질계정이라 한다.

결산분개는 수익과 비용에 속하는 계정에 대해서만 행하고 자산, 부채, 자본에 속하는 계정에 대하여는 결산분개를 생략하는 방식이 사용되는데 이를 영미식 결산법이라 한다. 일반적으로 사용되는 영미식 결산법에서는 집합손익계정에 용역수입 등의 수익에 속하는 계정잔액을 이체하고 마감한다. 또한 급료 등 비용에 속하는 계정잔액을 집합손익계정에 이체하고 마감한

3) 만일 포괄손익계산서 계정도 재무상태표 계정처럼 잔액이 이월된다면 특정 회계연도의 손익은 기업 설립 이후 누적 손익을 의미하게 될 것이다.

다. 집합손익계정 잔액은 이익잉여금계정으로 이체하고 마감한다. 수익과 비용에 속한 계정잔액을 집합손익계정에 이체하고, 차감잔액을 이익잉여금에 이체하는 과정은 다음과 같다.

용역수입	
	48,000

손상차손	
400	

급료	
10,000	

감가상각비	
200	

임차료	
5,000	

소모품비	
500	

집합손익	

이와 같은 수익과 비용에 속하는 계정과목 잔액을 집합손익계정으로 이체하는 결산분개는 다음과 같다.

① 수익에 속하는 계정을 집합손익계정으로 이체

차변	금액	대변	금액
(차) 용 역 수 입	48,000	(대) 집 합 손 익	48,000

② 비용에 속하는 계정을 집합손익계정으로 이체

차변	금액	대변	금액
(차) 집 합 손 익	16,100	(대) 급 료	10,000
		감 가 상 각 비	200
		소 모 품 비	500
		임 차 료	5,000
		손 상 차 손	400

용역수입

① 집합손익	48,000		48,000

손상차손

	400	② 집합손익	400

급료

	10,000	② 집합손익	10,000

감가상각비

	200	② 집합손익	200

임차료

	5,000	② 집합손익	5,000

소모품비

	500	② 집합손익	500

집합손익

② 급료	10,000	①	48,000
감가상각비	200		
소모품비	500		
임차료	5,000		
손상차손	400		

결산분개를 총계정원장에 전기한 결과 수익과 비용에 속하는 계정은 모두 대차가 일치돼 잔액이 ₩0이 된다. 집합손익계정의 잔액은 이익잉여금계정으로 이체해야 하는데 이를 위한 결산분개와 총계정원장에의 전기는 다음과 같다.

(차) 집합손익	31,900	(대) 이익잉여금	31,900

집합손익

급료	10,000	용역수입	48,000
감가상각비	200		
소모품비	500		
임차료	5,000		
손상차손	400		
이익잉여금	31,900		

이익잉여금

		집합손익	31,900

그러나 자산과 부채 및 자본에 속하는 계정과목에 대해서는 각 계정의 차변합계와 대변합계를 계산해 부족한 쪽에 차기이월이라고 표시하고 부족한 금액을 적어 넣고 대차합계를 일치시킨다. 그리고 다음 회계연도 첫 날짜로 차기이월을 표시한 반대편에 전기이월이라고 표시하고 전기말에 차기이월로 표시된 금액을 기입하게 된다.

소모품계정 사례로 영미식 결산법에 의한 마감절차를 보이면 아래와 같다.

소모품

(차변)		(대변)	
소모품 구입	4,000	당기사용	500
		차기이월	3,500
	4,000		4,000
전기이월	3,500		

영미식 결산법에서는 총계정원장의 모든 기입은 분개장을 거쳐 행하는 원칙에 예외를 인정하고 있다. 즉, 자산, 부채, 자본과 같이 재무상태표에 기입되는 계정과목의 경우 계정잔액을 균형시키고 차기로 이월시키는 총계정원장의 기입절차는 분개장을 거치지 않고 바로 처리한다.

이는 한 회계연도의 종료시점과 다음 회계연도의 개시시점은 같은 시간대에 놓여있는 것으로서 재무상태표 계정과목의 경우 차변합계와 대변합계를 비교해 부족한 편에 차기이월로, 남는 편에 전기이월로 동시에 기재하는 것으로 이해할 수 있다. 즉, 한 계정과목의 차변과 대변에 같은 금액을 동시에 기입하기 때문에 분개가 필요 없는 것이라는 해석이 가능하다. 영미식 결산법에 따라 자산 · 부채 · 자본에 속하는 계정을 마감하고 나서 정확성을 확인할 목적으로 차기의 관점에서 전기이월금액을 모아 결산후 시산표를 작성한다.

2. 결산후 시산표

결산후 시산표는 결산분개가 완료된 후 총계정원장에 계정잔액이 남아있는 재무상태표 관련 계정만으로 작성된다. 이것은 결산분개가 올바르게 수행됐고 결산분개사항이 정확하게 전기됐는지를 점검하기 위해 작성되는 것이다. 장부마감 후 전기이월이 표시된 계정과목만을 대상으로 전기이월금액이 차변에 기입돼 있는 계정은 그 금액을 결산후 시산표 차변에, 전기이월금액이 대변에 기입돼 있으면 그 금액을 결산후 시산표의 대변에 집계해 대차금액 일치 여부를 확인한다.

[보론] 재수정분개

(1) 재수정분개의 의의

재수정분개(reversing entries)란 회계기간 초에 전기 말에 행한 수정분개를 역으로 행하는 것을 말하며, 취소분개 또는 역분개라고도 한다. 재수정분개의 목적은 전기에 행한 수정분개가 당기의 회계처리에 미치는 영향을 제거하기 위한 것이다. 현실적으로 반복적인 거래가 수없이 이루어지기 때문에 전기말 수정분개의 영향을 일일이 따져 일상적 거래를 분개하기가 쉽지 않다. 재수정분개를 행하면 전기말 수정분개의 영향을 일일이 확인하는 불편을 제거할 수 있다. 재수정분개는 ① 회계처리의 간편성 목표와 ② 논리적 일관성 확보 목표의 2가지 유형으로 구분된다. 미수수익이나 미지급비용과 같은 발생항목에 대한 재수정분개가 ① 유형에 해당하며, ② 유형에는 선급 · 선수항목에 대해 일상적 절차를 비용계상법 · 수익계상법을 적용한 경우의 재수정분개가 해당된다.

재수정분개는 필수적 절차는 아니며, 선택적으로 수행된다. 모든 수정분개가 재수정분개 대상은 아니라는 점에 유의해야 한다. 수정분개 중 선급항목과 발생항목, 예를 들면 선수수익, 미수수익, 선급비용, 미지급비용은 재수정분개 대상인 반면에 추정항목은 재수정분개가 필요 없다. 그리고 선수수익과 선급비용 같은 선급항목이라도 처음에 수익 · 비용으로 회계처리한 경우에만 재수정분개 대상이다. 선수 · 선급과 같은 이연항목과 발생항목으로 구분해 재수정분개 관련 사항을 살펴보기로 한다.

(2) 선수 · 선급항목의 재수정분개

● 선수수익의 경우

예를 들어서 20x1년 7월 1일에 1년분 임대료 ₩120,000을 현금으로 선수한 경우에 수익계상법에 의한 회계처리는 다음과 같다.

[임대료 수령시]

(차) 현　　　　금	120,000	(대) 임 대 료 수 익	120,000

[기말수정분개]

(차) 임 대 료 수 익	60,000	(대) 선 수 임 대 료	60,000

* ₩120,000 × 6/12 = ₩60,000

[기초재수정분개]

(차) 선 수 임 대 료	60,000	(대) 임 대 료 수 익	60,000

만일 위의 임대료를 현금으로 선수한 뒤 선수임대료계정인 부채로 처리하면 발생 시 분개와 수정분개는 다음과 같다.

[임대료 수령시]

(차) 현　　　　금	120,000	(대) 선 수 임 대 료	120,000

[수정분개]

(차) 선 수 임 대 료	60,000	(대) 임 대 료 수 익	60,000

이와 같은 부채계상법의 경우 수정분개는 다음의 회계기간에 아무 영향을 미치지는 않는다. 그 이유는 선수임대료라는 부채계정으로 임대료가 기록되기 때문에 다음 회계연도에도 똑같은 수정분개를 행하게 되며, 회계처리의 일관성이 유지되기 때문이다.

현금수입 시점에 수익으로 계상한 수익계상법의 경우에는 재수정분개가 필요하다. 수익계상법을 사용하면서 재수정분개를 행하지 않으면 차기 회계연도 중에는 선수임대료 부채와 임대료수익이 혼재하는 혼란을 피할 수 없다. 그러나 부채계상법을 사용할 경우에는 차기 회계연도 중에는 선수임대료 부채만 유지되고 임대료수익은 수정분개 실시 후에 발생되므로 회계기간마다 일관성을 유지할 수 있다. 결국 재수정분개는 수익계상법을 적용할 경우에만 필요하다.

● 선급비용의 경우

선급비용의 경우도 선수수익의 경우와 마찬가지로 재수정분개를 한다. 예를 들어서 20x1년 5월 1일에 보험료 1년분 ₩12,000을 현금으로 지급한 경우 비용계상법에 의한 회계처리는 다음과 같다.

[보험료 지급시]

(차) 보험료비용	120,000	(대) 현금	120,000

[기말수정분개]

(차) 선급보험료	4,000	(대) 보험료비용	4,000

* ₩12,000 × 4/12 = ₩4,000

[기초재수정분개]

(차) 보험료비용	4,000	(대) 선급보험료	4,000

만일 위의 보험료를 선급한 뒤 선급보험료계정인 자산으로 처리하는 자산계상법을 사용한 경우 회계처리는 다음과 같다.

[보험료 지급시]

(차) 선급보험료	120,000	(대) 현금	120,000

[수정분개]

(차) 보험료비용	8,000	(대) 선급보험료	8,000

자산계상법에서는 선급보험료라는 자산계정으로 지급액이 기록되기 때문에 다음 회계연도에도 동일한 수정분개를 행하게 되며, 재수정분개 없이도 회계처리의 일관성이 유지된다.

결국 현금 수취 · 지급 시점에 수익 · 비용으로 회계처리한 경우에만 재수정분개가 필요하며, 부채 · 자산으로 처리한 경우에는 재수정분개가 필요 없다.

(3) 발생항목의 재수정분개

다음은 발생항목의 경우에 해당되는 미수수익과 미지급비용을 예로 들어서 위의 재수정분개를 설명하고자 한다.

● 미수수익의 경우

20x1년 10월 1일에 현금 ₩100,000을 연리 6% 이자로 대여한 경우를 가정하자. 20x1년 12월 31일로 종료되는 회계연도말에 3개월분의 이자수익이 발생했고 이를 수령하지 않았기 때문에 다음과 같은 수정분개를 한다.

[기말수정분개]

(차) 미 수 이 자	1,500	(대) 이 자 수 익	1,500

* ₩100,000 × 6% × 3/12 = ₩1,500

이자수익계정은 수익에 속하는 계정으로서 집합손익계정으로 이체되며, 자산에 속하는 미수 이자는 20x2년 1월 1일자로 전기이월로 미수이자계정에 기입된다. 만일 20x2년 1월 1일에 재수정분개를 하지 않는다면 20x2년 9월 30일에 이자를 현금으로 수령한 시점의 분개는 다음과 같다.

(차) 현 금	6,000	(대) 이 자 수 익	4,500
		미 수 이 자	1,500

현금수령액은 ₩6,000이 되는데 이중에서 ₩1,500은 20x1년에 발생된 이자이며, 20x2년의 이자 수익은 ₩4,500이 된다. 그러나 이와 같은 분개는 불편함이 따른다. 실무상 편의를 위하여 재수정분개를 하면 다음과 같이 현금수령 시에 행할 분개가 단순해진다.

[기초재수정분개]

(차) 이 자 수 익	1,500	(대) 미 수 이 자	1,500

[현금수령시 분개]

(차) 현 금	6,000	(대) 이 자 수 익	6,000

● 미지급비용의 경우

회계연도 말에 수정분개를 통해 미지급비용을 계상한 경우에도 미수수익의 경우와 마찬가지로 재수정분개의 문제가 발생한다. 예를 들어서 20x1년 종업원의 1년분 급료가 ₩360,000이고 이미 종업원이 용역을 제공했으나 아직 현금으로 급료를 지급하지 못한 금액이 ₩30,000이라면 이에 대한 수정분개는 다음과 같다.

[기말수정분개]			
(차) 급 료	30,000	(대) 미 지 급 급 료	30,000
[기초재수정분개]			
(차) 미 지 급 급 료	30,000	(대) 급 료	30,000
[현금지급시]			
(차) 급 료	360,000	(대) 현 금	360,000

만일 위와 같은 재수정분개를 하지 않았다면 현금지급 시의 분개는 다음과 같다.

[현금지급시]			
(차) 미 지 급 급 료	30,000	(대) 현 금	360,000
급 료	330,000		

재수정분개를 행하지 않을 경우 전기말의 수정분개사항을 일일이 파악해야 하므로 실무상 복잡한 문제가 생길 수 있다. 미수수익이나 미지급비용과 관련된 재수정분개는 이자 수취 또는 급료 지급 시점의 실무상 번거로움을 피하기 위한 선택적 절차다.

토·의·문·제

1. 수정분개의 필요성에 관하여 설명하라.

2. 자산계상법(또는 부채계상법)이란 무엇인가?

3. 수익계상법(또는 비용계상법)이란 무엇인가?

4. 수정분개의 발생항목과 이연항목을 비교하여 회계처리를 설명하라.

5. 수정전 시산표와 수정후 시산표의 차이점에 대해서 설명하라.

6. 발생주의와 현금주의를 비교 · 설명하라.

7. 정산표의 원리를 설명하라.

8. 주기적 회계절차에 대해서 설명하고 회계순환과정을 논하라.

9. 기간의 경과에 따른 수정분개의 계정과목에는 어떠한 것들이 있는가?

10. 결산후 시산표란 무엇인가?

11. 수정분개를 유형별로 설명하라.

자·습·문·제

[서비스업기업의 분개]

1. 다음의 거래를 분개하라.

9월 1일　현금 ₩15,000을 출자했다.
　　　　사무실 임차료로 ₩8,000을 현금 지급했다.
　3일　외상으로 사무용 비품을 ₩4,500만큼 구입했다.
　5일　소모품 ₩1,700을 현금으로 구입했다(소모품비로 처리).
　12일　고객에게 용역을 제공하고 ₩6,400을 청구했다.
　18일　12일에 청구한 용역 대금 중 ₩3,600을 회수했다.
　20일　3일 구입한 비품 대금 중 ₩2,500을 지급했다.
　30일　9월분 통신비 ₩600을 지급했다.
　　　　9월분 급여 ₩2,800을 아직 지급하지 않고 있다.

풀이

일자	차변	금액	대변	금액
9월 1일	(차) 현금	15,000	(대) 자본금	15,000
	(차) 임차료비용	8,000	(대) 현금	8,000
3일	(차) 비품	4,500	(대) 미지급금	4,500
5일	(차) 소모품비	1,700	(대) 현금	1,700
12일	(차) 외상매출금	6,400	(대) 용역수입	6,400
18일	(차) 현금	3,600	(대) 외상매출금	3,600
20일	(차) 미지급금	2,500	(대) 현금	2,500
30일	(차) 통신비	600	(대) 현금	600
	(차) 급여	2,800	(대) 미지급비용	2,800

[서비스업기업의 분개]

2. 다음의 거래를 분개하라.

1월 3일　은행으로부터 ₩50,000을 차입했다.
　4일　1월부터 6월까지 6개월분에 해당하는 사무실 임차료 ₩10,800을 현금 지급했다(선급임차료로 처리).
　6일　소모품을 ₩2,300만큼 구입하면서 현금으로 ₩1,000을 지급하고 잔액은 외상으로 처리했다(소모품으로 처리).
　9일　고객에게 용역을 제공하고 ₩4,500을 청구했다.
　15일　9일에 청구한 용역 대금 중 ₩2,250을 회수했다.
　23일　6일 구입한 소모품의 외상 잔액을 현금 지급했다.
　31일　은행차입금에 대한 1월분 이자는 ₩250이며, 이 중 ₩150을 지급했다.
　　　　1월분 급여 ₩3,200을 지급했다.

풀이

1월 3일	(차) 현 금	50,000	(대) 차 입 금	50,000
4일	(차) 선급임차료	10,800	(대) 현 금	10,800
6일	(차) 소 모 품	2,300	(대) 현 금	1,000
			미 지 급 금	1,300
9일	(차) 외상매출금	4,500	(대) 용 역 수 입	4,500
15일	(차) 현 금	2,250	(대) 외상매출금	2,250
23일	(차) 미 지 급 금	1,300	(대) 현 금	1,300
31일	(차) 이 자 비 용	250	(대) 현 금	150
			미지급비용	100
	(차) 급 여	3,200	(대) 현 금	3,200

[선수수익]

3. (주)A는 20x1년 9월 1일 건물을 임대하고 6개월분 임대료로 현금 ₩6,000을 받았다. 이에 대하여 거래 발생일 현재 다음의 두 가지 유형이 가능하다.

1) 임대료 ₩6,000을 수익으로 기록

(차) 현 금	6,000	(대) 임대료수익	6,000

2) 임대료 ₩6,000을 부채로 기록

(차) 현 금	6,000	(대) 선수임대료	6,000

이에 따른 20x1년 12월 31일의 기말수정분개를 제시하라.

풀이

1) 의 경우 6개월분 중 2개월은 기간이 경과되지 않았으므로 부채로 인식한다.

(차) 임대료수익	2,000	(대) 선수임대료	2,000

2) 의 경우 6개월분 중 4개월의 수익을 인식한다.

(차) 선수임대료	4,000	(대) 임대료수익	4,000

위의 어느 방법에 의하든 수정분개후 임대료수익과 선수임대료 계정의 잔액은 동일하다.

[미수수익]

4. (주)A는 20x1년 12월 1일 현재 건물을 임대했으나 20x1년 12월 31일까지 1개월분 임대료 ₩1,500을 받지 못했다. 이에 따른 20x1년 12월 31일의 기말수정분개를 제시하라.

풀이

〈20x1년 12월 31일 기말수정분개〉

(차) 미수임대료	1,500	(대) 임대료수익	1,500

[선급비용]

5. (주)A사는 20x1년 10월 1일 현재 본사건물에 대한 화재보험료를 ₩12,000을 지급하고 비용처리했다. 보험 기간은 1년이다. 이에 따른 20x1년 12월 31일의 기말수정분개를 제시하라.

풀이

〈20x1년 12월 31일 기말수정분개〉

(차) 선급보험료	9,000	(대) 보험료비용	9,000

1년분 보험료로 ₩12,000을 선급했는데 재무제표를 작성하는 시점에서 3개월이 경과됐다고 한다면 총 지급액 중 3개월분에 해당되는 ₩3,000은 보험료비용이라는 계정과목에 인식하고 나머지 금액은 선급보험료(선급비용)라는 계정과목에 자산으로 계상되도록 수정분개를 해야 한다.

[회계기록상의 오류]

6. (주)A는 20x1년 12월 10일에 11월분 광고비로 ₩50,000을 지급한 것을 보험료계정에 잘못 계상했다. 이 오류는 20x1년 12월 31일에 발견됐다. 오류 수정에 따른 기말수정분개를 제시하라.

풀이

〈20x1년 12월 10일의 분개〉

(차) 보험료비용	50,000	(대) 현금	50,000

〈20x1년 12월 31일의 기말수정분개〉

(차) 광고비	50,000	(대) 보험료비용	50,000

[수정후 시산표]

7. 총계정원장의 각 계정잔액이 다음과 같을 때 수정후 시산표를 작성하기 위하여 (가)와 (나)에 알맞은 금액을 계산하라.

수정후 시산표

포시즌주식회사 20x1.3.31

계정과목	차 변	대 변
현 금	₩107,800	
당 좌 예 금	16,875	
선 급 보 험 료	2,500	
선 급 임 차 료	5,000	
소 모 품	6,500	
미 수 이 자	780	
미 지 급 금		₩1,680
미 지 급 급 여		4,900
선 수 구 독 료		(나)
선 수 임 대 료		300
자 본 금		50,000
이 자 수 익		180
구 독 료 수 익		570
임 대 료 수 익		390
소 모 품 비	(가)	
임 차 료 비 용	1,700	
급 여	16,000	
보 험 료 비 용	100	
합 계	₩162,280	₩162,280

풀이

가: 5,025

나: 104,260

[수정후 시산표]

8. 다음의 시산표는 회계기록상의 계정잔액의 오류가 없었음에도 불구하고 차변합계와 대변합계가 일치하지 않았다. 올바른 시산표를 작성하라.

수정전 시산표

포시즌주식회사 20x1.3.31

계정과목	차 변	대 변
현 금	₩200,000	
영 업 수 익	45,410	
외 상 매 출 금	20,500	
토 지	18,000	
건 물	150,000	
미 지 급 금	13,900	
재 고 자 산	30,000	
선 급 임 차 료		₩50,000
보 통 주 자 본 금		100,000
소 모 품		20,000
선 수 수 익		35,000
차 입 금	160,000	
광 고 선 전 비	15,000	
외 상 매 입 금	226,190	
급 여	22,000	
보 험 료 비 용	55,000	
합 계	₩956,000	₩205,000

풀이

수정전 시산표

A상사 20x1.8.31

계정과목	차 변	대 변
현 금	₩200,000	
외 상 매 출 금	20,500	
재 고 자 산	30,000	
소 모 품	20,000	
선 급 임 차 료	50,000	

토　　　　　지	18,000	
건　　　　　물	150,000	
외 상 매 입 금		₩226,190
미　지　급　금		13,900
차　　입　　금		160,000
선　수　수　익		35,000
보 통 주 자 본 금		100,000
영　업　수　익		45,410
급　　　　　여	22,000	
보 험 료 비 용	55,000	
광 고 선 전 비	15,000	
합　　　　　계	₩580,500	₩580,500

[수정후 시산표 작성]

9. 20x1년 12월 31일 수정전 시산표와 기말수정사항을 이용하여 수정분개를 하고 수정후 시산표를 작성하라.

수정전 시산표

A상사　　　　　　　　　　　　　　　　　　　　　　　　　20x1.12.31

계정과목	차 변	대 변
현　　　　　금	₩20,050	
외 상 매 출 금	12,000	
보　통　예　금	16,800	
당　좌　예　금	14,500	
선 급 보 험 료	19,400	
외 상 매 입 금		₩19,840
차　　입　　금		9,000
선　수　수　익		10,000
자　　본　　금		20,000
용　역　수　입		30,640
이　자　수　익		4,500
임 대 료 수 익		1,800
보 험 료 비 용	5,000	
통　　신　　비	3,000	
급　　　　　여	5,030	
합　　　　　계	₩95,780	₩95,780

〈기말수정사항〉

a. 선급보험료는 20x1년 초에 4년분을 지급했다.

b. 선수수익은 용역제공에 따른 것으로서 20x1년 7월 2일에 5년분을 미리 받은 것이다.

c. 기말 현재 발생한 미지급급여 ₩2,000을 아직 계상하지 않았다.

풀이

a. 12/31	(차) 보험료비용	4,850	(대) 선급보험료	4,850
b. 12/31	(차) 선수수익	1,000	(대) 용역수입	1,000
c. 12/31	(차) 급여	2,000	(대) 미지급급여	2,000

수정후 시산표

A상사 20x1.12.31

계정과목	차 변	대 변
현금	₩20,050	
외상매출금	12,000	
보통예금	16,800	
당좌예금	14,500	
선급보험료	14,550	
외상매입금		₩19,840
차입금		9,000
미지급급여		2,000
선수수익		9,000
자본금		20,000
용역수입		31,640
이자수익		4,500
임대료수익		1,800
보험료비용	9,850	
통신비	3,000	
급여	7,030	
합계	₩97,780	₩97,780

[수정분개]

10. 일부 현금거래와 수정분개가 누락된 수정전 시산표와 이에 대한 수정을 완료한 수정후 시산표에 의해 현금거래 및 수정분개를 추정하라.

계정과목	수정전 시산표		수정후 시산표	
	차 변	대 변	차 변	대 변
현 금	₩26,620		₩40,320	
외 상 매 출 금	20,000		20,000	
대 여 금	30,000		30,000	
기 계 장 치 (순 액)	19,000		19,000	
토 지	18,000		18,000	
선 급 보 험 료	6,800		5,000	
사 채		₩20,000		₩50,000
차 입 금		105,000		95,000
미 지 급 이 자		5,670		10,670
미 지 급 급 여		32,190		25,890
선 수 수 익		10,000		3,100
용 역 수 입		3,000		9,900
이 자 비 용	3,500		8,500	
급 여	50,000		50,000	
보 험 료 비 용	1,940		3,740	
합 계	₩175,860	₩175,860	₩194,560	₩194,560

풀이

(차) 현 금	30,000	(대) 사 채	30,000
(차) 차 입 금	10,000	(대) 현 금	10,000
(차) 이 자 비 용	5,000	(대) 미지급이자	5,000
(차) 미지급급여	6,300	(대) 현 금	6,300
(차) 보험료비용	1,800	(대) 선급보험료	1,800
(차) 선 수 수 익	6,900	(대) 용 역 수 입	6,900

[수정분개]

11. 일부 현금거래와 수정분개가 누락된 수정전 시산표와 이를 수정한 수정후 시산표를 보고 수정사항에 대한 분개를 추정하라.

계정과목	수정전 시산표		수정후 시산표	
	차 변	대 변	차 변	대 변
현금	₩10,000		₩19,500	
토지	20,000		20,000	
외상매출금	19,600		19,600	
미지급보험료		₩4,500		₩3,500
사채		12,000		13,000
외상매입금		9,800		9,800
자본금		20,000		30,000
용역수입		7,120		7,120
보험료비용	2,000		2,500	
통신비	1,820		1,820	
합계	₩53,420	₩53,420	₩63,420	₩63,420

풀이

(차) 미지급보험료	1,000	(대) 현금	1,000
(차) 현금	1,000	(대) 사채	1,000
(차) 현금	10,000	(대) 자본금	10,000
(차) 보험료비용	500	(대) 현금	500

[정산표]

12. 다음의 자료를 이용하여 8위식정산표를 작성하라.

계정과목	수정전 시산표	
	차 변	대 변
현금	₩50,000	
외상매출금	30,000	
선급보험료	10,000	
비품	62,000	
외상매입금		₩47,690
선수수익		25,300
자본금		100,000
용역수입		10,000
급여	20,100	
전력료	10,890	
합계	₩182,990	₩182,990

〈수정분개〉

a. 선급보험료의 기말잔액은 ₩8,000이다.
b. 비품감가상각비는 ₩6,200이다.
c. 외상매입금의 기말잔액은 ₩37,690이다.
d. 선수수익의 기말잔액은 ₩20,300이다.
e. ₩10,000 현금 출자했다.

풀이

〈수정분개〉

a.	(차) 보험료비용	2,000		(대) 선급보험료	2,000
b.	(차) 비품감가상각비	6,200		(대) 비품감가상각누계액	6,200
c.	(차) 외상매입금	10,000		(대) 현금	10,000
d.	(차) 선수수익	5,000		(대) 용역수입	5,000
e.	(차) 현금	10,000		(대) 자본금	10,000

(단위: 원)

계정과목	수정전시산표		수정분개		포괄손익계산서		재무상태표	
	차변	대변	차변	대변	차변	대변	차변	대변
현금	50,000						50,000	
외상매출금	30,000						30,000	
선급보험료	10,000			2,000			8,000	
비품	62,000						62,000	
감가상각누계액				6,200				6,200
외상매입금		47,690	10,000					37,690
선수수익		25,300	5,000					20,300
자본금		100,000		10,000				110,000
용역수입		10,000		5,000		15,000		
급여	20,100				20,100			
전력료	10,890				10,890			
감가상각비			6,200		6,200			
보험료비용			2,000		2,000			
당기순이익						24,190	24,190	
	182,990	182,990	23,200	23,200	39,190	39,190	174,190	174,190

[재무상태표와 포괄손익계산서]

13. 다음의 시산표에 의해 6월 한 달 동안의 재무상태표와 포괄손익계산서를 작성하라.

시산표

A상사 20x1.6.30

계정과목	차 변	대 변
현 금	₩35,000	
외 상 매 입 금		₩13,200
받 을 어 음	16,000	
지 급 어 음		4,510
대 여 금	19,320	
차 입 금		6,980
선 수 수 익		10,000
미 지 급 임 차 료		13,000
자 본 금		10,000
임 차 료	4,500	
이 자 비 용	10,010	
용 역 수 입		27,140
합 계	₩84,830	₩84,830

풀이

재무상태표

A상사 20x1.6.30

자 산		부채 및 자본	
현 금	₩35,000	외 상 매 입 금	₩13,200
받 을 어 음	16,000	지 급 어 음	4,510
대 여 금	19,320	차 입 금	6,980
		선 수 수 익	10,000
		미 지 급 임 차 료	13,000
		자 본 금	10,000
		이 익 잉 여 금 (당기순이익 ₩12,630)	12,630
합계	₩70,320	합계	₩70,320

포괄손익계산서

A상사 20x1.6.1~ 6.30

비 용		수 익	
이 자 비 용	₩10,010	용 역 수 입	₩27,140
임 차 료 비 용	4,500		
당 기 순 이 익	12,630		
합계	₩27,140	합계	₩27,140

[수정후 시산표]

14. 다음은 총계정원장의 수정후 계정잔액 전체를 나타낸 것이다. 수정후 시산표를 작성하고(차변 총액은 ₩200,000임) (가)와 (나)에 해당하는 금액과 당기순이익을 계산하라.

현 금	₩100,000
임 대 료 수 익	30,500
임 차 료	29,120
선 급 임 차 료	35,100
차 입 금	9,000
자 본 금	10,000
이 자 수 익	50,200
이 자 비 용	12,040
판 매 관 리 비	8,500
차 량 운 반 구	10,000
사 채	(가)
소 모 품 비	(나)
차 변 총 액	200,000

풀이

수정후 시산표

계정과목	차 변	대 변
현 금	₩100,000	
차 량 운 반 구	10,000	
선 급 임 차 료	35,100	
차 입 금		₩9,000
사 채		(가) 100,300
자 본 금		10,000
임 대 료 수 익		30,500
이 자 수 익		50,200
이 자 비 용	12,040	
판 매 관 리 비	8,500	
소 모 품 비	(나) 5,240	
임 차 료	29,120	
합 계	₩200,000	₩200,000

당기순이익 = ₩30,500 + ₩50,200 − ₩12,040 − ₩8,500 − ₩5,240 − ₩29,120 = ₩25,800
단, 설립 첫 해이기 때문에 이익잉여금 기초잔액은 ₩0이다.

[시산표]

15. 다음의 재무상태표와 포괄손익계산서를 이용하여 (가)와 (나)의 값을 구하고 시산표를 작성하라.

재무상태표

A디자인 20x1.12.31

자 산		부채 및 자본	
현 금	₩50,000	외 상 매 입 금	₩8,400
외 상 매 출 금	16,410	사 채	10,000
대 여 금	4,500	차 입 금	5,410
선 급 보 험 료	3,400	선 수 수 익	7,950
미 수 이 자	(가)	미 지 급 임 차 료	23,690
		자 본 금	20,000
		이 익 잉 여 금	(나)
합 계	₩80,000	합 계	₩80,000

시산표

A디자인 20x1.12.31

비 용		수 익	
이 자 비 용	₩10,010	용 역 수 입	₩34,460
임 차 료	17,900		
보 험 료 비 용	2,000		
당 기 순 이 익	(나)		
	₩34,460		₩34,460

풀이

가: ₩5,690

나: ₩4,550

시 산 표

A디자인 20x1.12.31

계정과목	차 변	대 변
현 금	₩50,000	
외 상 매 출 금	16,410	
대 여 금	4,500	
선 급 보 험 료	3,400	
미 수 이 자	5,690	
외 상 매 입 금		₩8,400
사 채		10,000
차 입 금		5,410

선수수익		7,950
미지급임차료		23,690
자본금		20,000
용역수입		34,460
이자비용	10,010	
임차료	17,900	
보험료비용	2,000	
합계	₩109,910	₩109,910

[수정분개]

16. 다음은 7월 1일에 영업을 시작한 A주식회사의 7월 31일 계정잔액이다. 7월분 재무제표를 작성하기 위한 수정분개를 표시하라.

선급임차료	₩3,000
선급광고비	480
소모품	1,300
선수수익	500
용역수입	1,500

〈수정사항〉

1. 7월 1일 A주식회사는 2년분 임차료 ₩3,000을 지급했다.
2. A주식회사는 7월, 8월, 9월분 광고비 ₩480을 7월 1일 지급했다.
3. 7월 31일 소모품 재고액은 ₩950이다.

풀이

	차변	금액	대변	금액
1.	(차) 임차료	125	(대) 선급임차료	125
2.	(차) 광고비	160	(대) 선급광고비	160
3.	(차) 소모품비	350	(대) 소모품	350

[수정분개]

17. 다음 사건들에 대해 수정분개를 제시하라(회계기간은 1년임).

1. 비품에 대한 감가상각비 ₩900을 기록하지 않았다.
2. 소모품의 계정잔액은 ₩870인데, 기말 현재 재고액은 ₩350이다.
3. 기말 현재 동력비 ₩950이 발생했으나, 아직 현금 지급하지 않았다.
4. 기초에 3년분 임차료 ₩900을 지급하고 모두 비용 계상했다.
5. 발생 급여 ₩740을 아직 지급하지 않고 있다.
6. 기중에 ₩1,000을 먼저 받고 선수수익으로 처리했는데, 기말 현재 그에 대한 용역 제공은 완료됐다.

풀이

1.	(차) 비품감가상각비	900	(대) 비품감가상각누계액	520
2.	(차) 소 모 품 비	520	(대) 소 모 품	520
3.	(차) 동 력 비	950	(대) 미 지 급 동 력 비	950
4.	(차) 선 급 임 차 료	600	(대) 임 차 료	600
5.	(차) 급 여	740	(대) 미 지 급 급 여	740
6.	(차) 선 수 수 익	1,000	(대) 용 역 수 입	1,000

[부채계상법과 수익계상법]

18. 다음의 거래를 부채계상법과 수익계상법으로 나누어 분개하라(1월 1일과 3월 31일의 분개를 표시할 것).

> 20x1년 1월 1일에 건물 관리용역에 대한 3년분 영업수익 ₩480,000을 받은 주식회사 A가 20x1년 3월 31일에 재무제표를 작성하기 위해 수정분개를 하려고 한다.

풀이

[A 부채계상법]

1/1	(차) 현 금	480,000	(대) 선 수 수 익	480,000
3/31	(차) 선 수 수 익	40,000	(대) 영 업 수 익	40,000

[B 수익계상법]

1/1	(차) 현 금	480,000	(대) 영 업 수 익	480,000
3/31	(차) 영 업 수 익	440,000	(대) 선 수 수 익	440,000

[자산계상법과 비용계상법]

19. 다음의 거래를 자산계상법과 비용계상법으로 나누어 분개하라(7월 1일과 7월 31일의 분개를 표시할 것)

> 20x1년 7월 1일에 영업을 개시한 A산업은 공장에 대한 2년분 화재보험료 ₩48,000을 현금으로 지급했고 12월 31일에 재무제표를 작성하기 위해 수정분개를 하려고 한다.

풀이

[자산계상법]

7/1	(차) 선 급 보 험 료	48,000	(대) 현 금	48,000
12/31	(차) 보 험 료	12,000	(대) 선 급 보 험 료	12,000

[비용계상법]

7/1	(차) 보 험 료	48,000	(대) 현 금	48,000
12/31	(차) 선 급 보 험 료	36,000	(대) 보 험 료	36,000

[재수정분개]

20. 다음의 분개들은 기말의 수정분개들을 나타내고 있다. 재수정분개가 필요한 것은 어떤 것들인가?

1.	(차) 소모품	600	(대) 소모품비	600
2.	(차) 감가상각비	60	(대) 감가상각누계액	60
3.	(차) 급료	390	(대) 미지급급료	390
4.	(차) 선급보험료	220	(대) 보험료비용	220
5.	(차) 선수수익	1,400	(대) 용역수입	1,400
6.	(차) 소모품비	170	(대) 소모품	170

풀이

거래발생 시 자산 혹은 부채로 회계처리한 것은 재수정분개를 할 필요가 없다. 1, 3, 4의 분개가 재수정분개를 필요로 한다.

연·습·문·제

[회계절차 종합]

1. A주식회사는 20x1년 12월 31일 현재 재무상태표에 ₩600,000의 총자산을 보유하고 있다. 만일 회사의 총부채가 ₩350,000이라면 자본금은 얼마인지 회계등식을 이용해 계산하라.

현 금

1)	8,000	2)	600
4)	600	5)	20
8)	500	9)	2,500
10)	1,000	11)	1,500
13)	1,000	14)	150
		15)	50
		16)	1,000
		17)	2,500

외상매입금

9)	2,500	3)	5,000
11)	1,500	6)	1,500
		12)	100

자본금

		1)	8,000

외상매출금

7)	2,500	8)	500
18)	2,000	13)	1,000

용역수입

		4)	600
		7)	2,500
		18)	2,000

소 모 품

6)	1,500	20)	1,350

광 고 비

14)	150		

임 차 료

19)	300		

선급임차료

2)	600	19)	300
잔액	300		

소모품비

5)	20		
20)	1,350		

비 품

3)	5,000	10)	1,000

차량유지비

16)	1,000		

통 신 비

15)	50		

전 력 료

12)	100		

급 여

17)	2,500		

[물음 1] 총계정원장 기록에 해당되는 분개를 표시하라.

[물음 2] 총계정원장 기록에 따라 잔액시산표를 작성하라.

[물음 3] 수정사항이 없는 것으로 가정하고 포괄손익계산서를 작성하라.

[물음 4] 수정사항이 없는 것으로 가정하고 재무상태표를 작성하라.

[수정분개]

2. 다음의 A공구의 20x1년 12월의 거래 내역에 의해 다음 물음에 답하라.

12/1 현금 ₩5,000을 출자했다.
12/1 12월을 포함한 3개월간 임차료 ₩1,200을 현금 납부했다(선급임차료로 처리).
12/1 ₩10,000인 트럭을 외상 구입했다.
12/1 소모품 ₩1,000을 외상 구입했다(소모품으로 처리)
12/3 트럭에 대한 보험료로 1년분 ₩1,800을 현금 납부했다(선급보험료로 처리).
12/5 고객에게 용역을 제공하고, 용역수입 ₩4,500에 대한 청구서를 송부했다.
12/6 고객에게 용역을 제공하고 현금 ₩800을 받았다.
12/14 5일 있었던 외상 거래분 중 ₩2,000을 수령했다.
12/14 광고비 ₩350, 이자비용 ₩100, 통신비 ₩75, 차량유지비 ₩425, 급여 ₩2,500을 현금 지불했다.
12/20 고객에게 용역을 제공하고, 용역수입 ₩6,500에 대한 청구서를 송부했다.
12/23 1월부터 제공하게 될 ₩9,000의 용역에 대해 고객과 계약서를 작성했다.
12/28 광고비 ₩200, 이자비용 ₩150, 차량유지비 ₩375, 급여 ₩2,500을 현금 지급했다.
12/29 고객에게 용역을 의뢰받고 현금 ₩2,000을 미리 받았다.
12/31 전력료 ₩100은 발생했으나 나중에 지급하기로 했다.

[물음 1] 위의 거래에 대한 분개를 표시하라.

[물음 2] 다음의 추가자료를 통해 수정분개를 표시하라.

a. 보험료 한 달분을 보험료로 처리했다.
b. 임차료 중 한 달분을 처리했다.
c. 소모품 중 ₩350만큼 아직 사용하지 않았다.
d. 12월 29일에 수취한 용역수입은 20x2년 1월에 용역을 제공한다.
e. 급여 ₩1,500이 발생됐으나 현금이 부족해 미지급상태다.

[수정분개]

3. 일부 현금거래와 수정분개가 누락된 수정전 시산표와 수정후 시산표를 보고 수정분개를 추정하라(단, 현금 시재액이 부족해 이를 잡손실로 처리했다).

계정과목	수정전시산표		수정후시산표	
	차 변	대 변	차 변	대 변
현금	₩132,100		₩63,800	
외상매출금	15,000		15,000	
미수금	67,300		67,300	
미수수익	20,600		20,600	
선급비용	31,600		31,600	
예치보증금	4,190		4,190	
토지	100,000		100,000	
소모품	4,000		5,900	
영업권	1,860		1,860	
외상매입금		₩34,200		₩34,200
단기차입금		23,100		23,100
미지급금		41,300		11,300
선수금		30,000		10,000
예수금		50,000		50,000
미지급임차료		35,000		30,000
장기차입금		30,950		30,950
자본금		100,000		100,000
자본잉여금		32,000		32,000
이익잉여금		0		0
용역수입		30,000		30,000
이자수익		8,000		8,000
배당금수익		5,400		5,400
유형자산처분이익		20,000		20,000
임차료	20,000		20,000	
소모품비	15,300		13,400	
회의비	10,500		10,500	
포장비	3,200		3,200	
연구비	10,000		10,000	
교육훈련비	4,300		4,300	
잡손실	0		13,300	
합계	₩439,950	₩439,950	₩384,950	₩384,950

[수정분개]

4. 다음은 A실업의 20x1년 12월 31의 시산표의 일부이다. 다음의 추가사항에 의해 수정분개를 행하라.

계정과목	차 변	대 변
선급임차료	₩1,500	
비품	2,500	
선수광고료수익		₩1,000
보험료	900	
소모품비	600	
통신비	825	
급여	15,000	

a. 아직 사용하지 않은 소모품 ₩300이 있다.
b. 현금 지급하지 않은 통신비 ₩75이 있다.
c. 회사의 사정으로 다음 달에 현금으로 지급하기로 한 급여 ₩125이 있다.
d. 선급임차료는 20x1년 12월분과 다음 해 2월분까지를 미리 지급한 것이다.
e. 광고수익은 20x1년 12월분과 다음 해 1월분에 해당된 금액을 수익계상한 것이다.
f. 보험료는 20x1년 7월부터 1년간 유효한 금액이다.

[수정분개]

5. 다음은 A개발의 20x1년 12월 말 시산표의 일부이다. 아직 수정분개는 실시하지 않았으며, 다음의 추가사항을 참고하여 수정분개를 표시하라.

계정과목	차 변	대 변
당좌예금	₩10,000	
선급보험료	600	
소모품	500	
차입금		₩5,000
구독수익		9,000
미지급급여		500
임차료	3,900	
차량유지비	4,000	

a. 당좌예금에 의해 발생한 이자수익 ₩250은 아직 현금으로 수령하지 못했다.
b. 선급보험료는 보험기간이 1년이며, 20x1년 9월 1일부터 유효하다.
c. 소모품 중 ₩300은 아직 수중에 있다.
d. 차입금에 의한 이자비용 ₩25는 아직 현금 지급하지 않았다.
e. 구독수익은 6개월 동안 용역을 제공함에 따라 생긴 것이며, 계약은 20x1년 12월 1일부터 유효하다.
f. 급여 ₩300이 미지급 상태이다.
g. 차량유지비 ₩400의 청구서를 아직 수령하지 않았다.

[서비스업기업의 결산]

6. 다음은 A주식회사의 20x1년 12월 말 수정전 시산표이다. 다음의 수정사항을 참고하여 물음에 답하라.

계정과목	차변	대변
현　　　　금	₩4,100	
매　출　채　권	63,750	
선　급　임　차　료	5,000	
소　모　품	800	
기　　　　계	120,000	
감가상각누계액(기계)		₩24,000
미　지　급		17,500
선　수　수　익		14,000
차　입　금		20,000
자　본　금		40,000
이　익　잉　여　금		33,500
용　역　수　입		73,000
급　　　　여	27,000	
소　모　품　비	1,350	
합　　　　계	₩222,000	₩222,000

〈수정사항〉

1. 12월말 현재 정확한 선급임차료 잔액은 ₩3,500이다.
2. 12월말 현재 사용되지 않은 소모품은 ₩500이다.
3. 20x1년 기계의 감가상각비는 ₩12,000이다.
4. 용역계약의 대가로 수령한 선수수익 중 ₩10,000에 해당하는 용역이 20x1년 중 제공 완료됐다.
5. 차입금에 대한 기간경과분 이자는 ₩400이다.
6. 12월말 현재 ₩500의 급여를 아직 지급하지 않았다.

[물음 1] 수정사항에 따라 수정후 시산표를 작성하라.

[물음 2] 위 [물음 1]의 수정후 시산표에 의해 포괄손익계산서를 작성하라.

[물음 3] 위 [물음 1]의 수정후 시산표에 의해 재무상태표를 작성하라.

[서비스업기업의 결산]

7. A주식회사는 월별로 결산을 한다. 다음의 A주식회사의 20x1년 1월 1일의 재무상태표와 1월 중 거래내역 및 1월 31일 현재 수정사항을 참고해 물음에 답하라.

재무상태표

자 산			부 채	
현금		₩5,300	미지급금	₩18,500
매출채권		28,000	미지급급여	1,700
소모품		1,600	부채총계	₩20,200
비품	₩60,000		자 본	
감가상각누계액	(12,000)	48,000	자본금	₩30,000
			이익잉여금	32,700
			자본총계	₩62,700
자산총계		₩82,900	부채와자본총계	₩82,900

〈1월 중 거래내역〉

1월 2일 은행으로부터 ₩20,000을 2년 후 원리금을 일시상환하는 조건으로 차입했다.
4일 사무실 임차료 ₩9,000을 현금 지급했다(선급임차료로 처리).
10일 소모품 ₩2,500을 현금으로 구입했다(소모품으로 처리).
16일 고객으로부터 용역 대금 ₩9,700을 회수했다.
22일 고객에게 용역을 제공하고 ₩15,000을 청구했다.
26일 미지급금 잔액 중 ₩6,400을 현금 지급했다.

〈1월 31일 현재 수정사항〉

1. 은행차입금의 이자율은 연 6%이다.
2. 1월 4일 지급한 임차료는 1월부터 6월까지 6개월분을 선납한 금액이다.
3. 1월말 현재 사용되지 않은 소모품은 ₩1,400이다.
4. 비품의 월별 감가상각비는 ₩1,000이다.
5. 1월분 급여 ₩3,400을 아직 지급하지 않았다.

[물음 1] 1월 중 거래내역을 분개하라.

[물음 2] 수정사항을 참고하여 수정분개를 작성하라.

[물음 3] 위 [물음 1]과 [물음 2]의 분개를 참고하여 포괄손익계산서를 작성하라.

[물음 4] 위 [물음 1]과 [물음 2]의 분개를 참고하여 재무상태표를 작성하라.

[수정분개]

8. 다음은 A물산의 20x1년 12월 31일 수정전 시산표의 일부이다. 시산표와 수정사항에 의해 수정분개를 표시하라.

계정과목	차 변	대 변
선 급 보 험 료	₩1,800	
차 량 운 반 구	19,000	
선 수 수 수 료		₩9,000
임 대 료 수 익		0
광 고 비	5,000	
급 여	25,000	
소 모 품 비	9,000	

[수정분개]

9. 다음은 A실업의 20x1년 12월 31일 수정전 시산표의 일부이다. 시산표와 수정사항에 따라 수정분개를 표시하라(차변, 대변 구분 없이 제시된 자료임).

당 좌 예 금	₩15,000
선 급 임 차 료	1,200
차 입 금	7,500
선 수 광 고 료	9,000
이 자 비 용	2,400
급 여	75,000
소 모 품 비	600
전 력 비	0
소 모 품	0

a. 당좌예금으로부터 이자수익 ₩40이 발생했으나 아직 현금 수령하지 않았다.
b. 선급임차료는 20x1년 11월, 12월, 20x2년 1월분이다.
c. 차입금에 대한 이자비용 ₩40이 발생했으나 아직 현금 지급하지 않았다.
d. 12월 31일 현재 선수광고료의 3분의 1이 남아 있다.
e. 급여 ₩1,000이 발생했으나 아직 현금 지급하지 않았다.
f. 소모품 ₩100이 아직 사용되지 않고 보관중이다.
g. 전력비 ₩200이 발생했으나 아직 현금 지급하지 않았다.

[재무상태표와 포괄손익계산서]

10. 수정후 시산표 잔액은 정확한데 재무제표 작성에 오류가 있는 자료다. 오류를 바로잡아 올바른 포괄손익계산서와 재무상태표를 작성하라.

계정과목	수정후 시산표		포괄손익계산서		재무상태표	
	차변	대변	차변	대변	차변	대변
현 금	30,000				30,000	
외 상 매 출 금	23,150		23,150			
미 수 금	5,700				5,700	
선 급 금	10,570				10,570	
예 치 금	13,500		13,500			
토 지	40,000				40,000	
산 업 재 산 권	10,000		10,000			
외 상 매 입 금		9,700				9,700
선 수 금		12,000		12,000		
예 수 금		54,000				54,000
미 지 급 비 용		20,000				20,000
장 기 차 입 금		10,000		10,000		
사 채		5,000		5,000		
자 본 금		10,000				10,000
영 업 수 익		10,000		10,000		
이 자 수 익		9,680		9,680		
배 당 금 수 익		2,300				2,300
외 환 차 익		1,800				1,800
유형자산처분이익		3,200		3,200		
잡 이 익		1,440				1,440
이 자 비 용	3,400		3,400			
외 환 차 손	1,400				1,400	
기 부 금	4,000				4,000	
비 품 수 리 비	2,300		2,300			
수 선 비	1,000		1,000			
임 차 료 비 용	3,400		3,400			
난 방 조 명 비	700		700			
	149,120	149,120				
당 기 순 손 실				7,570	7,570	
			57,450	57,450	99,240	99,240

[수정분개]

11. 다음의 A상사 거래 내역에 따라 20x1년 12월 31일의 수정분개를 표시하라.

1. 1년분 급여 ₩72,000 중 12월분은 현금 지급하지 못했다.
2. 회사가 보유한 차량에 대한 4년분 보험료 ₩600,000을 20x1년 4월 2일에 계약했다(4월 2일 당시 보험료로 기록).
3. 4월 18일에 소모품 ₩5,600을 현금으로 구입했고 12월 말 현재 4,000원만큼 남아 있다(4월 당시 소모품비로 기록).
4. 7월 1일에 2년분 용역매출 ₩90,000을 외상으로 제공하고 12월 말 25% 현금 회수했다.
5. 6월 5일에 ₩100,000을 차입하였으나 당시 ₩90,000으로 기록했다.
6. 8월 31일에 회사가 보유한 상가를 1년간 임대하면서 계약 당시 ₩270,000을 현금으로 수령했다(8월 31일 당시 임대료수익으로 기록).

[선급비용]

12. (주)A는 20x1년 1월 1일 건물에 대한 향후 3년간의 보험료로 현금 ₩1,200을 지급했다. 이에 대하여 다음의 2가지 유형의 분개가 가능하다.

1) 보험료 ₩1,200을 자산으로 기록

(차) 선 급 보 험 료	1,200	(대) 현 금	1,200

2) 보험료 ₩1,200을 비용으로 기록

(차) 보 험 료	1,200	(대) 현 금	1,200

이에 따른 20x1년 12월 31일의 기말수정분개를 제시하라.

[미지급비용]

13. (주)A는 20x1년 12월 31일 현재 12월분 종업원 급료 ₩120,000을 자금사정으로 미지급하고 있다. 이에 따른 기말수정분개를 제시하라.

[수정분개]

14. 다음은 A주식회사의 기말현재 계정잔액이다. 제시된 수정사항에 따라 수정분개를 표시하라.

계정	금액
선 급 비 용	₩40,000
소 모 품	34,000
임 차 료	48,000
급 료	34,000

〈수정사항〉

1. 소모품 기말재고액은 ₩25,000이다.
2. 선급비용은 보험료로서 기초에 4년분을 지급한 것이다.
3. 기말현재 발생된 미지급급료 ₩15,000을 아직 계상하지 않고 있다.

[수정분개]

15. 다음은 A주식회사의 기말현재 계정잔액이다. 재무제표를 작성하기 위한 수정분개를 표시하라.

계정	금액
선 급 보 험 료	₩1,790
선 수 수 익	6,800

〈수정사항〉

1. 기말 미지급급료 발생분 ₩600
2. 기말 미지급 광고비 발생분 ₩60
3. 당기분 보험료 ₩390
4. 기말미지급이자 발생분 ₩220
5. 선수수익의 당기실현분 ₩1,400
6. 기말 미수 수입이자 발생분 ₩170

[자산계상법과 비용계상법]

16. 다음의 거래를 자산계상법과 비용계상법으로 나누어 분개하라(9월 1일과 12월 31일 분개를 표시할 것).

20x1년 9월 1일에 영업을 개시한 A산업은 공장에 대한 3년분 임차료 ₩72,000을 현금으로 지급했고 12월 31일에 재무제표를 작성하기 위해 수정분개를 하려고 한다.

[수정분개]

17. 다음은 A주식회사의 기말현재 계정잔액이다. 재무제표를 작성하기 위한 수정분개를 표시하라.

선 급 보 험 료	₩1,440
소 모 품	10,200
비 품	176,000
감 가 상 각 누 계 액	10,200

〈수정사항〉

1. 선급보험료 잔액은 ₩800이다.
2. 소모품 재고액은 ₩6,000이다.
3. 비품의 감가상각비는 ₩9,000이다.
4. 기말 현재 미지급급료 ₩600이 발생됐다.
5. 법률자문과 관련하여 수수료 ₩1,200이 발생됐으나 지급하지 않았다.

[회계처리 종합]

18. 다음은 20x1년 초에 설립한 A신문사의 기중거래내역 [가]와 수정분개 사항 [나]에 의해 다음의 물음에 답하라.

[가] 20x1년 1월 기중거래내역

a. 현금 ₩50,000을 출자하여 회사를 설립하다.
b. 급여 ₩15,000을 현금 지급했다.
c. 소모품 ₩750을 외상 구입했다(소모품으로 처리).
d. 비품 ₩8,000을 현금 구입했다.
e. 현금 ₩10,000을 당좌예금계정으로 은행에 입금했다.
f. 20x1년 1월부터 유효한 1년용 보험료 ₩1,200을 1월 초 현금 지급했다(선급보험료로 처리).
g. 1월 초부터 1년간 유효한 구독수익에 대해 현금 ₩6,000을 수령했다.
h. 3개월분 임차료 ₩1,500을 현금 지급했다(선급임차료로 처리).
i. 1월 초에 A신문사가 사용하고 있는 사무실 중 일부 공간을 1월부터 2달 동안 단기 임대계약하고 ₩600을 수령했다(선수임대료로 처리).
j. 보도용 차량 ₩7,000을 현금 구입했다.

[나] 20x1년 1월 말 수정분개사항

k. 급여 ₩1,000을 아직 지급하지 못했다.
l. 소모품 중 ₩250은 아직 사용하지 않고 보유 중에 있다.
m. 1월 초에 구입한 비품의 감가상각비는 ₩200이다.
n. 예금한 자금에 대한 이자수익 ₩100이 발생했으나 2월 초 회사의 계좌에 입금된다.
o. 보험료 1월분을 처리한다.

p. 구독수익 1월분을 처리한다.
q. 임차료 1월분을 처리한다.
r. 임대수익 1월분을 처리한다.
s. 1월에 구입한 차량의 감가상각비는 ₩125이다.

[물음 1] 위의 [가]에 대한 분개를 표시하라.

[물음 2] 위의 [나]에 대한 수정분개를 표시하라.

[물음 3] 1월 발생한 거래내역을 총계정원장에 전기하라.

[물음 4] 수정후 시산표를 작성하라.

[물음 5] 20x1년 1월의 포괄손익계산서(보고식)를 작성하라.

[물음 6] 20x1년 1월 31일 현재 재무상태표를 작성하라.

[종합예제]

19. 20x1년 1월에 설립한 A산업의 다음 거래 내역에 따라 물음에 답하라.

[가] 일상적 거래 내역

a. ₩15,000을 현금 출자하였다.
b. ₩15,000의 트럭을 현금 구입했다.
c. 3개월분 광고수익에 대해 ₩12,000을 현금 수령했다.
d. 1월부터 유효한 1년분의 보험료 ₩600을 현금 지급했다(선급보험료로 처리).
e. 2개월분 이자수익 ₩150을 미리 수령했다.
f. 소모품 ₩500을 외상 구입했다(소모품으로 처리).
g. 1월부터 유효한 3개월분의 수수료수익 ₩900을 미리 수령했다.
h. 현금 ₩5,000을 예금했다.
i. 비품 ₩5,000을 현금 구입했다.
j. 사무실 1층을 3달 동안 임대하면서 ₩900을 미리 수령했다.
k. 급여 ₩3,000을 현금 지급했다.

[나] 수정분개사항

다음은 수정분개가 필요한 사항을 정리한 것이다.
l. 1월에 구입했던 차량의 감가상각비는 ₩225이다.
m. 광고수익 중 1월분을 계상한다.
n. 보험료 중 1월분을 계상한다.
o. 이자수익 중 1월분을 계상한다.
p. 소모품 중 ₩200만큼 아직 사용하지 않았다.

q. 수수료수익 중 1월분을 계상한다.
r. 은행의 보고에 따르면 추가적으로 이자수익 ₩50이 발생했으나 아직 입금되지 않았다.
s. 비품의 감가상각비는 ₩100이다.
t. 임대수익 중 1월분을 계상한다.
u. 급여 ₩150을 아직 현금 지급하지 않았다.

[물음 1] 위의 [가]의 거래 내역에 따라 분개하라.

[물음 2] 위의 [나]의 사항에 의해 수정분개를 표시하라.

[물음 3] 1월 발생한 거래내역에 따라 총계정원장에 전기하라.

[물음 4] 수정후 시산표를 작성하라.

[재수정분개]

20. 다음은 기말의 수정분개 사항이다. 재수정분개가 필요한 것은?

	차변	금액	대변	금액
1.	(차) 임차료	800	(대) 선급임차료	800
2.	(차) 감가상각비	760	(대) 감가상각비	760
3.	(차) 선수수익	990	(대) 용역수입	990
4.	(차) 소모품비	220	(대) 소모품	220
5.	(차) 이자비용	1,500	(대) 미지급이자	1,500
6.	(차) 용역수입	1,170	(대) 선수수익	1,170

[실무스펙 3] 서비스업 재무제표 사례

서비스업에 속하는 기업의 재무제표 구성은 상품매매업 및 제조업과는 다르다. 4장에서 자세히 다루겠지만 상품매매업과 제조업 재무상태표에는 상품 및 제품 자산이 표시되고 포괄손익계산서에는 매출액과 매출원가 및 매출총이익이 구분 표시된다. 서비스업에는 상품 또는 제품 자산이 없다. 포괄손익계산서에는 영업수익이 맨 윗부분에 표시되고 영업비용 및 판매비와 관리비를 차감한 영업이익이 구분 표시된다. 서비스업에 속하는 공기업 중에는 다른 업종 공기업과의 비교가능성을 위해 영업수익을 매출액으로, 영업비용을 매출원가로 표시하고 매출총이익을 구분해 표시하기도 한다.

서비스업의 대표적 사례인 네이버와 한국거래소의 포괄손익계산서는 [표 3-5], [표 3-6]과 같다.

네이버의 영업수익에는 광고료수익 2조 3,578억 원, 콘텐츠수익 1,009억 원, 기타수익 376억 원이 포함돼 있다. 영업비용은 인건비 3,272억 원, 수수료 9,789억 원과 기타비용이 포함돼 있다. 네이버는 높은 영업이익 성장률을 지속하면서 사업을 확장하고 있다.

한국거래소는 현재로는 비상장기업이지만, 지주회사 방식 등을 통한 주식시장 상장을 검토하고 있다. 영업수익에는 용역제공으로 인한 수익 2,140억 원, 수수료수익 4,412억 원, 기타수익 66억 원이 포함돼 있다. 영업비용은 급여 2,322억 원, 퇴직급여 219억 원, 복리후생비 152억 원 등으로 인건비 비중이 높다.

서비스업에서는 고객의 만족도 제고를 통한 수익증대와 효율적 비용관리가 핵심과제다. 대고객 접촉이 중요하기 때문에 임직원의 사기를 높이는 데 주력하고 성과와 보상을 연결시킨 보수체계를 확립해야 한다.

[표 3-5] 포괄손익계산서 사례 1

포괄손익계산서

네이버 2016년 1월 1일부터 2016년 12월 31일까지 (단위: 백만원)

항목	금액
영업수익	₩4,022,629
영업비용	(2,920,589)
영업이익	₩1,102,040
영업외수익 · 금융수익 등	168,721
영업외비용 · 금융비용 등	(138,990)
법인세비용차감전순이익	₩1,131,771
법인세비용	(360,864)
계속영업순이익	₩770,907
중단사업손익	(11,834)
당기순이익	₩759,073

*기타포괄손익 부분의 표시는 생략함.

[표 3-6] 포괄손익계산서 사례 2

포괄손익계산서

한국거래소 2016년 1월 1일부터 2016년 12월 31일까지 (단위: 백만원)

항목	금액
영업수익	₩698,240
영업비용	(583,910)
영업이익	₩114,330
기타수익	13,219
기타비용	(53,228)
기타이익(손실)	(797)
금융수익	136,756
금융원가	(69,603)
관계기업관련이익(손실)	(8,023)
법인세비용차감전순이익	₩132,654
법인세비용	(25,334)
당기순이익	₩107,320

*기타포괄손익 부분의 표시는 생략함.

4

CHAPTER

상품매매 회계와 재고자산

용역기업은 서비스 제공을 통해 수익창출 과정을 마무리한다. 상품이나 제품을 매매하는 기업은 상품을 매입하거나 제품을 제조해 판매부서에 이전함으로써 수익창출 과정을 시작하고 매출로 마무리한다. 상품 매출은 대금수령조건에 따라 현금매출과 외상매출로 구분된다. 기업이 판매 목적으로 직접 제조한 재고자산은 제품이라고 하며, 외부에서 판매 목적으로 구입한 재고자산은 상품이라 한다. 회계원리에서는 외부에서 구입한 상품에 관한 회계문제를 다루는 것이 일반적이다. 제품 제조와 관련된 문제는 원가회계에서 다룬다. 이번 장에서는 재고자산에 대해 규정하고 있는 기업회계기준서 제1002호를 중심으로 상품 매매업의 회계순환과정과 재고자산의 취득 · 판매 · 평가와 관련된 회계문제에 관해 학습한다.

4.1 상품매매업의 개요 및 회계절차

4.2 상품매매업의 순환과정

4.3 재고자산의 취득

4.4 재고자산의 판매

4.5 재고자산의 평가

[보론] 추정에 의한 재고자산의 평가

실무스펙 4

4.1 상품매매업의 개요 및 회계절차

학습포인트

- 상품매매기업의 특성
- 매출원가 산출방법
- 계속기록법과 실지재고조사법
- 재고자산 원가흐름의 가정
- 재고자산 평가

1. 상품매매업의 개요

상품매매업은 상품을 현금이나 외상으로 매입했다가 판매함으로써 이익을 획득한다. 매입한 상품은 판매 전까지 재고자산으로 계상된다. 재고자산이란 기업의 정상적인 영업활동과정에서 판매를 목적으로 보유하고 있는 자산과 생산에 투입되거나 사용될 자산을 말한다.

기업이 생산시설을 운영하면서 판매 목적으로 물품을 제조하는 경우 제조된 물품을 회계에서는 제품이라 한다. 제품을 생산하는 기업 유형을 제조업이라 한다. 순수한 상품매매업에서는 상품이라는 재고자산만 존재한다. 제조업의 경우에는 제품 이외에 생산과정 중에 있는 재공품, 생산에 투입하기 위해 보유하는 원재료도 재고자산의 범주에 포함된다.

백화점 등 상품매매업도 일부 자사 제품을 제조해 판매하기도 한다. 제조업에서도 타사 제품을 매입해 상품으로 판매하기도 한다. 따라서 상품매매업 재고자산에 제품이 포함되기도 하고 제조업 재고자산에 상품이 등장하는 경우도 있다.

3장에서 다룬 서비스업은 상품 등의 재화를 제공하지 않고 서비스를 직접 제공해 수익과 이익을 창출한다. 상품매매업에서는 서비스업과는 달리 상품 매매와 관련된 매출원가 산정과 재고자산 평가가 중요한 회계절차다.

2. 상품매매업의 회계처리

(1) 상품매매업 회계의 특성

서비스업의 경우 재고자산 개입 없이 서비스를 제공하기 때문에 재고자산과 매출원가가 문제되지 않는다. 그러나 상품매매업의 경우에는 재고자산 실사와 매출원가 산정이 핵심과제다.

상품매매업에서 상품을 판매하는 경우 그 대가로 받게 되는 금액은 매출(sales revenue)이라는 수익으로 인식한다. 판매된 재고자산의 취득원가는 매출원가(cost of goods sold)라는 비용으로 계상되며, 매출에서 매출원가를 차감해 매출총이익을 산출한다.

매출원가의 경우에는 인식시점과 인식금액과 관련해 다소 복잡한 문제가 발생한다. 매출원가를 회계처리하는 시점도 회계처리 방식에 따라 다르다. 계속기록법에서는 매출이 발생할 때마다 매출원가를 계상하는 데 비해 실지재고조사법(실사법으로 줄여 부르기도 함)에서는 회계연도 말에 한꺼번에 매출원가를 계상한다. 매출원가를 얼마로 기록할 것인지는 재고자산 평가와 직결되는데 추후에 다시 설명한다.

(2) 매출원가의 기록방법

● 계속기록법(perpetual inventory system)

계속기록법은 판매시점에 매출원가를 인식하는 방법으로 재고자산 입고시점과 판매시점에 일일이 장부를 기록해 기중에도 재고자산의 수량과 단가를 상시적으로 파악한다. 아래의 공식에서 볼 수 있듯이 기초상품재고액에 당기상품매입액을 합한 판매가능액에서 판매가 일어날 때마다 재고자산 기록으로부터 매출원가를 산정해 차감함으로써 기말상품재고액은 자동적으로 산출된다.

기초상품재고액 + 당기상품매입액 − 매출원가 = 기말상품재고액

매출 및 매출원가의 회계처리 방식을 다음의 예를 이용해 살펴본다.

D서적은 1월 1일(기초)에 회계원리 서적 10권(단가 ₩10,000)을 보유하고 있다. 2월 15일에 추가적으로 90권(단가 ₩10,000)을 현금으로 구입했다. 2월 25일에 새 학기를 맞아 40권을 권당 ₩30,000에 현금으로 판매했다.

계속기록법에서는 재고자산의 판매와 관련된 사항 전부를 재고자산의 판매가 이루어진 시점에 분개한다. 즉, 재고자산의 판매가 이루어지면 매출을 인식함과 동시에 매출원가에 대한 분개를 행한다. 이 경우 매출원가는 회계의 순환절차 중 일상적 절차로 분개를 행한다. 매출원가를 매출이 이루어지는 시점마다 계상한다는 의미에서 계속기록법이라는 명칭이 사용된다. 영문 명칭 perpetual inventory system은 장부에 계속 기록됨으로써 재고자산금액이 항상 산출된다는 의미다.

위의 예에서 D서적은 책을 구입한 시점인 2월 15일에 다음과 같은 분개를 행한다.

(차) 재 고 자 산*	900,000	(대) 현 금	900,000

* 상품이라는 계정과목 명칭이 사용되기도 한다.

여기에서 주목할 점은 상품의 금액으로 D서적이 지급한 ₩900,000이 기록된다는 점이다. 이처럼 취득한 금액으로 해당자산의 원가를 기록하는 것을 '취득원가주의'라 한다.

상품을 판매한 시점인 2월 25일의 분개는 다음과 같다.

[매출 분개]

(차) 현 금	1,200,000	(대) 매 출	1,200,000

[매출원가 분개]

(차) 매 출 원 가	400,000	(대) 재 고 자 산	400,000

계속기록법에서는 매출과 매출원가 분개를 동시에 행한다. 두 가지 분개의 내용을 살펴보면 재고자산이라는 서적 중 40권이 판매돼 ₩1,200,000의 수익을 얻었는데 이를 위해 ₩400,000의 재고자산이 제공된 것이므로 동 금액을 매출원가라는 비용계정으로 계상하는 것이다. 따라서 기초에 보유하고 있던 ₩100,000의 재고자산과 당기에 매입한 ₩900,000의 재고자산의 합계액인 ₩1,000,000의 판매 가능액 중에서 ₩400,000은 매출원가라는 비용으로 전환되고 나머지 금액에 해당되는 ₩600,000은 재고자산이라는 자산으로 남게 된다.

계속기록법에서는 회계기간 중 어느 시점에서든지 기업이 판매한 재고자산의 매출원가가 얼마이고 남아있는 재고자산 금액이 얼마인지를 파악할 수 있다. 그러나 재고자산은 감모가 일어나거나 도난 등의 사유로 인해 실제로 보유한 수량과 장부에 기록된 수량이 다른 경우가 흔히 발생한다. 계속기록법의 경우에는 이러한 부분을 즉시 파악하지 못하는 단점이 있는데 주기적 재고조사를 실시해 감모손실 발생 여부를 파악해야 한다.

● 실사법(periodic inventory system)

실사법은 재고조사법이라고도 부르는데 매출원가 산정을 회계기간 중에는 보류하고 회계연도 말일에 판매된 원가분(매출원가)과 보유 중인 원가분(재고자산)을 구분해 한꺼번에 확정하는 방식이다. 실사법에서는 기중에는 매출원가를 알 수 없고 기말에 재고자산 실사를 통해 재수량과 금액을 파악함으로써 매출원가를 산출한다.

기초상품재고액 + 당기상품매입액 − 기말재고 = 매출원가

앞에서 제시한 D서적 사례를 실사법으로 분개하면 다음과 같다.

(차) 매 입 *	900,000	(대) 현 금	900,000

* 재고자산(상품)계정 대신에 매입계정을 사용한다.

상품을 판매한 시점인 2월 25일의 매출수익과 관련된 분개는 다음과 같으며, 이는 계속기록법과 동일하다.

(차) 현 금	1,200,000	(대) 매 출	1,200,000

기말에는 다음과 같이 매출원가를 계산한다.

① 판매가능재고액을 산정하기 위해 기초재고를 매출원가 계정으로 이체한다.

(차) 매 출 원 가	100,000	(대) 재 고 자 산 (기초)	100,000

② 판매가능재고액을 산정하기 위해 당기매입액을 매출원가 계정으로 이체한다.

(차) 매 출 원 가	900,000	(대) 매 입	900,000

③ 이렇게 되면 매출원가 계정의 잔액은 판매가능재고액이 된다. 판매가능재고액이 모두 팔린 것이 아니므로 남아 있는 기말재고액을 매출원가 계정에서 재고자산 계정으로 이체한다.

(차) 재 고 자 산 (기말)	600,000	(대) 매 출 원 가	600,000

이 분개를 마치면 매출원가 계정 잔액은 매출에 대응해 소멸된 비용인 '매출원가'가 된다. 계속기록법과 실사법상 분개를 정리하면 다음 표와 같다.

[표 4-1] 계속기록법과 실사법의 회계처리

	계속기록법	실사법
매입 시	(차) 재고자산 xxx (대) 현 금 xxx	(차) 매 입 xxx (대) 현 금 xxx
판매 시	(차) 현 금 xxx (대) 매 출 xxx 매출원가 xxx 재고자산 xxx	(차) 현 금 xxx (대) 매 출 xxx 매출원가에 대한 분개는 없음
결산 시	분개없음	(차) 매출원가 xxx (대) 재고자산(기초) xxx 매출원가 xxx 매 입 xxx 재고자산(기말) xxx 매출원가 xxx

4.2 상품매매업의 순환과정

1. 일상적 회계절차

상품매매업에서 발생하는 거래의 분석과 분개 및 총계정원장에 전기하는 과정은 일상적 절차에 해당된다. 다음의 예를 통해 살펴본다.

E상사는 상품을 매입해 판매하는 기업으로, 20x1년 3월 1일 주당 액면가액 ₩5,000인 주식 20주를 액면발행하고 현금 ₩100,000을 받아 회사를 설립했다.

3월 4일 재고자산 ₩8,000을 현금으로 구입하다.
3월 7일 재고자산 ₩4,000을 외상으로 구입하다.
3월 12일 광고선전비 ₩5,000을 지급하다.
3월 15일 외상매입금 중 ₩2,000을 상환하다.
3월 26일 고객에게 재고자산을 ₩20,000에 외상으로 판매했는데 판매된 재고자산의 원가는 ₩8,000이다.
3월 27일 사용된 전기료 ₩1,000을 지급하다.
3월 29일 고객에게 재고자산을 ₩10,000에 판매하고 ₩6,000은 현금으로 수령하고 나머지는 외상으로 하다. 관련된 매출원가는 ₩3,000이다.
3월 30일 외상매출금 중 ₩10,000을 고객으로부터 받다.

(1) 계속기록법에 의한 회계처리

〈3월 1일〉

(차) 현　　금	100,000	(대) 자 본 금	100,000

〈3월 4일〉

(차) 재 고 자 산	8,000	(대) 현　　금	8,000

〈3월 7일〉

(차) 재 고 자 산	4,000	(대) 외 상 매 입 금	4,000

〈3월 12일〉

(차) 광 고 선 전 비	5,000	(대) 현　　금	5,000

〈3월 15일〉

(차) 외 상 매 입 금	2,000	(대) 현　　금	2,000

〈3월 26일〉

(차) 외 상 매 출 금	20,000	(대) 매　　출	20,000
매 출 원 가	8,000	재 고 자 산	8,000

〈3월 27일〉

(차) 전 기 료	1,000	(대) 현　　금	1,000

〈3월 29일〉

(차) 현　　금	6,000	(대) 매　　출	10,000
외 상 매 출 금	4,000		
매 출 원 가	3,000	재 고 자 산	3,000

〈3월 30일〉

(차) 현　　금	10,000	(대) 외 상 매 출 금	10,000

위의 분개를 총계정원장(T계정을 이용함)에 전기하면 다음과 같다.

〈3월 1일〉

현금			
3/1	100,000		

자본금			
		3/1	100,000

현금이라는 자산이 증가했으므로 차변에, 자본금이라는 소유주지분이 증가했으므로 대변에 기록한다.

〈3월 4일〉

현금			
3/1	100,000	3/4	8,000

재고자산			
3/4	8,000		

현금이라는 자산이 감소했으므로 대변에, 재고자산이라는 자산이 증가했으므로 차변에 기록해야 한다.

〈3월 7일〉

재고자산			
3/4	8,000		
3/7	4,000		

외상매입금			
		3/7	4,000

재고자산이라는 자산이 증가했으므로 차변에, 외상매입금이라는 부채가 증가했으므로 대변에 기록해야 한다.

〈3월 12일〉

현금			
3/1	100,000	3/ 4	8,000
		3/12	5,000

광고선전비			
3/12	5,000		

광고선전비라는 비용이 증가했으므로 차변에, 현금이라는 자산이 감소했으므로 대변에 기록한다.

〈3월 15일〉

현금

3/1	100,000	3/4	8,000
		3/12	5,000
		3/15	2,000

외상매입금

3/15	2,000	3/7	4,000

외상매입금이라는 부채가 감소했으므로 차변에, 현금이라는 자산이 감소했으므로 대변에 기록해야 한다.

〈3월 26일〉

외상매출금

3/26	20,000		

매출

		3/26	20,000

매출원가

3/26	8,000		

재고자산

3/4	8,000	3/26	8,000
3/7	4,000		

외상매출금이라는 자산이 증가했으므로 차변에, 매출이라는 수익이 증가했으므로 대변에 기록해야 한다. 재고자산이라는 자산이 감소했으므로 대변에, 매출원가라는 비용이 증가했으므로 차변에 기록한다.

〈3월 27일〉

현금

3/1	100,000	3/4	8,000
		3/12	5,000
		3/15	2,000
		3/27	1,000

전기료

3/27	1,000		

전기료라는 비용이 증가했으므로 차변에, 현금이라는 자산이 감소했으므로 대변에 기록해야 한다.

〈3월 29일〉

현금

3/1	100,000	3/4	8,000
3/29	6,000	3/12	5,000
		3/15	2,000
		3/27	1,000

매출

		3/29	10,000

외상매출금

3/26	20,000		
3/29	4,000		

매출원가

3/26	8,000		
3/29	3,000		

재고자산

3/4	8,000	3/26	8,000
3/7	4,000	3/29	3,000

현금과 외상매출금이 증가했으므로 차변에, 매출이라는 수익이 증가했으므로 모두 대변에 기록해야 한다. 또한 재고자산이 감소했으므로 대변에, 매출원가가 증가했으므로 차변에 기록한다.

〈3월 30일〉

현금

3/1	100,000	3/4	8,000
3/29	6,000	3/12	5,000
3/30	10,000	3/15	2,000
		3/27	1,000

외상매출금

3/26	20,000	3/30	10,000
3/29	4,000		

외상매출금이라는 자산이 감소했으므로 대변에, 현금이라는 자산이 증가했으므로 차변에 기록해야 한다.

(2) 실사법에 의한 회계처리

상품매매업에서 보다 자주 사용되는 실사법에서는 관련 계정을 분할해 회계처리한다. 상품매매와 관련된 계정과목은 상품 구입 시 발생된 원가를 기입하는 매입계정, 회계연도 말에 판매되지 아니한 원가를 자산으로 계상하기 위한 재고자산계정(이월상품계정이라고도 함), 그리고 상품매출에서 발생된 수익을 계산하기 위한 매출계정으로 분할하는 것이 일반적이다.

판매할 목적으로 상품을 구입하는 경우에는 구입원가를 매입계정으로 처리하는데 예를 들어 상품을 현금으로 매입한 경우의 회계처리는 다음과 같다.

(차) 매 입	×××	(대) 현 금	×××

이 때 매입계정은 일종의 비용계정의 성격으로 이해할 수 있다. 상품매매업의 매입계정은 3장에서 설명한 소모품비계정과 그 맥락을 같이 하는 것이다. 실제에 있어서 두 계정의 차이는 매입은 매출수익을 얻기 위한 상품구입과 관련된 비용을 나타내는 데 비해, 소모품비는 사용목적으로 물품을 구입함에 따르는 비용인 점에 차이가 있다.

실사법에 의한 회계처리를 설명하기 위해 앞에서 제시한 E상사 사례를 사용한다. 단, 회계기간 말에 창고에 남아 있는 재고를 조사한 결과 도난이나 감모가 없는 상태였으며, 재고금액은 ₩1,000이었다. 판매 시에 매출원가에 대한 분개를 행하지 않지만, 유실이 없다면 기말재고는 ₩1,000이 돼야 한다.

3월 4일　재고자산 ₩8,000을 현금으로 구입하다.

(차) 매 입	8,000	(대) 현 금	8,000

3월 7일　재고자산 ₩4,000을 외상으로 구입하다.

(차) 매 입	4,000	(대) 외상매입금	4,000

3월 26일　고객에게 재고자산 ₩20,000을 외상으로 판매했다.

(차) 외상매출금	20,000	(대) 매 출	20,000

3월 29일　고객에게 재고자산을 ₩10,000에 판매하고 이중 ₩6,000은 현금으로 지급받고 나머지는 외상으로 하다.

(차) 현 금	6,000	(대) 매 출	10,000
외상매출금	4,000		

3월 4일과 3월 7일 분개에서는 계속기록법에서 계상한 재고자산계정 대신에 매입계정이 사용된다. 또한 3월 26일과 3월 29일 분개에서는 매출원가에 대한 분개가 포함되지 않는다. 이는 계속기록법과는 달리 실사법에서 기말 수정분개를 통해 매출원가를 회계처리하기 때문이다. 3월 4일과 3월 7일의 분개를 T계정을 사용한 총계정원장으로 전기하면 다음과 같다.

〈3월 4일〉

현금			
3/1	100,000	3/4	8,000

매입			
3/4	8,000		

현금이라는 자산이 감소했으므로 대변에, 매입이라는 비용이 증가했으므로 차변에 기록해야 한다.

〈3월 7일〉

매입			
3/4	8,000		
3/7	4,000		

외상매입금			
		3/7	4,000

매입이라는 비용이 증가했으므로 차변에, 외상매입금이라는 부채가 증가했으므로 대변에 기록해야 한다.

2. 주기적 회계절차

(1) 계속기록법에 의한 회계절차

주기적 회계절차는 3장에서 살펴보았듯이 재무제표를 작성하는 회계기간(월, 분기, 년)을 단위로 기업이 재무제표를 작성하는 과정인데 이를 위해 수정전 시산표와 수정분개, 수정후 시산표의 작성과정을 거치게 된다. 재고자산에 대한 주기적 회계절차에서 매출원가 산정을 위한 수정분개는 실사법에서만 행한다. 계속기록법에서는 판매 시마다 매출원가를 계상하기 때문에 별도의 수정분개 없이 재고자산의 잔액이 장부에 의해 확인된다.

(2) 실사법에 의한 회계절차

상품매매거래를 실사법에 의하여 처리하는 경우에는 상품의 구입원가를 매입계정에 계상했다가 회계기간 말에 가서 판매된 원가분(매출원가)과 보유 중인 원가분(재고자산)을 구분해 확정한다. 이는 수정전 시산표를 작성한 후 수정분개를 행하는 과정이므로 주기적 회계절차에 해당된다.

E상사의 20x1년 3월 31일 현재의 수정전 시산표는 다음과 같다.

수정전 시산표

E상사	20x1년 3월 31일 현재		(단위 : 원)
현 금	₩100,000	외 상 매 입 금	₩2,000
외 상 매 출 금	14,000	자 본 금	100,000
매 입	12,000	매 출	30,000
광 고 선 전 비	5,000		
전 기 료	1,000		
계	₩132,000	계	₩132,000

실사법을 사용할 경우 기중의 회계기록에서는 정확한 보유상품액이나 매출원가액을 파악할 수 없는 문제가 따른다. 그러나 회계기간 말에 가서 실사를 행하고 재무제표를 작성하게 되면 이러한 문제점은 해결된다. 실사법에 의한 주기적 회계처리는 다음과 같다. 먼저 당기 매입분 ₩12,000을 매출원가로 전환하는 분개를 행한다.

(차) 매 출 원 가	12,000	(대) 매 입	12,000

회계기간 말에 아직 판매되지 않고 남아있는 상품의 원가를 확인해 이를 매입계정에서 차감하고 자산으로 계상하는 수정분개를 다음과 같이 행한다. 이 때 계상되는 자산은 재고자산계정에서 처리한다. 기말상품재고액이 ₩1,000인 경우의 수정분개는 다음과 같다.

(차) 재 고 자 산	1,000	(대) 매 출 원 가	1,000

차변에 기록하는 재고자산 대신 이월상품이라는 계정이 강의용으로 자주 사용된다. 이월상품계정은 강의 편의를 위한 것이며, 실제 공표되는 재무제표에서는 재고자산으로 표시하는 것이 보통이다.

이러한 수정분개는 소모품의 경우 미사용분을 소모품비에서 차감해 소모품이라는 자산으로 계상하는 3장에서 설명한 수정분개와 같은 맥락이다. 상품 구입 시 분개와 수정분개를 함께 고려할 경우 총계정원장의 계정잔액은 다음과 같이 나타난다.

매출원가				재고자산		
당기구입분	12,000	수정분개	1,000	수정분개	1,000	
………				……………		
(기말잔액)	(11,000)			(기말잔액)	(1,000)	

상품 구입 시 발생된 원가 ₩12,000은 매출된 상품과 관련해 소멸된 매출원가 ₩11,000과 기말 재고자산 ₩1,000으로 분할된다. 실사법에서는 계속기록법과는 달리 판매된 상품의 원가를 따로 회계처리하지 않고 기말재고조사에 따른 수정분개를 통해 한꺼번에 계상함을 유념해야 한다.

20x1년 3월 31일자로 재고자산에 관련된 수정분개를 반영해 재무제표를 작성하기 위한 10위식정산표는 다음과 같다.

정산표

(단위 : 원)

계정과목	수정전 시산표		수정분개		수정후 시산표		포괄손익계산서		재무상태표	
	차변	대변	차변	대변	차변	대변	차변	대변	차변	대변
현금	100,000				100,000				100,000	
외상매출금	14,000				14,000				14,000	
외상매입금		2,000				2,000				2,000
자본금		100,000				100,000				100,000
매입	12,000			12,000						
광고선전비	5,000				5,000		5,000			
전기료	1,000									
매출		30,000				30,000		30,000		
계	132,000	132,000								
매출원가			12,000	1,000	11,000		11,000			
재고자산			1,000		1,000				1,000	
계			13,000	13,000	132,000	132,000	17,000	30,000	115,000	102,000
당기순이익							13,000			13,000
계							30,000	30,000	115,000	115,000

앞의 정산표를 보면 수정전 시산표의 차변과 대변의 합계가 각각 ₩132,000인데 수정후 시산표도 같은 금액인 것을 알 수 있다. 이것은 매입의 ₩12,000이 매출원가 ₩11,000과 기말재고자산 ₩1,000으로 배분되는 것을 보여준다. 정산표에서는 수정전 시산표의 합계금액과 수정후 시산표의 합계금액은 일치하지 않는 것이 보통이다. 미수수익 계상과 같이 자산과 수익이 증가되는 수정분개가 개입될 경우 수정후 시산표 합계금액은 증가한다. 앞의 강의용 사례는 첫 회계연도이기 때문에 기초재고 금액이 없는 특수한 상황에서 매출가능금액을 매출원가와 재고자산으로 나누어 배분했기 때문에 합계금액이 일치한 것이다.

3. 결산마감절차

3장에서 설명한 바와 같이 결산분개는 수익과 비용에 속하는 계정에 대해서만 행한다. 이런 분개방식을 영미식 결산법이라 한다. 그러므로 집합손익계정에 매출 등의 수익에 속하는 계정 잔액을 이체해 마감하고 매출원가 등의 비용에 속하는 계정잔액을 집합손익계정으로 이체해 마감한다. 끝으로 집합손익계정 잔액을 이익잉여금계정으로 이체해 마감한다. 수익과 비용에 속한 계정잔액을 집합손익계정에 이체하고, 차감잔액을 이익잉여금에 이체하는 과정을 예시하면 다음과 같다.

매출	
	30,000

매출원가	
11,000	

집합손익	

① 수익에 속하는 매출계정을 집합손익계정으로 이체

(차) 매 출	30,000	(대) 집 합 손 익	30,000

② 비용에 속하는 매출원가계정을 집합손익계정으로 이체

(차) 집 합 손 익	11,000	(대) 매 출 원 가	11,000

매출			
① 집합손익	30,000		30,000

매출원가			
	11,000	② 집합손익	11,000

집합손익			
② 매출원가	11,000	① 매출	30,000

결산분개를 총계정원장에 전기한 결과 수익과 비용에 속하는 계정들은 모두 대차가 일치돼 잔액이 ₩0이 된다. 한편 집합손익계정의 계정잔액은 이익잉여금계정으로 이체해야 하는데 이를 위한 결산분개와 총계정원장에의 전기는 다음과 같다(다른 수익은 없고 비용 항목으로 광고

선전비 ₩5,000과 전기료 ₩1,000뿐임).

③ 비용에 속하는 광고비 계정을 집합손익계정으로 이체

(차) 집 합 손 익	6,000	(대) 광 고 선 전 비	5,000
		전 기 료	1,000

④ 집합손익계정을 이익잉여금 계정으로 이체

(차) 집 합 손 익	13,000	(대) 이 익 잉 여 금	13,000

집합손익

② 매 출 원 가	11,000	① 매 출	30,000
③ 광고선전비	5,000		
전 기 료	1,000		
④ 이익잉여금	13,000		

이익잉여금

		④ 집 합 손 익	13,000

이를 바탕으로 재무상태표와 포괄손익계산서를 작성하면 다음과 같다.

[표 4–2] 재무상태표와 포괄손익계산서

재무상태표

(주) E상사 20x1년 3월 31일 현재 (단위 : 원)

자산		부채 및 자본	
재고자산	₩1,000	자본금	₩100,000
외상매출금	14,000	이익잉여금	13,000
현금	100,000	(당기순이익 ₩13,000)	
		외상매입금	2,000
자산총계	₩115,000	부채 및 자본총계	₩115,000

포괄손익계산서

(주) E상사 20x1년 3월 1일부터 ~ 20x1년 3월 31일까지 (단위 : 원)

수 익		
매 출		₩30,000
비 용		
매출원가	₩11,000	
광고선전비	5,000	
전기료	1,000	(17,000)
당기순이익		₩13,000

4. 매입계정에서 매출원가를 산출하는 방법

회계실무에서는 매출원가계정을 따로 만들지 않고 매입계정에서 관련 계정을 집계해 매출원가를 산출하는 방법이 자주 사용된다. 그리고 기초 및 기말 재고와 관련해 재고자산계정 대신 이월상품계정이 많이 사용된다. 예를 들어, 기초재고액이 10,000원, 당기매입액이 50,000원, 기말재고액이 15,000원, 매출액이 70,000원일 경우 실사법에 의한 일상적 분개와 수정분개는 다음과 같다(매입 및 매출은 현금거래인 것으로 가정함).

[일상적 분개]

(차) 매입	50,000	(대) 현금	50,000
(차) 현금	70,000	(대) 매출	70,000

[수정분개]

(차) 매입	10,000	(대) 이월상품	10,000
(차) 이월상품	15,000	(대) 매입	15,000

수정분개를 행하면 매입계정은 45,000원의 차변잔액으로 나타나는데 이는 매출원가와 일치한다. 즉, 기초재고액(10,000원)에 당기매입액(50,000원)을 가산하고 기말재고액(15,000원)을 차감하면 매출원가(45,000원)가 산출된다.

첫 번째 수정분개는 3장 보론에서 설명한 재수정분개에 해당된다. 재수정분개는 원래 수정분개를 처리한 다음 회계연도 첫날에 행한다. 그러나 매출원가 산정과 관련된 기초재고는 회계연도 첫날이 아니라 수정전 시산표 작성을 마친 후 수정분개로 행하는 것이 관례다. 기초재고에 대한 재수정분개를 첫날에 처리하든지 기말 수정분개에 포함시키든지 수정후 시산표에 표시될 금액은 동일하다. 재수정분개를 첫날에 처리하면 수정전 시산표에는 전기에서 넘어온 이월상품계정은 상계돼 없어지고 대신 매입계정에는 당기매입액과 전기이월을 합한 금액이 표시된다.

재수정분개를 첫날에 행하지 않고 수정분개에 포함시키면 수정전 시산표에는 기초재고액이 이월상품계정 차변에 표시되고 당기매입액만 매입계정에 표시된다. 수정전 시산표에 기초재고액이 매입과 구분돼 명확하게 표시되는 장점 때문에 이월상품 관련 재수정분개를 기말수정분개에 포함시키는 관행이 정립된 것으로 보인다.

5. 상품매매업의 회계순환과정 종합예제

[예 4-1] 상품매매업의 회계순환과정 종합예제

B상사의 20x1년 12월 31일 현재의 수정전 시산표는 다음과 같다.

수정전 시산표

B상사 20x1년 12월 31일 현재 (단위 : 원)

차변	금액	대변	금액
현금	₩4,600	외상매입금	₩10,000
외상매출금	7,900	자본금	56,000
재고자산	26,000	이익잉여금	8,000
토지	13,400	매출	113,300
건물	31,000		
소모품	6,000		
매입	78,000		
급여	20,400		
계	₩187,300	계	₩187,300

다음 자료에 의해 정산표를 작성하라.

- 20x1년 12월 31일 기말상품재고액은 ₩20,000이다.
- 당기건물에 대한 감가상각비는 ₩4,000이다.
- 매출원가는 매출원가계정에서 산출한다.
- 당기 미지급급여는 ₩4,300이다.
- 소모품 재고를 조사한 결과 ₩5,500이 남아 있음을 확인했다.

(수정분개)

(1) 매출원가 26,000 재고자산 26,000

기초재고자산을 매출원가계정에 가산하여 매출원가를 증가시킨다.

(2) 매출원가 78,000 매입 78,000

당기 매입분을 매출원가계정에 대체한다.

(3) 재고자산 20,000 매출원가 20,000

기말재고자산을 매출원가계정에서 차감하여 매출원가를 감소시킨다.

(4)	감가상각비	4,000	감가상각누계액	4,000
(5)	급여	4,300	미지급급여	4,300
(6)	소모품비	500	소모품	500

정산표

(단위: 원)

계정과목	수정전 시산표		수정분개		수정후 시산표		포괄손익계산서		재무상태표	
	차변	대변	차변	대변	차변	대변	차변	대변	차변	대변
현금	4,600				4,600				4,600	
외상매출금	7,900				7,900				7,900	
재고자산	26,000		(3)20,000	(1)26,000	20,000				20,000	
토지	13,400				13,400				13,400	
건물	31,000				31,000				31,000	
소모품	6,000			(6)500	5,500				5,500	
외상매입금		10,000				10,000				10,000
자본금		56,000				56,000				56,000
이익잉여금		8,000				8,000				8,000
매출		113,300				113,300		113,300		
매입	78,000			(2)78,000						
급여	20,400		(5)4,300		24,700		24,700			
계	187,300	187,300								
감가상각비			(4)4,000		4,000		4,000			
소모품비			(6)500		500		500			
미지급급여				(5)4,300		4,300				4,300
감가상각누계액				(4)4,000		4,000				4,000
매출원가			(1)26,000 (2)78,000	(3)20,000	84,000		84,000			
계			132,800	132,800	195,600	195,600	113,200	113,300	82,400	82,300
당기순이익							100			100
계							113,300	113,300	82,400	82,400

결산마감분개는 다음과 같다.

(차) 매　　　　　출	113,300	(대) 집　합　손　익	113,300
(차) 집　합　손　익	84,000	(대) 매　출　원　가	84,000
(차) 집　합　손　익	24,700	(대) 급　　　　　여	24,700
(차) 집　합　손　익	4,000	(대) 감 가 상 각 비	4,000
(차) 집　합　손　익	500	(대) 소　모　품　비	500
(차) 집　합　손　익	100	(대) 이 익 잉 여 금	100

4.3 재고자산의 취득

1. 재고자산의 의의

재고자산이란 정상적인 영업과정에서 판매목적으로 보유 중이거나 생산 중인 자산 및 생산이나 용역제공에 사용될 원재료나 소모품을 말한다(기업회계기준서 제1002호 문단6). 상품매매업의 경우에는 판매목적으로 보유하는 상품이 재고자산이며, 제조업의 경우에는 제품과 반제품 및 제공품 그리고 이를 생산하는 데 투입되는 원재료와 저장품 등이 모두 재고자산에 포함된다. 기업의 주된 영업활동의 종류에 따라 어떤 기업에서는 재고자산에 해당하는 것이 다른 기업에서는 재고자산에 포함되지 않을 수 있다. 가령, 상품매매업과 제조업이 보유하는 건물 및 토지는 유형자산에 해당되지만, 부동산매매업이 판매를 목적으로 보유하는 건물 및 토지는 재고자산으로 분류된다.

2. 재고자산의 인식시점

재고자산의 인식시점과 관련해 기업회계기준서 제1002호에는 명시적인 규정이 없다. 따라서 자산의 인식시점과 관련하여 국제회계기준위원회가 제정한 '재무보고를 위한 개념체계(기준서는 아니지만 이론적 근거로 활용됨)'를 참조할 필요가 있다. 이에 따르면 자산의 정의에 부합하는 항목이 다음과 같은 2가지 기준을 모두 충족하면 재고자산을 인식한다.

① 자산으로부터 발생하는 미래 경제적 효익이 기업에 유입될 가능성이 높다.

② 자산의 원가를 신뢰성 있게 측정할 수 있다.

재고자산의 인식시점은 이러한 관점에서 보면 거래 상대방이 매출로 인식할 때로 볼 수 있다. 앞에서 설명한 바와 같이 재고자산 관련 회계처리는 매출원가를 언제 계상하는지에 따라 계속기록법과 실사법으로 구분된다. 계속기록법에서는 인식된 금액을 재고자산으로 처리했다가 매각 시점에 매출원가계정 비용으로 대체한다. 실사법에서는 인식된 금액을 매입계정으로 비용으로 처리하고 기말재고금액이 확인되면 비용을 그만큼 줄이고 기말재고를 자산으로 계상한다.

3. 재고자산의 취득원가

(1) 취득원가의 범위

재고자산의 취득원가는 매입원가, 전환원가 및 재고자산을 현재의 장소에 현재의 상태로 이르게 하는데 발생한 기타 원가 모두를 포함한다(기업회계기준서 제1002호 문단10).

재고자산의 취득원가 = 매입원가 + 전환원가 + 기타원가

재고자산의 매입원가는 매입가격에 수입관세와 제반 세금(과세당국으로부터 추후 환급받을 수 있는 금액은 제외) 등을 가산한 금액이다. 재고자산의 전환원가는 직접노무원가 등 생산량과 직접 관련된 원가를 포함한다. 원재료를 완제품으로 전환하는 데 발생하는 고정[1] 및 변동[2] 제조간접원가의 체계적인 배부액을 포함하는데 제조기업의 제조원가 관련 회계는 원가회계(또는 관리회계)에서 다뤄진다.

기타원가는 재고자산을 현재의 장소에 현재의 상태로 이르게 하는데 발생한 범위 내에서만 취득원가에 포함된다. 예를 들어, 특정한 고객을 위한 비제조 간접원가 또는 제품 디자인원가를 재고자산의 원가에 포함하는 것이 적절할 수도 있다. 이외에도 재고자산을 취득하기 위해 발생한 금융비용을 일정한 조건 하에서는 취득원가에 가산하는 경우가 있다.[3]

---

1) 고정제조간접원가는 공장 건물이나 기계장치의 감가상각비와 수선유지비 및 공장 관리비처럼 생산량과는 상관 없이 비교적 일정한 수준을 유지하는 간접제조원가를 말한다.

2) 변동제조간접원가는 간접재료원가나 간접노무원가처럼 생산량에 따라 직접적으로 또는 거의 직접적으로 변동하는 간접 제조원가를 말한다.

3) 원칙적으로 금융비용은 취득원가에 가산하지 않는다. 다만 기업회계기준서 제1023호 '차입원가'에서는 차입원가가 재고자산의 취득원가에 포함되는 제한된 상황을 규정하고 있다. 그러나 이와 관련된 사항은 회계원리의 범위를 넘어서

후불조건으로 재고자산을 취득하는 경우

재고자산을 후불조건으로 취득할 수도 있는데 계약이 실질적으로 금융요소를 포함하고 있다면, 해당 금융요소(예: 정상신용조건의 매입가격과 실제 지급액 간의 차이)는 금융이 이루어지는 기간 동안 이자비용으로 인식한다. 가령, 재고자산을 취득하면서 대금을 2년 후에 1천만 원 지급하기로 했다면 재고자산의 취득원가는 1천만 원이 아니라 1천만 원의 현재가치가 되고 그 차액은 미래 회계기간의 이자 비용으로 계상된다.

(2) 취득원가에 영향을 미치는 사항

● 매입운임

재고자산의 구매 시 운송에 따른 운임을 부담하기로 한 경우 이 운임은 재고자산의 취득원가에 가산돼야 한다.[4] 가령, 재고자산을 구입할 때 운임 ₩100을 현금으로 지급한 경우 계속기록법과 실사법으로 나누어 분개하면 다음과 같다.

계속기록법		실사법	
(차) 재고자산 100	(대) 현금 100	(차) 매입 100	(대) 현금 100

므로 중급회계에서 다룬다.

4) 만일 매입운임의 금액적 중요성이 크다면 이를 재고자산의 취득원가에 가산하는 대신 별도로 '매입운임'이라는 부가적 평가계정을 사용할 수 있다.

[예 4-2] 매입운임의 회계처리

A사는 재고자산을 ₩100,000에 취득하면서 발생 운임 ₩2,000 중 절반을 부담했다. 다음 각 경우의 계속기록법과 실사법에 의한 회계처리를 표시하라.

- 매입운임을 별도계정으로 처리하지 않는 경우
- 매입운임을 별도계정으로 처리하는 경우

풀이

1. 매입운임을 별도계정으로 처리하지 않으므로 재고자산 또는 매입 계정에 가산하는 회계처리를 한다.

계속기록법	실사법
(차) 재고자산 101,000 (대) 현금 101,000	(차) 매입 101,000 (대) 현금 101,000

2. 매입운임을 별도계정으로 처리하므로 독립된 계정을 사용한다.

계속기록법	실사법
(차) 재고자산 100,000 매입운임 1,000 (대) 현　　금 101,000	(차) 매　　입 100,000 매입운임 1,000 (대) 현　　금 101,000

● 매입환출과 매입에누리

구입한 재고자산에 결함이 있을 경우 두 가지 처리방법이 가능하다. 결함이 너무 커서 정상적인 판매가 불가능한 경우에는 판매자에게 되돌려 보내 반환하는데, 이를 매입환출(purchase returns)이라 한다. 재고자산의 결함이 중요하지 않다면 구입한 재고자산을 되돌려 보내는 대신 구입한 거래처로부터 일정한 에누리를 받는 것으로 마무리할 수 있는데, 이를 매입에누리(purchase allowances)라 한다.

매입환출과 매입에누리는 계속기록법의 경우에는 재고자산에서 직접 차감해 처리한다. 실사법의 경우에는 매입계정에서 일괄처리하거나 별도의 계정으로 관리할 수 있다. 이때 매입환출과 매입에누리를 각각 별도의 계정으로 만들거나 '매입환출 및 에누리'로 통합한 계정을 사용할 수 있다. 매입환출과 매입에누리를 별도계정으로 구분해 계상할 경우 매입계정의 차감항목이 된다. 이와 관련해 계속기록법과 실사법에서 수행될 분개는 다음과 같다.

계속기록법	실사법
(차) 매입채무[*1] ××× (대) 재고자산[*3] ×××	(차) 매입채무 ××× (대) 매　입[*2] ×××

* 1. 외상매입금 계정을 사용할 수도 있다.
* 2. 매입환출 또는 매입에누리 계정으로 별도 구분하거나 매입환출 및 에누리 계정을 사용할 경우 매입계정에 대한 차감항목이 된다.
* 3. 매입에누리의 경우 재고자산 수량에는 변동이 없고 단가만 줄어들게 된다.

[예 4-3] 매입환출과 매입에누리의 회계처리

A사는 외상으로 ₩1,000,000의 재고자산을 취득한 후 검수과정에서 불량품으로 판정된 부분(₩100,000)을 판매처에 되돌려 보내고, 불량정도가 경미한 부분에 대해서는 ₩10,000의 에누리를 받았다. 실사법을 적용해 다음의 경우를 회계처리하라.

1. 매입환출과 매입에누리를 별도 계정으로 처리하지 않는 경우
2. 매입환출과 매입에누리를 별도 계정으로 처리하는 경우. 단, 매입환출과 매입에누리를 하나의 계정(매입환출 및 에누리)으로 처리한다.

풀이

1. 매입운임을 별도계정으로 처리하지 않으므로 재고자산 또는 매입 계정에 가산하는 회계처리를 한다.

	차변	금액	대변	금액
1.	(차) 매입	1,000,000	(대) 매입채무	1,000,000
	(차) 매입채무	110,000	(대) 매입	110,000
2.	(차) 매입	1,000,000	(대) 매입채무	1,000,000
	(차) 매입채무	110,000	(대) 매입환출 및 에누리	110,000

(3) 매입할인

재고자산이 외상으로 매매된 경우 판매자는 대금의 회수를 촉진하기 위해 일정한 할인을 제시하는 경우가 있다. 일정 기간 후 외상대금을 상환하기로 한 경우 조기에 상환하면 일정 비율을 대금에서 할인해 주는 방식인데 다음과 같이 표기된다.

[2/10, n /30]: 10일 이내에 지급 시에는 2% 현금할인을 제공하며, 늦어도 30일 이내에는 지급해야 함

매입할인에 대해 기업회계기준서 제1002호에는 매입원가를 결정할 때 차감한다고 규정하고 있다(문단 11). 매입할인을 회계처리하는 방법은 총액법(gross method)과 순액법(net method)으로 나뉜다. 총액법은 외상매입 시점에 재고자산을 총액, 즉 할인을 받기 전 금액으로 기록하는 방법이다. 순액법에서는 할인이 이뤄진다는 전제로 할인된 금액으로 매입채무를 기록한다.

이와 관련된 회계처리방법을 사례를 통해 살펴본다. G상사가 상품 ₩1,000을 [2/10, n/30]의 조건으로 외상매입했을 경우 총액법과 순액법 2가지 방식의 회계처리가 가능하다. 설명편의를 위해 실사법 적용을 가정하고 총액법과 순액법을 비교한다. 실사법의 경우는 매입할인을 모두 매출원가에서 조정한다. 그러나 계속기록법에서는 단가조정을 통해 재고자산과 매출원가에 안분할지 또는 매출원가에 모두 포함시킬지를 먼저 결정해야 하는데 이는 회계원리 범위를 넘어설 만큼 복잡하다(중급회계에서 다룰 사항임).

구분	총액법	순액법
외상매입시	(차) 매입 1,000 (대) 매입채무 1,000	(차) 매입 980 (대) 매입채무 980
10일 이내 대금지급시	(차) 매입채무 1,000 (대) 현금 980 매입* 20	(차) 매입채무 980 (대) 현금 980
10일 초과 후 대금지급시	(차) 매입채무 1,000 (대) 현금 1,000	(차) 매입채무 980 매입 20 (대) 현금 1,000

* 또는 매입할인으로 처리할 수 있음

총액법의 경우에는 매입 시점에 할인을 고려하지 않은 금액인 ₩1,000으로 매입과 매입채무를 기록한다. 10일 이내에 대금지급을 하는 경우 총액법은 감소되는 매입채무가 ₩1,000인데 비해 상환하는 현금은 2%가 할인된 ₩980을 지급함으로써 그 차액 ₩20을 매입에서 차감하게 된다. 이때 매입계정에서 직접 차감해도 되지만, 이를 매입계정과 구분해 매입할인계정을 사용할 수 있다. 매입할인계정은 매입계정의 차감항목이다. 10일을 초과한 후에 대금을 지급하는 경우 매입채무 ₩1,000을 현금으로 지급한 것으로 처리한다.

순액법의 경우에는 매입 시점에 2%의 할인을 고려한 ₩980으로 매입과 매입채무를 기록한다. 10일 이내에 대금지급이 된 경우, 순액법은 매입 시점에 계상했던 매입채무가 ₩980이므로 상환액 ₩980과 상계처리하면 된다. 만약 10일을 초과한 후에 대금을 지급할 경우, 현금

₩1,000을 지급해 상환하지만, 대응되는 매입채무가 ₩980이므로 차액 ₩20을 매입계정에 가산한다. 만약 차액 ₩20을 매입이 아닌 이자비용이나 매입할인기간경과손실 등 영업외비용으로 처리하면 사용되는 계정과목에 따라 포괄손익계산서에 표시되는 매출원가와 매출총이익이 달라질 수 있다. 어떤 계정과목을 사용하든지 매입에 가산할 사항을 일일이 따져 매출원가가 적정히 계산되도록 해야 한다.

기업회계기준서 제1002호에서는 총액법을 사용하도록 규정하고 있어 순액법은 다양한 회계처리방법의 이해를 위한 강의용으로 남게 됐다.

[예 4-4] 매입할인의 회계처리

- 20x1.1.3　A사는 B사로부터 상품 ₩1,000,000을 외상으로 매입했다. 대금지급조건은 3/10, n/30이다.
- 20x1.1.5　매입한 상품 중 ₩100,000을 반송했다.
- 20x1.1.10　외상대금 중 50%를 현금으로 지급했다.
- 20x1.2.1　외상대금 중 나머지 50%를 현금으로 지급했다.

실사법을 적용할 경우 매출할인에 대해 총액법과 순액법 각각에 대해 일자별로 분개하라. 단, 매입환출은 별도 계정을 사용하지 않지만, 매입할인은 별도 계정을 사용한다.

풀이

구분	총액법	순액법
20x1.1.3	(차) 매입 1,000,000 (대) 매입채무 1,000,000	(차) 매입 970,000 (대) 매입채무 970,000
20x1.1.5	(차) 매입채무 100,000 (대) 매입 100,000	(차) 매입채무 97,000 (대) 매입 97,000
20x1.1.10	(차) 매입채무 450,000 (대) 현금 436,500 매입할인 13,500	(차) 매입채무 436,500 (대) 현금 436,500
20x12.1	(차) 매입채무 450,000 (대) 현금 450,000	(차) 매입채무 436,500 매입 13,500 (대) 현금 450,000

4.4 재고자산의 판매

1. 재고자산 매출 관련 회계의 특이성

재고자산 이외의 자산을 처분하게 되면 해당 자산의 장부가액과 처분가액의 차이가 처분손익으로 계상된다. 가령, 장부가액 ₩100의 토지를 ₩150에 처분한 경우에 회계처리는 다음과 같다.

(차) 현 금	150	(대) 토 지	100
		토지처분이익	50

이때 토지처분이익 ₩50은 당기손익에 반영된다. 이처럼 일반적으로 자산을 처분하게 되면 장부가액과 처분가액의 차액만이 포괄손익계산서에 처분손익으로 계상된다.

취득원가 ₩100의 재고자산을 ₩150에 판매할 경우 회계처리는 어떨까? 유형자산 등의 처분과 같은 방법을 적용한다면 다음과 같이 회계처리 돼야 한다.

(차) 현 금	150	(대) 재 고 자 산	100
		재고자산판매이익	50

위와 같은 회계처리 방식에서는 재고자산 판매이익 정보만 포괄손익계산서에 계상된다. 매각한 재고자산의 매출가격과 매입가격이 표시되지 않음으로써 정보이용자의 요구에 부합하지 못할 가능성이 생긴다. 기업의 주된 영업활동인 재고자산의 판매와 관련된 회계정보는 유형자산 등의 처분과 달리 매출과 매출원가를 구분해 제공함으로써 기업의 미래현금흐름 창출능력 판단에 있어 활용도를 높여야 한다. 얼마의 재고자산을 얼마에 판매해 판매이익을 얼마나 얻었다고 공시하면 판매에 따른 이익률 등 의사결정에 유용한 회계정보로 활용될 수 있다. 이와 같이 매출액 총액과 대응되는 매출원가 총액을 함께 표시하는 방식을 '총액주의'라 한다.

[판매금액을 수익으로 계상]

(차) 현 금	150	(대) 매 출	150

[판매된 재고자산 장부금액을 비용으로 계상]

(차) 매 출 원 가	100	(대) 재 고 자 산	100

위의 분개를 일반적인 자산의 처분 분개와 비교해 보면 매출(수익) ₩150과 매출원가(비용) ₩100을 각각 계상함으로써 그 차액 ₩50이 매출총이익이 됨을 알 수 있다.

토지의 처분	
수익 :	표시없음
비용 :	표시없음
유형자산처분이익	50

재고자산의 판매	
수익 : 매 출	150
비용 : 매 출 원 가	(100)
매출총이익*	50

* 계정과목으로 따로 표시되지 않고 포괄손익계산서에 구분 표시됨

2. 매출원가와 기말재고의 구분

전기에서 이월된 기초 재고자산과 당기 순매입액을 합한 판매가능원가를 기말재고와 매출원가로 나누는 방법은 계속기록법과 실사법에서 각각 다르다. 계속기록법에서는 판매 시마다 기록된 매출원가의 합계액이 포괄손익계산서에 계상될 매출원가가 된다. 기말재고금액은 판매가능원가(기초재고 + 당기매입)에서 매출원가를 차감한 금액으로 나타난다. 이 경우에도 재고조사 실시로 장부상 기말재고 수량보다 실지 재고조사에 의한 수량이 적으면 재고감모손실을 계상하고 재고자산을 감소시키는 수정분개가 필요하다.

계속기록법상 매출원가와 기말재고액의 산정 순서 및 산식	
[1단계]	매 출 원 가 = 판매 시마다 기록된 매출원가의 합계액
[2단계]	기말재고액 = (기초재고액 + 당기매입액) − 매출원가

실사법 적용으로 재고자산 취득 시 매입계정으로 처리할 경우에 판매 시 회계처리는 계속기록법과는 다르다. 판매대금을 매출수익으로 계상하는 분개만 행하고 매출원가로 대체하는 분개는 없다. 실사법에서는 기말에 재고조사를 실사해 판매가능재고액(기초재고액 + 당기매입액)에서 차감함으로써 매출원가가 산출되도록 수정분개를 행한다.

실사법상 기말재고액과 매출원가의 산정 순서 및 산식	
[1단계]	기말재고액 = 기말재고 조사에서 확인된 금액
[2단계]	출 원 가 = (기초재고액 + 당기매입액) − 기말재고액

실사법에서 매출원가를 산출하는 수정분개는 매출원가계정을 사용하는 방법과 매입계정을 사용하는 방법으로 구분된다. 매출원가계정을 이용하는 방법은 앞에서 설명한 바 있다. 실무에

서는 매입계정에서 매출원가가 산출되는 수정분개 방식이 선호되는데 이에 관해서는 나중에 다시 설명한다.[5)]

증선위, 재고자산 조작 '한솔아트원제지'에 과징금 부과

증권선물위원회가 회계처리기준을 위반한 유가증권시장 상장사 한솔아트원제지에 과징금 720만 원을 부과하고 회사를 비롯해 전 대표이사, 전 재무담당 임원 등 경영진을 검찰에 통보했다고 28일 밝혔다.

한솔아트원제지는 지난 2009년부터 2014년 3월까지 수량과 단가를 부풀리거나 시스템을 조작하는 방법으로 재고자산을 과대 계상해왔다. 또한 실제 보유하고 있지 않은 자산을 허위계상하거나 부채를 누락하는 방법 등으로 자기자본을 과대계상하기도 했다.

증권신고서를 거짓 기재하고 외부감사를 방해한 점도 적발됐다. 한솔아트원제지는 지난 2010년 9월, 2012년 6월, 2013년 5월 증권신고서에 회계처리기준을 위반해 작성한 재무제표를 사용했다.

– 아시아경제 2016.9.29 기사 중–

3. 매출과 관련된 고려사항

(1) 매출환입 및 에누리

재고자산의 판매, 즉 매출 후 불량품 등의 사유로 반품되는 경우가 생긴다. 이를 매출환입이라 한다. 매출환입이 발생하면 매출계정을 직접 감소시키거나 매출환입계정을 사용해 회계처리한다. 이때 매출환입계정은 매출계정의 차감항목이 된다. 매출환입은 재고자산이 반환되는 것이므로 매출 시 재고자산을 제거하고 매출원가로 계상한 계속기록법에서는 매출원가 계상을 취소하는 분개도 동시에 행한다.

---

5) 수정분개 시 매출원가를 매입계정에서 산출되도록 회계처리하는 방법을 구체적으로 살펴보면 다음과 같다.

① 재고자산 계정에 기록되어 있는 전기이월액, 즉 기초재고를 매입 계정으로 대체 → 이렇게 되면 매입 계정의 잔액은 당기매입액에 기초재고를 더한 금액, 즉 판매가능재고액이 된다.

(차) 매입　　　×××　　　　(대) 재고자산(기초)　　×××

② 기말시점에 실사를 통해 파악한 기말재고액을 매입 계정에서 재고자산 계정으로 대체 → 이렇게 되면 매입 계정의 잔액은 매출원가가 된다.

(차) 재고자산(기말)　　　×××　　　(대) 매입　×××

유형	계속기록법	실사법
직접 차감	(차) 매출 ××× (대) 매출채권 ××× (차) 재고자산 ××× (대) 매출원가 ×××	(차) 매출 ××× (대) 매출채권 ×××
별도 구분	(차) 매출환입 ××× (대) 매출채권 ××× (차) 재고자산 ××× (대) 매출원가 ×××	(차) 매출환입 ××× (대) 매출채권 ×××

판매된 재고자산의 하자가 경미한 경우에는 반품 대신 에누리로 값을 깎아주는 경우가 있는데 이를 매출에누리라 한다. 매출에누리도 매출을 직접 감소시키거나 별도로 매출에누리계정을 사용한다. 이때 매출에누리계정은 매출의 차감항목이 된다. 매출에누리는 매출환입과 달리 재고자산이 반환되는 것이 아니므로 계속기록법에서도 재고자산을 증가시키는 분개는 필요 없다.

유형	계속기록법	실사법
직접 차감	(차) 매출 ××× (대) 매출채권 ×××	(차) 매출 ××× (대) 매출채권 ×××
별도 구분	(차) 매출에누리 ××× (대) 매출채권 ×××	(차) 매출에누리 ××× (대) 매출채권 ×××

갤노트7 '리퍼폰'으로 판다.

삼성전자가 배터리 발화 사태로 단종된 스마트폰 갤럭시노트7을 재출시한다. 초기 반품된 제품을 신제품 수준으로 정비해 재판매하는 리퍼비시 제품(리퍼폰)으로 탈바꿈시켜 손실을 최소화하려는 의도다.

핵심부품은 그대로 두고 케이스 등을 새롭게 바꿔 판매할 계획이다. 삼성전자는 앞서 지난해 9월부터 반납된 제품 일부를 수리해 새것처럼 만든 이른바 리퍼폰을 미국 온라인 사이트에서 판매하고 있다.

삼성은 리퍼폰을 판매해 갤럭시노트7의 재고 부담을 상당 부분 줄일 계획이다. 삼성전자는 판매된 306만 대 가운데 현재까지 98%를 회수했다. 이 가운데 20만대는 배터리 발화사태를 규명하기 위한 실험에 사용했다. 재고로 남은 물량은 250만대 수준으로 삼성은 보고 있다.

리퍼폰 판매로 삼성전자가 파악한 7조 원대 손실은 줄어들 가능성이 높다. 삼성전자는 지난해 8월 말부터 출고된 갤럭시노트7을 회수하고 새 제품으로 교환해줬다. 이로 인해 3조 원 중반의 손실을 봤다. 여기에 2,000 만 대를 판매하려던 애초 계획에 대한 기회손실까지 합쳐 7조 원대 초반의 손실을 본 것으로 보고 있다.

– 한국경제 2017.2.21 기사 중 –

매출환입과 매출에누리를 별도 계정으로 구분해 회계처리하는 경우에 있어서도 '매출환입 및 에누리'로 통합한 계정을 사용할 수 있다. 매출환입된 상품 중에서 품질에 문제가 있는 것은 수리과정을 통해 더 낮은 가격으로 판매하기도 한다.

(2) 매출할인

앞에서 설명한 매입할인이 매입 측 입장에서 발생된 것인데 비해 매출할인은 매출 측 입장에서 발생된다. 상품 ₩1,000을 [2/10, n/30]의 조건으로 외상매출했다면 매입할인에서와 마찬가지로 총액법(gross method)과 순액법(net method) 중의 한 가지를 선택해 회계처리할 수 있다. 설명의 단순화를 위해 실사법을 적용할 경우 총액법과 순액법의 회계처리를 단계별로 비교해 살펴보기로 한다.

구분	총액법	순액법
외상매출 시	(차) 매출채권 1,000 (대) 매출 1,000	(차) 매출채권 980 (대) 매출 980
10일 이내 대금 수령 시	(차) 현금 980 매출* 20 (대) 매출채권 1,000	(차) 현금 980 (대) 매출채권 980
10일 초과 후 대금수령 시	(차) 현금 1,000 (대) 매출채권 1,000	(차) 현금 1,000 (대) 매출채권 980 매출 20

* 또는 매출할인

총액법의 경우에는 매출 시점에 할인을 고려하지 않은 금액인 ₩1,000으로 매출과 매출채권을 기록한다. 10일 이내에 대금을 수령하는 경우 총액법은 감소되는 매출채권이 ₩1,000인데 비해 수령하는 현금은 2%가 할인된 ₩980이 되므로 그 차액 ₩20을 매출에서 차감하게 된다. 이때 매출계정에서 직접 차감할 수 있으며, 이를 매출계정과 구분해 관리한다면 매출할인계정을 사용해도 무방하다. 매출할인계정은 매출계정의 차감항목이 된다. 10일 초과 후에 대금을 수령하는 경우 총액법은 매출채권 ₩1,000과 수령액 ₩1,000을 상계처리하면 된다.

순액법의 경우에는 2%의 할인을 고려한 ₩980으로 매출과 매출채권을 기록한다. 10일 이내에 대금수령을 하는 경우는 매출시점에 계상했던 매출채권이 ₩980이므로 수령액 ₩980과 상계처리하면 된다. 10일 초과 후에 대금을 수령하는 경우, 현금 ₩1,000을 수령하지만 대응되는 매출채권이 ₩980이므로 차액 ₩20을 매출계정에 가산한다. 차액 ₩20을 이자수익 또는 매출할인기간경과이익 등으로 회계처리하면 회계처리 방식에 따라 포괄손익계산서에 매출액의 차이가 발생될 수 있는데 이는 계정명칭보다는 거래 실질에 따라 적절히 분류해야 한다.

[예 4–5] 매출환입 및 에누리와 매출할인의 회계처리

A사는 재고자산과 관련하여 실사법을 사용하고 있으며, 매출환입, 매출에누리, 매출할인에 대해서는 별도의 계정을 사용한다. A사의 거래내역은 다음과 같다.

- 20x1.5.1 상품 ₩10,000을 외상으로 구입하다.
- 20x1.5.3 상품을 ₩10,000(취득원가 ₩5,000)에 외상으로 판매하다. 대금지급조건은 2/10, n/30이다.
- 20x1.5.4 판매된 상품 중 ₩2,000이 반품되다.
- 20x1.5.5 판매된 상품 중 불량부분이 발견돼 ₩1,000을 에누리해 주다.
- 20x1.5.12 판매대금 중 절반을 현금으로 수령하다.
- 20x1.5.31 판매대금 중 나머지 절반을 현금으로 수령하다.

위의 거래에 대해 분개하라. 단, 매출할인과 관련해 A사는 총액법을 채택하고 있다.

풀이

• 20x1.5.1	(차) 매입	10,000	(대) 외상매입금	10,000
• 20x1.5.3	(차) 외상매출금	10,000	(대) 매출	10,000
• 20x1.5.4	(차) 매출환입	2,000	(대) 외상매출금	2,000
• 20x1.5.5	(차) 매출에누리	1,000	(대) 외상매출금	1,000
• 20x1.5.12	(차) 현금	3,430	(대) 외상매출금	3,500
	매출할인	70		
• 20x1.5.31	(차) 현금	3,500	(대) 외상매출금	3,500

4. 매출원가 및 기말재고액 산정 시 단가 결정 방법

(1) 실물흐름과 동일하게 단가를 결정하는 방법

계속기록법은 매출 시점마다 판매된 재고자산액을 매출원가로 전환하는 분개를 행하고, 실사법은 기말시점에 실사를 통해 계산한 기말재고액을 판매가능재고액에서 차감해 매출원가를 산정한다. 따라서 계속기록법의 경우에는 매출시점마다 판매된 재고자산액(매출원가)을 계산하고, 실사법은 기말시점에 실사를 통해 기말재고액을 산출한다. 이때 매출원가와 기말재고액은 수량에 단가를 곱해 계산한다.

계속기록법	매출원가 = 판매수량 × 단가
실 사 법	기말재고액 = 재고수량 × 단가

재고자산의 구입단가가 한 회계연도 동안 동일한 금액으로 유지된다면 언제 구입한 재고가 판매되고 기말재고에 남아있는지 관계없이 같은 단가를 적용해 매출원가와 기말재고를 산정한다.

재고자산의 구입단가가 구입시점마다 다를 경우는 어떨까? 유형자산 등을 매각할 때 해당 자산의 장부가액을 추적해 이를 제거하는 것과 같은 원리가 적용된다. 계속기록법의 경우 실제 판매된 재고자산을 추적해 해당 재고자산 구입단가로 매출원가를 산정할 수 있다. 실사법의 경우 재고조사를 통해 기말재고로 남아 있는 것으로 확인된 부분의 구입단가를 적용해 기말재고액을 산정하는 것이 가장 확실한 방법이다.

이와 같은 방법을 '개별법'이라 하는데 소량의 고가 품목에는 적용이 가능하다. 통상적으로 상호 교환될 수 없는 재고자산항목의 원가와 특정 프로젝트별로 생산되고 분리되는 재화 또는 용역의 원가는 개별법이 적절하다. 그러나 동일한 품질의 물품이 대량으로 취급되는 경우에는 재고자산에 개별법을 적용하는 것은 물리적으로 불가능하거나 회계처리에 소요되는 비용의 경제성 측면에서 수용하기 어렵다.[6]

[예 4-6] 개별법

A사는 컴퓨터 마우스를 판매하는 회사다. 재고 구입내역과 판매내역은 다음과 같다(기말재고 수량은 28개로 감모된 재고가 전혀 없음).

	판매가능재고				판매
	일자	수량	단가	금액	수량
기초재고		5	10,000	50,000	2
매 입	20x1.1.5	10	12,000	120,000	5
매 입	20x1.7.5	20	11,000	220,000	12
매 입	20x1.10.3	30	13,000	390,000	18
합 계		65		780,000	37

6) 기업회계기준서 제1002호 문단 23과 24

- 계속기록법에 의할 경우 매출원가와 기말재고를 산출하라.
- 실사법에 의할 경우 매출원가와 기말재고를 산출하라.
- 실사법상 매출총이익이 가장 크게 계상되도록 경영자가 조정한 경우 매출원가와 기말재고를 산출하라.

풀이

1. 계속기록법

매출원가 = (2 × ₩10,000) + (5 × ₩12,000) + (12 × ₩11,000) + (18 × ₩13,000) = ₩446,000
기말재고 = ₩780,000 − ₩446,000 = ₩334,000

2. 실사법

기말재고 = (3 × ₩10,000) + (5 × ₩12,000) + (8 × ₩11,000) + (12 × ₩13,000) = ₩334,000
매출원가 = ₩780,000 − ₩334,000 = ₩446,000

3. 판매수량 37개가 단가가 가장 낮은 재고부터 판매된 것으로 조정하면 매출원가가 가장 낮게 계상되고 동시에 매출총이익이 가장 크게 계상된다. 이는 기말재고가 가장 단가가 높은 재고부터 남아있다고 가정하는 것과 동일하다. 판매가능재고가 65개이고 판매수량이 37개이므로 기말재고 수량은 28개이다. 따라서 기말재고 수량 28개가 가장 단가가 높은 재고층인 20x1년 10월 3일 매입분에서 모두 남아 있다고 가정하면 기말재고액이 가장 높게 계상되며, 동시에 매출원가가 가장 낮게 계상돼 매출이익이 가장 크게 된다.

기말재고 = 28 × ₩13,000 = ₩364,000
매출원가 = ₩780,000 − ₩364,000 = ₩416,000

(2) 원가흐름을 가정해 단가를 결정하는 방법

실물흐름과 일치하도록 단가를 결정하는 방법인 개별법의 경우 번거로움과 경영자의 이익조정 수단으로 악용될 문제점이 있다. 이러한 문제점을 극복하기 위해 재고자산의 실물흐름과는 무관하게 원가흐름을 가정해 매출원가나 기말재고액을 구하는 선입선출법, 후입선출법, 평균법 등이 사용된다.

● 선입선출법(First-in First-out; FIFO)

먼저 매입 또는 생산된 재고자산이 먼저 판매되고 결과적으로 기말에 재고로 남아있는 항목은 가장 최근에 매입 또는 생산된 항목이라고 가정하는 방법이다. 이 방법을 사용하면 [예 4-7]에서 보듯이 계속기록법에 의한 기말재고자산금액과 실사법에 의한 기말재고자산금액이 동일하다. 이 방법은 물량흐름과 원가흐름의 가정이 일반적으로 일치되며, 재무상태표상 재고자산가액은 현행가치에 가깝게 표시되는 장점이 있다. 그러나 물가상승 시 수익 · 비용대응 원칙에 미흡하고 당기순이익이 다른 방법보다 과대계상됨에 따라 법인세를 조기에 납부하는 문제점이 발생되기도 한다.

● 후입선출법(Last-in First-out; LIFO로 줄여 부름)

가장 나중에 매입 또는 생산된 재고자산이 먼저 판매되고 결과적으로 기말에 재고로 남아있는 항목은 가장 먼저 매입 또는 생산된 항목이라고 가정하는 방법이다. 이론상 가능한 방법이나 현행 국제회계기준에서는 인정하지 않는 방법이다. 그러나 물가상승 시에 매출액에 현행원가를 대응시킬 수 있는 장점이 있다. 아울러 당기순이익을 다른 방법보다 적게 계상해 법인세 납부를 지연시키는 효과도 있다.

● 평균법(Average Method)

기초 재고자산과 회계기간 중에 매입 또는 생산된 재고자산의 원가를 가중 평균하여 재고항목의 단가를 결정하는 방법이다. 이 경우 평균은 기업의 상황에 따라 주기적으로 계산하거나 매입 또는 생산할 때마다 계산할 수 있다. 매입 또는 생산할 때마다 재고자산의 원가를 가중평균하는 방식을 이동평균법(moving average method)이라고 하며, 한 회계기간의 결산일에 재고자산의 원가를 가중평균하는 방식을 총평균법(weighted average method)이라 한다.

총평균법은 회계기간 말에 판매가능총액을 총판매가능수량으로 나누어 전체의 평균 취득단가를 계산하며, 이동평균법은 재고자산을 매입할 때마다 매입직전까지의 취득원가에 새로 매입한 재고자산의 금액을 가산하고 이를 판매가능수량으로 나누어 평균 취득단가를 계산한다.

계속기록법에서는 매입한 수량과 단가를 항상 기록하고 판매 시마다 단가를 적용해 매출원가를 산정하기 때문에 적용 가능한 평균법은 이동평균법이다. 실사법에서는 결산일에 파악된 재고수량에 평균단가를 곱해 매출원가를 산출하기 때문에 기말에 가중평균단가를 한 차례 계산하는 총평균법이 적용된다.

[예 4-7] 원가흐름을 가정해 단가를 결정하는 방법

다음은 안암사의 1월 중 재고자산과 관련된 자료이다. 이를 이용해 계속기록법과 실사법에 있어서 선입선출법, 평균법, 후입선출법 적용 시 관련 분개를 표시하라.

일자	내용	단가	수량
1월 1일	기초재고	30	10
1월 15일	매 입	120	35
1월 17일	매 출	300	25
1월 25일	매 입	200	30
1월 31일	기말재고		50

풀이

(1) 선입선출법, 계속기록법

1월 15일	(차) 재 고 자 산	4,200	(대) 현 금	4,200
1월 17일	(차) 현 금	7,500	(대) 매 출	7,500
	매 출 원 가	2,100(1)	재 고 자 산	2,100
1월 25일	재 고 자 산	6,000	재 고 자 산	6,000

(1) ₩30 × 10 + ₩120 × 15 = ₩2,100

기말재고 : ₩300 + ₩4,200 + ₩6,000 − ₩2,100 = ₩8,400

(2) 선입선출법, 실사법

1월 15일	(차) 매 입	4,200	(대) 현 금	4,200
1월 17일	(차) 현 금	7,500	(대) 매 출	7,500
1월 25일	(차) 매 입	6,000	(대) 현 금	6,000

기말재고 : 30 × ₩200 + 20 × ₩120 = ₩8,400

매출원가 : ₩300 + ₩4,200 + ₩6,000 − ₩8,400 = ₩2,100

(3) 이동평균법, 계속기록법

일 자	입고(출고)			잔고		
	수 량	단 가	금 액	수 량	단 가	금 액
기 초				10	30	300
1월 15일	35	120	4,200	45	100[1)]	4,500
1월 17일	(25)	(100)	(2,500)	20	100	2,000
1월 25일	30	200	6,000	50	160[2)]	8,000

1) (₩300 + ₩4,200) / 45 = ₩100

2) (₩2,000 + ₩6,000) / 50 = ₩160

기말재고 : ₩8,000

매출원가 : ₩2,500

(4) 총평균법, 실사법

평균 취득단가: (₩300 + ₩4,200 + ₩6,000) / 75 = ₩140 매출원가: ₩140 × 25 = ₩3,500

기말재고: ₩140 × 50 = ₩7,000

(5) 후입선출법, 계속기록법

1월 15일	(차) 재 고 자 산	4,200	(대) 현	금	4,200
1월 17일	(차) 현 금	7,500	(대) 매	출	7,500
	매 출 원 가	3,000[(1)]		재 고 자 산	3,000

(1) ₩120 × 25 = ₩3,000

1월 25일	(차) 재 고 자 산	6,000	(대) 현	금	6,000

기말재고 : ₩300 + ₩4,200 + ₩6,000 − ₩3,000 = ₩7,500

(6) 후입선출법, 실사법

1월 15일	(차) 매 입	4,200	(대) 현	금	4,200
1월 17일	(차) 현 금	7,500	(대) 매	출	7,500
1월 25일	(차) 매 입	6,000	(대) 현	금	6,000

기말재고: 50개(10 × ₩30 + 35 × ₩120 + 5 × ₩200 = ₩5,500)

매출원가: ₩300 + ₩4,200 + ₩6,000 − ₩5,500 = ₩5,000

[계속기록법 관련 금액 요약]

계속기록법	선입선출법	이동평균법	후입선출법
기말재고 = (2) − (1)	₩8,400	₩8,000	₩7,500
매출원가(1)	2,100	2,500	3,000
판매가능금액(2)	10,500	10,500	10,500
매출액	7,500	7,500	7,500
당기순이익	5,400	5,000	4,500

[실사법 관련 금액 요약]

실사법	선입선출법	총평균법	후입선출법
기말재고(1)	₩8,400	₩7,000	₩5,500
매출원가 = (2) − (1)	2,100	3,500	5,000
판매가능금액(2)	10,500	10,500	10,500
매출액	7,500	7,500	7,500
당기순이익	5,400	4,000	2,500

[예 4-7]에서 보면 선입선출법에 따라 기말재고와 매출원가를 평가하는 경우에 실사법과 계속기록법에 의한 평가금액이 차이가 없음을 확인할 수 있다(감모된 재고가 없는 것으로 가정할 경우). 물가가 지속적으로 상승한다는 가정 아래 기말 재고자산액의 크기는 선입선출법 〉 이동평균법(총평균법) 〉 후입선출법의 순서로 결정된다. 물가가 지속적으로 하락할 때에는 반대의 순서가 될 것이다.

매출원가는 판매가능금액이 기말재고와 매출원가와 합계액인 일정한 금액으로 고정되므로 기말재고자산액의 크기와 반대로 선입선출법 < 이동평균법(총평균법) < 후입선출법의 순서가 된다. 당기순이익은 매출액에서 매출원가를 차감해 계산하므로 매출원가와는 반대로 선입선출법 > 이동평균법(총평균법) > 후입선출법의 순서가 된다.

정유사 재고평가이익의 '오해와 진실'

지난해 정유업계는 최고의 한 해를 보냈습니다. 사상 최대의 영업이익을 거뒀고 동시에 저유가로 주유소 기름값도 저렴해 물가 부담을 가중한다는 비난 여론도 없었습니다. 일부에서는 지난해 정유업계 실적 상승의 주요인으로 재고평가이익을 꼽고 있습니다. 예를 들어, 국제유가가 배럴당 30달러일 때 샀던 원유가 40달러로 올랐다면 그만큼의 시세차익을 거뒀다는 것입니다. 상식적으로 국제유가가 올라야 정유사들의 매출이 늘면서 실적이 좋아지고 반대로 유가가 떨어지면 소비자는 좋지만 정유사들의 이익은 줄어 울상이라고 알고 있습니다. 하지만 정유업체는 유가가 오른다고 무조건 돈을 많이 버는 것은 절대 아니라며 억울하다고 호소합니다.

이 같은 오해가 발생하는 주요인 중 하나인 재고평가에 대해 알아보겠습니다. 우선 재고란 '팔지 않고 창고에 쌓아둔 제품'을 뜻합니다. 하지만 이렇게 쌓아둔 재고도 분명 가치는 있습니다. 이 재고 물량은 시장 상황에 따라 가치가 변합니다. 제품을 만들기 위해 산 원료 역시 시장 상황에 따라 가격이 변동하는데 이러한 이유로 정유사들은 재고평가를 해 실적에 반영합니다.

자세히 보면 기업회계기준에 따라 재고자산은 보유중인 자산과 생산 중인 자산, 사용할 원재료나 소모품 등을 모두 포함합니다. 재고자산 평가 방법은 업체마다 다소 차이가 있는데 크게 '선입선출법'과 '총평균법' 두 가지로 나눌 수 있습니다. 선입선출법은 판매하고 남은 재고를 최근 판매가격을 기준으로 측정하는 것으로 유가가 급등할 경우 유리할 수 있습니다. 반대로 총평균법은 해당하는 분기 초에 있는 재고와 그 분기의 매입을 평균해 매출원가로 반영하고 남은 기말재고 물량을 다음 달에 반영하는 방식으로 유가가 급락했을 때 회계상 손실을 줄일 수 있습니다.

– 디지털타임스 2017.2.13 기사 중–

4.5 재고자산의 평가

1. 평가대상 재고자산의 포함 범위

재고자산에 포함될 항목은 법적 소유권이나 소유에 따른 위험부담 여부에 따라서 결정된다. 미착품은 운송 중에 있어서 아직 도착하지 않은 상품을 말하는데 이는 무역조건에 따라 선적지 인도기준(FOB shipping point)과 목적지 인도기준(FOB destination)으로 나뉜다. 선적지 인도기준이란 선적시점에서 소유권이 판매자로부터 매입자에게 이전되는 것을 말하며, 목적지 인도기준이란 목적지에 도착한 시점에서 소유권이 이전되는 것을 말한다. 선적지 인도기준에서는 상품의 선적시점에 판매자가 매출을 인식하고 매입자는 매입을 인식한다. 목적지 인도기준에서는 목적지에 도착하고 인수하는 시점에 판매자는 매출을 인식하고 매입자는 매입을 인식한다.

[예 4–8] 재고자산의 포함 범위

A사의 20x1년 12월 31일 현재 재고자산 자료는 다음과 같다.

(1) 선적지 인도조건(FOB shipping point)으로 구입한 상품 ₩15,000이 기말 현재 재고자산에 포함되지 않았다. 이 상품은 12월 27일 선적돼 현재 운송 중에 있으며, 12월 31일 현재 창고에 도착하지 않았다.
(2) A사가 시용판매를 위해 고객에게 보낸 상품이 기말 현재 ₩27,000이 있다. 고객에게 보낸 상품 중 3분의 1에 대해서만 구매의사표시를 보내왔다. 이 금액은 기말 현재 재고자산금액에 포함되지 않았다.
(3) 창고에 보관 중인 사무용품 중에는 판매목적이 아닌 제품 ₩50,000이 있다. 이 제품은 다음 해에 A사가 회사의 비품으로 사용할 예정이다. 기말재고자산에는 이 제품이 포함돼 있다.
(4) 기말 현재 재고자산에는 B사에 담보로 제공한 상품 ₩20,000이 포함되지 않았다.

현재 A사의 재무상태표에 계상돼 있는 재고자산 금액은 ₩573,000이다. 위 항목을 반영한 경우 20x1년 12월 31일 현재 재무상태표에 계상될 재고자산금액은 얼마인가?

풀이

₩573,000 + ₩15,000 + ₩18,000 − ₩50,000 + ₩20,000 = ₩576,000

시송품은 회사가 시용판매목적으로 고객에게 발송한 상품을 말하는데 고객이 매입의사를 통보하기 전까지 회사가 여전히 재고자산으로 분류한다. 즉, 고객이 매입의사를 통보하는 시점에서 매출수익을 인식하는 것이다.

적송품은 위탁판매를 위하여 위탁자가 수탁자에게 보낸 상품을 말한다. 이는 위탁자의 재고자산에 포함된다. 따라서 수탁자가 적송품을 고객에게 판매하는 시점에서 위탁자가 매출을 인식한다.

저당상품은 금전을 차입하기 위하여 제공된 상품을 말하는데 법적인 소유권은 변하지 않았으므로 재고자산에 포함시킨다. 이외에도 특별주문 또는 거래처 주문에 의해 다른 재고자산과 별도로 구분될 경우에는 소유권 이전으로 보아 재고자산에서 제외한다.

2. 재고자산의 저가평가

국제회계기준상 자산은 공정가치에 의한 시가평가가 원칙이다. 재고자산의 경우에는 공정가치보다 기업 특유가치에 해당하는 순실현가능가치가 해당 기업의 재고자산 가치를 더 잘 반영한다. 따라서 공정가치 대신 순실현가능가치를 시가로 간주해 회계처리한다.

순실현가능가치는 추정판매가격에서 추정판매부대비용을 차감한 금액인데 일반적으로 취득원가보다 높다. 이를 시가로 간주해 시가평가를 적용한다면 판매 시점에 실현될 매출이익이 회계기말 시점에 미실현평가이익으로 먼저 인식되는 문제가 생긴다. 기업의 주된 이익원천은 재고자산 판매 시점에 실현되는 것이기 때문에 단순히 재고자산 보유만으로 이익을 인식하는 것은 부자연스럽다. 따라서 재고자산의 경우에는 시가평가 원칙을 적용함에 있어서 미실현평가이익은 인식하지 않는다.

순실현가능가치가 취득원가보다 낮아 손실이 예상되는 경우는 어떨까? 이 경우에도 여전히 시가평가를 배제하고 원가로 평가하는 것이 타당할까? 순실현가능가치가 취득원가보다 낮다는 것은 재고자산을 판매해도 취득원가 회수가 어렵다는 의미다. 이러한 상황이 발생하는 원인으로는 재고자산의 물리적 손상 또는 진부화와 판매가격 하락 등을 들 수 있다. 자산의 장부금액이 판매나 사용으로부터 실현될 것으로 기대되는 금액을 초과할 수 없다는 원칙에서 재고자산 취득원가를 순실현가능가치로 감액하는 것이 타당하다. 이런 회계처리 방식을 시가법이나 원가법과 구별해 저가법(lower of cost and market method)이라 한다.

재고자산에 대해 저가법을 적용하게 되면 취득원가와 순실현가능가치의 차액만큼 평가손실이 발생하게 된다. 이는 당기손익으로 포괄손익계산서에 반영된다.

재고자산평가손실 = 취득원가 − 순실현가능가치
= 취득원가 − (추정판매가격 − 추정 판매부대비용)

재고자산평가손실만큼 재고자산을 감소시킨다. 이 경우 재고자산을 직접 차감하는 대신 '재고자산평가충당금'이라는 차감적 평가계정을 사용한다. 따라서 저가법의 회계처리는 다음과 같다.

(차) 재고자산평가손실	×××	(대) 재고자산평가충당금	×××

재고자산평가손실은 기업이 주된 영업활동을 영위하는 과정에서 발생하는 것이므로 매출이라는 수익에 대응시킨다는 관점에서 보면 매출원가에 가산하는 것이 타당하다.[7]

재고자산평가손실이 발생한 경우 재무제표의 표시를 예시하면 [그림 4-1]과 같다.

재무상태표

재 고 자 산	×××
재고자산평가충당금	(×××)
	×××

포괄손익계산서

매 출		×××
매출원가		(×××)
기 초 재 고	×××	
당 기 매 입	×××	
기 말 재 고	(×××)	
재고자산평가손실	×××	

[그림 4-1] 재고자산평가손실이 있는 경우 재무제표의 표시

재고자산에 대해서는 매 후속기간에 순실현가능가치를 재평가한다. 재고자산의 감액을 초래했던 상황이 해소되거나 경제상황의 변동으로 순실현가능가치가 상승한 명백한 증거가 있는 경우에는 최초의 장부금액을 초과하지 않는 범위 내에서 평가손실을 환입하고 이는 매출원가에서 차감한다. 이때의 회계처리는 다음과 같다.

(차) 재고자산평가충당금	×××	(대) 재고자산평가충당금환입	×××

7) 기업회계기준서 제1002호 문단34에서는 이에 대해 단순히 발생 기간에 비용으로 인식한다고만 규정하고 있다.

한편, 재고자산을 순실현가능가치로 감액하는 저가법은 재고자산 항목별로 적용하되, 경우에 따라서는 서로 유사하거나 관련 있는 항목들을 통합해 적용하는 것이 적절할 수 있다. 그러나 유사하지 않은 항목 등을 모두 통합해 저가법을 적용하는 것은 허용되지 않는다.

[예 4-9] 재고자산의 저가평가

다음 자료는 20x1년에 설립한 A사의 재고자산 보유목록이다. 저가법을 적용하는 경우 재고자산평가손실로 계상될 금액을 계산하고 이에 대해 분개하라.

종류	재고수량	단위당 취득원가	단위당 순실현가능가치
제품	210	₩25	₩29
반제품	324	17	20
저장품	204	14	10
원재료	2,902	8	13

풀이

위에 제시된 항목 중에서 저장품만 저가로 평가하면 된다.

재고자산평가손실 = (₩14 − ₩10) × 204 = ₩816

(차) 재고자산평가손실 816 (대) 재고자산평가충당금 816

3. 재고자산의 감모

경제상황의 변동으로 발생하는 평가손실과는 다르게 재고자산은 생산 중이나 보관 중에 파손이나 도난, 증발 등으로 인해 장부상의 수량과 실제수량이 다르게 될 수 있는데 이러한 경우에 감모손실을 인식하게 된다. 이는 영업활동과정에서 정상적으로 발생하는 경우와 비정상적인 경우로 구분되는데 기업회계기준서에서는 이를 모두 당기비용으로 인식하도록 규정하고 있다. 포괄손익계산서 구분표시에 있어서는 정상감모는 매출원가에 가산하고 비정상감모는 영업외비용으로 처리하는 것이 타당하다.

[감모손실과 평가손실]

감모손실 = (장부수량 − 실제수량) × 취득단가

평가손실 = (취득단가 − 순실현가능가치) × 실제수량

[예 4–10] 재고자산의 감모

다음은 (주)안양의 재고실사결과이다. 물음에 답하여라.

품 목	장부상 재고	실지 재고	단위당 원가	단위당 순실현가능가치
A	1,000	820	₩1,200	₩1,350
B	800	780	580	630
C	400	400	2,800	2,500

* A품목의 실사결과 감모수량 중 80개의 감모 원인은 밝혀지지 않았다. A품목을 비롯한 나머지 감모손실은 정상적으로 발생되는 부분이다.

(주)안양의 재무제표에 기록될 재고자산 금액은 얼마인가?

풀이

820 × ₩1,200 + 780 × ₩580 + 400 × ₩2,500 = ₩2,436,400

[보론] 추정에 의한 재고자산의 평가

1. 매출총이익률법

매출총이익률법은 다음과 같은 계산구조에 의해 실제로 재고자산을 조사하지 않고 기말재고액을 추정하는 방법이다.

	기 초 재 고 액
+	순 매 입 액
	당기판매가능상품액
−	매 출 원 가
=	기 말 재 고 액

매출총이익률법에 의해 기말재고액을 구하는 절차는 다음과 같다.

① 당기매출액과 기초재고자산, 당기매입액을 파악한다.

② 당기매출액에 과거의 매출총이익률을 곱해 매출총이익을 구한다.

③ 당기매출액에서 매출총이익을 차감해 매출원가를 구한다.

④ 판매가능상품액에서 매출원가를 차감해 기말재고액을 구한다.

매출총이익률법은 재해 또는 도난 등의 사건이 발생해 재고자산이 없어진 경우 사건 발생 전의 재고금액을 추정하기 위해 사용하는 것이 보통이다. 유통업에서는 도난 등으로 얼마만큼의 상품이 유실되고 있는지를 파악하기 위한 목적으로도 사용된다. 그러나 과거의 매출총이익률이 현재의 매출원가를 반영하고 있다는 가정을 그대로 인정하면 매출원가를 조작할 가능성이 있고 감모로 인한 손실을 제대로 파악할 수 없다. 이런 제약 때문에 국제회계기준에서는 매출총이익률법을 인정하지 않는다.

[예 4-11] 매출총이익률법

A상사는 화재로 인하여 재고자산이 모두 소실됐다. 다음 자료에 의해 매출총이익률법에 따른 화재손실액을 추정하시오. 기초재고액은 ₩1,000,000이며, 화재 직전까지 당기매입액은 ₩26,000,000이다. 매출총이익률은 10%이며, 화재 직전까지 매출액은 ₩20,000,000이다.

풀이

매출원가 = 매출액 − 매출총이익
= ₩20,000,000 − (₩20,000,000 × 10%) = ₩18,000,000

기말재고추정액 = 기초재고액 + 당기매입액 − 매출원가
= (₩1,000,000 + ₩26,000,000) − ₩18,000,000 = ₩9,000,000

2. 소매재고법(매가환원법)

백화점과 같은 유통업에서 재고자산의 품목이 많고 품목별 판매량이 비교적 소량인 경우 원가기록을 일일이 유지해 매출원가를 파악하는 것이 번거로울 수 있다. 문제해결을 위해 기중에는 매입거래의 내용만 기록하고 기말에 재고수량을 파악해 기말재고금액을 판매가격으로부터 원가로 환원하는 방법을 사용할 수 있는데, 이를 소매재고법(retail inventory method) 또는 매가환원법이라 한다. 소매재고법은 매출총이익률법과 마찬가지로 실제원가가 아닌 추정에 의해 기말재고금액을 산정하는 방법이다.

소매재고법에 의한 기말재고액 평가절차는 다음과 같다.

① 전기이월상품을 취득원가와 매가에 의해 평가한다.

② 당기매입액을 취득원가와 매가에 의해 평가한다.

③ 기말재고에 대한 매가 산정을 위해 전기이월상품 및 당기매입액의 매가에 의한 합계, 즉 판매가격에 의한 판매가능재고액에서 당기매출액을 차감한다.

④ 매가와 취득원가를 고려해 원가율을 산정한다. 원가율은 원가가 판매가에서 차지하는 비율이므로 다음과 같은 산식으로 표현된다.

$$\text{원가율} = \frac{\text{원가}}{\text{판매가}}$$

⑤ 위의 ③에서 산출된 기말재고의 매가에 의한 평가액에 ④에서 산출된 원가율을 곱해 기말재고의 취득원가를 산출한다.

소매재고법에서는 판매가격에 의해 평가된 기말재고금액에 원가율을 곱해 재무상태표에 계상될 최종 기말재고금액을 산정하기 때문에 얼마나 합리적인 원가율을 산정해 기말재고금액을 추정할 것인지가 관건이다. 원가흐름의 가정에서 살펴본 평균법의 개념을 소매재고법에 적용하게 되면 원가율은 다음과 같이 산출된다.

$$\text{원가율} = \frac{\text{원가}}{\text{판매가}} = \frac{\text{기초재고자산} + \text{당기매입액}}{\text{기초재고자산} + \text{당기매입액} + \text{순인상액} - \text{순인하액}}$$

위 산식은 남아 있는 기말재고는 기초재고와 당기매입의 평균값에 의해 산출된다고 가정하는 것이기 때문에 '평균법 적용 소매재고법'이라 한다.[8] 여기서 순인상액은 회계기간 중에 발생된 매가의 인상액에서 인상취소액을 차감한 금액을, 순인하액은 인하액에서 인하취소액을 차감한 금액을 의미한다.

이와 같은 개념을 [예 4-12]를 통해 보다 구체적으로 살펴보기로 한다.

8) 원가흐름의 가정에서 살펴본 선입선출법과 후입선출법의 개념도 소매재고법에 적용할 수 있는데, 이는 중급회계에서 다룰 것이다.

[예 4-12] 평균법 적용 소매재고법

다음은 A의 재고자산 변동과 관련된 자료다. 평균법 적용 소매재고법을 이용해 원가에 의한 기말재고금액을 산정하라.

	원가	매가
기초	₩1,200,000	₩3,600,000
당기 매입액	7,800,000	18,900,000
당기 매출액		17,500,000

판매정책에 따라 A의 매가는 다음과 같은 변동이 발생했다.

인 상 액	₩120,000	인 하 액	₩80,000
인 상 취 소 액	20,000	인 하 취 소 액	30,000

풀이

① 매가에 의한 기말재고금액
= {기초재고(매가) + 당기매입(매가) + 순인상액 − 순인하액} − 매출
= ₩3,600,000 + ₩18,900,000 + (₩120,000 − ₩20,000) − (₩80,000 − ₩30,000) − ₩17,500,000
= ₩5,050,000

② 평균법 적용 원가율 $= \frac{₩1,200,000 + ₩7,800,000}{₩3,600,000 + ₩18,900,000 + ₩100,000 - ₩50,000} = 39.9\%$

③ 원가에 의한 기말재고금액 = ₩5,050,000 × 39.9% = ₩2,014,950

앞에서 재고자산의 저가평가에 대해 살펴본 바 있다. 그렇다면 저가주의를 소매재고법에서 어떻게 적용할까? 저가주의는 기말재고액을 적게 계상해 매출원가를 높임으로써 당기순이익을 적게 하는 방향으로 회계처리한다. 따라서 소매재고법에서 기말재고액을 적게 하려면 원가율이 낮아져야 하는데, 이는 산식에 있어 분모의 순인하액을 차감하지 않을 경우 분모의 금액이 늘어나 결국 원가율이 낮아지게 된다. '저가주의에 의한 소매재고법'을 '전통적 소매재고법'이라고도 한다.

유통업에서 긴급히 매각할 품목은 모두 팔릴 때까지 계속 가격표를 인하하는 경우가 많다. 따라서 인하된 품목은 기말재고에 남아있을 가능성이 희박하기 때문에 인하효과는 매출원가에 모두 귀속됐다는 관점에서 기말재고액을 평가하기 위한 산식에서 인하액을 차감하지 않는 것이다. 이에 대해 [예 4-13]을 통해 살펴보기로 한다.

[예 4-13] 저가주의에 의한 평균법 적용 소매재고법

[예 4-12]의 자료를 사용해 원가에 의한 기말재고금액을 산정하라. 단, 소매재고법은 저가주의에 의한 평균법을 적용한다.

풀이

① 매가에 의한 기말재고금액

= {기초재고(매가) + 당기매입(매가) + 순인상액 − 순인하액} − 매출

= ₩3,600,000 + ₩18,900,000 + (₩120,000 − ₩20,000) − (₩80,000 − ₩30,000) − ₩17,500,000

= ₩5,050,000

② 저가주의에 의한 평균법 적용 원가율 = $\dfrac{₩1,200,000 + ₩7,800,000}{₩3,600,000 + ₩18,900,000 + ₩100,000}$ = 39.8%

③ 원가에 의한 기말재고금액 = ₩5,050,000 × 39.8% = ₩2,009,900

토·의·문·제

1. 도매업과 제조업의 재고자산은 어떠한 차이를 보이는가?

2. 매출원가는 어떻게 계산되는가?

3. 고정자산 매각과 상품 매출의 수익인식 방법의 차이를 설명하라.

4. 서비스업의 회계처리와 상품매매업 회계처리의 가장 중요한 차이점은?

5. 매입된 상품의 원가는 결국 어떻게 구분돼 재무제표에 표시되는가?

6. 재고자산을 기업의 영업활동과 관련지어서 설명하라.

7. 기초재고자산이 매출원가에 미치는 영향에 관해 설명하라.

8. 외상매출과 현금매출의 차이를 설명하라.

9. 재고자산의 기말재고액에 대한 평가가 결산에 미치는 영향을 설명하라.

10. 실사법과 계속기록법의 차이를 비교해 설명하라.

11. 총평균법과 이동평균법의 차이를 설명하라.

12. 시용판매의 수익인식에 대해 설명하라.

13. 위탁판매의 수익인식에 대해 설명하라.

14. FOB 목적지 인도조건과 공급자의 판매운임의 성격에 관해 설명하라.

15. 재고자산의 저가평가에 관해 설명하라.

16. 재고자산감모손실에 대해 설명하라.

17. 매출총이익률법의 기본구조를 설명하라.

18. 소매재고법의 기본구조를 설명하라.

자·습·문·제

[매출총이익의 계산구조]

1. 다음은 (주)A와 (주)B의 포괄손익계산서 중 매출총이익을 계산하는 자료다. 빈 칸에 해당되는 금액을 계산하라.

매출액	₩120,000	₩560,000
매입액	82,000	(4)
매출원가	(1)	(5)
기초재고상품	(2)	25,000
기말재고상품	7,000	32,000
매출총이익	(3)	123,000
판매가능상품	96,000	(6)

풀이

1) ₩96,000 − ₩7,000 = ₩89,000

2) X + ₩82,000 = ₩96,000　　∴ X = ₩14,000

3) ₩120,000 − ₩89,000 = ₩31,000

4) ₩25,000 + Y − ₩32,000 = ₩437,000(매출원가부터 먼저 계산함)　　∴ Y = ₩444,000

5) ₩560,000 − ₩123,000 = ₩437,000

6) ₩25,000 + ₩444,000 = ₩469,000

[재고자산의 범위]

2. ㈜감귤의 당기말 재고액은 ₩1,500,000이다. 그러나 감사 수행 중 재고액에 포함된 상품과 관련해 다음의 세부적인 사항에 대해 고려하지 않았다는 사실을 적발했다. 다음 사항을 고려해 회계처리가 적절히 되었는지 판별한 후, 당기말 현재 올바른 재고액을 계산하라.

(1) FOB 선적지 인도조건(shipping point)으로 12월 25일 ₩100,000에 매입해 적절한 회계처리를 한 상품이 현재 아직 도착하지 않았다. 해당 상품은 운송 도중 폭풍우를 만나 소실된 것으로 밝혀졌다.

(2) FOB 선적지 인도조건(shipping point)으로 판매해 12월 29일에 선적한 원가 ₩100,000의 상품이 1월 3일에 구매자에게 도착했다. ㈜감귤은 제품이 인도된 동 3일에 판매로 회계처리했다.

풀이

₩1,500,000 − ₩100,000 − ₩100,000 = ₩1,300,000

[상품매매기업의 분개]

3. 다음의 거래를 분개하라. 계속기록법을 가정한다.

1) 상품 ₩500을 외상으로 매입하다.
2) 위에서 판매한 상품 중 ₩5 상당액은 불량품으로 판명돼 반품 처리했다.
3) 상품을 ₩350에 외상매출했다(매출원가 회계처리는 생략).
4) 외상판매한 상품 중 ₩50 반품 처리됐다.

풀이

1.	(차) 재고자산	500		(대) 외상매입금	500
2.	(차) 외상매입금	5		(대) 재고자산	5
3.	(차) 외상매출금	350		(대) 매출	350
4.	(차) 매출	50		(대) 외상매출금	50

[상품매매기업의 분개]

4. 다음 거래를 실사법 적용을 가정하고 분개하라.

7/3 상품 ₩1,200을 외상으로 매입하다.
7/7 3일 매입한 상품 중 파손품 ₩300을 반송하다.
7/9 3일 매입분에 대한 운송료 ₩90을 지급하다.
7/10 상품을 ₩2,200에 팔고 현금 ₩400을 받다.
7/12 3일의 외상매입대금을 지급하다.
7/16 10일 판매한 상품에 대해 고객에게 ₩800을 에누리해 주다.
7/23 10일 매출대금 전액을 회수하다. 다음 거래를 실사법 적용을 가정하고 분개하라.

풀이

7/3	(차) 매입	1,200	(대) 외상매입금	1,200
7/7	(차) 외상매입금	300	(대) 매입환출	300
7/9	(차) 매입운임	90	(대) 현금	90
7/10	(차) 현금	400	(대) 매출	2,200
	외상매출금	1,800		
7/12	(차) 외상매입금	900	(대) 현금	900
7/16	(차) 매출에누리	800	(대) 외상매출금	800
7/23	(차) 현금	1,000	(대) 외상매출금	1,000

[상품매매기업의 결산]

5. 다음은 A주식회사의 20x1년 12월 말 수정전 시산표다. 다음의 수정사항을 참고해 물음에 답하라.

계정과목	차변	대변
현금	₩1,230,000	
매출채권	200,000	
상품	300,000	
소모품	60,000	
선급임차료	120,000	
비품	150,000	
감가상각누계액(비품)		₩15,000
매입채무		400,000
미지급비용		80,000
차입금		100,000
자본금		1,000,000
이익잉여금		40,000
매출		1,800,000
매출할인	30,000	
매입	1,100,000	
판매운임	50,000	
매입환출 및 에누리		65,000
급여	160,000	
전기수도료	40,000	
임차료	60,000	
합계	₩3,500,000	₩3,500,000

〈수정사항〉

1. 12월말 현재 재고실사결과 기말상품재고액은 ₩400,000이다.
2. 12월말 현재 사용되지 않은 소모품은 ₩30,000이다.
3. A주식회사는 20x1년 7월 1일에 1년분 임차료를 선납했다.
4. 20x1년 비품의 감가상각비는 ₩15,000이다.
5. 차입금에 대한 기간경과분 이자는 ₩5,000이다.

[물음 1] 수정사항에 의해 수정후 시산표를 작성하라.

[물음 2] 위 [물음 1]의 수정후 시산표에 의해 포괄손익계산서를 작성하라.

[물음 3] 위 [물음 1]의 수정후 시산표에 의해 재무상태표를 작성하라.

풀이

[물음 1]

계정과목	차변	대변
현금	₩1,230,000	
매출채권	200,000	
상품	400,000	
소모품	30,000	
선급임차료	60,000	
비품	150,000	
감가상각누계액(비품)		₩30,000
매입채무		400,000
미지급비용		85,000
차입금		100,000
자본금		1,000,000
이익잉여금		40,000
매출액		1,770,000
매출원가	935,000	
판매운임	50,000	
급여	160,000	
소모품비	30,000	
감가상각비	15,000	
전기수도료	40,000	
임차료	120,000	
이자비용	5,000	
합계	₩3,425,000	₩3,425,000

[물음 2]

포괄손익계산서

매출액		₩1,770,000
매출원가		935,000
매출총이익		₩835,000
판매비와관리비		415,000
판매운임	₩50,000	
급여	160,000	
소모품비	30,000	
감가상각비	15,000	
전기수도료	40,000	
임차료	120,000	
영업이익		₩420,000
이자비용		5,000
당기순이익		₩415,000

[물음 3]

재무상태표

자산			부채	
현금		₩1,230,000	매입채무	₩400,000
매출채권		200,000	미지급비용	85,000
상품		400,000	차입금	100,000
선급임차료		60,000	부채총계	₩585,000
소모품		30,000	자본	
비품	₩150,000		자본금	₩1,000,000
감가상각누계액	(30,000)	120,000	이익잉여금	455,000
			자본총계	₩1,455,000
자산총계		₩2,040,000	부채와자본총계	₩2,040,000

[상품매매기업의 분개]

6. 다음은 (주)심영의 7월중 거래사항이다. 실사법을 적용할 경우 다음 거래를 분개하라.

7/1 주)고독으로부터 ₩850의 상품을 외상으로 매입하다.
7/4 주)행복으로부터 ₩1,200의 상품을 외상으로 매입하다.
7/7 주)진실에게 상품 ₩600을 외상으로 매출하다.
7/10 주)고독에 대한 외상매입대금을 결제하다.
7/17 주)진실로부터 외상매출대금을 회수하다.
7/18 주)현실에게 ₩1,800을 외상으로 매출하다.
7/19 주)행복에 대한 외상매입대금을 결제하다.

풀이

7/1	(차)	매입	850	(대)	외상매입금	850
7/4	(차)	매입	1,200	(대)	외상매입금	1,200
7/7	(차)	외상매출금	600	(대)	매출	600
7/10	(차)	외상매입금	850	(대)	현금	850
7/17	(차)	현금	600	(대)	외상매출금	600
7/18	(차)	외상매출금	1,800	(대)	매출	1,800
7/19	(차)	외상매입금	1,200	(대)	현금	1,200
7/28	(차)	현금	1,800	(대)	외상매출금	1,800

[계속기록법과 실사법]

7. 당기에 설립된 갑회사의 당기 재고자산 관련 자료는 다음과 같다.

기초재고	15개	단가	₩1,000
외상매입	100개	단가	₩1,000
외상매출	(95개)	단가	₩1,200
기말재고	20개		

기초재고는 전기에 현금으로 구입했다. 당기 외상매입분은 전액 현금으로 지급됐다. 계속기록법과 실지재고조사법을 적용할 때 각각 분개를 행하고 매출원가와 기말상품재고액을 계산하라.

풀이

〈계속기록법〉

상품 매입할 때;	(차)	상품	100,000	(대)	현금	100,000
외상매입금 지급할 때;	(차)	외상매입금	100,000	(대)	현금	100,000
매출할 때;	(차)	외상매출금	114,000	(대)	매출	114,000
		매출원가	95,000	(대)	상품	95,000
결산할 때;		분개없음				

매 출 원 가 = ₩95,000
기말상품재고액 = ₩15,000 + ₩100,000 − ₩95,000 = ₩20,000

〈실사법〉

외상매입금 지급할 때;	(차) 외상매입금	100,000	(대) 현 금	100,000
매출할 때;	(차) 외상매출금	114,000	(대) 매 출	114,000
결산할 때;	(차) 상품(기말)	20,000	(대) 매출원가	20,000
	매출원가	100,000	매 입	100,000
	매출원가	15,000	상품(기초)	15,000

위를 단순화하면 다음과 같다.

(차) 상품(기말)	20,000	(대) 매 입	100,000
매출원가	95,000	(대) 상품(기초)	95,000

기말상품재고액 = ₩20,000
매 출 원 가 = ₩95,000

[거래의 추정: 분개]

8. 다음의 T계정의 거래들을 보고 일자별로 분개를 추정하라.

현 금

8/1	200,000	8/4	16,000
8/29	12,000		
8/30	20,000	8/15	4,000

외상매출금

8/26	40,000	8/30	20,000
8/29	8,000		

자본금

		8/1	200,000

상 품

8/4	16,000	8/26	16,000
8/7	8,000	8/29	6,000

외상매입금

8/15	4,000	8/7	8,000

매출원가

8/26	16,000		
8/29	6,000		

매 출

		8/26	40,000
		8/29	20,000

풀이

8/1	(차) 현 금	200,000	(대) 자 본 금	200,000

현금자산이 증가했으므로 차변에, 자본금 소유주지분이 증가했으므로 대변에 기록한다.

8/4	(차) 상 품	16,000	(대) 현 금	16,000

현금자산이 감소했으므로 대변에, 상품 자산이 증가했으므로 차변에 기록해야 한다.

8/7	(차) 상 품	8,000	(대) 외 상 매 입 금	8,000

상품자산이 증가했으므로 차변에, 외상매입금 부채가 증가했으므로 대변에 기록해야 한다.

8/15	(차) 외 상 매 입 금	4,000	(대) 현 금	4,000

외상매입금 부채가 감소했으므로 차변에, 현금자산이 감소했으므로 대변에 기록해야 한다.

8/26	(차) 외 상 매 출 금	40,000	(대) 매 출	40,000
	(차) 매 출 원 가	16,000	(대) 상 품	16,000

외상매출금 자산이 증가했으므로 차변에, 매출이 증가했으므로 대변에 기록해야 한다. 상품자산이 감소했으므로 대변에, 매출원가 비용이 증가했으므로 차변에 기록한다.

8/29	(차) 현 금	12,000	(대) 매 출	20,000
	외 상 매 출 금	8,000		
	(차) 매 출 원 가	6,000	(대) 상 품	6,000

현금과 외상매출금이 증가했으므로 차변에, 매출이 증가했으므로 대변에 기록해야 한다. 또한 상품이 감소했으므로 대변에, 매출원가가 증가했으므로 차변에 기록한다.

8/30	(차) 현 금	20,000	(대) 외 상 매 출 금	20,000

외상매출금 자산이 감소했으므로 대변에, 현금자산이 증가했으므로 차변에 기록해야 한다.

[계속기록법]

9. 다음은 20x1년도 ㈜지성의 거래내역이다. 다음의 내용을 항목별로 분개하라(재고자산관련 분개는 계속기록법으로 기록하는 것으로 한다).

(1) 3월 20일	㈜안양으로부터 ₩2,000,000의 상품을 구입했다.
(2) 4월 7일	㈜지성은 청용상사에 위탁판매를 위해 상품 250개를(매가 ₩3,700) 적송했다. 적송과 관련해 개당 ₩200의 수수료를 현금으로 지급했다. 기말에 청용상사가 판매를 못하고 남은 재고는 50개이다(매출총이익률 30%).
(3) 5월 30일	3월 20일 매입한 상품 ₩50,000이 불량품 발생으로 반품됐다.
(4) 7월 20일	㈜아플로부터 수입한 상품의 가액은 ₩2,000,000이다. 이 때 매입운임으로 ₩270,000이 발생했다.
(5) 11월 6일	시용판매하여 구매자가 사용하고 있는 원가 ₩50,000의 상품이 있다. 이 상품은 아직 구매자가 매입의사를 통지하지 않았다.
(6) 12월 27일	도착지인도기준으로 ㈜남아공에 판매한 상품이 현재 운송중이다. ㈜남아공은 당해 거래에 대해서 장부에 기록했다.

풀이

(1)	(차) 재고자산	2,000,000	(대) 현금	2,000,000
(2)	(차) 매출채권	740,000	(대) 매출	740,000
	매출원가	518,000 *	재고자산	518,000
	* 200 × ₩3,700 × 0.7 = ₩518,000			
	(차) 수수료비용	40,000	(대) 현금	40,000
(3)	(차) 현금	50,000	(대) 재고자산	50,000
(4)	(차) 재고자산	2,000,000	(대) 현금	2,000,000
	재고자산	270,000	현금	270,000
(5)	회계처리 없음			
(6)	회계처리 없음			

[원가흐름의 가정]

10. 다음은 ㈜정수의 1월 중 상품매입과 매출에 관한 자료이다.

일자	수량	매입단가
기초상품	100개	₩1,000
당기매입		
1/7 매입	500개	1,110
1/13 매입	250개	1,300
1/19 매입	100개	1,400

일자	수량	판매가
당기매출		
1/4 매출	50개	₩1,000
1/10 매출	300개	1,210
1/16 매출	400개	1,400
1/22 매출	150개	1,500

[물음 1] 다음의 각 방법에 따라 ㈜정수의 당기 기말상품재고의 원가를 계산하라. 계산과정에서 소수점 이하의 숫자는 반올림해 정수로 나타낸다.

(1) 계속기록법, 이동평균법
(2) 실사법, 총평균법

[물음 2] 원가흐름을 선입선출법으로 가정한 경우, 계속기록법과 실사법에 따른 기말상품재고의 원가를 각각 계산하라.

풀이

[물음 1]

(1) 계속기록법, 이동평균법

일 자	매 입		매 출		잔 고		
	수 량	단 가	수 량	단 가	수 량	단 가	금 액
기초상품					100	₩1,000	₩100,000
1/4 매출			50	₩1,000	50	1,000	50,000
1/7 매입	500	₩1,110			550	1,100	605,000
1/10 매출			300	1,100	250	1,100	275,000
1/13 매입	250	1,300			500	1,200	600,000
1/16 매출			400	1,200	100	1,200	120,000
1/19 매입	100	1,400			200	1,300	260,000
1/22 매출			150	1,300	50	1,300	65,000

기말재고자산 원가 = ₩65,000

(2) 실사법, 총평균법

일 자	재고매입내역		
	수 량	단 가	금 액
기초상품	100	₩1,000	₩100,000
1/7 매입	500	1,110	555,000
1/13 매입	250	1,300	325,000
1/19 매입	100	1,400	140,000
합 계	950	1,179*	1,120,000

* ₩1,120,000 / 950개 ≒ ₩1,179/ 개

기말재고자산 원가 = (판매가능상품 수량 − 판매상품 수량) × 총평균법 단가
= (950개 − 900개) × ₩1,179 = ₩58,950

[물음 2]

(1) 계속기록법, 선입선출법

일 자	매 입		매 출		잔 고		
	수 량	단 가	수 량	단 가	수 량	단 가	금 액
기초상품					100	₩1,000	₩100,000
1/ 4 매출			50	₩1,000	50	1,000	50,000
1/ 7 매입	500	₩1,110			50	1,000	50,000
					500	1,110	555,000
1/10 매출			50	1,000			
			250	1,110	250	1,110	277,500
1/13 매입	250	1,300			250	1,110	277,500
					250	1,300	325,000
1/16 매출			250	1,110			
			150	1,300	100	1,300	130,000
1/19 매입	100	1,400			100	1,300	130,000
					100	1,400	140,000
1/22 매출			100	1,300			
			50	1,400	50	1,400	70,000

계속기록법 / 선입선출법 적용 시 기말상품재고 원가 = ₩70,000

(2) 실사법, 선입선출법

기말재고수량 = 기초재고수량 + 당기매입수량 − 당기판매수량
= 100 + 850 − 900 = 50

원가흐름의 가정을 선입선출법으로 하는 경우, 기말재고의 단가는 전 수량 1월 19일 매입단가인 ₩1,400 따라서 기말상품재고의 원가는 50개 × ₩1,400 = ₩70,000

[원가흐름의 가정]

11. 다음은 ㈜한국의 1월 중 상품매입과 매출에 관한 자료다.

일자	수량	매입단가
기초상품	100개	₩1,000
당기매입		
1/3 매입	200개	1,050
1/15 매입	300개	1,100
1/20 매입	400개	1,150

㈜한국은 1월 중 750개의 상품을 개당 ₩1,200에 판매했다. ㈜한국은 재고자산 거래를 실사법으로 회계처리한다. 다음의 각 방법에 의해 기말재고자산의 원가와 매출원가, 당기순이익을 계산해 그 차이를 비교 분석하라.

(1) 선입선출법 (2) 총평균법 (3) 후입선출법

풀이

매출액 = 750개 × ₩1,200 = ₩900,000
당기 판매가능상품 원가
= 100개 × ₩1,000 + 200개 × ₩1,050 + 300개 × ₩1,100 + 400개 × ₩1,150 = ₩1,100,000
기말재고자산 수량 = 기초재고 수량 + 당기 매입수량 − 당기 판매수량 = 100 + 900 − 750 = 250개

(1) 선입선출법
기말재고자산 수량 250개는 1월 20일 매입분으로 구성된 것으로 가정한다.
기말재고자산 원가 = 250개 × ₩1,150 = ₩287,500
매출원가 = ₩1,100,000 − ₩287,500 = ₩812,500
당기순이익 = ₩900,000 − ₩812,500 = ₩87,500

(2) 총평균법
기말재고자산 수량 250개의 단가는 당기 판매가능상품의 평균단가를 적용한다.
평균단가 = ₩1,100,000 ÷ 1,000개 = ₩1,100
기말재고자산 원가 = 250개 × ₩1,100 = ₩275,000
매출원가 = ₩1,100,000 − ₩275,000 = ₩825,000
당기순이익 = ₩900,000 − ₩825,000 = ₩75,000

(3) 후입선출법
기말재고자산 수량 250개는 기초상품 100개와 1월 3일 매입분 150개로 구성된 것으로 가정한다.
기말재고자산 원가 = 100개 × ₩1,000 + 150개 × ₩1,050 = ₩257,500
매출원가 = ₩1,100,000 − ₩257,500 = ₩842,500
당기순이익 = ₩900,000 − ₩842,500 = ₩57,500

[실사법: 평균법]

12. 다음 자료를 이용하여 매출원가와 기말재고를 계산하라. 단, 평균법과 실사법을 가정한다.

기초재고	80개	단위당 원가	₩600
매입	40개	단위당 원가	900
판매	100개	단위당 판매가격	1,200

풀이

실사법이므로 적용할 평균법은 총평균법이다.

총평균단가 = (₩600 × 80 + ₩900 × 40) / (80 + 40) = ₩700

매출원가 : 100 × ₩700 = ₩70,000

기말재고 : 20 × ₩700 = ₩14,000

[실사법: FIFO]

13. 선입선출법(FIFO)과 실사법을 가정해 위의 문제 12번을 다시 계산하라.

풀이

매출원가 : 80 × ₩600 + 20 × ₩900 = ₩66,000

기말재고 : 20 × ₩900 = ₩18,000

[재고자산의 저가평가]

14. 다음 자료는 ㈜고려의 기말 현재 재고목록으로 당기에 저가법을 적용하기 전의 금액이다. 이를 바탕으로 ㈜고려가 당기에 인식할 재고자산평가손실이 얼마인지 계산하라. 단, ㈜고려는 재고자산평가손실을 인식할 때에 항목별기준을 적용하고 있다. 당기 기말평가를 하기 직전 제품 B의 재고자산평가충당금은 ₩1,000이며, 그 외에 재고에서 인식했던 재고자산평가손실은 없다.

	장부금액	순실현가능가치	현행대체원가
재공품	₩31,000	₩32,000	₩32,000
제품 A	50,000	60,000	30,000
제품 B	20,000	18,000	22,000

풀이

제품 B만 저가법 적용: ₩20,000 − ₩18,000 = ₩2,000(총금액)

당기에 새롭게 인식할 평가손실: ₩2,000 − ₩1,000 = ₩1,000

[재고자산감모손실과 재고자산평가손실]

15. 기초상품재고액이 ₩700,000이고, 당기상품매입액이 ₩6,300,000인 동국상사의 기말재고자산에 관한 자료가 다음과 같다.

장부수량	실지재고수량	매입단가	단위당 시가
700개	600개	1,100원	1,000원

[[물음] 동국상사의 기말상품재고액과 당기 매출원가를 계산하라(단, 감모수량 중 40%는 정상적으로 발생한 것이고 평가손실과 함께 매출원가에 가산함).

풀이

재고자산감모손실 = 700 × ₩1,100 − 600 × ₩1,100 = ₩110,000
매출원가 산입 = ₩110,000 × 40% = ₩44,000
재고자산평가손실 = 600 × ₩1,100 − 600 × ₩1,000 = ₩60,000
매출원가 = ₩700,000 + ₩6,300,000 − ₩770,000 + ₩44,000 + ₩60,000 = ₩6,334,000

[10위식정산표]

16. 20x1년 1월 1일에 영업을 개시한 (주)A사의 20x1년 12월 31일 현재의 수정전 시산표는 다음과 같다.

수정전 시산표

(주)A사 20x1년 12월 31일 현재 (단위 : 원)

차변	금액	대변	금액
현금	₩20,000	외상매입금	₩150,000
외상매출금	796,000	자본금	476,000
재고자산	35,000	매출	1,000,000
소모품	50,000		
매입	500,000		
급료	225,000		
계	₩1,626,000	계	₩1,626,000

20x1년 12월 31일자로 재무제표를 작성하기 위하여 수정분개를 조사한 결과 다음과 같은 사항을 발견했다.

- 기말재고자산을 실사한 결과 ₩40,000이다.
- 소모품의 기말잔액을 실사해보니 ₩5,000이다.
- 급료는 그 다음달 5일에 지급되는바 20x1년 12월분 급료 ₩30,000은 20x2년 1월 5일에 지급되었다.

위의 자료를 이용해 10위식정산표를 작성하라.

풀이

〈수정분개〉

(차) 매 출 원 가	35,000	(대) 재고자산(기초)	35,000
(차) 매 출 원 가	500,000	(대) 매　　　입	500,000
(차) 재고자산(기말)	40,000	(대) 매 출 원 가	40,000
(차) 소 모 품 비	45,000	(대) 소　모　품	45,000
(차) 급　　　료	30,000	(대) 미지급급료	30,000

정산표

(단위: 원)

계정과목	수정전 시산표		수정분개		수정후 시산표		포괄손익계산서		재무상태표	
	차변	대변	차변	대변	차변	대변	차변	대변	차변	대변
현　　금	20,000				20,000				20,000	
외상매출금	796,000		40,000		796,000				796,000	
재고자산	35,000			35,000	40,000				40,000	
소 모 품	50,000			45,000	5,000				5,000	
외상매입금		150,000				150,000				150,000
자 본 금		476,000				476,000				476,000
매　　입	500,000			500,000						
급　　료	225,000		30,000		255,000		255,000			
매　　출		1,000,000				1,000,000		1,000,000		
계	1,626,000	1,626,000								
소모품비			45,000		45,000		45,000			
미지급급료				30,000		30,000				30,000
매출원가			500,000	40,000	495,000		495,000			
			35,000							
계			645,000	645,000	1,656,000	1,656,000	795,000	1,000,000	861,000	656,000
당기순이익							205,000			205,000
계							1,000,000	1,000,000	861,000	861,000

[매출총이익률법]

17. 12월 1일에 대연실업의 상품재고 창고에 화재가 발생하여 모든 재고가 소실됐으며, 다음의 상품거래내역만 남아있다.

기초 상품재고액	₩500,000
11월 30일까지의 매입액	2,500,000
매입 할인	20,000
매입 에누리	50,000
11월 30일까지의 매출액	2,000,000
매출 할인	50,000
매출 에누리	150,000
매출총이익률	20%

[물음] 대연실업이 화재로 인해 인식해야 할 손실은 얼마인가?

풀이

순매출액 = 총매출액 – 매출할인 – 매출에누리
순매출액 = 총매출액 – 매출할인 - 매출에누리
= ₩2,000,000 – ₩50,000 – ₩150,000 = ₩1,800,000
매출원가 = 매출액 - 매출총이익
= ₩1,800,000 – ₩1,800,000 × 20% = ₩1,440,000
당기순매입액 = 총매입액 – 매입할인 - 매입에누리
= ₩2,500,000 – ₩20,000 – ₩50,000 = ₩2,430,000
기말재고추정액 = 기초재고액 + 당기순매입액 - 매출원가
= ₩500,000 + ₩2,430,000 – ₩1,440,000 = ₩1,490,000

[매출총이익률법]

18. (주)A사는 20x1년 홍수로 인해 소실된 재고자산액을 산정하기 위해 다음 자료를 확보했다.

기초재고	₩24,000
순매입액	129,000
순매출액	200,000
소실되지 않은 재고자산액	3,000

위의 자료로 소실된 재고자산추정액 ₩22,000을 산출했다면 매출총이익률은 얼마인가?

풀이

기초재고액	₩24,000
순매입액	129,000
당기판매가능재고	153,000
소실되지 않은 재고액	(3,000)
소실된 재고액	(22,000)
당기판매분	128,000

매출총이익률 = (200,000 − 128,000) ÷ 200,000 = 36%

[매출총이익률법]

19. 매출총이익이 원가의 25%라면 매출총이익률은 얼마인가?

풀이

매출총이익률

$$= \frac{\text{매출총이익}}{\text{매출액}} = \frac{\text{매출액}-\text{매출원가}}{\text{매출액}} = \frac{0.25}{1+0.25} = 20\%$$

[소매재고법]

20. 대형 할인점인 K마트는 소매재고법을 이용하여 기말 재고자산을 평가하고 있다. 다음 자료를 이용해 제시된 원가 흐름의 가정에 따라 K마트의 기말재고 자산가액을 구하라. 단 원가율은 %이하 소수점 셋째자리에서 반올림하여 계산하라(예 35.274% → 35.27%).

	원가	매가
기초 재고	₩92,000	₩300,000
당기 상품 매입액	2,800,000	4,500,000
당기 매출액		3,000,000
가격인상		200,000
가격인상 취소		80,000
가격인하		140,000
가격인하 취소		40,000

[물음 1] 평균법에 의한 기말재고

[물음 2] 저가법에 의한 기말재고

풀이

[물음 1] 평균법에 의한 기말재고

순인상 = 가격인상 – 가격인상취소 = ₩200,000 – ₩80,000 = ₩120,000
순인하 = 가격인하 – 가격인하취소 = ₩140,000 – ₩40,000 = ₩100,000
기말재고자산의 판매가격
= ₩300,000 + (₩4,500,000 + ₩120,000 – ₩100,000) – ₩3,000,000 = ₩1,820,000
총평균법 원가율
= (₩92,000 + ₩2,800,000) ÷ (₩300,000 + ₩4,500,000 + ₩120,000 – ₩100,000)= 60%
기말재고원가 = ₩1,820,000 × 60% = ₩1,092,000

[물음 2] 저가법에 의한 기말재고

저가기준 원가율 = (₩92,000 + ₩2,800,000) ÷ (₩300,000 + ₩4,500,000 + ₩120,000) = 58.78%
기말재고원가 = ₩1,820,000 × 58.78% = ₩1,069,796

연·습·문·제

[거래의 추정: 분개]

1. 다음의 분개들에 해당되는 거래를 추정하라.

1.	(차) 매 출 원 가	9,000	(대) 재 고 자 산	9,000
2.	(차) 재 고 자 산	6,500	(대) 매 출 원 가	6,500
3.	(차) 매 출 원 가	30,000	(대) 재 고 자 산	30,000
4.	(차) 외 상 매 입 금	3,300	(대) 현 금	3,300
5.	(차) 매 출 원 가	12,000	(대) 매 입	12,000

[매출총이익의 계산구조]

2. 다음은 (주)A와 (주)B의 포괄손익계산서 중 매출총이익을 계산하는 자료다. 빈 칸에 해당되는 금액을 계산하라.

	(주) A	(주) B
매출액	₩ (1)	₩770,000
매입액	122,000	300,000
매출원가	111,000	(4)
기초재고상품	36,000	(5)
기말재고상품	(2)	(6)
매출총이익	339,000	280,000
판매가능상품	(3)	525,000

[상품매매기업의 분개]

3. 실사법을 사용할 경우 다음의 거래를 분개하라.

1) 기중에 상품 ₩59,000을 외상으로 매입했다.
2) 위에서 상품 중 ₩4,000은 불량품으로 판명돼 반품 처리했다.
3) 상품을 ₩63,000에 외상매출했다.
4) 위의 상품 중 ₩3,000은 불량품으로 판정돼 되돌려 받았다.

[재고자산의 범위]

4. ㈜샘물은 생수를 보관하고 있던 자산의 냉동창고에 큰 화재가 발생하여 보관중인 재고자산이 전소되는 손

실을 입었다. ㈜샘물은 재고자산 손실액의 100%를 보상받는 화재보험에 가입했으며, 보험회사는 ㈜샘물이 주장한 손실액만큼 ₩30,000을 지급했다. 그러나 보험회사의 심사과장인 계산해 씨는 회사가 주장하는 손실규모에 의심을 하고 조사하기 시작했다. 그 결과 다음과 같은 사실을 밝혀냈다. 아래의 추가 자료를 제외하고 모든 생수는 화재가 발생한 창고에 보관 중이었으며, 전소된 것이 명백하다. 모든 회계처리는 적정하게 이루어졌으며, 보험금은 소실된 재고자산에 대해서만 지급되는 것으로 가정한다. 이로 인하여 ㈜샘물이 주장하는 재고자산금액과 실제 창고에 보관하는 재고자산금액과의 차이를 구하라.

1) ㈜샘물은 ㈜약수에 ₩3,000의 위탁판매를 하였으며, 이 중 50%가 판매됐다.
2) ㈜샘물의 생수는 핀란드에서 수입되며, FOB 도착지 인도조건(FOB destination)으로 ₩3,000에 매입한 주문과 선적지 인도조건(FOB shipping point)으로 ₩2,500에 매입한 주문이 각각 현재 운송 중에 있다.
3) ₩2,500에 해당되는 생수는 현재 타 창고에 보관 중이었다.
4) ㈜샘물은 ₩10,000의 알칼리성 생수를 시용 판매하였으며, 이 중 98%가 구매의사를 결정해 통보를 받았다.

[재고자산의 범위]

5. ㈜남아공은 해외에서 상품을 수입해 국내에 판매하는 회사이다. 다음은 당해 회사의 20x1년 상품 관련 자료다.

기초 재고자산	₩4,000,000
재고자산 매입 분(기초부터 기말까지)	64,400,000
매입할인	1,000,000
매입에누리	716,000
인수운임	9,600,000
당기 판매된 상품의 원가	54,000,000

언급된 사항 이외에 도착지 인도기준(FOB destination)의 상품 ₩4,000,000이 현재 매출처로 운송 중이다. 기말 재고자산 가액을 계산하라.

[재고자산의 범위]

6. 다음의 사항에 의해 (주)A무역의 기말상품재고액을 계산하라. 당기말 현재 (주)A무역의 기말실사 결과 상품재고액은 ₩200,000원으로 파악되었다. 회계기간은 1월 1일부터 12월 31일까지로 가정한다.

1. 영국에 있는 회사로부터 매입하여 12월 31일 현재 운송 중에 있는 매입원가 ₩60,000의 상품이 있다. 이 상품은 선적지 인도기준(FOB shipping point)으로 매입하였고 다음해 1월 초에 도착할 예정이다.
2. 호주로부터 도착지 인도기준(FOB destination point)으로 매입하여 기말 현재 운송중인 상품이 ₩90,000이 있다. 이 상품은 다음해 1월말에 도착할 예정이다.

[실사법: 평균법]

7. 다음 자료를 이용해 매출원가와 기말재고를 계산하라. 단, 평균법과 실사법을 가정한다.

기초재고		50개	단위당 원가	₩200
1월 10일	매입	80개	단위당 원가	250
2월 14일	판매	60개	단위당 판매가격	500
4월 15일	매입	70개	단위당 원가현금	400
5월 25일	판매	80개	단위당 판매가격	560

[실사법: FIFO]

8. 선입선출법(FIFO)과 실사법을 가정해 위 문제 7을 다시 계산하라.

[계속기록법 : 개별법]

9. 다음은 ㈜주영의 20x1년 상품관련 거래내역이다. ㈜주영이 계속기록법으로 재고자산을 기록하며 매출총이익률은 10%로 가정하고 다음 자료에 따라 분개하라.

1) 시용판매분으로 고객에게 제공한 상품의 원가는 ₩290,000이다. 이 중에서 ₩37,500은 구매의사를 통보받았으나 나머지는 구매의사를 통보받지 못했다.
2) 10월 12일 현재 ㈜모나코에 판매한 상품(원가: ₩570,000)이 도착지 인도기준(FOB destination point)으로 운송 중이다.

[원가흐름의 가정]

10. 다음 자료에 의해 기말상품재고의 이동평균단가를 계산하라.

일자	구분	수량	단가
1/10	매입	500개	₩300
1/15	매출	300개	800
1/20	매입	600개	320
1/27	매출	600개	700

[원가흐름의 가정]

11. 다음은 ㈜A의 상품매입과 매출에 관한 자료다.

일자	구분	수량	단가
	기초상품	100개	₩80
1/3	매입	200개	83
2/14	매출	250개	110
7/15	매입	100개	86
8/3	매출	100개	113
11/12	매입	300개	89
12/17	매출	300개	119

실지재고조사법과 선입선출법(FIFO)을 이용해 기말재고액을 구하라.

[원가흐름의 가정]

12. 실지재고조사법과 평균법(Weighted Average Method)을 가정해 위 문제 11을 다시 계산하라.

13. **[원가흐름의 가정]**

다음은 ㈜A의 상품매입과 매출에 관한 자료다.

일자	구분	수량	단가
	기초상품	200개	₩14
1/13	매입	150개	15
3/14	매출	100개	
6/15	매입	100개	16
9/16	매출	200개	
10/12	매입	250개	15
12/24	매출	150개	

실지재고조사법과 선입선출법(FIFO)을 이용해 기말재고액을 계산하라.

[원가흐름의 가정]

14. 실지재고조사법과 후입선출법(LIFO)을 가정해 위 문제 13을 다시 계산하라.

[원가흐름의 가정]

15. (주)A의 3년간 순이익과 재고자산에 관련된 내용은 다음과 같다

구분	1차년도	2차년도	3차년도
선입선출법에서의 당기순이익	₩263,250	₩204,750	₩117,000
선입선출법에서의 기말재고액	526,500	538,500	351,000
후입선출법에서의 기말재고액	374,400	438,750	263,250

위 자료를 이용하여 후입선출법을 적용할 경우 (주)A의 각 연도별 당기순이익을 계산하라.

[상품매매기업의 결산]

16. A유통은 월별로 결산을 한다. 다음의 A유통의 20x1년 1월 1일의 재무상태표와 1월 중 거래내역 및 1월 31일 현재 수정사항을 참고해 물음에 답하라.

재무상태표

자산			부채	
현금		₩6,200	매입채무	₩4,500
매출채권		16,000	미지급비용	10,200
상품		9,300	미지급급여	1,700
소모품		2,100	부채총계	₩16,400
비품	₩48,000		자본	
감가상각누계액	(12,000)	36,000	자본금	₩40,000
			이익잉여금	13,200
			자본총계	₩53,200
자산총계		₩69,600	부채와자본총계	₩69,600

〈1월 중 거래내역〉

1월 2일 은행으로부터 ₩30,000을 2년 후 원리금을 일시상환하는 조건으로 차입했다.
4일 상품 ₩12,000을 외상으로 매입했다(매입으로 처리). 외상 매입조건은 5/10, n/30이다.
10일 상품 중 일부를 ₩18,000에 외상으로 판매했다.
12일 상품 매입 대금의 기초잔액 ₩4,500을 지급했다.
13일 4일 매입한 상품의 외상잔액을 지급했다.
25일 미지급금 잔액 중 ₩5,200을 현금 지급했다.

〈1월 31일 현재 수정사항〉

1. 은행차입금의 이자율은 연 6%이다.
2. 1월말 현재 상품 잔액은 ₩10,800이다.
3. 1월말 현재 소모품 잔액은 없다.
4. 비품의 월별 감가상각비는 ₩1,000이다.
5. 1월분 급여 ₩2,100을 아직 지급하지 않았다.

[물음 1] 1월 중 거래내역을 분개하라.

[물음 2] 수정사항을 참고해 수정분개를 작성하라.

[물음 3] 위 [물음 1]과 [물음 2]의 분개에 의해 포괄손익계산서를 작성하라.

[물음 4] 위 [물음 1]과 [물음 2]의 분개에 의해 재무상태표를 작성하라.

[종합예제]

17. 다음은 A주식회사의 20x1년 12월 말 재무상태표와 20x2년 1월 중 거래 및 1월 31일 현재 수정사항이다. 이를 참고해 물음에 답하라.

재무상태표

자산			부채	
현금		₩1,230,000	매입채무	₩300,000
매출채권		200,000	미지급비용	85,000
상품		400,000	차입금	200,000
선급임차료		60,000	부채총계	₩585,000
소모품		30,000	자본	
비품	₩150,000		자본금	₩1,000,000
감가상각누계액	(30,000)	120,000	이익잉여금	455,000
			자본총계	₩1,455,000
자산총계		₩2,040,000	부채와자본총계	₩2,040,000

〈1월 중 거래내역〉

1월 2일 소모품 ₩80,000을 외상으로 구입했다(소모품으로 처리)

4일 상품 ₩250,000을 외상으로 매입했다(매입으로 처리). 외상 매입조건은 2/10, n/30이다.

10일 상품 중 일부를 ₩1,200,000에 외상으로 판매했다. 외상 판매조건은 5/10, n/30이다.

11일 4일 매입한 상품 중 불량품이 발견되어 ₩50,000에 해당하는 상품을 반품했다.

13일 4일 매입한 상품의 외상잔액을 지급했다.

18일 10일 판매한 외상대금을 전액 회수했다.

25일 상품 ₩230,000을 매입하고 대금을 현금 지급했다.

31일 1월분 급여 ₩150,000을 현금 지급했다.

〈1월 31일 현재 수정사항〉

1. 1월말 현재 재고실사결과 기말상품재고액은 ₩350,000이다.
2. 1월말 현재 사용되지 않은 소모품은 ₩30,000이다.
3. 선급임차료는 20x1년 12월 31일에 20x2년 1년분 임차료를 선납한 금액이다.
4. 비품의 월별감가상각비는 ₩2,500이다.
5. 차입금은 20x1년 12월 31일에 연이자율 6%로 2년 후 만기일에 원리금을 일시 상환하는 조건으로 차입했다.

[물음 1] 1월 중 거래내역을 분개하라.

[물음 2] 수정전 시산표를 작성하라

[물음 3] 수정사항에 의해 수정분개를 작성하라.

[물음 4] 위 [물음 2]와 [물음 3]에 의해 수정후 시산표를 작성하라.

[물음 5] 위 [물음 4]의 수정후 시산표에 의해 포괄손익계산서를 작성하라.

[물음 6] 위 [물음 4]의 수정후 시산표에 의해 재무상태표를 작성하라.

[매출총이익률법]

18. (주)A사는 20x1년 5월 4일에 화재가 발생하여 모든 재고자산이 소실됐다. 20x1년 1월 1일부터 20x1년 5월 4일까지의 관련된 자료는 다음과 같다.

매출액	₩420,000
매입액	260,000
매입운임	12,000
매출환입	20,000
매입환출	2,000
기초재고	28,000
매출총이익률	35%

(주)A사의 화재로 인해 소실된 재고자산은 얼마인가?

[소매재고법]

19. OK백화점은 소매재고법을 이용하여 기말 재고자산을 평가하고 있다. 다음 자료에 의해 물음에 제시된 원가 흐름의 가정에 따라 OK백화점의 기말재고 금액을 계산하라. 단, 원가율은 %이하 소수점 셋째자리에서 반올림한다(예: 35.274% → 35.27%).

구분	원가	매가
기초 재고	₩100,000	₩200,000
당기 상품 매입액	3,000,000	5,000,000
당기 매출액		4,500,000
가격인상		300,000
가격인상 취소		100,000
가격인하		150,000
가격인하 취소		80,000

[물음 1] 평균법에 의한 기말재고

[물음 2] 저가법에 의한 기말재고

[소매재고법]

20. A유통은 소매재고법을 이용해 기말 재고자산을 평가하고 있다. 다음 자료를 이용해 제시된 원가 흐름의 가정에 따라 A유통의 기말재고 금액을 계산하라. 단, 원가율은 %이하 소수점 셋째 자리에서 반올림한다 (예: 35.274% → 35.27%).

구분	원가	매가
기초재고액	₩72,000	₩150,000
당기총매입액	200,000	445,000
당기총매출액		520,000
당기가격인상		67,000
당기가격인상취소		12,000
당기가격인하		55,000
당기가격인하취소		5,000
매입환출	20,000	
매출환입		10,000

[물음 1] 평균법에 의한 기말재고

[물음 2] 저가법에 의한 기말재고

[실무스펙 4] 회계장부 기록의 법적 근거

기업 형태는 크게 개인기업과 법인기업으로 구분된다. 법인기업 대다수는 주식회사 형태로 운영된다. 조합이나 합명회사, 합자회사, 유한회사 등 특수한 형태도 있지만, 이들도 개인기업과 주식회사 중 하나의 원리를 기본으로 회계를 운영한다. 기업은 설립 또는 영업개시와 함께 소득에 대한 납세의무가 발생한다. 개인기업 과세는 소득세법의 적용을 받으며, 종합소득 구성항목 중 하나인 사업소득으로 처리된다. 주식회사 기업은 법인세법이 적용된다.

개인기업 출범은 별도의 설립신고는 필요 없지만, 부가가치세법에 따른 사업자등록은 필수적이다. 국가나 지방자치단체로부터 인허가를 받아야 할 경우도 있다. 개인기업의 사업소득에 대한 기장의무는 대차평균의 원리에 따른 복식부기 적용이 원칙이다. 그러나 신규 사업자 또는 매출액이 일정 기준에 미달하는 소규모 사업자는 예외적으로 간편장부가 인정된다. 간편장부는 수입과 지출 내역을 거래일자별로 가계부처럼 단순하게 기록해 집계하는 방식이다.

세법에서 요구하는 개인기업의 복식부기는 초보적 회계원리 수준이다. 이를 이행하지 않으면 소득세법에서 정한 무기장 가산세가 부과된다. 주식회사의 경우 사업규모와 상관없이 반드시 복식부기를 적용한 결산서를 작성해야 하며, 이를 이행하지 않으면 상법에서 정한 제재와 법인세법에 따른 무기장 가산세가 함께 부과된다.

개인기업과 주식회사는 회계처리 및 과세 방식에서 차이가 많다. 개인기업의 재산은 대표자가 임의로 처분할 수 있다. 출자한 돈은 자본금으로 계상하고 이익이 발생하면 자본금에 직접 가산한다. 대표자가 필요할 경우 아무 제약 없이 자본금에서 인출할 수 있다. 대표자가 개인기업 돈을 꺼내 쓰는 것은 횡령이 아니다. 주식회사의 경우 대표자(상법상 대표이사를 의미함)라도 회사 돈을 임의로 꺼내 쓰면 횡령이 된다. 이익은 이익잉여금으로 처리하고 이를 배당 받으려면 법령과 정관에 따라 이사회 및 주주총회의 결의를 얻어야 한다.

대표자에게 지급한 급여에 대한 처리방식도 개인기업과 주식회사는 다르다. 개인기업 대표자에게 지급한 급여는 필요경비로 인정되지 않는다. 고용관계에 의한 근로소득이 아닌 사업에서 생긴 사업소득으로 본다. 건강보험 등 4대보험 적용에 있어서도 대표자는 근로소득자가 아닌 지역가입자로 처리된다. 그러나 주식회사 대표자의 경우 사회 통념상 인정되는 수준의 급여는 비용으로 인정되고 이는 소득세법상 근로소득으로 간주된다.

개인기업과 주식회사 모두 결산서의 당기순이익이 그대로 과세소득이 되는 것은 아니다. 회계와 세법의 차이를 조정하는 절차에 따라 과세소득을 별도로 확정하게 된다. 개인기업의 경우 금융기관이 대출과 관련해 별도로 요구하지 않는다면 세법에서 정한 범위를 넘어선 재무제표를 추가로 작성할 필요는 없다. 주식회사의 경우는 다른 법령에서 보다 정교한 재무제표를 무화하는 경우도 있다.

규모가 일정 수준을 넘어서는 주식회사는 '주식회사의 외부감사에 관한 법률(외감법)'에 따라 회계법인(공인회계사를 포함)의 외부감사를 받고 감사보고서를 금융감독원에 제출해야 한다. 이를 이행하지 않을 경우 형사처벌 대상이다. 외감법 이외의 다른 법령에 의해 외부회계감사가 의무화되는 경우도 있다. 주권이나 회사채를 상장하는 경우에도 '자본시장과 금융투자업에 관한 법률(자본시장법)'에 따라 외부회계감사를 받아야 한다.

금융회사에 대출을 신청할 경우에도 공인회계사의 감사보고서를 요구하는 경우가 있다. 다른 법령에 의한 외부회계감사를 받지 않는 경우라면 새로 감사계약을 체결해야 하는데 이는 법정감사와 구분해 임의감사라고 한다. 감사인은 당해 주식회사가 적용해야 할 회계기준(한국채택국제회계기준 또는 일반기업회계기준)에 따라 재무제표를 적정하게 작성했는지를 일반적으로 인정되는 회계감사절차에 따라 감사한다. 감사결과는 적정의견, 한정의견, 부적정의견, 의견거절 등의 감사의견으로 요약된다.

5

CHAPTER

유형자산

기업은 영업활동 수행과정에서 토지, 건물, 기계장치, 차량, 집기비품 등 다양한 유형자산을 취득해 사용한다. 유형자산은 한 회계기간을 초과해 장기간 사용되고 금액도 크기 때문에 회계처리에 있어서 고려할 사항이 다양하다. 5장에서는 재무상태표 구성항목 중 대표적 비유동자산에 속하는 유형자산을 기업회계기준서 제1016호 규정을 중심으로 살펴본다. 유형자산의 수명주기인 취득단계, 사용단계 및 제거단계에서 제기되는 회계 문제를 상세히 다룬다. 특수한 형태의 비유동자산인 투자부동산과 관련된 사항은 보론에서 간략히 설명한다.

5.1 유형자산의 개념 및 수명주기

5.2 취득단계

5.3 사용단계

5.4 제거단계 – 처분

[보론] 투자부동산

실무스펙 5

5.1 유형자산의 개념 및 수명주기

학습포인트

- 유형자산의 개념
- 유형자산 수명주기별 주요 사항
- 감가상각의 개념 및 방법
- 유형자산 처분시 회계처리
- 투자부동산의 개념 및 회계처리

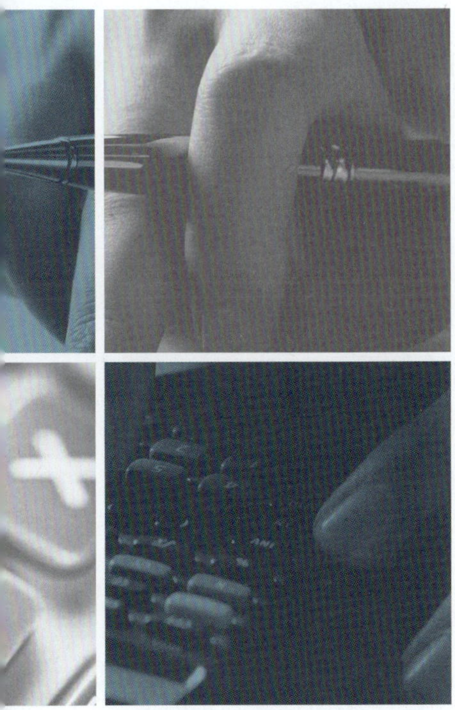

1. 정의 및 인식

유형자산(Property, Plant and Equipment: PP&E로 줄여 부름)이란 재화나 용역의 생산이나 제공, 타인에 대한 임대 또는 관리활동에 사용할 목적으로 보유하며, 물리적 형태가 있고 한 회계기간을 초과해 장기간 사용하는 자산을 말한다. 한 회계기간 내에 사용이 종료될 것으로 예상된다면 다른 조건을 충족해도 유형자산으로 분류할 수 없다.

유형자산으로 인식되기 위해서는 다음 두 가지 인식기준을 모두 충족해야 한다.

① 자산으로부터 발생하는 미래 경제적 효익이 기업에 유입될 가능성이 높다.
② 자산의 원가를 신뢰성 있게 측정할 수 있다.

기업회계기준서에는 위의 인식기준에 대한 구체적인 예시는 없다. 따라서 전문가적 판단에 따라 합리적으로 결정해야 한다.

유형자산과 관련된 재무제표상 주요항목은 다음과 같다.

① 재무상태표의 유형자산
② 재무상태표의 감가상각누계액
③ 포괄손익계산서의 감가상각비
④ 포괄손익계산서의 유형자산처분이익 또는 유형자산처분손실

2. 유형자산 수명주기 및 각 주기별 주요 고려사항

유형자산의 수명주기는 크게 취득, 사용 및 제거 단계로 구분된다. 취득단계에서는 취득원가 산정이 핵심과제다. 일괄구입 등 특수한 형태에 해당하는 구입의 경우 고려할 사항이 더 많다. 사용단계에서 가장 중요한 주제는 감가상각이다. 정액법, 체감잔액법 및 생산량비례법 등 감가상각방법에 대한 이해가 핵심과제다. 국제회계기준 채택과 함께 새로 도입된 재평가모형도 중요한 고려사항이다. 제거단계는 유형자산을 장부에서 제거하는 문제를 다루는데 처분 관련 회계가 대표적이다.

5.2 취득단계

1. 유형자산 원가의 산정

유형자산을 재무제표에 기록함에 있어서 먼저 고려할 사항은 유형자산 원가(취득원가)의 산정이다. 유형자산 원가는 구입가격뿐만 아니라 해당 자산을 기업이 의도하는 방식으로 사용하기 위해 직접적으로 소요되는 관련 부담을 모두 포함한다. 즉, 유형자산의 운반비, 설치비, 운반 과정의 보험료 등 최초 사용에 필요한 제반 지출을 포괄손익계산서에 비용으로 계상하지 않고 자산원가의 일부로 계상해 재무상태표에 기록한다. 한편, 유형자산의 취득, 건설 또는 생산과 직접 관련된 차입에서 발생하는 이자 등 금융비용은 취득원가의 일부로 계상하지 않고 원칙적으로 당기비용으로 처리한다.[1)]

기업회계기준서 제1016호에 예시된 직접관련원가에는 유형자산의 매입 또는 건설과 직접적으로 관련돼 발생한 종업원 급여, 설치장소 준비 원가, 운송 및 취급 관련 원가, 설치원가 및 조립원가, 시험비용, 전문가 수수료 등이 포함된다. 그러나 광고 및 판촉활동과 관련된 원가, 직원교육훈련비, 관리 및 기타 일반간접원가는 포함되지 않는다. 또한 경영진이 의도한 방식으로 가동될 수 있는 장소와 상태에 도달한 후에 발생한 원가는 더 이상 유형자산 원가로 인식하지 않고 포괄손익계산서에 비용으로 계상한다.

1) 단, 예외적으로 일정조건을 충족할 경우 금융비용을 취득원가에 가산한다. 이와 관련된 구체적인 사항은 기업회계기준서 제1023호 '차입원가' 문단 8에 다음과 같이 기술돼 있다. "적격자산의 취득, 건설 또는 생산과 직접 관련된 차입원가는 당해 자산원가의 일부로 자본화해야 한다. 기타 차입원가는 발생기간에 비용으로 인식하여야 한다."

2. 일괄구입

유형자산 구입의 특수한 형태로서 일괄구입(basket purchase)이 있다. 일괄구입은 서로 다른 종류의 유형자산을 한꺼번에 구입하는 것을 말한다. 이 경우 일괄구입원가를 서로 다른 형태의 유형자산에 배분할 필요가 생긴다. 자산 사용기간 중에는 자산별 감가상각비 등 관련 비용이 독립적으로 기록되기 때문이다. 예를 들어, 토지와 건물을 일괄구입했을 경우 토지는 감가상각 대상이 아닌 반면, 건물에 대해서는 감가상각비를 계상한다.

건물 관련 비용을 정확히 계산하기 위해 건물만의 취득원가를 적정히 배분해 재무상태표에 토지와는 별도로 구분 기재할 필요가 있다. 이러한 일괄구입 원가의 배분은 각 유형자산의 시장가치(fair market value)를 기준으로 이뤄진다. 일괄구입 관련 회계처리를 다음 예를 통해 살펴보기로 한다.

[예 5-1] 유형자산 일괄구입

A회사는 건물과 토지를 함께 구입했다. 총 취득원가는 ₩210,000이다. 건물의 시장가치가 ₩100,000이고, 토지의 시장가치가 ₩200,000일 경우 건물 및 토지의 취득과 관련된 분개를 행하라.

풀이

먼저 건물과 토지의 일괄구입원가 ₩210,000을 각 자산별로 배분하면 다음과 같다.

$$\text{건 물} : ₩210{,}000 \times \frac{₩100{,}000}{₩100{,}000 + ₩200{,}000} = ₩70{,}000$$

$$\text{토 지} : ₩210{,}000 \times \frac{₩200{,}000}{₩100{,}000 + ₩200{,}000} = ₩140{,}000$$

총취득원가는 각 자산의 시장가치를 기준으로 배분하는데, 분모는 각 자산시장가치의 합계로 동일하며, 분자는 각 자산의 개별시장가치가 된다. 3종류 이상의 유형자산을 함께 구입했을 경우도 동일한 기준으로 배분한다. 일괄구입에 따른 분개는 다음과 같다.

(차)	건 물	70,000	(대)	현 금	210,000
	토 지	140,000			

5.3 사용단계

1. 감가상각의 개념

유형자산 취득원가를 재무상태표에 자산으로 계상한 후, 자산을 사용함에 따라 관련된 비용을 인식하는 회계절차를 감가상각(depreciation)이라 한다. 기업회계기준서에서는 감가상각을 '자산의 감가상각대상금액을 그 자산의 내용연수 동안 체계적으로 배분하는 것'으로 정의하고 있다. 이 정의에서 중심이 되는 단어는 '배분(allocation)'이다. 즉, 감가상각은 자산의 평가과정이 아니라 기존에 인식한 취득원가의 배분과정임을 명확히 이해할 필요가 있다.

감가상각의 개념을 구체적인 [예 5−2]를 통해 살펴보기로 한다.

[예 5−2] 감가상각의 개념

A회사는 20x1년 1월 1일 ₩1,000,000의 현금을 지급하고 건물을 구입했다. 이 건물이 10년간 사용할 수 있을 것으로 추정된다면, 건물의 원가배분과 관련된 회계처리를 어떻게 할 것인지 예를 들어 설명하라.

풀이

만약 이러한 건물구입원가 ₩1,000,000을 구입시점에 전액 비용처리할 경우 회사의 손익구조는 심각하게 왜곡될 수 있다. 예를 들어, 회사의 당해 영업활동으로부터의 순이익이 ₩500,000이라 할지라도, 회사의 건물구입비용 ₩1,000,000이 전액 비용처리될 경우, 회사는 ₩500,000의 순손실을 보고하게 된다. 즉, 회사의 영업성과는 ₩500,000의 순이익으로 양호함에도 불구하고 단지 회사가 건물을 구입했다는 이유만으로 ₩500,000의 순손실을 보고함으로써 영업성과의 중대한 왜곡을 가져올 수 있다.

이러한 불합리한 점을 해결하기 위해 회계기준은 자산구입비용을 해당 자산의 추정사용연수(내용연수) 동안 배분해 인식하도록 규정하고 있다. 위 예에서 회사는 ₩1,000,000의 건물구입비용을 1년에 ₩100,000씩 10년에 걸쳐 인식해야 한다. 이 경우 건물을 구입하더라도 회사가 보고할 당해 연도 순이익은 ₩500,000에서 건물 관련 비용 ₩100,000을 제외한 ₩400,000이 됨으로써 손익구조의 왜곡을 막을 수 있다. 이렇게 배분된 ₩100,000의 비용을 '감가상각비'라 한다.

만약 위 건물이 10년 후(내용연수 마지막 해의 말일)에 ₩200,000의 가치를 가진다면 회사의 감가상각비 계상액은 어떻게 달라질까? 회사는 해당자산의 내용연수가 종료된 후 ₩200,000을 판매 등을 통해 회수할 수 있을 것이다. 이러한 내용연수 종료 후 자산의 가치를 '잔존가치'라 부르며, 이 금액만큼은 감가상각대상에서 제외된다. 유형자산의 내용연수가 끝난 후 회수 가능한 금액은 자산을 사용함에 따라 없어지는 부분이 아니기 때문에 감가상각의 대상이 아닌 것이다. 잔존가치를 감안할 경우 해당 자산의 감가상각 대상금액은 ₩800,000(₩1,000,000 − ₩200,000)이며, 회사가 매년 인식할 감가상각비용은 (₩1,000,000 − ₩200,000) / 10년 = ₩80,000이 된다.

감가상각의 기본취지는 합리적인 원가배분을 통해 자산과 관련된 비용을 해당 자산의 사용기간 또는 사용실적에 따라 인식하는 것이다. 합리적 배분절차에 따라 '수익 · 비용 대응의 원칙'을 적용하는 것이 목표다. 앞에서 살펴본 바와 같이 연간 감가상각비를 계산하기 위해서는 일반적으로 취득원가, 추정잔존가치, 추정내용연수에 대한 정보가 필요하다. 이 3가지 요소를 '감가상각의 3요소'라고 한다. 잔존가치와 내용연수 앞에 '추정'이라는 단어을 포함한 이유는, 취득 시 결정되는 취득원가와 달리 잔존가치와 내용연수는 회사가 합리적인 방법을 이용해 추정해야 하기 때문이다. 이러한 잔존가치와 내용연수는 경제상황이나 기타 요인에 의해 변경될 수 있다.

"대우조선, 감가상각 연한 조정으로 7,200억 이익 늘렸다"

대우조선해양이 감가상각 내용 연수를 늘려 최근 6년간 7,200억 원 이상의 비용을 줄여 이익을 높인 것으로 나타났다. 대우조선해양이 2013년과 2014년도 영업흑자 사업보고서에 2조 원의 부실에 대한 오류가 있다며, 해당 연도의 영업실적을 흑자에서 적자로 각각 정정하는 공시를 한데 이어 감가상각 연한 조정을 통한 이익조정도 논란이 예상된다.

감가상각연한 조정은 회계조작이나 분식회계는 아니지만, 동종 업종의 다른 업체들과는 다른 감가상각 연한을 사용해 일반 투자자들에게 혼란을 줄 수 있어 또 다른 논란의 불씨를 안고 있다.

3일 머니투데이가 최근 10년간 대우조선해양의 사업보고서를 분석한 결과 이 회사는 동종업종인 현대중공업이나 삼성중공업의 감가상각비 연한과 달리 유형자산의 감가상각 연한을 최근 잇따라 늘려 비용을 줄여왔다. 업계 평균이나 대우조선 해양의 과거 감가상각 비율을 감안하면 7,200억 원 이상의 비용이 덜 반영된 것으로 회계전문가들은 보고 있다.

감가상각은 유형자산의 가치가 해가 갈수록 줄어드는 것을 감안해 매년 줄어드는 액수만큼 비용으로 처리하는 회계적 방법이다. 감가상각비가 늘어나면 비용이 늘어 영업이익이 줄어들게 된다. 예를 들면 100원짜리 공장건물의 감가상각 내용연수를 2년으로 하면 한 해에 50원씩, 2년간 비용으로 처리하지만, 내용연수를 10년으로 하게 되면 매년 10원씩 10년간 비용에서 제하게 돼, 첫 2년은 영업이익이 40원씩 늘어나게 된다.

대우조선해양은 3.7%의 감가상각비율로 2010년부터 6년간 총 1조 4,267억 원을 감가상각비로 계상했다. 이는 업계 평균인 5.35%의 감가상각비율로 계산한 감가상각비 2조 1,471억 원보다 7,200억 원이 적은 규모다. 7,200억 원만큼 영업이익이 늘어났고, 비용은 뒤로 미뤄졌다는 얘기다.

– 머니투데이 2016.5.4. 기사 중 –

2. 감가상각방법

(1) 정액법

가장 일반적으로 사용되고 있는 감가상각 방법은 정액법(straight line method)인데, 이를 직선법이라 부르기도 한다. 정액법에 의해 감가상각비를 산정하기 위해서는 앞에서 설명한 감가상각의 3요소를 이용하는데, [예 5-2]에서 계산한 ₩80,000이 바로 정액법 감가상각에 의해 계산한 감가상각비다.

정액법에 의한 연간 감가상각비

- 감가상각대상금액* = 취득원가 − 추정잔존가치
- 상각률 : $\frac{1}{\text{추정내용연수}}$
- 연간감가상각비 = 감가상각대상금액 × 상각률

$$= (\text{취득원가} - \text{추정잔존가치}) \times \frac{1}{\text{추정내용연수}}$$

* 감가상각대상금액은 감가상각기준액이라고 부르기도 한다. 여기에서는 기업회계기준서 정의에 따라 감가상각대상금액이라는 용어를 사용한다.

위 식을 앞에서 언급한 예에 적용해 보자.

A사는 20x1년 1월 1일에 ₩1,000,000의 현금을 지급하고 건물을 구입했으며, 이 건물은 10년간 사용할 수 있을 것으로 추정된다. 또한 자산의 추정잔존가치는 ₩200,000이다.

위 예에서 정액법에 의한 감가상각비는 다음과 같이 계산된다.

- 감가상각대상금액 = ₩1,000,000 − ₩200,000 = ₩800,000
- 상각률 = $\frac{1}{10}$ = 10%
- 연간감가상각비 = ₩800,000 × 10% = ₩80,000

정액법은 적용하기가 간편해 가장 많이 사용된다. 정액법의 특징은 매년 계상되는 감가상각비가 일정하다는 것이다. 앞 식에서 취득원가는 취득 당시 회사가 지불한 금액의 합계로서 고정된 금액이지만, 내용연수와 잔존가치는 회사가 추정한 금액이므로 추정내용연수 및 추정잔존가치로 불린다. 추정내용연수와 추정잔존가치는 회사의 과거 경험과 경제상황에 따른 적절한 산정절차에 따라 결정한다. 법인세법에서 세금 산정의 기준이 되는 자산 종목별 내용연수를 정하고 있는데 일부 회사는 이를 참조하기도 한다. 내용연수 산정의 타당성은 회계감사에 있어서 주요 검증항목이기도 하다. 한편 내용연수와 잔존가치 등 추정된 수치는 향후 수정될 수도 있는데, 이러한 추정치의 수정과 관련된 사항은 중급회계에서 다루기로 한다.[2)]

감가상각비를 계상할 경우 수행할 회계처리는 다음과 같다.

(차) 감 가 상 각 비	80,000	(대) 감가상각누계액	80,000

감가상각비(depreciation expense)는 포괄손익계산서에 당기비용 항목으로 보고된다. 감가상각누계액(accumulated depreciation)은 재무상태표의 해당 유형자산 항목에 차감하는 형식으로 기재되며, 감가상각충당금이라고 부르기도 한다. 감가상각누계액은 대표적인 자산의 차감적 평가계정(contra–asset account)이다.

유형자산과 관련된 비용을 포괄손익계산서에 당기비용으로 인식하는 동시에, 동일 금액을 재무상태표에 감가상각누계액으로 해당 자산에서 차감한다. 특정 자산에 대한 감가상각누계액은 사용기간 경과에 따라 계속 증가된다. 따라서 취득원가에서 감가상각누계액을 차감한 장부가액은 계속 감소하고 내용연수가 전부 경과된 후에는 장부가액은 잔존가치와 같아진다.

앞에서 제시된 예에 따른 관련 재무상태표 표시는 다음과 같다.

재무상태표

ㅇㅇ주식회사	20x1년 12월 31일 현재	(단위: 원)
자 산		
건 물		₩1,000,000
감가상각누계액 – 건물		(80,000)
장부가액		₩920,000

2) 또한 회사는 합당한 이유가 있을 때 감가상각방법을 변경할 수도 있다. 잔존가치와 내용연수 및 감가상각방법의 변경은 모두 기업회계기준서 제1008호 '회계정책, 회계추정의 변경 및 오류'에 따라 회계추정의 변경으로 회계처리한다.

감가상각누계액은 개별 유형자산별로 집계해 구분 표시한다. 즉, 5개의 감가상각 대상 유형자산이 있는 경우, 5개의 감가상각누계액이 재무상태표에 표시된다. 유형자산별 감가상각누계액은 매년 감가상각비가 계상될 때마다 가산돼 연말 잔액이 계속 증가한다.[3)]

(2) 체감잔액법

앞에서 설명한 정액법의 경우 매년 같은 금액의 감가상각비가 산출된다. 체감잔액법(declining-balance method)은 자산의 내용연수 초기에 더 많은 감가상각비를 계상하고, 사용연수 경과에 따라 감가상각비를 줄이는 방법이다. 컴퓨터 서버 등 기술 진보가 빠른 IT 관련 자산은 초기에 수익에 더 많이 기여하는 것이 보통이기 때문에 감가상각비를 초기에 더 많이 계상하는 체감잔액법이 적합하다. 체감잔액법의 대표적인 예로서는 정률법과 이중체감법이 있다.

● 정률법

정률법 및 이중체감법을 이용한 감가상각비 계산이 다른 감가상각 방법과 차별화되는 요소 중 하나는 감가상각대상금액을 계산함에 있어서 감가상각누계액을 고려한다는 점이다. 정률법 및 이중체감법 이외의 감가상각방법의 경우 취득원가에서 추정잔존가치를 차감해(취득원가 − 추정잔존가치) 감가상각대상금액을 산정한다. 그러나 정률법 및 이중체감법의 경우 감가상각대상금액은 '기초장부가액'이 된다. 앞에서 설명한 바와 같이 장부가액이란 취득원가에서 감가상각누계액을 차감한 금액을 말한다. 기초장부가액이란 취득원가에서 기초(또는 전기말)의 감가상각누계액을 차감한 금액이 된다.

3) 감가상각비 계상액은 비용항목이므로 결산마감분개에 의해 매년 잔액이 ₩0이 되지만, 감가상각누계액은 재무상태표 항목이므로 결산마감분개 없이 전년도 잔액이 다음 해로 이월된다. 따라서 매년 감가상각누계액은 당해 계상액만큼 증가하는 것이다.

정률법에 의한 연간 감가상각비(추정내용연수: n)

- 감가상각대상금액* = 취득원가 − 추정잔존가치
- 상각률* : $1-\sqrt[n]{\dfrac{추정잔존가치}{취득원가}}$
- 연간감가상각비 = 감가상각대상금액 × 상각률

$$= (취득원가 - 기초감가상각누계액) \times (1-\sqrt[n]{\frac{추정잔존가치}{취득원가}})$$

* 상각률의 정의상 잔존가치가 ₩0일 경우 정률법 적용이 불가능하다. 우리나라 법인세법에서는 정률법 적용을 가능하게 하기 위해 잔존가치가 ₩0인 경우에는 정률법 적용산식에서 5%의 잔존가치를 가정해 상각률을 계산하도록 정하고 있다. 이 경우 마지막 연도에 잔존가치(5%)가 남게 되는데 이는 마지막 연도 감가상각비에 가산해야 한다.

앞의 정액법 예에서 건물 내용연수는 5년, 잔존가치는 ₩120,000으로 가정해 [예 5−3]을 통해 정률법 계산과정을 살펴보기로 한다.

[예 5−3] 정률법 감가상각

A사는 20x1년 1월 1일 ₩1,000,000의 현금을 지급하고 건물을 구입했으며, 이 건물은 5년간 사용할 수 있을 것으로 추정된다. 또한 자산의 추정잔존가치는 ₩120,000이다.

위 예에서 정률법에 의한 감가상각비는 다음과 같이 계산된다.

1차년도(취득연도) 12월 31일 감가상각비 계상액

- 감가상각대상금액 = ₩1,000,000(취득원가와 동일)
- 상각률 = $1-\sqrt[5]{\dfrac{₩120,000}{₩1,000,000}}$

  = 0.35(소수점 셋째자리는 반올림)
- 연간감가상각비 = ₩1,000,000 × 0.35 = ₩350,000

첫해에는 전년도 감가상각비가 존재할 수 없으므로 기초장부가액은 취득원가와 동일하기 때문에 이에 상각률을 곱해 연간상각비 ₩350,000을 산출한다.

2차년도 12월 31일 감가상각비 계상액

- 감가상각대상금액 = ₩1,000,000 − ₩350,000 = ₩650,000
- 상각률 = 0.35
- 연간감가상각비 = ₩650,000 × 0.35 = ₩227,500

두 번째 해에는 전년도 감가상각비를 차감한 금액이 기초장부가액이 된다. 상각률은 매년 동일하다. 감가상각 대상금액이 줄어들기 때문에 연간 감가상각비도 첫해보다 줄어들게 된다. 세 번째 해에는 첫해 및 두 번째 해의 감가상각비를 모두 더한 감가상각누계액을 취득원가로부터 차감해 기초장부가액을 산출하기 때문에 연간감가상각비는 두 번째 해보다 적게 산출된다.

체감잔액법을 이용한 감가상각비 계산의 편의성을 위해 다음과 같은 표가 활용된다.

정률법 상각표

소수점 이하 반올림

년도	기초장부가액	상각률	감가상각비	감가상각누계액	기말장부가액
20x1	₩1,000,000	0.35	₩350,000	₩350,000	₩650,000
20x2	650,000	0.35	227,500	577,500	422,500
20x3	422,500	0.35	147,875	725,375	274,625
20x4	274,625	0.35	96,119	821,494	178,506
20x5	178,506	0.35	58,506*	880,000	120,000

* 마지막 해인 20x5년 감가상각비는 다음과 같이 산출된다. ₩178,506 - ₩120,000 = ₩58,506 이는 ₩178,506 × 0.35 = ₩62,777보다 적은 금액인데 잔존가치를 ₩120,000으로 맞추기 위해 조정한 금액이다.

첫해의 기초장부가액은 항상 취득원가와 같다. 상각률은 매년 동일하며, 감가상각비는 기초장부가액에 상각률을 곱해 계산한다. 감가상각누계액은 당해연도까지 감가상각비를 합산한 금액이며, 기말장부가액은 기초장부가액에서 당해 감가상각비를 차감하거나 또는 취득원가에서 기말의 감가상각누계액을 차감해 계산한다. 당해 기말장부가액은 다음 해의 기초장부가액과 동일하다.

체감잔액법 계산에서 특히 유의할 점은 마지막 해의 감가상각비 계산이다. 마지막 해 이전에는 감가상각대상금액에 상각률을 곱해 연간 감가상각비를 계산한다. 마지막 해에는 기말장부가액이 반드시 잔존가치와 일치되도록 감가상각비를 미리 조정해야 한다. 즉, 기말장부가액이 잔존가치보다 적거나 많아서는 안 된다. 잔존가치는 모든 감가상각이 종료된 후에 남는 가치이므로 기말장부가액은 잔존가치보다 낮아질 수 없으며, 마지막 해의 기말장부가액은 반드시 잔존가치와 일치해야 한다. 따라서 앞 표와 같이 마지막 해의 감가상각비는 상각률을 곱하지 않고 마지막 해의 기초장부가액에서 잔존가치를 차감해 산출한다.[4]

감가상각비 및 감가상각누계액의 회계처리 및 재무제표 보고는 정액법과 금액만 다를 뿐 동일하게 처리한다.

● 이중체감법

이중체감법(double−declining balance method)은 상각률 계산방식 이외에는 정률법과 동일한 회계처리 방법이다. 이중체감법의 경우 상각률은 $(\frac{2}{\text{추정내용연수}})$로 계산된다.[5] 상각률 이외에 상각대상금액(기초장부가액)을 포함한 다른 모든 계산방식은 정률법과 동일하다. 따라서 정률법 계산 시 예시한 표를 상각률만 바꾸면 다음과 같이 그대로 이용할 수 있다. 정률법 계산 시 적용한 예에서 이중체감법을 이용할 경우 감가상각률은 $\frac{2}{5}$ 또는 0.4이며, 상각표는 다음과 같다.

4) 체감잔액법 중 정률법의 경우 마지막에 잔존가치가 남도록 상각률이 결정된 것이므로, 이후에 설명할 이중체감법과는 달리 마지막 해에 상각률을 곱해 계산해도 [기초장부가액 - 잔존가치]로 계산한 감가상각비와 동일한 결과가 나와야 한다. 정률법 상각표에서와 같은 차이가 발생하는 이유는 상각률 계산 시 반올림에 의한 차이 때문이다.

5) 이중체감법(double-declining)이라는 명칭은 상각률 계산식 $(\frac{2}{\text{내용연수}})$의 분자가 2이기 때문이다. 만약 분자가 3일 경우 삼중체감법(triple-declining), 4일 경우 사중체감법(quadruple-declining)으로 불린다. 실무에서는 이중체감법이 가장 많이 사용되므로 일반적으로 체감법(declining balance method)이라고 하면 분자가 2인 이중체감법을 말한다.

이중체감법 상각표

소수점 이하 반올림

년도	기초장부가액	상각률	감가상각비	감가상각누계액	기말장부가액
20x1	₩1,000,000	0.40	₩400,000	₩400,000	₩600,000
20x2	600,000	0.40	240,000	640,000	360,000
20x3	360,000	0.40	144,000	784,000	216,000
20x4	216,000	0.40	86,400	870,400	129,600
20x5	129,600	0.40	9,600*	880,000	120,000

* 20x5년 감가상각비 = ₩129,600 - ₩120,000 = ₩9,600이는 ₩129,600 × 0.40 = ₩51,840보다 적은 금액인데 기말장부가액을 잔존가치와 일치시키기 위해 조정한 금액이다.

정률법과 마찬가지로 내용연수 마지막 해(20x5년)의 감가상각비는 상각률을 곱하지 않고 마지막 해 기초장부가액에서 잔존가치를 차감해 산출한다. 상각률을 곱해 계산할 경우 감가상각비는 ₩129,600 × 0.40 = ₩51,840이 되고, 2022년 기말장부가액은 ₩129,600 − ₩ 51,840 = ₩77,760이 되어 잔존가치인 ₩120,000보다 적어지게 된다. 감가상각을 행함에 있어 기말장부가액이 잔존가치보다 적을 수 없으므로, 마지막 연도 감가상각비는 기초장부가액에서 잔존가치를 차감한 금액으로 조정하는 것이다.

● 연수합계법

체감잔액법의 다른 유형으로 연수합계법(sum−of−the−years−digits method)이 있다. 앞에서 설명한 정률법 및 이중체감법과는 달리 연수합계법의 경우 감가상각대상금액은 취득원가에서 추정잔존가치를 차감한 금액(취득원가 − 추정잔존가치)으로 정액법과 같다. 다만, 상각률이 매년 달라지기 때문에 정액법과는 달리 매년 감가상각비가 일정한 비율로 감소하게 된다.

연수합계법에 의한 연간 감가상각비

- 감가상각대상금액 = 취득원가 − 추정잔존가치
- 상각률 : $\dfrac{\text{기초시점의 잔존내용연수}}{\text{추정내용연수 총합}}$
- 연간감가상각비 = 감가상각대상금액 × 상각률

$$= (\text{취득원가} - \text{추정잔존가치}) \times \frac{\text{기초시점의 잔존내용연수}}{\text{추정내용연수 총합}}$$

앞의 식을 예를 이용해 설명하면 다음과 같다.

[예 5-4] 연수합계법 감가상각

A회사는 20x1년 1월 1일 ₩1,000,000의 현금을 지급하고 건물을 구입했으며, 이 건물을 5년간 사용할 수 있을 것으로 추정했다. 동건물의 추정잔존가치는 ₩100,000이다.

풀이

• 감가상각대상금액: ₩1,000,000 − ₩100,000 = ₩900,000

	감가상각률	감가상각비
1) 20x1년 :	$\frac{5}{1+2+3+4+5} = \frac{5}{15}$	₩900,000 × $\frac{5}{15}$ = ₩300,000
2) 20x2년 :	$\frac{4}{1+2+3+4+5} = \frac{4}{15}$	₩900,000 × $\frac{4}{15}$ = ₩240,000
3) 20x3년 :	$\frac{3}{1+2+3+4+5} = \frac{3}{15}$	₩900,000 × $\frac{3}{15}$ = ₩180,000
4) 20x4년 :	$\frac{2}{1+2+3+4+5} = \frac{2}{15}$	₩900,000 × $\frac{2}{15}$ = ₩120,000
5) 20x5년 :	$\frac{1}{1+2+3+4+5} = \frac{1}{15}$	₩900,000 × $\frac{1}{15}$ = ₩60,000

위 식에서 볼 수 있듯이 분모는 내용연수의 총합으로 매년 일정하고 분자는 1씩 감소하기 때문에 매년 감가상각비는 ₩60,000씩 일정한 비율로 감소한다. 자산의 내용연수 동안 감가상각금액이 매 기간 감소하기 때문에 체감잔액법의 일종으로 볼 수 있다. 앞서 설명한 정률법 및 이중체감법과는 감가상각금액이 매년 감소하는 체감잔액법의 일종이라는 점에서는 유사하지만, 정률법 및 이중체감법과 달리 매년 감소하는 금액이 일정하다는 점에 차이가 있다. 감가상각대상금액이 정액법과 마찬가지로 취득원가에서 추정잔존가액을 차감한 금액(취득원가 − 추정잔존가액)이라는 점에서도 차이가 있다.

(3) 생산량비례법

기업회계기준서에서 언급하고 있는 마지막 감가상각방법은 생산량비례법(activity-based method; units of production method)이다. 생산량비례법은 감가상각비를 시간의 함수가 아닌 생산량의 함수에 따라 계산하는 방법이다. 이 방법은 내용연수 기간 동안의 총생산량(사용량) 추정치와 연간 실제생산량(사용량) 정보를 신뢰성 있게 측정할 수 있는 경우에만 사용할 수 있다. 구체적인 감가상각비 계산방식은 다음과 같다.

생산량비례법에 의한 연간 감가상각비

- 감가상각대상금액 = 취득원가 − 추정잔존가치
- 상각률 : $\dfrac{\text{당해연도 실제생산량(또는 사용량)}}{\text{내용연수 기간 동안의 총추정생산량(또는 사용량)}}$
- 연간감가상각비 = 감가상각대상금액 × 상각률

$$= (\text{취득원가} - \text{추정잔존가치}) \times \frac{\text{당해연도 실제생산량(또는 사용량)}}{\text{내용연수 기간 동안의 총추정생산량(또는 사용량)}}$$

위의 산식에서 알 수 있듯이 감가상각대상금액은 매년 일정하다. 상각률 산식의 분모인 내용연수 기간 동안의 총추정생산량도 매 기간별로 일정하다. 그러나 상각률의 분자인 당해연도 실제생산량은 매년 변동되며, 이에 따라 연간 감가상각비도 다르게 산출된다.

위 식을 [예 5−5]를 통해 설명하면 다음과 같다.

[예 5−5] 생산량비례법 감가상각

A회사는 20x1년 1월 1일 ₩100,000의 현금을 지급하고 트럭을 구입했으며, 이 트럭을 5년간 사용할 수 있을 것으로 추정했다. 트럭의 추정잔존가치는 ₩10,000이며, 총 10만km 사용 가능할 것으로 추정된다. 20x1년 운행거리는 1만km이며, 20x2년 운행거리는 2만km이다.

풀이

앞에서 설명한 다른 예들과 비교해 볼 때 트럭의 사용량 정보가 추가됐음을 알 수 있다. 회사가 생산량비례법이 가장 적합하다고 판단해 이를 이용해 감가상각비를 계상하기로 결정했다고 가정할 때 20x1년 및 20x2년의 감가상각비는 각각 다음과 같다.

- 20x1년 감가상각비 = $(₩100,000 - ₩10,000) \times \dfrac{\text{1만 km}}{\text{10만 km}} = ₩9,000$
- 20x2년 감가상각비 = $(₩100,000 - ₩10,000) \times \dfrac{\text{2만 km}}{\text{10만 km}} = ₩18,000$

생산량비례법을 이용할 경우 내용연수는 감가상각비 계산에 영향을 미치지 않고 당해연도 사용실적(사용량, 운행거리, 생산실적 등)에 따라 연간 감가상각비가 산정된다.

3. 감가상각방법의 특징 및 비교

지금까지 다양한 감가상각방법들 중 기업회계기준서에서 명시하고 있는 정액법, 체감잔액법, 생산량비례법에 관해 살펴보았다. 이상의 감가상각방법들의 특징은 다음과 같다.

① 내용연수기간 동안의 감가상각비의 총합은 어떠한 감가상각방법을 사용하더라도 동일하다. 즉, 감가상각비 총합은 다음과 같다.

$$\sum_{i=1}^{\text{내용연수}} (\text{연간감가상각비})_i = (\text{취득원가} - \text{잔존가치})$$

어떠한 감가상각 방법을 사용하더라도 마지막 연도에는 항상 잔존가액만큼 남아있어야 하므로, 내용연수기간 동안 감가상각비의 총합은 취득원가에서 잔존가액을 차감한 금액(취득원가 − 잔존가액)이 돼야 한다.

② 각 감가상각방법별로 차이가 나는 금액은 '연간 감가상각비'다.

③ 정액법의 경우 매년 감가상각비가 일정한 반면, 나머지 방법들은 매년 감가상각비가 달라진다.

④ 정률법, 이중체감법, 연수합계법의 경우 매년 감가상각비가 감소한다. 연수합계법의 경우 매년 일정한 금액이 감소한다.

⑤ 감가상각대상금액은 정률법과 이중체감법의 경우를 제외하고 일반적으로 취득원가에서 추정잔존가치를 차감한 금액이다. 정률법과 이중체감법의 경우 기초장부가액(취득원가 − 기초감가상각누계액)이다.

⑥ 기말 장부가액은 잔존가치보다 작아질 수 없다.

⑦ 정액법, 정률법, 연수합계법에 의한 연간감가상각비의 변화를 그래프로 나타내면 다음과 같다.

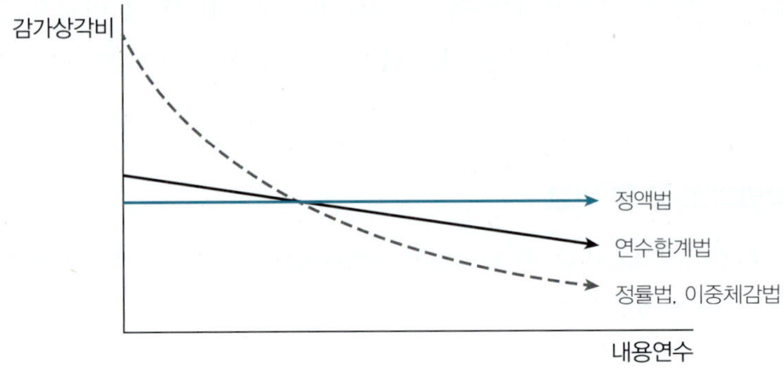

정액법의 경우 내용연수 동안 감가상각비가 매년 일정한 반면 정률법, 이중체감법 및 연수합계법은 내용연수 동안 감가상각비가 감소한다. 연수합계법의 경우 감소하는 비율이 일정하다. 생산량비례법의 경우 매년생산량에 따라 감가상각비가 달라지므로 내용연수를 x축으로 하는 그래프로 표시하기가 적당하지 않다.

4. 기중취득자산 – 월할계산

지금까지 자산의 취득은 기초(예: 1월 1일) 또는 기말(예: 12월 31일)에 이루어지는 것으로 가정했다. 그러나 실제로 자산 취득은 연도 중 지속적으로 발생된다. 기중에 유형자산을 취득할 경우 취득원가의 계산방식은 기초 또는 기말 취득과 동일하다. 기중 취득과 기초 또는 기말 취득과의 차이는 감가상각비 계산에서 발생한다. 기초 또는 기말취득에서 최초연도 감가상각비는 연간, 즉 12개월분을 계상한다. 기중취득의 경우 취득 후 사용월수를 감안한 월할계산을 적용한다. 예를 들어 4월 초에 유형자산을 구입한 경우 취득연도의 감가상각비는 연간감가상각비의 만 계상한다. 취득연도에 9개월간만 사용했기 때문에 사용월수에 따라 감가상각비를 계상하는 것이다.

정액법의 예를 통해 기중취득 관련 사항을 살펴보기로 한다.

[예 5-6] 정액법 감가상각 – 기중취득

20x1년 4월 1일 A회사는 ₩1,000,000의 현금을 지급하고 건물을 구입했으며, 이 건물은 5년간 사용될 수 있을 것으로 추정된다. 동 건물의 추정잔존가치는 ₩200,000이다.

풀이

만약 회사가 기초(1월 1일)에 동 건물을 취득했다면 연간 감가상각비는 아래와 같다.

[기초취득시 연간 감가상각비]

$$(₩1,000,000 - ₩200,000) \times \frac{1}{5} = ₩160,000(\text{내용연수기간 중 매년 동일함})$$

그러나 위의 예와 같이 4월 1일에 건물을 구입했을 경우 내용연수 첫해와 마지막 해의 감가상각비는 다르게 산출된다.

[기중취득시 연간 감가상각비]

$$20x1\text{년}(\text{취득연도}) = (₩1,000,000 - ₩200,000) \times \frac{1}{5} \times \frac{9}{12} = ₩120,000$$

$$20x2\text{년} \sim 20x5\text{년} = (₩1,000,000 - ₩200,000) \times \frac{1}{5} = ₩160,000$$

$$20x6\text{년}(\text{내용연수 마지막 해}) = (₩1,000,000 - ₩200,000) \times \frac{1}{5} \times \frac{3}{12} = ₩40,000$$

앞 예의 기중취득의 경우 건물의 내용연수는 20x1년 4월 1일부터 20x6년 3월 31일까지다. 이 경우 첫해인 20x1년의 경우 4월부터 12월까지 9개월간 자산을 사용하게 되고, 마지막 해인 20x6년의 경우 1월부터 3월까지 3개월간 자산을 사용하게 되므로 위와 같이 월할계산을 해야 한다. 20x2년부터 20x5년 사이에는 연간 건물을 사용하므로 월할계산이 필요 없다.

체감잔액법(정률법, 이중체감법, 연수합계법)의 경우 정액법과 달리 매년 감가상각비 금액이 달라지므로 계산이 더 복잡하다. 기초취득을 가정한 연간 감가상각비를 먼저 계산한 후 이를 각 연도별로 배분하는 절차가 필요한데, 이와 관련된 자세한 내용은 중급회계에서 다뤄질 사항이다. 한편, 생산량비례법의 경우 기간별 생산량을 고려해 감가상각비를 계산하므로, 기중취득의 경우라도 월할계산이 필요 없고 해당기간 생산량만을 고려하면 된다.

5. 원가모형과 재평가모형

유형자산을 취득원가로 재무상태표에 최초 인식한 이후 회사는 해당자산의 가치를 매 보고기간 말에 측정해 보고해야 한다. 유형자산의 기간별 측정 및 보고와 관련해 기업회계기준서에서는 최초 인식 후 '원가모형' 또는 '재평가모형' 중 하나를 회계정책으로 선택해 유형자산 분류별로 동일하게 적용하도록 규정하고 있다.

원가모형을 선택할 경우, 유형자산은 취득원가에서 감가상각누계액과 손상차손누계액을 차감한 금액으로 평가한다. 손상차손은 자산의 장부금액이 회수가능액을 초과하는 경우 발생된다.[6)]

"팬오션, 4Q 영업이익 501억… 12분기 연속 흑자"

팬오션이 2014년 1분기부터 12분기 연속 흑자 달성에 성공했다. 팬오션은 지난해 4분기 영업이익이 전 분기 보다 36% 증가한 501억 원으로 집계됐다고 2일 밝혔다. 같은 기간 매출은 10% 늘어난 5,126억 원을 기록했다.

4분기 매출과 영업이익 상승에도 불구하고 303억 원 가량의 당기순손실이 발생한 이유는 보유 선박들의 손상차손을 인식한 것이 주요 원인이다. 유형자산 손상평가는 보유한 선박을 운용하거나 처분해 미래에 얻을 수 있는 현금흐름이 선박의 장부가격 대비 현저하게 하락하는 경우 기업회계기준에 따라 회사가 반영하는 것이다.

팬오션은 2016년 전대미문의 저시황을 겪었기 때문에 보유 선박의 미래 가치를 낮추는 방향으로 손상처리를 진행했다. 선박들의 손상처리에 따라 당기순손실은 발생했으나 이는 향후 팬오션 실적에 긍정적으로 작용할 것으로 예상된다. 선박들의 손상처리에 따라 선박의 장부가가 하락하면서 팬오션 자사선의 감가상각비도 함께 줄어 비용 경쟁력은 높아질 가능성이 크다.

– 머니투데이 2017.2.2. 기사 중 –

재평가모형을 선택할 경우, 유형자산은 취득원가가 아니라 재평가금액(재평가일의 공정가치)에서 재평가일 이후의 감가상각누계액과 손상차손누계액을 차감한 금액으로 평가한다. 재

6) 유형자산의 미래 경제적 효익 감소에 따라 유형자산의 장부금액이 회수 가능액을 초과할 경우 손상차손을 인식한다. 유형자산의 손상 여부 판단 및 회계처리는 기업회계기준서 제1036호를 따르는데, 이에 관한 자세한 사항은 중급회계에서 다룬다.

평가일의 공정가치란 자산을 재평가하기로 결정한 날(일반적으로 재무제표일인 12월 31일) 시장에서 합리적으로 거래되는 가격을 말한다.[7] 한편 원가모형을 사용할 경우 자산의 공정가치는 자산의 처분 시점까지 인식되지 않는다.

원가모형은 취득원가를 기준으로 유형자산의 가치를 결정하는 데 반해 재평가모형은 재평가금액을 기준으로 결정한다. 두 방법 모두 보고일 현재의 자산가치인 장부가액 산정을 위해서는 감가상각누계액과 손상차손누계액을 차감해야 한다. 앞에서 설명한 감가상각의 개념과 방법은 원가모형과 재평가모형에 동일하게 적용된다.

취득일 이후 유형자산 가치(장부가액)

- 원 가 모 형 : 취득원가 − (감가상각누계액 + 손상차손누계액)
- 재평가모형 : 재평가금액(공정가치)
  − (재평가일 이후 감가상각누계액 + 재평가일 이후 손상차손누계액)

기업회계기준서 제1016호에 의하면 재평가모형 적용 시 자산의 장부금액이 재평가로 인하여 증가된 경우 그 증가액은 기타포괄손익(자본)으로 인식하고 재평가잉여금의 과목으로 자본에 가산한다. 다음과 같은 수정분개 및 결산분개를 통해 재무상태표상 자본항목 및 포괄손익계산서상 기타포괄손익 항목에 기재된다.

[수정분개]

(차) 유형자산 (예: 건물, 토지 등)	×××	(대) 재평가잉여금 (기타포괄손익)	×××

[결산분개]

(차) 재평가잉여금 (기타포괄손익)	×××	(대) 기타포괄손익누계액 (자본)	×××

자산의 장부금액이 재평가로 인하여 감소된 경우에 그 감소액은 다음과 같이 당기손익으로 인식하여 포괄손익계산서상 당기비용으로 인식한다.

7) 기업회계기준서 제1016호는 공정가치를 '측정일에 시장참여자 사이의 정상거래에서 자산을 매도할 때 받거나 부채를 이전할 때 지급하게 될 가격'으로 정의하고 있다. 재평가는 보고기간 말에 자산의 장부금액이 공정가치와 중요한 차이가 생기지 않도록 주기적으로 수행한다.

(차) 재 평 가 손 실	×××	(대) 유 형 자 산	×××
(당 기 비 용)		(예: 건물, 토지 등)	

예외적으로 재평가로 인한 장부가액 증가 시 자본이 아닌 당기손익으로 인식하거나, 장부가액 감소 시 당기비용이 아닌 자본의 감소로 처리하는 경우도 있다(기업회계기준서 제1016호 문단 39 및 40). 이러한 예외적인 경우를 포함한 상세한 재평가모형에 대한 논의는 회계원리 범주를 넘어서는 중급회계 영역이다.

5.4 제거단계-처분

유형자산이 회사 재무상태표에서 제거되는 가장 일반적인 유형은 '처분'이다. 자산의 처분대가는 최초에 공정가치로 인식하며, 유형자산의 처분으로 인해 발생하는 손익은 순매각금액과 장부금액의 차이로 결정된다. 처분으로 인해 발생하는 손익은 처분 시 당기손익으로 인식한다. 처분손익의 계산을 도식화하면 다음과 같다.

① 순매각금액(처분 시 받은 대가): 공정가치 또는 현금가격상당액
② 처분시점의 유형자산 장부가액: 취득원가 − (처분시점까지의 감가상각누계액 + 손상차손누계액)

위 ①과 ②의 차이가 처분손익으로 인식된다. ①이 ②보다 큰 경우, 다시 말해 유형자산의 장부가액보다 더 많은 대가를 받은 경우 처분이익을 인식한다. 반대로 ①이 ②보다 적은 경우에는 처분손실을 인식한다.

처분이익을 인식할 경우 분개는 다음과 같다.

(차) 현금(매각대가가 현금이라 가정)	×××	(대) 유형자산(처분된 유형자산)	×××
감가상각누계액(처분된 유형자산 관련)	×××	유 형 자 산 처 분 이 익	×××

자산을 처분할 때 해당 유형자산 및 관련 감가상각누계액은 재무상태표로부터 제거된다. 유

형자산처분이익은 당기이익으로 포괄손익계산서에 보고된다. 일반적으로 유형자산처분이익은 기업의 영업활동과는 직접적으로 관련이 없기 때문에 기타수익으로 분류된다. 유형자산처분손실이 발생할 경우 유형자산처분손실(기타비용)은 차변에 기록된다.

이를 구체적인 예를 통해 살펴보자.

[예 5–7] 유형자산의 처분

A회사는 보유중인 건물을 ₩7,000,000에 처분했다. 동 건물의 취득원가는 ₩10,000,000이며, 처분 시 동 건물과 관련된 감가상각누계액은 ₩4,000,000이며 손상차손은 없다. 동 건물의 처분과 관련된 손익을 계산하고 관련 분개를 표시하라.

풀이

먼저 처분일 현재 장부가액은 [취득원가 − 감가상각누계액 = ₩10,000,000 − ₩4,000,000 = ₩6,000,000]이다. 즉, 회사는 장부가액 ₩6,000,000의 건물을 ₩7,000,000에 처분했으므로 ₩1,000,000의 처분이익을 기록하게 된다. 이와 관련된 분개는 다음과 같다.

(차)	현 금	7,000,000	(대) 건 물	10,000,000
	감가상각누계액 – 건물	4,000,000	유형자산처분이익	1,000,000

건물은 최초 취득 시 차변에 기록했으므로 처분에 의해 제거될 때는 대변에 기록한다. 또한 감가상각누계액은 감가상각비 계상 시 대변에 기록했으므로 차변에 기록함으로써 제거한다. 유의할 점은 처분 건물에 해당되는 감가상각누계액만을 제거한다는 것이다. 즉, 처분되지 않은 다른 종류의 유형자산과 관련된 감가상각누계액은 제거하지 않는다. 마지막으로 대변잔액 ₩1,000,000은 유형자산처분이익으로 처리한다. 앞에서 설명한 바와 같이 유형자산처분이익은 장부가액을 초과한 매각대금을 말한다.

앞의 예에서 처분을 통해 받은 현금이 ₩5,000,000일 경우 분개는 어떻게 될까? 장부가액 ₩6,000,000보다 적은 ₩5,000,000의 현금을 받았으므로 처분손실 ₩1,000,000이 기록될 것인데 그 분개는 다음과 같다.

(차)	현 금	5,000,000	(대) 건 물	10,000,000
	감가상각누계액	4,000,000		
	유형자산처분손실	1,000,000		

한편 자산을 기중에 처분한 경우 기중취득의 예와 마찬가지로 처분시점까지의 감가상각비를 월할계산한다. 예를 들어, 자산을 4월 1일에 처분했을 경우 처분연도의 감가상각비는 연간 감가상각비의 $\frac{3}{12}$만 계상하고 같은 금액을 감가상각누계액에 가산한다.

[예 5-8] 유형자산의 기중처분

A회사는 보유 중인 건물을 20x3년 4월 1일에 ₩3,000,000을 받고 처분했다. 동 건물은 20x1년 1월 1일에 ₩5,000,000을 받고 취득했으며, 잔존가치는 ₩1,000,000, 내용연수는 4년으로 추정된다. 당사가 정액법 감가상각을 적용할 경우 동 건물의 처분과 관련된 손익을 계산하고 관련 분개를 표시하라.

풀이

먼저 처분일 현재까지의 감가상각누계액은 다음과 같이 계산된다.

20x1년 감가상각비 = (₩5,000,000 − ₩1,000,000) $\times \frac{1}{4}$ = ₩1,000,000

20x2년 감가상각비 = (₩5,000,000 − ₩1,000,000) $\times \frac{1}{4}$ = ₩1,000,000

20x3년 감가상각비 = (₩5,000,000 − ₩1,000,000) $\times \frac{1}{4} \times \frac{3}{12}$ = ₩250,000

따라서 감가상각누계액은 20x3년 처분 시까지의 감가상각비 합계인 ₩2,250,000이다.
이에 따라 처분일 현재 장부가액은 [취득원가 − 감가상각누계액 = ₩5,000,000 − ₩2,250,000 = ₩2,750,000]이다. 즉, 회사는 장부가액 ₩2,750,000의 건물을 ₩3,000,000에 처분했으므로 ₩250,000의 처분이익이 산출된다. 이와 관련된 분개는 다음과 같다.

(차)	현 금	3,000,000	(대)	건 물	5,000,000
	감가상각누계액-건물	2,250,000		유형자산처분이익	250,000

한편, 회사는 위와 같은 처분관련분개를 수행하기 전에 20x3년 1월 1일부터 4월 1일까지의 감가상각비를 인식하기 위해 다음과 같은 분개를 먼저 행해야 한다.

(차)	감 가 상 각 비	250,000	(대)	감가상각누계액 - 건물	250,000

유형자산 처분손익은 대부분 1회성으로서 부동산업을 영위하는 기업 이외에는 영업이익에 포함되지 않고 영업외 손익으로 인식되기 때문에, 당기순이익에만 반영되는 특징이 있다.

“삼일, 지난해 영업이익 5억 원…
82% 감소”

삼일은 지난해 개별 기준 영업이익이 5억 1천만 원으로 전년보다 82.2% 줄었다고 2일 공시했다. 매출액은 951억 원으로 4.8% 감소했지만, 당기순이익은 205억 4천만 원으로 635.2% 늘었다. 회사 측은 “지난 해 5월 29일 대잠동 화물터미널 매각 완료에 따른 유형자산 처분이익이 발생했다”고 설명했다.

– 연합뉴스 2016.2.2. 기사 중 –

[보론] 투자부동산

보론에서는 특수한 형태의 비유동자산인 투자부동산에 대해 간략히 설명한다. 회계처리는 앞서 설명한 유형자산과 유사하므로 개념 및 분류에 중점을 두고 설명한다.

1. 투자부동산의 정의

기업회계기준서 제1040호에서는 투자부동산을 ‘임대수익이나 시세차익 또는 둘 다를 얻기 위하여 소유자가 보유하거나 리스이용자가 사용권자산으로 보유하고 있는 부동산[토지, 건물(또는 건물의 일부분) 또는 둘 다]’로 정의하고 있다. 다만, 다음의 목적으로 보유하는 부동산은 제외한다.

① 재화나 용역의 생산 또는 제공이나 관리 목적에 사용
② 통상적인 영업과정에서의 판매

①의 경우 유형자산의 일종인 자가사용부동산으로 분류되며, ②의 경우 재고자산으로 분류된다. 다시 말해, 회사의 고유영업목적에 사용되는 부동산은 투자부동산으로 분류하지 않으며(유형자산으로 분류 가능), 임대수익이나 시세차익 등을 얻기 위해 보유하고 있는 부동산만 투자부동산으로 분류한다.

2. 투자부동산의 인식 및 취득원가 측정

투자부동산은 다음의 조건을 모두 충족할 때 자산으로 인식해 재무상태표에 표시한다.

① 투자부동산에서 발생하는 미래 경제적 효익의 유입가능성이 높다.
② 투자부동산의 원가를 신뢰성 있게 측정할 수 있다.

위 기준을 모두 충족해 투자부동산을 재무상태표에 자산으로 인식할 경우 얼마로 기록할지를 결정해야 한다. 투자부동산의 원가를 어떻게 측정할 것인지가 인식시점에서 중요한 문제다.

투자부동산의 원가는 앞에서 설명한 인식기준에 따라 발생시점에 평가하며, 최초로 발생한 원가와 후속적으로 발생한 추가원가, 대체원가 또는 유지원가를 포함한다. 다만, 부동산과 관련해 '일상적으로' 발생하는 유지원가는 투자부동산의 장부금액으로 인식하지 않고, 해당 원가 발생시점에 당기손익으로 인식한다. 일상적인 유지원가는 자산의 '수선유지'를 목적으로 하는 노무원가와 소모품원가가 주요 항목이며, 중요하지 않은 부품의 원가를 포함할 수도 있다.

투자부동산은 최초 인식시점에 원가로 측정하며, 구입한 투자부동산의 원가는 구입금액과 구입에 직접 관련이 있는 지출로 구성된다. 직접 관련이 있는 지출의 예로는 법률용역의 대가로 전문가에게 지급하는 수수료, 부동산 구입과 관련된 세금 및 그 밖의 거래원가 등을 들 수 있다.

구입한 투자부동산의 원가(재무상태표 보고금액)

- 구입금액 + 구입에 직접 관련 있는 지출

[예 5-9] 투자부동산의 원가계산

A사는 1월 1일 장기 시세차익을 얻기 위한 목적으로 토지를 ₩1,000,000에 구입했다. 이 토지의 구입과정에서 A사는 변호사에게 토지 구입 관련 자문료로 ₩50,000을 지급했으며, 토지 구입 관련 세금 ₩100,000을 별도로 지급했다. 또한 토지의 관리를 위해 관리인에게 매년 ₩30,000을 지급하기로 했다. 한편, A사는 당사 제품의 시험용 토지 ₩500,000을 추가로 구입했다. 제품 시험용 토지와 관련된 기타 지출은 발생하지 않았다. A사가 당해 연도말 재무상태표상 투자부동산으로 보고해야 하는 금액은 얼마인가?

풀이

- 장기 시세차익용 토지 구입원가 ₩1,000,000
- 토지구입과 직접 관련된 지출
  1) 변호사 자문료 ₩50,000
  2) 토지구입관련 세금 ₩100,000

이상 ₩1,150,000이 투자부동산으로 재무상태표상에 보고돼야 한다.
관리인 급료 ₩30,000은 일상적 유지원가로 보아 포괄손익계산서상 비용으로 보고하고 제품 시험용 토지 ₩500,000은 자가사용부동산으로 보아 재무상태표상 유형자산으로 보고한다.

3. 인식 후의 측정

국제회계기준에서는 투자부동산 취득 이후에 회사가 '공정가치모형' 또는 '원가모형' 중에서 하나를 회계정책으로 선택해 모든 투자부동산에 적용하도록 규정하고 있다. 기업회계기준서 제1040호에서는 공정가치를 "측정일에 시장참여자 사이의 정상거래에서 자산을 매도할 때 받거나 부채를 이전할 때 지급하게 될 가격"으로 정의하고 있다.

회사가 투자부동산에 대해 공정가치 모형을 선택한 경우에는 최초 인식 후 모든 투자부동산을 공정가치로 측정해야 한다. 이 경우 투자부동산의 공정가치 변동으로 인해 발생하는 손익은 발생한 기간의 당기손익에 반영한다. 투자부동산의 경우 유형자산과는 달리, 공정가치 모형 적용 시에는 감가상각절차를 적용하지 않는다. 투자부동산에 대한 공정가치 모형을 적용함에 있어서는 비용배분 절차인 감가상각이 공정가치 평가과정에 포함되는 것으로 간주한다.

최초 취득한 투자부동산의 공정가치를 계속해서 신뢰성 있게 결정하기가 어려울 경우, 즉 비교할만한 시장거래의 발생빈도가 낮고 신뢰성 있는 공정가치의 대체적 추정방법(예: 미래현금흐름을 할인하는 방법)이 적용가능하지 않은 경우, 투자부동산에 대한 평가는 기업회계기준서 제1016호 '유형자산'의 원가모형을 적용한다. 이때 투자부동산의 잔존가치는 ₩0으로 가정하며, 당해 투자부동산은 처분할 때까지 기업회계기준서 제1016호를 적용하여 감가상각절차를 수행한다.

회사가 투자부동산의 평가방법을 원가모형으로 선택한 경우에는 공정가치의 신뢰성 여부와 상관없이 모든 투자부동산에 대하여 기업회계기준서 제1016호에 따라 원가모형으로 측정하며, 감가상각절차를 수행해야 한다.

4. 투자부동산의 타 계정 대체

부동산의 사용목적이 변경된 경우 투자부동산과 기타 유형의 부동산 간에 계정대체가 이뤄진다. 다만, 다음과 같은 사실이 입증되는 경우에만 대체를 허용한다.

(1) 자가사용의 개시

회사가 더 이상 부동산을 임대수익이나 시세차익을 얻을 목적으로 사용하지 않고, 자가사용 목적으로 이용할 경우 투자부동산을 자가사용부동산으로 대체한다. 자가사용부동산의 회계처리는 기업회계기준서 제1016호 '유형자산'에서 정한 바에 따른다. 계정대체 시에는 다음과 같은 분개가 이뤄진다(자가사용목적으로 전환되는 부동산이 건물이라고 가정함).[8)]

(차) 건　　　물	×××	(대) 투 자 부 동 산	×××

(2) 통상적인 영업과정에서 판매할 목적으로 개발을 시작

회사가 임대수익 또는 시세차익 목적으로 구입한 투자부동산을 가까운 장래에 개발해 판매하기 위한 목적으로 전환한 경우 투자부동산을 재고자산으로 대체한다. 재고자산의 회계처리는 기업회계기준서 제1002호 '재고자산'을 따른다. 계정대체 시에는 다음과 같은 분개가 이뤄진다.

(차) 재 고 자 산	×××	(대) 투 자 부 동 산	×××

(3) 자가사용의 종료

앞에서 설명한 (1)의 경우와 반대로 자가사용하던 부동산의 사용이 종료됐을 경우 자가사용부동산을 투자부동산으로 대체한다. 즉, (1)과 반대되는 분개가 다음과 같이 이뤄진다.

(차) 투 자 부 동 산	×××	(대) 건　　　물	×××

8) 공정가치모형 또는 원가모형에 적용에 따른 계정대체 시 차이점 등에 관한 제반사항은 중급회계에서 다뤄질 것이다. 이 책에서 언급한 대체의 3가지 유형 외에도 다른 대체 유형들이 있으나 자세한 내용은 역시 중급회계에서 다룰 사항이다. 기타 대체유형의 예로서 부동산을 제3자에게 운용리스 목적으로 제공할 경우와 재고자산에서 투자부동산으로 대체하는 경우 등이 있다.

[예 5-10] 투자부동산의 원가계산

20x1년 1월 1일 A사는 임대수익용으로 ₩10,000에 건물을 구입했다. 건물의 내용연수는 10년으로 추정되며, 공정가치는 신뢰성 있게 측정할 수가 없다. A사는 정액법을 사용해 감가상각을 행한다. 20x3년 1월 1일 A사는 동 건물을 더 이상 임대수익 목적으로 사용하지 않고 자신들의 영업활동을 위해 사용하기로 결정했다. 20x1년 1월 1일, 12월 31일, 20x3년 1월 1일, 12월 31일에 A사가 기록할 분개를 각각 제시하라.

풀이

1) 20x1년 1월 1일

(차) 투 자 부 동 산	10,000	(대) 현　　　금	10,000

회사는 임대수익을 목적으로 건물을 구입했으므로 동 건물은 투자부동산으로 재무상태표에 기록된다.

(2) 20x1년 12월 31일

(차) 감 가 상 각 비	1,000	(대) 감가상각누계액	1,000

건물의 감가상각비를 인식하기 위한 분개이다. 공정가치를 신뢰성 있게 측정할 수 없으므로 회사는 원가모형을 적용해야 하며, 이 경우 투자부동산의 잔존가치는 없는 것으로 가정한다. 따라서 취득원가 ₩10,000을 내용연수인 10년으로 나눈 ₩1,000이 정액법에 의한 연간 감가상각비가 된다.

(3) 20x3년 1월 1일

(차) 건　　　물	8,000	(대) 투 자 부 동 산	10,000
감가상각누계액	2,000		

회사가 건물을 자가사용 목적으로 전환했으므로 투자부동산에서 유형자산인 건물로 계정대체가 발생한다. 이때 투자부동산 취득원가 및 관련 감가상각누계액을 제거하고 장부가액을 건물로 계상한다. 감가상각누계액은 2023년과 2024년 2개 년의 합계액이다.

(4) 20x3년 12월 31일

(차) 감 가 상 각 비	1,000	(대) 감가상각누계액	1,000

건물의 원가 ₩8,000에서 남은 내용연수 8년을 나누어 연간 감가상각비 ₩1,000을 계상하고, 동일 금액을 건물에 대한 감가상각누계액으로 기록한다.

토·의·문·제

1. 유형자산의 두 가지 인식기준은 무엇인가?

2. 유형자산의 취득원가에 포함되는 비용의 종류에 대해 설명하라.

3. 유형자산과 관련한 기간별 측정 및 보고를 위한 두 가지 방법에 대해 논의하라.

4. 감가상각이 필요한 이유는 무엇인가?

5. "감가상각은 취득원가의 배분과정이다" 라는 의미를 논의하라.

6. 감가상각의 3요소란 무엇인가?

7. 감가상각시 정액법과 체감잔액법의 차이를 설명하라.

8. 감가상각시 정률법, 이중체감법, 및 연수합계법의 유사점 및 차이점을 설명하라.

9. 생산량비례법은 어떤 경우에 사용가능한가?

10. 유형자산의 처분손익 계산방법에 대해 논의하고 처분이익 및 처분손실이 발생하게 되는 경우에 대해 각각 설명하라.

11. 투자부동산의 분류기준에 대해 논의하고 투자부동산의 예를 제시하라.

12. 재무상태표에 기록될 투자부동산의 원가결정에 관해 논의하라.

13. 투자부동산의 타 계정 대체의 2가지 예를 설명하라.

자·습·문·제

[유형자산 취득원가계산]

1. A사는 기계장치를 구입했다. 기계장치는 ₩1,000,000을 지급하고 현금 구매했으며, 기계의 운반비용 ₩200,000, 설치비용 ₩300,000이 소요됐다. 또한 A사는 직원들에게 새로운 기계장치 사용법을 교육하기 위해 ₩100,000을 지출했고, 새로운 기계장치 관련 광고 및 판촉비 ₩150,000을 지출했다. 동 기계의 구입과 관련해 A사가 기계의 취득원가로 기재할 금액을 계산하라.

풀이

자산의 취득원가와 직접 관련된 비용은 자산의 취득원가를 구성한다. 따라서 기계장치의 취득원가는 다음과 같다.

기계장치의 취득원가 = ₩1,000,000(현금지급액) + ₩200,000(운반비) + ₩300,000(설치비)
= ₩1,500,000

기업회계기준서 1016호에서 예시된 바와 같이 광고 및 판촉활동과 관련된 원가, 직원교육훈련비, 관리 및 기타 일반간접원가는 포함되지 않는다. 이와 같은 항목들은 포괄손익계산서에 비용으로 기록된다.

[유형자산 취득원가계산: 일괄구입]

2. A사는 B사로부터 토지와 건물, 기계장치를 일괄하여 ₩1,200,000에 구입했다. 현재 해당 유형자산의 B사 장부 금액과 시장가치는 다음과 같다.

A사는 이 유형자산을 취득 후 계속 사용할 예정이다. 이 경우 A사의 취득 시 분개를 표시하라.

자 산	B사 장부금액	시장가치
토 지	₩350,000	₩500,000
건 물	440,000	400,000
기계장치	100,000	100,000

풀이

서로 다른 종류의 유형자산을 일괄하여 구입하는 경우 일괄구입원가는 각 자산의 시장가치를 기준으로 배분한다. B사 장부가액은 A사의 취득원가 계산과는 무관하다.
따라서 각 자산에 배분되는 원가는 다음과 같다.

$$\text{토 지}: ₩1{,}200{,}000 \times \frac{₩500{,}000}{₩500{,}000 + ₩400{,}000 + ₩100{,}000} = ₩600{,}000$$

$$\text{건 물}: ₩1{,}200{,}000 \times \frac{₩400{,}000}{₩500{,}000 + ₩400{,}000 + ₩100{,}000} = ₩480{,}000$$

$$\text{기계장치} : ₩1,200,000 \times \frac{₩100,000}{₩500,000 + ₩400,000 + ₩100,000} = ₩120,000$$

(차) 토 지	600,000		(대) 현 금	1,200,000
건 물	480,000			
기 계 장 치	120,000			

[유형자산 재평가모형]

3. A사는 1월 1일 토지를 ₩1,000,000에 구입했다. 같은 해 회계기간 말인 12월 31일 현재 토지의 공정가치는 ₩1,200,000이다. A사가 동 토지에 대해 재평가모형을 적용할 경우 A사가 수행할 수정분개 및 결산분개를 제시하라. 또한 이러한 재평가가 A사의 재무상태표 및 포괄손익계산서의 당기순손익에 미치는 영향을 설명하라.

풀이

[수정분개]

(차) 토 지	200,000	(대) 재 평 가 잉 여 금	200,000

[결산분개]

(차) 재평가잉여금	200,000	(대) 기타포괄손익누계액	200,000

기타포괄손익누계액은 자본의 가산항목이다. 따라서 상기 수정분개 및 결산분개를 통해 재무상태표상 유형자산 및 자본이 증가한다. 재평가잉여금은 기타포괄손익으로 포괄손익계산서에 보고되기 때문에 당기순손익에는 영향을 미치지 않고 총포괄손익에만 영향을 미친다.

[감가상각: 정액법]

4. 20x1년 1월 1일 A사는 생산성 향상을 위해 새로운 기계를 구입하기로 결정했다. 새로운 기계는 5년간 사용할 수 있을 것으로 추정되며, ₩4,000,000의 현금을 지급하고 취득했다. 자산의 추정잔존가치는 ₩500,000이다. 회사가 정액법을 사용한다고 가정할 때 아래 일자에 A사가 수행할 분개를 제시하라(A사의 회계연도는 1월 1일부터 12월 31까지임).

1) 20x1년 1월 1일
2) 20x2년 12월 31일
3) 20x5년 12월 31일

풀이

〈20x1년 1월 1일〉

(차) 기 계	4,000,000	(대) 현 금	4,000,000

〈20x2년 12월 31일〉

(차) 감 가 상 각 비	700,000	(대) 감가상각누계액	700,000

연간감가상각비는 (₩4,000,000 − ₩500,000) × 1 = ₩700,000이다.

〈20x5년 12월 31일〉

(차) 감 가 상 각 비 700,000 (대) 감가상각누계액 700,000

기초 또는 기말 취득의 경우 정액법에 의한 감가상각비는 매년 동일하다.

[감가상각: 정액법 – 기중취득]

5. 앞 문제 4번에서 A사가 기계를 20x1년 1월 1일이 아니라 10월 1일에 구입했다고 가정할 경우 아래 일자에 A사가 수행할 분개를 제시하라.

1) 20x1년 10월 1일
2) 20x1년 12월 31일
3) 20x2년 12월 31일
4) 20x6년 9월 30일

풀이

〈20x1년 10월 1일〉

(차) 기 계 4,000,000 (대) 현 금 4,000,000

구입일자의 분개는 기초 또는 기말취득과 기중취득이 동일하다.

〈20x1년 12월 31일〉

(차) 감 가 상 각 비 175,000 (대) 감가상각누계액 175,000

취득 해인 20x1년에는 10월부터 12월까지 3개월만 기계를 사용했으므로 감가상각비는 1년분 감가상각비의 $\frac{3}{12}$ 만을 인식한다.

〈20x2년 12월 31일〉

(차) 감 가 상 각 비 700,000 (대) 감가상각누계액 700,000

취득 다음 해에는 12개월을 사용했으므로 연간 감가상각비를 모두 인식한다. 이는 20x3년, 20x4년, 20x5년에도 동일하다.

〈20x6년 9월 30일〉

(차) 감 가 상 각 비 525,000 (대) 감가상각누계액 525,000

내용연수 마지막 해인 20x6년에는 1월부터 9월까지 9개월간 기계를 사용했으므로 감가상각비는 1년분 감가상각비의 $\frac{9}{12}$ 만큼 인식한다.

[감가상각: 정률법]

6. 20x1년 1월 1일 A사는 ₩2,000,000의 현금을 지급하고 건물을 구입했다. 건물의 내용연수는 4년으로 추정되며, 추정잔존가치는 ₩400,000이다. 정률법을 적용해 감가상각표를 작성하라(상각률 계산 시 소수점 셋째 자리 이하에서 반올림할 것).

풀이

	기초장부가액	상각률	감가상각비	감가상각누계액	기말장부가액
20x1년	2,000,000	33%	660,000	660,000	1,340,000
20x2년	1,340,000	33%	442,200	1,102,200	897,800
20x3년	897,800	33%	296,274	1,398,474	601,526
20x4년	601,526	33%	201,526	1,600,000	400,000

$$\text{감가상각률} = 1 - \sqrt[n]{\frac{400,000}{2,000,000}} = 33\%$$

20x4년 감가상각비 = ₩601,526 − ₩400,000 = ₩201,526

[감가상각: 이중체감법]

7. 20x1년 1월 1일 A사는 사업 확장을 위해 현금 ₩500,000을 지급하고 건물을 구입했다. 건물의 내용연수는 5년이며, 잔존가치는 취득원가의 30%이다. 이중체감법을 적용하여 감가상각표를 작성하라.

풀이

	기초장부가액	상각률	감가상각비	감가상각누계액	기말장부가액
20x1년	₩500,000	0.40	₩200,000	₩200,000	₩300,000
20x2년	300,000	0.40	120,000	320,000	180,000
20x3년	180,000	0.40	30,000	350,000	150,000
20x4년	150,000	0.40	0	350,000	150,000
20x5년	150,000	0.40	0	350,000	150,000

$$\text{감가상각률} = \frac{2}{5} = 0.40$$

감가상각 시 기말 장부가액이 잔존가치보다 작아질 수 없으므로 20x5년 감가상각비는 기초장부가액에 서 잔존가치를 뺀 ₩30,000이 된다. 만약 ₩180,000에 상각률 0.40을 곱한 ₩72,000을 감가상각비로 계상한다면 20x5년 기말장부가액이 ₩108,000이 되어 잔존가치인 ₩150,000보다 작아지게 된다. 이미 잔존가치까지 감가상각이 완료됐으므로 이후 기간의 감가상각은 수행하지 않는다.

[감가상각: 연수합계법]

8. 20x1년 1월 1일 A사는 건물을 구입했다. 건물의 취득원가는 ₩1,200,000이며, 이 건물은 4년간 사용할 수 있을 것으로 추정된다. 또한 자산의 추정잔존가치는 ₩200,000이다. 연수합계법을 사용해 각 연도의 감가상각비를 계산하라.

풀이

	감가상각률	감가상각비
1) 20x1년 :	$\frac{4}{1+2+3+4} = \frac{4}{10}$	$(₩1,200,000 - ₩200,000) \times \frac{4}{10} = ₩400,000$
2) 20x2년 :	$\frac{3}{1+2+3+4} = \frac{3}{10}$	$(₩1,200,000 - ₩200,000) \times \frac{3}{10} = ₩300,000$
3) 20x3년 :	$\frac{2}{1+2+3+4} = \frac{2}{10}$	$(₩1,200,000 - ₩200,000) \times \frac{2}{10} = ₩200,000$
4) 20x4년 :	$\frac{1}{1+2+3+4} = \frac{1}{10}$	$(₩1,200,000 - ₩200,000) \times \frac{1}{10} = ₩100,000$

[감가상각: 생산량비례법]

9. 20x1년 1월 1일 A사는 기계장치를 구입했다. 기계장치의 취득원가는 ₩500,000이며, 추정내용연수는 7년이다. 또한 기계장치의 추정잔존가치는 ₩100,000이다. 기계장치는 총 10만 개의 제품을 생산할 수 있을 것으로 추정된다. 20x1년 제품 생산량은 2만 개이며, 20x2년도의 제품 생산량은 1만 개이다. 생산량비례법을 이용할 경우 20x1년과 20x2년의 기계장치 감가상각비를 계산하라.

풀이

$$20x1년\ 감가상각비: (₩500,000 - ₩100,000) \times \frac{2만\ 개}{10만\ 개} = ₩80,000$$

$$20x2년\ 감가상각비: (₩500,000 - ₩100,000) \times \frac{1만\ 개}{10만\ 개} = ₩40,000$$

[감가상각방법별 비교]

10. 20x1년 4월 1일 A사는 기계장치를 구입했다. 기계장치의 취득원가는 ₩600,000이고 추정내용연수는 5년이며, 추정잔존가치는 ₩100,000이다. 이 기계장치는 새로운 제품의 생산에 사용될 예정이며, 총생산량은 10만 개로 추정된다. 연도별 생산량은 20x1년 2만 개, 20x2년 4만 개이며, 이후 연도의 생산량은 정확히 예상할 수 없다. 정액법, 이중체감법, 정률법, 생산량 비례법을 사용할 경우, 각각의 감가상각비 총합을 구하라.

풀이

내용연수기간 동안의 감가상각비의 총합은 어떠한 감가상각방법을 사용하더라도 같다. 따라서 감가상내용연수각비의 총합은 $\sum_{i=1}^{내용연수} (연간감가상각비)_i = (취득원가 - 잔존가치) = ₩500,000$이다.

[유형자산 처분손익]

11. 20x1년 1월 1일 신발공장을 운영하는 A사는 새로운 모델의 운동화 생산을 위해 기계장치를 구입했다. 기계장치의 취득원가는 ₩800,000이며, 사용 가능한 내용연수는 6년으로 추정된다. 잔존가치는 ₩200,000이며, 감가상각방법은 정액법을 사용한다. 20x3년 A사는 시장유행의 변화에 대응하고자 기존의 기계장치를 처분하고 새로운 모델을 생산할 수 있는 기계장치를 구입하기로 결정했다. 회사가 20x3년 12월 31일 ₩550,000의 현금을 받고 기존의 기계장치를 처분하는 경우 처분과 관련된 손익을 계산하고 관련분개를 제시하라.

풀이

정액법의 경우 매년도 감가상각비는 일정하다. 연간 감가상각비를 계산하면 아래와 같다.

$$\text{감가상각비} = (₩800{,}000 - ₩200{,}000) \times \frac{1}{6} = ₩100{,}000/\text{년}$$

따라서 20x3년 12월 31일 기계장치의 기말장부가액은 취득원가 ₩800,000에서 3년간 감가상각누계액 ₩300,000을 차감한 ₩500,000이다. 이 경우, 회사는 장부가액 ₩500,000의 기계장치를 ₩550,000에 처분하였으므로 ₩50,000의 처분이익을 기록하게 된다. 이와 관련된 분개는 다음과 같다.

(차)	현 금	550,000	(대) 기 계 장 치	800,000
	감가상각누계액	300,000	유형자산처분이익	50,000

[유형자산 처분손익]

12. 위 11번에서 A사의 20x3년 12월 31일 기계장치 처분가액이 ₩300,000인 경우 처분손익을 계산하고 관련분개를 제시하라.

풀이

이 문제의 경우도 위 11번과 동일하게 20x3년 12월 31일 기계장치의 기말장부가액은 ₩500,000이다. 그러나 위 11번과 달리 회사는 장부가액 ₩500,000의 기계장치를 ₩300,000에 처분했으므로 ₩200,000의 처분손실을 기록하게 된다. 이와 관련된 분개는 다음과 같다.

(차)	현 금	300,000	(대) 기 계 장 치	800,000
	감가상각누계액	300,000		
	유형자산처분손실	200,000		

[투자부동산 – 취득시 원가산정]

13. A사는 토지와 건물을 구입했다. 토지의 취득원가는 ₩7,000,000이며, 건물의 취득원가는 ₩6,500,000이다. 토지는 A사의 새로운 지점 건설을 위해 구입했으며, 건물은 시세차익을 얻기 위하여 보유하고 있다. 투자부동산의 취득원가는 얼마인가?

풀이

토지는 A사의 새로운 지점 건설을 위해 구입했으므로 자가사용부동산으로 분류되며, 시세차익을 얻기 위해 보유한 건물은 투자부동산으로 분류된다. 따라서 투자부동산의 취득원가는 ₩6,500,000이다.

[투자부동산 – 인식 후 측정]

14. 20x1년 1월 1일 A사는 ₩1,000,000의 현금을 지급하고 건물을 구입했다. 건물은 임대수익을 얻을 목적으로 사용될 예정이며, 투자부동산의 평가는 공정가치법을 사용한다. 동 건물의 20x1년 말 공정가치는 ₩1,200,000, 20x2년 말 공정가치는 ₩1,100,000이다. 투자부동산과 관련해 A사가 20x1년 1월 1일, 20x1년 12월 31일, 20x2년 12월 31일 수행할 분개를 표시하라.

풀이

〈20x1년 1월 1일〉

(차) 투자부동산	1,000,000	(대) 현금	1,000,000

〈20x1년 12월 31일〉

(차) 투자부동산	200,000	(대) 투자부동산평가이익	200,000

〈20x2년 12월 31일〉

(차) 투자부동산평가손실	100,000	(대) 투자부동산	100,000

투자부동산의 공정가치 변동으로 인한 손익은 발생한 기간의 당기손익으로 처리한다.

[투자부동산 – 계정대체]

15. 20x1년 1월 1일 A사는 자가사용 목적으로 토지를 구입했다. 토지의 취득원가는 ₩850,000이다(취득 시 토지 정제비용 ₩50,000이 포함된 금액임). 20x3년 5월 31일 A사는 상기 취득한 토지를 임대수익이나 시세차익을 얻을 목적으로 사용하기로 결정했다. 토지구입 및 계정대체 시 분개를 표시하라. 단, 취득원가와 공정가치의 차이는 없었다고 가정한다.

풀이

〈20x1년 1월 1일〉

(차) 토지	850,000	(대) 현금	850,000

〈20x3년 5월 31일〉

(차) 투자부동산(토지)	850,000	(대) 토지	850,000

연·습·문·제

[유형자산 취득원가계산: 일괄구입]

1. A사는 B사로부터 토지, 건물, 기계장치를 일괄해 구입했다. B사 유형자산의 장부상 금액은 ₩1,000,000,000이며, A사가 지불한 총 취득원가는 ₩1,500,000,000이다. 토지의 시장가치가 ₩400,000,000, 건물의 시장가치가 ₩500,000,000이고, 기계장치의 시장가치가 ₩100,000,000일 때 유형자산 취득과 관련해 A사가 수행할 분개를 제시하라.

[유형자산 재평가모형]

2. A사는 1월 1일 토지를 ₩1,000,000에 구입했다. 당해 12월 31일 현재 토지의 공정가치는 ₩800,000이다. A사가 동 토지에 대해 재평가모형을 적용할 경우 12월 31일 A사가 수행할 분개를 제시하라. 또한 이러한 재평가가 당해 A사의 재무상태표 및 포괄손익계산서의 당기순손익에 미치는 영향을 설명하라.

[감가상각: 정액법]

3. A사는 7월 1일 기계장치를 ₩1,500,000에 구입했다. 기계의 내용연수는 6년이며, 잔존가치는 ₩300,000이다. 취득연도 말 동 기계장치의 장부가액을 구하라. A사의 회계연도는 1월 1일부터 12월 31일까지다.

[감가상각: 정률법]

4. 1월 1일 A사는 기계장치를 1대 구입했다. 기계장치(K)의 취득원가는 ₩400,000이며, 내용연수는 3년으로 추정된다. 동 기계장치의 잔존가치는 ₩100,000이다. 동년 7월 1일 A사는 기계장치(Y)를 추가로 구입했으며, 취득원가는 ₩500,000이다. 동 기계장치의 내용연수는 4년이며, 잔존가치는 ₩100,000이다. 기계장치 (K)는 정액법을 사용하며, 기계장치(Y)는 정률법을 사용할 경우, 당해 포괄손익계산서에 기록될 기계장치 감가상각비의 합을 계산하라(상각률 계산 시 소수점 셋째 자리 이하에서 반올림할 것). A사의 회계연도는 1월 1일부터 12월 31일까지다. 정률법 삼각률은 33%이다.

[감가상각: 이중체감법]

5. 20x1년 1월 1일 A사는 기계장치를 1대 구입했다. 기계장치의 취득원가는 ₩800,000이며, 추정내용연수는 8년이다. 동 기계장치의 잔존가치가 ₩300,000인 경우와 ₩100,000인 경우로 나누어 이중체감법을 적용하여 20x3년, 20x4년, 20x5년 기계장치의 감가상각비를 각각 계산하고, 감가상각비에 차이가 있는 경우 그 이유를 설명하라(감가상각비 계산 시 소수점 이하에서 반올림할 것).

[감가상각: 연수합계법]

6. 20x1년 10월 1일 A사는 ₩1,600,000,000의 현금을 지급하고 건물을 구입했다. 이 건물은 5년간 사용할 수 있을 것으로 추정된다. 또한 건물의 추정잔존가치는 ₩100,000,000이다. 연수합계법을 사용하는 경우 20x1년 포괄손익계산서상 건물의 감가상각비를 계산하라.

[감가상각: 생산량비례법]

7. 20x1년 4월 1일 A사는 ₩100,000,000의 현금을 지급하고 기계장치를 구입했다. 이 기계장치의 추정내용연수는 4년이며, 추정잔존가치는 ₩10,000,000이다. 기계장치는 총 100만 개의 제품을 생산할 수 있을 것으로 추정된다. 연도별 실제생산량은 20x1년 30만 개, 20x2년 20만 개, 20x3년 40만 개, 20x4년 10만 개이다. 생산량비례법을 이용해 매 연도 감가상각비를 계산하라.

[감가상각방법의 특징]

8. 20x1년 10월 1일 음식업을 영위하는 A사는 사업 확장을 위해 새로운 기계를 구입했다. 기계의 취득원가는 ₩1,000,000,000이며, 설치 및 운반비용으로 ₩100,000,000이 소요됐다. A사는 새로운 사업의 홍보를 위한 TV 광고 및 신문 광고 제작을 위해 ₩300,000,000을 사용했다. 기계의 추정내용연수는 20년이며, 잔존가치는 ₩100,000,000으로 추정된다. 정액법을 사용하여 감가상각하는 경우 다음의 물음에 답하라.

1) 기계의 취득원가를 계산하라.
2) 20x8년도 기계의 감가상각비를 계산하라.
3) 내용연수 마지막 해의 감가상각비를 계산하라.
4) 내용연수기간 동안의 감가상각비 총합을 계산하라.

[감가상각방법별 비교]

9. 20x1년 1월 1일 A사는 기계장치를 구입했다. 기계장치의 취득원가는 ₩600,000이고 추정내용연수는 4년이며, 추정잔존가치는 ₩100,000이다. 이 기계장치는 새로운 제품의 생산에 사용될 예정이며, 총생산량은 10만 개로 추정된다. 연도별 생산량은 20x1년 2만 개, 20x2년 4만 개이며, 이후 연도의 생산량은 정확히 예상할 수 없다. 정액법, 이중체감법, 정률법, 생산량비례법, 연수합계법을 사용할 경우, 20x2년의 감가상각비를 계산하고 감가상각비가 차이 나는 이유에 대해서 설명하라(정률법 감가상각률 계산 시 소수점 셋째 자리 이하에서 반올림할 것).

[유형자산 처분손익]

10. 20x1년 1월 1일 보험업을 영위하는 A사는 지점 개업을 위해 새로운 건물을 ₩100,000,000의 현금을 지급하고 구입했다. 한편, 지점 개업을 위해 새로운 시설물 설치원가와 수수료로 ₩5,000,000이 소요됐다. 건물의 추정내용연수는 10년이며, 추정잔존가치는 ₩15,000,000이고, 정액법으로 상각한다. 20x6년 A사는 새로운 지점의 계속적인 손실로 인해 지점을 옮기기로 결정하고, 20x6년 12월 31일 건물을 ₩56,000,000에 처분했다. 처분과 관련된 손익을 계산하고 관련분개를 제시하라.

[유형자산 처분손익 – 기중처분]

11. 위의 연습문제 10번에서 A사가 20x6년 6월 30일에 건물을 ₩20,000,000에 처분했다고 가정할 경우, 이와 관련된 처분손익을 계산하고 관련분개를 제시하라.

[유형자산 추정치의 변경]

12. 유형자산 감가상각비를 계산하기 위해서는 일반적으로 취득원가, 잔존가치 및 내용연수의 세 가지 요소가 필요하다. 이 중 취득원가는 취득 시 확정된 금액으로 주어진 값이지만, 잔존가치와 내용연수는 회사가 추정한 값으로서 자산의 사용 중 합당한 이유가 있을 경우 변경이 가능하다. 만약 회사가 아래와 같이 추정치를 변경했을 경우 연간 감가상각비에 미치는 영향을 다음과 같이 구분해 설명하라(회사가 정액법을 사용한다고 가정할 것).

1) 내용연수의 증가
2) 잔존가치의 감소

[투자부동산 – 취득시 원가산정]

13. A사는 3월 31일 토지와 건물을 구입했다. 토지는 ₩7,500,000을 지급하고 현금 구매 했으며, 토지 사용을 위한 토지정제비용으로 ₩200,000을 지출했다. 건물은 ₩4,000,000을 지급하고 현금 구입했다. 취득 시 낙후시설정비를 위해 ₩500,000이 추가로 소요됐다. 이후 건물의 수선유지비용은 ₩350,000이 소요됐다. 같은 해 회계연도 말인 12월 31일 현재 토지는 사용목적을 결정하지 못한 채로 보유하고 있으며, 건물은 시세차익을 얻기 위해 보유하고 있다. 12월 31일 재무상태표에 기록되는 투자부동산의 장부가액을 계산하라(감가상각비는 고려하지 않음).

[투자부동산 – 인식 후 측정]

14. A사는 1월 1일 임대수익을 얻기 위해 새로운 건물을 ₩5,000,000에 구입했다. 새로운 건물의 취득 시 노후설비를 보수하기 위해 ₩500,000이 추가로 소요됐다. 같은 해 12월 31일 현재 건물의 유지를 위해 ₩430,000이 소요됐다. 상기 건물은 투자부동산으로 분류된다. 원가법이 적용되는 경우와 공정가치법이 적용되는 경우 각각 건물의 취득연도 기말장부가액을 계산하라(건물의 추정내용연수는 5년이며, 당해 12월 31일 현재 건물의 공정가치는 ₩6,000,000임).

[투자부동산 – 계정대체]

15. 20x1년 1월 1일 A사는 시세차익을 얻을 목적으로 건물을 구입했다. 건물의 취득원가는 ₩400,000이며, 추정내용연수는 10년이다. 투자부동산은 원가법을 적용한다. A사는 상기 건물을 4년간 임대목적으로 사용한 후 자가사용 목적으로 이용하기로 결정했다. 계정대체 시 분개를 제시하라(감가상각은 정액법을 적용함).

[실무스펙 5] 기계설비와 노동력에 대한 회계 및 세무

산업혁명 이전까지는 기계장치와 같은 설비의 도움 없이 노동력을 중심으로 생산 활동이 이뤄졌다. 와트(James Watt, 1736~1819)가 1775년 상업용 증기기관을 완성해 탄광에서 시운전한 것이 기계장치 활용의 중요한 계기가 됐다. 증기기관은 탄광에 이어 방직공장 · 제분공장 및 제련소 등에서 본격 가동됐고, 19세기에는 증기기관차가 등장해 철도시대를 열었다.

생산시설이 거대해지면서 자본조달이 용이한 주식회사제도가 등장했고 시설 확장과 생산량 증대로 단위당 고정비를 줄이는 것이 경쟁력의 척도(barometer)가 됐다. 노동력과 기계설비의 대체관계가 형성됐다. 나라마다 생산력을 조기에 끌어올리기 위해 기계설비 확장을 유인하는 방향으로 산업정책이 운용됐다. 소득에 대한 과세방식에 있어서 기계설비가 노동력에 비해 불리하다는 현실적 제약에 대한 해소방안도 등장했다.

노동력 사용대가인 인건비는 회계 및 세무에 있어서 지출한 회계연도에 모두 비용으로 인정된다. 기계설비의 경우는 지출한 연도에 한꺼번에 비용으로 인정되지 않고 사용기간에 나누어 처리된다. 따라서 기계설비의 경우에는 기업소득에 대한 과세(법인은 법인세, 개인의 사업소득세)에 있어서 비용 인정 지연으로 인한 이자손실이 생긴다. 100,000원을 인건비로 지출한 A법인과 기계설비 구입에 지출한 B법인의 경우를 살펴보자. 기계의 내용연수는 5년이며, 매년 같은 금액을 정액법으로 상각한다. 이자율은 연리 10%, 소득에 부과되는 세율은 30%인 것으로 가정한다.

A의 경우 인건비를 지출한 연도에 모두 비용으로 인정받아 30%에 해당하는 법인세 30,000원을 줄이는 효과가 생긴다. B의 경우는 5년간 나눠 매년 20,000원씩 감가상각비를 인정하기 때문에 이에 대해 매년 발생되는 6,000원(20,000원 × 30%)의 세금효과에 대한 현재가치를 계산하면 [표 5-1]과 같다.

B법인의 경우 현재가치를 감안한 세금효과는 25,020원으로 인건비로 인정되는 A법인 30,000원에 비해 10% 정도 불리한 것으로 나타난다. 미국 세법에서는 감가상각 세금효과에 대한 이자손실 보상을 위해 기계설비에 지출한 연도에 10%의 공제율을 적용하는 투자세액공제를 도입했고 우리나라에서도 이를 채택했다.

[표 5-1] 기계 감가상각비에 대한 세금효과의 현재가치

연도	감가상각비	세금효과	현재가치율	현재가치금액
1차년(지출연도)	20,000원	6,000원	1.00000	6,000원
2차년	20,000원	6,000원	0.90909	5,455원
3차년	20,000원	6,000원	0.82645	4,959원
4차년	20,000원	6,000원	0.75131	4,508원
5차년	20,000원	6,000원	0.68301	4,098원
계	100,000원			25,020원

세계 각국에서 일자리 부족이 현안으로 대두되면서 투자세액공제 방식을 재검토하기 시작했다. 우리나라에서도 고용과 연계하는 방식으로 변경됐다. 이자율이 매우 낮아져 투자세액공제의 도입배경인 현재가치 손실에 대한 중요도가 낮아진 환경변화도 고려됐다. 기계설비보다는 고용에 대한 세제혜택을 보강해야 한다. 청년의 생애 첫 취업에 대해서는 일정기간 동안 법인세뿐만 아니라 급여에 대한 근로소득세를 낮추는 세제지원을 강화해야 한다. 소득금액 계산에 있어서 모든 인건비는 다른 비용보다 오히려 우대하는 방안을 강구해야 한다.

6

CHAPTER

무형자산

6장에서는 재무상태표상 비유동자산의 중요 구성항목 중 하나인 무형자산을 기업회계기준서 제1038호 '무형자산'을 중심으로 살펴본다. 무형자산은 경제적 효익이 1년(또는 영업주기) 이상 지속되는 비유동자산이라는 점에서는 유형자산과 동일하지만, 물리적 실체가 없다는 점에서 차이가 있다. 무형자산의 회계처리는 유형자산과 유사하므로, 6장에서는 회계처리보다는 개념 및 분류에 중점을 두고 논의하기로 한다.

6.1 무형자산의 개념 및 취득원가의 측정

6.2 무형자산의 평가 및 처분

[보론] 기준서 적용사례(기업회계기준해석서 제1038호 첨부자료)

실무스펙 6

6.1 무형자산의 개념 및 취득원가의 측정

학습포인트

- 무형자산의 특성 및 분류
- 무형자산의 취득원가 측정
- 무형자산의 취득 이후 평가
- 무형자산의 처분시 회계처리

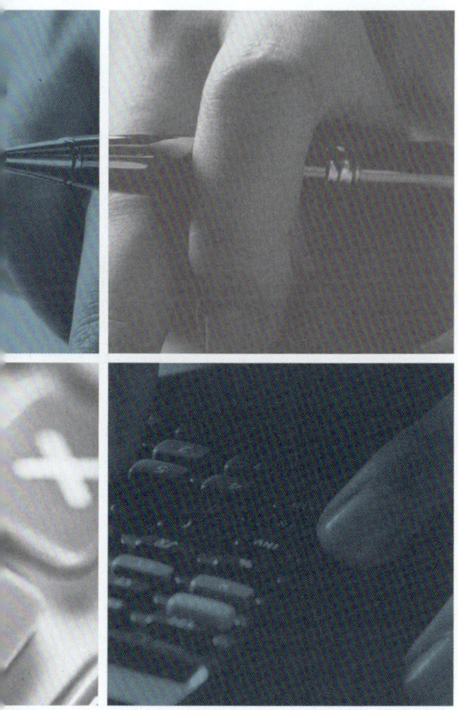

1. 무형자산의 정의 및 인식

기업회계기준서 제1038호에서는 무형자산을 '물리적 실체는 없지만 식별할 수 있는 비화폐성자산'으로 정의하고 있다. 무형자산으로 인식되기 위해서는 구체적으로 다음과 같은 2가지 인식기준을 모두 충족해야 하는데, 기본적으로는 유형자산 인식기준과 동일하다.

① 자산으로부터 발생하는 미래 경제적 효익이 기업에 유입될 가능성이 높다.
② 자산의 원가를 신뢰성 있게 측정할 수 있다.

한편, 기업회계기준서에 따르면 개별 취득하는 무형자산과 사업결합으로 취득하는 무형자산에 대해서는 미래 경제적 효익의 유입 가능성 조건이 항상 충족되는 것으로 본다.

즉, 미래 경제적 효익의 측정이 상대적으로 어려운 무형자산에 대해 개별 취득의 경우와 사업결합을 통해 취득하는 경우에는 항상 위 ①번 조건이 만족되는 것으로 가정한다. 따라서 개별 취득의 경우와 사업결합의 경우에는 위 ②번 조건만 충족하면 해당자산을 무형자산으로 인식할 수 있다. 특히, 사업결합으로 취득하는 자산이 분리가능하거나 계약상 또는 기타 법적 권리에서 발생한다면, ②번 조건인 신뢰성 있는 측정기준도 항상 충족하는 것으로 간주된다.

무형자산의 구체적인 예로는 라이선스, 지적재산권, 상표, 컴퓨터소프트웨어, 특허권, 저작권, 어업권, 프랜차이즈 등이 있다.

무형자산과 관련된 재무제표상 주요항목은 다음과 같다.

① 재무상태표의 무형자산
② 재무상태표의 상각누계액

③ 포괄손익계산서의 무형자산상각비

④ 포괄손익계산서의 무형자산처분이익 또는 무형자산처분손실

2. 무형자산과 영업권의 비교

영업권(goodwill)이란 무형자산과 유사하게 물리적 실체는 없지만 무형자산과는 구별되는 개념이다. 영업권은 사업결합을 통해 취득하는 것이 일반적이다. 그러나 내부적으로 창출될 수도 있다.

한편, 국제회계기준에서는 내부적으로 창출된 영업권은 자산으로 인식할 수 없도록 규정하고 있다. 사업결합을 통해 획득한 영업권의 경우에 한해서 자산으로 인식한다. 자산 인식에 있어서도 다른 무형자산과는 별도로 처리하도록 규정하고 있다. 영업권은 사업결합 과정에서 획득된 것이지만 '개별적으로 식별해 별도로 인식하는 것이 불가능한 그 밖의 자산'에서 발생하는 미래 경제적 효익인 것이다.

앞에서 설명한 무형자산의 정의에서는 식별 가능할 것이 요구된다는 점에 주목해야 한다. 무형자산과 영업권은 유사한 성격을 지니지만 무형자산의 경우는 식별가능성이 요구되는 점에서 차이가 있다. 즉, 식별 가능할 경우에는 무형자산으로 분류하고, 식별이 불가능한 경제적 효익에 해당될 경우에는 영업권으로 분류하는 것이다. 기업회계기준서 제1038호에서는 다음 중 하나에 해당될 경우 식별 가능한 것으로 규정하고 있다.

① 자산이 분리가능하다. 즉, 기업의 의도와는 무관하게 기업에서 분리하거나 분할할 수 있고, 개별적으로 또는 관련된 계약 및 식별 가능한 자산이나 부채와 함께 매각 · 이전 · 라이선스 · 임대 · 교환할 수 있다.

② 자산이 계약상 권리 또는 기타 법적 권리로부터 발생한다. 이 경우 권리의 이전가능성 여부 또는 기업이나 기타 권리와 의무에서 분리가능한지 여부는 고려하지 않는다.

이상의 논의를 요약하면 '식별가능성'을 무형자산의 세 번째 인식기준으로 볼 수 있다. 즉, 무형자산으로 인식되기 위해서는 ① 자산으로부터 발생하는 미래 경제적 효익이 기업에 유입될 가능성이 높고, ② 자산의 원가를 신뢰성 있게 측정할 수 있으며, ③ 식별 가능해야 한다.

3. 무형자산 개별취득에 있어서 취득원가 측정

무형자산은 다음과 같은 경우를 통해 창출될 수 있다.

① 취득 : 개별취득, 사업결합, 정부보조 등의 방식
② 교환
③ 내부창출(영업권 내부창출과는 다르게 처리함)

기업회계기준서에서는 "무형자산을 최초로 인식할 때에는 원가로 측정한다" 고 정하고 있다. 무형자산 창출은 개별취득, 사업결합 및 내부창출이 대표적 유형이다. 개별취득과 관련된 원가측정에 대해서 먼저 살펴본 다음 사업결합 및 내부창출에 의한 획득에 대해서는 개별취득과의 차이점을 비교해 다시 설명한다.

개별적으로 취득되는 무형자산 원가는 다른 취득 원천보다는 측정의 신뢰성 높은 것이 일반적이다. 특히 현금이나 기타 화폐성 자산으로 구입대가를 지급하는 경우에는 높은 신뢰성이 확보된 원가측정이 가능하다. 유형자산의 취득원가 측정과 유사하게 개별취득 무형자산의 원가는 구입가격에 해당자산을 의도한 목적에 사용할 수 있도록 준비하는데 직접 관련된 원가를 합한 금액으로 한다.

개별취득 무형자산의 원가(재무상태표 보고금액) = 구입가격 + 직접관련원가

구입가격과 직접관련원가의 구성항목은 다음과 같다.

① 구입가격은 매입원가에서 매입할인 및 리베이트를 차감하고 수입관세와 환급받을 수 없는 제 세금을 더해 계산한다.
② 직접관련 원가의 예는 다음과 같다.
- 자산을 사용 가능한 상태로 만드는 데 직접적으로 발생하는 종업원 급여
- 자산을 사용 가능한 상태로 만드는 데 직접적으로 발생하는 전문가 수수료
- 자산이 적절하게 기능을 발휘하는지 검사하는 데 발생하는 원가

홍보원가는 직접관련원가에 포함되지 않는다. 무형자산의 창출과 직접적 관련이 없는 지출(예: 유지, 관리 및 보수비용)도 역시 포함되지 않는다. 이러한 직접적 관련이 없는 지출은 무형자산 원가를 구성하지 못하고 당기비용으로 인식해 포괄손익계산서에 계상한다.

4. 사업결합 및 내부창출의 경우 취득원가 측정

사업결합으로 취득하는 무형자산의 취득원가는 기업회계기준서 제1103호 '사업결합'에 따라 취득일의 공정가치로 계상한다. 자산의 공정가치란 측정일에 시장참여자 사이의 정상거래에서 자산을 매도할 때 받거나 부채를 이전할 때 지급하게 될 가격을 말하며, 활성시장의 시장가격이 무형자산 공정가치의 가장 신뢰할 수 있는 측정치다. 활성시장은 "지속적으로 가격결정 정보를 제공하기에 충분할 정도의 빈도와 규모로 자산이나 부채를 거래하는 시장"을 말한다(기업회계기준서 제1113호).

무형자산은 내부적으로 창출될 수도 있다. 앞에서 설명한 바와 같이 내부적으로 창출된 무형자산은 식별 가능해야 하며, 식별가능하지 않을 경우 내부적으로 창출한 영업권으로 분류돼 자산으로 인식하지 아니한다.[1] 내부적으로 창출한 무형자산의 측정은 '연구단계' 및 '개발단계'로 구분해 실시하며, 구분이 어려운 경우에는 모두 연구단계로 본다. 각 단계별 지출금액은 다음과 같이 처리한다.

- 연구단계 : 연구단계에서 발생하는 무형자산은 인식하지 않는다. 연구(또는 내부 프로젝트의 연구단계)에 대한 지출은 발생시점에 비용으로 인식한다.
- 개발단계 : 개발단계는 연구단계보다 훨씬 더 진전된 상태이기 때문에 무형자산을 식별할 수 있으며, 특정조건을 만족할 경우 그 무형자산이 미래 경제적 효익을 창출할 것임을 제시할 수 있다.[2] 이 경우 내부적으로 창출한 무형자산의 원가는 그 자산의 창출, 제조 및 경영자가 의도하는 방식으로 운영될 수 있도록 준비하는 데 필요한 모든 직접 관련원가를 포함한다. 내부적으로 창출된 무형자산의 원가 측정에 포함되는 직접 관련 원가의 예는 다음과 같다(기업회계기준서 제1038호 문단 66).
  ① 무형자산 창출에 사용됐거나 소비된 재료원가, 용역원가 등
  ② 무형자산 창출을 위해 발생한 종업원급여
  ③ 법적 권리를 등록하기 위한 수수료
  ④ 무형자산 창출에 사용된 특허권과 라이선스의 상각비

만약 개발단계에서 발생한 지출이 위의 무형자산 인식조건을 만족시키지 못할 경우 관련 비용은 당기비용으로 처리한다.

---

1) 내부적으로 창출한 영업권은 원가를 신뢰성 있게 측정할 수 없고 기업이 통제하고 있는 식별 가능한 자원이 아니기 때문에(즉, 분리가능하지 않고 계약상 또는 기타 법적 권리로부터 발생하지 않기 때문에) 자산으로 인식하지 아니한다(기업회계기준서 제1038호 문단 49).

2) 개발단계에서의 지출이 무형자산으로 인식되기 위한 6가지 조건은 기업회계기준서 제1038호 문단 57에서 규정하고 있다. 구체적으로, 기술적 실현가능성, 기업의 의도 및 능력, 미래 경제적 효익의 창출방법 등을 제시할 수 있는 경우에만 무형자산으로 인식할 수 있도록 규정하고 있다.

[예 6-1] 무형자산의 취득원가 측정

A사는 다음과 같은 자산을 취득했다. 아래 항목 중 무형자산으로 재무상태표에 기록돼야 할 금액은 얼마인가?

(1) 사업결합으로 취득한 지적재산권	₩5,000
(2) 개별취득한 컴퓨터소프트웨어	₩3,000
(3) 위 (2)에서 취득한 컴퓨터소프트웨어의 설치를 위한 전문가수수료	₩500
(4) 내부적으로 창출된 영업권	₩1,000
(5) 개별 취득한 저작권	₩2,000
(6) 위 (5)에서 취득한 저작권에 대한 홍보비용	₩300
(7) 연구단계인 전산 소프트웨어 구입에 지출된 비용	₩1,500
(8) 오염물질처리기술의 개발에 지출된 용역비용	₩2,500

단, 용역비용 중 ₩800은 연구단계에서 발생한 비용인지 개발단계에서 발생한 비용인지에 관해 명확한 구분이 어렵다. 나머지 비용은 개발단계에서 지출된 비용이며 무형자산 인식조건을 만족했다.

풀이

(1), (2), (5)는 개별취득과 사업결합으로 취득했으며 금액이 신뢰성 있게 측정 가능하므로 무형자산으로 본다. (3)의 전문가수수료는 직접관련원가이므로 무형자산에 포함시킨다. (6)의 홍보원가는 직접관련원가에 포함되지 않으므로 무형자산에 포함시키지 않는다. (4)의 영업권과 (7)의 연구단계 발생비용은 무형자산이 아니다. (8)의 용역비용 중 인식조건을 만족한 개발단계에서 지출된 비용인 ₩1,700을 무형자산으로 인식하고, 구분이 어려운 비용은 연구단계로 보아 무형자산에 포함시키지 않는다. 따라서 무형자산으로 기록돼야 할 금액은 다음과 같다.

₩5,000 + ₩3,000 + ₩500 + ₩2,000 + ₩1,700 = ₩12,200

6.2 무형자산의 평가 및 처분

1. 원가모형과 재평가모형

무형자산을 취득원가로 재무상태표에 최초 인식한 이후에는 해당 자산의 가치를 매 보고기간 말에 측정해 보고해야 한다. 유형자산과 마찬가지로 무형자산의 기간별 측정 및 보고를 위해 국제회계기준에서는 '원가모형' 또는 '재평가모형' 중 하나를 회계정책으로 선택해 무형자산 분류별로 동일하게 적용해야 한다.

원가모형을 선택할 경우, 무형자산의 원가는 취득원가에서 상각누계액과 손상차손누계액을 차감한 금액으로 계산된다. 재평가모형을 선택할 경우, 무형자산은 취득원가가 아니라 재평가금액(재평가일의 공정가치)에서 재평가일 이후의 상각누계액과 손상차손누계액을 차감한 금액으로 평가한다.

원가모형과 재평가모형의 차이는 취득원가를 기준으로 무형자산의 가치를 결정할지 또는 재평가금액을 기준으로 결정할지에 관한 것이다. 두 방법 모두 보고일 현재의 자산가치 측정을 위해서는 상각누계액과 손상차손누계액을 차감해야 한다.[3)]

이와 같은 평가방법과 재평가모형의 회계처리는 5장 유형자산과 동일하다. 다만, 무형자산의 인식 후 측정이 유형자산과 다른 점은 재평가 목적상 공정가치를 활성시장을 기초로 결정한다고 규정하고 있는 점이다. 활성시장의 정의는 앞에서 설명한 바 있다.

취득일 이후 무형자산의 가치(장부가액)

- 원 가 모 형 : 취득원가 − (상각누계액 + 손상차손누계액)
- 재평가모형 : 재평가금액(공정가치)* − (재평가일 이후 상각누계액 + 재평가일 이후 손상차손누계액)

* 공정가치는 활성시장을 기초로 결정됨.

재평가한 무형자산의 공정가치를 더 이상 활성시장을 기초로 결정할 수 없는 경우, 자산의 장부금액은 활성시장을 기초로 한 최종 재평가일의 재평가금액에서 이후의 상각누계액과 손상차손누계액을 차감한 금액으로 한다.[4)] 무형자산 손상차손은 소프트웨어 산업등에서 많이 발생되며 영업외비용으로 분류되기 때문에 영업손익에는 영향이 없고 당기순손실에 반영된다.

3) 무형자산 미래 경제적 효익의 감소에 따라 무형자산의 장부금액이 회수 가능액을 초과할 경우 손상차손을 인식한다. 유형자산과 마찬가지로 무형자산의 손상여부 판단 및 회계처리는 기업회계기준서 제1036호에 따른다.

4) 재평가는 보고기간 말에 자산의 장부금액이 공정가치와 중요하게 차이가 나지 않도록 주기적으로 수행한다.

"투비소프트, 작년 영업이익 26억…
전년대비 136.5% ↑"

투비소프트는 연결 기준 지난해 잠정 영업이익이 약 26억원으로 전년대비 136.5% 증가했다고 22일 공시했다. 매출액은 같은기간 22.7% 늘어난 392억원이다. 넥사크로 UI · UX 플랫폼 계약으로 매출액이 증대했고 효율적 조직 운영을 통해 수익 개선이 이뤄졌다는 게 회사 설명이다. 단 무형자산 손상차손으로 당기순손실 4억 8,800만원으로 적자전환했다.

– 이데일리 2017.2.23 기사 중 –

2. 무형자산의 상각

무형자산의 인식 후 평가는 내용연수에 따라 다르다. 내용연수가 유한한 무형자산은 상각하고, 내용연수가 비한정인 무형자산은 상각하지 않는다. 무형자산이 순현금유입을 창출할 것으로 기대되는 기간에 대하여 예측 가능한 제한이 없을 경우 무형자산의 내용연수가 비한정인 것으로 보며, 상각하지 않고 정기적인 손상평가(impairment test)를 해야 한다. 내용연수의 비한정 여부는 매 회계기간에 검토한다.[5]

영업권은 상각대상 무형자산에 해당하지 않으며 폐기 또는 처분대상도 아니기 때문에 공정가치가 하락하면 손상차손을 계상해야 한다.

내용연수가 유한한 무형자산의 상각대상금액은 자산이 사용가능한 때부터 시작해 내용연수 동안 체계적인 방법으로 배분해야 한다. 여기서 사용가능한 때란 자산이 경영자가 의도하는 방식으로 운영할 수 있는 위치와 상태에 이르렀을 때를 말한다.

무형자산의 상각방법은 자산의 경제적 효익이 소비되는 형태를 반영한 방법이어야 한다. 이는 소비행태가 신뢰성 있게 파악될 수 있다면 유형자산과 마찬가지로 정액법, 체감잔액법 및 생산량비례법을 회사가 선택할 수 있음을 의미한다.[6] 회사가 선택한 상각방법은 미래 경제적 효익과 관련돼 예상되는 소비형태가 변동하지 않는다면 매 회계기간에 일관성 있게 적용한다.

---

5) '비한정'이라는 용어가 '무한'을 의미하는 것은 아니다. 비한정 내용연수를 유한 내용연수로 변경하는 것은 기업회계기준서 제1008호에 따라 회계추정의 변경으로 회계처리한다.

6) 정액법, 체감잔액법 및 생산량비례법의 계산방법은 5장 유형자산에서 설명한 내용과 동일하다. 다만 분개시 감가상각비 대신 무형자산상각비, 그리고 감가상각누계액 대신 상각누계액이란 계정과목명을 사용한다. 단순히 계정과목명의 차이일 뿐 의미는 동일하다.

다만, 기업회계기준서에서는 소비되는 형태를 신뢰성 있게 결정할 수 없는 경우에는 정액법을 사용하도록 규정하고 있다. 각 회계기간의 상각액은 기업회계기준서에서 다른 자산의 장부금액에 포함하도록 허용하거나 요구하는 경우를 제외하고 당기비용으로 인식한다.

"한국석유공사, 경영난 탈출 산 넘어 산"

경영난에 허덕이고 있는 한국석유공사가 올해 어떻게 유동성을 확보하고 경영정상화 기반을 마련할 것인지 주목되고 있다. 석유공사는 이명박정부 시절 해외자원개발사업 실패로 인해 최근 수년간 지속적으로 영업실적과 재무건전성이 악화돼 왔다. 지난 2011년 1,527억원을 시작으로 2012년 9,040억원, 2013년 7,158억원, 2014년에는 무려 1조 6,111억원의 당기순손실이 발생했다.

특히, 2014년에는 석유공사가 2010년 인수한 영국 다나사에서만 6,098억원의 손실이 발생했다. 이는 유가 하락으로 인한 영업권 가치 하락으로 4,570억원에 달하는 손상차손이 인식됐기 때문이다. 그밖에도 캐나다 하베스트사 4,342억원, 미국 앵커 934억원, 카자흐스탄 종속법인 351억원 등 종속기업 대부분이 당기순손실을 기록했다. 인수 후 2014년 8월 매각하기까지 2조원 이상의 국부유출을 발생하게 한 캐나다 날(NARL) 정유공장 매각 손실도 일정부분 반영됐다.

– 시사포커스 2017.3.3 기사 중 –

내용연수가 유한한 자산의 상각대상금액은 취득원가에 잔존가치를 차감해 결정한다. 일반적으로 내용연수가 유한한 무형자산의 잔존가치는 다음의 ①과 ② 중 하나에 해당하는 경우를 제외하고는 ₩0으로 본다(기업회계기준서 제1038호 문단 100).

① 내용연수 종료 시점에 제3자가 자산을 구입하기로 한 약정이 있다.

② 무형자산의 활성시장이 있고 다음을 모두 충족한다.

- 잔존가치를 그 활성시장에 기초해 결정할 수 있다.
- 그러한 활성시장이 내용연수 종료시점에 존재할 가능성이 높다.

즉, 위 ① 또는 ②의 경우를 제외하고 상각대상금액은 취득원가와 동일하다. 위 ① 또는 ②에 해당되는 경우의 상각대상금액은 취득원가에서 잔존가치를 차감한 금액(취득원가 – 잔존가치)이 된다. 내용연수가 유한한 무형자산의 상각기간, 잔존가치, 상각방법은 적어도 매 회계연도 말에는 그 타당성을 검토해야 한다.

3. 무형자산의 폐기와 처분

무형자산은 처분하거나, 사용이나 처분으로부터 미래 경제적 효익이 기대되지 않을 때 재무상태표에서 제거한다. 무형자산의 제거로 인해 발생하는 이익이나 손실은 순매각가액과 장부금액의 차이로 결정하며, 자산을 제거할 때 당기손익으로 인식한다. 무형자산의 처분대가는 최초에 공정가치로 인식한다. 처분손익의 계산을 도식화하면 다음과 같다.

① 순매각금액(처분시 받은 대가) : 공정가치 또는 현금가격상당액
② 처분시점의 무형자산 장부가액 : 취득원가 – (상각누계액 + 손상차손누계액)

위 ①과 ②의 차이가 처분손익으로 인식된다. ①이 ②보다 큰 경우, 다시 말해 무형자산의 장부가액보다 더 많은 대가를 받은 경우 처분이익을 인식한다. 반대로 ①이 ②보다 작은 경우에는 처분손실을 인식한다.

처분이익을 인식할 경우 분개는 다음과 같다.

(차)	현금 (매각대가는 현금으로 가정)	×××	(대) 무형자산 (처분된 무형자산)	×××
	상각누계액 (처분된 무형자산 관련)	×××	무형자산처분이익	×××

위 분개에서 볼 수 있듯이 자산의 처분시 해당 무형자산 및 관련 상각누계액은 재무상태표로부터 제거된다. 상각누계액은 내용연수가 유한한 무형자산인 경우에만 존재한다. 무형자산처분이익과 무형자산처분손실은 포괄손익계산서에 기록한다.

[예 6-2] 무형자산의 상각 및 처분

20x1년 1월 1일 A사는 상표권을 ₩1,200에 개별취득했다. 동 상표권의 내용연수는 10년으로 추정된다. 한편, 내용연수 종료시점에 B사가 동 상표권을 ₩200에 구입하기로 약정했다. 20x5년 12월 31일 A사는 동 상표권을 B사에 조기양도하기로 결정하고 양도대금으로 ₩800을 수령했다. A사가 무형자산상각 방법으로 정액법을 사용한다고 가정할 때, 이 거래와 관련해 20x1년 1월 1일, 12월 31일, 20x5년 12월 31일에 A사가 수행할 분개를 각각 제시하라.

풀이

(1) 20x1년 1월 1일

(차) 상표권	1,200	(대) 현금	1,200

현금을 지불하고 상표권을 개별취득 했으므로 무형자산 인식조건을 만족하는 것으로 본다. 따라서 재무상태표에 무형자산인 상표권으로 기록한다.

(2) 20x1년 12월 31일

(차) 무형자산상각비-상표권	100	(대) 상각누계액-상표권	100

무형자산상각비를 인식하기 위한 분개다. 내용연수 종료시점에 제3자가 상표권을 구입하기로 약정했으므로 해당 약정금액을 잔존가치로 본다. 따라서 취득원가 ₩1,200에서 잔존가치 ₩200을 차감한 금액인 ₩1,000이 상가대상금액이 되며, 이를 추정내용연수인 10년으로 나눈 ₩100이 정액법에 의한 연간 상각비가 된다.

(3) 20x5년 12월 31일

(차) 현금	800	(대) 상표권	1,200
상각누계액-상표권	500	무형자산처분이익	100

조기매각시점에서 상표권의 장부가액은 취득원가 ₩1,200에서 5년간 무형자산상각비누계액인 ₩500을 차감한 금액인 ₩700이다. 회사가 동 상표권 처분과 관련하여 받은 현금액이 ₩800으로 장부가액보다 크므로 무형자산처분이익을 인식한다.

[보론] 기준서 적용사례(기업회계기준해석서 제1038호 첨부자료)

1. 취득한 방송 라이선스로서 5년 후에 만료되는 경우(기준서 사례 4)

방송 라이선스는 기업이 적어도 통상적인 수준의 서비스를 고객에게 제공하고 관련 법적 규정을 준수한다면 매 10년마다 갱신이 가능하다. 이 라이선스는 거의 원가 없이 비한정으로 갱신할 수 있으며 최근의 취득 이전에 두 번 갱신됐다. 취득 기업은 라이선스를 비한정으로 갱신하려는 의도를 가지고 있으며 갱신할 수 있는 능력을 가지고 있다는 증거도 있다. 과거에 라이선스를 갱신하는 데 어려움은 없었다. 방송하는 데 사용되는 기술은 예측 가능한 미래의 어느 시점에라도 다른 기술에 의해 대체될 것으로 예상되지 않는다. 따라서 라이선스는 비한정으로 기업의 순현금유입에 기여할 것으로 기대된다.

방송 라이선스는 비한정으로 기업의 순현금유입에 기여할 것으로 기대되기 때문에 내용연수가 비한정인 것으로 회계처리한다. 따라서 당해 라이선스는 그 내용연수가 유한하다고 결정할 때까지는 상각하지 않을 것이다. 라이선스에 대하여 매년 그리고 자산손상을 시사하는 징후가 있을 때마다 기업회계기준서 제1036호에 따라 손상검사를 행해야 할 것이다.

2. 앞 사례의 방송 라이선스가 더 이상 갱신되지 않을 경우(기준서 사례 5)

라이선스 발급 기관이 방송 라이선스를 더 이상 갱신해주지 않고 이를 경매에 붙이기로 결정했다. 라이선스 발급기관의 이러한 결정이 이루어진 시점에 당해 방송 라이선스는 그 만료시점까지 3년이 남아있다. 기업은 만료시점까지 라이선스가 순현금유입에 기여를 할 것으로 예상한다.

방송 라이선스가 더 이상 갱신될 수 없으므로 그 내용연수는 더 이상 비한정이지 않다. 따라서 취득한 라이선스는 3년의 잔여내용연수 동안 상각하고 기업회계기준서 제1036호에 따라 즉시 손상검사를 행해야 한다.

토·의·문·제

1. 무형자산의 인식요건과 유형자산의 인식요건을 비교 · 설명하라.

2. 무형자산과 영업권을 비교 · 설명하라.

3. 개별취득시 무형자산의 취득원가는 어떻게 결정되는가?

4. 사업결합시 무형자산의 취득원가는 어떻게 결정되는가?

5. 내부창출시 무형자산의 취득원가는 어떻게 결정되는가?

6. 내용연수에 따른 무형자산의 상각 여부에 대해 논의하라.

자·습·문·제

[무형자산 – 인식]

1. A사는 B사로부터 지적재산권을 개별취득했다. 지적재산권의 취득원가가 ₩400,000일 때 다음의 물음에 답하라.

1) 무형자산의 인식조건에 대해 설명하라.
2) 상기 취득한 지적재산권으로부터 발생하는 미래 경제적 효익의 유입가능성에 대한 판단이 어려울 경우 인식여부를 판단하라.

풀이

1) 무형자산으로 인식되기 위해서는 아래의 두 가지 인식기준을 모두 충족해야 한다.
① 자산으로부터 발생하는 미래 경제적 효익이 기업에 유입될 가능성이 높다.
② 자산의 원가를 신뢰성 있게 측정할 수 있다.
2) 상기 무형자산의 취득원가는 ₩400,000으로 신뢰성 있게 측정되며, 개별취득하는 무형자산의 경우 미래 경제적 효익의 유입 가능성 조건이 항상 충족되는 것으로 본다. 따라서 무형자산의 인식조건을 모두 충족하므로 재무상태표상 무형자산으로 인식한다.

[무형자산 – 영업권과의 비교]

2. 영업권과 무형자산의 차이점에 대해 설명하고, 무형자산이 영업권과 구별되기 위한 인식기준을 설명하라.

풀이

영업권과 무형자산은 공통적으로 물리적 실체가 없다는 특징이 있다. 영업권은 '개별적으로 식별하여 별도로 인식하는 것이 불가능한 그 밖의 자산'에서 발생하는 미래 경제적 효익을 나타내는 자산이다. 따라서 무형자산과 영업권이 구별되기 위한 인식조건은 '식별가능성'이다. 자산이 분리가능하거나 계약상 권리 또는 기타 법적 권리로부터 발생하는 경우 식별가능성을 충족하는 것으로 판단하여 무형자산으로 분류한다.

[무형자산 – 개별취득시 원가계산]

3. A사는 컴퓨터소프트웨어를 구입했다. 취득원가는 ₩400,000이며 구입 후 소프트웨어의 작동검사를 위해 ₩50,000, 소프트웨어를 사용 가능한 상태로 만들기 위해 전문가를 고용해 수수료 ₩30,000이 지출됐다. 재무상태표에 보고되는 무형자산의 취득원가를 계산하라.

풀이

[개별취득 무형자산의 원가 = 구입가격 + 직접관련원가]이다. 자산을 사용가능한 상태로 만드는 데 직접적으로 발생하는 전문가 수수료, 자산이 적절하게 기능을 발휘하는지 검사하는 데 발생하는 원가는 직접관련 원가다. 따라서 재무상태표상 보고되는 무형자산의 취득원가는 [₩400,000 + ₩50,000 + ₩30,000 = ₩480,000]이다.

[무형자산 – 내부창출시 원가계산]

4. A사는 새로운 소프트웨어 개발을 위해 당해 3월 1일 연구에 착수했다. 연구는 3월 1일부터 6월 30일까지 진행됐고 연구단계에서 발생한 비용은 종업원 급여 ₩1,000,000, 작동가능검사를 위한 비용 ₩500,000이 소요됐다. 동사는 7월 1일부터 본격적인 개발단계에 진입했으며 당해 12월 31일 개발을 완료했다. 개발단계에서 발생한 비용은 종업원 급여 ₩2,000,000, 법적 권리를 등록하기 위한 수수료 ₩300,000이 소요됐다. 이 자료를 바탕으로 당해 재무상태표상 보고되는 무형자산의 취득원가를 계산하라(개발단계에서의 지출은 무형자산 인식조건을 모두 충족한 것으로 가정함).

풀이

연구단계에서 발생하는 무형자산은 인식하지 않고 연구에 대한 지출은 발생시점에 비용처리한다. 개발단계는 연구단계보다 훨씬 더 진전돼 있는 상태이기 때문에 무형자산을 식별할 수 있으며 특정조건을 만족할 경우 개발단계의 지출은 무형자산의 원가를 구성한다. 따라서 재무상태표상 보고되는 무형자산의 원가는 아래와 같다.

무형자산의 원가 = ₩2,000,000 + ₩300,000 = ₩2,300,000

[무형자산 – 상각]

5. 다음의 물음에 답하라.

1) 20x1년 A사는 새로운 소프트웨어 개발에 착수했으며 12월 31일 개발을 완료했다. 소프트웨어의 원가는 ₩500,000이다. 동 무형자산은 향후 회사에 순현금유입을 창출할 수 있을 것으로 기대되지만 기대되는 기간에 대해서는 정확히 예측할 수 없다. 이 경우 회사의 무형자산 상각에 대해 설명하라.
2) 물음 1)과 관련해 A사가 20x2년 12월 31일 내용연수의 한정여부를 검토한 결과, 해당 무형자산의 내용연수가 5년으로 추정됐다. 회사는 정액법을 적용해 상각하기로 결정했다. A사는 내용연수의 종료시점에 B사와 해당 무형자산 관련 판매약정을 맺었으며, 약정액은 ₩100,000이다. 20x3년 A사가 계상할 무형자산 상각액은 얼마인가?

풀이

1) 무형자산이 순현금유입을 창출할 것으로 기대되는 기간에 대해 예측가능한 제한이 없을 경우, 무형자산의 내용연수가 비한정인 것으로 보아 상각하지 않고 정기적인 손상평가를 해야 한다. 내용연수의 비한정 여부는 매 회계기간에 검토한다.
2) 내용연수가 유한한 자산의 상각대상금액은 취득원가에 잔존가치를 차감해 결정한다. 상기 자산의 잔존가치는 내용연수 종료시점 판매 약정액인 ₩100,000이다. 따라서 20x3년 무형자산의 상각액은 다음과 같다.

무형자산 상각액 = (₩500,000 − ₩100,000) $\times \frac{1}{5}$ = ₩80,000

[무형자산 – 처분손익의 계산]

6. 20x1년 1월 1일 A사는 B사로부터 컴퓨터 소프트웨어를 취득했다. 취득원가는 ₩300,000이며 내용연수는 5년으로 추정되며, 잔존가치는 없다. 20x3년 12월 31일 회사는 시장의 변화에 따라 상기 소프트웨어를 매각하고 새로운 컴퓨터 소프트웨어를 취득하기로 결정했다. 매각대가는 ₩200,000이다. 처분과 관련된 분개를 제시하라.

풀이

무형자산의 연간 감가상각비 = (₩300,000 − ₩0) × $\frac{1}{5}$ = ₩60,000

따라서 20x3년 12월 31일 무형자산의 장부가액은 취득원가 ₩300,000에서 3년간 상각누계액 ₩180,000을 차감한 ₩120,000이다. 즉, 장부가액 ₩120,000인 무형자산을 ₩200,000에 매각했으므로 회사는 ₩80,000의 처분이익을 인식한다.

(차) 현 금	200,000	(대) 무 형 자 산 (컴퓨터 소프트웨어)	300,000
상 각 누 계 액 (컴퓨터 소프트웨어)	180,000	무형자산처분이익	80,000

연·습·문·제

[무형자산 – 인식]

1. A사는 당해 5월 31일 사업결합을 통해 무형자산을 취득했다. 동 무형자산은 분리가능하며, 미래 경제적 효익의 유입가능성에 대한 판단은 유보 중이다. 이 경우 무형자산의 인식여부를 판단하라.

[무형자산 – 영업권과의 비교]

2. 다음 각각의 경우 무형자산 또는 영업권의 인식여부를 판단하라. 즉, 무형자산으로 인식, 영업권으로 인식, 또는 인식하지 않음 중 하나로 분류하라.

1) 내부적으로 창출된 영업권
2) 사업결합을 통해 취득한 물리적 실체가 없는 자산으로서 별도로 인식하는 것이 불가능한 자산
3) 사업결합을 통해 취득한 물리적 실체가 없는 자산으로서 계약상 권리로부터 발생하는 자산
4) 사업결합을 통해 취득한 물리적 실체가 없는 자산으로서 법적 권리로부터 발생하는 자산

[무형자산 – 개별취득시 원가계산]

3. A사는 당해 3월 31일 B사로부터 컴퓨터소프트웨어를 구입했다. 취득원가는 ₩600,000이며 구입 후 자산의 사용을 위해 전문가와 종업원을 고용했다. 전문가 수수료는 ₩100,000, 종업원급여는 ₩50,000이다. 4월 5일 A사는 새로운 컴퓨터소프트웨어의 사용을 통한 자사의 능률향상을 홍보하기 위해 신문광고를 의뢰하고 홍보비용으로 ₩100,000을 지출했다. 재무상태표상 보고되는 무형자산의 취득원가를 구하고 당해 무형자산과 관련된 분개를 모든 제시하라.

[무형자산 – 내부창출시 원가계산]

4. 회사는 당해 1월 1일부터 새로운 소프트웨어 개발에 착수했으며 동년 12월 1일 개발을 완료했다. 개발을 위한 비용으로 재료원가 ₩300,000, 용역원가 ₩450,000, 종업원 급여 ₩720,000, 법적 권리를 등록하기 위한 수수료 ₩100,000이 소요됐다. 다음 물음에 답하라.

1) 소프트웨어 개발을 연구단계와 개발단계로 정확히 구분할 수 없는 경우 재무상태표상 보고되는 무형자산의 원가는 얼마인가?
2) 용역원가와 법적 권리를 등록하기 위한 수수료가 개발단계로 구별되는 경우 재무상태표상 보고되는 무형자산의 원가는 얼마인가? 단, 개발단계에서의 지출은 무형자산인식조건을 모두 충족했다.

[무형자산 – 상각]

5. 다음의 물음에 답하라.

1) 당해 1월 1일 A사는 B사로부터 특허권을 취득했다. 취득원가는 ₩4,000,000이다. 특허권의 내용연수는 10년으로 추정된다. A사는 특허권과 관련해 예상되는 소비형태를 신뢰성 있게 결정할 수 없다고 판단했다. 이 경우 당해 A사의 무형자산 상각액을 계산하라.

2) 당해 1월 1일 C사는 D사로부터 특허권을 취득했다. 취득원가는 ₩4,000,000이다. 특허권의 내용연수는 10년으로 추정된다. C사는 활성시장에 기초해 이 무형자산의 잔존가치를 ₩500,000으로 결정했다. 이러한 활성시장이 내용연수 종료 시점에 존재할 가능성이 높은 경우 정액법을 적용한 당해 C사의 무형자산 상각액을 계산하라.

[무형자산 – 처분손익의 계산]

6. 20x1년 1월 1일 A사는 B사로부터 저작권을 취득했다. 취득원가는 ₩500,000이며 내용연수는 4년으로 추정된다. A사는 무형자산을 정액법으로 상각한다. 20x3년 12월 31일 회사는 저작권으로부터의 미래 경제적 효익이 기대되지 않는다고 판단해 매각하기로 결정했다. 매각대가는 ₩50,000이다. 저작권 처분과 관련돼 A사가 수행할 분개를 제시하라.

[실무스펙 6] 영업권 회계처리에 얽힌 복잡한 문제들

영업권은 물리적 실체가 없는 무형자산 성격이지만 회계처리에 있어서 고려할 사항이 많은 골칫거리다. 영업권은 기본적으로 독점적 초과이익을 획득할 수 있는 지위로 인해 생긴다. 단골고객이 많거나 좋은 평판 등으로 인해 기업 전체의 가치가 인식가능한 개별 자산 · 부채의 공정가치보다 높게 평가될 경우 그 차액이 영업권에 해당된다.

영업권이 발생될 수 있는 요인을 살펴보면 다음과 같다.

- 경영진의 탁월한 경영능력
- 수익성 있는 거래처 · 거래망 등 우수한 판매조직
- 평판이 높은 상호 · 상표 및 광고효과
- 제조에 있어서 특별한 비법
- 협력적인 노사관계
- 제품공급이나 대금지급에 있어서 높은 신용도
- 우수한 종업원 교육 · 훈련 프로그램
- 지역사회와의 확고한 유대관계
- 기술력 및 자원확보의 우수성
- 제품 및 이익 원천에 대한 유리한 세무적 여건
- 정부규제에 있어서 상대적으로 유리한 이점
- 협력업체와의 우호적 관계
- 공장 · 창고 및 판매망의 지리적 편의성

기업의 경영권을 매각하거나 인수할 때 적용할 영업권 가치의 계산방법은 다양하다. 영업권의 기반인 초과이익은 미래에 실현되는 것이기 때문에 이를 정확하게 측정하기 어렵다. 주식시가총액과 순자산 공정가치 합계와의 차이도 기준이 될 수 있다. 실무에 있어서는 초과이익환원법이 널리 사용된다.

초과이익환원법은 산업전반의 정상이익률을 산정하고 기업의 미래 이익률과 정상이익률의 차이에 따른 초과이익을 먼저 계산한다. 계산된 초과이익의 지속가능 기간을 예측하고 할인율을 적용해 현재가치를 산정한다. 정상이익률, 기업의 미래 이익률, 존속기간 및 할인율이 매우 주관적이어서 거래 당사자의 합의가 중요하다. 이런 방법에 의해 산출된 영업권 가액은 거래의 기초가 될 뿐 실제 회계처리와는 무관하다. 회계처리는 실제로 거래가 이루어진 금액에 따라 이뤄진다.

영업권의 상각 여부는 회계학계와 실무계의 오랜 논쟁거리였다. 미국 회계기준에서는 보수적 입장에서 40년 이내의 기간에 영업권을 정액 상각하도록 규정했다. 우리나라도 종전 회계기준에서는 미국에 비해 기간을 절반으로 단축해 20년 이내에 정액 상각하도록 했다. 그러나 국제회계기준에서는 영업권 상각에 대해 다른 입장을 취하고 있으며 앞으로도 계속 재검토할 계획을 밝히고 있다. 현재로는 매년 초과이익 획득 능력이 손상됐는지를 평가해 손상된 경우에는 손상차손을 계상하도록 정해져 있다.

영업권이 별도재무제표에 계상되는 것은 과거에 합병 또는 영업양수가 있었을 경우에 해당한다. 연결재무제표에 영업권이 표시되는 경우는 과거의 합병 또는 영업양수로 인해 별도재무제표에 영업권이 계상됐거나 연결대상 종속회사 취득에 있어서 순자산 공정가액을 초과하는 이전대가를 지급했음을 의미한다.

국제회계기준에서는 내부적으로 창출된 영업권은 자산으로 인식하지 않도록 규정하고 있다. 이는 내부적으로 창출된 영업권은 취득원가를 신뢰성 있게 측정하기 어려운 점을 고려한 결정이다. 그러나 실제로 내부 창출 영업권에 대한 회계정보이용자의 관심이 매우 높다는 점에서 논란이 계속될 것으로 예상된다. 이전대가가 순자산 공정가치에 미달하는 경우에는 그 이유를 찾아 조정하고 그래도 남는 염가매수차액은 당기손익에 즉시 반영한다.

7

CHAPTER

금융자산

자본시장이 국제화되고 다양한 금융상품이 출현하기 전에는 비금융업 재무제표에서 금융자산이나 금융부채가 차지하는 중요성은 그리 크지 않았다. 금융자산의 종류도 주식이나 국공채, 사채 등 단순했다. 그러나 파생상품 등 복잡한 금융상품이 출현하면서 인식 · 측정 · 분류 기준을 전통적 회계 관례로 해결하기 어려워짐에 따라 금융자산, 금융부채 및 지분상품을 포괄하는 금융상품에 대한 회계기준 재정립에 관한 논의가 활발해졌다. 금융상품 회계의 핵심은 공정가치(fair value) 기준이다. 이는 회계정보의 질적 특성 중 신뢰성을 강조하던 회계에서 목적적합성을 강조하는 회계로의 전환을 의미한다.

금융자산은 유형별로 교환수단이 되는 현금 및 현금성자산, 증권형 금융자산, 비증권형 금융자산으로 나눠진다. 비증권형 금융자산은 공개시장에서 일반에게 가격이 공시되지 않으며 개별 당사자 간 거래와 관련된 금융자산인데 그 예로는 대여금, 수취채권 등을 들 수 있다.

7.1 현금 및 현금성자산

7.2 현금 내부통제에 대한 회계처리

7.3 수취채권 · 대여금

7.4 증권형 금융자산

실무스펙 7

7.1 현금 및 현금성자산

학습포인트

- 현금 및 현금성자산
- 현금의 내부통제
- 수취채권의 유형
- 수취채권 손상차손
- 금융자산에 대한 공정가치 평가
- 금융자산의 분류
- 금융자산 공정가치 평가시 평가손익에 대한 회계처리
- 금융자산의 처분시 회계처리

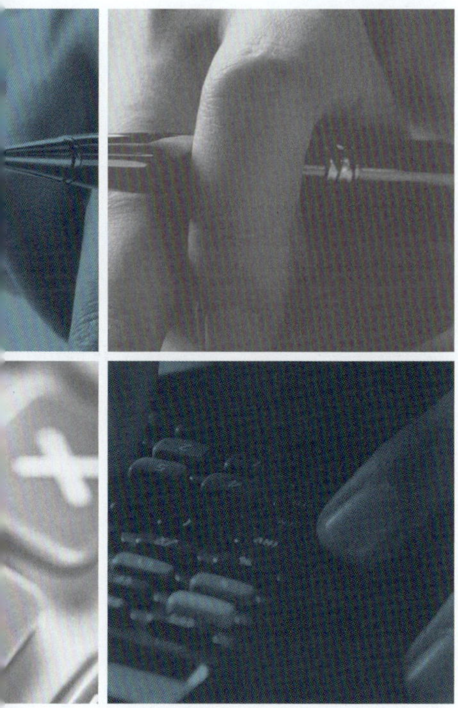

1. 현금

회계에서 현금(cash)이란 일상생활에서의 현금이라는 용어보다 더 넓은 의미로 쓰인다. 즉, 지폐와 동전을 의미하는 통화뿐만 아니라 자기앞수표, 타인발행당좌수표, 송금환, 우편환, 지급기일이 도래한 채권의 이자표, 통화와 즉시 교환이 가능한 기타 증서 등을 포괄하는 통화대용증권[1] 등을 포함하는 포괄적 개념이다.

경우에 따라서는 당좌예금 및 보통예금과 같은 요구불예금도 현금으로 분류된다. 통화 및 통화대용증권, 당좌예금, 보통예금 등이 현금으로 분류된다고 하여 '현금'이라는 하나의 계정만을 사용한다는 뜻이 아니라는 점에 유의해야 한다. 일반적으로 통화 및 통화대용증권은 '현금'계정에서 일괄 처리하지만 '당좌예금'과 '보통예금'은 별도의 계정으로 처리하는 경우가 많다. 현금과 예금을 포괄하는 '현금예금'계정도 자주 쓰인다.

일상적 회계절차에서 세분화된 계정을 사용하는 것과 재무상태표 표시 과정에서 통합해 넓은 의미의 '현금'으로 공시하는 것은 별개의 문제다.[2] 일반적으로 넓은 의미의 현금은 곧바로 설명할 현금성자산과 통합해 재무상태표에 '현금 및 현금성자산'으로 표시한다.

당좌예금과 보통예금에 질권 등이 설정돼 인출이 자유롭지 못한 경우에는 일상의 운영자금으로 활용할 수 없기 때문에 현금으로 분류할 수 없다. 이 경우에는 별도로 구분해 표시하되 그 내용을 주석으로 기재해야 한다.

---

1) 우표나 수입인지는 우편서비스나 공공서비스를 이용하기 위해 수수료를 지불하고 수취하는 것이므로 통화대용증권에 해당하지 아니한다. 한편, 발행인이 일정한 금액을 약정한 기일에 소지인에게 지급한다는 내용의 단순한 약속을 기재한 유가증권인 약속어음도 통화와 즉시 교환 가능한 것이 아니므로 통화대용증권이 아니다.

2) 가령 회계기준이 재무상태표에 자산을 한 줄로 공시하는 것을 허용한다고 가정하자. 그렇다면 기업은 '자산'이라는 하나의 계정만을 사용할 것인가? 그렇지 않을 것이다. 내부관리 목적으로라도 세분화된 여러 개의 계정을 사용할 것이다. 기록의 최소단위인 '계정'을 어떻게 나눌 것인지와 재무상태표에 계정을 하나씩 공시할 것인지 아니면 일정단위로 묶어서 공시할 것인지는 별개의 문제다.

2. 현금성자산

현금성자산(cash equivalent)이란 큰 거래비용 없이 현금으로 전환이 용이하고 이자율 변동에 따른 가치변동의 위험이 중요하지 않은 금융상품으로서 취득 당시 만기일 또는 상환일이 3개월 이내인 것을 말한다. 이러한 현금성자산의 예로는 취득 당시 만기가 3개월 이내에 도래하는 채권, 취득 당시 상환일까지 기간이 3개월 이내인 상환우선주, 3개월 이내의 환매조건인 환매채, 투자신탁의 계약기간이 3개월 이하인 초단기수익증권(MMF 포함) 등을 들 수 있다.

[예 7-1] 현금 및 현금성자산의 분류

A사는 20x1.12.31 재무상태표일 현재 다음과 같은 자산을 보유하고 있다. 재무상태표에 현금 및 현금성자산으로 공시되는 금액은 얼마인지 계산하라.

지폐	₩10,000	수입인지	₩10,000
동전	3,000	우표	3,000
만기 도래한 사채이자표	50,000	만기 도래 전인 국채이자표	30,000
질권설정 보통예금	200,000	타인발행 약속어음	150,000
당좌예금	350,000	타인발행수표	80,000
20x1.10.1에 취득한 채권 (만기 20x2.1.30)	300,000		

풀이

- 현금 및 현금성자산 = 지폐 ₩10,000 + 동전 ₩3,000 + 만기 도래한 사채이자표 ₩50,000 + 당좌예금 ₩350,000 + 타인발행수표 ₩80,000 = ₩493,000
- 질권설정된 보통예금은 인출이 자유롭지 못하므로 현금 및 현금성자산으로 분류될 수 없다.
- 20x1.10.1에 취득한 채권은 취득 당시 만기가 3개월을 초과하므로 현금성자산에 해당되지 않는다.
- 우표나 수입인지는 우편서비스나 공공서비스를 이용하기 위해 수수료를 지불하고 수취하는 것이므로 통화대용증권에 해당되지 않는다.
- 약속어음은 통화와 즉시 교환가능한 것이 아니므로 통화대용증권에 해당되지 않는다.

7.2 현금 내부통제에 대한 회계처리

현금은 가장 유동성이 높은 자산이며 입출금이 매우 빈번하다. 따라서 도난이나 횡령, 유용과 같은 위험성이 다른 어떤 자산보다 높다. 현금과 관련된 위험을 회피하기 위해 다양한 통제방법이 사용된다. 이와 관련된 사항과 회계처리를 살펴보기로 한다.

1. 당좌예금의 이용

요구불예금의 하나인 당좌예금은 많은 기업이 현금거래를 줄일 목적으로 활용한다. 은행과 당좌거래 약정을 맺고 소정의 보증금을 예치함으로써 당좌예금 계좌를 개설한다. 당좌계좌 개설 후 기업은 당좌예금 잔액 범위 내에서 당좌수표를 발행할 수 있는데, 현금 대신 당좌수표를 발행함으로써 현금에 대한 위험성을 회피할 수 있다.

당좌거래 개설보증금은 기업이 당좌예금을 해지하기 전까지 은행에서 인출할 수 없다. 따라서 당좌거래 개설보증금을 예치할 때 해당 금액을 당좌예금계정으로 처리할 수 없고 별도의 계정으로 처리한다. 당좌예금을 개설하면 장기에 걸쳐 사용하는 것이 일반적이어서 당좌거래 개설보증금은 통상 장기금융상품의 하나로 분류된다.

영업활동과정에서 당좌수표 발행은 빈번하게 일어나게 마련이므로 일시적으로 당좌예금의 잔액을 초과해 당좌수표를 발행할 필요가 생길 수 있다. 이는 기업 자체가 종국적으로 대금을 지급할 수 없어 부도가 발생된 상황과는 다르다. 이러한 일시적인 당좌예금 잔액 부족 현상으로 부도수표가 발생하게 되는 것을 방지하기 위해, 기업은 거래 은행과의 계약을 통해 당좌예금의 잔액이 '₩0'이 되더라도 일정 금액 범위 내에서 은행이 대신 결제하도록 약정을 체결하는데 이를 '당좌차월계약'이라고 한다.

실제로 당좌예금잔액을 초과해 당좌수표가 결제될 경우 초과된 금액은 '당좌차월'이라는 별도의 계정으로 회계처리 된다.[3] 이때 당좌차월계정은 거래은행으로부터 차입을 한 것과 동일한 성격에 해당하므로 '단기차입금'으로 분류된다. 향후 당좌예금에 입금이 이루어지게 되면 우선적으로 당좌차월계정의 차변에 기록하고, 잔액이 '₩0'이 된 이후에 비로소 당좌예금계정 차변에 기록한다. [표 7-1]은 관련 분개를 요약한 것이다.

3) 당좌차월계정을 사용하는 대신 당좌예금계정을 그대로 사용하는 방법도 가능하며, 이 경우 당좌예금에 대변잔액이 발생하게 되어 부채의 성격을 갖게 된다. 하나의 계정에 자산과 부채가 혼재되는 것은 바람직하지 못하므로 이 책에서는 당좌차월이라는 별도의 계정을 사용하는 방법만 설명하기로 한다.

[표 7-1] 당좌차월의 회계처리

구분	분개			
당좌차월 발생시	(차) 비품	×××	(대) 당좌예금	×××
			당좌차월	×××
추후 예입시	(차) 당좌차월	×××	(대) 현금	×××
	당좌예금	×××		

당좌예금 회계처리의 종합적인 이해를 위해 [예 7-2]를 살펴보기로 한다.

[예 7-2] 당좌예금의 회계처리

다음의 A사 거래를 날짜별로 회계처리하라.

- 20x1.1.3 신한은행에 당좌예금을 개설하고 당좌거래개설보증금 ₩10,000을 예치하다.
- 20x1.1.5 현금 ₩5,000을 당좌예금 계좌에 입금하다.
- 20x1.1.6 B사로부터 ₩6,000의 비품을 구입하고 당좌수표를 발행해 지급하다.
- 20x1.1.8 현금 ₩3,000을 당좌예금 계좌에 입금하다.

풀이

일자	분개			
20x1.1.3	(차) 당좌거래개설보증금	10,000	(대) 현금	10,000
20x1.1.5	(차) 당좌예금	5,000	(대) 현금	5,000
20x1.1.6	(차) 비품	6,000	(대) 당좌예금	5,000
			당좌차월	1,000
20x1.1.8	(차) 당좌차월	1,000	(대) 현금	3,000
	당좌예금	2,000		

2. 소액현금제도의 이용

현금에 대한 내부통제 차원에서 당좌예금 계좌의 활용은 앞에서 설명한 바 있다. 즉, 현금 수령 즉시 당좌예금에 예입하고 현금 지출시 당좌수표로 지급함으로써 도난이나 분실 또는 부정의 위험성을 최소화 할 수 있다. 그러나 기업활동의 성격상 모든 지출에 대해 당좌수표를 발행하는 것이 불가능할 수도 있다. 교통비나 간단한 소모품의 구입 등 현금의 지출이 불가피하게 일어날 수밖에 없는 경우가 생긴다. 따라서 기업은 영업활동을 위해 일정액의 현금을 보유할 수밖에 없다.

그렇다면 현금에 대한 내부통제차원에서 어떻게 관리하는 것이 합리적일까? 현금은 부정이나 도난 등이 발생될 우려가 높기 때문에 최소한의 금액만을 보유함으로써 위험을 줄일 수 있다. 일정금액 이내에서 보유하도록 하고 이 금액이 소진될 때마다 다시 보충하는 형태로 관리가 가능한데 이를 '소액현금제도'라 한다.

기업이 일정 금액을 당좌예금에서 인출해 소액현금을 설정할 때 회계처리는 다음과 같다.

(차) 소액현금	×××	(대) 당좌예금	×××

소액으로 현금지출이 일어나는 경우 그때마다 분개를 할 수도 있으나 그 금액적 중요성이 낮으므로 지출증빙만을 보관하고 있다가 일정 시점마다 한꺼번에 분개를 하는 것이 일반적이다. 여기서 일정 시점은 주로 소액현금을 다시 보충할 때이며 회계처리는 다음과 같다.

①	(차) 통신비	×××	(대) 소액현금	×××
	교통비	×××		
	소모품비	×××		
②	(차) 소액현금	×××	(대) 당좌예금	×××

소액현금 보충 시에 이미 지출된 금액에 대한 분개를 실시함과 동시에 동일한 금액을 보충한다면 보충 직후의 소액현금은 항상 일정금액으로 유지된다. 이런 방식을 '정액자금전도제'라 한다. 이 경우 위의 두 분개를 하나로 통합해 처리할 수 있다.

(차) 통신비	×××	(대) 당좌예금	×××
교통비	×××		
소모품비	×××		

소액현금제도를 운용할 경우 설정액과 특정 시점의 실제 잔액과의 차액이 사용된 금액이라 할 수 있다. 그런데 지출과 관련해 보관한 증빙 합계액이 사용된 것으로 파악된 금액과 다른 경우가 생길 수 있다. 이를 '현금과부족'이라 하는데 발생 즉시 '현금과부족' 계정을 설정하고 현금을 실제잔액과 일치시키는 분개를 행해야 한다. 현금과부족계정은 차이원인을 밝혀 해당 계정

으로 처리하면 된다. 차이원인을 찾지 못하는 경우 그 금액의 중요성에 따라 잡손실이나 잡이익으로 처리하는데 그 회계처리는 다음과 같다.[4)]

● 현금과부족 발생시의 회계처리

① 현금잔액이 과다한 경우 : 현금잔액 > (소액현금 설정액 – 지출증빙의 합계액)

현금과부족 발생시	(차) 소 액 현 금	×××	(대) 현 금 과 부 족	×××
현금과부족의 원인이 밝혀진 경우	(차) 현 금 과 부 족	×××	(대) 해 당 계 정	×××
현금과부족의 원인이 밝혀지지 않은 경우	(차) 현 금 과 부 족	×××	(대) 잡 이 익	×××

② 현금잔액이 과소한 경우 : 현금잔액 < (소액현금 설정액 – 지출증빙의 합계액)

현금과부족 발생시	(차) 현 금 과 부 족	×××	(대) 소 액 현 금	×××
현금과부족의 원인이 밝혀진 경우	(차) 해 당 계 정	×××	(대) 현 금 과 부 족	×××
현금과부족의 원인이 밝혀지지 않은 경우	(차) 잡 손 실	×××	(대) 현 금 과 부 족	×××

[예 7–3] 소액현금제도

A사는 20x1년 1월 1일에 ₩100,000의 소액현금을 설정하고, 동 금액을 당좌예금에서 인출했다. 1월 31일에 확인한 1월달 소액현금 지출내역은 다음과 같다.

1) 교 통 비 ₩10,000
2) 통 신 비 20,000
3) 복 사 비 15,000
4) 소모품비 30,000

[물음 1] 1월 1일 당좌예금 ₩100,000을 인출해 소액현금제도를 개시함에 따른 분개를 행하라.

4) 따라서 현금과부족계정은 재무제표에 기재될 수 있는 계정이 아니며, 이러한 계정을 '경과계정'이라 한다. 부족분의 경우 금액이 중요할 때에는 책임자에게 변상시키기도 한다.

다음의 [물음 2]와 [물음 3]은 각각 독립적이라고 할 때 물음에 답하라.

[물음 2] 1월 31일 소액현금 잔액 확인결과 ₩25,000이어서 ₩75,000을 당좌예금에서 인출해 보충했다. 20x1년 1월 1일과 1월 31일 분개를 행하라.

[물음 3] 20x1년 1월 31일 A사가 소액현금 지출내역과 사용된 소액현금을 비교해 본 결과, 소액현금이 ₩1,000 부족한 것으로 밝혀졌다. 따라서 A사는 ₩76,000을 당좌예금에서 인출해 보충했다. A사는 결국 ₩1,000의 현금부족 원인을 찾아내지 못했다. 이 경우 20x1년 1월 31일 분개를 행하라.

풀이

[물음 1]

〈20x1년 1월 1일〉

(차)	소액현금	100,000	(대) 당좌예금	100,000

[물음 2]

〈20x1년 1월 31일〉

(차)	교통비	10,000	(대) 당좌예금	75,000
	통신비	20,000		
	복사비	15,000		
	소모품비	30,000		

[물음 3]

〈20x1년 1월 31일〉

(차)	교통비	10,000	(대) 당좌예금	76,000
	통신비	20,000		
	복사비	15,000		
	소모품비	30,000		
	현금과부족	1,000		
(차)	잡손실	1,000	(대) 현금과부족	1,000

3. 은행계정조정표의 작성

현금의 위험성에 대한 통제수단의 하나로 당좌예금을 사용하는 과정을 살펴보았다. 그러나 당좌예금을 개설해 현금 수령시 즉시 예입하고, 현금지출시 당좌수표를 발행하는 원칙을 준수해도 부정의 위험이 완전히 사라지는 것은 아니다. 당좌예금 계좌에서 일부 금액이 인출돼 횡령이 발생할 수도 있다. 신문지상에서 이러한 횡령사건을 종종 접하게 된다.

대우조선에서 회삿돈 200억원 빼돌린 직원 징역 15년 선고

회삿돈 200억원을 횡령한 혐의로 기소된 대우조선해양 직원에게 법원이 징역 15년을 선고했다. 경남 창원지법 통영지원 제1형사부는 특정범죄가중처벌 등에 관한 법률 위반 혐의로 구속기된 임모(47) 전 대우조선해양 차장에 대해 3일 이 같이 선고했다. 재판부는 "피고인은 정당한 거래를 가장해 회사 자금을 유용함으로써 200억원이 넘는 피해를 줬다"며 "그 돈의 대부분을 명품이나 고가 차량 구매, 내연녀와 해외여행 등 사치 생활에 소비했으며 피해 변제를 위한 노력을 하지 않았다"고 선고 이유를 밝혔다.

재판부는 또 임씨가 횡령한 돈으로 사치스런 생활을 한 내연녀 김모(37)씨에게도 업무상 배임 및 범인은닉죄 등을 적용해 3년 6개월의 징역형을 선고했다. 이와 함께 범행에 가담한 문구 납품업자 백모(35)씨는 징역10개월에 집행유예 2년을 선고했다. 임씨는 지난 2008년부터 2015년 말까지 대우조선 시추선사업부에 근무하면서 문구업체 대표 백씨와 짜고 허위 거래명세표를 작성해 사무용품 등을 산 것처럼 서류를 조작해 170억원 가량을 빼돌렸다가 경찰에 적발됐다. 또 시추선에서 일하는 기술자 숙소의 임대차계약서를 허위로 작성하는 등 모두 200억원 상당의 회삿돈을 빼돌려 구속됐다. 임씨는 이렇게 빼돌린 돈으로 고급 외제차 6대와 수천만원대 명품 시계 24개 등을 사고 부산 해운대의 상가 건물을 사들이는 등 호화생활을 한 것으로 드러났다. ………. (중략)

– 중앙일보 2017.1.4 기사 중 –

따라서 당좌예금과 관련해 은행측이 기록하고 있는 잔액과 기업측의 계정상의 잔액이 일치하는지 여부를 주기적으로 확인할 필요가 있다. 이때 은행계정조정표(bank reconciliation statement)를 활용하면 효과적이다. 물론 은행계정조정표가 오직 당좌예금에 대해서만 부정 등의 위험성을 방지하기 위해 작성되는 것은 아니다. 은행예금의 무단인출로 인한 횡령 등은 당좌예금뿐만 아니라 보통예금 등 기타의 예금에서도 발생할 수 있기 때문이다.

당좌예금을 제외한 여타의 예금은 그 속성상 거래가 빈번하지 않기 때문에 별도의 은행계정조정표 없이도 은행측 잔액과 기업측 잔액의 일치 여부 및 불일치 원인을 쉽게 찾을 수 있다. 그러나 당좌예금의 경우 매우 많은 입출금이 발생하고 특정시점의 잔액 불일치를 가져오는 사유가 다양하기 때문에 은행계정조정표 작성이 필요하다.

은행계정조정표는 당좌예금에 대한 내부통제 차원에서 작성되는 것이 주된 목적이다. 재무제표 작성 시점에 은행측 당좌예금 계좌 잔액과 기업측 당좌예금계정 잔액이 일치하지 않을 경우 정확한 예금잔액을 재무상태표에 표시하기 위한 차이 원인 확인수단으로도 활용된다. 은행계정조정표의 작성을 통해 잔액차이 원인을 파악하고 이를 기업측 장부에 반영하는 과정을 요약하면 [그림 7-1]과 같다.

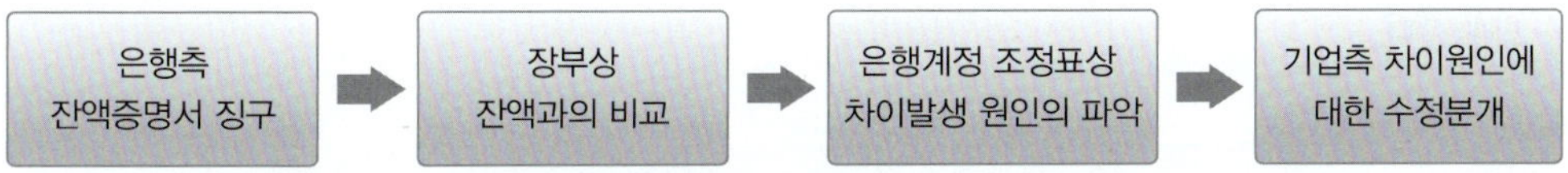

[그림 7-1] 은행계정조정표의 흐름

특정 시점에 은행이 기록하고 있는 당좌예금 계좌의 잔액은 기업의 당좌예금계정 잔액과 일치하는 것이 기본이다. 그러나 다양한 이유로 인해 일치하지 않는 경우가 발생할 수 있다. 이를 세분해 살펴보면 다음과 같다.

① 기업이 당좌예금계정 잔액을 가감하는 분개를 행하는 시점과 은행이 실제 해당 당좌예금 계좌에서 입·출금하는 시점이 서로 달라 특정일의 잔액에 차이가 발생하는 경우
② 은행 또는 기업의 기장오류로 인해 특정일의 잔액차이가 발생하는 경우
③ 횡령 등 부정으로 잔액차이가 발생하는 경우

은행계정조정표의 작성목적은 궁극적으로 은행측이 제공하는 당좌예금 계좌 내역을 참조해 특정일의 기업측 당좌예금계정의 정확한 잔액을 계산하는 것이다. 따라서 차이원인을 분석해 그 차이가 은행측 원인으로 인한 것이면 은행측 잔액을 수정하고, 그 차이가 기업측 원인으로 인한 것이라면 기업측 잔액을 수정하는 절차가 필요하다.[5)]

그런데 정상적인 경우 차이원인 중 ①과 ②만 반영하게 되면 은행측과 기업측의 잔액이 일치하게 된다. 그러나 ①과 ②의 차이원인을 모두 조정했음에도 불구하고 여전히 차이가 발생하고 있다면 그 차액이 차이원인 ③과 같은 횡령 등의 부정으로 인한 것이라고 판단할 수 있다.

이론적으로는 횡령이 기업측에서 발생할 수도 있고 은행측에서도 발생할 수 있으나, 현실적으로 은행에서 횡령이 일어나는 경우를 상정하기 어렵고 설령 발생하더라도 기업은 은행에 횡

5) 기업측 잔액과 은행측 잔액 간의 차이를 수정해 양자 간의 불일치를 제거하는 방법은 3가지가 있다. 첫째, 기업측 장부잔액을 은행측 예금잔액으로 조정하는 방법이다. 둘째, 은행측 예금잔액을 기업측 장부잔액으로 조정하는 방법이다. 셋째, 기업측 장부잔액과 은행측 예금잔액을 각각 정확한 잔액으로 조정하는 방법이다. 단순히 내부통제 차원에서 은행계정조정표를 작성한다면 3가지 방법 중 어느 방법을 사용해도 무방하지만, 기말시점에 기업의 재무상태를 적정히 나타내기 위해서는 기업측 장부잔액이 정확히 파악돼야 하므로 3번째 방법을 사용해야 한다. 이 책에서도 3번째 방법을 사용하기로 한다.

령액을 청구해 회수할 수 있기 때문에 문제되는 것은 기업측에서 발생한 부분이다. 따라서 차이원인 ①과 ②를 모두 반영했음에도 양자 간에 차이가 발생하는 경우는 기업측 횡령의 가능성을 먼저 살펴야한다. 이 경우 기업측 장부상 잔액이 은행측 잔액보다 많은 것으로 나타나게 된다. 이러한 사항들이 은행계정조정표상에서 반영되는 과정을 그림으로 간략히 나타내면 [그림 7-2]와 같다.

	기업측		은행측
수정전 잔액	×××		×××
차이원인 ①			
기업측 조정사항	×××		
	(×××)		
은행측 조정사항			×××
			(×××)
차이원인 ②			
기업측 오류사항	×××		
	(×××)		
은행측 오류사항			×××
			(×××)
차이원인 ③	(×××)		
수정후 잔액	×××	=	×××

[그림 7-2] 은행계정조정표의 작성

차이원인 ①의 경우를 세분해 기업 측 조정사항과 은행측 조정사항을 구체적으로 살펴보면 다음과 같다.

a. 미결제수표 : 기업은 당좌수표를 발행하는 시점에 당좌예금계정 잔액을 감소시키는 분개를 하지만 은행은 그 수표가 실제로 지급 청구돼 결제가 이루어지는 시점에 당좌예금 계좌잔액을 차감하게 될 것임으로 그 사이에는 잔액에 차이가 생긴다. 이를 '미결제수표' 또는 '기발행미인출수표'라 한다. 미결제수표의 경우 기업측 분개가 실질을 적절히 반영한 것이므로 은행계정조정표 상에서는 은행측 수정전 잔액에서 해당 금액을 차감한다.

b. 미기입예금 : 기업은 은행에 입금하고 같은 날 당좌예금계정 잔액을 증가시키는 분개를 했으나 은행은 그 다음날 입금으로 처리한 경우로 '마감후 입금'이라 부르기도 한다. 이는 은행이 업무시간 이후에 입금된 금액을 그 다음날 입금으로 기록하기 때문에 일어나는 현

상이므로 기업 처리를 기준으로 은행계정조정표상에서는 은행측 수정전 잔액에 해당 금액을 가산한다.

c. 미통지예금 : 무통장 입금 등으로 은행측 당좌예금 계좌의 잔액이 증가했으나 기업이 이를 미처 장부에 반영하지 못한 경우다. 이 경우는 기업측의 수정전 잔액에 해당 금액을 가산한다.

d. 미반영 은행수수료 : 당좌거래 등 은행이 일정한 용역을 기업에 제공하고 일정금액의 수수료를 징수하는 경우 해당 수수료를 기업의 당좌예금계좌에서 직접 인출한다. 수수료 인출이 발생했음에도 불구하고 기업측에서 미처 장부상 당좌예금계정에 반영하지 못한 경우 은행계정조정표상 기업측 수정전 잔액에서 해당 금액을 차감한다.

e. 미반영 이자수익 또는 이자비용 : 기업의 예금에 대한 이자와 차입금에 대한 이자를 기업의 당좌예금계좌에 가산하거나 차감하기로 약정했다면 은행은 이자지급일 또는 수령일에 해당 계좌에서 이자를 가감하게 된다. 이에 대해 기업이 장부에 미처 반영하지 못한 경우 이를 미반영 이자수익 또는 이자비용이라 하고 은행계정조정표상 기업측 수정전 잔액에 가감한다.

f. 부도수표 또는 부도어음 : 기업이 은행의 당좌예금계좌에 입금한 타인발행 당좌수표나 어음이 부도처리되면 은행은 해당 계좌에서 즉시 차감 처리한다. 이에 대해 기업이 미처 장부에 반영하지 못한 경우 은행측 잔액과 기업측 잔액은 차이가 생긴다. 이 경우 은행계정조정표상 기업측 수정전 잔액에서 해당 금액을 차감한다.

차이원인 ②의 경우 기업측 장부기록상 오류가 발생한 경우와 은행측 오류가 발생한 경우로 나눌 수 있다. 기업측 오류의 예로는 당좌예금에 입금하면서 금액을 잘못 기록한 경우 등을 들 수 있는데, 이렇게 되면 해당 오류금액만큼 은행측 잔액과 차이가 발생됨으로 은행계정조정표상 기업측 수정전 잔액에서 해당 오류액만큼 수정해야 한다. 은행측 오류의 예로는 다른 기업 입금 사항을 은행직원 실수로 당해 기업 예금으로 잘못 입금한 경우를 들 수 있다. 이때는 은행계정조정표상 은행측 수정전 잔액에서 해당 금액을 수정해야 한다.

차이원인 ③의 경우 횡령액 등에 해당하는 금액을 은행계정조정표상 기업측 수정전 잔액에서 차감해야 한다.

차이원인이 은행계정조정표상 어떻게 조정되는지 정리하면 [표 7-2]와 같다.

[표 7-2] 차이원인 및 은행계정조정표상 반영방법

조정사항	내 역	기업측장부 반영여부	은행측계좌 반영여부	정확한 잔액	은행계조정조정표 반영방법
은행측 조정사항	미결제수표	O	X	기업	은행측 수정전잔액 차감
	미기입예금	O	X	기업	은행측 수정전잔액 가산
	과대계상오류	X	O	기업	은행측 수정전잔액 차감
	과소계상오류	X	O	기업	은행측 수정전잔액 가산
기업측 조정사항	미통지예금	X	O	은행	기업측 수정전잔액 가산
	미반영은행수수료	X	O	은행	기업측 수정전잔액 차감
	미반영이자수익	X	O	은행	기업측 수정전잔액 가산
	미반영이자비용	X	O	은행	기업측 수정전잔액 차감
	부도수표 / 부도어음	X	O	은행	기업측 수정전잔액 차감
	과대계상오류	O	X	은행	기업측 수정전잔액 차감
	과소계상오류	O	X	은행	기업측 수정전잔액 가산
	횡령 등	X	O	은행	기업측 수정전잔액 차감

은행계정조정표의 작성을 통해 특정일의 정확한 당좌예금잔액을 계산하는 것은 마치 재무제표작성을 위해 정산표를 작성하는 것과 다를 바 없다. 단지 은행계정조정표를 작성하는 것만으로는 기업의 장부에 조정사항이 반영되지 않는다. 따라서 특정일의 정확한 당좌예금계정 잔액을 총계정원장에 유지하기 위해서는 수정분개와 전기를 행해야 한다. 여기서 은행측 조정사항은 기업 장부는 적정하고 은행측에 오류가 생긴 것이므로 기업측 장부에 반영할 사항이 아니다. 따라서 수정분개를 행하는 사항은 기업측 조정사항에 국한된다.

[예 7-4] 은행계정조정표의 작성

A사는 20x1.12.31자의 재무상태표 작성을 위해 은행측이 발급한 동일자 은행잔액증명서와 당좌거래명세서를 발급받았다. 잔액증명서상의 잔액은 ₩23,090이며, 기업측 장부상 당좌예금계정 잔액은 ₩18,000이다. 양 잔액의 차이원인을 확인한 내용은 다음과 같다.

가) A사가 20x1.12.31에 예금한 ₩3,000이 은행에서는 20x2.1.3에 입금처리됐다.
나) A사가 20x1.12.28에 발행한 수표 총액 ₩7,500 중 ₩3,000만이 20x1.12.31까지 인출됐다.
다) 은행 측이 보내온 당좌거래명세서의 항목 중 A사의 장부에 반영되지 않은 항목은 다음과 같다.

- 예금이자 ₩350
- 어음추심수수료 150
- 부도수표 1,000
- 거래처에서 인터넷뱅킹으로 입금한 외상매출대금 4,300

라) 외상매입대금으로 발행한 수표 ₩560을 회계담당자가 ₩650으로 잘못 기록했다.

[물음 1] A사의 은행계정조정표를 작성하라.

[물음 2] A사가 은행계정조정표 작성 후 행할 수정분개를 표시하라.

풀이

[물음 1]

은행계정조정표

A사		20x1년 12월 31일		(단위 : 원)
기업장부상 잔액		₩18,000	은행잔액증명서상 잔액	₩23,090
가산 :	① 미통지입금(예금이자)	350	가산 : 마감후 입금	3,000
	② 미통지입금(외상대금)	4,300		
	③ 기장오류	90		
차감 :	④ 미통지출금	(150)	차감 : 미결제수표	(4,500)
	⑤ 부도수표	(1,000)		
수정후잔액		₩21,590	수정후잔액	₩21,590

[물음 2]

은행계정조정표를 작성하게 되면 작성일 현재의 정확한 기업측 당좌예금계정 잔액을 파악할 수 있다. 그런데 유의할 점은 이러한 은행계정조정표의 작성은 단지 정확한 당좌예금계정의 잔액이 얼마인지를 파악해 보는 것에 지나지 않으며 실제 기업의 당좌예금계정 잔액이 수정된 것은 아니라는 것이다. 당좌예금계정의 잔액을 수정하기 위해서는 분개와 전기절차를 거쳐야 한다.
따라서 기업측 가산항목과 차감항목에 대해 수정분개를 행해야 수정후 잔액이 재무상태표에 표시된다. 은행계정조정표의 작성 후 A사가 행할 수정분개는 다음과 같다.

	(차)		(대)	
①	(차) 당 좌 예 금	350	(대) 이 자 수 익	350
②	(차) 당 좌 예 금	4,300	(대) 외 상 매 출 금	4,300
③	(차) 당 좌 예 금	90	(대) 외 상 매 입 금	90
④	(차) 은 행 수 수 료	150	(대) 당 좌 예 금	150
⑤	(차) 외상매출금(부도수표)[6]	1,000	(대) 당 좌 예 금	1,000

6) 거래처로부터 수취한 수표가 부도처리 되더라도 그 즉시 대금을 수취할 권리가 소멸하는 것은 아니다. 부도가 발생해

7.3 수취채권 · 대여금

1. 수취채권의 의의 및 유형

수취채권(receivables)이란 기업이 다른 경제실체에 대해 일정한 금액을 청구할 수 있는 권리를 말한다. 기업의 영업활동 과정에서 여러 종류의 수취채권이 발생한다. 상품을 판매하거나 용역을 제공하는 등의 주된 영업활동에서 발생하는 수취채권을 '매출채권'이라 한다. 주된 영업활동 이외의 거래에서 발생하는 수취채권은 매출채권과 대비해 '비매출채권'이라 한다. 매출채권은 별도의 이행강제수단을 제공받지 않고 외상으로 재화 등을 판매한 경우에는 외상매출금계정을, 어음을 받았을 경우에는 받을어음계정을 사용해 회계처리한다. 한편, 비매출채권의 대표적인 유형을 살펴보면 다음과 같다.

① 대여금 : 기업이 제3자에게 자금을 빌려 준 경우에 사용하는 계정

② 미수금 : 상품이나 제품 이외의 자산(유형자산 등)을 처분하고 그 대금을 받지 못한 경우에 사용하는 계정

③ 미수수익 : 임대료수익이나 이자수익 등 수익이 발생했음에도 불구하고 아직 이를 수령하지 못한 경우에 사용하는 계정

④ 선급금 : 상품을 구입하기 위하여 상품을 인도받기 전에 그 대금의 일부를 미리 지급했을 때 사용하는 계정

⑤ 선급비용 : 장차 비용에 해당하는 금액을 지출했으나 그 효과가 미래에 미치는 경우 사용하는 계정. 가령 1년분 보험료를 미리 지급한 경우 그 효익이 향후 1년간 지속됨으로 '선급보험료'라는 자산계정으로 처리한다.

수취채권의 유형을 정리하면 [그림 7−3]과 같다.

도 여전히 동 금액을 거래처로부터 수취할 권리가 존재하므로 '외상매출금' 계정으로 처리하면 된다. 이후 동 금액을 회수하는 것이 불가능하다고 판정되면 그 시점에 대손처리하게 된다. 만일 이러한 부도수표의 금액이 중요하다면 '부도수표'라는 별도의 계정을 사용할 수도 있을 것이다. 이때 부도수표 계정은 외상매출금과 마찬가지로 자산계정이다.

[그림 7-3] 수취채권의 유형

수취채권은 제3자로부터 현금을 받을 계약상 권리인 대표적 금융자산(financial asset) 중 하나에 해당한다.

2. 수취채권의 취득 시 회계처리

1년 이내의 단기간 내에 대금을 수령하기로 하고 외상으로 재화를 ₩1,000에 판매한 경우 아래와 같은 분개가 이루어진다.[7)]

(차)	외 상 매 출 금	1,000	(대)	매 출	1,000

실제로 외상매출금을 회수할 때는 아래와 같은 분개가 이루어진다.

(차)	현 금	1,000	(대)	외 상 매 출 금	1,000

7) 수취채권은 취득시 공정가치로 측정해 인식한다. 공정가치로 측정한다는 것은 유효이자율법을 적용해 현재가치로 측정함을 의미한다. 일정 시점 이후, 즉 채권의 회수시점에 1원의 가치와 현재 1원의 가치는 같지 않을 것이므로 시장이자율을 이용해 할인한 현재가치로 수취채권을 인식하는 것이다. 그러나 만기가 1년 이내에 도래하는 단기 수취채권의 경우 할인효과가 중요하지 않으므로 현재가치로 할인하지 않는다. 보다 자세한 내용은 중급회계에서 다뤄진다.

3. 수취채권의 손상에 대한 회계처리

기업이 보유하고 있는 수취채권은 이를 상환해야 할 상대 기업의 재무상태 악화나 신용 위험 증가 등의 이유로 회수가 불가능해질 위험이 발생하는데 이를 '손상'이라 한다. 수취채권과 관련해 매 회계기간 말에 손상여부를 판단하고 손상이 예상될 경우 미래에 수취하지 못하는 금액을 추정[8]하여 이를 비용으로 인식하여야 하는데 그 비용을 '손상차손'이라 한다. 손상차손은 비용(당기손익)으로 포괄계산서에 반영된다.

손상차손을 인식함과 동시에 감소시킬 수취채권은 어떻게 회계처리할까? 해당 수취채권을 즉시 직접 차감하는 것도 한 방법이지만 손상사건이 발생하더라도 해당 수취채권이 그 즉시 회수불가능으로 확정되는 것은 아니며 상당기간 회수를 위한 여러 가지 노력을 기울이게 되는 점을 감안할 필요가 있다. 따라서 해당 수취채권을 직접 장부에서 제거하는 대신 '손실충당금'이라는 수취채권의 차감적 평가계정을 사용하고 이후 최종적으로 손상이 확정되는 시점에 손실충당금과 수취채권을 상계하는 분개를 행한다. 이를 정리하면 다음과 같다.

[보고기간말 손상차손 인식]

(차) 손 상 차 손	×××	(대) 손 실 충 당 금	×××

[손상확정]

(차) 손 실 충 당 금	×××	(대) 수 취 채 권	×××

수취채권에 대한 손상차손의 인식과 관련해 추가적으로 고려할 사항이 있다. 첫째, 설정돼 있는 손실충당금보다 더 큰 금액이 회수불능으로 확정된다면 어떻게 할 것인가? 둘째, 매 회계기간 말에 인식돼야 할 손상차손은 어떻게 산정할 것인가?

첫 번째 물음과 관련해 설정된 손실충당금보다 더 큰 금액이 실제 회수불능으로 확정되면 손실충당금 잔액을 초과하는 금액만큼 손상차손으로 인식해 당기의 비용으로 추가 계상한다. 두 번째 물음과 관련해 기말에 인식할 손상차손은 수취채권과 순실현가능가치의 차이로 직접 계산하는 것이 아니다. 목표는 수취채권을 재무상태표에 순실현가능가치로 표시하는 것이다. 수취채권의 순실현가능가치는 다음과 같이 표시[9]된다. 따라서 기말에 인식할 손상차손 산출을

8) 기업회계기준서 1109호는 기대손실모형(expected credit loss model)을 도입하여 비용을 추정하도록 하고 있다.
9) 기업회계기준서 1109호에서는 실무에서 사용하는 대손충당금 대신 손실충당금이라는 용어를 사용한다.

위해서는 기말시점의 손실충당금 잔액이 먼저 확정돼야 한다.[10)]

수 취 채 권	×××
손 실 충 당 금	(×××)
순실현가능가치	×××

기말에 인식할 손상차손 = (수취채권 − 순실현가능가치) − 손실충당금 잔액

(수취채권 − 순실현가능가치)가 손실충당금 잔액보다 크다면 차액만큼을 손상차손을 인식하는 분개를 하면 된다.

(차) 손 상 차 손	×××	(대) 손 실 충 당 금	×××

반면, (수취채권 − 순실현가능가치)가 손실충당금 잔액보다 작다면 손상차손을 인식하는 것이 아니라 손실충당금을 환입하는 분개를 행해야 재무상태표에 순실현가능가치로 수취채권이 표시된다.

(차) 손 실 충 당 금	×××	(대) 손실충당금환입	×××

이때 손실충당금환입은 당기 포괄손익계산서에 수익으로 계상되는 항목이다.

한편, 대손이 확정돼 장부에서 제거됐던 수취채권이 예기치 않게 회수되는 경우가 있다. 이때에는 대손확정 당시 행했던 분개를 취소하는 역분개를 실시한 후 현금을 회수하는 분개를 행해야 한다.

(차) 수 취 채 권	×××	(대) 손 실 충 당 금	×××
(차) 현 금	×××	(대) 수 취 채 권	×××

두 분개를 다음과 같은 하나의 분개로 통합해도 무방하다.

(차) 현 금	×××	(대) 손 실 충 당 금	×××

10) 이처럼 수취채권을 순실현가능가치로 표시하기 위해 손실충당금을 설정하고 모자란 금액만큼 보충한다는 의미에서 이를 '보충법'이라고 부르기도 한다.

대우조선 '대규모 손실' 우려 커진다

대우조선해양의 2016년 결산감사 결과 사업보고서에 대규모 손실이 반영될 것이라는 우려가 커지고 있다. 7일 금융당국과 업계에 따르면 대우조선해양의 외부감사를 진행 중인 삼일회계법인은 손실규모를 놓고 회사측과 논의를 벌이고 있지만 입장 차이를 좁히지 못하고 있다. 삼일회계법인은 최대한 보수적으로 손실을 산정하겠다는 입장이지만 대우조선해양은 다른 조선업체와의 형평성을 고려해야 한다며 맞서고 있다. 인도가 지연되고 있는 소난골 해양플랜트 2기 전부를 손실로 처리할 가능성도 있다. 삼일회계법인이 소난골 드릴십뿐만 아니라 대우조선이 건조 중인 해양플랜트에 대해 대손충당금 설정액을 대폭 늘릴 수 있다. 미래 예상되는 공사손실액은 공사손실충당부채로 반영하는데 삼일회계법인은 지난해 3분기에도 해양플랜트와 관련해 공사손실충당부채 규모를 늘렸고 그 결과 대우조선해양의 대손충당금 설정률이 높아졌다. 금융당국 관계자는 "회계법인들의 최근 감사방침이 손실은 최대한 반영하고 상황 변화가 있으면 환입하면 된다는 것"이라며 "대우조선해양의 부정적인 측면만 고려해서 손실 규모가 너무 커지는 게 아닌지 우려된다"고 말했다.

– 내일신문 2017.3.7 기사 중 –

손상차손과 관련된 회계처리를 종합적으로 살펴보면 [예 7–5]와 같다.

[예 7–5] 손상회계

A사는 20x1년 1월 1일에 설립되어 영업을 시작했다. 20x1년 12월 31일, 20x2년 12월 31일, 20x3년 12월 31일 현재 매출채권의 잔액과 기대손실모형에 의해 산정한 매출채권의 순실현가능가치는 다음과 같다.

	20x1.12.31	20x2.12.31	20x3.12.31
매출채권	₩1,500,000	₩2,000,000	₩2,500,000
순실현가능가치	1,250,000	1,700,000	2,300,000

1. A사가 20x1년 12월 31일에 매출채권에 대한 손상차손을 인식하는 분개를 행하라.
2. 20x2년 중에 매출채권 중 ₩200,000의 손상이 확정돼 장부에서 제거할 때의 분개를 행하라.
3. A사가 20x2년 12월 31일에 매출채권에 대한 손상차손을 인식하는 분개를 행하라.
4. 20x3년 중에 매출채권 중 ₩100,000의 손상이 확정돼 장부에서 제거할 때의 분개를 행하라.
5. 20x3년 중 손상이 확정돼 제거됐던 매출채권 중 ₩50,000이 회수됐을 때의 분개를 행하라.

6. A사가 20x3년 12월 31일에 매출채권에 대한 손상차손을 인식하는 분개를 행하라

풀이

1. 매출채권 잔액과 순실현가능가치의 차이를 손상차손으로 인식한다.

(차) 손 상 차 손	250,000	(대) 손 실 충 당 금	250,000

2. 손실충당금을 우선적으로 제거하되, 제거할 금액이 이를 초과할 때는 초과액을 손상차손으로 인식한다.

(차) 손 실 충 당 금	200,000	(대) 매 출 채 권	200,000

3. 20x2.12.31 현재 손실충당금의 잔액이 ₩50,000이므로 매출채권 잔액 ₩2,000,000과 순실현가능가치 ₩1,700,000의 차이 ₩300,000을 전부 손상차손으로 인식하는 것이 아니라 손실충당금 잔액 ₩50,000을 차감한 ₩250,000만 인식한다.

(차) 손 상 차 손	250,000	(대) 손 실 충 당 금	250,000

4.

(차) 손 실 충 당 금	100,000	(대) 매 출 채 권	100,000

5.

(차) 매 출 채 권	50,000	(대) 손 실 충 당 금	50,000
(차) 현 금	50,000	(대) 매 출 채 권	50,000

두 분개를 통합해 하나의 분개로 처리할 수도 있다.

(차) 현 금	50,000	(대) 손 실 충 당 금	50,000

6. 기말에 인식해야 할 손상차손 = (수취채권 − 순실현가능가치) − 손실충당금 잔액

= (₩2,500,000 − ₩2,300,000) − ₩250,000

= − ₩50,000

즉, ₩50,000의 손실충당금을 환입하는 분개를 해야 한다.

(차) 손 실 충 당 금	50,000	(대) 손실충당금환입	50,000

7.4 증권형 금융자산

금융자산은 현금 및 현금성자산과 수취채권 · 대여금 이외에 증권 형태로 존재하는 유형도 많다. 여기서 증권이란 유가증권을 의미하는 것으로 재산권을 나타내는 증서이다. 유가증권은 일정한 액면금액 단위로 시장에서 거래되는데 주식 등의 지분증권과 사채 등의 채무증권이 대표적 유형이다.

지분증권은 순자산에 대한 소유지분을 나타내는 것으로 보통주 · 우선주 등 주식이 대표적이다. 주식은 기업의 소유지분을 표창하며 만기가 없고 의결권과 배당받을 권리를 포함한다. 보통주와 우선주의 차이에 대한 구체적인 내용은 10장에서 다루기로 한다. 채무증권은 타인자본을 조달하는 수단으로 일정 기간 동안 자금을 이용하고 이에 대한 이자를 지급하는 구조다. 채무증권은 발행자에 따라 국가가 발행하는 국채, 지방자치단체가 발행하는 지방채, 공공기관이 발행하는 공채, 일반기업이 발행하는 사채로 구분된다. 사채의 종류와 특성에 대한 구체적인 내용은 8장 금융부채에서 다루기로 한다. 채무상품과 관련한 내용은 8장을 먼저 학습한 후에 다뤄도 무방하다.

1. 금융자산의 회계상 분류

(1) 분류의 중요성

금융자산이란 '현금 및 현금성자산', '다른 기업 투자에 따른 지분상품', '현금 등 금융자산을 수취할 계약상 권리' 등을 말한다. '다른 기업 투자에 따른 지분상품'이란 다른 기업이 발행한 주식 등을, '현금 등 금융자산을 수취할 계약상 권리'란 매출채권이나 다른 기업이 발행한 사채 등을 말한다.

다른 기업이 발행한 사채를 취득한 경우 '금융자산'이란 계정을 일괄적으로 사용해 다음과 같이 분개한다고 가정해 보자.

(차) 금 융 자 산	×××	(대) 현 금	×××

동일한 사채를 A사는 단기간 내에 매각할 목적으로 취득했고, B사는 만기까지 보유할 목적으로 취득했을 경우 투자의 성격을 무시하고 같은 방식으로 분개하는 것은 문제가 있다. 다양한 금융자산을 보유목적 등에 있어서의 차이를 고려하지 않고 '금융자산'이란 하나의 계정을 사

용해 취득 및 보유시 평가 · 처분 등 회계처리를 모두 동일하게 처리해도 문제가 없을까?

이러한 획일적 처리는 회계정보 이용자 입장에서도 문제가 많다. A사처럼 단기간 내에 매각할 목적으로 취득한 사채의 경우에는 시가 정보가 중요할 것이고, B사처럼 만기까지 보유할 목적인 경우에는 시가 정보가 별로 의미가 없을 것이다. 이를 동일하게 회계처리해 획일적인 회계정보를 제공하면 회계정보이용자의 의사결정에 유용하지 못할 수 있다.

회계정보의 유용성을 증대시키기 위한 측면에서 보면 다양한 금융자산에 대한 측정 및 평가손익의 처리방법 등을 몇 가지 그룹으로 나누어 달리 정할 필요가 있다. 이런 필요성 때문에 '금융자산의 분류'가 중요해졌고 관련 회계기준이 마련됐다. 기업회계기준서 제1109호[11] 에서는 후속적 평가방법을 중심으로 금융자산을 상각후원가[12]로 측정하는 금융자산(이하에서는 'AC[13] 금융자산'이라고 함)과 공정가치[14]로 측정하는 금융자산으로 크게 나눈다. 공정가치로 측정하는 금융자산은 다시 평가손익을 당기손익에 반영하는 것(이하에서는 'FVPL[15]금융자산'이라고 함)과 기타포괄손익으로 반영하는 것(이하에서는 'FVOCI[16]금융자산'이라고 함)으로 분류하고 각각 달리 회계처리하도록 정하고 있다.

금융자산 유형 중 현금 및 현금성자산, 대여금 및 수취채권은 그 성격상 상각후원가측정 금융자산으로 분류[17]될 것이고 이에 대해서는 앞에서 이미 설명한 바 있다. 여기서는 주식, 채권 등과 같은 증권형 금융자산을 중심으로 공정가치측정금융자산으로 분류될 때와 AC금융자산으로 분류될 때의 회계처리에 대해 설명하기로 한다.

(2) 증권형 금융자산의 분류

증권형 금융자산은 평가시점에 상각후원가로 측정하는 'AC금융자산'과 공정가치로 측정하는 'FVPL금융자산' 및 'FVOCI금융자산'으로 구분된다.

---

11) 기업회계기준서 제1109호 '금융상품'은 제1039호를 대체하는 기준서로서 20x1년 1월 1일부터 시행되었다.

12) 상각후원가란 금융자산의 최초인식시점의 측정금액에서 상환된 원금을 차감하고, 최초인식금액과 만기금액의 차액에 유효이자율법을 적용해 계산된 상각누계액을 가감한 금액을 말한다. 기본적으로 상각후 원가는 원가평가방법이라고 보면 된다. 유효이자율법에 대해서는 곧바로 설명될 채무상품 금융자산의 후속측정에서 자세히 다룬다.

13) Amortized Cost

14) 공정가치란 합리적인 판단력과 거래의사가 있는 독립된 당사자 사이의 거래에서 자산이 교환되거나 부채가 결제될 수 있는 금액을 말한다. 코스피나 코스닥과 같은 주식시장에서 공시되고 있는 주식의 가격이 대표적인 공정가치라고 할 수 있다.

15) Fair Value through Profit or Loss

16) Fair Value through Other Comprehensive Income

17) 대여금 및 수취채권은 드물게 공정가치측정 금융자산으로 분류될 수도 있을 것이나, 이에 대한 설명은 회계원리 수준을 넘어서는 것이므로 여기서는 대여금 및 수취채권을 AC금융자산으로 간주하기로 한다.

● AC금융자산

AC금융자산이란 다음 두 조건을 모두 충족하는 경우에 분류되는 금융자산이다.

① 계약상 현금흐름을 수취하기 위해 보유하는 것이 목적인 사업모형 하에서 금융자산을 보유한다.

② 금융자산의 계약 조건에 따라 특정일에 원금과 원금잔액에 대한 이자 지급(이하 '원리금 지급')만으로 구성되어 있는 현금흐름이 발생한다.

즉, 특정일에 원리금이 지급되는 현금흐름을 수취하기 위해 금융자산을 보유하는 것이 목적이라면 해당 금융자산은 AC금융자산으로 분류된다. 주식과 같은 지분증권의 경우에는 특정일에 원리금지급의 현금흐름이 발생하는 것이 아니므로 AC금융자산으로 분류될 여지가 없다. 따라서 특정일에 원리금지급이 이루어지는 채권과 같은 채무증권이 AC금융자산으로 분류 가능하다.

AC금융자산은 기업이 해당 금융자산의 처분을 통해 차익을 얻으려는 것이 사업목적이 아니므로 매도를 전제로 하는 공정가치 정보가 의미가 없다. 따라서 상각후원가측정을 적용하게 된다.[18)]

● FVOCI금융자산

FVOCI금융자산이란 후속적으로 공정가치 측정을 하되, 이때 발생한 평가손익을 기타포괄손익으로 인식하는 금융자산을 말한다.

FVOCI금융자산으로 분류될 수 있는 금융자산은 원칙적으로 채무증권이다. 즉, 특정일에 원리금 지급만으로 구성되어 있는 현금흐름이 발생하고 이러한 현금흐름의 수취와 해당 채무증권의 매도 둘 다를 통해 목적을 이루는 사업모형 하에서 채무증권을 보유하는 경우 FVOCI금융자산으로 분류한다.[19)] 이러한 경우는 채무증권을 단기간 보유 후 매도가 아닌 장기 보유를 하다가 매도하려는 것이 일반적이다.

---

18) AC금융자산으로 분류된 금융자산은 만기가 도래하기 전에 매도를 할 수 없는 것일까? 그렇지는 않다. 비록 현금흐름 수취가 목적이기는 하나 기업의 목적변경에 따라 만기 전에 매도를 할수도 있을 것이다. 다만, 그러한 매도를 금융자산 취득시점에 목적으로 삼지 않고 있을 뿐이다.

19) 특정일에 원리금이 지급되는 현금흐름을 수취하기 위해 금융자산을 보유하는 것이 목적인 경우에는 AC금융자산으로 분류되는 반면, 원리금의 현금흐름 수취와 금융자산의 매도를 통한 차익 획득 둘 다를 목적으로 하는 경우에는 FVOCI금융자산으로 분류되는 것이다.

지분증권은 특정일에 원리금 지급만으로 구성된 현금흐름이 발생하는 것이 아니므로 원칙적으로 FVOCI금융자산으로 분류할 수 없다. 다만, 예외적으로 지분증권을 단기매매목적으로 취득한 것이 아닌 경우 최초 인식시점에 한해 FVOCI금융자산으로 분류하는 것을 기업이 선택할 수 있다.[20] 이를 채무증권의 FVOCI금융자산과 분류하기 위하여 편의상 본 교재에서는 FVOCI선택금융자산이라 한다.

FVOCI금융자산의 경우 금융자산의 매도를 통한 차익실현의 목적을 가지고 있기 때문에 회계정보를 공시하는 시점의 공정가치 정보가 취득원가 정보보다 더 유용할 것이라는 이유로 공정가치 평가를 의무화한 것이다. 이때 공정가치 평가에 따른 평가손익은 그 본질상 미실현손익에 해당하므로 당기손익이 아닌 기타포괄손익에 반영하는 것이 적절하다.

● FVPL금융자산

AC금융자산 또는 FVOCI금융자산으로 분류되지 않은 경우에는 FVPL금융자산으로 분류된다. 일반적으로 단기간 내에 매도할 목적으로 금융자산을 취득한 경우 FVPL금융자산으로 분류된다.

증권형 금융자산이 구체적으로 어떻게 분류될 수 있는지를 요약하면 [그림 7-4]와 같다.

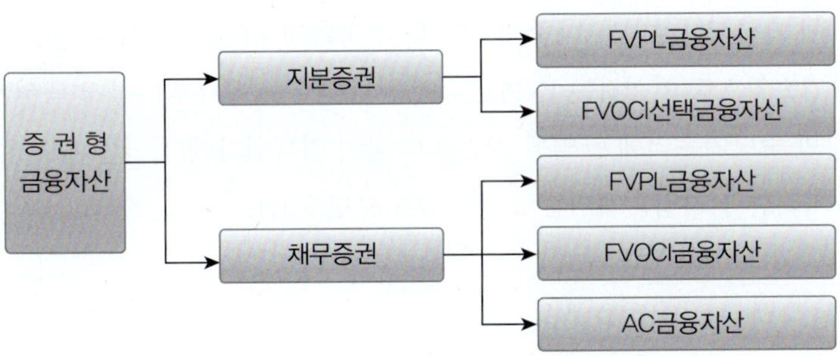

[그림 7-4] 증권형 금융자산의 분류

20) 정확하게는 단기매매목적이 아닌 것과 더불어 기업회계기준서 제1103호를 적용하는 사업결합에서 취득자가 인식하는 조건부 대가가 아닌 경우여야 FVOCI금융자산으로 분류하는 선택이 가능하다. 그러나 회계원리에서는 금융자산의 분류와 이에 따른 후속측정의 기본적인 원칙을 이해하는 것이 더 중요하므로 이 부분의 설명은 중급회계 또는 고급회계에서 다루는 것이 바람직하다.

[예 7-6] 증권형 금융자산의 분류

A사가 다음과 같이 금융자산을 취득한 경우 어떤 유형으로 분류해야 하는가? 단, 각 거래는 독립적인 것으로 가정한다.

1. B사 주식을 단기간 내에 매매할 목적으로 취득했다.
2. C사가 발행한 사채를 만기까지 보유하며 원리금을 수취할 목적으로 취득했다.
3. D사가 발행한 사채를 단기간 내에 매매할 목적으로 취득했다.
4. E사가 발행한 사채를 원리금 수취와 매도차익을 거둘 목적으로 취득했다.

풀이

1. FVPL금융자산
2. AC금융자산
3. FVPL금융자산
4. FVOCI금융자산

2. 금융자산의 측정

(1) 최초측정(취득시의 측정)

금융자산은 최초 인식시점에 공정가치로 인식한다. 금융자산의 취득과 직접 관련되는 부대원가도 취득원가에 가산된다. 다만, 나중에 설명할 후속측정 시 공정가치 측정대상 금융자산 중 평가손익을 당기손익으로 인식하는 FVPL금융자산의 경우는 부대원가를 취득원가에 포함시키더라도 그 부분만큼 당기손익에 반영될 것임으로 굳이 취득원가에 가산할 필요 없이 발생 시에 당기비용으로 처리한다(기업회계기준서 제1109호 문단 5.1.1).

[예 7-7] 금융자산 취득시의 회계처리

A사는 20x1년 10월 1일에 B사가 발행한 사채를 ₩50,000에 매입했다.

1. 동 사채가 AC금융자산으로 분류될 때 취득시의 회계처리를 행하라.
2. 동 사채가 FVOCI금융자산으로 분류될 때 취득시의 회계처리를 행하라.
3. 동 사채가 FVPL금융자산으로 분류될 때 취득시의 회계처리를 행하라.

풀이

1.	(차) AC금융자산	50,000	(대) 현금	50,000
2.	(차) FVOCI금융자산	50,000	(대) 현금	50,000
3.	(차) FVPL금융자산	50,000	(대) 현금	50,000

(2) 후속측정(기말보유시의 평가에 따른 측정)

증권형 금융자산을 최초 인식할 때 어떤 금융자산으로 분류하는지에 따라 후속측정의 방법이 달라진다. 증권형 금융자산은 해당 상품이 확정된 미래현금흐름을 가지고 있는지 여부에 따라 회계상 고려해야 할 점에 차이가 생긴다. 주식의 경우 회계연도마다 배당금이 발생하나 얼마의 배당금이 발생하는지는 매 회계연도의 주주총회 결의로 결정되기 때문에 확정된 미래현금흐름으로 볼 수는 없다. 반면, 사채의 경우 일정시점에 일정금액의 이자를 수령하고 확정된 만기에 액면금액을 수령하게 되므로 미래현금흐름이 확정된 것으로 볼 수 있다.

미래현금흐름의 확정여부에 따라 회계상 고려해야 할 점이 달라지는 이유에 대해서는 곧 바로 설명될 것이다. 여기서는 그러한 특성의 차이로 인해 증권형 금융자산을 주식 등의 지분상품 금융자산과 사채 등의 채무상품 금융자산으로 구분해 후속측정에 대해 살펴보기로 한다.

1) 지분상품 금융자산의 후속측정

주식 등 지분상품 금융자산의 후속측정은 이론적으로 2가지 방법이 가능하다. 하나는 재무제표 작성 시점에 별도의 측정 없이 취득원가를 그대로 공시하는 '원가평가' 방법이다. 다른 하나는 재무제표 작성 시점의 공정가치를 측정해 이를 공시하는 '공정가치평가' 방법이다.

한국채택국제회계기준은 지분상품 금융자산에 대해 공정가치평가 방법을 원칙으로 삼고 있다. 여기서 공정가치로 측정해 공시한다는 것은 평가직전 장부가액으로 기록돼 있는 금융자산을 기말시점의 공정가치로 바꿔 재무상태표에 표시한다는 것을 의미한다. 이때 평가직전 장부가액과 공정가치의 차이는 '금융자산평가손익'으로 인식된다.

지분상품 금융자산의 경우 앞에서 살펴본 바와 같이 FVPL금융자산과 FVOCI금융자산으로 분류가능하므로 각각에 대해 후속측정시의 분개를 살펴보기로 한다.

① FVPL금융자산으로 분류될 경우

지분상품 금융자산이 FVPL금융자산으로 분류될 경우 후속측정은 공정가치로 측정한다. 이때 발생하는 공정가치 변동(평가손익)에 대해서는 당기손익으로 인식하게 된다. 당기손익으로 인식한다는 것은 공정가치 평가에 따라 발생한 평가손익에 대해 결산마감 분개시 집합손익으로 대체하고 포괄손익계산서의 당기순이익에 포함한다는 의미다. 당기순이익에 반영된 평가손익은 포괄손익계산서의 당기순이익에 표시되는 동시에 재무상태표상 이익잉여금에도 포함된다.

이에 대한 회계처리를 회계의 순환과정에 따라 요약하면 [표 7-3]과 같다.

[표 7-3] FVPL금융자산의 후속측정에 대한 분개

	장부가액 < 공정가치	장부가액 > 공정가치
공정가치 평가시	(차) FVPL금융자산 ××× (대) FVPL금융자산평가이익 ×××	(차) FVPL금융자산평가손실 ××× (대) FVPL금융자산 ×××
결산마감 분개시	(차) FVPL금융자산평가이익 ××× (대) 집합손익 ×××	(차) 집합손익 ××× (대) FVPL금융자산평가손실 ×××

② FVOCI선택금융자산으로 분류될 경우

지분상품 금융자산이 FVOCI선택금융자산으로 분류될 경우 FVPL금융자산과 마찬가지로 후속측정은 공정가치로 행한다. 다만, 예외적으로 활성시장에서 공시되는 시장가격이 없고 공정가치를 신뢰성 있게 측정할 수 없는 지분상품은 원가로 측정하나, 이는 중급회계에서 다룰 사항이다.

공정가치로 측정시 발생하는 공정가치 변동(평가손익)에 대해서는 FVPL금융자산과 달리 기타포괄손익으로 인식한다. 총포괄손익은 당기순이익과 기타포괄손익으로 구분된다. 기타포괄손익으로 인식한다는 것은 포괄손익계산서상 당기순이익이 아닌 기타포괄손익에 반영함을 의미한다. 당년도에 발생한 기타포괄손익은 결산마감분개를 통하여 재무상태표상 기타포괄손익누계액으로 대체된다.

이에 대한 회계처리를 회계의 순환과정에 따라 요약하면 [표 7–4]와 같다.

[표 7–4] FVOCI금융자산의 후속측정(공정가치평가)에 대한 분개

	장부가액 < 공정가치	장부가액 > 공정가치
공정가치 평가시	(차) FVOCI금융자산 ××× (대) FVOCI금융자산평가이익 ×××	(차) FVOCI금융자산평가손실 ××× (대) FVOCI금융자산 ×××
결산마감 분개시	(차) FVOCI금융자산평가이익 ××× (대) 기타포괄손익누계액 ×××	(차) 기타포괄손익누계액 ××× (대) FVOCI금융자산평가손실 ×××

지분상품을 후속측정과 관련하여 세분하면 [그림 7–5]와 같다.

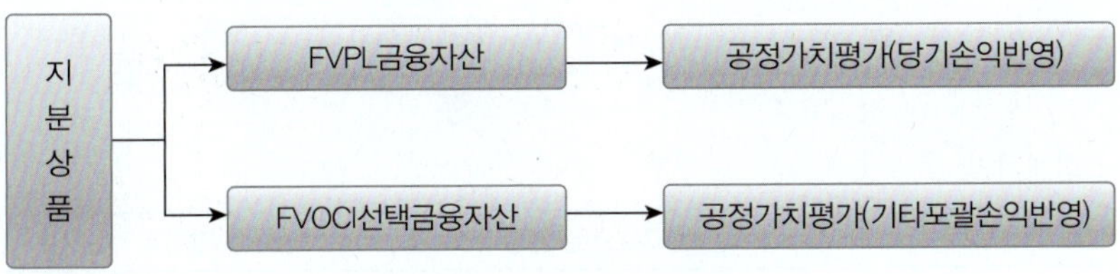

[그림 7–5] 지분상품의 분류

지분상품 금융자산의 후속측정에 대해 [예 7–8]과 [예 7–9]를 통해 구체적으로 살펴보기로 한다.

[예 7-8] 지분상품 금융자산의 후속측정(FVPL금융자산)

A사는 B사의 주식을 20x1년 중에 취득했다. 취득원가와 각 회계기말의 공정가치는 아래와 같다.

취득원가	20x1년말 공정가치	20x2년말 공정가치
₩10,000	₩8,000	₩11,000

[물음]
A사가 B사의 주식을 단기매매목적으로 취득한 경우 취득시, 20x1년말과 20x2년말 분개 및 평가손익에 대한 결산마감분개를 표시하라.

풀이

〈취득시의 회계처리〉
단기매매목적으로 취득한 지분상품은 FVPL금융자산으로 분류되고, 공정가치로 후속측정하며 이때 발생한 평가손익은 당기손익에 반영한다.

(차) FVPL금융자산 10,000 (대) 현금 10,000

〈20x1년말 회계처리〉

취득원가	20x1년말 공정가치	평가이익(손실)
₩10,000	₩8,000	₩(2,000)

① 공정가치 평가시 분개

(차) FVPL금융자산평가손실[1) 2,000 (대) FVPL금융자산 2,000

1) 평가손실은 20x1년도 당기손익에 반영된다.

② 결산마감분개

(차) 집합손익 2,000 (대) FVPL금융자산평가손실 2,000

〈20x2년말 회계처리〉

평가전 장부가액	20x2년말 공정가치	평가이익(손실)
₩8,000	₩11,000	₩3,000

① 공정가치 평가시 분개

(차) FVPL금융자산 3,000 (대) FVPL금융자산평가이익[2) 3,000

2) 평가이익은 20x2년도 당기손익에 반영된다.

② 결산마감분개

(차) FVPL금융자산평가이익 3,000 (대) 집합손익 3,000

[예 7-9] 지분상품 금융자산의 후속측정(FVOCI금융자산)

A사는 B사의 주식을 20x1년 중에 취득했다. 취득원가와 각 회계기말의 공정가치는 아래와 같다.

취득원가	20x1년말 공정가치	20x2년말 공정가치
₩10,000	₩8,000	₩11,000

A사가 B사의 주식을 FVOCI금융자산으로 분류했다고 가정하고 답하라.

풀이

〈취득시의 회계처리〉

FVOCI금융자산으로 분류되는 경우 공정가치평가를 하며, 이때 발생하는 평가손익은 기타포괄손익으로 인식한다.

(차) FVOCI금융자산 10,000 (대) 현금 10,000

〈20x1년말 회계처리〉

취득원가	20x1년말 공정가치	평가이익(손실)
₩10,000	₩8,000	₩(2,000)

① 공정가치 평가시 분개

(차) FVOCI금융자산평가손실[3] 2,000 (대) FVOCI금융자산 2,000

3) 평가손실은 20x1년도 포괄손익계산서의 기타포괄손익에 반영된다.

② 결산마감분개

(차) 기타포괄손익누계액(평가손실)[4] 2,000 (대) FVOCI금융자산평가손실 2,000

4) FVOCI금융자산평가손실은 재무상태표의 기타포괄손익누계액(평가손실)으로 대체된다.

〈20x2년말 회계처리〉

평가전 장부가액	20x2년말 공정가치	평가이익(손실)
₩8,000	₩11,000	₩3,000

① 공정가치 평가시 분개

(차) FVOCI금융자산 3,000 (대) FVOCI금융자산평가이익[5] 3,000

5) 평가이익은 20x2년도 포괄손익계산서에 기타포괄손익으로 반영된다.

② 결산마감분개

(차) FVOCI금융자산평가이익	3,000	(대) 기타포괄손익누계액(평가손실)[6]	2,000
		기타포괄손익누계액(평가이익)	1,000

6) 재무상태표상 기타포괄손익누계액에 반영되는 기타포괄손익은 동일 주식에 대해서는 평가이익과 평가손실을 서로 상계하여 공시한다. 따라서 20x2년도의 평가이익을 계상하기 전에 20x1년도에 인식돼 기타포괄손익누계액을 구성하고 있는 평가손실 ₩2,000을 우선적으로 상계하고, 차액 ₩1,000을 기타포괄손익누계액(평가이익)으로 공시해야 한다.

2) 채무상품 금융자산의 후속측정

국공채와 사채 등과 같은 채무상품 금융자산은 주식 등의 지분상품 금융자산과 달리 미래 현금흐름이 사전에 확정되는 특징을 지닌다. 그렇다면 미래현금흐름이 확정됐다는 특성이 회계상 어떠한 의미를 갖는 것일까? 채무상품 금융자산의 후속측정에 대한 설명에 앞서 채무상품 금융자산의 특성을 이해하기 위해 다음과 같은 예를 먼저 살펴보기로 하자.

A사는 B사가 20x1년 1월 1일에 발행한 아래와 같은 조건의 사채를 ₩93,192에 취득했다. 단, A사의 회계기말은 12월 31일이다.

- 액 면 금 액 : ₩100,000
- 표시이자율 : 2.5%
- 이자지급일 : 매년 12월 31일
- 만 기 : 20x3년 12월 31일
- 취득일의 유효이자율 : 5%

취득원가 ₩93,192는 취득일인 20x1년 1월 1일의 동 사채의 공정가치일 것이다. 동 사채는 20x1년 12월 31일, 20x2년 12월 31일, 20x3년 12월 31일에 각각 ₩2,500의 이자가 지급되고 20x3년 12월 31일에 액면금액 ₩100,000이 지급되는 확정된 현금흐름을 가지고 있다. 지분상품 금융자산과 달리 이처럼 확정된 미래현금흐름을 가지고 있는 채무상품 금융자산의 공정가치는 미래현금흐름을 취득일의 유효이자율[21]로 할인한 현재가치로 결정된다.[22] 따라서 취득원가 ₩93,192는 아래와 같은 산식을 통해 결정된 것이다.

$$\frac{₩2{,}500}{(1+0.05)} + \frac{₩2{,}500}{(1+0.05)^2} + \frac{₩2{,}500 + ₩100{,}000}{(1+0.05)^3} = ₩93{,}192$$

21) 엄밀히 말하자면 유효이자율은 시장이자율과는 차이가 있으나, 별도 언급이 없는 한 유효이자율과 시장이자율이 같음을 전제로 한다.

22) 여기서는 유효이자율이 표시이자율보다 큰 경우, 즉 현재가치가 만기시의 사채의 액면금액보다 작은 경우에 대해서만 살펴보기로 한다. 그 이외의 경우에 대해서는 8장 금융부채에서 보다 상세히 설명하기로 한다.

즉, A사는 20x1년 1월 1일에 B사에 ₩93,192을 대여하고, 20x1년 12월 31일, 20x2년 12월 31일에 각각 이자 ₩2,500, 20x3년 12월 31일 이자 ₩2,500과 액면금액 ₩100,000을 수령하는 조건의 금융자산을 취득한 것으로 볼 수 있다. 그렇다면 A사는 취득 시점에 어떻게 회계처리할까? 취득 시에는 자산을 공정가치로 기록해야 하므로 채권의 현재가치 ₩93,192가 금융자산으로 계상돼야 한다.

따라서 사채를 취득하는 시점인 20x1년 1월 1일에 해야 할 분개를 나타내면 아래와 같다.

〈20x1년 1월 1일〉

(차) ○○금융자산*	93,192	(대) 현 금	93,192

* 어떤 금융자산으로 분류할지에 따라 계정과목이 달라질 것임.

회계기말인 20x1년 12월 31일에 A사는 동 사채와 관련해 어떤 분개가 필요할까? 화폐의 시간가치를 반영한 현재가치로 20x1년 1월 1일에 해당 금융자산을 ₩93,192로 계상했으므로, 1년이라는 시간이 흐른 시점인 20x1년 12월 31일에도 여전히 ₩93,192로 계상하는 것은 옳지 않음을 바로 알 수 있을 것이다. 1년간의 화폐의 시간가치가 반영된 새로운 금액을 금융자산으로 계상해야 한다. 그렇다면 화폐의 시간가치가 반영된 새로운 금액을 어떻게 산출할 것인가? 앞에서 취득일에 미래현금흐름을 취득시점의 유효이자율인 5%로 할인해 현재가치를 계상했음을 떠올린다면 아래와 같은 산식에 의해 20x1년 12월 31일의 새로운 금융자산의 금액이 산출됨을 이해할 수 있을 것이다.

$$₩93,192 \times (1 + 0.05) = ₩97,852$$

따라서 ₩97,852과 ₩93,192의 차액인 ₩4,660만큼 금융자산의 차변을 증가시켜야 한다. 이때 대변에 계상되는 계정과목은 무엇일까? 화폐의 시간가치를 반영해 금융자산의 금액을 증가시킨 것임으로 이는 이자수익에 해당한다. 따라서 대변 계정과목은 이자수익이 된다. 결국 20x1년 12월 31일의 회계처리는 다음과 같다.

(차) ○○금융자산	4,660	(대) 이 자 수 익	4,660	…①

그런데 20x1년 12월 31일에 B사로부터 약정된 사채이자 ₩2,500을 수령함으로 금융자산의 가치는 해당 금액만큼 감소돼야 한다. 즉, 다음과 같은 분개가 이루어져야 한다.

(차) 현 금	2,500	(대) ○ ○ 금 융 자 산	2,500	…②

위의 ①번 분개와 ②번 분개를 하나로 통합하면 다음과 같다.

〈20x1년 12월 31일〉

(차) 현 금	2,500	(대) 이 자 수 익	4,660
○ ○ 금 융 자 산	2,160		

20x1년 12월 31일에 이어 20x2년 12월 31일에도 동일한 논리에 의해 수정분개를 통한 금융자산의 기말잔액 수정이 이뤄져야 한다.

20x2년 1월 1일의 금융자산 기초잔액은 ₩95,352[23]이므로 화폐의 시간가치를 반영한 20x2년 12월 31일의 잔액은 아래와 같이 산출된다.

$$₩95,352 \times (1 + 0.05) = ₩100,120$$

따라서 ₩100,120과 ₩95,352의 차액인 ₩4,768만큼 금융자산을 증가시키고 동 금액만큼 이자수익을 인식한다. 그런데 20x2년 12월 31일에 다시 B사로부터 약정된 사채이자 ₩2,500을 수령함으로써 금융자산 잔액은 같은 금액만큼 감소돼 기말잔액은 ₩97,620이 된다. 이를 통합해 하나의 분개로 표시하면 다음과 같다.

〈20x2년 12월 31일〉

(차) 현 금	2,500	(대) 이 자 수 익	4,768
○ ○ 금 융 자 산	2,268		

20x3년 12월 31일에도 동일한 논리에 의해 수정분개를 통한 금융자산의 기말잔액 수정이 이뤄져야 한다. 20x3년 1월 1일의 금융자산 기초잔액은 ₩97,620[24]이므로 화폐의 시간가치를 반영한 20x3년 12월 31일의 잔액은 아래와 같이 산출된다.

$$₩97,620 \times (1 + 0.05) = ₩102,500$$

23) ₩93,192 + ₩2,160 = ₩95,352
24) ₩95,352 + ₩2,268 = ₩97,620

따라서 ₩102,500과 ₩97,620의 차액인 ₩4,880만큼 금융자산을 증가시키고 같은 금액만큼 이자수익을 인식한다. 그런데 20x3년 12월 31일에 다시 B사로부터 약정된 사채이자 ₩2,500을 수령함으로써 금융자산의 최종 기말잔액은 ₩100,000이 된다. 이를 하나의 분개로 통합하면 다음과 같다.

〈20x3년 12월 31일〉

(차) 현 금	2,500	(대) 이 자 수 익	4,880
○ ○ 금 융 자 산	2,380		

이후 20x3년 12월 31일에 사채의 액면금액을 상환 받으면 다음의 분개를 행해야 한다.

(차) 현 금	100,000	(대) ○ ○ 금 융 자 산	100,000

이처럼 사채 보유기간 동안 기말시점에 수정분개를 통해 해당 금융자산의 장부가액을 수정하는데, 이때 동 금융자산의 취득시 유효이자율을 사용한다. 이런 과정을 '유효이자율법'에 의한 장부가액 수정이라 한다. 유효이자율법의 적용을 통해 산출하는 이자수익 및 금융자산 증감액을 일정한 형식의 표를 통해 일목요연하게 정리할 수 있는데, 이를 '유효이자율법에 의한 장부가액 조정표'라 한다. 앞의 예를 이용해 유효이자율법에 의한 장부가액 조정표를 작성하면 다음과 같다.

유효이자율법에 의한 장부가액 조정표

일 자	유효이자(5%)	표시이자(2.5%)	조정액	장부가액
20x1.1.1				₩93,192 ①
20x1.12.31	₩4,660 ②	₩2,500 ③	₩2,160 ④	95,352 ⑤
20x2.12.31	4,768 ⑥	2,500	2,268 ⑦	97,620 ⑧
20x3.12.31	4,880*	2,500	2,380	100,000 ⑨

* 단수차이조정

①… 취득일의 현재가치를 기록한다.

②… 기말시점까지의 화폐의 시간가치를 취득시의 유효이자율을 이용해 산출한다. 동 금액이 당해 연도 포괄손익계산서에 이자수익으로 계상되며, 동시에 금융자산의 장부가액을 증가시킬 금액이다.

①× 유효이자율 = ₩93,192 × 5% = ₩4,660

③… 약정된 표시이자를 기록한다. 동 금액만큼 금융자산의 장부가액이 감소돼야 한다.

④… 유효이자와 표시이자의 차이만큼 결국 금융자산의 장부가액이 조정돼야 한다.

② − 표시이자 = ₩4,660 − ₩2,500 = ₩2,160

⑤… 조정액만큼 장부가액을 조정한다.

① + ④ = ₩93,192 + ₩2,160 = ₩95,352

⑥… ⑤× 유효이자율 = ₩95,352 × 5% = ₩4,768

⑦… ⑥ − 표시이자 = ₩4,768 − ₩2,500 = ₩2,268

⑧… ⑤ + ⑦ = ₩95,352 + ₩2,268 = ₩97,620

⑨… 항상 사채 만기시점의 장부가액은 사채의 액면금액과 같아야 한다. 다르다면 계산상 오류가 발생된 것이다(반올림 등으로 끝수가 정확하지 않을 가능성은 있음).

이자율 오르면 채권가격 내려가는 이유

채권가격과 이자율은 밀접한 상관관계가 있다. 이자율이 올라가면 채권가격이 왜 내려가는지를 먼저 알아보자. 은행의 이자율(금리)이 3%이고 채권의 이자율이 3%라고 가정하면 어느 쪽에 투자하든 이자는 똑같이 3%를 받는다. 그러나 이자율이 3%인 채권에 100달러를 투자했는데 금리상승으로 은행의 이자율이 5%가 됐다고 하면 새로운 투자자는 이자를 더 받을 수 있는 은행을 선택한다.

같은 시기에 채권에 투자한 사람이 목돈이 필요해 채권을 팔려고 하면 원래 가격인 100달러를 받지 못하는 것은 당연한 이치다. 채권을 팔기 위해서는 100달러보다 싼 가격으로 팔 수밖에 없고 채권가격은 내려간다. 이러한 변동은 채권의 존속기간(Duration)에 의해 결정된다. 존속기간이 7년이라면 이자율 1% 변함에 따라서 채권가격은 7% 변동이 발생한다. 현재와 같은 저금리에서 2% 이자율 상승은 채권가격이 약 15% 떨어진다. 100달러 짜리 채권이 86달러로 하락하는 것이다.

– 미주중앙일보 경제에세이(이명덕) 2016.12.30 –

미래현금흐름이 확정된 채무상품 금융자산은 취득시의 유효이자율을 반영한 현재가치로 취득원가를 기록하며, 이후 회계기말 시점마다 수정분개를 통해 장부가액을 조정한다. 이런 과정은 채무상품 금융자산을 어떻게 평가하고 있는 것일까? 공정가치로 평가하고 있는 것일까? 취득시 기록된 공정가치, 즉 현재가치는 이후 화폐의 시간가치만을 반영해 장부가액 조정이 이뤄질 뿐 그 시점의 공정가치를 반영하지는 않는다. 이는 '상각후원가측정'으로 달리 표현한다.

기본적으로 상각후원가측정 방법은 취득원가주의에 기초한 평가방법에 속한다. 그렇다면 여기서 '상각후'라는 의미는 무엇일까? 앞에서 채무상품 금융자산의 취득시 액면금액이 아닌 현재가치로 회계처리 했는데 이를 순액표시 방법이라고 한다.

채무상품 금융자산의 취득시 순액표시 방법 대신 액면금액으로 표시하고 액면금액과 현재가치의 차이를 '현재가치할인차금'이라는 차감적 평가계정을 사용해 표시하는 방법도 있다. 이를 총액표시 방법이라 한다.

순액표시		총액표시	
금 융 자 산	×××	금 융 자 산	×××
		현재가치할인차금	(×××)
			×××[25]

순액표시방법에서는 화폐의 시간가치 반영을 위해 해당 금융자산을 직접 증가시킨다. 반면, 총액표시방법의 경우 차감적 평가계정인 현재가치할인차금을 감소시켜 금융자산의 장부가액을 증가시킨다. 이를 현재가치할인차금 '상각'으로 표현한다. 결국 '상각후원가'는 취득원가에 이후 화폐의 시간가치를 반영시키고 난 다음의 금액을 의미한다.

한 가지 유의해야 할 사항은 미래현금흐름이 확정된 채무상품 금융자산의 경우 기말시점에 상각후원가로 측정해 잔액을 수정하는 것은 공정가치로 해당 금융자산을 평가할 것인지와 무관하다는 점이다. 모든 채무상품 금융자산에 대해서는 우선 상각후원가측정을 행한 다음 해당 채무상품 금융자산이 어떤 유형으로 분류되는지에 따라 공정가치평가 여부를 결정하는 것이다.

25) 이를 장부가액이라 한다.

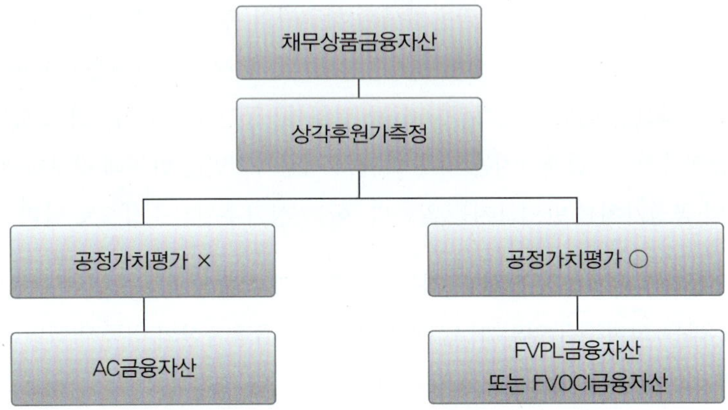

[그림 7-6] 채무상품 금융자산의 분류

채무상품 금융자산도 지분상품 금융자산과 마찬가지로 공정가치로 평가하는 것이 기업회계기준서의 기본원칙이다. 따라서 상각후원가측정을 통해 산출한 장부금액과 기말시점의 공정가치를 비교해 평가손익을 당기손익(FVPL금융자산) 또는 기타포괄손익(FVOCI금융자산)으로 인식하는 것이 원칙이다. 다만, 특정일에 원리금이 지급되는 현금흐름을 수취하기 위해 금융자산을 보유하는 것이 목적이라면 공정가치 정보가 유용하지 않으므로 상각후원가측정으로 장부금액을 수정한 후에는 추가적 공정가치 평가는 행하지 않는다. 즉, AC금융자산으로 분류되면 공정가치 평가대상에서 제외되는 것이다.

앞의 예에서 해당 금융자산이 공정가치 측정을 하는 FVPL금융자산 또는 FVOCI금융자산으로 분류됐다면 어떤 회계처리가 필요한지 살펴보기로 한다.

A사는 B사가 20x1년 1월 1일에 발행한 아래와 같은 조건의 사채를 ₩93,192에 취득했다. 단, A사의 회계기말은 12월 31일이다.

- 액 면 금 액 : ₩100,000
- 표시이자율 : 2.5%
- 이자지급일 : 매년 12월 31일
- 만 기 : 20x3년 12월 31일
- 취득일의 유효이자율 : 5%

한편, 동 사채의 공정가치는 아래와 같다.

일 자	20x1.12.31	20x2.12.31
공정가치	₩96,000	₩98,000

[동 사채가 FVPL금융자산으로 분류된 경우]

취득일인 20x1년 1월 1일과 회계기말 시점인 20x1년 12월 31일의 상각후원가측정 수정분개는 금융자산의 계정과목이 FVPL금융자산이라는 점을 제외하고는 앞의 예와 동일하다.

〈20x1년 1월 1일〉

(차) FVPL금융자산	93,192	(대) 현금	93,192

〈20x1년 12월 31일〉

(차) 현금	2,500	(대) 이자수익	4,660
FVPL금융자산	2,160		

그런데 동 채무상품 금융자산이 FVPL금융자산으로 분류됐음으로, 상각후원가측정으로 조정된 장부가액(₩95,352)과 20x1년 12월 31일의 공정가치(₩96,000)의 차이만큼을 평가손익으로 인식하는 추가적인 수정분개가 이뤄져야 한다.

〈20x1년 12월 31일〉

(차) FVPL금융자산	648	(대) FVPL금융자산평가이익	648

이로써 최종적인 20x1년 12월 31일 FVPL금융자산의 기말잔액은 공정가치인 ₩96,000으로 수정되고 동 금액이 재무상태표에 표시된다. 이때 FVPL금융자산평가이익 ₩648은 20x1년도 포괄손익계산서에 당기손익으로 반영된다. 따라서 20x1년 결산 마감시 다음과 같은 분개가 이뤄져야 한다.

〈20x1년 결산마감분개〉

(차) FVPL금융자산평가이익	648	(대) 집합손익	648

20x2년 12월 31일의 수정분개도 20x1년 12월 31일과 마찬가지로 먼저 화폐의 시간가치를 반영하는 상각후원가측정 관련 수정분개를 실시하고, 이후 조정된 장부가액과 공정가치를 비교해 차액을 평가손익으로 인식한다. 그런데 한 가지 문제가 생긴다. 화폐의 시간가치를 반영하는 상각후원가측정을 20x1년 12월 31일의 최종 기말잔액(20x1년 12월 31일의 공정가치와 같음) ₩96,000에 유효이자율을 곱하여 산출할 것인지 아니면 20x1년 12월 31일 공정가치 평가

전의 조정장부가액, 즉 ₩95,352에 유효이자율을 곱해 산출해야 하는지가 문제다.

앞에서 상각후원가측정은 모든 채무상품 금융자산에 대해 이뤄진다고 설명한 바 있다. 이는 최초 취득시의 유효이자율로 확정미래현금흐름을 할인한 현재가치로 해당 금융자산을 취득하게 되므로, 이후 시간이 흘러갈 때마다 화폐의 시간가치를 반영하는 수정분개를 행하는 것으로 이해할 수 있다. 결국 채무상품 취득자는 취득시의 유효이자율로 채무상품의 발행자에게 자금을 대여해준 것이고, 보유기간 동안 유효이자율이 어떻게 변하든지 상관없이 확정된 유효이자(최초의 유효이자율로 계산된 이자)를 이자수익으로 인식하게 되는 것이다. 그렇다면 20x2년 12월 31일에 상각후원가측정을 위해서는 20x1년 12월 31일의 공정가치 ₩96,000이 아니라, 공정가치평가 직전의 유효이자율법에 의해 조정된 장부가액 ₩95,352에 유효이자율 5%를 곱해 계산해야 함을 알 수 있다.

결론적으로 상각후원가측정과 공정가치평가는 전혀 별개의 문제이며, 상각후원가측정은 취득시의 유효이자율을 이용한 장부가액조정표 작성을 통해 보유기간 동안 수행된다.

이를 토대로 20x2년 12월 31일의 수정분개를 행할 경우 먼저 상각후원가측정은 다음과 같이 이뤄진다.

〈20x2년 12월 31일〉

(차)			(대)	
현금	2,500		이자수익	4,768*
FVPL금융자산	2,268			

* ₩95,352 × 5% = ₩4,768

이렇게 되면 FVPL금융자산의 장부가액은 기초잔액 ₩96,000에 ₩2,268이 가산돼 ₩98,268이 된다. 이 금액과 20x2년 12월 31일의 공정가치 ₩98,000을 비교해 평가손익을 인식하고 최종적으로 FVPL금융자산 ₩98,000을 재무상태표에 표시한다.

〈20x2년 12월 31일〉

(차)		(대)	
FVPL금융자산평가손실	268	FVPL금융자산	268

이때 FVPL금융자산평가손실 ₩268은 20x2년도 포괄손익계산서에 당기손익으로 반영된다. 따라서 20x2년 결산 마감시 아래와 같은 분개를 행해야 한다.

〈20x2년 결산마감분개〉

(차) 집 합 손 익	268	(대) FVPL금융자산평가손실	268

[동 사채가 FVOCI금융자산으로 분류된 경우]

취득일인 20x1년 1월 1일과 회계연도 종료 시점인 20x1년 12월 31일의 상각후원가측정 수정분개는 다음과 같다.

〈20x1년 1월 1일〉

(차) F V O C I 금 융 자 산	93,192	(대) 현 금	93,192

〈20x1년 12월 31일〉

(차) 현 금	2,500	(대) 이 자 수 익	4,660
F V O C I 금 융 자 산	2,160		

그런데 동 채무상품 금융자산이 FVOCI금융자산으로 분류되므로 상각후원가측정으로 조정된 장부가액(₩95,352)과 20x1년 12월 31일의 공정가치(₩96,000)의 차이만큼을 평가손익으로 인식하는 추가적 수정분개를 행해야 한다.

〈20x1년 12월 31일〉

(차) F V O C I 금 융 자 산	648	(대) FVOCI금융자산평가이익	648

이로써 최종적인 20x1년 12월 31일 FVOCI금융자산의 기말잔액은 공정가치인 ₩96,000으로 수정되고 동 금액이 재무상태표에 표시된다. 이때 FVOCI금융자산평가이익 ₩648은 20x1년도 포괄손익계산서에 기타포괄손익으로 반영된다. 따라서 20x1년 결산마감시 다음과 같은 분개를 행함으로써 재무상태표상 기타포괄손익누계액으로 대체한다.

〈20x1년 결산마감분개〉

(차) FVOCI금융자산평가이익	648	(대) 기타포괄손익누계액(평가이익)	648

20x2년 12월 31일의 수정분개도 20x1년 12월 31일과 마찬가지로 먼저 화폐의 시간가치를 반영하는 상각후원가측정 관련 수정분개를 실시하고, 이후 조정된 장부가액과 공정가치를 비교

해 차액을 평가손익으로 인식해야 한다. 따라서 20x2년 12월 31일의 수정분개를 행할 경우 먼저 상각후원가측정은 다음과 같이 이뤄진다.

〈20x2년 12월 31일〉

(차) 현 금	2,500	(대) 이 자 수 익	4,768*
FVOCI금융자산	2,268		

* ₩95,352 × 5% = ₩4,768

이렇게 되면 FVOCI금융자산의 장부가액은 기초잔액 ₩95,000에 ₩2,268이 가산돼 ₩98,268이 된다. 이 금액과 20x2년 12월 31일의 공정가치 ₩98,000을 비교해 평가손익을 인식하고 최종적으로 FVOCI금융자산을 ₩98,000으로 재무상태표에 표시하게 된다.

〈20x2년 12월 31일〉

(차) FVOCI금융자산평가손실	268	(대) FVOCI금융자산	268

이때 FVOCI금융자산평가손실 ₩268은 20x2년도 포괄손익계산서에 기타포괄손익으로 반영된다. 따라서 20x2년 결산마감시 이를 기타포괄손익누계액으로 대체하되, 20x1년말 기타포괄손익누계액(평가이익)으로 이월된 ₩648과 우선적으로 상계처리한다.

〈20x2년 결산마감분개〉

(차) 기타포괄손익누계액(평가이익)	268	(대) FVOCI금융자산평가손실	268

[예 7-10] 채무상품 금융자산의 후속측정(AC금융자산)

A사는 B사가 20x1년 1월 1일 발행한 다음과 같은 조건의 사채를 동일자에 취득했다.

- 액 면 금 액 : ₩1,000,000
- 표시이자율 : 연 5%
- 이자지급일 : 매년 6월 30일과 12월 31일 후급
- 만 기 일 : 20x3년 12월 31일

사채취득일 현재 유효이자율은 6%이며, 동 사채의 매년 말 공정가치는 다음과 같다.

일 자	20x1.12.31	20x2.12.31
공정가치	₩985,000	₩990,000

[물음]

1. 동 사채의 취득원가를 계산하라. 단, 취득과 관련된 별도의 수수료 등은 없다고 가정한다.
2. A사가 동 사채를 AC금융자산으로 분류한 경우 취득시점부터 만기시점까지 행할 회계처리를 표시하라.

풀이

1. 미래현금흐름을 취득일의 유효이자로 할인한 금액이 취득시점의 현재가치인 동시에 공정가치에 해당된다. 따라서 동 사채의 취득원가는 아래와 같이 계산된다.

$$\frac{₩25,000}{(1.03)} + \frac{₩25,000}{(1.03)^2} + \frac{₩25,000}{(1.03)^3} + \frac{₩25,000}{(1.03)^4} + \frac{₩25,000}{(1.03)^5} + \frac{₩1,025,000}{(1.03)^6} = ₩972,914$$

표시이자율이 연 5%고 이자지급은 1년에 두 번 이루어지므로 한 번에 2.5%씩의 이자인 ₩25,000을 수령한다. 또한 유효이자율은 연 6%이므로 1년에 두 번의 현금흐름을 할인하려면 3%의 유효이자율이 적용된다.

2. AC금융자산에 대해서는 공정가치평가를 하지 않는다. 따라서 상각후원가측정만 이뤄지며, 만기까지 상각후원가측정을 위해 유효이자율법에 의한 장부가액조정표를 작성하면 다음과 같다.

일 자	유효이자(3%)	표시이자(2.5%)	조정액	장부가액
20x1.1.1				972,914
20x1.6.30	29,187	25,000	4,187	977,101
20x1.12.31	29,313	25,000	4,313	981,414
20x2.6.30	29,442	25,000	4,442	985,856
20x2.12.31	29,576	25,000	4,576	990,432
20x3.6.30	29,713	25,000	4,713	995,145
20x3.12.31	29,855*	25,000	4,854	1,000,000

* 단수차이 조정

취득시부터 만기까지의 분개는 아래와 같다.

〈20x1.1.1〉

(차) AC금융자산	972,914	(대) 현금	972,914

〈20x1.6.30〉

(차) 현금	25,000	(대) 이자수익	29,187
AC금융자산	4,187		

〈20x1.12.31〉

(차) 현금	25,000	(대) 이자수익	29,313
AC금융자산	4,313		

〈20x2.6.30〉

(차) 현금	25,000	(대) 이자수익	29,442
AC금융자산	4,442		

〈20x2.12.31〉

(차) 현금	25,000	(대) 이자수익	29,576
AC금융자산	4,546		

〈20x3.6.30〉

(차) 현금	25,000	(대) 이자수익	29,713
AC금융자산	4,713		

〈20x3.12.31〉

(차) 현금	25,000	(대) 이자수익	29,855
AC금융자산	4,855		
(차) 현금	1,000,000	(대) AC금융자산	1,000,000

[예 7-11] 채무상품 금융자산의 후속측정(FVOCI금융자산)

A사는 B사가 20x1년 1월 1일에 발행한 다음과 같은 조건의 사채를 동일자에 취득했다.

- 액 면 금 액 : ₩1,000,000
- 표시이자율 : 연 5%
- 이자지급일 : 매년 6월 30일과 12월 31일 후급
- 만 기 일 : 20x3년 12월 31일

사채취득일 현재 유효이자율은 6%며, 동 사채의 매년 말 공정가치는 다음과 같다.

일 자	20x1.12.31	20x2.12.31
공정가치	₩985,000	₩990,000

[물음]
A사가 동 사채를 FVOCI금융자산으로 분류한 후 만기까지 보유했다고 가정하고 취득시부터 만기시까지 분개를 행하라. 단, 기말시점에는 평가손익에 대해 결산마감분개를 추가적으로 행하라.

풀이

FVOCI금융자산으로 분류하는 경우 공정가치평가를 통해 발생한 평가손익은 기타포괄손익에 반영하며, 결산마감분개를 통해 궁극적으로 기타포괄손익누계액으로 대체된다. 공정가치평가에 앞서 상각후원가측정을 행해야 하는데, 이는 [예 7-10]에서 사용한 동일 조정표를 이용한다.

〈20x1.1.1〉

(차) FVOCI금융자산	972,914	(대) 현금	972,914

〈20x1.6.30〉

(차) 현금	25,000	(대) 이자수익	29,187
FVOCI금융자산	4,187		

〈20x1.12.31〉

(차) 현금	25,000	(대) 이자수익	29,313
FVOCI금융자산	4,313		
(차) FVOCI금융자산	3,586	(대) FVOCI금융자산평가이익	3,586 [1]

1) 20x1.12.31 공정가치 ₩985,000과 공정가치평가 직전 장부가액 ₩981,414의 차액

〈결산마감분개〉

(차) FVOCI금융자산평가이익	3,586	(대) 기타포괄손익누계액(평가이익)	3,586

〈20x2.6.30〉

(차) 현금	25,000	(대) 이자수익	29,442
FVOCI금융자산	4,442		

〈20x2.12.31〉

(차) 현금	25,000	(대) 이자수익	29,576
FVOCI금융자산	4,576		
(차) FVOCI금융자산평가손실	4,018[2]	(대) FVOCI금융자산	4,018

2) 공정가치평가 직전 장부가액 = ₩985,000(20x2.1.1 기초잔액) + ₩4,442 + ₩4,576 = ₩994,018
공정가치 = ₩990,000
공정가치평가손실 = ₩994,018 − 990,000 = ₩4,018

〈결산마감분개〉

(차) 기타포괄손익누계액(평가이익)	3,586[3]	(대) FVOCI금융자산평가손실	4,018
기타포괄손익누계액(평가손실)	432		

3) 20x1년말에 인식돼 이월된 기타포괄손익누계액(평가이익)을 우선적으로 상계처리한다.

〈20x3.6.30〉

(차) 현금	25,000	(대) 이자수익	29,713
FVOCI금융자산	4,713		

〈20x3.12.31〉

(차) 현금	25,000	(대) 이자수익	29,855
FVOCI금융자산	4,855		
(차) FVOCI금융자산	432	(대) FVOCI금융자산평가이익	432[4]

4) 만기일의 공정가치는 액면가액이다. 따라서 평가전장부가액 ₩999,568 (=기초잔액 ₩990,000+₩4,713+₩4,855)와 액면가액 ₩1,000,000과의 차이 ₩432을 평가이익으로 인식한다.

(차) 현금	1,000,000	(대) FVOCI금융자산	1,000,000

〈결산마감분개〉

(차) FVOCI금융자산평가이익	432	(대) 기타포괄손익누계액(평가손실)[5]	432

5) 20x2년에 이월된 기타포괄손익누계액(평가손실)을 우선적으로 상계처리한다.

[예 7-12] 채무상품 금융자산의 후속측정(FVPL금융자산)

A사는 B사가 20x1년 1월 1일 발행한 다음과 같은 조건의 사채를 동일자에 취득했다.

- 액 면 금 액 : ₩1,000,000
- 표시이자율 : 연 5%
- 이자지급일 : 매년 6월 30일과 12월 31일 후급
- 만 기 일 : 20x3년 12월 31일

사채취득일 현재 유효이자율은 6%며, 동 사채의 매년 말 공정가치는 다음과 같다.

일 자	20x1.12.31	20x2.12.31
공정가치	₩985,000	₩990,000

[물음]
A사가 동 사채를 FVPL금융자산으로 분류한 후 만기까지 보유했다고 가정하고 취득시부터 만기시까지 분개를 행하라. 단, 기말시점에는 평가손익에 대해 결산마감분개를 추가적으로 행하라.

풀이

FVPL금융자산으로 분류하는 경우 후속측정으로 공정가치평가를 행해야 한다. 공정가치평가는 재무상태표를 작성하는 시점에 행해야 하는데, 이 예제에서는 매년 12월 31일에만 재무상태표를 작성하는 것으로 가정한다. 공정가치평가를 통해 발생한 평가손익은 당기손익에 반영하며, 결산마감분개를 통해 궁극적으로 이익잉여금으로 대체된다. 공정가치평가에 앞서 상각후원가측정을 행해야 하는데, 이때 [예7-10]에서와 동일한 조정표를 사용한다.

〈20x1.1.1〉

(차) FVPL금융자산	972,914	(대) 현금	972,914

〈20x1.6.30〉

(차) 현금	25,000	(대) 이자수익	29,187
FVPL금융자산	4,187		

〈20x1.12.31〉

(차) 현금	25,000	(대) 이자수익	29,313
FVPL금융자산	4,313		
(차) FVPL금융자산	3,586	(대) FVPL금융자산평가이익	3,586 1)

1) 20x1.12.31의 공정가치 ₩985,000과 공정가치평가 직전의 장부가액 ₩981,414의 차액

〈결산마감분개〉

(차) FVPL금융자산평가이익	3,586	(대) 집 합 손 익	3,586

〈20x2.6.30〉

(차) 현 금	25,000	(대) 이 자 수 익	29,442
FVPL금융자산	4,442		

〈20x2.12.31〉

(차) 현 금	25,000	(대) 이 자 수 익	29,576
FVPL금융자산	4,576		
(차) FVPL금융자산평가손실	4,018 [2)]	(대) FVPL금융자산	4,018

2) 공정가치평가 직전 장부가액 = ₩985,000(20x2.1.1 기초잔액) + ₩4,442 + ₩4,576 = ₩994,018
공정가치 = ₩990,000
공정가치평가손실 = ₩994,018 − 990,000 = ₩4,018

〈결산마감분개〉

(차) 집 합 손 익	4,018	(대) FVPL금융자산평가손실	4,018

〈20x3.6.30〉

(차) 현 금	25,000	(대) 이 자 수 익	29,713
FVPL금융자산	4,713		

〈20x3.12.31〉

(차) 현 금	25,000	(대) 이 자 수 익	29,855
FVPL금융자산	4,855		
(차) FVPL금융자산	432	(대) FVPL금융자산평가이익	432 [3)]

3) 만기일의 공정가치는 액면가액이다. 따라서 평가전장부가액 ₩999,568(= 기초잔액 ₩990,000 + ₩4,713 + ₩4,855)과 액면가액 ₩1,000,000과의 차이 ₩432을 평가이익으로 인식한다.

(차) 현 금	1,000,000	(대) FVPL금융자산	1,000,000

〈결산마감분개〉

(차) FVPL금융자산평가이익	432	(대) 집 합 손 익	432

3. 금융자산의 처분

금융자산의 처분과 관련된 회계처리를 지분상품금융자산과 채무상품금융자산으로 나눠 살펴보기로 한다.

(1) 지분상품금융자산의 처분

지분상품 금융자산은 FVPL금융자산으로 분류되는 것이 원칙이며, 예외적으로 단기매매목적이 아닌 경우에 한해 FVOCI선택금융자산으로 분류하는 선택이 가능하다. 2가지 모두 공정가치 평가가 원칙이다. 공정가치 평가를 하게 되면 평가손익이 발생하게 되는데, FVPL금융자산의 경우에는 평가손익이 당기손익에 반영되므로 잔액이 이월되지 않는 반면, FVOCI선택금융자산의 경우에는 평가손익이 기타포괄손익에 반영돼 잔액이 기타포괄손익누계액으로 이월된다.

이러한 평가손익의 반영 방법에 따라 해당 금융자산의 처분 시에는 어떠한 차이가 발생할까?

평가손익을 당기손익에 반영하는 FVPL금융자산의 경우 잔액이 이월되지 않으므로 처분 시에는 단순히 장부가액과 처분가액간의 차이를 처분손익으로 인식하면 된다.

반면, 평가손익이 재무상태표상 기타포괄손익누계액으로 대체돼 잔액이 이월된 FVOCI선택금융자산의 경우 해당 금융자산 처분 시 동 금융자산과 관련해 발생한 기타포괄손익누계액이 함께 제거됨이 타당하다고 볼 수 있다. 이 경우 기타포괄손익누계액에 계상돼 있던 해당 금융자산평가손익이 처분손익에 영향을 줌으로써 결국 처분이 일어난 회계연도의 당기손익이 변동된다. 그러나 기업의 선택에 의해 지분상품이 FVOCI선택금융자산으로 분류된 경우에는 처분된 회계연도의 당기손익에 영향을 주는 것이 이익조정 수단으로 악용될 여지가 있기 때문에 K-IFRS 제1109호에서는 과거연도에 기타포괄손익으로 인식했던 금융자산평가손익을 처분 시 제거하지 못하도록 규정하고 있다. 나아가 처분시점에 처분가액과 장부가액의 차액(평가손익)도 추가로 기타포괄손익으로 인식한 후 처분분개를 해야 한다. 따라서 처분 시 처분손익은 발생하지 않게 된다.

채무상품 금융자산을 FVOCI금융자산으로 분류한 경우에는 이와 달리 처분 시 동 금융자산과 관련해 발생한 기타포괄손익누계액이 함께 제거되는데, 이에 대해서는 해당 부분에서 설명하기로 한다.

[예 7-13] 지분상품금융자산의 처분(FVPL금융자산)

A사는 B사의 주식을 20x1년 7월 1일에 ₩100,000에 취득하고 FVPL금융자산으로 분류했다. 20x1년 12월 31일 동 주식의 공정가치는 ₩120,000이었다. A사는 동 주식을 20x2년 3월 1일 ₩110,000에 처분했다.

[물음]

1. 20x1년 7월 1일의 분개를 행하라.
2. 20x1년 12월 31일의 분개를 행하라.
3. 20x1년말의 결산마감분개를 행하라.
4. 20x2년 3월 1일의 분개를 행하라.
5. 20x2년말의 결산마감분개를 행하라.

풀이

1. 〈20x1.7.1〉

(차)	FVPL금융자산	100,000	(대)	현금	100,000

2. 〈20x1.12.31〉

(차)	FVPL금융자산	20,000	(대)	FVPL금융자산평가이익	20,000

3. 〈20x1년말 결산마감분개〉

(차)	FVPL금융자산평가이익	20,000	(대)	집합손익	20,000

4. 〈20x2.3.1〉

(차)	현금	110,000	(대)	FVPL금융자산	120,000
	FVPL금융자산처분손실	10,000			

5. 〈20x2년말 결산마감분개〉

(차)	집합손익	10,000	(대)	FVPL금융자산처분손실	10,000

[예 7-14] 지분상품금융자산의 처분(FVOCI금융자산)

A사는 B사의 주식을 20x1년 7월 1일에 ₩100,000에 취득하고 FVOCI선택금융자산으로 분류했다. 20x1년 12월 31일 동 주식의 공정가치는 ₩120,000이었다. A사는 동 주식을 20x2년 3월 1일 ₩110,000에 처분했다.

[물음]

1. 20x1년 7월 1일의 분개를 행하라.
2. 20x1년 12월 31일의 분개를 행하라.
3. 20x1년말의 결산마감분개를 행하라.
4. 20x2년 3월 1일의 분개를 행하라.
5. 20x2년말의 결산마감분개를 행하라.

풀이

1. 〈20x1.7.1〉

(차)	FVOCI금융자산	100,000	(대) 현금	100,000

2. 〈20x1.12.31〉

(차)	FVOCI금융자산	20,000	(대) FVOCI금융자산평가이익	20,000

3. 〈20x1년말 결산마감분개〉

(차)	FVOCI금융자산평가이익	20,000	(대) 기타포괄손익누계액(평가이익)	20,000

4. 〈20x2.3.1〉

(차)	FVOCI금융자산평가손실	110,000	(대) FVOCI금융자산	10,000
	현금	110,000	(대) FVOCI금융자산	110,000

5. 〈20x2년말 결산마감분개〉

(차)	기타포괄손익누계액(평가손실)	10,000	(대) FVOCI금융자산평가손실	10,000

(2) 채무상품금융자산의 처분

채무상품금융자산은 공정가치평가 여부와 별개로 상각후원가측정을 통해 화폐의 시간가치를 반영한다는 점은 이미 설명한 바 있다. 이러한 특성으로 인해 채무상품금융자산의 경우 처분시점의 장부가액을 그 시점까지의 화폐가치가 반영된 금액으로 수정한 후 처분손익을 산정해야 한다. 만일 처분일의 장부가액에 화폐의 시간가치를 반영하지 않는다면 이는 그만큼 이자수익을 인식하지 못하고 대신 처분손익으로 인식하는 결과를 가져오게 된다.

처분손익은 장부가액과 처분가액을 이용해 산정하되, FVOCI금융자산의 경우에는 처분 시 기타포괄손익으로 과거 회계연도에 인식했던 금융자산평가손익을 당기손익으로 재분류해야 한다.[26] 기타포괄손익누계액에 계상돼 있는 평가손익을 제거하는 방법은 처분 시 직접 제거하는 것이 아니라 '재분류조정'이라는 계정을 사용해 포괄손익계산서상 기타포괄손익에 반영하고, 이후 결산마감분개시 재분류조정과 기타포괄손익누계액을 상계처리한다.

이처럼 재분류조정 계정을 사용하는 이유는 과거 평가손익 인식 시 포괄손익계산서에 한 번 공시됐던 효과를 처분시에 상쇄하기 위함인데, 구체적인 설명은 회계원리 수준을 넘어선다. 처분 시 재분류조정이라는 임시계정을 사용한 후 결산마감분개시 기타포괄손익누계액과 상계처리하는 것만 이해하면 충분하다.

[예 7-15] 채무상품금융자산의 처분(AC금융자산)

A사는 B사가 20x1년 1월 1일 발행한 다음과 같은 조건의 사채를 동일자에 취득하고 AC금융자산으로 분류했다.

- 액 면 금 액 : ₩1,000,000
- 표시이자율 : 연 2.5%
- 이자지급일 : 매년 12월 31일 후급
- 만 기 일 : 20x3년 12월 31일

취득일의 유효이자율은 5%였으며, 20x1년 12월 31일 동 사채의 공정가치는 ₩960,000이다. A사는 동 사채를 20x2년 7월 1일에 ₩970,000(미수이자 포함)을 받고 처분했다.

[물음]
1. 사채의 취득원가는 얼마인가?
2. 유효이자율법에 의한 장부가액조정표를 작성하라.
3. 20x1년 1월 1일 취득시의 분개를 행하라.
4. 20x1년 12월 31일의 분개를 행하라.
5. 20x2년 7월 1일 처분시의 분개를 행하라.

풀이

1. 사채의 취득원가는 다음과 같이 구할 수 있다.

$$\frac{₩25{,}000}{(1.05)} + \frac{₩25{,}000}{(1.05)^2} + \frac{₩25{,}000 + ₩1{,}000{,}000}{(1.05)^3} = ₩931{,}919$$

26) 지분상품으로 FVOCI금융자산으로 선택 분류한 경우의 처분과 회계처리가 다름에 유의하라.

2. 유효이자율법에 의한 장부가액조정표를 작성하면 아래와 같다.

일 자	유효이자(5%)	표시이자(2.5%)	조정액	장부가액
20x1.1.1				931,919
20x1.12.31	46,596	25,000	21,596	953,515
20x2.12.31	47,676	25,000	22,676	976,191
20x3.12.31	48,809*	25,000	23,809	1,000,000

* 단수차이 조정

3. 〈20x1.1.1〉

(차) A C 금 융 자 산 931,919 (대) 현 금 931,919

4. 〈20x1.12.31〉

(차) 현 금 25,000 (대) 이 자 수 익 46,596
A C 금 융 자 산 21,596

5. 〈20x2.7.1〉

AC금융자산의 장부가액은 처분일 현재 20x1.12.31의 기말잔액과 동일하다. 따라서 처분일까지의 6개월간 화폐의 시간가치를 반영한 장부가액으로 수정하는 분개가 먼저 이뤄져야 한다. 이는 다음과 같이 월할계산을 통해 산출할 수 있다.

20x2.1.1 ~ 20x2.6.30 유효이자: ₩47,676 × 6/12 = ₩23,838
20x2.1.1 ~ 20x2.6.30 표시이자: ₩25,000 × 6/12 = ₩12,500

장부가액조정액 : ₩23,838 − 12,500 = ₩11,338

따라서 장부가액을 조정하는 수정분개는 다음과 같다.

(차) 미 수 이 자[1)] 12,500 (대) 이 자 수 익 23,838
A C 금 융 자 산 11,338

1) 20x2.12.31에 1년분 이자 ₩25,000을 수령하므로 20x2.7.1 현재는 ₩12,500의 미수이자를 계상해야 한다.

장부가액조정 후 처분과 관련된 분개는 다음과 같다.

(차) 현 금 970,000 (대) 미 수 이 자 12,500
A C 금 융 자 산 처 분 손 실 7,353 A C 금 융 자 산 964,853[2)]

2) 20x1.12.31 기말잔액 ₩953,515 + ₩11,338 = ₩964,853

[예 7-16] 채무상품금융자산의 처분(FVPL금융자산)

A사는 B사가 20x1년 1월 1일 발행한 다음과 같은 조건의 사채를 동일자에 취득하고 FVPL금융자산으로 분류했다.

- 액 면 금 액 : ₩1,000,000
- 표시이자율 : 연 2.5%
- 이자지급일 : 매년 12월 31일 후급
- 만 기 일 : 20x3년 12월 31일

취득일의 유효이자율은 5%였으며, 20x1년 12월 31일 동 사채의 공정가치는 ₩960,000이다. A사는 동 사채를 20x2년 7월 1일에 ₩970,000(미수이자 포함)을 받고 처분했다.

[물음]

1. 20x1년 1월 1일 취득시의 분개를 행하라.
2. 20x1년 12월 31일의 분개를 행하라.
3. 동 금융자산과 관련한 20x1년말 결산마감분개를 행하라.
4. 20x2년 7월 1일 처분시의 분개를 행하라.
5. 동 금융자산과 관련한 20x2년말 결산마감분개를 행하라.

풀이

1. 〈20x1.1.1〉

(차)	FVPL금융자산	931,919	(대) 현금	931,919

2. 〈20x1.12.31〉

(차)	현금	25,000	(대) 이자수익	46,596
	FVPL금융자산	21,596		
(차)	FVPL금융자산	6,485	(대) FVPL금융자산평가이익	6,485[1]

1) 20x1.12.31 공정가치 ₩960,000 - 20x1.12.31 장부가액 ₩953,515 = ₩6,485(평가이익)

3. 〈20x1년말 결산마감분개〉

(차)	FVPL금융자산평가이익	6,485	(대) 집합손익	6,485

4. 〈20x2.7.1〉

장부가액을 조정하는 수정분개는 AC금융자산의 경우와 동일하게 다음과 같다.

(차)	미수이자	12,500	(대) 이자수익	23,838
	FVPL금융자산	11,338		

장부가액조정 후 처분과 관련된 분개는 다음과 같다.

(차)	현금	970,000	(대) 미수이자	12,500
	FVPL금융자산처분손실	13,838	FVPL금융자산	971,338[2)]

2) 20x1.12.31 기말잔액 ₩960,000 + ₩11,338 = ₩971,338

5. 〈20x2년말 결산마감분개〉

(차)	집합손익	13,838	(대) FVPL금융자산평가손실	13,838

[예 7–17] 채무상품금융자산의 처분(FVOCI금융자산)

A사는 B사가 20x1년 1월 1일 발행한 다음과 같은 조건의 사채를 동일자에 취득하고 FVOCI금융자산으로 분류했다.

- 액 면 금 액 : ₩1,000,000
- 표시이자율 : 연 2.5%
- 이자지급일 : 매년 12월 31일 후급
- 만 기 일 : 20x3년 12월 31일

취득일의 유효이자율은 5%였으며, 20x1년 12월 31일 동 사채의 공정가치는 ₩960,000이다. A사는 동 사채를 20x2년 7월 1일에 ₩970,000(미수이자 포함)을 받고 처분했다.

[물음]
1. 20x1년 1월 1일 취득시의 분개를 행하라.
2. 20x1년 12월 31일의 분개를 행하라.
3. 동 금융자산과 관련한 20x1년말 결산마감분개를 행하라.
4. 20x2년 7월 1일 처분시의 분개를 행하라.
5. 동 금융자산과 관련한 20x2년말 결산마감분개를 행하라.

풀이

FVOCI금융자산

1. 〈20x1.1.1〉

차변	금액	대변	금액
(차) FVOCI금융자산	931,919	(대) 현금	931,919

2. 〈20x1.12.31〉

차변	금액	대변	금액
(차) 현금	25,000	(대) 현금	46,596
FVOCI금융자산	21,596		
(차) FVOCI금융자산	6,485	(대) FVOCI금융자산평가이익	6,485[1)]

1) 20x1. 12.31 공정가치 ₩960,000 - 20x1. 12.31 장부가액 ₩953,515 = ₩6,485(평가이익)

3. 〈20x1년말 결산마감분개〉

차변	금액	대변	금액
(차) FVOCI금융자산평가이익	6,485	(대) 기타포괄손익누계액(평가이익)	6,485

4. 〈20x2.7.1〉

장부가액을 조정하는 수정분개는 AC금융자산의 경우와 동일하게 다음과 같다.

차변	금액	대변	금액
(차) 미수이자	12,500	(대) 이자수익	23,838
FVOCI금융자산	11,338		

장부가액조정 후 처분과 관련된 분개는 다음과 같다.

차변	금액	대변	금액
(차) 현금	970,000	(대) 미수이자	12,500
재분류조정*	6,485	FVOCI금융자산	971,338[2)]
FVOCI금융자산처분손실	7,353		

2) 20x1.12.31 기말잔액 ₩960,000 + ₩11,338 = ₩971,338

* 기타포괄손익누계액의 잔액만큼 재분류조정으로 계상되어 20x2년도 포괄손익계산서상 기타포괄손익에 반영됨. 이후 결산마감분개를 통해 기타포괄손익누계액(평가이익)과 상계처리됨.

5. 〈20x2년말 결산마감분개〉

장부가액을 조정하는 수정분개는 AC금융자산의 경우와 동일하게 다음과 같다.

차변	금액	대변	금액
(차) 기타포괄손익누계액(평가이익)	6,485	(대) 재분류조정	6,485
집합손익	7,353	FVOCI금융자산처분손실	7,353

토·의·문·제

1. 재무상태표에 현금 및 현금성자산으로 공시된다는 것이 총계정원장 상에도 동일한 계정이 사용된다는 의미인가?

2. 당좌예금계정 사용에 대해 현금의 내부통제 측면에서 설명하라.

3. 소액현금제도의 필요성에 대해 설명하라.

4. 은행계정조정표의 역할과 작성 후 기업이 수행할 사항에 대해 설명하라.

5. 수취채권의 유형에 대해 설명하라.

6. 장기수취채권에 대해 현재가치 개념을 도입한 이유는 무엇인가?

7. 수취채권의 대손이란 무엇인가?

8. 손실충당금계정의 역할에 대해 설명하라.

9. 손실충당금환입계정의 발생 이유와 성격에 대해 설명하라.

10. 금융자산에 대해 하나의 계정을 사용하지 않고 몇 개의 유형으로 나누어 회계처리하는 이유에 대해 설명하라.

11. 금융자산에 대해 취득원가로 평가하는 대신 공정가치 평가를 원칙으로 삼고 있는 이유는 무엇인가?

12. 지분상품 금융자산과 채무상품 금융자산의 회계처리상 차이점은 무엇인가?

13. 지분상품 금융자산의 후속측정시 평가손익을 처리하는 방법에 대해 설명하라.

14. 채무상품 금융자산의 후속측정에 대해 설명하라.

15. 채무상품 금융자산의 처분시 처분시점의 장부가액을 그 시점까지의 화폐가치가 반영된 금액으로 수정한 후 처분손익을 산정해야 하는 이유는 무엇인가?

16. 지분상품 금융자산 중 평가손익을 기타포괄손익으로 처리하는 경우 해당 자산 처분시 평가손익을 어떻게 처리해야 하는가?

17. 유효이자율법에 대해 설명하라.

18. 상각후원가측정에서 '상각'의 의미는 무엇인가?

자·습·문·제

[현금 및 현금성자산의 분류]

1. A사가 20x1년 12월 31일 현재 보유하고 있는 자산의 일부내역은 다음과 같다. 현금 및 현금성자산으로 재무상태표에 공시할 금액을 산출하라.

내 역	금 액	내 역	금 액
현 금	₩500,000	양도성예금증서 (만기 : 20x2.4.15)	₩3,000,000
보통예금	1,500,000	타인발행수표	700,000
당좌예금	2,500,000	만기도래 사채이자표	300,000
정기예금(만기 : 20x3.3.1)	5,000,000	우 표	50,000
환 매 채(90일 만기)	1,000,000	우편환증서	1,000,000
당좌개설보증금	100,000	수입인지	150,000

풀이

현금 및 현금성자산 해당 항목

항 목	금 액
현 금	₩500,000
보 통 예 금	1,500,000
당 좌 예 금	2,500,000
환 매 채	1,000,000
타 인 발 행 수 표	700,000
만 기 도 래 사 채 이 자 표	300,000
우 편 환 증 서	1,000,000
합 계	₩7,500,000

[당좌예금의 회계처리]

2. A사의 당좌예금과 관련된 거래는 아래와 같다. 이에 대해 A사가 할 회계처리를 행하라.

> 20x1.1.3 국민은행에 당좌예금을 개설하고, 당좌차월 계약(한도 ₩2,000,000)을 체결한 후 당좌거래개설보증금 ₩100,000을 예치하다.
> 20x1.1.5 B사에 대한 외상매입대금 ₩300,000을 지급하기 위하여 당좌수표를 발행하다.
> 20x1.1.6 C사에 상품을 판매하고 동 회사가 발행한 당좌수표 ₩500,000을 수령해 당좌예금계좌에 예입하다.
> 20x1.1.7 기계장치를 ₩700,000에 구입하고 당좌수표를 발행해 지급하다.
> 20x1.1.8 D사에 상품을 판매하고 동 회사가 발행한 당좌수표 ₩300,000을 수령해 당좌예금 계좌에 예입하다.

풀이

일자	분개					
20x1.1.3	(차)	당좌거래개설보증금	100,000	(대)	현금	100,000
20x1.1.5	(차)	외상매입금	300,000	(대)	당좌차월	300,000
20x1.1.6	(차)	당좌차월	300,000	(대)	매출	500,000
		당좌예금	200,000			
20x1.1.7	(차)	기계장치	700,000	(대)	당좌예금	200,000
					당좌차월	500,000
20x1.1.8	(차)	당좌차월	300,000	(대)	매출	300,000

[소액현금제도]

3. A사는 소액현금에 대해 정액자금전도제를 채택하기로 하고 20x1년 1월 1일 당좌예금에서 ₩50,000을 인출했다. 소액현금은 매월말 사용액만큼 보충하기로 한다. 1월말에 보고된 소액현금의 지출내역은 다음과 같다.

통신비	₩15,000
교통비	13,000
우표구입	10,000
	₩38,000

위와 관련된 분개를 행하라.

풀이

20x1.1.1	(차) 소 액 현 금	50,000	(대) 당 좌 예 금	50,000
20x1.1.31	(차) 통 신 비	15,000	(대) 당 좌 예 금	38,000
	교 통 비	13,000		
	소 모 품	10,000		

[은행계정조정표의 작성]

4. A사의 20x1년 12월 31일 현재 당좌예금계정의 잔액은 ₩35,000이다. 그런데 주거래은행인 신한은행이 발급해 준 예금잔액증명서상의 잔액은 ₩34,660으로 확인됐다. 양 잔액의 차이원인을 확인한 결과 아래와 같았다.

① 12월 31일에 입금한 ₩2,500이 은행측 잔액증명서에 반영돼 있지 않음
② A사가 발행한 당좌수표 중 아직 은행에서 인출되지 않은 금액이 ₩3,000임
③ 12월 중에 발생한 은행수수료 ₩500이 기업측 장부에 반영돼 있지 않음
④ B사로부터 외상매출대금으로 받아 입금했던 당좌수표 ₩700이 부도처리된 것을 발견함
⑤ C사가 외상대금으로 당좌예금 계좌에 온라인으로 입금한 ₩1,200에 대해 A사는 아직 장부에 반영하지 않음
⑥ A사는 신한은행으로부터의 차입금이 있는데 이에 대한 이자 ₩750이 당좌예금 계좌에서 인출됐음에도 아직 장부에 반영하지 않음
⑦ 12월 12일에 D사가 외상대금으로 발행한 당좌수표 ₩450을 입금했음에도 ₩540으로 잘못 장부에 기록했음

[물음]

1. A사의 20x1년 12월 31일자의 은행계정조정표를 작성하라.
2. A사가 당좌예금계정의 정확한 잔액을 공시하기 위한 수정분개를 행하라.

풀이

1. 은행계정조정표

은행계정조정표

A사 | 20x1년 12월 31일 | (단위 : 원)

기업장부상 잔액		₩35,000	은행잔액증명서상 잔액	₩34,660
가산 :	⑤ 미통지입금(외상대금)	1,200	가산 : ① 마감후 입금	2,500
차감 :	③ 미통지출금(수수료)	(500)	차감 : ② 미결제수표	(3,000)
	④ 부도수표	(700)		
	⑥ 미통지출금(이자)	(750)		
	⑦ 기장오류	(90)		
수정후 잔액		₩34,160	수정후 잔액	₩34,160

2. 수정분개

③	(차) 수수료비용	500	(대) 당좌예금	500
④	(차) 외상매출금(부도수표)	700	(대) 당좌예금	700
⑤	(차) 당좌예금	1,200	(대) 외상매출금	1,200
⑥	(차) 이자비용	750	(대) 당좌예금	750
⑦	(차) 외상매출금	90	(대) 당좌예금	90

[은행계정조정표의 작성]

5. A사의 다음 은행계정조정표상 (1) ~ (7)의 금액을 구하라.

은행계정조정표

A사 | 20x1년 12월 31일 | (단위 : 원)

기업장부상 잔액			(1)	은행잔액증명서상 잔액		1,586,482
가산 :	외상매출금 회수액	420,000		가산 : ① 마감후 입금	282,840	
	수입이자	8,280	(2)		(5)	(6)
차감 :	오기액	858		차감 :		(418,064)
	은행수수료	7,424				
	부도수표	(3)	90,636			
수정후 잔액			(4)	수정후 잔액		1,568,648

풀이

(1) 1,231,004 (2) 428,280 (3) 82,354 (4) 1,568,648 (5) 117,390 (6) 400,230

[장기수취채권의 취득]

6. A사는 20x1년 1월 1일에 토지(장부가액: ₩10,000,000)를 ₩8,000,000에 처분하고 대금은 20x3년 1월 1일에 받기로 했다. 토지처분일의 유효이자율은 5%이다. 이와 관련된 분개를 하라.

풀이

• 장기미수금의 현재가치 $= \frac{₩8,000,000}{(1.05)^2} = ₩7,256,236$

• 장기미수금 장부가액 조정표

일 자	유효이자(5%)	상각액	장부가액
20x1.1.1			7,256,236
20x1.12.31	362,812	362,812	7,619,048
20x2.12.31	380,952	380,952	8,000,000

20x1.1.1	(차) 장 기 미 수 금	7,256,236	(대) 토 지	10,000,000
	토지처분손실	2,743,764		
20x1.12.31	(차) 장 기 미 수 금	362,812	(대) 이 자 수 익	362,812
20x2.12.31	(차) 장 기 미 수 금	380,952	(대) 이 자 수 익	380,952
20x3.1.1	(차) 현 금	8,000,000	(대) 장 기 미 수 금	8,000,000

장기미수금의 취득시 위의 풀이처럼 현재가치 순액을 장부가액으로 할 수도 있지만, 장부가액은 명목금액으로 하고 대신 '현재가치할인차금' 이라는 차감적 계정을 동시에 사용해도 무방하다. 이렇게 할 때 위의 분개는 아래와 같이 바뀐다.

20x1.1.1	(차) 장 기 미 수 금	8,000,000	(대) 토 지	10,000,000
	토지처분손실	2,743,764	현재가치할인차금	743,364
20x1.12.31	(차) 현재가치할인차금	362,812	(대) 이 자 수 익	362,812
20x2.12.31	(차) 현재가치할인차금	380,952	(대) 이 자 수 익	380,952
20x3.1.1	(차) 현 금	8,000,000	(대) 장 기 미 수 금	8,000,000

[손상차손 회계]

7. A사의 20x1년 12월 31일, 20x2년 12월 31일, 20x3년 12월 31일 현재 매출채권의 잔액과 손상발생의 객관적 증거에 기초해 산정한 매출채권의 순실현가능가치는 다음과 같다.

	20x1.12.31	20x2.12.31	20x3.12.31
매 출 채 권	₩1,000,000	₩1,300,000	₩1,500,000
순 실 현 가 능 가 치	900,000	1,200,000	1,400,000

[물음]

1. A사가 20x1.12.31에 매출채권에 대한 손상차손을 인식하는 분개를 행하라. 단, 20x1년말 손실충당금의 잔액은 ₩150,000이다.
2. 20x2년 중에 매출채권 중 ₩150,000의 대손이 확정돼 장부에서 제거할 때의 분개를 행하라.
3. A사가 20x2.12.31에 매출채권에 대한 손상차손을 인식하는 분개를 행하라.
4. 20x3년 중에 매출채권 중 ₩70,000의 대손이 확정되어 장부에서 제거할 때의 분개를 행하라.
5. 20x2년 중 대손이 확정되어 제거되었던 매출채권 중 ₩80,000이 회수됐을 때의 분개를 행하라.
6. A사가 20x3.12.31에 매출채권에 대한 손상차손을 인식하는 분개를 행하라.

풀이

1. 기말에 인식해야 할 손상차손 = (수취채권 − 순실현가능가치) − 손실충당금 잔액
= (₩1,000,000 − ₩900,000) − ₩150,000 = − ₩50,000

따라서 ₩50,000의 손실충당금을 환입하는 분개를 행해야 한다.

(차) 손실충당금	50,000	(대) 손실충당금환입	50,000

2. 손실충당금을 우선적으로 제거하되, 제거할 금액이 이를 초과할 때는 초과액을 손상차손으로 인식한다.

(차) 손실충당금	100,000	(대) 매출채권	150,000
손상차손	50,000		

3. 20x2.12.31 현재 손실충당금의 잔액이 ₩0이므로 매출채권잔액 ₩1,300,000과 순실현가능가치 ₩1,200,000의 차이 ₩100,000을 전부 손상차손으로 인식한다.

(차) 손상차손	100,000	(대) 손실충당금	100,000

4.

(차) 손실충당금	70,000	(대) 매출채권	70,000

5.

(차) 매출채권	80,000	(대) 손실충당금	80,000
현금	80,000	매출채권	80,000

위 두 분개를 합해 아래와 같은 하나의 분개로 처리해도 무방하다.

(차) 현금	80,000	(대) 손실충당금	80,000

6. 기말에 인식해야 할 손상차손 = (수취채권 − 순실현가능가치) − 손실충당금 잔액
= (₩1,500,000 − ₩1,400,000) − (₩100,000 − ₩70,000 + 80,000)
= − ₩10,000

즉, ₩10,000의 손실충당금을 환입하는 분개를 행해야 한다.

(차) 손실충당금	10,000	(대) 손실충당금환입	10,000

[손상차손회계처리]

8. 20x1년 1월 1일 A사의 재무상태표에는 ₩1,000,000의 매출채권이 계상돼 있었고 차감적 평가계정으로 손실충당금이 ₩100,000이 있었다. 20x1년 A사의 거래는 다음과 같다.

> ① 3월 18일 A사가 보유 중인 매출채권 가운데 ₩50,000이 대손으로 확정됐다.
> ② 6월 27일 A사는 B사에 상품 ₩1,000,000을 외상매출했다.
> ③ 9월 24일 전기에 대손으로 확정되어 대손처리했던 매출채권 중 ₩70,000이 회수됐다.

20x1년 A사가 계상한 손실충당금환입액이 ₩30,000일 때, 20x1년 12월 31일 A사가 보유한 매출채권의 순액(손실충당금 잔액을 차감한 후의 금액)을 계산하라. 단, 상기 거래 이외에 A사의 거래는 없었다고 가정할 것.

풀이

A사의 20x1년 거래에 대한 회계처리는 다음과 같다.

〈20x1년 3월 18일〉

(차) 손 실 충 당 금	50,000	(대) 매 출 채 권	50,000

〈20x1년 6월 27일〉

(차) 매 출 채 권	1,000,000	(대) 매 출	1,000,000

〈20x1년 9월 24일〉

(차) 매 출 채 권	70,000	(대) 손 실 충 당 금	70,000
(차) 현 금	70,000	(대) 매 출 채 권	70,000

〈20x1년 12월 31일〉

(차) 손 실 충 당 금	30,000	(대) 손실충당금환입	30,000

연말 시점의 매출채권의 순액은 다음과 같다.

매 출 채 권 잔액 = ₩1,000,000(20x1년 1월 1일) − ₩50,000 + ₩1,000,000 + ₩70,000 − ₩70,000
= ₩1,950,000

손실충당금 잔액 = ₩100,000 − ₩50,000 + ₩70,000 − ₩30,000 = ₩90,000

따라서 손실충당금을 차감한 순매출채권잔액은 ₩1,860,000이다.

[금융자산취득시의 회계처리]

9. A사는 20x1년 10월 1일에 B사가 발행한 사채를 ₩50,000에 매입했다. 이와 관련해 매입수수료 ₩1,000이 발생했다.

> 1. 동 사채가 AC금융자산으로 분류될 때 취득시의 회계처리를 행하라.
> 2. 동 사채가 FVPL금융자산으로 분류될 때 취득시의 회계처리를 행하라.
> 3. 동 사채가 FVOCI금융자산으로 분류될 때 취득시의 회계처리를 행하라.

풀이

1. AC금융자산으로 분류될 때는 취득 시 발생하는 직접 관련 부대원가도 취득원가에 가산한다.

(차) A C 금 융 자 산　　51,000　　(대) 현　　금　　51,000

2. FVPL금융자산으로 분류될 때는 취득 시 발생하는 직접 관련 부대원가를 당기비용으로 인식한다.

(차) F V P L 금 융 자 산　　50,000　　(대) 현　　금　　51,000
　　수 수 료 비 용　　1,000

3. FVOCI금융자산으로 분류될 때는 취득 시 발생하는 직접 관련 부대원가도 취득원가에 가산한다.

(차) F V O C I 금 융 자 산　　51,000　　(대) 현　　금　　51,000

[지분상품금융자산의 후속측정]

10. A사는 B사의 주식을 20x1년 중에 취득했다. 취득원가와 각 회계기말의 공정가치는 아래와 같다.

취득원가	20x1년말 공정가치	20x2년말 공정가치
₩1,500,000	₩1,750,000	₩1,480,000

1. A사가 B사의 주식을 단기매매목적으로 취득시 해야 할 분개와 20x1년말, 20x2년말의 분개를 행하라.
2. A사가 B사의 주식을 취득한 후 FVOCI선택금융자산으로 분류했다고 가정하고 다시 답하라.

풀이

1. 단기매매목적으로 B사의 주식을 취득했으므로 공정가치평가 시 발생하는 평가손익을 당기손익에 반영하는 FVPL금융자산으로 분류해야 한다.

시점	분개			
취 득 시	(차) F V P L 금 융 자 산	1,500,000	(대) 현　　금	1,500,000
20x1년말①	(차) F V P L 금 융 자 산	250,000	(대) FVPL금융자산평가이익	250,000
20x2년말②	(차) FVPL금융자산평가손실	270,000	(대) F V P L 금 융 자 산	270,000

① 20x1년말 평가손익

취득원가	20x1년말 공정가치	평가이익(손실)
₩1,500,000	₩1,750,000	₩250,000

② 20x2년말 평가손익

평가전 장부가액	20x2년말 공정가치	평가이익(손실)
₩1,750,000	₩1,480,000	₩(270,000)

2. FVOCI선택금융자산으로 분류한 경우 공정가치 평가시 발생하는 평가손익을 기타포괄손익으로 회계처리한다.

시점	분개			
취 득 시	(차) FVOCI선택금융자산	1,500,000	(대) 현 금	1,500,000
20x1년말③	(차) FVOCI선택금융자산	250,000	(대) FVOCI선택금융자산평가이익	250,000
20x2년말④	(차) FVOCI선택금융자산평가손실	270,000	(대) FVOCI선택금융자산	270,000

③ 평가이익은 20x1년도 기타포괄손익에 반영되고, 재무상태표의 기타포괄손익누계액으로 공시된다.
④ 재무상태표상 기타포괄손익누계액에 반영된 기타포괄손익은 동일 주식에 대해서는 평가이익과 평가손실을 서로 상계해 표시한다. 따라서 20x2년도의 평가손실을 계상하기 전에 20x1년도에 인식된 평가이익 ₩250,000을 우선적으로 상계하고, 차액 ₩20,000을 평가손실로 공시해야 한다.

참고로 20x1년말과 20x2년말에 평가손익과 관련하여 할 결산마감분개를 제시하면 다음과 같다.

• 20x1년말	(차) FVOCI선택금융자산평가이익	250,000	(대) 기타포괄손익누계액(평가이익)	250,000
• 20x2년말	(차) 기타포괄손익누계액(평가이익)	250,000	(대) FVOCI선택금융자산평가손실	270,000
	기타포괄손익누계액(평가손실)	20,000		

[채무상품금융자산의 후속측정]

11. A사는 B사가 20x1년 1월 1일 발행한 다음과 같은 조건의 사채를 동일자에 취득했다.

- 액 면 금 액 : ₩1,000,000
- 표시이자율 : 연 5%
- 이자지급일 : 매년 6월 30일과 12월 31일 후급
- 만 기 일 : 20x3년 12월 31일

사채취득일 현재 유효이자율은 4%며, 동 사채에 대한 공정가치평가는 회계기말에 이뤄지고 매년 말 공정가치는 다음과 같다.

일 자	20x1.12.31	20x2.12.31
공정가치	₩1,030,000	₩1,000,000

1. 동 사채의 취득원가를 계산하라. 단, 취득과 관련된 별도의 수수료 등은 없다고 가정한다.
2. A사는 동 사채를 취득한 후 AC금융자산으로 분류했다. 이때 A사가 취득시점부터 만기시점까지 행할 회계처리를 모두 표시하라.
3. A사가 동 사채를 FVPL금융자산으로 분류했다고 가정하고 다시 답하라.
4. A사가 동 사채를 FVOCI금융자산으로 분류했다고 가정하고 다시 답하라.

풀이

1. 미래현금흐름을 취득일의 유효이자로 할인한 금액이 취득시점의 현재가치며 공정가치다. 따라서 동사채의 취득원가는 아래와 같이 계산된다.

$$\frac{₩25,000}{(1.02)} + \frac{₩25,000}{(1.02)^2} + \frac{₩25,000}{(1.02)^3} + \frac{₩25,000}{(1.02)^4} + \frac{₩25,000}{(1.02)^5} + \frac{₩25,000 + ₩1,000,000}{(1.02)^6} = ₩1,028,007$$

표시이자율이 연 5%고 이자지급은 1년에 2회 이뤄지므로 한 번에 2.5%씩의 이자인 ₩25,000이 수령된다. 또한 유효이자율은 연 4%이므로 1년에 두 번의 현금흐름을 할인하려면 2%의 유효이자율이 적용된다.

[유효이자율법에 의한 장부가액조정표]

일 자	유효이자(2%)	표시이자(2.5%)	조정액	장부가액
20x1.1.1				1,028,007
20x1.6.30	20,560	25,000	− 4,440	1,023,567
20x1.12.31	20,471	25,000	− 4,529	1,019,038
20x2.6.30	20,381	25,000	− 4,619	1,014,419
20x2.12.31	20,288	25,000	− 4,712	1,009,707
20x3.6.30	20,194	25,000	− 4,806	1,004,901
20x3.12.31	20,099*	25,000	− 4,901	1,000,000

* 단수차이 조정

2. AC금융자산으로 분류한 경우

취득시부터 만기까지의 분개는 아래와 같다.

일자	분개			
20x1.1.1	(차) AC금융자산	1,028,007	(대) 현금	1,028,007
20x1.6.30	(차) 현금	25,000	(대) 이자수익 AC금융자산	20,560 4,440
20x1.12.31	(차) 현금	25,000	(대) 이자수익 AC금융자산	20,471 4,529
20x2.6.30	(차) 현금	25,000	(대) 이자수익 AC금융자산	20,381 4,619
20x2.12.31	(차) 현금	25,000	(대) 이자수익 AC금융자산	20,288 4,712
20x3.6.30	(차) 현금	25,000	(대) 이자수익 AC금융자산	20,194 4,806
20x3.12.31	(차) 현금 (차) 현금	25,000 1,000,000	(대) 이자수익 AC금융자산 (대) AC금융자산	20,099 4,901 1,000,000

3. FVPL금융자산으로 분류한 경우

일자	분개			
20x1.1.1	(차) FVPL금융자산	1,028,007	(대) 현금	1,028,007
20x1.6.30	(차) 현금	25,000	(대) 이자수익	20,560
			FVPL금융자산	4,440
20x1.12.31	(차) 현금	25,000	(대) 이자수익	20,471
			FVPL금융자산	4,529
	(차) FVPL금융자산	10,962	(대) FVPL금융자산평가이익	10,962 ①
20x2.6.30	(차) 현금	25,000	(대) 이자수익	20,381
			FVPL금융자산	4,619
20x2.12.31	(차) 현금	25,000	(대) 이자수익	20,288
			FVPL금융자산	4,712
	(차) FVPL금융자산평가손실	20,669 ②	(대) FVPL금융자산	20,669
20x3.6.30	(차) 현금	25,000	(대) 이자수익	20,194
			FVPL금융자산	4,806
20x3.12.31	(차) 현금	25,000	(대) 이자수익	20,099
			FVPL금융자산	4,901
	(차) FVPL금융자산	9,707	(대) FVPL금융자산평가이익	9,707 ③
	(차) 현금	1,000,000	(대) AC금융자산	1,000,000

① 20x1.12.31의 공정가치 ₩1,030,000과 공정가치평가 직전의 장부가액 ₩1,019,038의 차액

② 공정가치평가 직전 장부가액 = ₩1,030,000(20x2.1.1 기초잔액) − ₩4,619 − ₩4,712 = ₩1,020,669
공정가치 = ₩1,000,000
공정가치평가손실 = ₩1,020,669 − ₩1,000,000 = ₩20,669

③ 만기일의 공정가치는 액면가액이다. 따라서 평가전장부가액 ₩990,293(= 기초잔액 ₩1,000,000 − ₩4,806 − ₩4,901)과 액면가액 ₩1,000,000과의 차이 ₩9,707을 평가이익으로 인식한다.

4. FVOCI금융자산으로 분류한 경우

일자	분개				
20x1.1.1	(차) FVOCI금융자산	1,028,007	(대) 현금	1,028,007	
20x1.6.30	(차) 현금	25,000	(대) 이자수익	20,560	
			FVOCI금융자산	4,440	
20x1.12.31	(차) 현금	25,000	(대) 이자수익	20,471	
			FVOCI금융자산	4,529	
	(차) FVOCI금융자산	10,962	(대) FVOCI금융자산평가이익	10,962 ④	
20x2.6.30	(차) 현금	25,000	(대) 이자수익	20,381	
			FVOCI금융자산	4,619	
20x2.12.31	(차) 현금	25,000	(대) 이자수익	20,288	
			FVOCI금융자산	4,712	
	(차) FVOCI금융자산평가손실	20,669 ⑤	(대) FVOCI금융자산	20,669	
20x3.6.30	(차) 현금	25,000	(대) 이자수익	20,194	
			FVOCI금융자산	4,806	
20x3.12.31	(차) 현금	25,000	(대) 이자수익	20,099	
			FVOCI금융자산	4,901	
	(차) FVOCI금융자산	9,707	(대) FVOCI금융자산평가이익	9,707 ⑥	
	(차) 현금	1,000,000	(대) FVOCI금융자산	1,000,000	

④ 20x1.12.31의 공정가치 ₩1,030,000과 공정가치평가 직전의 장부가액 ₩1,019,038의 차액

⑤ 공정가치평가 직전 장부가액 = ₩1,030,000(20x2.1.1 기초잔액) − ₩4,619 − ₩4,712 = ₩1,020,669
공정가치 = ₩1,000,000
공정가치평가손실 = ₩1,020,669 − ₩1,000,000 = ₩20,669

⑥ 만기일의 공정가치는 액면가액이다. 따라서 평가전장부가액 ₩990,293(= 기초잔액 ₩1,000,000 − ₩4,806 − ₩4,901)과 액면가액 ₩1,000,000과의 차이 ₩9,707을 평가이익으로 인식한다.

참고로 20x1년말, 20x2년말, 20x3년말에 평가손익과 관련된 결산마감분개를 제시하면 다음과 같다.

- 20x1년말 (차) FVOCI금융자산평가이익 10,962 (대) 기타포괄손익누계액(평가이익) 10,962
- 20x2년말 (차) 기타포괄손익누계액(평가이익) 10,962 (대) FVOCI금융자산평가손실 20,669
  기타포괄손익누계액(평가손실) 9,707
- 20x3년말 (차) FVOCI금융자산평가이익 9,707 (대) 기타포괄손익누계액(평가손실) 9,707

[지분상품 금융자산의 처분]

12. A사는 B사의 주식을 20x1년 4월 1일에 ₩1,000,000에 취득했다. 20x1년 12월 31일 동 주식의 공정가치는 ₩800,000이었다. A사는 동 주식의 절반을 20x2년 2월 1일 ₩600,000에 처분했다. 20x2년 12월 31일 잔여 주식의 공정가치는 ₩450,000이었다.

1. A사가 B사의 주식을 취득한 후 FVPL금융자산으로 분류한 경우 20x1.4.1, 20x1.12.31, 20x2.2.1, 20x2.12.31 분개를 행하라.
2. A사가 B사의 주식을 취득한 후 FVOCI금융자산으로 분류한 경우 20x1.4.1, 20x1.12.31, 20x2.2.1, 20x2.12.31 분개를 행하라.

풀이

1. 〈20x1.4.1〉

(차) FVPL금융자산	1,000,000	(대) 현금	1,000,000

〈20x1.12.31〉

(차) FVPL금융자산평가손실	200,000	(대) FVPL금융자산	200,000

〈20x2.2.1〉

(차) 현금	600,000	(대) FVPL금융자산	400,000
		FVPL금융자산처분이익	200,000

〈20x2.12.31〉

(차) FVPL금융자산	50,000	(대) FVPL금융자산평가이익	50,000

2. 〈20x1.4.1〉

(차) FVOCI금융자산	1,000,000	(대) 현금	1,000,000

〈20x1.12.31〉

(차) FVOCI금융자산평가손실	200,000	(대) FVOCI금융자산	200,000

〈20x1.2.1〉

(차) 현금	600,000	(대) FVOCI금융자산	400,000
		FVOCI금융자산처분이익	200,000

* 지분상품에 대해 FVOCI금융자산으로 분류를 선택한 경우에는 동 금융자산을 처분하더라도 과거연도에 인식한 기타포괄손익누계액을 제거하지 못한다.

〈20x2.12.31〉

(차) FVOCI금융자산	50,000	(대) FVOCI금융자산평가이익①	50,000

① FVOCI금융자산평가이익 ₩50,000은 결산마감분개를 통해 다음과 같이 처리된다.

(차) FVOCI금융자산평가이익	50,000	(대) 기타포괄손익누계액(평가손실)	50,000

[채무상품 금융자산의 처분]

13. A사는 B사가 20x1년 1월 1일 발행한 다음과 같은 조건의 사채를 동일자에 취득했다.

- 액 면 금 액 : ₩1,000,000
- 표시이자율 : 연 4%
- 이자지급일 : 매년 12월 31일 후급
- 만 기 일 : 20x3년 12월 31일

취득일의 유효이자율은 2.5%였으며, 20x1년 12월 31일 동 사채의 공정가치는 ₩1,000,000이다. A사는 동 사채의 절반을 20x2년 7월 1일에 ₩500,000(미수이자 포함)을 받고 처분했다. 20x2년 12월 31일 잔여 사채의 공정가치는 ₩450,000이었다.

1. A사가 동 사채 취득시 AC금융자산으로 분류한 경우 분개를 모두 표시하라.
2. A사가 동 사채 취득시 FVPL금융자산으로 분류한 경우 분개를 모두 표시하라.
3. A사가 동 사채 취득시 FVOCI금융자산으로 분류한 경우 분개를 모두 표시하라.

풀이

사채의 취득원가는 다음과 같이 구할 수 있다.

$$\frac{₩40,000}{(1.025)} + \frac{₩40,000}{(1.025)^2} + \frac{₩40,000 + ₩1,000,000}{(1.025)^3} = ₩1,042,840$$

유효이자율법에 의한 장부가액조정표를 작성하면 아래와 같다.

일 자	유효이자(2.5%)	표시이자(4%)	조정액	장부가액
20x1.1.1				1,042,840
20x1.12.31	26,071	40,000	− 13,929	1,028,911
20x2.12.31	25,723	40,000	− 14,277	1,014,634
20x3.12.31	25,366	40,000	− 14,634	1,000,000

[처분이 일어난 $\frac{1}{2}$에 대한 조정]

일 자	유효이자(2.5%)	표시이자(4%)	조정액	장부가액
20x1.12.31				514,455*
20x2.7.1	6,431	10,000	− 3,569	510,886

[잔여분에 대한 조정]

일 자	유효이자(2.5%)	표시이자(4%)	조정액	장부가액
20x1.12.31				514,456*
20x2.12.31	12,861	20,000	− 7,139	507,317
20x3.12.31	12,683	20,000	− 7,317	500,000

* 20x1.12.31 장부가액 ₩1,028,911을 끝수 조정을 위해 편의상 ₩514,455과 ₩514,456으로 나눔

1. AC금융자산으로 분류시의 분개는 아래와 같다.

일자	분개			
20x1.1.1	(차) AC금융자산	1,042,840	(대) 현금	1,042,840
20x1.12.31	(차) 현금	40,000	(대) 이자수익	26,071
			AC금융자산	13,929
20x2.7.1	(차) 미수이자①	10,000	(대) 이자수익	6,431
			AC금융자산	3,569
	(차) 현금	500,000	(대) 미수이자	10,000
	AC금융자산처분손실	20,886	AC금융자산	510,886②
20x2.12.31	(차) 현금	20,000	(대) 이자수익	12,861
			AC금융자산	7,139
20x3.12.31	(차) 현금	20,000	(대) 이자수익	12,683
			AC금융자산	7,317
	(대) 현금	500,000	(대) AC금융자산	500,000

① 20x2.12.31에 1년치 이자 ₩20,000을 수령하므로 20x2.7.1 현재는 ₩10,000의 미수이자를 계상해야 한다.[27]

② 20x1.12.31 기말잔액 ₩514,455 − ₩3,569 = ₩510,886

27) AC금융자산의 장부가액은 처분일 현재 20x1.1.1의 기초잔액(₩1,028,911)과 동일하다. 따라서 AC금융자산의 절반(₩514,455)에 대해서는 처분일까지의 6개월간 화폐의 시간가치를 반영한 장부가액으로 수정하는 분개가 먼저 이뤄져야 한다. 이는 다음과 같이 월할계산으로 계산할 수 있다.

20x2.1.1 ~ 20x2.6.30 유효이자 : ₩12,861 × 6/12 = ₩6,431

20x2.1.1 ~ 20x2.6.30 표시이자 : ₩20,000 × 6/12 = ₩10,000

장부가액조정액 : ₩10,000 - ₩6,431 = ₩3,569

2. FVPL금융자산으로 분류시의 분개는 아래와 같다.

일자	분개			
20x1.1.1	(차) FVPL금융자산	1,042,840	(대) 현금	1,042,840
20x1.12.31	(차) 현금	40,000	(대) 이자수익	26,071
			FVPL금융자산	13,929
	(차) FVPL금융자산평가손실	28,911	(대) FVPL금융자산	28,911 ③
20x2.7.1	(차) 미수이자	10,000	(대) 이자수익	6,431
			FVPL금융자산	3,569
	(차) 현금	500,000	(대) 미수이자	10,000
	FVPL금융자산평가손실	6,431	FVPL금융자산	496,431 ④
20x2.12.31	(차) 현금	20,000	(대) 이자수익	12,861
			FVPL금융자산	7,139
	(차) FVPL금융자산평가손실	42,861 ⑤	(대) FVPL금융자산	42,861
20x3.12.31	(차) 현금	20,000	(대) 이자수익	12,683
			FVPL금융자산	7,317
	(차) FVPL금융자산	57,317	(대) FVPL금융자산평가이익	57,317 ⑥
	(차) 현금	500,000	(대) FVPL금융자산	500,000

③ 20x1.12.31 공정가치 ₩1,000,000 − 20x1.12.31 장부가액 ₩1,028,911 = ₩28,911 평가손실

④ 20x1.12.31 기말잔액(채권의 $\frac{1}{2}$) ₩500,000 − ₩3,569 = ₩496,431

⑤ [20x1.12.31 기말잔액(잔여분) ₩500,000 − ₩7,139] − ₩450,000 = ₩42,861

⑥ 20x2.12.31 기말잔액 ₩450,000 − ₩7,317 = ₩442,683과 액면금액 ₩500,000의 차이가 평가이익에 해당

3. FVOCI금융자산으로 분류시의 분개는 아래와 같다.

일자	분개			
20x1.1.1	(차) FVOCI금융자산	1,042,840	(대) 현금	1,042,840
20x1.12.31	(차) 현금	40,000	(대) 이자수익	26,071
			FVOCI금융자산	13,929
	(차) FVOCI금융자산평가손실	28,911	(대) FVOCI금융자산	28,911 ⑦
20x2.7.1	(차) 미수이자	10,000	(대) 이자수익	6,431
			FVOCI금융자산	3,569
	(차) 현금	500,000	(대) 미수이자	10,000
	FVOCI금융자산	20,887	FVOCI금융자산	496,431 ⑧
			재분류조정	14,456 ⑨
20x3.12.31	(차) 현금	20,000	(대) 이자수익	12,683
			FVOCI금융자산	7,317
	(차) FVOCI금융자산	57,317	(대) FVOCI금융자산평가이익	57,317 ⑩
	(차) 현금	500,000	(대) FVOCI금융자산	500,000

⑦ 20x1.12.31 공정가치 ₩1,000,000 - 20x1.12.31 장부가액 ₩1,028,911 = ₩28,911 평가손실

⑧ 20x1.12.31 기말잔액(채권의 $\frac{1}{2}$) ₩500,000 - ₩3,569 = ₩496,431

⑨ 20x1.12.31에 인식돼 기타포괄손익누계액(평가손실)에 계상되어 있는 ₩28,911의 절반인 ₩14,455.5가 제거돼야 하나 반올림하여 ₩14,456을 제거함. 앞에서 끝수조정을 위해 처분된 부분 장부가액을 ₩514,455로 했기 때문에 같은 결과로 나타남.

⑩ 20x2.12.31 기말잔액 ₩450,000 - ₩7,316 = ₩442,684과 액면금액 ₩500,000의 차이가 평가이익에 해당. 이 FVOCI 금융자산평가이익은 결산마감분개를 통해 다음과 같이 제거됨.

(차) FVOCI금융자산평가이익	57,316	(대) 기타포괄손익누계액(평가손실)	57,316

[지분상품금융자산의 처분]

14. A사는 20x1년 1월 1일 B사의 주식을 주당 ₩5,000씩 50주 취득했다. A사는 동 주식을 FVPL금융자산으로 분류했고 20x1년 12월 31일과 20x2년 12월 31일 공정가치는 각각 ₩230,000과 ₩280,000이다. A사는 20x3년 3월 31일, 보유주식의 절반을 주당 ₩7,000에 처분했다. A사가 취득 시점부터 처분할 때까지 B사의 주식과 관련해 2년 3개월간 인식할 손익총액을 계산하라.

풀이

〈20x1년 1월 1일〉

(차) FVPL금융자산	250,000	(대) 현금	250,000

〈20x1년 12월 31일〉

(차) FVPL금융자산평가손실	20,000	(대) FVPL금융자산	20,000

〈20x2년 12월 31일〉

(차) FVPL금융자산	50,000	(대) FVPL금융자산평가이익	50,000

〈20x3년 3월 31일〉

(차) 현금	175,000	(대) FVPL금융자산	140,000
		FVPL금융자산처분이익	35,000

보유기간 동안 A사가 지분상품금융자산과 관련해 인식할 손익총액

− ₩20,000(20x1년 평가손실) + ₩50,000(20x2년 평가이익) + ₩35,000(20x3년 처분이익)

= ₩65,000 이익

[지분상품금융자산의 처분과 평가]

15. A사는 20x1년 6월 30일 B사의 주식 10주를 공정가치인 ₩1,000,000에 취득했고 동 주식을 FVPL금융자산으로 분류했다. A사는 20x1년 12월 31일과 20x2년 12월 31일 주식에 대해 공정가치평가를 했고 이를 장부에 반영했다. 20x3년 7월 1일, A사는 보유한 주식의 50%를 처분했으며 그 대가로 현금 ₩500,000을 수취했다. 처분일 A사가 장부에 기록한 FVPL금융자산 처분손실이 ₩50,000일 때, 20x3년 12월 31일 A사가 보유한 주식에 대한 공정가치 평가손익은 얼마인가? 단, 20x3년말 B사의 주당 공정가치는 ₩12,000이다.

풀이

20x3.7.1. 처분시 현금 ₩500,000을 받았는데 처분손실이 ₩50,000 발생했으므로 제거된 당기손익인식금융자산은 ₩550,000이다. 그렇다면 처분직전의 FVPL금융자산 장부가액은 ₩1,100,000(₩550,000/0.5)이다. 50%가 남아있으므로 20x3.12.31 평가직전의 장부가액은 ₩550,000(₩1,100,000×0.5)이다. 따라서 20x3.12.31 FVPL금융자산 평가이익은 ₩600,000(₩12,000×50주)과 ₩550,000의 차이인 ₩50,000이다.

[지분상품금융자산의 후속측정]

16. A사는 20x1년 6월 15일 B사의 주식을 공정가치인 ₩1,000,000에 취득하고 FVOCI금융자산으로 분류했다. A사는 20x1년 12월 31일과 20x2년 12월 31일에 기업회계기준서의 규정에 따라 공정가치평가 회계처리를 했고, 20x2년 12월 31일 현재 재무상태표상에는 ₩100,000의 FVOCI금융자산평가이익이 반영돼 있다. 20x2년 12월 31일 A사가 보유하고 있는 지분상품의 공정가치를 계산하라.

풀이

20x1년 12월 31일과 20x2년 12월 31일의 공정가치를 파악할 수 없더라도 20x2년 12월 31일 기타포괄손익누계액에 반영된 평가손익을 통해 20x2년 12월 31일 현재 지분상품금융자산의 공정가치를 계산할 수 있다. 기타포괄손익은 동일 주식에 대해서는 평가이익과 평가손실을 서로 상계해 표시하기 때문에 20x1년 말 공정가치와 상관없이 20x2년 말 지분상품금융자산의 공정가치는 ₩1,000,000(취득원가) + ₩100,000 = ₩1,100,000이다.

연·습·문·제

[현금 및 현금성자산의 분류]

1. A사는 20x1년 12월 31일 실사를 통해 다음 자산을 보유하고 있음을 확인했다. 재무상태표에 현금 및 현금성자산으로 표시할 금액을 산출하라.

(1) 현금	₩1,500,000	(2) 만기도래 국채이자표	₩30,000
(3) 보통예금	6,000,000	(4) 은행발행 자기앞수표	100,000
(5) 양도성 예금증서*	100,000	(6) 송금환	20,000
(7) 배당금 지급통지표	20,000	(8) 우편환증서	15,000
(9) 선일자 수표	80,000	(10) 수입인지	15,000

* 20x1년 10월 18일에 취득했으며 만기는 20x2년 2월 15일이다.

[당좌예금의 회계처리]

2. A사는 20x1년 3월 31일 현금 ₩400,000과 국민은행에 당좌예금 ₩300,000을 보유하고 있었다. A사의 4월 중 거래가 다음과 같을 때 회계처리를 하고 4월 30일 현재 A사의 현금과 당좌예금 잔액을 계산하라. 국민은행의 당좌차월 한도는 ₩300,000이다.

날 짜	거래내용
4월 3일	상품 ₩500,000을 매입하고, 매입 대금 중 절반은 현금, 나머지 잔액은 국민은행 수표를 발행했다.
4월 10일	B사에 상품을 ₩300,000 판매하고 대금 중 ₩200,000은 현금으로 수령하고 나머지 잔액은 수표로 받았으며 A사는 이를 즉시 국민은행에 예입했다.
4월 14일	A사는 신한은행에 새로 당좌예금을 개설했으며 보증금으로 현금 ₩100,000을 예치했다.
4월 20일	A사는 새로운 사업을 위해 기계를 ₩400,000에 취득하고 국민은행 수표를 발행했다.
4월 22일	C사에 상품 ₩400,000을 판매하고 수표를 수령했으며, A사는 수표로 인한 부정을 방지하기 위해 이 수표도 즉시 국민은행에 예입했다.

[소액현금제도]

3. A사는 회사의 편의를 위해 소액현금에 대해 정액자금전도제를 채택하고 20x1년 3월 1일 처음으로 당좌예금으로부터 ₩100,000을 인출했다. 20x1년 3월 중 소액현금과 관련한 거래 내역은 다음과 같다.

소액현금 지급명세서	
소 모 품 비	₩25,200
여 비	14,400
교 통 비	7,500

20x1년 3월 31일 A사는 위의 명세서와 사용된 소액현금을 비교해 본 결과, 소액현금이 ₩3,400 부족한 것으로 밝혀졌다. A사는 결국 ₩3,400의 현금부족의 원인을 찾아내지 못했다. 소액현금과 관련된 A사의 회계처리를 제시하라.

[은행계정조정표의 작성]

4. A사는 매월 말일 회사의 당좌예금 장부와 은행의 예금 잔액을 비교하기 위해 은행계정조정표를 작성한다. A사의 장부상 20x1년 7월 31일 당좌예금 잔액은 ₩24,440이고 은행에서 조회한 예금 잔액은 ₩45,000이다. 두 금액의 차이를 조정하기 위한 사항은 다음과 같다.

① A사는 7월 31일 ₩12,000을 은행 시간 마감 후 입금하고 장부에 기록했으나 은행에서는 다음날 입금 처리했다.
② 은행 수수료로 A사의 당좌예금에서 ₩1,440이 인출됐으나 은행에서 A사에 통보하지 않았다.
③ A사가 은행 측에 추심을 의뢰한 받을 어음 ₩10,000이 수금됐으나 회사는 기록하지 않았다.
④ 은행의 과실로 다른 회사의 당좌예금에서 차감할 수수료 ₩1,000이 A사의 당좌예금에서 차감됐다.
⑤ A사가 매출대금으로 수취한 수표 ₩5,000에 대한 부도가 발생했으나 A사는 이를 알지 못했다.

위 거래 이외의 차이는 모두 기발행 미인출 수표로 인한 차이라고 할 때, 기발행 미인출 수표금액은 얼마인가?

[은행계정조정표]

5. A사는 20x1년 7월 31일 현재 국민은행 당좌잔액과 회사 장부상 금액의 차이를 조정하기 위해 은행계정조정표를 작성했다. 조정 전 국민은행 당좌잔액은 ₩17,530이며 은행계정조정표를 통해 조정한 사항은 다음과 같다.

> ① 7월 2일 A사가 보유하고 있던 B사의 수표를 은행에 예입했는데 이 중에서 ₩3,100이 부도처리됐으며 A사는 7월 말 현재 이 사실을 모르고 있다.
> ② A사는 7월 30일 은행시간 마감 후 ₩2,800을 입금했으나 국민은행은 8월 2일 입금처리했다.
> ③ 7월 12일 A사가 상품 ₩4,500을 매입한 후 지급한 수표가 7월 31일까지 국민은행에 제시되지 않았다.
> ④ 7월 28일 국민은행은 예금에 대한 이자로 A사의 당좌예금에 ₩2,730을 입금했으나 A사에 통지하지 않았고 A사는 아무런 회계처리를 하지 않았다.
> ⑤ 7월 29일 국민은행에 무통장 입금으로 A사의 매출채권 가운데 ₩6,200이 회수됐으나 A사는 월말 현재 알지 못했다.

상기 이외에 다른 수정사항이 없다고 할 때, 조정 전 A사의 회사 장부상 당좌예금 잔액을 계산하라.

[장기수취채권의 취득]

6. A사는 20x1년 1월 1일 장부가액 ₩200,000의 기계를 B사에 매각하고 매각 대금 ₩200,000을 20x1년 12월 31일과 20x2년 12월 31일, 2회에 걸쳐 각각 ₩100,000씩 회수하기로 했다. 거래에 따른 회계처리를 표시하라. 매각일 당시 유효이자율은 6%이다. 회계처리에 있어서 현재가치할인차금 계정을 사용한다.

[손상차손 회계]

7. A사의 20x1년 12월 31일 현재 매출채권 잔액은 ₩500,000이고 손실충당금 설정 후 손실충당금계정의 잔액은 ₩60,000이다. 20x2년과 20x3년에 다음의 거래가 발생했을 때, 날짜별로 회계처리를 제시하고 20x3년 말에 인식할 손상차손을 계산하라. 단, A사의 20x2년과 20x3년 매출은 발생하지 않은 것으로 가정할 것.

> ① 20x2년 3월 13일 : 매출채권 중 ₩80,000의 대손이 확정됐다.
> ② 20x2년 6월 15일 : 전기 외상 매출액 중 ₩100,000이 현금으로 회수됐다.
> ③ 20x2년 12월 31일 : 손상발생의 객관적 증거에 기초한 A사의 매출채권에 대한 순실현가능가치는 ₩280,000이다.
> ④ 20x3년 5월 5일 : 전기 대손이 확정되었던 채권 중 ₩40,000이 회수됐다.
> ⑤ 20x3년 10월 18일 : 매출채권 가운데 ₩30,000의 대손이 확정됐다.
> ⑥ 20x3년 12월 31일 : 객관적 증거에 의한 A사의 매출채권에 대한 순실현가능가치는 ₩250,000이다.

[대손 회계처리]

8. 20x1년 1월 1일 A사의 재무상태표에는 ₩3,000,000의 매출채권과 이에 대한 차감적 평가계정으로 대손충당금이 ₩70,000이 계상됐다. 20x1년 A사의 거래는 다음과 같다.

① 2월 8일 A사가 보유 중인 매출채권 가운데 ₩100,000이 대손으로 확정됐다.
② 3월 27일 A사는 B사에 상품 ₩500,000을 외상매출했다.
③ 4월 24일 전기에 대손으로 확정되어 대손처리했던 매출채권 중 ₩30,000이 회수됐다.

20x1년 A사가 계상한 손상차손의 금액이 ₩50,000일 때, 20x1년 12월 31일 A사가 보유한 매출채권의 순액(손실충당금 잔액을 차감한 후의 금액)을 계산하라. 단, 상기 거래 이외에 A사의 거래는 없었다고 가정할 것.

[금융자산 취득시의 회계처리]

9. A사의 20x1년 4월 24일 거래 내역은 다음과 같다.

① B사가 발행한 사채를 ₩100,000에 매입했으며 이 과정에서 수수료 ₩500이 발생했다. A사는 이 사채를 FVPL금융자산으로 분류했다.
② A사는 종업원에게 ₩30,000을 대여하고 이를 장부에 대여금항목으로 계상했다.
③ A사는 4월 24일 현재 위의 거래 이외에 현금 ₩70,000과 C사의 지분상품 ₩40,000을 단기간 내에 매각할 의도로 보유하고 있으며, 그 외에 다른 금융자산은 없다고 가정한다.

A사가 4월 24일 현재 보유한 금융자산을 공정가치측정을 해야 하는 금융자산과 상각후원가측정을 해야 하는 금융자산으로 분류한다고 할 때, 각각의 금액을 계산하라.

[지분상품금융자산의 후속측정]

10. A사는 20x1년 9월 30일 다음과 같이 B사, C사, D사 주식을 현금으로 취득했고, 20x1년 12월 31일과 20x2년 12월 31일에 공정가치에 따라 후속측정을 하려고 한다.

	취득원가	20x1.12.31 공정가치	20x2.12.31 공정가치
B사	₩100,000	₩150,000	₩160,000
C사	150,000	170,000	140,000
D사	180,000	140,000	170,000

A사는 B사와 D사의 지분상품은 FVPL금융자산으로 분류했으며, C사의 지분상품은 FVOCI선택금융자산으로 분류했다. 20x1년 9월 30일, 20x1년 12월 31일 및 20x2년 12월 31일 회계처리를 제시하라.

[채무상품금융자산의 후속측정]

11. A사는 20x1년 1월 1일 B사가 동일자에 발행한 다음의 사채를 취득했다.

- 액 면 금 액 : ₩1,000,000
- 표시이자율 : 4%
- 이자지급일 : 매년 12월 31일
- 만 기 : 20x3년 12월 31일
- 취득일의 유효이자율 : 6%

동 사채의 20x1년 12월 31일과 20x2년 12월 31일의 공정가치는 다음과 같다.

	20x1년 12월 31일	20x2년 12월 31일
사채의 공정가치	₩950,000	₩980,000

1. A사가 사채를 취득할 당시, 사채의 취득원가를 계산하라. 단, 취득과 관련한 별도의 수수료 등은 없었다고 가정한다.
2. A사가 동 사채를 AC금융자산으로 분류한 경우, 20x1년, 20x2년 각각 사채와 관련한 수익(비용)을 순액으로 계산하라.
3. A사가 동 사채를 FVPL금융자산으로 분류했다고 가정하고 다시 2번 문제에 답하라.
4. A사가 동 사채를 FVOCI금융자산으로 분류했다고 가정하고 다시 2번 문제에 답하라.

[지분상품금융자산의 처분]

12. A사는 B사의 주식 100주를 20x1년 2월 8일 주당 ₩1,000에 취득한 후 20x1년 10월 18일 보유한 주식의 40%를 주당 ₩1,100에 처분했다. 20x1년 12월 31일 B사의 주당 공정가치는 ₩1,200로 결정됐으며, A사는 나머지 주식의 절반을 20x2년 7월 23일에 주당 ₩900에 다시 처분했다. 20x2년 말 현재 A사는 나머지 주식을 계속 보유하고 있으며 20x2년 12월 31일 B사의 주당 공정가치는 ₩1,300이다.

1. A사가 B사의 주식을 취득 후 FVPL금융자산으로 분류했다고 가정할 때, 취득시점부터 20x2년 말까지 A사가 행해야 할 회계처리를 제시하라.
2. A사가 B사의 주식을 취득 후 FVOCI금융자산으로 분류했을 경우, 취득시점부터 20x2년 말까지 A사가 행해야 할 회계처리를 보이고 1번과 비교하라.

[채무상품 금융자산의 처분]

13. A사는 20x1년 1월 1일 B사가 동일자에 발행한 다음 조건의 사채를 취득했다.

- 액 면 금 액 : ₩1,000,000
- 표시이자율 : 5%
- 이자지급일 : 매년 12월 31일
- 만　　　기 : 20x3년 12월 31일

A사가 B사의 주식을 취득할 당시 유효이자율은 6%였으며, A사는 동 사채를 1년 9개월 보유한 뒤 20x2년 10월 1일 경과된 미수이자를 포함하여 ₩1,100,000에 처분했다. A사가 처분시에 FVPL금융자산 처분이익으로 ₩33,042를 장부에 기록했다면 20x1년 12월 31일 동 사채의 공정가치를 계산하라.

[지분상품금융자산의 처분]

14. A사는 20x1년 1월 1일 B사의 주식을 주당 ₩1,000씩 100주 취득했다. A사는 동 주식을 당기손익인식자산으로 분류했고 20x1년 12월 31일과 20x2년 12월 31일 공정가치는 각각 ₩120,000과 ₩110,000이다. A사는 20x3년 3월 31일 보유주식의 절반을 주당 ₩1,000에 처분했다. A사가 취득시부터 처분할 때까지 B사의 주식과 관련하여 2년 3개월간 인식하여야 할 총 손익을 계산하라.

[지분상품금융자산의 처분과 평가]

15. A사는 20x1년 6월 30일 B사의 주식 100주를 공정가치인 ₩1,200,000에 취득했고 동 주식을 당기손익인식 금융자산으로 분류했다. A사는 20x1년 12월 31일과 20x2년 12월 31일 주식에 대해 공정가치평가를 했고 이를 장부에 반영했다. 20x3년 7월 1일 A사는 보유한 주식의 40%를 처분했으며 그 대가로 현금 ₩600,000을 수취했다. 처분일 A사가 장부에 기록한 FVPL금융자산 처분이익이 ₩40,000일 때, 20x3년 12월 31일 A사가 보유한 주식에 대한 공정가치 평가손익은 얼마인가? 단, 20x3년 B사의 주당 공정가치는 ₩15,000이다.

[지분상품금융자산의 후속측정]

16. A사는 20x1년 8월 12일 B사의 주식을 공정가치인 ₩200,000에 취득하고 FVOCI금융자산으로 분류했다. A사는 20x1년 12월 31일과 20x2년 12월 31일에 공정가치평가 회계처리를 했고 20x2년 12월 31일 현재 재무상태표 상에는 ₩10,000의 FVOCI금융자산평가손실이 반영됐다. 20x2년 12월 31일 A사가 보유하고 있는 지분상품의 공정가치를 계산하라.

[실무스펙 7] 유가증권의 종류와 회계처리

유가증권은 재산적 가치가 있는 사권(私權)을 표창(表彰)하는 증권이다. 여기서 '표창'이란 권리가 증권에 결합돼 있다는 의미다. 유가증권은 크게 지급수단으로 확정된 금전채권을 표창하는 수표·어음, 물품의 인도청구권을 표창하는 화물상환증·선하증권·창고증권, 사원권을 표창하는 주권 및 채권(債權)을 표창하는 채권(債券)과 같은 자본증권으로 구분된다.

수표·어음 중에서 당좌수표는 당좌예금 잔액 또는 당좌차월 한도 내에서 발행하며 당좌예금 계정에서 처리한다. 예금잔액을 초과해 발행하는 경우에는 당좌차월 부채로 계상한다. 자기앞수표는 은행 등 금융회사가 발행인이 되어 지급할 것을 약속한 수표다. 따라서 현금과 동일하게 회계처리 된다. 선일자수표는 실제 발행일이 아닌 장래에 도래할 날로 기재한 당좌수표를 말한다. 이를 영업활동과 관련해 발행하면 지급어음 계정에서, 수취하면 받을어음 계정에서 처리한다. 자금대차와 관련해 선일자수표를 발행 또는 수취하면 어음차입금 또는 어음대여금으로 처리한다.

어음은 약속어음과 환어음으로 구분된다. 약속어음은 발행인이 정해진 금액을 일정한 기간 내에 갚겠다고 약속한 증서다. 발행 당시 어음에 기재됐거나 배서양도를 받아 최종적으로 소지하고 있는 수취인이 어음 대금을 수령한다. 환어음은 발행인 이외의 제3자가 지급의무를 지는 점에서 약속어음과는 다르다. 환어음의 지급인은 발행인의 위탁만으로 당연히 지급의무를 부담하는 것이 아니라 인수(담당이라고도 함)라는 별도의 행위가 있어야 어음채무를 부담한다.

약속어음의 경우 발행인은 부채로, 수취인은 자산으로 계상한다. 환어음의 경우 지급인은 부채로, 수취인은 자산으로 계상하며, 발행인은 어음에 대한 부채를 계상하는 대신 어음을 인수한 이유에 따라 상대계정을 처리한다. 예를 들어 외상매입금 대신 환어음을 인수했다면 차변에는 외상매입금을 기입해 부채를 감소시키고 대변에는 지급어음 부채를 증가시킨다.

기업이 단기자금 조달 수단으로 활용하는 기업어음(CP)은 기업이 약속어음을 발행해 금융회사에 매각을 의뢰하면 금융회사가 무담보배서로 투자자에게 매각하고 그 대금을 발행한 기업에 넘겨주는 방식으로 운영된다. 기업어음은 무담보배서로 유통됨에 따라 금융회사는 소구의무가 없고 예금자보호 대상도 아니기 때문에 투자에 신중해야 한다. 기업어음을 발행할 경우에는 어음차입금 부채로 처리하고 타사 기업어음을 매입한 경우는 예금 또는 투자자산으로 처리한다.

육상으로 운송 중인 물품에 대한 화물상환증, 해상으로 운송 중인 물품에 대한 선하증권 및 창고에 보관 중인 물품에 대한 창고증권을 매입한 경우는 미착상품 자산으로 계상했다가 매입을 인식할 시점에 관련 재고자산 계정으로 대체한다. 인수 이전에 미착상품 상태로 처분할 경우 발생되는 차액은 처분손익으로 계상한다.

증권형 금융자산으로 회계처리 되는 유가증권은 주권과 채권으로 제한된다. 증권형 금융자산은 공정가치측정 금융자산과 상각후원가측정 금융자산으로 구분해 회계처리 방법을 정한다.

8

CHAPTER

금융부채

기업회계기준서 제1032호에서는 금융상품에 대해 '거래 당사자 일방에게 금융자산(financial asset)을 발생시키고 동시에 다른 거래 상대방에게 금융부채(financial liability)나 지분상품(equity instrument)을 발생시키는 모든 계약'이라고 정의하고 있다. 하나의 금융상품에 대해 미래 경제적 효익의 유입을 기대하는 계약 일방은 이를 금융자산으로 분류하는 반면 경제적효익의 유출이 일어나는 상대방은 금융부채로 분류하게 된다. 가령 A회사가 발행한 사채를 B회사가 취득한 경우 동 사채를 취득자인 B회사는 금융자산으로, 발행자인 A회사는 금융부채로 분류한다.

8장에서는 금융상품의 다른 한 측면인 금융부채의 회계처리에 대해 사채를 중심으로 살펴본다. 한편, 지급채무도 거래상대방에게 현금 등 금융자산을 인도하기로 한 계약상 의무에 해당해 금융부채에 속하는데, 이는 9장에서 별도로 다룬다.

8.1 금융부채의 정의 및 분류

8.2 사채의 발행

8.3 사채의 액면발행

8.4 사채의 할인발행

8.5 사채의 할증발행

8.6 사채의 상환

실무스펙 8

8.1 금융부채의 정의 및 분류

학습포인트

- 금융부채의 분류방법
- 사채 발행시의 회계처리
- 유효이자에 대한 이해
- 사채할인발행차금 및 사채할증발행차금 상각
- 사채 상환 시의 회계처리

금융부채는 거래 상대방에게 현금 등 금융자산을 인도하는 계약상 의무로,[1] 보유하고 있는 동안의 후속측정을 어떻게 하는지에 따라 크게 2가지로 분류할 수 있다.

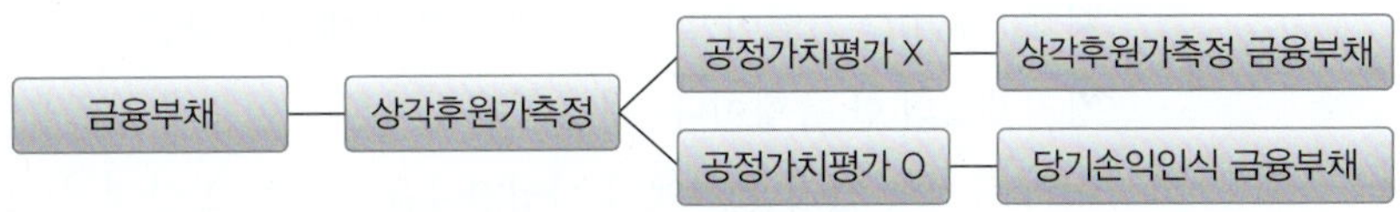

[그림 8-1] 금융부채의 분류

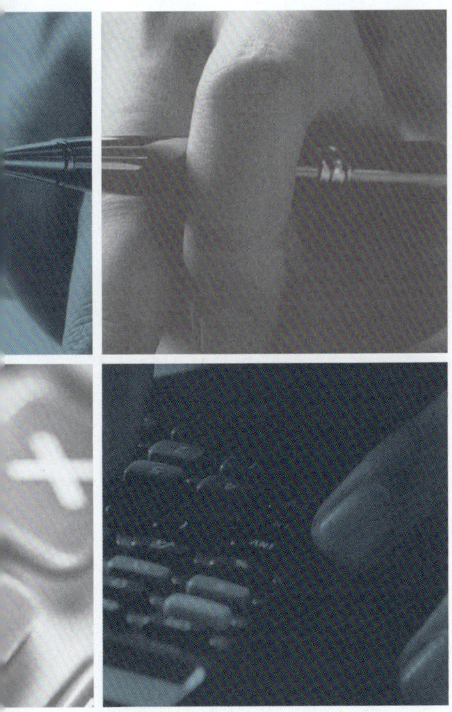

최초 인식 후 모든 금융부채는 유효이자율법을 사용해 상각후원가로 측정한다. 대부분의 금융부채는 상각후원가로 측정한 금액을 재무상태표에 표시하는데 이를 '상각후원가측정금융부채'로 총칭할 수 있다. 그러나 주로 단기간 내에 매매가 목적인 금융부채이거나 파생상품인 금융부채 등의 경우에는 공정가치 등으로 측정해야 한다. 그리고 이때 발생되는 장부가액의 변동액은 포괄손익계산서상 당기손익에 반영한다. 이러한 금융부채를 '당기손익인식금융부채'로 총칭할 수 있다.

유의할 점은 '상각후원가측정금융부채' 또는 '당기손익인식금융부채'라는 명칭은 금융부채를 보유하고 있는 동안 어떻게 측정해 공시할 것인지에 따른 분류기준일 뿐 계정과목 명칭을 그대로 사용할 것은 아니라는 점이다. 가령, 사채를 발행한 경우 이것이 공정가치 평가를 하지 않는 금융부채라고 한다면 '상각후원가측정금융부채'의 범주로 분류될 것이지만 이를 반드시 '상각후원가측정금융부채'라는 계정과목으로 표시할 필요는 없다. 대신 '장기사채' 등의 계정과목을 사용할 수 있다.

당기손익인식금융부채 중에서 파생상품 등과 관련된 사항은 회계원리

1) 기업회계기준서 제1032호에서는 금융부채에 대해 보다 세분화해 정의하고 있으나, 이에 대한 상세한 설명은 중급회계에서 다룰 사항이다.

의 범위를 넘어서기 때문에 여기서는 사채를 중심으로 한 상각후원가측정금융부채에 대해서만 다루기로 한다.

8.2 사채의 발행

1. 사채의 의의 및 유형

사채(bond)란 기업이 일반 대중으로부터 대규모 자금을 조달하기 위해 발행하는 유가증권으로 장기차입의 한 유형이다. 기업이 타인자본을 이용해 자금을 조달하는 방법으로는 은행차입 등 여러 유형이 있지만 거액의 사업자금을 저렴하고 안정적으로 조달하는 방법으로 사채발행이 널리 이용된다. 사채의 권면에는 액면금액, 만기일, 이자율 및 이자지급일 등이 표시되는데, 권면에 표시된 이자율을 표시이자율 또는 액면이자율이라고 한다.

지난 달 회사채 발행 82% 늘어 5.7조

1일 블룸버그에 따르면 NH투자증권은 지난 2월 한 달 동안 총 1조 9,617억원, 25건의 회사채 발행을 주관했다. 주관 건수나 액수 모두 국내 증권사 중 가장 규모가 크며 점유율도 34.4%를 차지했다. 2 · 3위와의 격차도 컸다. 2위인 한국투자증권은 20건에 1조 2,029억원을 주관했으며 KB증권은 14건에 7,667억원을 주관했다. 미래에셋대우 · 신한금융투자 · 삼성증권이 뒤를 이었다.

지난 달 발행된 회사채 총 규모는 5조 7,100억원으로 지난해 같은 기간에 비해 82.7% 늘었으며 전월과 비교해도 약 87% 증가했다. 개별 기업 중에는 기아자동차의 발행액이 6,000억원으로 가장 많았고 CJ제일제당 · SK · S-OIL이 발행액 4,000억원으로 상위에 있었다.

- 서울경제 2017.3.2 기사 중 -

사채는 일정한 기준에 따라 여러 유형으로 나눌 수 있다. 먼저 원리금 지급에 대한 담보 유무에 따라 담보부사채(secured bond)와 무담보부사채(unsecured bond), 제3자의 보증 유무에 따라 보증사채와 무보증사채, 만기상환조건에 따라 조기상환가능사채, 연속상환사채, 만기상환

사채 등으로 나뉜다. 또한 일정 조건하에 주식으로 전환할 수 있는 권리가 부여된 전환사채와 신주를 인수할 수 있는 권리가 부여된 신주인수권부사채 등 특수한 형태의 사채도 발행된다. 사채발행을 통해 자금을 조달하면 부채비율이 증가한다. 과도한 부채비율을 낮추기 위해 유상증자를 통해 자금을 조달해 사채를 조기에 상환하는 경우도 있다.

대한항공, 부채비율 1,000% 상회에 4,500억원 유상증자

대한항공이 재무구조 개선을 위해 4,500억원 규모의 유상증자를 단행한다. 지난해 4분기 원·달러 환율 상승(원화약세)으로 대규모 외화환산손실이 발생하며 부채비율이 1,000%를 넘었기 때문이다. 대한항공은 이번 유상증자를 통해 부채비율이 200%포인트 가량 개선될 것으로 보고 있다.

지난 5일 대한항공은 운영자금 마련을 위해 신주 2,200만 4,890주가 발행되는 4,500억원 규모의 유상증자를 실시한다고 밝혔다. 증자는 주주배정후 실권주 일반공모 방식으로 진행된다. 신주 예정발행가액은 2만 450원, 신주 상장예정일은 오는 3월 28일이다. 발행 주식수는 30% 증가한다.

이번 유상증자는 차입금 상환과 재무구조 개선을 위해 추진됐다. 관련업계에 따르면 대한항공은 지난해 4분기말 부채비율이 1,100% 수준을 기록할 것으로 전망됐다. 4분기 기말환율이 전분기대비 9.0% 상승한 1,200원대를 기록하며 외화환산손실이 8,000억원~9,000억원 가량 발생한 탓이다. 지난해 3분기말 대한항공의 외화부채는 84억달러로 10월 당 외화환산손실이 840억원 발생한다.

대한항공은 지난해 3분기 910%에 달했던 부채비율이 4분기 결국 1,000%를 상회하게 됐다. 나이스신평에 따르면 대한항공은 2017년 회사채 5,166억원, 자산유동화차입금 9,909억원 등 4조 8,496억원이 만기도래한다. 특히 부채비율이 1,000%가 넘으면 원화공모사채(잔액 1조 3,600억원 중 8,680억원)에 대한 기한이익상실이 발생한다. 따라서 재무구조 개선이 시급한 상황이었다.

– 이투데이 2017.1.6 기사 중 –

2. 사채의 발행가액 결정

사채는 일반적인 장기차입금과 마찬가지로 자금조달 수단 중 하나다. 사채와 장기차입금의 회계처리에 차이점이 있다. 가령, 기업이 20x1년 1월 1일에 은행으로부터 사업자금으로 ₩100,000,000을 3년간 차입했다고 가정하면, 기업은 이와 관련해 차입 시점에 다음과 같은 분개를 행하게 될 것이다.

(차) 현 금	100,000,000	(대) 장 기 차 입 금	100,000,000

은행은 대출자금에 대해 일정 이자를 요구하게 된다. 이자율은 대출시점의 기업신용도 등을 감안한 시장이자율이 적용될 것이다. 시장이자율이 5%이고 매년 말 지급한다고 가정하면 기업은 매년 차입금에 대해 5%의 이자를 은행에 지급해야 한다. 이와 관련된 분개는 다음과 같다.

(차) 이 자 비 용	5,000,000	(대) 현 금	5,000,000

3년이 지나 만기일이 되면 기업은 차입금을 은행에 상환하면서 다음과 같은 분개를 행한다.

(차) 장 기 차 입 금	100,000,000	(대) 현 금	100,000,000

한편, 동일한 금액을 은행차입 대신 사채를 발행해 조달한다고 가정해 보자. 20x1년 1월 1일에 만기 3년에 이자는 매년 말 후급인 액면금액 ₩100,000,000의 사채를 발행했다고 가정하자. 사채의 권면에 표시되는 표시이자율은 사채발행일의 시장이자율과 같은 5%로 기재됐다고 가정하면 이러한 사채발행과 앞서 은행으로부터 차입과 어떠한 차이가 있을까? 시장이자율과 표시이자율이 동일하기 때문에 이 사채는 ₩100,000,000에 발행된다. 따라서 장기차입금과 사채로 계정과목 명칭만 다를 뿐 회계처리는 동일하다.

사채의 권면에 표시되는 표시이자율이 시장이자율 5%가 아닌 4%로 기재됐다면 어떻게 될까? 이 경우에도 사채가 ₩100,000,000에 발행될까? 표시이자율이 4%라는 것은 사채를 발행하는 회사는 ₩100,000,000에 대해 향후 3년간 매년 ₩4,000,000의 이자를 지급하겠다는 뜻이다. 그런데 시장이자율이 5%라면 ₩100,000,000을 다른 곳에 투자했을 때 매년 ₩5,000,000의 이자를 얻을 수 있을 것이다. 이자를 시장이자율보다 낮게 지급하는 사채를 액면금액인 ₩100,000,000을 부담하고 취득하지는 않을 것이다.

사채를 발행하는 회사는 사채의 표시이자율을 시장이자율로 상향조정하든지 아니면 사채의 액면금액을 할인해 발행하는 수밖에 없다. 그런데 사채발행은 사채의 권면에 표시되는 표시이자율이 이미 확정된 상태에서 일정한 기간을 두고 이루어지게 되므로 결국 표시이자율을 수정하지는 못하고 대신 액면금액을 할인하는 형식을 취하게 된다. 이를 사채의 '할인발행'이라 한다. 반대로 표시이자율보다 시장이자율이 낮은 경우에는 액면금액보다 높은 금액을 받고 사채를 발행하게 되는데 이를 사채의 '할증발행'이라 한다.

은행차입의 경우 은행에 지급하기로 한 약정이자율과 차입일의 시장이자율이 일치하는 것이 보통이다. 그러나 사채발행의 경우에는 약정이자율(표시이자율)이 시장이자율과 반드시 일치하는 것은 아니라는 점에 유의해야 한다. 은행차입금은 만기에 상환하기로 한 것과 동일한 금액을 차입일에 수령하지만 사채의 경우에는 만기에 상환되는 액면금액과 다른 금액을 받고 발행하는 경우가 생길 수 있다.

[그림 8-2] 사채 발행가액의 결정

8.3 사채의 액면발행

사채의 발행가액은 표시이자율과 시장이자율간의 관계에 의해 결정된다. 다음 예를 통해 액면발행시의 발행가액 결정과 회계처리를 구체적으로 살펴보기로 한다.

액면발행 예

- 사채의 액면가액 : ₩100,000
- 표시이자율 : 5%, 매년 말 후급
- 만 기 일 : 20x3.12.31
- 발 행 일 : 20x1.1.1
- 발행일의 시장이자율 : 5%

사채의 발행가액은 발행시점의 공정가치며, 이는 미래 현금흐름을 발행시점의 시장이자율로 할인한 현재가치로 결정된다. 이를 구체적으로 나타내면 [그림 8-3]과 같다.

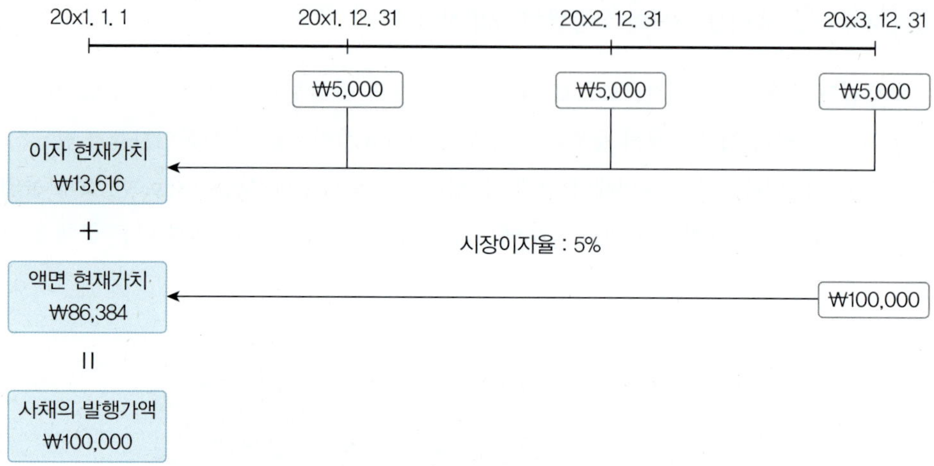

[그림 8–3] 액면발행시의 발행가액 결정과정

사채의 표시이자율과 시장이자율이 동일할 경우 사채의 현재가치, 즉 발행가액은 액면금액 ₩100,000과 동일하다. 이를 수식으로 나타내면 다음과 같다.

$$\underbrace{\frac{₩5,000}{1.05} + \frac{₩5,000}{(1.05)^2} + \frac{₩5,000}{(1.05)^3}}_{\text{이자 현재가치}} + \underbrace{\frac{₩100,000}{(1.05)^3}}_{\text{액면 현재가치}} = ₩100,000$$

사채발행일로부터 이자지급 및 액면금액 상환까지의 분개에 대해 7장 금융자산에서 예시한 사채를 취득한 회사의 분개와 비교해 살펴보면 다음과 같다.

일 자	발행회사	취득회사
20x1.1.1	(차) 현　금　100,000 　(대) 사　채　100,000	(차) 상각후원가측정금융자산[2] 100,000 　(대) 현　금　100,000
20x1.12.31	(차) 이자비용　5,000 　(대) 현　금　5,000	(차) 현　금　5,000 　(대) 이자수익　5,000
20x2.12.31	(차) 이자비용　5,000 　(대) 현　금　5,000	(차) 현　금　5,000 　(대) 이자수익　5,000
20x3.12.31	(차) 이자비용　5,000 　(대) 현　금　5,000 (차) 사　채　100,000 　(대) 현　금　100,000	(차) 현　금　5,000 　(대) 이자수익　5,000 (차) 현　금　100,000 　(대) 상각후원가측정금융자산　100,000

2) 특정일에 원리금을 수령하는 것을 사업목적으로 한다고 가정한다.

[예 8–1] 사채의 액면발행

갑사가 다음과 같은 조건의 사채를 발행한 경우 발행일과 매 회계연도말 및 이자지급일의 분개를 행하라. 단, 갑사의 회계연도는 매년 1월 1일부터 12월 31일까지다.

- 사채의 액면가액 : ₩1,000,000
- 표시이자율 : 4%, 매년 6.30 후급
- 만 기 일 : 20x3.6.30
- 발 행 일 : 20x1.7.1
- 발행일의 시장이자율 : 4%

풀이

〈20x1.7.1〉

발행가액은 표시이자율과 시장이자율이 동일함으로 액면가액인 ₩1,000,000이다.

이를 수식으로 나타내면 다음과 같다.

$$발행가액 = \frac{₩40,000}{1.04} + \frac{(₩40,000+₩1,000,000)}{(1.04)^2} = ₩1,000,000$$

(차) 현 금	1,000,000	(대) 사 채	1,000,000

〈20x1.12.31〉

이자지급일과 회계연도말이 다름으로 회계연도말에 실제로 이자를 지급하지는 않았지만 발생주의에 따라 이자비용을 계상한다. 즉, 20x1.12.31에 20x1.7.1부터 20x1.12.31까지 6개월간의 이자비용을 인식한다.

6개월간의 이자비용 = ₩1,000,000 × 4% × (6/12) = ₩20,000

(차) 이 자 비 용	20,000	(대) 미 지 급 이 자	20,000

〈20x2.6.30〉

1년간의 이자 ₩40,000을 현금으로 지급하지만 이중 절반인 ₩20,000은 20x1.12.31에 이미 이자비용으로 인식했음으로 20x2.6.30에는 20x2.1.1부터 20x2.6.30까지 6개월간의 이자비용을 인식한다.

(차) 이 자 비 용	20,000	(대) 현 금	40,000
미 지 급 이 자	20,000		

〈20x2.12.31〉

20x2.7.1~20x2.12.31까지 6개월간의 이자비용을 인식한다.

(차) 이 자 비 용	20,000	(대) 미 지 급 이 자	20,000

〈20x3.6.30〉

1년간의 이자 ₩40,000을 현금으로 지급하지만 이중 절반인 ₩20,000은 20x2.12.31에 이미 이자비용으로 인식했음으로 20x3.6.30에는 20x3.1.1부터 20x3.6.30까지 6개월간의 이자비용을 인식한다. 동시에 사채 액면금액 ₩1,000,000을 지급한 것에 대한 분개를 행한다.

(차)	이 자 비 용	20,000	(대) 현 금	40,000
	미 지 급 이 자	20,000		
(차)	사 채	1,000,000	(대) 현 금	1,000,000

8.4 사채의 할인발행

사채의 표시이자율이 시장이자율보다 낮다면 이자 차이를 보전하기 위해 액면금액보다 할인된 금액으로 발행이 이뤄진다. 이에 대해 아래의 예를 통해 보다 상세히 살펴보기로 한다.

할인발행 예

- 사채의 액면가액 : ₩100,000
- 표시이자율 : 5%, 매년 말 후급
- 만 기 일 : 20x3.12.31
- 발 행 일 : 20x1.1.1
- 발행일의 시장이자율 : 6%

사채의 발행가액은 발행시점의 공정가치며, 이는 미래 현금흐름을 발행시점의 시장이자율로 할인한 현재가치로 결정된다. 이를 구체적으로 나타내면 [그림 8-4]와 같다.

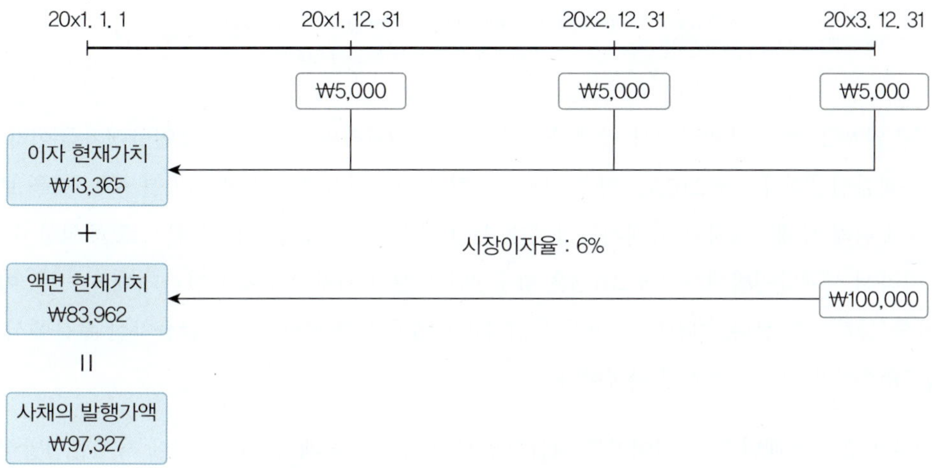

[그림 8-4] 할인발행 시의 발행가액 결정과정

사채의 발행가액을 구하기 위한 산식은 아래와 같다.

$$\underbrace{\frac{₩5,000}{1.06} + \frac{₩5,000}{(1.06)^2} + \frac{₩5,000}{(1.06)^3}}_{\text{이자 현재가치}} + \underbrace{\frac{₩100,000}{(1.06)^3}}_{\text{액면 현재가치}} = ₩97,327$$

시장이자율이 표시이자율보다 높아 사채의 현재가치는 액면금액 ₩100,000보다 작은 ₩97,327이 되며, 이 금액이 바로 발행가액이 된다. 그렇다면 액면금액 ₩100,000과 발행가액 ₩97,327의 차이금액인 ₩2,673은 무엇을 의미할까?

사채 발행자가 액면금액을 모두 받고 사채를 발행하려면 표시이자율을 시장이자율인 6%와 동일하게 책정해야 한다. 그러나 표시이자율이 이보다 1% 낮은 5%로 책정했다는 것은 매년 말 ₩6,000의 이자 대신 ₩5,000의 이자만을 지급한다는 것이므로, 시장이자율에 비해 ₩1,000씩 적은 금액을 3년에 걸쳐 지급한다는 의미다. 사채 취득자는 이러한 이자 차이를 그냥 받아들이지는 않을 것이다. 따라서 사채 발행자는 사채 취득자에게 3년에 걸친 이자 차이금액을 발행시에 미리 보전해줘야 한다.

그런데 보전금액은 ₩3,000(= ₩1,000 × 3년)일까? 그렇지 않다. 화폐의 시간가치가 반영된 현재가치로 다음과 같이 계산돼야 한다.

$$\frac{(₩6,000 - ₩5,000)}{1.06} + \frac{(₩6,000 - ₩5,000)}{(1.06)^2} + \frac{(₩6,000 - ₩5,000)}{(1.06)^3} = ₩2,673$$

산출된 ₩2,673은 액면금액과 발행가액의 차액과 동일하며 이를 '사채할인발행차금'이라 한다. 사채할인발행차금 ₩2,673은 향후 3년에 걸쳐 시장이자율보다 적은 이자를 주는 것을 보전해 주기 위해 사채발행자가 사채취득자에게 발행 시점에 선지급한 이자부분으로 해석할 수 있다. 따라서 사채할인발행차금 ₩2,673은 향후 3년에 걸쳐 이자비용으로 전환돼야 하는데, 이런 절차를 '상각'이라 한다. 기간별로 상각해 이자비용에 합산할 금액은 7장 금융자산 부분에서 설명한 '유효이자율법'을 적용해 산출한다.

사채발행자는 매년 말 표시이자를 지급하면서 이자비용을 계상함과 동시에 사채할인발행차금의 상각액을 이자비용으로 추가해 계상하는 분개를 행해야 한다. 이때 표시이자와 상각액을 합한 이자비용을 '유효이자'라 한다. 유효이자율법에 의한 상각표는 [표 8-1]과 같다.

[표 8-1] 유효이자율법에 의한 상각표

일 자	유효이자(6%)	표시이자(5%)	상각액	장부가액
20x1.1.1				97,327
20x1.12.31	5,840	5,000	840	98,167
20x2.12.31	5,890	5,000	890	99,057
20x3.12.31	5,943	5,000	943	100,000
합 계	17,673	15,000	2,673	

사채의 발행가액과 유효이자율법에 의한 상각표에 따른 발행일부터 만기상환일까지 회계처리를 취득회사의 회계처리와 대비하여 살펴보면 다음과 같다.

일 자	발행회사	취득회사
20x1.1.1	(차) 현　금　97,327 사채할인발행차금　2,673 (대) 사　채　100,000	(차) 상각후원가측정금융자산[3] 97,327 (대) 현　금　97,327
20x1.12.31	(차) 이자비용　5,840 (대) 현　금　5,000 사채할인발행차금　840	(차) 현　금　5,000 상각후원가측정금융자산　840 (대) 이자수익　5,840
20x2.12.31	(차) 이자비용　5,890 (대) 현　금　5,000 사채할인발행차금　890	(차) 현　금　5,000 상각후원가측정금융자산　890 (대) 이자수익　5,890
20x3.12.31	(차) 이자비용　5,943 (대) 현　금　5,000 사채할인발행차금　943 (차) 사　채　100,000 (대) 현　금　100,000	(차) 현　금　5,000 상각후원가측정금융자산　943 (대) 이자수익　5,943 (차) 현　금　100,000 (대) 상각후원가측정금융자산　100,000

사채발행일의 분개를 보면 발행회사와 취득회사의 계정과목 구분에 있어서 차이점을 발견할 수 있다. 취득회사는 취득한 금융자산을 순액으로 표시하는데 비해 발행회사는 사채를 만기시의 액면가액으로 표시함과 동시에 '사채할인발행차금'이라는 차감적 평가계정을 사용하는 총액표시 방법을 적용한다. 구분표시 방식이 다르지만 발행회사와 취득회사 관련 계정의 장부가액은 결국 같은 금액이 된다.

발행회사		취득회사	
사　채	₩100,000	상각후원가측정금융자산	₩97,327
사채할인발행차금	(2,673)		
장부가액	₩97,327	장부가액	₩97,327

3) 특정일에 원리금을 수령하는 것을 사업목적으로 한다고 가정한다.

[예 8-2] 사채의 할인발행

갑사가 아래와 같은 조건의 사채를 발행한 경우 발행일과 매 회계연도말 및 이자지급일의 분개를 행하고, 유효이자율법에 의한 상각표를 작성하라. 단, 갑사의 회계연도는 매년 1월 1일부터 12월 31일까지다.

- 사채의 액면가액 : ₩1,000,000
- 표시이자율 : 3%, 매년 6.30 후급
- 만 기 일 : 20x3.6.30
- 발 행 일 : 20x1.7.1
- 발행일의 시장이자율 : 5%

풀이

〈20x1.7.1〉

발행가액을 수식으로 구해보면 다음과 같다.

$$발행가액 = \frac{₩30,000}{1.05} + \frac{(₩30,000+₩1,000,000)}{(1.05)^2} = ₩962,812$$

(차)	현 금	962,812	(대) 사 채	1,000,000
	사채할인발행차금	37,188		

[유효이자율법에 의한 상각표]

일 자	유효이자(5%)	표시이자(3%)	상각액	장부가액
20x1.7.1				962,812
20x2.6.30	48,141	30,000	18,141	980,953
20x3.6.30	49,047*	30,000	19,047	1,000,000

* 단수차이 조정

〈20x1.12.31〉

이자지급일과 회계연도 말이 상이해 회계연도 말에 실제 이자를 지급하지는 않았지만 발생주의에 기초해 이자비용을 인식해야 한다. 즉, 20x1.12.31에 20x1.7.1부터 20x1.12.31까지 6개월간의 이자비용을 인식한다. 이때 이자비용은 표시이자에 사채할인발행차금 상각액을 더한 유효이자를 의미하며, 6개월분은 20x1.7.1부터 20x2.6.30까지 발생하는 1년분을 기준으로 월할계산한다.

6개월 간의 이자비용 = ₩48,141 × (6/12) = ₩24,070*

* 끝수 조정을 위해 전반기는 ₩24,070, 후반기는 ₩24,071로 나눔.

표시이자는 아직 지급하지 않았으므로 미지급이자로 처리한다.

(차)	이 자 비 용	24,070	(대) 미 지 급 이 자	15,000
			사채할인발행차금	9,070

〈20x2.6.30〉

20x1.7.1부터 20x2.6.30까지 1년분 중 20x2.1.1부터 20x2.6.30까지 6개월분을 월할계산해 이자비용을 인식하고 사채할인발행차금 상각과 20x1.7.1부터 20x1.12.31까지 미지급분을 감안해 현금지급 분개를 행한다.

(차)	이 자 비 용	24,071	(대) 현 금	30,000
	미 지 급 이 자	15,000	사채할인발행차금	9,071

〈20x2.12.31〉

20x1.12.31과 마찬가지 논리로 20x2.7.1부터 20x2.12.31까지 6개월간의 이자비용을 인식한다.

(차)	이 자 비 용	24,524*	(대) 미 지 급 이 자	15,000
			사채할인발행차금	9,524

* ₩49,047 × (6/12)을 ₩24,524와 ₩24,523으로 끝수 조정을 위해 나누어 처리함.

〈20x3.6.30〉

20x2.7.1부터 20x3.6.30까지 발생하는 1년분 중 나머지 6개월분을 월할계산해 이자비용을 인식하면서 미지급분도 정리한다. 동시에 액면금액 ₩1,000,000을 지급한 것에 대한 분개를 행한다.

(차)	이 자 비 용	24,523	(대) 현 금	30,000
	미 지 급 이 자	15,000	사채할인발행차금	9,523
(차)	사 채	1,000,000	(대) 현 금	1,000,000

8.5 사채의 할증발행

앞에서 설명한 바와 같이 사채의 할인발행이 이루어지는 이유는 시장이자율보다 낮은 표시이자율로 인한 이자 차이를 보전하기 위해 사채 발행자가 사채 취득자에게 일종의 선이자 지급분을 액면금액에서 차감하기 때문이다. 그러면 표시이자율이 시장이자율보다 높은 경우는 어떨까? 사채의 할인발행의 경우와 반대로 사채취득자가 사채발행자에게 이자 차이를 가산한 금액을 지급한다. 따라서 액면금액에 이자 차이 보전액을 더한 금액으로 발행가액이 결정된다. 이와 같은 이자 차이 보전액을 '사채할증발행차금'이라 한다.

할증발행 예

- 사채의 액면가액 : ₩100,000
- 표시이자율 : 5%, 매년 말 후급
- 만 기 일 : 20x3.12.31
- 발 행 일 : 20x1.1.1
- 발행일의 시장이자율 : 4%

사채의 발행가액은 발행시점의 공정가치이며, 이는 미래 현금흐름을 발행시점의 시장이자율로 할인한 현재가치로 결정된다. 이를 구체적으로 나타내면 [그림 8-5]와 같다.

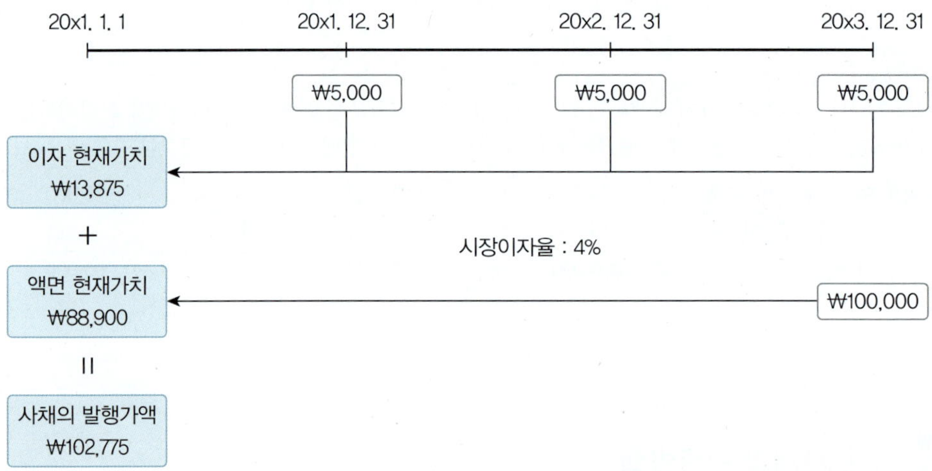

[그림 8-5] 할증발행 시의 발행가액 결정과정

사채의 발행가액을 구하기 위한 산식은 아래와 같다.

$$\underbrace{\frac{₩5,000}{1.04} + \frac{₩5,000}{(1.04)^2} + \frac{₩5,000}{(1.04)^3}}_{\text{이자 현재가치}} + \underbrace{\frac{₩100,000}{(1.04)^3}}_{\text{액면 현재가치}} = ₩102,775$$

표시이자율이 시장이자율보다 높아 사채의 현재가치는 액면금액 ₩100,000보다 큰 ₩102,775이 되며, 이 금액이 바로 발행가액이 된다. 이때 액면금액 ₩100,000과 발행가액 ₩102,775의 차이금액인 ₩2,775은 사채 취득자가 사채 발행자에게 3년에 걸친 이자 차이금액에 대한 보전액을 뜻하며, 다음과 같은 산식에 의해 구해진다.

$$\frac{(₩5,000 - ₩4,000)}{1.04} + \frac{(₩5,000 - ₩4,000)}{(1.04)^2} + \frac{(₩5,000 - ₩4,000)}{(1.04)^3} = ₩2,775$$

사채할증발행차금 ₩2,775은 향후 3년에 걸쳐 시장이자율보다 많은 이자를 지급하는 것에 대해 사채발행자가 사채취득자로부터 발행 시점에 선수한 이자부분에 해당하므로 향후 3년에 걸쳐 상각해 이자비용을 지급액보다 감소시킨다. 상각할 금액 계산에서는 사채 할인발행의 경우와 마찬가지로 '유효이자율법'을 적용한다. 유효이자율법에 의한 상각표는 [표 8-2]와 같다.

[표 8-2] 유효이자율법에 의한 상각표

일 자	유효이자(4%)	표시이자(5%)	상각액	장부가액
20x1.1.1				102,775
20x1.12.31	4,111	5,000	(889)	101,886
20x2.12.31	4,075	5,000	(925)	100,961
20x3.12.31	4,039*	5,000	(961)	100,000
합 계	12,225	15,000	(2,775)	

* 단수차이 조정

사채발행일의 발행회사와 취득회사 장부가액은 동일하나, 취득회사는 취득한 금융자산을 순액으로 표시하는 데 비해 발행회사는 사채를 만기시의 액면가액으로 표시함과 동시에 사채할증발행차금이라는 부가적 평가계정을 사용해 표시하는 총액표시 방법을 사용한다. 사채할인발행차금이라는 차감적 평가계정을 사용하는 사채의 할인발행의 경우와 같은 논리를 적용하는 것이다.

발행회사		취득회사	
사채	₩100,000	상각후원가측정금융자산	₩102,775
사채할증발행차금	2,775		
장부가액	₩102,775	장부가액	₩102,775

사채의 발행가액과 유효이자율법에 의한 상각표를 이용해 발행일부터 만기상환일까지 분개를 사채의 취득회사 분개와 비교하여 제시하면 다음과 같다.

일 자	발행회사	취득회사
20x1.1.1	(차) 현 금 102,775 (대) 사 채 100,000 사채할증발행차금 2,775	(차) 상각후원가측정금융자산[4] 102,775 (대) 현 금 102,775
20x1.12.31	(차) 이자비용 4,111 사채할증발행차금 889 (대) 현 금 5,000	(차) 현 금 5,000 (대) 이자수익 4,111 상각후원가측정금융자산 889
20x2.12.31	(차) 이자비용 4,075 사채할증발행차금 925 (대) 현 금 5,000	(차) 현 금 5,000 (대) 이자수익 4,075 상각후원가측정금융자산 925
20x3.12.31	(차) 이자비용 4,039 사채할증발행차금 961 (대) 현 금 5,000 (차) 사 채 100,000 (대) 현 금 100,000	(차) 현 금 5,000 (대) 이자수익 4,039 상각후원가측정금융자산 961 (차) 현 금 100,000 (대) 상각후원가측정금융자산 100,000

[예 8-3] 사채의 할증발행

갑사가 아래와 같은 조건의 사채를 발행한 경우 발행일과 매 회계연도말 및 이자지급일의 분개를 행하고, 유효이자율법에 의한 상각표를 작성하라. 단, 갑사의 회계연도는 매년 1월 1일부터 12월 31일까지다.

- 사채의 액면가액 : ₩1,000,000
- 표시이자율 : 7%, 매년 6.30 후급
- 만 기 일 : 20x3.6.30
- 발 행 일 : 20x1.7.1
- 발행일의 시장이자율 : 5%

풀이

〈20x1.7.1〉

발행가액을 수식으로 구해보면 다음과 같다.

$$발행가액 = \frac{₩70,000}{1.05} + \frac{(₩70,000+₩1,000,000)}{(1.05)^2} = ₩1,037,190$$

(차) 현 금	1,037,190	(대) 사 채	1,000,000
		사채할증발행차금	37,190

4) 특정일에 원리금을 수령하는 것을 사업목적으로 한다고 가정한다.

[유효이자율법에 의한 상각표]

일 자	유효이자(5%)	표시이자(7%)	상각액	장부가액
20x1.7.1				1,037,190
20x2.6.30	51,860	70,000	(18,140)	1,019,050
20x3.6.30	50,950*	70,000	(19,050)	1,000,000

* 단수차이 조정

〈20x1.12.31〉

이자지급일과 회계연도 말이 상이함으로 회계연도말에 실제 이자를 지급하지는 않았지만 발생주의에 기초해 이자비용을 인식해야 한다. 즉, 20x1.12.31에 20x1.7.1부터 20x1.12.31까지 6개월간의 이자비용을 인식한다. 이때 이자비용은 표시이자에서 사채할증발행차금 상각액을 차감한 유효이자를 의미하며, 6개월분은 20x1.7.1부터 20x2.6.30까지 발생하는 1년분을 월할계산한다.

6개월 간의 이자비용 = ₩51,860 × (6/12) = ₩25,930

표시이자는 아직 지급하지 않았으므로 미지급이자로 처리한다.

(차)	이 자 비 용	25,930	(대) 미 지 급 이 자	35,000
	사채할증발행차금	9,070		

〈20x2.6.30〉

20x1.7.1부터 20x2.6.30까지 발생하는 1년분 중 나머지 6개월분을 월할계산해 이자비용을 인식한다.

(차)	이 자 비 용	25,930	(대) 현 금	70,000
	미 지 급 이 자	35,000		
	사채할증발행차금	9,070		

〈20x2.12.31〉

20x1.12.31과 마찬가지 논리로 20x2.7.1부터 20x2.12.31까지 6개월간의 이자비용을 인식한다.

(차)	이 자 비 용	25,475 *	(대) 미 지 급 이 자	35,000
	사채할증발행차금	9,525		

* ₩50,950 × (6/12) = 25,475

〈20x3.6.30〉

20x2.7.1부터 20x3.6.30까지 발생하는 1년분 중 나머지 6개월분을 월할계산해 이자비용을 인식하고 미지급이자를 정리한다. 동시에 액면금액 ₩1,000,000을 지급한 것에 대한 분개를 행한다.

(차)	이 자 비 용	25,475	(대) 현 금	70,000
	미 지 급 이 자	35,000		
	사채할증발행차금	9,525		
(차)	사 채	1,000,000	(대) 현 금	1,000,000

8.6 사채의 상환

사채는 액면발행, 할인발행, 할증발행 중 어느 유형으로 발행됐든지 상관없이 만기일에 액면금액으로 상환된다. 할인발행의 경우에는 사채할인발행차금이 만기에 걸쳐 상각돼 만기시점에는 잔액이 ₩0이 되며, 할증발행의 경우에도 사채할증발행차금이 만기에 걸쳐 상각돼 만기시점에 잔액이 ₩0이 된다. 따라서 3가지 유형 모두 만기시점에는 사채의 장부가액이 액면금액이 된다. 앞에서 보았던 3가지 발행유형에서 만기시의 장부가액과 분개를 정리하면 다음과 같다.

액면발행		할인발행		할증발행	
사 채	₩100,000	사 채	₩100,000	사 채	₩100,000
		사채할인발행차금	(0)	사채할증발행차금	0
장 부 가 액	₩100,000	장 부 가 액	₩100,000	장 부 가 액	₩100,000
(차) 사 채 100,000 (대) 현 금 100,000		(차) 사 채 100,000 (대) 현 금 100,000		(차) 사 채 100,000 (대) 현 금 100,000	

사채를 발행한 기업은 만기일 이전에 시장에서 매입해 상환할 수 있다. 일부 사채에는 미리 약정된 시장이자율로 계산한 가격을 기준으로 조기에 상환할 수 있는 옵션이 정해진 경우도 있다. 사채를 만기일 이전에 상환하면 상환일까지 유효이자율법을 적용해 장부가액을 확정하고 실제로 지급한 금액과 장부가액의 차이를 사채상환손익으로 처리한다.

예를 들어 20x1년 1월 1일에 사채 액면 ₩100,000(사채할인발행차금 ₩1,200이 남아 있음)을 ₩99,000에 매입상환한 경우의 분개는 다음과 같다.

(차)	사 채	100,000	(대) 사채할인발행차금	1,200
	사채상환손실	200	현 금	99,000

같은 날 다른 사채 액면 ₩100,000(사채할증발행차금 ₩1,200이 남아 있음)을 ₩99,000에 매입 상환한 경우의 분개는 다음과 같다.

(차)	사 채	100,000	(대) 현 금	99,000
	사채할증발행차금	1,200	사채상환이익	2,200

사채의 조기상환은 장래 이자율의 동향에 따라 결정하기도 한다. 현재의 이자율은 낮고 미래 이자율은 상승할 것으로 예상되면 만기가 도래하는 사채를 미리 상환하기 위한 목적으로 신규사채를 발행하기도 한다.

MS, 16조 회사채 찍는다… 트럼프 감세정책에 '반신반의'

마이크로소프트(MS)가 대규모 채권 발행을 통한 대규모 자금 조달에 나선다. 자금이 이미 풍부한 미 대형 기술(IT) 기업이 추가 자금 조달에 나선 것은 해외 자산을 미국으로 이전하면 감세 혜택을 주겠다는 도널드 트럼프 미국 대통령의 공약을 불신하기 때문이라는 분석도 나온다.

MS는 3년부터 40년 만기까지 총 7종의 만기 유형으로 최소 140억 달러(약 16조 3,000억원) 규모의 회사채를 발행하기로 했다고 영국 일간 파이낸셜타임즈(FT)가 30일(현지시간) 전했다. 합병을 전제하지 않은 자금 조달로는 역대 최대 규모다. 금융권에 따르면 현재 회사채의 수익률은 3.2~3.5% 선으로 국채보다 다소 높다.

블룸버그 개드플라이 칼럼은 이날 "반년 전 200억 달러 규모의 채권을 발행했던 MS가 또 170억 달러의 채권을 갑자기 발행한 데 대해 시장은 궁금해하고 있다"고 말했다. MS는 이미 1,228억달러 규모의 현금을 보유하고 있다.

개드플라이는 애널리스트를 인용해 상대적으로 금리가 낮을 때 장기 채권을 발행함으로써 251억 달러 규모의 1년 이내 만기 채권을 갚으려는 것이라고 설명했다. 달리 말하면 해외에 있는 보유 현금을 세금 없이 미국에 들여올 수 없으리라 전망하는 방증이라는 설명이다. MS는 보유 자산의 대부분인 1,163억 달러를 해외에 두고 있다.

– 이데일리 2017.1.31 기사 중 –

토·의·문·제

1. 금융부채의 분류는 어떤 기준에 의해 이뤄지는가?

2. 사채의 발행가액을 결정하는 과정에 대해 설명하라.

3. 사채의 할인발행시 발생하는 사채할인발행차금의 성격은 무엇이며, 이에 대해 상각이 이뤄진다는 의미는 무엇인가?

4. 사채의 할증발행시 발생하는 사채할증발행차금의 성격은 무엇인가?

5. 할인발행 또는 할증발행된 사채의 이자비용이 표시이자와 다른 이유는 무엇인가?

6. 사채를 조기에 상환한 경우 회계처리 방법을 설명하라.

자·습·문·제

[사채의 액면발행]

1. A사는 20x1년 1월 1일에 아래와 같은 조건의 사채를 발행했다.

- 사채의 액면가액 : ₩1,000,000
- 표시이자율 : 3%
- 이자지급일 : 매년 12월 31일
- 만 기 일 : 20x3년 12월 31일
- 발행일의 유효이자율 : 3%

A사가 사채의 만기일까지 행해야 할 분개를 표시하라. 단, A사의 회계기말은 12월 31일이다.

풀이

일자	분개					
20x1.1.1	(차)	현금	1,000,000	(대)	사채	1,000,000
20x1.12.31	(차)	이자비용	30,000	(대)	현금	30,000
20x2.12.31	(차)	이자비용	30,000	(대)	현금	30,000
20x3.12.31	(차)	이자비용	30,000	(대)	현금	30,000
	(차)	사채	1,000,000	(대)	현금	1,000,000

사채의 발행가액은 표시이자율과 유효이자율이 같으므로 액면금액인 ₩1,000,000이 된다.

[사채의 액면발행]

2. A사는 20x1년 7월 1일에 아래와 같은 조건의 사채를 발행했다.

- 사채의 액면가액 : ₩1,000,000
- 표시이자율 : 5%
- 이자지급일 : 매년 6월 30일
- 만 기 일 : 20x4년 6월 30일
- 발행일의 유효이자율 : 5%

A사가 사채의 만기일까지 행해야 할 분개를 표시하라. 단, A사의 회계기말은 12월 31일이다.

풀이

일자	분개					
20x1.7.1	(차)	현 금	1,000,000	(대)	사 채	1,000,000
20x1.12.31	(차)	이 자 비 용	25,000	(대)	미 지 급 이 자	25,000
20x2.6.30	(차)	미 지 급 이 자	25,000	(대)	현 금	50,000
		이 자 비 용	25,000			
20x2.12.31	(차)	이 자 비 용	25,000	(대)	미 지 급 이 자	25,000
20x3.6.30	(차)	미 지 급 이 자	25,000	(대)	현 금	50,000
		이 자 비 용	25,000			
20x3.12.31	(차)	이 자 비 용	25,000	(대)	미 지 급 이 자	25,000
20x4.6.30	(차)	미 지 급 이 자	25,000	(대)	현 금	50,000
		이 자 비 용	25,000			
	(차)	사 채	1,000,000	(대)	현 금	1,000,000

〈20x1.7.1〉

사채의 발행가액은 표시이자율과 유효이자율이 같으므로 액면금액인 ₩1,000,000이 된다.

〈20x1.12.31〉

사채의 이자지급일과 회계기말이 다르므로 A사는 매 회계연도 말에 발생주의에 의해 6개월간의 이자비용을 계상하고 동시에 미지급이자를 인식해야 한다.

₩1,000,000 × 5% × 6/12 = ₩25,000

〈20x2.6.30〉

사채이자 ₩50,000을 지급하나, 이중 6개월간의 이자인 ₩25,000에 대해서는 20x1.12.31에 이미 이자비용으로 계상했으므로 나머지 절반에 대해서만 이자비용으로 계상함과 동시에 전년도말에 인식된 미지급이자를 제거해야 한다.

[사채의 할인발행]

3. A사는 20x1년 1월 1일 다음과 같은 조건의 사채를 발행하였다.

- 사채의 액면가액 : ₩1,000,000
- 표시이자율 : 연 3%
- 이자지급일 : 매년 12월 31일
- 만 기 일 : 20x3년 12월 31일
- 발행일의 유효이자율 : 5%

A사가 사채의 발행일부터 만기일까지 행해야 할 회계처리를 표시하라. 단, A사의 회계기말은 12월 31일이다.

풀이

〈사채의 발행가액〉

$$\frac{₩30,000}{1.05}+\frac{₩30,000}{(1.05)^2}+\frac{₩30,000+₩1,000,000}{(1.05)^3}=₩945,535$$

〈유효이자율법에 의한 상각표〉

일 자	유효이자(5%)	표시이자(3%)	상각액	장부가액
20x1.1.1				945,535
20x1.12.31	47,277	30,000	17,277	962,812
20x2.12.31	48,141	30,000	18,141	980,953
20x3.12.31	49,047*	30,000	19,047	1,000,000

* 단수차이 조정

일자	분개			
20x1.1.1	(차) 현　금 사채할인발행차금	945,535 54,465	(대) 사　채	1,000,000
20x1.12.31	(차) 이 자 비 용	47,277	(대) 현　금 사채할인발행차금	30,000 17,277
20x2.12.31	(차) 이 자 비 용	48,141	(대) 현　금 사채할인발행차금	30,000 18,141
20x3.12.31	(차) 이 자 비 용	49,047	(대) 현　금 사채할인발행차금	30,000 19,047

[사채의 할인발행]

4. A사는 20x1년 7월 1일에 아래와 같은 조건의 사채를 발행했다.

- 사채의 액면가액 : ₩1,000,000
- 표시이자율 : 4%
- 이자지급일 : 매년 6월 30일
- 만　기　일 : 20x4년 6월 30일
- 발행일의 유효이자율 : 5%

A사가 사채의 만기일까지 행할 분개를 표시하라. 단, A사의 회계기말은 12월 31일이다.

풀이

〈사채의 발행가액〉

$$\frac{₩40,000}{1.05}+\frac{₩40,000}{(1.05)^2}+\frac{₩40,000+₩1,000,000}{(1.05)^3}=₩972,768$$

〈유효이자율법에 의한 상각표〉

일 자	유효이자(5%)	표시이자(4%)	상각액	장부가액
20x1.7.1				972,768
20x2.6.30	48,638	40,000	8,638	981,406
20x3.6.30	49,070	40,000	9,070	990,476
20x4.6.30	49,524	40,000	9,524	1,000,000

일자	분개			
20x1.7.1	(차) 현금	972,768	(대) 사채	1,000,000
	사채할인발행차금	27,232		
20x1.12.31*	(차) 이자비용	24,319	(대) 미지급이자	20,000
			사채할인발행차금	4,319
20x2.6.30	(차) 미지급이자	20,000	(대) 현금	40,000
	이자비용	24,319	사채할인발행차금	4,319
20x2.12.31*	(차) 이자비용	24,535	(대) 미지급이자	20,000
			사채할인발행차금	4,535
20x3.6.30	(차) 미지급이자	20,000	(대) 현금	40,000
	이자비용	24,535	사채할인발행차금	4,535
20x3.12.31*	(차) 이자비용	24,762	(대) 미지급이자	20,000
			사채할인발행차금	4,762
20x4.6.30	(차) 미지급이자	20,000	(대) 현금	40,000
	이자비용	24,762	사채할인발행차금	4,762
	(차) 사채	1,000,000	(대) 현금	1,000,000

* 6개월 간의 이자가 발생했음으로 이에 대한 분개를 행해야 함.

[사채의 할인발행]

5. A사는 20x1년 4월 1일 다음과 같은 조건의 사채를 발행하였다.

- 사채의 액면가액 : ₩1,000,000
- 표시이자율 : 연 3%
- 이자지급일 : 매년 3월 31일마다 후급
- 만 기 일 : 20x4년 3월 31일
- 발행일의 유효이자율 : 5%

A사가 사채의 발행일부터 만기일까지 행할 회계처리를 표시하라. 단, A사의 결산일은 12월 31일이다.

풀이

〈사채의 발행가액〉

$$\frac{₩30,000}{1.05} + \frac{₩30,000}{(1.05)^2} + \frac{₩30,000+₩1,000,000}{(1.05)^3} = ₩945,535$$

〈유효이자율법에 의한 상각표〉

일 자	유효이자(5%)	표시이자(3%)	상각액	장부가액
20x1.4.1				945,535
20x2.3.31	47,277	30,000	17,277	962,812
20x3.3.31	48,141	30,000	18,141	980,953
20x4.3.31	49,047*	30,000	19,047	1,000,000

* 단수차이 조정

일자	분개			
20x1.4.1	(차) 현 금 사채할인발행차금	945,535 54,465	(대) 사 채	1,000,000
20x1.12.31*	(차) 이 자 비 용	35,458	(대) 미 지 급 이 자 사채할인발행차금	22,500 12,958
20x2.3.31	(차) 미 지 급 이 자 이 자 비 용	22,500 11,819	(대) 현 금 사채할인발행차금	30,000 4,319
20x2.12.31*	(차) 이 자 비 용	36,106	(대) 미 지 급 이 자 사채할인발행차금	22,500 13,606
20x3.3.31	(차) 미 지 급 이 자 이 자 비 용	22,500 12,035	(대) 현 금 사채할인발행차금	30,000 4,535
20x3.12.31*	(차) 이 자 비 용	36,785	(대) 미 지 급 이 자 사채할인발행차금	22,500 14,285
20x4.3.31	(차) 미 지 급 이 자 이 자 비 용 (차) 사 채	22,500 12,262 1,000,000	(대) 현 금 사채할인발행차금 (대) 현 금	30,000 4,762 1,000,000

* 9개월간의 이자가 발생했음으로 이에 대한 분개를 행해야 함.

[사채의 할증발행]

6. A사는 20x1년 1월 1일 다음과 같은 조건의 사채를 발행하였다.

- 사채의 액면가액 : ₩1,000,000
- 표시이자율 : 연 5%
- 이자지급일 : 매년 12월 31일
- 만 기 일 : 20x3년 12월 31일
- 발행일의 유효이자율 : 4%

A사가 사채의 발행일부터 만기일까지 행할 회계처리를 표시하라. 단, A사의 결산일은 12월 31일이다.

풀이

〈사채의 발행가액〉

$$\frac{₩50,000}{1.04} + \frac{₩50,000}{(1.04)^2} + \frac{₩50,000+₩1,000,000}{(1.04)^3} = ₩1,027,751$$

〈유효이자율법에 의한 상각표〉

일 자	유효이자(4%)	표시이자(5%)	상각액	장부가액
20x1.1.1				1,027,751
20x1.12.31	41,110	50,000	(8,890)	1,018,861
20x2.12.31	40,754	50,000	(9,246)	1,009,615
20x3.12.31	40,385	50,000	(9,615)	1,000,000

일자	분개			
20x1.1.1	(차) 현금	1,027,751	(대) 사채	1,000,000
			사채할증발행차금	27,751
20x1.12.31	(차) 이자비용	41,110	(대) 현금	50,000
	사채할증발행차금	8,890		
20x2.12.31	(차) 이자비용	40,754	(대) 현금	50,000
	사채할증발행차금	9,246		
20x3.12.31	(차) 이자비용	40,385	(대) 현금	50,000
	사채할증발행차금	9,615		
	(차) 사채	1,000,000	(대) 현금	1,000,000

[사채의 할증발행]

7. A사는 20x1년 7월 1일에 아래와 같은 조건의 사채를 발행했다.

- 사채의 액면가액 : ₩1,000,000
- 표시이자율 : 5%
- 이자지급일 : 매년 6월 30일
- 만 기 일 : 20x4년 6월 30일
- 발행일의 유효이자율 : 4%

A사가 사채의 만기일까지 행할 분개를 표시하라. 단, A사의 회계기말은 12월 31일이다.

풀이

〈사채의 발행가액〉

$$\frac{₩50,000}{1.04} + \frac{₩50,000}{(1.04)^2} + \frac{₩50,000+₩1,000,000}{(1.04)^3} = ₩1,027,751$$

〈유효이자율법에 의한 상각표〉

일 자	유효이자(4%)	표시이자(5%)	상각액	장부가액
20x1.7.1				1,027,751
20x2.6.30	41,110	50,000	(8,890)	1,018,861
20x3.6.30	40,754	50,000	(9,246)	1,009,615
20x4.6.30	40,385	50,000	(9,615)	1,000,000

일자	분개			
20x1.7.1	(차) 현금	1,027,751	(대) 사채	1,000,000
			사채할증발행차금	27,751
20x1.12.31	(차) 이자비용	20,555	(대) 미지급이자	25,000
	사채할증발행차금	4,445		
20x2.6.30	(차) 미지급이자	25,000	(대) 현금	50,000
	이자비용	20,555		
	사채할증발행차금	4,445		
20x2.12.31	(차) 이자비용	20,377	(대) 미지급이자	25,000
	사채할증발행차금	4,623		
20x3.6.30	(차) 미지급이자	25,000	(대) 현금	50,000
	이자비용	20,377		
	사채할증발행차금	4,623		
20x3.12.31	(차) 이자비용	20,192	(대) 미지급이자	25,000
	사채할증발행차금	4,808 *		

20x4.6.30	(차) 미지급이자 이자비용 사채할증발행차금	25,000 20,193 4,807 *	(대) 현금	50,000
	(차) 사채	1,000,000	(대) 현금	1,000,000

* 끝수조정을 위해 ₩4,808과 ₩4,807로 나눔.

[표시이자율의 계산]

8. A사는 20x1년 1월 1일 다음과 같은 조건의 사채를 발행했다.

- 사채의 액면가액 : ₩1,000,000
- 표시이자율 : ?
- 이자지급일 : 매년 12월 31일
- 만 기 일 : 20x2년 12월 31일
- 발행일의 유효이자율 : 5%

A사가 사채 발행일 수취한 현금이 ₩1,018,594이었다. A사가 발행한 사채의 표시이자율을 구하라.

풀이

사채의 발행가액은 사채로 인한 미래현금흐름을 사채발행일 당시의 유효이자율로 할인한 금액이다. 그러므로 사채의 발행가액은 다음과 같이 구할 수 있다.

₩1,000,000 × 0.90703(5%, 2년 현가) + ₩1,000,000 × 표시이자율 × 1.85941(5%, 2년 연금현가) = ₩1,018,594

표시이자율은 6%이다.

[사채의 발행]

9. A사는 20x1년 1월 1일 다음과 같은 조건의 사채를 발행했다.

- 사채의 액면가액 : ₩1,000,000
- 표시이자율 : 연 3%
- 이자지급일 : 매년 12월 31일
- 만 기 일 : 20x3년 12월 31일

A사가 위 사채를 발행하면서 수취한 현금이 ₩945,535일 때 A사가 위의 사채와 관련하여 만기까지 3년간 총 인식해야 할 이자비용을 구하라.

풀이

유효이자율이 주어지지 않았지만 2년간 총 인식해야 할 비용을 장부가액 조정표 없이 구할 수 있다. 사채 발행일 A사의 회계처리는 다음과 같다.

〈20x1년 1월 1일〉

(차) 현 금	945,535	(대) 사 채	1,000,000
사채할인발행차금	54,465		

사채할인발행차금은 사채에 대한 차감적 평가계정으로 만기까지 3년간 상각돼 ₩0이 되고, 사채의 장부 금액은 20x3년 12월 31일 만기에 ₩1,000,000이 돼야 한다.
또한 매년 12월 31일 이자비용에 관한 회계처리는 다음과 같다.

〈20x1년 12월 31일, 20x2년 12월 31일, 20x3년 12월 31일〉

(차) 이 자 비 용	×××	(대) 현 금	×××
		사채할인발행차금	×××

따라서 사채로 인해 A사가 만기까지 인식할 이자비용 총액은 발행일의 사채할인발행차금(₩54,465) + 액면이자(₩1,000,000 × 3% × 3회) = ₩144,465이다.

[유효이자율의 계산]

10. A사는 20x1년 1월 1일 액면가액 ₩1,000,000이고 20x2년 12월 31일 만기가 도래하는 사채를 발행했다. 동 사채의 표시이자율은 연 5%이며 이자는 매년 12월 31일, 연 1회 지급한다. 20x1년 12월 31일 사채할인(할증)발행차금을 차감(가산)한 사채 장부가액이 ₩1,019,417이라고 할 때, 발행일 당시 유효이자율을 구하라.

풀이

제시된 조건에 따라 장부가액조정표를 작성하면 다음과 같다.
유효 이자율법에 의한 장부가액 조정표

일 자	유효이자	액면이자	상각액	장부가액
20x1.1.1				×××
20x1.12.31	×××	50,000	×××	1,019,417
20x2.12.31	30,583	50,000	19,417	1,000,000

₩30,583 / ₩1,019,417 = 3%

연·습·문·제

[사채의 액면발행]

1. A사는 20x1년 7월 1일에 아래와 같은 조건의 사채를 발행했다.

> • 사채의 액면가액 : ₩1,000,000
> • 표시이자율 : 3%
> • 이자지급일 : 매년 6월 30일
> • 만 기 일 : 20x4년 6월 30일
> • 발행일의 유효이자율 : 3%

A사가 사채의 만기일까지 행할 분개를 표시하라. 단, A사의 회계기말은 12월 31일이다.

[사채의 액면발행]

2. A사는 20x1년 4월 1일 다음과 같은 조건의 사채를 발행했다.

> • 사채의 액면가액 : ₩1,000,000
> • 표시이자율 : 연 4%
> • 이자지급일 : 매년 3월 31일과 9월 30일
> • 만 기 일 : 20x4년 3월 31일
> • 발행일의 유효이자율 : 4%

A사가 사채의 발행일부터 만기일까지 행할 회계처리를 표시하라. 단, A사의 결산일은 12월 31일이다.

[사채의 할인발행]

3. A사는 20x1년 1월 1일 다음과 같은 조건의 사채를 발행했다.

> • 사채의 액면가액 : ₩1,000,000
> • 표시이자율 : 연 2%
> • 이자지급일 : 매년 12월 31일 후급
> • 만 기 일 : 20x3년 12월 31일
> • 발행일의 유효이자율 : 4%

A사가 사채의 발행일부터 만기일까지 행할 회계처리를 표시하라. 단, A사의 결산일은 12월 31일이다.

[사채의 할인발행]

4. A사는 20x1년 7월 1일 다음과 같은 조건의 사채를 발행했다.

- 사채의 액면가액 : ₩1,000,000
- 표시이자율 : 연 2%
- 이자지급일 : 매년 6월 30일
- 만 기 일 : 20x4년 6월 30일
- 발행일의 유효이자율 : 3%

A사가 사채의 발행일부터 만기일까지 행할 회계처리를 표시하라. 단, A사의 결산일은 12월 31일이다.

[사채의 할인발행]

5. A사는 20x1년 4월 1일 다음과 같은 조건의 사채를 발행했다.

- 사채의 액면가액 : ₩1,000,000
- 표시이자율 : 연 4%
- 이자지급일 : 3개월마다 후급
- 만 기 일 : 20x3년 3월 31일
- 발행일의 유효이자율 : 6%

A사가 사채의 발행일부터 만기일까지 행할 회계처리를 표시하라. 단, A사의 결산일은 12월 31일이다.

[사채의 할증발행]

6. A사는 20x1년 6월 1일 다음과 같은 조건의 사채를 발행했다.

- 사채의 액면가액 : ₩1,000,000
- 표시이자율 : 6%
- 이자지급일 : 매년 5월 31일, 후급
- 만 기 일 : 20x4년 5월 31일
- 발행일의 유효이자율 : 3%

A사가 사채의 발행일부터 만기일까지 행할 회계처리를 표시하라. 단, A사의 결산일은 12월 31일이다.

[사채의 할증발행]

7. A사는 20x1년 4월 1일 다음과 같은 조건의 사채를 발행했다.

- 사채의 액면가액 : ₩1,000,000
- 표시이자율 : 연 6%
- 이자지급일 : 3개월마다 후급
- 만　기　일 : 20x3년 3월 31일
- 발행일의 유효이자율 : 4%

A사가 사채의 발행일부터 만기일까지 행할 회계처리를 표시하라. 단, A사의 결산일은 12월 31일이다.

[표시이자율의 계산]

8. A사는 20x1년 1월 1일 다음과 같은 조건의 사채를 발행했다.

- 사채의 액면가액 : ₩1,000,000
- 표시이자율 : ?
- 이자지급일 : 매년 6월 30일과 12월 31일
- 만　기　일 : 20x2년 12월 31일
- 발행일의 유효이자율 : 4%

A사가 사채 발행일 수취한 현금이 ₩1,038,077이다. A사가 발행한 사채의 표시이자율을 계산하라.

[사채의 발행]

9. A사는 20x1년 1월 1일 다음과 같은 조건의 사채를 발행했다.

- 사채의 액면가액 : ₩1,000,000
- 표시이자율 : 연 4%
- 이자지급일 : 매년 6월 30일과 12월 31일
- 만　기　일 : 20x2년 12월 31일

A사가 위 사채를 발행하면서 수취한 현금이 ₩962,829일 때 A사가 위의 사채와 관련하여 만기까지 2년간 인식할 이자비용 총액을 계산하라.

[유효이자율의 계산]

10. A사는 20x1년 1월 1일 액면가액 ₩1,000,000이고 20x2년 12월 31일 만기가 도래하는 사채를 발행했다. 동 사채의 표시이자율은 연 6%이며 이자는 매년 6월 30일과 12월 31일, 연 2회 지급한다. 20x2년 6월 30일 사채할인(할증)발행차금을 차감(가산)한 사채 장부가액이 ₩1,009,804이고, 20x2년 1월 1일부터 20x2년 6월 30일까지의 사채할인(할증)발행차금의 상각액이 ₩9,612이라고 할 때, 발행일 당시 유효이자율을 계산하라.

[실무스펙 8] 경제주체 간의 부채 배분

기업은 주주로부터 출자 받은 자본금을 기본으로 회사채 발행, 금융회사로부터 차입 등의 방식으로 추가자금을 조달한다. 가계의 여유자금이 금융회사를 걸쳐 기업으로 유입되고, 기업이 수익을 얻어 임금과 이자 및 배당금을 지급하는 선순환구조가 이상적이다.

경제개발 초기에는 투자기회가 풍부해 자금조달 능력이 기업의 성장 동력과 직결됐다. 이자율도 높았으나 부동산 가격 상승률이 훨씬 높아 돈을 빌려 부동산을 매입하면 막대한 차익을 얻을 수 있었다. 그러나 1997년 금융 및 외환위기 이후 정부가 대기업에 대해 부채비율 감축을 강하게 몰아붙이면서 상황이 달라졌다. 비교적 안전한 대기업 대출이 막히자 은행마다 잉여자금 처리가 골칫거리였다. 대기업 대출 의존도가 극히 높았던 국책은행이 더 문제였다. 국제경쟁이 치열해지고 경영환경이 악화됨에 따라 기업 스스로 투자를 줄임으로써 자금 수요도 급감했다.

국책은행을 비롯한 시중은행은 앞 다퉈 신용카드사가 발행하는 카드채를 매입했다. 자금조달이 용이해지자 카드사는 고객유치 경쟁에 나섰고 신용판매와 현금서비스를 대폭 늘렸다. 카드빚이 사회문제로 대두되자 정부가 카드사의 채권추심에 대한 규제를 강화했고, 그 결과 대손율은 치솟았다. 은행계 카드사는 모 은행에 흡수합병 됨으로써 위기를 모면했고 LG카드는 채권단에 넘어갔다(현재는 신한금융그룹이 인수해 신한카드로 운영되고 있음). 해외자본이 경영권을 인수한 일부 은행은 안전성이 높은 주택담보대출에 주력했다. 기업에 공급됐어야 할 자금이 꾸준히 가계로 흘러가 새로운 걱정거리가 됐다.

복지지출이 급격히 확대됨에 따라 재정적자가 지속됐고 국채 발행 규모도 급증했다. 주택 및 수자원 부문의 정부사업을 대신 떠안은 공기업의 부채도 급증했다. 가계, 기업, 정부로 구성된 경제주체 중에서 가계와 공공부문 부채가 급증함으로써 심각한 자금 왜곡현상이 발생했다.

기업부문으로 자금이 선순환 되도록 경제운용의 틀을 바꿔야 한다. 기업투자 촉진을 위한 규제개혁 강도를 높여야 한다. 기업 투자의사결정의 핵심은 투자안을 통해 벌어들일 수익이 원가와 이자 합계보다 많아야 한다는 것이다. 미래 현금유입의 현재가치가 투자원가를 초과할 경우에만 투자가 가능한 것이다. 이자율이 대폭 인하된 상황에서도 투자가 살아나지 않는 것은 기업이 투자기회에 대해 보수적 · 비관적으로 평가하고 있기 때문이다.

투자의사결정에 있어서 수학적 산식보다 중요한 요소는 기업가의 투자의욕이다. 불확실한 미래에 대한 정확한 예측이 어렵기 때문에 기업가의 결단이 무엇보다 중요하다. 우리 사회에는 기업가에 대한 불신이 지나칠 정도로 높다. 노동규제를 비롯한 경직적 규제환경 때문에 해외로 생산기지를 이전하는 기업도 늘고 있다. 미국의 경우 해외 생산지기를 미국 내로 옮겨오는 환류기업이 꾸준히 증가해 일자리와 세금수입에 크게 기여하고 있다. 연방정부뿐만 아니라 주(State) 정부도 귀환하는 기업에게 세금감면 등 각종 혜택을 부여하고 있다.

부채는 이자와 원금을 미래에 갚아야 할 부담으로 가계, 기업, 정부 등 경제주체의 성가신 짐이다. 기업이 국가 전체의 부채 중 대부분을 부담하는 구조를 정착시켜야 한다. 경쟁력이 떨어지는 공기업은 민간에 넘기는 민영화를 통해 공공부문 부채를 줄이고 민간부문의 위험에 대한 도전과 창의력을 북돋아 투자활성화를 유도해야 한다. 기업이 투자를 늘려 보다 많은 수익을 얻어 가계에 배분되는 소득을 늘려야 가계부채 문제를 해결할 수 있다. 기업이 부가가치와 이익을 보다 많이 창출해 세금납부를 늘리면 정부부채는 자동적으로 해결된다. 기업가의 적극적인 투자의욕이 경제발전을 이끄는 원동력이다.

9

CHAPTER

지급채무와 충당부채

부채란 과거의 거래나 사건의 결과로 현재 기업실체가 부담하고 있고 미래에 자원의 유출 또는 사용이 예상되는 의무를 말한다. 부채는 유동부채(current liabilities)와 비유동부채(non-current liabilities)로 나눌 수 있다. 유동부채란 보고기간 후 1년 이내 또는 정상영업주기(normal operating cycle) 내에 결제될 것으로 예상되는 부채를 말하며, 그 이외의 부채는 비유동부채로 분류된다. 비유동부채 중 가장 대표적인 사채에 대해서는 8장에서 이미 살펴본 바 있다. 9장에서는 비유동부채인 충당부채와 결제기간에 따라 유동부채 또는 비유동부채로 분류되는 지급채무와 관련된 문제를 살펴보기로 한다.

9.1 지급채무

9.2 충당부채

실무스펙 9

9.1 지급채무

학습포인트

- 지급채무의 성격과 유형
- 충당부채의 성격
- 충당부채의 회계처리
- 충당부채와 우발부채의 차이점

자산에 속하는 수취채권(receivables)이란 기업(A)이 다른 경제실체(B)에 대해 일정한 금액을 청구할 수 있는 권리를 말하는데, 7장에서 이미 설명한 바 있다. 이때 일정한 금액을 수취할 수 있는 권리가 발생한 A와 반대로 B의 입장에서는 A에게 일정한 금액을 지급할 의무가 발생되는데 이를 지급채무(payables)라 한다. 기업회계기준서에 의하면 거래 상대방에게 현금 등 금융자산을 지급하기로 한 계약상 의무를 금융부채로 정의하고 있기 때문에 지급채무도 금융부채에 해당된다. 금융부채는 1년 이내 또는 정상영업주기[1)] 내에 결제되는지에 따라 유동 또는 비유동으로 구분한다.

[그림 9-1] 수취채권과 지급채무

기업의 영업활동 과정에서 여러 종류의 지급채무가 발생된다. 상품이나 원재료 또는 용역을 매입하는 등의 주된 영업활동에서 발생하는 지급채무를 매입채무(trade payables)라 하며, 그 이외의 거래에서 발생하는 지급채무를 '기타의 지급채무'라 한다. 매입채무는 다시 아무런 담보를 제공하지 않고 외상으로 상품 등을 구입한 경우에 사용하는 외상매입금(accounts payable)과 어음을 지급한 경우에 사용하는 지급어음(notes payable)으로 구분된다.

1) 정상영업주기란 영업활동을 위한 자산의 취득시점부터 해당 자산이 현금 및 현금성자산으로 실현되는 시점까지의 소요시간을 말하며, 이를 명확히 식별할 수 없는 경우에는 1년으로 가정한다.

[예 9–1] 매입채무

A사의 5월 중 발생한 다음의 거래를 분개하라. 단, 재고자산과 관련해서는 실사법을 적용한다.

- 5월 1일 B사로부터 상품 ₩300,000을 외상으로 구입하다.
- 5월 3일 C사에 상품 ₩150,000을 외상으로 판매하다.
- 5월 7일 D사로부터 상품 ₩200,000을 구입하면서 어음을 지급하다.
- 5월 9일 E사에 상품 ₩170,000을 판매하면서 어음을 수령하다.

풀이

5월 1일	(차) 매입	300,000	(대) 외상매입금	300,000
5월 3일	(차) 외상매출금	150,000	(대) 매출	150,000
5월 7일	(차) 매입	200,000	(대) 지급어음	200,000
5월 9일	(차) 받을어음	170,000	(대) 매출	170,000

한편, 매입채무를 제외한 기타의 지급채무의 대표적인 유형을 살펴보면 다음과 같다. 참고로 괄호 안은 거래 상대방이 자산으로 처리할 때의 계정과목이다.

① 차입금(대여금) : 기업이 제 3자에게 자금을 빌려 온 경우에 사용하는 계정

② 미지급금(미수금) : 상품이나 제품 이외의 자산(유형자산 등)을 구입하고 그 대금을 지급하지 못한 경우에 사용하는 계정

③ 미지급비용(미수수익) : 임차료비용, 이자비용 등의 비용이 발생했음에도 불구하고 아직 이를 지급하지 못한 경우에 사용하는 계정

④ 선수금(선급금) : 상품을 매출하기로 약정하고 거래대금의 일부를 미리 받은 경우에 사용하는 계정

⑤ 선수수익(선급비용) : 장차 수익으로 계상될 금액을 받았으나 아직 이에 해당하는 용역 등을 제공하지 않은 경우 사용하는 계정

대우조선 '가뭄에 단비' … 올들어 선박 첫 수주

'4월 위기설'에 시달리는 대우조선해양이 올해 첫 수주에 성공했다. 다음 달 당장 4,400억원을 막아야 하는 상황이라 말 그대로 '가뭄에 단비'다. 대우조선은 2일 유럽지역 선사와 17만 3,400m^2 규모의 LNG 운반선 2척을 수주했다고 밝혔다. 2척 추가 계약 옵션이 포함돼 있다. 이는 본 계약 4,144억원, 옵션까지 행사할 경우 약 8,300억원대의 계약이 된다.

수주한 선박은 길이 295m, 너비 46m 규모로 거제 옥포조선소에서 건조해 20x2년 하반기 인도할 예정이다. 천연가스를 주 연료로 사용하는 친환경 LNG 운반선으로, 고압가스분사식 엔진(ME-GI), 천연가스 재액화장치(PRS) 등 대우조선이 자신 있어 하는 선박 기술이 집약돼 있다.

이번 2건의 계약은 당장 다음 달 만기가 돌아오는 회사채 4,400억원 상환에 도움이 될 전망이다. 대우조선 측은 "이달 말께 선수금이 입금될 예정"이라고 말했다. 선수금은 통상 10% ~ 20%다. 2건 계약으로 약 600억원~1,200억원까지 확보 가능하다는 계산이다.

– 중앙일보 2017.3.3 기사 중 –

[예 9–2] 기타의 지급채무

다음의 거래를 분개하라. 단, 각각의 거래는 독립적이다.

① 비품 ₩100,000을 구입하고 대금은 월말에 지급하기로 했다.
② 12월 1일에 점포를 6개월간 ₩600,000에 임차하고 임차료는 6개월이 경과한 시점에 한꺼번에 지급하기로 약정했는데 12월 31일에 결산일이 도래했다.
③ 상품 ₩300,000을 매출하기로 약정하고 대금의 10%를 계약금으로 미리 수령했다.
④ 컴퓨터 수리용역을 제공하기로 하고 대금 ₩100,000을 미리 수령했다.
⑤ 은행으로부터 6개월간 ₩500,000을 차입했다.

풀이

	차변	금액	대변	금액
①	(차) 비품	100,000	(대) 미지급금	100,000
②	(차) 임차료비용	100,000	(대) 미지급비용	100,000
③	(차) 현금	30,000	(대) 선수금	30,000
④	(차) 현금	100,000	(대) 선수수익	100,000
⑤	(차) 현금	500,000	(대) 단기차입금	500,000

지금까지 살펴본 지급채무의 유형을 정리하면 [그림 9-2]와 같다.

[그림 9-2] 지급채무의 유형

한편, 장기의 지급채무에 대해서는 화폐의 시간가치 개념을 적용해 현재가치로 환산된 금액을 공시한다. 이에 대해 다음과 같은 예를 들어 설명하기로 한다.

> 갑사는 20x1.1.1에 토지를 1억원에 구입하고 대금을 3년 후에 지급하기로 했다.
> 이에 대해 갑사는 토지 구입일에 어떤 분개를 해야 할까? 다음과 같은 분개를 생각해 보자.
>
> (차) 토　　　　지　100,000,000　　(대) 장 기 미 지 급 금　100,000,000

이 분개가 옳은 것일까? 만일 갑사가 대금을 토지 구입 즉시 전액 지급하는 조건이라면 1억원을 지급하지는 않았을 것이다. 1억원이라는 금액에는 대금을 3년 후에 지급하는 데 따른 이자비용이 포함돼 있다. 따라서 토지의 취득원가도 1억원이 아닌 3년 후 1억원의 현재가치로 계상돼야 한다. 그렇지 않다면 대금 지급기간이 장기일수록 토지의 취득원가가 커지는 불합리한 상황이 생긴다. 이 예에서 유효이자율이 5%라고 가정하면 다음과 같이 현재가치를 구할 수 있다.

$$\frac{₩100{,}000{,}000}{(1.05)^3} = ₩86{,}383{,}760$$

앞의 예에 대한 분개는 다음과 같다.

〈20x1.1.1〉

(차) 토 지	86,383,760	(대) 장 기 미 지 급 금	100,000,000
현재가치할인차금	13,616,240		

여기서 장기미지급금의 장부가액은 다음과 같이 산정된다.

장 기 미 지 급 금	₩100,000,000
현 재 가 치 할 인 차 금	(13,616,240)
장 부 가 액	₩86,383,760

이후 매 회계연도말마다 이자비용을 인식하는 수정분개를 행하는데, 얼마의 이자비용을 인식할지는 유효이자율법을 적용해 계산한다. 따라서 다음과 같이 유효이자율법에 의한 상각표를 작성할 수 있다.

일 자	유효이자(5%)	현재가치할인차금상각액	장기미지급금 장부가액
20x1.1.1			86,383,760
20x1.12.31	4,319,188	4,319,188	90,702,948
20x2.12.31	4,535,147	4,535,147	95,238,095
20x3.12.31	4,761,905	4,761,905	100,000,000

이 표를 이용하여 매 회계연도말마다 이자비용을 인식하는 수정분개는 다음과 같이 이뤄진다.

〈20x1.12.31〉

(차) 이 자 비 용	4,319,188	(대) 현재가치할인차금	4,319,188

〈20x2.12.31〉

(차) 이 자 비 용	4,535,147	(대) 현재가치할인차금	4,535,147

〈20x3.12.31〉

(차) 이 자 비 용	4,761,905	(대) 현재가치할인차금	4,761,905

마지막으로 20x3.12.31에 장기미지급금을 지급할 때 다음과 같은 분개를 행하면 된다.

(차) 장 기 미 지 급 금	100,000,000	(대) 현 금	100,000,000

9.2 충당부채

부채란 과거의 거래나 사건의 결과로 현재 기업실체가 부담하고 있고 미래에 자원의 유출 또는 사용이 예상되는 의무를 말한다. 일반적으로 부채는 지출시점과 금액이 명확하다. '차입금'의 경우 일정 시점에 일정 금액을 상환해야 한다. 그런데 부채 중에는 지출의 시기 또는 금액이 불확실한 부채가 있는데, 이를 '충당부채(provisions)'[2)]라 한다. 충당부채는 결제에 필요한 미래지출의 시기 또는 금액의 불확실성으로 인해 매입채무와 미지급비용과 같은 기타 부채와 구별된다. 충당부채가 장부상 인식되기 위해서는 다음과 같은 3가지 요건을 모두 충족해야 한다.

① 과거사건의 결과로 현재의무가 존재한다.[3)]
② 당해 의무를 이행하기 위해 경제적 효익이 내재된 자원이 유출될 가능성이 높다.
③ 당해 의무의 이행에 소요되는 금액을 신뢰성 있게 추정할 수 있다.

이러한 3가지 요건을 모두 충족하지 못한다면 충당부채로 인식될 수 없다. 다만, 과거사건의 결과로 현재의무가 존재하는 것은 아니지만 잠재적인 의무가 있고, 자원이 유출될 가능성이 희박한 것이 아니라면 우발부채로 주석에 기재해야 한다. 특정 사건이 충당부채로 계상돼야할지 아니면 우발부채[4)]로 주석으로 공시할지의 판단을 요약하면 [그림 9-3]과 같다.

2) 기업회계기준서 제1037호에서 충당부채에 대해 규정하고 있다.
3) 현재의무의 존재여부가 불분명한 경우에는 이용할 수 있는 모든 증거를 고려해 보고기간 말에 현재의무가 존재할 가능성이 존재하지 아니할 가능성보다 높은 경우에는 과거사건이 현재의무를 발생시킨 것으로 간주한다.
4) 충당부채와 그 성격이 유사한 것으로 '우발부채(contingent liabilities)' 가 있다. 우발부채는 기업이 전적으로 통제할 수 없는 하나 이상의 불확실한 미래사건의 발생 여부에 의해서만 부채의 존재가 확인되기 때문에 재무제표에 부채로 인식할 수 없다. 결론적으로 양자는 '우발적'이라는 공통점을 가지고 있지만 충당부채는 재무제표상 계상이 되는 부채임에 반해 우발부채는 재무제표에 인식될 수 없다는 점에서 차이가 있다.

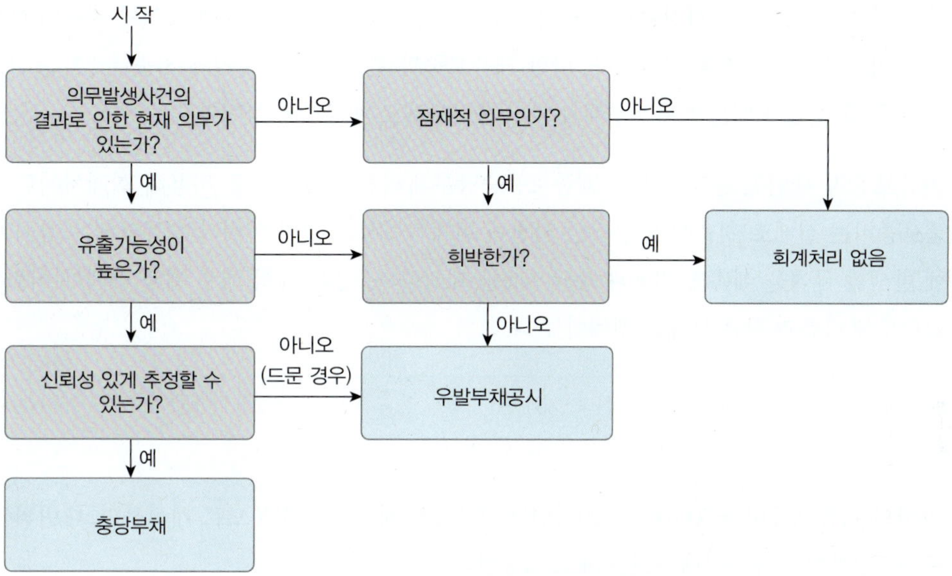

[그림 9–3] 충당부채의 인식과 우발부채의 공시

충당부채의 대표적인 예로는 제품보증충당부채(판매보증충당부채라 부르기도 함)가 있다.[5] 제품보증충당부채의 사례를 통해 충당부채의 의미와 인식 필요성 등에 대해 보다 구체적으로 살펴보기로 한다.

> A사는 20x1년에 ₩10,000,000의 제품을 판매했다. 제품에 대한 보증기간은 1년이며, 과거 경험에 비춰 판매가의 5%만큼 제품에 대한 보증비용이 발생할 것으로 예측된다. 20x2년도에 ₩400,000의 제품보증비가 실제로 발생됐다.

제품의 교환이나 수리 등에 들어가는 보증비용에 대한 회계처리는 2가지 방법이 가능하다. 첫째는 제품보증비가 실제로 발생하는 시점에 회계처리하는 방법이며, 둘째는 제품의 판매시점에 미래 발생할 보증비용에 대한 회계처리를 하는 방법이다. 수익 · 비용 대응의 원칙에 의하면 제품의 판매에 따른 수익이 인식되는 회계연도에 미래에 발생할 제품보증비를 추정해 같이 인식해야 경영성과를 적정하게 나타낼 수 있다. 따라서 두 번째 방법이 더 타당하다고 할 수 있다. 그렇다면 제품보증비를 차변에 인식할 때 대변 계정과목은 무엇이 될까? 실제로 지출이 발

5) 국제회계기준을 채택하기 이전에는 충당부채의 대표적인 유형 중 하나로 퇴직급여충당부채가 널리 사용됐다. 퇴직급여(post-employment benefits)란 퇴직 이후에 지급하는 종업원 급여를 말한다. 그러나 국제회계기준에서는 퇴직급여의 2가지 유형인 확정기여형과 확정급여형 모두 충당부채로 분류하지 않는다. 확정기여형은 미지급비용으로, 확정급여형은 확정급여부채로 분류되는데 이는 중급회계에서 다뤄질 사항이다.

생한 것이 아니므로 현금계정으로 처리할 수는 없다. 대신 미래에 경제적 효익의 지출이 예상되는 것이므로 부채계정을 사용한다. 다만 제품보증과 관련해 지출시기와 지출금액이 불확실한 특징을 갖고 있기 때문에 확정부채가 아닌 충당부채로 계상할 사항이다.

제품보증과 관련된 충당부채는 '제품보증충당부채'라는 계정과목을 사용해 회계처리한다. 제품보증비는 실제로 지출이 발생되는 시점에 회계처리하는 것이 아니라 제품판매 시점에 미래에 발생할 금액을 예측해 비용과 충당부채를 계상한다. 앞의 예의 경우 제품 판매가 이뤄진 20x1년도에 다음과 같은 분개를 행해야 한다.

20x1년 :	(차) 제 품 보 증 비	500,000	(대) 제품보증충당부채	500,000

차변의 제품보증비 ₩500,000은 20x1년도 포괄손익계산서에 비용으로 계상하며, 대변의 제품보증충당부채는 재무상태표에 부채로 계상한다.

20x2년도에 실제로 제품보증비 ₩400,000이 발생할 경우 다음과 같은 분개를 행한다.

20x2년 :	(차) 제품보증충당부채	400,000	(대) 현 금	400,000

기아차, 판매보증충당부채 부담에 목표가 ↓

하이투자증권은 31일 기아자동차에 대해 "영업이익보다 큰 판매보증 충당금이 부담된다"며 목표주가를 5만 8,000원으로 하향조정했다. 투자의견은 매수를 유지했다.

고태봉 연구원은 "기아차의 지난해 4분기 영업이익은 5,322억원"이라며 "영업이익 감소는 환율변동에 따른 판매보증충당금 증가와 판촉비 증가 영향이 컸다"고 밝혔다.

이어 "판매보증충당금은 매출액의 4.3%에 달하는 5,600억원 가량으로 영업이익 5,322억원보다 큰 규모"라며 "최근 충당금의 사용 역시 적지 않아 연간 부채로 쌓는 금액도 크지 않다"고 덧붙였다.

– 중앙일보 2017.1.4 기사 중 –

[예 9-3] 제품보증충당부채

A사는 20x1년에 컴퓨터 판매 사업을 시작했으며, 20x1년과 20x2년 매출은 각각 ₩400,000,000, ₩600,000,000이다. A사는 매출액의 5%가 제품보증비로 발생할 것으로 추정한다. 20x1년과 20x2년에 실제로 지출된 제품보증비는 각각 ₩5,000,000과 ₩20,000,000이다.

1. 20x1년도 제품보증비 지출시와 결산시의 분개를 행하라.
2. 20x2년도 제품보증비 지출시와 결산시의 분개를 행하라.

풀이

1. 〈제품보증비 지출시〉

(차)	제 품 보 증 비	5,000,000	(대) 현 금	5,000,000

〈결산시〉

(차)	제 품 보 증 비	15,000,000	(대) 제품보증충당부채	15,000,000[1)]

1) (₩400,000,000 × 5%) - ₩5,000,000 = ₩15,000,000

2. 〈제품보증비 지출시〉

(차)	제품보증충당부채	15,000,000	(대) 현 금	20,000,000
	제 품 보 증 비	5,000,000[2)]		

2) 20x1년도말에 설정한 제품보증충당부채는 ₩15,000,000이다. 그런데 20x2년도 중에 실제로 ₩20,000,000의 제품보증비가 발생했음으로 우선적으로 제품보증충당부채 ₩15,000,000을 상계하고 초과액 ₩5,000,000은 비용으로 계상한다.

〈결산시〉

(차)	제 품 보 증 비	25,000,000	(대) 제품보증충당부채	25,000,000[3)]

3) (₩600,000,000 × 5%) - ₩5,000,000 = ₩25,000,000

한편 판매한 상품의 반품에 대비하기 위한 반품충당부채와 건물이나 구축물의 복구비용에 대비하기 위한 복구충당부채도 자주 발생된다.

임플란트 업계 '주먹구구' 회계분쟁… '경고'로 마무리

1일 금융당국에 따르면, 증권선물위원회는 전날 정례회의를 열어 임플란트 업체 덴티움의 회계처리에 대한 제재를 '경고'로 확정했다. 이달 중 코스닥 상장을 앞둔 덴티움은 증선위 제재 수위에 따라 IPO(기업공개)가 무산될 위기에 몰렸지만, 증권 발행 등 상장에 필요한 조치를 제한받지 않는 '경고'를 받아 한숨 돌렸다.

덴티움 분식회계 의혹은 임플란트 업계의 오랜 회계 관행에서 비롯된 문제라는 지적이다. 대다수 임플란트 회사들은 병원과 공급 계약을 맺으면서 계약금 전액을 매출로 인식했다. 하지만 실제로는 일괄적으로 제품을 출고하지 않고 병원 수요가 있을 때마다 제품을 납품하는 것으로 전해졌다. 이 과정에서 병원으로 실제 납품이 이뤄지지 않을 수 있는데, 미납품액은 임플란트 회사에 일종의 '채무'로 작용한다. 이와 관련, 업계는 '의도적인 분식이라기 보다는 잘못된 관행'으로 파악했다. 덴티움에 대한 감리를 진행한 한국공인회계사회도 '반품충당부채의 과소계상'이라고 결론을 내렸다. 예상되는 반품에 대한 준비금이 부족하다는 의미다. 위법 동기는 '과실'로 봤다. 이를 두고 금융당국이 업계가 자발적으로 회계 처리 방식을 개선하도록 유도한 것이라는 분석이 나온다.

– 머니투데이 2017.3.2 기사 중 –

토·의·문·제

1. 매입채무와 기타의 지급채무는 어떤 기준에 의해 구분되는가?

2. 매입채무와 매출채권을 비교해 설명하라.

3. 기타의 지급채무는 세부적으로 어떠한 계정과목으로 나눌 수 있는가?

4. 장기의 지급채무에 대해 현재가치 개념을 적용해야 하는 이유는 무엇인가?

5. 충당부채와 우발부채의 차이점은 무엇인가?

6. 충당부채가 장부상 인식되기 위한 요건은 무엇인가?

7. 제품보증충당부채에 대해 설명하라.

자·습·문·제

[매입채무]

1. A사의 5월 중 발생한 다음의 거래를 분개하라. 단, 재고자산과 관련해서는 실사법을 적용하며 할인과 관련된 분개는 총액법에 의한다.

> 5월 1일　B사로부터 상품 ₩300,000을 2/10, n/30의 조건으로 외상 구입하다.
> 5월 3일　C사에 상품 ₩200,000을 2/10, n/30의 조건으로 외상 판매하다.
> 5월 6일　D사로부터 상품 ₩200,000을 구입하면서 어음을 지급하다.
> 5월 7일　B사에 외상대금을 지급하다.
> 5월 8일　E사에 상품 ₩150,000을 판매하면서 어음을 수령하다.
> 5월 9일　C사로부터 외상대금을 수령하다.

풀이

일자	차변	금액	대변	금액
5월 1일	(차) 매입	300,000	(대) 외상매입금	300,000
5월 3일	(차) 외상매출금	200,000	(대) 매출	200,000
5월 6일	(차) 매입	200,000	(대) 지급어음	200,000
5월 7일	(차) 외상매입금	300,000	(대) 현금	294,000
			매입할인	6,000
5월 8일	(차) 받을어음	150,000	(대) 매출	150,000
5월 9일	(차) 현금	196,000	(대) 외상매출금	200,000
	매출할인	4,000		

[지급채무]

2. 다음의 거래를 분개하라. 단, 각각의 거래는 독립적이다.

> ① 토지를 ₩1,000,000에 구입하고 대금은 2년 후에 지급하기로 했다. 토지취득일의 시장이자율은 5%다.
> ② 12월 1일에 은행으로부터 ₩120,000을 연 이자율 10%로 차입했다. 12월 31일 결산일의 분개를 하라.
> ③ 상품 ₩500,000을 매출하기로 약정하고 대금 전액을 미리 수령했다.
> ④ 거래처에 ₩1,000,000을 1년간 대여함과 동시에 이에 대한 이자 ₩100,000을 수령하다.
> ⑤ 은행으로부터 6개월간 ₩500,000을 차입하고 6개월치 이자 ₩50,000을 선급하다.

풀이

①	(차) 토 지	907,030	(대) 장기미지급금	1,000,000
	현재가치할인차금*	92,970		

* 현재가치할인차금계정을 사용하는 대신 장기미지급금을 순액(₩907,030)으로 표시할 수 있다.

②	(차) 이 자 비 용	1,000	(대) 미 지 급 비 용	1,000
③	(차) 현 금	500,000	(대) 선 수 금	500,000
④	(차) 현 금	100,000	(대) 선 수 수 익	100,000
	대 여 금	1,000,000	현 금	1,000,000
⑤	(차) 현 금	500,000	(대) 단 기 차 입 금	500,000
	선 급 비 용	50,000	현 금	50,000

[충당부채]

3. A사의 20x1년과 20x2년 매출은 각각 ₩500,000,000과 ₩800,000,000이다. A사는 매출액의 3%가 제품보증비로 발생할 것으로 추정했다. 20x1년과 20x2년에 실제로 지출된 제품보증비는 각각 ₩12,000,000과 ₩10,000,000이다. 20x1년초 제품보증충당부채의 잔액은 ₩10,000,000이다.

1. 20x1년도 제품보증비 지출시와 결산시의 분개를 하라.
2. 20x2년도 제품보증비 지출시와 결산시의 분개를 하라.

풀이

1. 〈제품보증비 지출시〉

(차) 제품보증충당부채	10,000,000	(대) 현 금	12,000,000
제 품 보 증 비	2,000,000		

〈결산시〉

(차) 제 품 보 증 비	13,000,000	(대) 제품보증충당부채	13,000,000[1)]

1) (₩500,000,000 × 3%) − ₩2,000,000 = ₩13,000,000

2. 〈제품보증비 지출시〉

(차) 제품보증충당부채	10,000,000	(대) 현 금	10,000,000

〈결산시〉

(차) 제 품 보 증 비	24,000,000	(대) 제품보증충당부채	24,000,000[2)]

2) ₩800,000,000 × 3% = ₩24,000,000

[복구충당부채]

4. A사는 20x1년 7월 1일 제품 생산을 위해 5년 간 사용할 공장을 ₩100,000,000에 건설했다. 그러나 관련 법률에 의해 A사는 5년 후에 공장 사용으로 인해 황폐화된 토지를 복구해야 한다. 토지를 복구하는 데 예상되는 지출은 ₩20,000,000이며 A사가 적용할 적절한 할인율은 5%다. 20x1년 7월 1일 A사가 행할 회계처리를 표시하라. 단, A사가 토지를 복구하기 위해 지출할 금액은 충당부채로 인식되기 위한 요건을 모두 충족한다.

풀이

A사가 토지를 복구하기 위해 지출할 비용의 현재가치는 다음과 같다.

복구충당부채 = ₩20,000,000 × 0.78353(i=5%, n=5) = ₩15,670,600

따라서 회계처리는 다음과 같다.

〈20x1년 7월 1일〉

(차) 건 물	115,670,600 *	(대) 현 금	100,000,000
		복구충당부채	15,670,600

* 자산을 사용한 결과로서 발생하는 복구의무와 관련된 복구원가는 유형자산의 취득원가에 포함시킨다.

[장기지급채무]

5. 갑사는 20x1.1.1 토지를 ₩50,000,000에 취득하면서 계약금으로 ₩10,000,000을 지급하고 잔금은 20x2.12.31에 지급하기로 했다. 유효이자율 5%를 가정하고 거래와 관련된 분개를 모두 표시하라.

풀이

〈20x1.1.1〉

(차) 토 지	46,281,200 [3)]	(대) 현 금	10,000,000
현재가치할인차금	3,718,800 [4)]	장기미지급금	40,000,000

3) ₩10,000,000 + ₩40,000,000 × 0.90703(기간 2, 5%, 현가계수) = ₩46,281,200

4) ₩40,000,000 − (₩40,000,000 × 0.90703) = ₩3,718,800

〈20x1.12.31〉

(차) 이자비용	1,814,060 [5)]	(대) 현재가치할인차금	1,814,060

〈20x2.12.31〉

(차) 이자비용	1,904,740 [6)]	(대) 현재가치할인차금	1,904,740
(차) 장기미지급금	40,000,000	(대) 현 금	40,000,000

5, 6) 아래의 조정표 참조

일자	유효이자	상각액	장부가액
20x1.1.1			36,281,200
20x1.12.31	1,814,060	1,814,060	38,095,260
20x2.12.31	1,904,740*	1,904,740	40,000,000

* 단수차이 조정

연·습·문·제

[매입채무]

1. A사의 5월 중 발생한 다음의 거래를 분개하라. 단, 재고자산과 관련해서는 실사법을 적용하고 할인과 관련된 분개는 총액법에 의한다.

5월 1일　B사로부터 상품 ₩300,000을 2/10, n/30의 조건으로 외상 구입하다.
5월 3일　C사에 상품 ₩200,000을 2/10, n/30의 조건으로 외상 판매하다.
5월 6일　D사로부터 상품 ₩200,000을 구입하면서 어음을 지급하다.
5월 7일　B사에게 외상대금을 지급하다.
5월 8일　E사에 상품 ₩150,000을 판매하면서 어음을 수령하다.
5월 9일　C사로부터 외상대금을 수령하다.

[지급채무]

2. A사는 20x1년 초에 설립된 주식회사다. 다음을 이용해 A사의 20x1년도 말 재무상태표상 부채로 계상될 지급채무 총액을 계산하라. 단, 재고자산과 관련해서는 실사법을 적용하고 각각의 거래는 독립적이며 장기채무에 대하여 현재가치를 적용한다.

① 2월 3일　㈜가나로부터 ₩480,000의 상품을 구입하면서 어음을 지급했다.
② 4월 1일　㈜나무로부터 건물을 ₩1,500,000에 구입하고 이후 매년 3월 31일, 3년 동안 ₩500,000씩 대금을 나누어 지급하기로 약정했다. 취득일의 시장이자율은 5%다.
③ 5월 9일　㈜다모로부터 상품 ₩400,000을 외상 구입했다.
④ 5월 16일　㈜마포로부터 ₩330,000의 비품을 구입하면서 어음을 지급했다.
⑤ 6월 1일　㈜대전에 1년 동안 ₩1,200,000 상당의 용역을 제공하기로 계약하고 대금 전액을 미리 수령했다.
⑥ 6월 5일　㈜다모에 ₩280,000의 외상대금을 지급했다.
⑦ 8월 1일　은행으로부터 6개월간 ₩1,000,000을 차입했다.
⑧ 10월 22일　㈜마포에 어음 대금을 지급했다.
⑨ 11월 17일　㈜가나로부터 상품 ₩500,000을 외상으로 구입했다.
⑩ 12월 1일　㈜강남에 기계장치를 ₩1,000,000에 구입하고 대금은 2년 후 지급하기로 약정했다. 취득일의 시장이자율은 8%다.

[충당부채]

3. A사는 매출액의 2%를 제품보증비로 추정하고 있다. 20x1년 기초와 기말, 20x2년 기말의 충당부채 잔액은 각각 ₩10,000,000, ₩6,000,000, ₩7,000,000이다. 또한 20x1년과 20x2년에 실제로 지출된 제품보증비는 각각 ₩14,000,000과 ₩12,000,000이다.

   1. A사의 20x1년도 매출액을 계산하라.
   2. A사의 20x2년도 매출액을 계산하라.

[복구충당부채]

4. A사는 20x1년 7월 2일 제품 생산을 위해 5년간 사용할 공장을 ₩3,000,000에 건설했다. 그러나 관련 법률에 의해 A사는 5년 후에 공장 사용으로 인해 황폐화된 토지를 복구해야 한다. 토지를 복구하는 데 예상되는 지출은 ₩500,000이며 A사가 적용할 적절한 할인율은 5%다. [n=5, i=5%]의 현가계수가 0.78353라고 할 때, 20x1년 7월 2일 A사가 행할 회계처리를 표시하라. 단, A사가 토지를 복구하기 위해 지출할 금액은 충당부채로 인식되기 위한 요건을 모두 충족한다.

[장기지급채무]

5. 갑사는 20x1.1.1 토지를 ₩100,000,000에 취득하면서 계약금으로 ₩20,000,000을 지급하고 잔금은 20x1.12.31부터 4회에 걸쳐 매년 말 분할지급하기로 했다. 유효이자율이 4%라 가정하고 이 거래와 관련된 모든 분개를 표시하라.

[실무스펙 9] 세금을 대신 징수해 납부하는 과정에서 발생되는 부채

기업은 영업활동과 급여지급 과정에서 거래징수 또는 원천징수를 통해 세금을 징수해 관할 세무서에 납부한다. 고객이 부담하는 부가가치세 매출세액을 거래징수하고 매입단계에서 부담한 매입세액을 공제받고 남은 금액을 세무서에 납부한다. 임직원 급여와 관련해 근로소득세를 원천징수해 납부한다. 건강보험 등 4대 보험 근로자 부담분을 원천징수해 고용주 부담분과 함께 납부한다.

매입한 상품에는 부가가치세가 포함돼 있다. 예를 들어 원가 5,000원의 필기도구를 부가가치세 500원과 함께 지급하고 구입한 경우의 실사법에 의한 회계처리는 다음과 같다.

(차) 매입	5,000	(대) 현금	5,500
선급부가가치세	500		

선급부가가치세는 공급자에게 거래징수 당한 매입세액으로서 매출세액에서 공제하기 때문에 선급부가가치세 자산으로 계상한다.

위의 필기구를 부가가치세를 포함한 가격 8,800원에 매출한 경우 회계처리는 다음과 같다.

(차) 현금	8,800	(대) 매출	8,000
		예수부가가치세	800

거래징수한 부가가치세 매출세액은 매입세액공제 적용 후 잔액을 세무서에 분기별로 분기 말일의 다음 달 25일까지 납부한다. 위의 경우 부가가치세 납부금액은 800원에서 500원을 공제한 300원이다. 회계처리는 다음과 같다.

(차) 예수부가가치세	800	(대) 선급부가가치세	500
		현금	300

거래징수한 부가가치세를 납부하기 전에 결산일이 도래하면 예수부가가치세는 부채로, 선급부가가치세는 자산으로 계상한다.

임직원 급여 지급 시에도 예수금 부채가 발생한다. 원천징수 대상 세금과 국민연금 등 4대 보험 내역은 [표 9-1]과 같다. 임직원 급여 지급 시에는 기업의 급여에서 각종 원천징수 예수금을 차감한 잔액을 기업의 예금에서 인출해 임직원 계좌로 이체한다. 그리고 기업이 부담할 건강보험료 부담금과 산재보험료는 복리후생비 비용으로 처리하는 데 급여 지급 시에 미지급비용으로 계상해 두는 것이 적절하다. 급여 지급일의 회계처리는 다음과 같다.

(차) 급 여	×××	(대) 예 금	×××
		원천세예수금	×××
		보험예수금	×××
(차) 복리후생비	×××	(대) 미지급비용	×××

위의 분개에서 원천세예수금에는 근로소득세와 지방소득세가 포함되고 보험예수금은 국민연금 · 건강보험 · 고용보험이 포함된다. 복리후생비와 미지급비용에는 건강보험료 사용자 부담분과 산재보험료가 포함된다. 이들 예수금 미지급비용 부채는 다음 달 10일에 납부하게 되는데 회계처리는 다음과 같다(기업 예금계좌에서 이체하는 것이 보통임).

(차) 원천세예수금	×××	(대) 예 금	×××
보험예수금	×××		
미지급비용	×××		

[표 9-1] 급여 지급 관련 원천징수 내역

구분	납부처	징수 내용
근로소득세	세무서	최고세율 38%, 원천징수표에 의해 산정
지방소득세	세무서	근로소득세의 10%
국민연금	국민연금공단	기준소득월액 × 4.5%(소득월액 상한액: 421만원)
건강보험료	국민건강보험	월소득에 일정 요율을 적용(사업주도 같은 금액 부담)
고용보험료	고용보험	월소득 × 0.65%
산재보험료	근로복지공단	전액 회사부담으로 월소득에 일정률을 적용함

10

CHAPTER

자본

10장에서는 기업의 주요 자금조달 원천 중 하나인 자본(equity)에 대해 살펴본다. 자본은 회사가 기업 소유주로부터의 출자 또는 영업활동에서 얻은 이익을 통해 조달한 자금을 말한다. 기업회계기준서 제1001호 '재무제표 표시' 등에서 자본의 분류에 대해 언급하고 있다. 이번 장에서는 기업회계기준서에 명시된 자본항목을 중심으로 자본의 구성 및 이론적 배경에 대해 살펴본다. 특히 보통주 및 우선주, 자기주식 그리고 배당에 대해 중점적으로 다룬다. 또한 재무제표의 구성요소 중 하나인 자본변동표에 대해 간략히 살펴본다.

10.1 자본의 개념

10.2 주식의 수와 종류

10.3 주식의 발행 및 감소

10.4 자기주식

10.5 배당 및 이익잉여금

10.6 자본변동표

실무스펙 10

10.1 자본의 개념

학습포인트

- 자본의 개념
- 자본의 분류
- 주식의 종류 및 종류별 회계처리
- 배당의 개념 및 회계처리

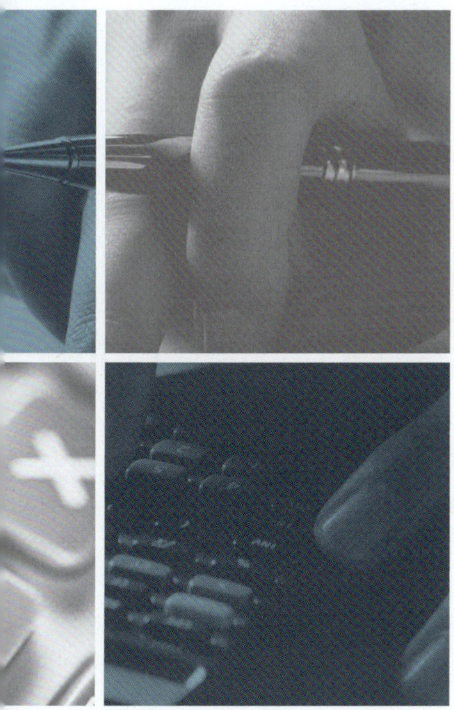

1. 자본의 의의

기업이 영업활동을 수행하기 위해서는 많은 자금이 소요된다. 자금의 원천은 크게 두 종류로 구분된다. 기업 외부자로부터 조달되는 부채(타인자본)와 기업의 소유주 또는 기업의 영업활동으로부터 조달되는 자본(자기자본)이다. 이러한 자금조달 원천은 다음과 같은 회계방정식(회계등식)을 통해서도 명확히 구분된다.

자산 = 부채 +자본

회계방정식에서는 왼편의 자산을 획득하기 위한 자금조달의 원천을 오른편에 표시한다. 자산 획득에 소요되는 자금을 타인 또는 기업의 소유주로부터 조달함을 보여준다. 주식회사의 경우 기업 소유주는 주주이며 따라서 자본을 주주지분이라 부르기도 한다. 10장에서는 별도의 언급이 없는 한 주식회사를 가정하고 설명한다.

자본은 주주가 투자한 자금인 납입자본과 영업활동으로부터 벌어들인 자금 중 배당금, 자본전입 등으로 사용된 부분을 제외하고 남은 이익잉여금으로 나눌 수 있다. 따라서 자본의 증가는 당기 주식의 발행 또는 이익잉여금의 순증가(당기순이익에서 배당금 등을 차감한 금액)를 통해 이뤄진다. 자기주식의 취득 또는 주식의 감자 등을 통한 자본의 감소도 발생된다.

자기자본을 통한 자본조달의 장점은 상환의무가 없는 장기적이고 안정적인 자금의 원천이라는 것이다. 그러나 배당 등 주주로부터의 요구, 주식시장 변동에 따른 회사가치의 변동, 적대적 인수합병(M&A)에 대한 노출 등은 자기자본 조달의 단점이다.

2. 자본의 분류

국제회계기준 채택 이전의 회계기준에서는 자본의 대분류로서 자본금, 자본잉여금, 자본조정, 기타포괄손익누계액, 이익잉여금(또는 이월결손금)의 5가지 구성요소를 사용했다. 대분류에 따른 세부 개별분류 항목 및 표기에 대해서도 구체적으로 규정했다. 그러나 현재 사용되는 기업회계기준서에서는 자본을 크게 납입자본, 이익잉여금 및 기타자본구성요소의 3가지로 분류한다. 그리고 개별항목에 대해서는 구체적인 예시는 없다(기업회계기준서 제1001호).

납입자본은 자본금과 주식발행초과금 등으로 다양하게 분류될 수 있는데 그 내용은 다음과 같다.

자본

- 납입자본 : 보통주 자본금, 우선주 자본금, 보통주 주식발행초과금, 우선주 주식발행초과금, 자기주식(차감항목임) 등
- 이익잉여금(또는 결손금) : 미처분이익잉여금(또는 미처리 결손금) 등
- 기타자본구성요소 : 기타포괄손익누계액 등

납입자본은 크게 자본금과 주식발행초과금으로 나눌 수 있다. 자본금은 상법에서 정한 바에 따라 회사가 발행한 주식의 액면가액 총액으로 기록된다. 액면가액은 주식증서에 기재되는 주식의 1주당 가격을 말한다. 주식발행초과금이란 주식의 발행가액과 액면가액의 차이를 말하며, 자본의 가산항목이라는 의미인 자본잉여금으로 분류되기도 한다. 주식은 크게 보통주 및 우선주로 구분되는데 구분기준과 회계처리는 나중에 다시 설명한다. 이익잉여금은 회사의 이익 중 배당으로 선언된 부분을 제외하고 회사 내부에 유보된 금액을 말하며 구체적인 계산과정은 나중에 다시 설명한다.

납입자본 중 자기주식이란 회사가 기존에 발행했으나 이를 재취득해 현재 보유하고 있는 자기회사의 주식을 말한다. 이는 자본의 차감항목(contra-equity)으로서 자본항목에 음(−)의 값으로 기록한다. 자기주식에 대해서도 나중에 다시 설명한다.

3. 공시

재무상태표상 주식과 관련된 자본항목의 예는 다음과 같다.

재무상태표(부분)

20×1년 12월 31일 현재

자 본		
납입자본		
보통주 자본금		×××
우선주 자본금		×××
주식발행초과금 – 보통주		×××
감자차익		×××
자기주식처분이익		×××
자본조정		
주식할인발행차금 – 우선주	(×××)	
미교부주식배당금	×××	
감자차손	(×××)	
자기주식	(×××)	
자기주식처분손실	(×××)	×××
이익잉여금		×××
기타자본구성요소		×××

위의 부분 재무상태표는 보통주 할증발행과 우선주 할인발행이 있었으며 자기주식을 취득했다가 일부를 재발행한 경우다. 일반적으로 자기주식처분손실과 자기주식처분이익은 서로 상계되기 때문에 동시에 나타나지 않는다. 감자차익과 감자차손도 서로 상계되기 때문에 실제로 동시에 표시되지는 않는다. 위의 예시는 표시될 수 있는 항목을 모두 보여준 교과서용 사례에 해당한다.

이러한 자본의 구분은 예시일 뿐인 점에 유의해야 한다. 기업회계기준서에는 납입자본, 이익잉여금 및 기타 자본구성요소의 대분류 이외에는 별도로 자본공시 및 회계처리에 관한 내용이 없기 때문에 회사별로 적합한 보고형식을 사용할 수 있다.

종전 기업회계기준에서는 보통주와 우선주 자본금은 자본금으로, 주식발행초과금 · 감자차익 및 자기주식처분이익을 자본잉여금으로 분류했다. 자본조정항목은 자본거래로 분류될 수 있으나 자본금 또는 자본잉여금으로 분류할 수 없는 자본의 가감항목으로 규정했다. 기업회계기준서에서는 주식의 보고에 관해 상당부분의 재량권을 인정하고 있다. 따라서 자본의 기본형태 및 유형에 부합된다면 종전 기업회계기준의 분류체계를 그대로 적용해도 무방하다.

10.2 주식의 수와 종류

1. 주식의 수

우리나라 상법은 회사 설립시 정관에서 회사가 발행예정인 주식의 총수를 정하고, 이러한 발행예정주식 총수 이내에서 이사회의 결의에 따라 주식을 발행하도록 허용하고 있다. 회사의 발행예정 주식총수를 수권주식수(authorized shares)라 정의하며, 이와 같은 상법상의 제도를 수권자본제도라 한다. 상법상 정관의 작성시 주식과 관련된 규정은 다음과 같다.

절대적 기재사항(기재가 흠결되면 정관 자체가 무효)

① 회사가 발행할 주식총수(수권주식수)
② 1주의 금액
③ 설립시에 발행하는 주식의 총수

상대적 기재사항(기재할 경우만 효력이 발생되며 기재하지 않을 경우라도 정관은 유효함)

① 수종의 주식 : 보통주, 우선주(이익, 이자의 배당, 잔여재산의 분배에 관해 그 내용이 다른 주식) 등
② 무기명주식(주주의 성명이 주주명부 및 주권에 기재되지 않은 주식)
③ 특수한 형태의 주식발행 : 전환주식, 상환주식, 의결권 없는 주식 등
④ 주식의 이익소각

상법 규정에 따라 회사가 발행할 것으로 예상되는 주식 총수인 수권주식수 및 설립시 발행하는 주식 총수는 정관에 의무적으로 기재해야 한다. 주식회사의 주식수와 관련해서는 다양한 개념이 사용되는데 그 구성은 [그림 10-1]과 같다.

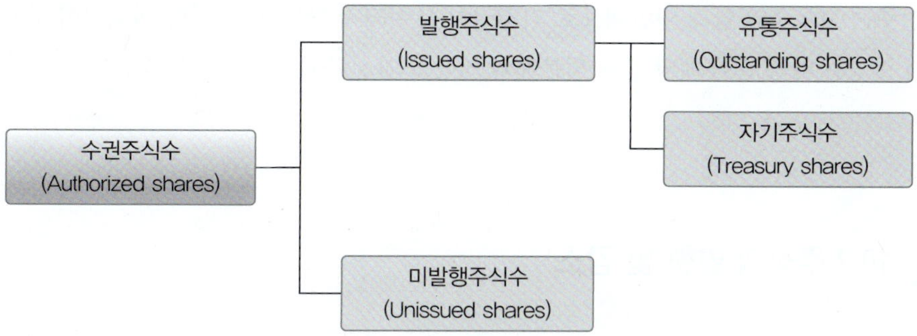

[그림 10-1] 주식수의 구성

수권주식수는 미래에 발행예정인 주식을 포함해 회사가 발행할 것으로 예상하는 주식의 총 수를 말하며, 발행주식수는 수권주식 중 이미 발행된 주식의 수를 말한다. 수권주식수에서 발행주식수를 차감하면 미발행주식수가 된다.

발행주식은 유통주식과 자기주식으로 나눌 수 있다. 유통주식은 현재 주식시장에서 유통되는 주식으로서 주주가 소유한 주식을 말하며, 자기주식은 회사가 발행했으나 이를 재취득해 시장에서는 유통되지 않고 회사내부에 보유 중인 주식을 말한다. 따라서 자기주식은 발행주식에 포함되지만 유통주식에는 포함되지 않는다. 발행주식수에서 자기주식수를 차감하면 유통주식수가 된다. 자기주식은 의결권 행사가 중지되며 배당금도 지급되지 않는다.

2. 주식의 종류: 보통주와 우선주

납입자본은 발행되는 주식의 종류에 따라 크게 보통주자본금 및 우선주자본금으로 구분된다. 보통주(common stock; ordinary share)는 가장 일반적인 형태의 주식이며 회사의 주요 정책에 대해 의결권이 부여된다. 그러나 우선주(preferred stock; preference share)에 비해 배당 및 청산가치 등의 배분에 있어 순위가 밀리는 경우가 많다.

기업회계기준서 제1033호(주당이익)에서는 보통주를 '다른 모든 종류의 지분상품보다 후순위인 지분상품'으로 정의하고 있으며 보통주의 특징을 다음과 같이 서술하고 있다.

"보통주는 우선주 등에 이익을 분배한 후의 잔여이익에 대한 분배에 참가한다. 한 종류 이상의 보통주가 발행되는 경우 같은 종류의 보통주는 동등한 배당권리를 가진다."

우선주는 보통주와 달리 일반적으로 의결권이 부여되지 않는다. 그러나 의결권이 없는 대신 앞에서 설명한 바와 같이 배당 등 이익분배와 청산시 자산분배에 우선권을 갖는다.

10.3 주식의 발행 및 감소

1. 주식의 발행: 회사설립시 발행 및 증자

회사설립시 발행하는 주식에 추가해 운영되는 도중에 기존 주주 또는 제3의 신주인수권 배정자로부터 현금을 납입 받고 주식을 발행하는 것을 유상증자라 한다. 주식발행의 회계처리시 중요하게 고려될 사항은 주식 발행가액과 액면가액의 차이이다. 다음의 예를 통해 주식발행시의 회계처리를 설명하기로 한다.

[예 10–1] 주식발행시의 회계처리

A주식회사는 액면가액 ₩5,000인 보통주 100주와 액면가액 ₩10,000인 우선주 10주를 발행했다. 보통주와 우선주의 주당발행가액이 각각 ₩7,000 및 ₩15,000이라고 가정할 때, 주식발행 관련 A주식회사의 회계처리를 제시하고 이러한 주식발행이 각 재무제표에 미치는 영향을 설명하라.

풀이

(차) 현 금	850,000	(대)	보 통 주 자 본 금	500,000
			주식발행초과금(보통주)	200,000
			우 선 주 자 본 금	100,000
			주식발행초과금(우선주)	50,000

위 분개에서 차변은 주식발행의 목적이 자금조달이므로 현금의 증가가 기록된다. 대변의 보통주자본금과 우선주자본금은 액면가액에 발행주식수를 곱해 계산한다. 즉, [₩5,000 × 100주 = ₩500,000] 및 [₩10,000 × 10주 = ₩100,000]다. 주식발행초과금은 발행가액과 액면가액의 차이에 발행주식수를 곱한 금액으로 계산한다. 즉, [(₩7,000 − ₩5,000) × 100주 = ₩200,000] 및 [(₩15,000 − ₩10,000) × 10주 = ₩50,000]다.

보통주 및 우선주는 서로 다른 형태의 주식이므로 각각 별개의 항목으로 기록한다. 자본금

계정은 반드시 액면가액으로 기록되며, 발행가액이 액면가액보다 높은 할증발행의 경우 발행가액과 액면가액의 차이는 주식발행초과금으로 기록된다. 발행가액이 액면가액과 동일한 액면발행의 경우 주식발행초과금은 발생되지 않는다.

예외적으로 액면가액에 미달한 금액으로 주식을 발행하는 경우가 있는데, 이를 할인발행이라 한다. 할인발행의 경우 차변의 현금유입액이 대변의 자본금보다 적으므로 차액을 차변에 기록한다. 이때 발생된 차액을 주식할인발행차금이라 하는데 자본조정항목으로서 자본의 차감항목으로 기재된다. 주식할인발행차금과 주식발행초과금은 서로 상계한다.

앞에서 살펴본 바와 같이 주식발행의 경우 손익에 영향을 미치는 사항은 없다. 재무상태표와 자본변동표 및 11장에서 설명될 현금흐름표에 영향을 미친다. 재무상태표의 경우 자산항목인 현금이 증가하고 자본항목이 증가한다. 자본변동표에 유상증자의 영향이 표시된다. 현금흐름표에서는 재무활동으로부터의 현금유입으로 표시되는데 이와 관련된 사항은 11장에서 자세히 설명된다.

앞에서 설명한 유상증자와 달리 현금 납입 없이 주식발행초과금 등의 자본전입을 통해 주식이 발행되기도 하는데 이를 무상증자라 한다. 무상증자의 경우 현금 등의 유입이 없으므로 자본총계는 변하지 않고 자본의 구성내용만이 바뀐다. 무상증자는 주로 유통주식수를 증가시킬 목적으로 실시된다. 예를 들어, 과거 인식한 주식발행초과금을 보통주로 자본전입해 무상증자를 실시했다면 다음과 같이 회계처리된다.

(차) 주식발행초과금	×××	(대) 보 통 주 자 본 금	×××

이 경우 대변에 계상된 주식발행초과금이 차변으로 대체돼 소멸되고, 동시에 보통주자본금이 대변에 기록돼 증가된다. 이익잉여금의 자본전입에 의한 무상증자도 가능하다.

2. 주식의 감소: 감자

회사는 결손보전 또는 회사규모의 축소 등을 위해 자본금을 감소시킬 수 있는데 이를 감자라 한다. 감자는 크게 유상감자와 무상감자로 나뉜다. 유상감자는 회사의 발행주식을 대가를 지불하고 취득해 소멸시키는 것이며, 실질적 감자라고도 한다. 무상감자는 주주에게 대가를 지불하지 않고 장부상으로 미처리결손금 등과 자본금을 상계시킴으로써 이뤄지는데, 이를 형식적 감자라고도 한다. 유상감자 회계처리의 예는 다음과 같다.

[예 10-2] 유상감자

A주식회사는 1월 2일 액면가액 ₩5,000인 보통주 100주를 주당 ₩5,000에 발행했다. 같은 해 7월 8일 A주식회사는 1월 2일에 발행한 보통주 중 20주를 주당 ₩4,000에 매입해 소각했다. 또 같은 해 10월 5일 A주식회사는 1월 2일에 발행한 보통주 중 30주를 주당 ₩6,000에 추가로 매입해 소각했다. 7월 8일과 10월 5일 회사가 행할 회계처리를 표시하라.

풀이

〈7월 8일〉

(차) 보통주자본금	100,000	(대) 현금	80,000
		감자차익(납입자본)	20,000

* 액면가액보다 적은 금액을 주고 주식을 매입해 소각했음으로 차액을 감자차익으로 기록한다. 이는 5장에서 설명한 유형자산처분이익과 유사한 논리지만, 자본거래항목이므로 포괄손익계산서의 당기손익에 포함시키지 않고 재무상태표에 납입자본(또는 자본잉여금) 항목으로 기록한다. 감자차익 계산 시에는 반드시 주식의 액면가액과 매입가액을 비교해야 하며 발행가액은 고려되지 않음에 유의해야 한다.

〈10월 5일〉

(차) 보통주자본금	150,000	(대) 현금	180,000
감자차익(납입자본)	20,000		
감자차손(자본조정)	10,000		

* 액면가액보다 많은 금액을 주고 주식을 매입해 소각했음으로 차액을 감자차손으로 기록한다. 이는 5장에서 설명한 유형자산처분손실과 유사한 논리지만, 자본거래항목이므로 포괄손익계산서의 당기손익에 포함되지 않고 재무상태표에 보고되는 자본조정항목으로 기록된다. 자본조정항목이란 납입자본의 일부로서 납입자본에 대한 조정항목을 말한다. 감자차익 계산 시와 마찬가지로 발행가액이 아니라 액면가액과 매입가액을 비교한다. 또한 기존에 인식한 감자차익이 있을 경우 이를 먼저 상계하고 부족한 차액만을 감자차손으로 기록한다.

회사가 지속적으로 손실을 기록할 경우 이익잉여금의 반대개념인 결손금이 누적된다. 만약 회사에 미처리결손금이 있어 이를 제거하기 위해 무상감자를 결정했다면 다음과 같은 분개가 이루어진다.

(차) 보통주자본금	×××	(대) 미처리결손금	×××

무상감자가 유상감자와 다른 점은 대변에 현금이 기록되는 것이 아니라 미처리결손금이 기록된다는 것이다. 미처리결손금은 이익잉여금과 반대되는 개념이기 때문에 발생시 차변에 기

록됐다가 무상감자를 통해 제거될 때 대변에 기록돼 소멸된다.[1]

"주총 앞두고 '減資주의보'"

두산건설과 현대상선이 잇달아 각각 10 : 1, 7 : 1 무상감자 계획을 발표하면서 재무제표가 부실한 기업에 대한 '감자 주의보'가 켜졌다. 지난달 26일에도 삼부토건이 90% 감자를 결정했다. 감자는 주주총회 의결을 거쳐야 하는 사안이라 본격적인 주총 시즌에 앞서 자본잠식 상태에서 벗어나려는 기업들이 감자 공시를 낼 가능성이 커지고 있다.

4일 증권정보업체 에프앤가이드가 지난해 3분기 사업보고서를 분석한 결과 유가증권시장에서 22개 기업이 전액 또는 부분 자본잠식 상태인 것으로 나타났다. 코스닥 기업 중에서도 33개 기업이 자본잠식 상태였다. 지난해 3분기까지 실적 기준이라 지난해 4분기 추가 순손실이 발생하면 자본잠식 기업은 더 늘어날 것으로 보인다. 이에 따라 감자를 시도할 기업도 추가로 더 나올 수 있다는 지적이다. 무상감자란 주주들에게서 대가 없이 주식을 거둬들인 후 소각해 자본금을 줄이는 것이다.

무상감자를 하는 가장 큰 목적은 재무구조 개선과 결손금 해소다. 적자가 누적돼 결손금이 생기면 자본총계(자본금+이익잉여금)가 줄어들고 자본금이 자본총계보다 많아지는 자본잠식이 발생한다. 자본잠식률 50%인 상태가 2년간 지속되면 상장폐지까지 가기 때문에 자본잠식 상태거나 자본잠식 직전인 기업들은 선제적인 재무구조 개선을 위해 무상감자를 선택한다. 줄어드는 자본금 액수만큼 회계상으로 이익인 감자 차익을 얻을 수 있어 결손금을 메우는 데 쓸 수 있기 때문이다. 주가가 액면가 이하로 떨어진 기업들은 주총 특별결의를 거쳐야 하는 유상증자도 쉽지 않기 때문에 감자로 주가를 올린 다음 유상증자를 한다.

– 매일경제 2016.3.4 기사 중 –

10.4 자기주식

1. 자기주식의 개념

주식회사는 주식발행에 의해 설립되며, 추후 자금조달 원천인 증자를 통해 주식을 추가로 발행한다. 주식회사가 이미 발행한 주식을 발행주식(issued shares)이라 한다. 필요에 따라 발행주식

1) 당기순손실 등으로 미처리결손금이 발생되면 주주총회 결의에 따라 이익잉여금과 자본잉여금 등으로 보전하고 남은 금액은 이월결손금으로 차기로 넘긴다. 이월결손금은 매 회계기간 결산시에 미처리결손금으로 대체되고 기중 또는 기말에 무상감자를 통해 제거되기도 한다.

중 일부를 재취득해 보유할 경우 이를 자기주식(treasury shares)이라 한다. 기업회계기준서 제1032호(금융상품: 표시)에서는 자기주식에 관해 '기업이 자기지분상품을 재취득하는 경우 이러한 지분상품은 자기주식이며 자본에서 차감한다' 라고 규정하고 있다.[2)]

주식을 재취득하는 목적은 다양한데, 그 대표적인 것은 다음과 같다.

① 주가부양을 위해 자기주식을 취득한다. 주식을 시장에서 재취득할 경우 시장에서 유통되는 주식(outstanding shares)의 수가 줄어들게 된다. 주식의 공급이 줄어들면 수요공급의 법칙에 따라 일반적으로 주식가격이 상승한다. 그러나 이러한 인위적 주가부양의 효과는 일시적인 것이며, 장기적인 주가상승을 위해서는 재무 및 영업적 측면에서 회사의 기초체력을 키워야 한다.

② 주당순이익(earnings per share)과 자본이익률(return on equity) 등 성과지표를 높이기 위해 자기주식을 취득한다. 이러한 지표의 산식에서 분모는 자본금액인데, 자기주식을 취득하면 자본금액이 줄어들기 때문에 결과적으로 분모가 감소된다. 분자가 일정할 경우 분모의 감소에 따라 주당순이익 및 자본이익률 등의 지표는 상승한다.

③ 적대적 인수합병 시도가 있을 경우 이에 대한 방어책으로 자기주식이 활용된다. 회사 간 인수합병은 인수회사가 합병대상회사의 주식을 매입함으로써 이뤄지는데, 합병의 대상이 된 회사가 자기주식을 매입할 경우 이러한 적대적 인수합병 시도를 사전에 차단하는 효과를 기대할 수 있다.

④ 주식보상(stock compensation)과 스톡옵션(stock option) 등 회사 내부자에 대한 보상에 사용하기 위한 주식을 확보할 목적으로 자기주식을 재취득하는 경우도 있다.

앞의 사유 이외에도 주식회사는 다양한 목적으로 자기주식을 취득한다. 자기주식의 특성은 다음과 같다.

① 자기주식은 발행주식(issued shares)이지만, 유통주식(outstanding shares)은 아니다.

② 자기주식은 의결권 및 배당청구권이 없다.

③ 자기주식은 자본의 차감계정(contra-equity account)이다. 즉, 재무상태표상 자본에 음(-)의 값으로 기록되어 자본총계를 감소시킨다.

---

2) 상법에 따르면 회사는 배당가능이익 한도 내에서 자기주식을 자유롭게 취득할 수 있다. 즉, 회사의 순자산액에서 자본금, 준비금, 미실현이익 등을 공제한 범위 내에서 회사는 자기주식을 취득할 수 있다.

"자사주는 '살자株' 인가, '자살株' 인가"

재주넘기 중 그랑프리는 '자사주'다. 자사주는 '회사가 발행한 주식을 자기 재산으로 취득해 보유하는 상법상 자기주식'을 말한다. 돈을 받고 발행한 주식을 되샀으니 발행을 취소한 셈이다. 그러나 소각되기 전엔 발행주식 수에 그대로 포함된다. 자본총계 계산에선 차감되지만 '발행주식의 액면총액'인 자본금은 그대로다.

자사주 본질에 대한 이해 부족은 심각하다. '회사 대표나 사외이사가 자사주를 샀다'는 생뚱맞은 보도가 범람한다. 자사주는 회사 주식을 회사가 사는 것이다. 임직원이 사는 것은 자사주가 아니다. 자사주는 이익 재원으로 취득해 감자절차에 따른 소각이 정상 코스다. 주가 침체가 지속되면 해외펀드의 자사주 매입 압박이 가중된다. 회사가 매입에 나서면 해외펀드는 순식간에 팔아치운다. KT&G는 담배사업 성격상 이익 상당부분을 현금배당 또는 자사주 매입소각에 사용한다. 그러나 소각할 생각 없이 주가방어나 다른 목적으로 취득하는 경우도 많다. SK는 지주회사 전환 목적으로 자사주를 샀다. 인적 분할을 통해 지주회사와 사업자회사로 나누고, 자사주는 지주회사에 넘겨 사업자회사를 지배하는 도구로 썼다. 삼성그룹이 주력 계열사 자사주 취득을 늘리는 것은 주주 친화정책이 명분이지만 실제로는 3세 승계를 위한 지분율 방어 목적이다.

자사주는 납입자본을 환급하는 성격이기 때문에 재무위험을 가중시킨다. 부실로 쓰러진 회사 중 휴지로 변한 자사주를 잔뜩 껴안고 있는 경우가 많다. 금융사 자사주는 건전성에 치명적 손상을 유발한다. 5년 전 구주매출 방식으로 주식을 상장한 삼성생명은 주가가 공모가 아래로 떨어지자 대규모 자사주 취득에 나섰다. 내년 1월까지 7,000억원 넘는 규모로 시행하는데 매입이 완료되면 자사주 비중은 8.75%로 치솟는다. 보험부채 시가평가를 강화하는 국제회계기준 개정이 예고된 상황에서 걷잡을 수 없는 건전성 비율 추락을 어떻게 감당할지 걱정이다.

– 한국경제 다산칼럼(이만우) 2015.11.23 기사 중 –

2. 회계처리

기업회계기준서 제1032호(금융상품: 표시)에서는 자기주식의 회계처리에 관해 '자기지분상품을 매입, 매도, 발행, 소각하는 경우의 손익은 당기손익으로 인식하지 않는다. 기업이나 연결실체 내의 다른 기업이 이러한 자기주식을 취득하여 보유할 수 있다. 이 경우 지급하거나 수취한 대가는 자본으로 직접 인식한다'라고 규정하고 있다. 이는 자기주식을 원가법(cost method)으로 처리하도록 규정하고 있음을 의미한다.[3] 원가법의 경우 자기주식은 주식 액면가액과 무관

3) 자기주식의 처리방법중 원가법 이외에 액면가액법(par value method)이 있는데, 이는 자주 사용되지 않는 방법이므로 본서에서는 원가법만을 설명한다.

하게 취득원가로 계상한다. 즉, 주식의 액면가액 또는 당초 발행가액과 상관없이 취득시점의 취득원가가 해당 자기주식의 새로운 원가가 된다.

자기주식 거래와 관련해서는 포괄손익계산서에 표시될 손익은 발생되지 않으며 모두 재무상태표의 자본계정에서 처리되는데 그 절차는 [예 10-3]에서 설명하는 바와 같다.

[예 10-3] 자기주식; 원가법

A주식회사의 다음 주식관련 거래를 날짜순으로 분개하라.

(1) 회사는 1월 2일에 보통주식 1,000주를 발행했다. 동 보통주식의 액면가액은 ₩1,000이며 발행가액은 ₩1,100이다.
(2) 회사는 2월 5일에 1월 2일 발행한 보통주 중 100주를 재취득했다. 재취득가액은 ₩1,200이다.
(3) 회사는 3월 10일에 2월 5일 재취득한 자기주식 중 10주를 ₩1,200에 재발행했다.
(4) 회사는 5월 20일에 2월 5일 재취득한 자기주식 중 10주를 ₩1,400에 재발행했다.
(5) 회사는 7월 15일에 2월 5일 재취득한 자기주식 중 10주를 ₩1,100에 재발행했다.
(6) 회사는 10월 25일에 2월 5일 재취득한 자기주식 중 10주를 ₩1,000에 재발행했다.

풀이

각 일자별 분개 및 유의할 사항은 아래와 같다.

(1) 1월 2일

(차) 현 금	1,100,000	(대) 보 통 주 자 본 금	1,000,000
		주식발행초과금(보통주)	100,000

* 일반적인 보통주식 발행시 분개다. 자본금은 액면가액으로 기록하고 발행가액과 액면가액의 차액은 주식발행초과금으로 기록한다.

(2) 2월 5일

(차) 자 기 주 식	120,000	(대) 현 금	120,000

* 자기주식 취득시 분개다. 액면가액과 무관하게 재취득가액 ₩1,200에 재취득주식수 100주를 곱한 금액으로 기록한다. 따라서 향후 자기주식 거래시 2월 5일에 취득한 자기주식의 주당가액은 ₩1,200으로 간주된다. 자기주식 취득과 관련된 손익은 인식하지 않는다. 자기주식은 차변항목이며, 실제로는 대변항목인 자본에 대한 차감항목으로 표시된다.

(3) 3월 10일

(차) 현 금	12,000	(대) 자 기 주 식	12,000

* 자기주식을 취득가액(₩1,200)에 재발행한 경우다. 주식발행이므로 현금이 증가하고 자기주식은 감소한다.

(4) 5월 20일

(차) 현 금	14,000	(대) 자 기 주 식	12,000
		자기주식처분이익(납입자본)	2,000

* 자기주식을 취득가액(₩1,200)보다 높은 가격(₩1,400)으로 재발행한 경우다. 이 경우 자기주식 감소액은 취득원가로 기록하고 재발행가액과 자기주식 취득가액의 차액은 '자기주식처분이익'으로 기록한다. 자기주식처분이익은 포괄손익계산서의 이익항목이 아니라 재무상태표의 납입자본 구성항목이 되는 점을 유의해야 한다. 자기주식처분이익은 자기주식 재발행에 따른 주식발행초과금의 성격을 지니기 때문이다.

(5) 7월 15일

(차) 현 금	11,000	(대) 자 기 주 식	12,000
자기주식처분이익(납입자본)	1,000		

* 자기주식을 취득가액(₩1,200)보다 낮은 가격(₩1,100)으로 재발행한 경우이다. 이 경우 자기주식 감소액은 다른 거래와 마찬가지로 항상 취득원가로 기록한다. 그러나 재발행가액과 자기주식취득가액의 차액은 위 (4)의 경우와는 다르게 차변에 나타나게 되는데, 그 이전에 인식했던 자기주식처분이익이 있을 경우 이를 차변에 기입해 줄여줌으로써 상쇄시킨다. 이 분개를 행한 후에는 기존에 인식했던 자기주식처분이익이 ₩1,000으로 줄어들게 된다.

(6) 10월 25일

(차) 현 금	10,000	(대) 자 기 주 식	12,000
자기주식처분이익(납입자본)	1,000		
자기주식처분손실(납입자본)	1,000		

* 위 (5)와 마찬가지로 자기주식을 취득가액(₩1,200)보다 낮은 가격(₩1,000)에 재발행한 경우다. 기존에 인식했던 자기주식처분이익이 남아 있을 경우 이를 먼저 줄여야 한다. 그러나 이 거래에서는 자기주식처분이익 잔액이 ₩1,000만 남아있으므로 자기주식 취득원가와 재발행가액 사이의 차이를 모두 상쇄시키기에는 부족하다. 만약, 기존에 인식했던 자기주식처분이익이 모두 상계돼 잔액이 없을 경우, 위 분개와 같이 부족한 부분은 자기주식처분손실로 기록한다. 자기주식처분손실은 포괄손익계산서의 손실항목으로 기록하는 것이 아니라 재무상태표의 납입자본에 차감해 표시한다.[4]

한편, 회사는 자기주식을 재발행하지 않고 소각하기도 하는데, 이 경우 자기주식과 이에 상당하는 자본금을 줄여야 한다. 이 과정에서 차액이 발생되면 감자차익 또는 감자차손으로 처리한다.

4) 자기주식 및 자기주식처분손실 등을 자본조정항목으로 분류하기도 한다.

10.5 배당 및 이익잉여금

1. 배당의 개념

회사가 영업활동을 통해 이익을 획득했을 경우 이를 활용하는 방안은 2가지로 나눌 수 있다. 회사는 미래투자를 위해 이익금을 사내에 유보하거나 주주에 대한 이익배분으로 지급할 수 있는데 전자를 이익잉여금(retained earnings) 그리고 후자를 배당금(dividends)이라 한다.

회사는 배당을 반드시 지급할 의무는 없으나 우호적 주주관계를 유지하고 시장에서 좋은 반응을 얻기 위해서는 안정적인 배당지급이 효과적이다. 회사가 배당금을 지급하려면 충분한 배당가능이익(주로 이익잉여금을 중심으로 산정함)이 있어야 하며, 법률상 및 계약상 제약사항에 위배되지 않아야 한다. 배당의 종류에는 배당금을 현금으로 지급하는 현금배당과 주식으로 지급하는 주식배당이 있다. 현금배당의 경우 회사는 배당에 필요한 충분한 현금이 확보돼야 한다. 현금 대신 주식으로 배당금을 지급하는 주식배당은 회사가 보유 중인 현금이 부족할 경우 유용하게 사용될 수 있는 장점이 있는 반면, 주식수 증가에 따라 추후 주주로부터의 배당압력이 높아질 수 있다는 단점이 있다.

2. 배당관련 회계처리

배당과 관련해서는 다음의 3가지 시점이 중요한 의미를 지닌다. 일자별로 어떠한 회계처리가 필요한지 현금배당과 주식배당으로 구분해 살펴보기로 한다.

① 배당기준일(date of record) : 주주명부상 배당을 받을 권리가 있는 주주가 확정되는 날이다. 배당기준일 현재 주주명부에 등재된 주주는 배당을 받을 권리가 있다. 배당기준일에는 별다른 회계처리가 필요 없다.

② 배당선언일(배당결의일, date of declaration) : 주주총회에서 배당이 공식적으로 결의돼 선언되는 날이다. 배당선언일에는 회계처리가 필요하며, 현금배당과 주식배당의 경우 회계처리가 다르다.

- 현금 배당일 경우, 배당선언과 동시에 회사가 주주에게 배당금을 지급할 의무를 부담함으로 배당과 관련된 부채인 미지급배당금을 인식하는 다음과 같은 분개를 행한다.

(차) 미처분이익잉여금	xxx	(대) 미지급배당금(유동부채)	xxx

위의 분개에서 볼 수 있듯이 배당선언의 경우 당초 대변에 기록됐던 이익잉여금을 차변으로 대체해 감소시키고, 해당 금액만큼 유동부채를 증가시킨다. 차변에서 이익잉여금이 아닌 미처분이익잉여금 계정이 사용되는 이유는 나중에 다시 설명한다.

- 주식배당일 경우, 배당선언시 미처분이익잉여금이 줄어드는 것은 현금배당과 동일하다. 그러나 회사의 입장에서는 현금을 지급할 의무가 발생하는 것이 아니라 이익잉여금이 주식 형태로 전환되는 효과가 생기며 부채는 발생되지 않고 다음과 같이 회계처리된다.

(차) 미 처 분 이 익 잉 여 금	×××	(대) 미교부주식배당금(자본조정)	×××

이 분개에서 미교부주식배당금은 자본조정항목으로서 납입자본에 가산된다.

③ 배당지급일(date of payment) : 현금배당의 경우 현금이 주주에게 실제로 지급되는 날을 말하며, 주식배당의 경우 주식이 주주에게 실제로 교부되는 날을 말한다. 배당지급일에는 회계처리가 필요하며, 현금배당과 주식배당의 경우 회계처리가 다르다.

- 현금배당일 경우, 현금이 지급됐으므로 유동부채를 소멸시키는 다음과 같은 분개가 필요하다.

(차) 미 지 급 배 당 금	×××	(대) 현 금	×××

- 주식배당일 경우, 실제 주식이 교부됐으므로 자본금이 증가되는 다음과 같은 분개가 필요하다.

(차) 미 교 부 주 식 배 당 금	×××	(대) 보 통 주 자 본 금	×××

앞의 분개에서는 주식배당시 보통주가 사용됐음을 가정하고 있다. 만약 우선주가 교부됐다면 우선주자본금으로 기록된다. 우리나라 상법에서는 주식배당의 경우 주식의 액면가액에 따라 처리하도록 규정하고 있다. 따라서 주식의 시장가치는 고려되지 않으므로 주식발행초과금이 발생될 여지가 없다.

3. 이익잉여금

이익잉여금이란 회사의 당기순이익 중 주주에게 배당으로 지급한 후 내부에 유보된 금액을 말한다. 구체적으로 기말이익잉여금은 다음과 같이 계산된다.

기초이익잉여금 + 당기순이익 − 배당금 = 기말이익잉여금

위 식에서 기말이익잉여금이 재무상태표에 기록되는 이익잉여금이다. 즉, 전기에서 당기로 이월된 기초이익잉여금액에 당기 이익잉여금 증가분[당기순이익 − 배당금]을 더한 금액이 재무상태표에 보고되는 이익잉여금이다. 만약, 당기순손실이 발생했다면 기초이익잉여금에서 당기순손실을 차감한다.

배당금 등 이익잉여금의 처분은 당기 말 이후의 주주총회일에 결정된다.[5] 예를 들어 12월말 결산법인의 경우 20×1년 기말이익잉여금의 처분은 20×2년 2~3월의 주주총회일에 결정된다. 따라서 20×1년 12월 31일에는 배당금액 등 이익잉여금의 처분내역이 확정되지 않기 때문에 기말이익잉여금의 정확한 사용내역을 알 수가 없는데, 이러한 상황을 반영해 재무상태표에 기록되는 이익잉여금을 '미처분이익잉여금'으로 표시한다.

배당금이 주주총회에서 확정되기 때문에 주주총회에 제출된 재무제표를 기준으로 하는 이익잉여금 계산식에서 차감되는 배당금은 중간배당금만 포함된다. 기말배당금 등 미처분이익잉여금의 상세한 처분내역은 주주총회 부의안건으로 작성되는 이익잉여금처분계산서에 포함된다. 주주총회 결의로 확정되는 이익잉여금처분계산서의 배당금 등 이익잉여금 처분 내용과 차기로 넘길 이월이익잉여금을 확정하는 회계처리가 필요하다. 이러한 이익잉여금 처분과 관련된 회계처리는 주주총회일자로 행한다.

미처분이익잉여금의 계산과정을 상세히 보고하는 이익잉여금처분계산서는 기업회계기준서가 정한 재무제표 필수 구성요소에 포함되지 않는다. 그러나 상법 등에서 이익잉여금처분계산서의 작성을 요구할 경우, 재무상태표의 이익잉여금에 대한 보충정보로 이익잉여금처분계산서를 주석으로 공시하도록 규정하고 있다.

5) 예외적으로 중간배당이 있을 경우 당해 연도 중에 처분이 결정되는 경우도 있다.

[예 10-4] 배당과 이익잉여금

A사는 1월 1일 영업을 개시했다. A사는 같은 해 11월 3일 유통되는 보통주식 1주당 ₩10의 현금배당을 선언하였다. 배당기준일은 11월 3일로 배당선언일과 동일하다. 11월 3일 현재 A사의 보통주 발행주식수와 보통주 자기주식수는 각각 20,000주와 1,000주며, 보통주 1주당가격은 ₩1,000이다. 동 배당금은 12월 5일에 전액 현금으로 보통주주에게 지급됐다. 한편, A사의 기초이익잉여금은 ₩200,000이며 당해 연도 당기순이익은 ₩300,000이다. 이외의 배당은 없다고 가정할 때 이상의 정보를 이용해 아래의 물음에 답하라.

1. A사의 당해 연도 총 배당금액은 얼마인가?
2. A사가 11월 3일과 12월 5일에 수행할 분개를 제시하라.
3. A사의 기말이익잉여금은 얼마인가?

풀이

1. (20,000주 − 1,000주) × ₩10 = ₩190,000

   * 배당은 유통주식에 대해서만 행해진다. A사의 유통주식수는 발행주식수에서 자기주식수를 뺀 190,000주다.

2. 11월 3일

(차) 미처분이익잉여금	190,000	(대) 미 지 급 배 당 금	190,000

   12월 5일

(차) 미 지 급 배 당 금	190,000	(대) 현 금	190,000

3. 기초이익잉여금 + 당기순이익 − 배당 = 기말이익잉여금

   = ₩200,000 + ₩300,000 − ₩190,000 = ₩310,000

   * 기말이익잉여금은 기초이익잉여금에 당기순이익을 가산하고 배당금총액을 차감해 계산한다.

4. 주당이익 또는 주당순이익

주당이익 또는 주당순이익(Earnings Per Share: EPS)이란 보통주식 1주당 이익을 말하며, 주식회사의 대표적 수익성 지표다. 높은 수준의 주당이익은 회사가 보통주 투자금액 대비 높은 성과를 보이고 있음을 의미하므로, 일반적으로 주당이익이 높을수록 좋게 평가된다. 주당이익을 계산하는 가장 간단한 방법은 다음과 같다.

$$\text{주당이익(EPS)} = \frac{\text{당기순이익} - \text{우선주배당금}}{\text{유통보통주식수}}$$

산식에서 분자는 우선주주에게 배분되는 당기순이익을 제외한 금액이며 '보통주 귀속 당기순이익'이라고도 한다. 분모는 발행된 보통주식 중 자기주식을 제외하고 현재 유통되고 있는 보통주식수를 말한다.

"한국 주식 여전히 싸다… 신흥국보다 저평가"

한국 증시가 주요 선진국뿐 아니라 신흥국에 비해서도 크게 저평가된 것으로 나타났다. 26일 삼성증권과 금융투자업계에 따르면 올해 국내 증시의 12개월 선행 주가수익비율(PER) 전망치는 9.6배로 집계됐다. PER은 주가를 주당순이익(EPS)으로 나눈 수치다. 낮을수록 주가가 저평가돼 있다는 뜻이다.

주요 선진국의 PER을 보면 미국이 18.5배로 가장 높다. 이어 일본 15.9배, 홍콩 15.9배, 영국 14.8배, 프랑스 14.7배 순이다. 신흥국 역시 필리핀 17.8배, 인도 16.8배, 인도네시아 15.5배, 중국 12.5배로 대부분 한국보다 높다. 저평가의 가장 큰 원인은 그동안 코스피지수가 박스권에 갇힌 답답한 흐름을 보인 영향이 크다. 다른 나라 증시보다 저렴한 만큼 가격 매력도는 충분하다는 분석이다.

– 한국경제 2017.2.26 기사 중 –

10.6 자본변동표

주요 재무제표에는 일반적으로 재무상태표, 포괄손익계산서, 자본변동표 및 현금흐름표가 포함된다. 자본변동표는 회계기간 중 자본의 변동을 구체적으로 보여준다. 기업회계기준서 제1001호 '재무제표표시'에서는 자본변동표에 다음의 항목을 표시하도록 명시하고 있다.

① 지배기업의 소유주와 비지배지분에게 각각 귀속되는 금액으로 구분하여 표시한 해당 기간의 총포괄손익

② 자본의 각 구성요소별로, 기업회계기준서 제1008호(회계정책, 회계추정의 변경 및 오류)에 따라 인식된 소급적용이나 소급재작성의 영향

③ 자본의 각 구성요소별로 다음의 각 항목에 따른 변동액을 구분해 표시한, 기초시점과 기

말시점의 장부금액 조정내역

- 당기순손익
- 기타포괄손익
- 소유주로서의 자격을 행사하는 소유주와의 거래(소유주에 의한 출자와 소유주에 대한 배분, 그리고 지배력을 상실하지 않는 종속기업에 대한 소유지분의 변동을 구분해 표시)

아울러 기업회계기준서에서는 자본변동표나 주석에 당해 기간 동안에 소유주에 대한 배분으로 인식된 배당금액과 주당배당금을 표시하도록 규정하고 있다.

자본변동표의 구체적 예는 다음과 같다.[6]

XYZ 그룹 – 20x2년 12월 31로 종료하는 회계연도의 연결자본변동표

(단위 : 천 원)

	납입 자본	이익 잉여금	지분상품에 대한 투자	재평가 잉여금	총 계	비지배 지분	총자본
20x1년 12월 31일 현재 잔액	×××	×××	×××	×××	×××	×××	×××
20x2년 자본의 변동							
유상증자	×××	–	–	–	×××	–	×××
배 당	–	(×××)	–	–	(×××)	–	(×××)
총포괄손익	–	×××	×××	×××	×××	×××	×××
20x2년 12월 31일 현재 잔액	×××	×××	×××	×××	×××	×××	×××

예시된 자본변동표를 간략히 요약하면, 납입자본과 이익잉여금 및 기타자본요소가 기중에 어떻게 변화했는지를 기초잔액, 당기변동, 그리고 기말잔액의 순으로 보여준다. 예를 들어 유상증자가 있을 경우 납입자본이 기중에 증가하며, 배당이 있을 경우 이익잉여금이 감소한다. 한편, 기타요소들에 대한 증감 및 자본변동표의 세부내용은 중급회계에서 다룰 사항이다.

6) 이 자본변동표의 예는 기업회계기준서 제1001호에 제시된 예 중 일부를 발췌하고 수정한 것이다.

토·의·문·제

1. 자본의 개념을 회계방정식을 이용해 설명하라.

2. 수권주식수와 발행주식수의 차이점은 무엇인가?

3. 발행주식수와 유통주식수의 차이점은 무엇인가?

4. 보통주와 우선주를 구분해 설명하라.

5. 주식의 할증발행, 할인발행 및 액면발행을 비교해 설명하라.

6. 자기주식을 취득하는 이유는 무엇인가?

7. 자기주식이 자본계정의 증감에 미치는 영향을 설명하라.

8. 배당관련 주요 일자에 대해 설명하라.

9. 현금배당과 주식배당의 유사점과 차이점을 설명하라.

10. 자본변동표에 명시되는 항목에 대해 논의하라.

자·습·문·제

[자본의 개념]

1. ㈜ A의 12월 31일자 재무상태표에는 아래와 같은 자산 및 부채가 있다. 회사의 기말 자본금액은 얼마인가?

과 목	장부금액
현 금 및 현 금 성 자 산	₩1,300,000
매 출 채 권	500,000
건 물	5,000,000
기 계 장 치	200,000
매 입 채 무	3,500,000
사 채	2,000,000

풀이

자산 = 부채 + 자본
자산의 기말 장부가액 = ₩1,300,000 + ₩500,000 + ₩5,000,000 + ₩200,000 = ₩7,000,000
부채의 기말 장부가액 = ₩3,500,000 + ₩2,000,000 = ₩5,500,000
따라서 회사의 기말자본은 자산의 기말장부가액에서 부채의 기말장부가액을 차감한 ₩1,500,000이다.

[주식수]

2. 올해 1월 1일 사업을 개시한 ㈜ A사의 연도 말 현재 주식에 대한 정보다.

- 발행주식수는 20,000주다.
- 회사는 올해 4월 30일 자기주식 4,000주를 재취득했다.
- 미발행주식수는 10,000주다.

주식의 단가는 모두 동일하다고 가정할 때 수권주식수와 유통주식수를 계산하라.

풀이

수권주식수는 미래에 발행예정인 주식을 포함해 회사가 발행할 수 있는 주식의 총수를 말한다. 따라서 A사의 수권주식수는 발행주식수 20,000주와 미발행주식수 10,000주의 합인 30,000주다. 유통주식수는 현재 시장에서 유통되고 있는 주식수를 말하며 발행주식수에서 자기주식수를 차감한 것이다. 따라서 유통주식수는 발행주식수 20,000주에서 자기주식수 4,000주를 차감한 16,000주다.

[주식의 발행]

3. 주식회사 A는 액면가액 ₩5,000인 보통주 1,000주와 액면가액 ₩12,000인 우선주 100주를 발행했다. 액면발행을 가정할 경우 이 주식발행과 관련된 A주식회사의 회계처리를 제시하라.

풀이

(차) 현 금	6,200,000	(대) 보통주자본금	5,000,000
		우선주자본금	1,200,000

[주식의 발행]

4. 주식회사 A는 액면가액 ₩10,000인 보통주 100주와 액면가액 ₩12,000인 우선주 50주를 발행했다. 보통주와 우선주의 발행가액이 각각 ₩8,000 및 ₩15,000이라고 가정할 때, 이 주식발행과 관련된 A사의 회계처리를 제시하라.

풀이

(차) 현 금	1,550,000	(대) 보통주자본금	1,000,000
주식할인발행차금(보통주)	200,000	우선주자본금	600,000
		주식발행초과금(우선주)	150,000

[주식의 발행 및 감자]

5. A주식회사는 1월 2일 액면가액 ₩5,000인 보통주 100주를 ₩7,000에 발행했다. 또한 3월 5일 같은 종류의 보통주 100주를 액면발행했다. 5월 3일 A주식회사는 자사의 보통주 중 50주를 ₩3,000에 매입해 소각했다. 회사가 1월 2일, 3월 5일, 5월 3일 수행할 분개를 각각 제시하라. 또한 회사의 납입자본 총계를 계산하라.

풀이

(1) 1월 2일

(차) 현 금	700,000	(대) 보통주자본금	500,000
		주식발행초과금(보통주)	200,000

(2) 3월 5일

(차) 현 금	500,000	(대) 보통주자본금	500,000

(3) 5월 3일

(차) 보통주자본금	250,000	(대) 현 금	150,000
		감자차익	100,000

* 납입자본 총계
= 자본금 + 주식발행초과금 + 감자차익
= ₩500,000 + ₩200,000 + ₩500,000 - ₩250,000 + ₩100,000 = ₩1,050,000

[자기주식]

6. ㈜ A사의 주식관련 거래는 아래와 같다. 각 일자의 분개를 제시하라.

> (1) 회사는 1월 2일 보통주식 100주를 발행했다. 보통주의 액면가액은 ₩1,000이며 발행가액은 ₩1,200이다.
> (2) 회사는 2월 10일에 1월 2일 발행한 보통주 중 50주를 재취득했다. 재취득가액은 ₩1,500이다.
> (3) 회사는 4월 5일에 2월 10일 재취득한 자기주식 중 10주를 ₩1,200에 재발행했다.
> (4) 회사는 5월 10일에 2월 10일 재취득한 자기주식 중 10주를 ₩1,500에 재발행했다.
> (5) 회사는 6월 13일에 2월 10일 재취득한 자기주식 중 10주를 ₩1,800에 재발행했다.

풀이

(1) 1월 2일

(차) 현 금	120,000	(대) 보통주자본금	100,000
		주식발행초과금(보통주)	20,000

(2) 2월 10일

(차) 자기주식	750,000	(대) 현 금	750,000

(3) 4월 5일

(차) 현 금	12,000	(대) 자기주식	15,000
자기주식처분손실(납입자본)	3,000		

(4) 5월 10일

(차) 현 금	15,000	(대) 자기주식	15,000

(5) 6월 13일

(차) 현 금	18,000	(대) 자기주식	15,000
		자기주식처분이익(납입자본)[7)]	3,000

[현금배당]

7. A주식회사는 주주총회를 통해 현금배당 ₩400,000을 선언했다. 배당기준일, 배당선언일, 배당지급일의 회계처리를 제시하라.

---

7) 기존에 인식된 자기주식처분손실이 있을 경우 이를 먼저 상계할 수도 있다. 자세한 사항은 중급회계에서 다루어질 사항이다.

풀이

〈배당기준일〉
배당기준일에는 특별한 회계처리가 필요 없다.

〈배당선언일〉

(차) 미처분이익잉여금	400,000	(대) 미지급배당금(유동부채)	400,000

〈배당지급일〉

(차) 미지급배당금	400,000	(대) 현금	400,000

[주식배당]

8. A주식회사는 주주총회를 통해 주식배당을 선언을 했다. 주식배당을 위해 발행되는 주식은 보통주 100주이며, 해당 주식의 액면가액은 ₩1,000, 시장가액은 ₩1,500이다. 배당기준일, 배당선언일, 배당지급일의 회계처리를 제시하라.

풀이

〈배당기준일〉
배당기준일에는 특별한 회계처리가 필요 없다.

〈배당선언일〉

(차) 미처분이익잉여금	100,000	(대) 미교부주식배당금(자본조정)	100,000

* 우리나라에서는 상법에 의거해 주식배당의 경우 주식의 액면가액에 따라 회계처리하며, 시장가치는 고려하지 않는다. 따라서 주식배당금액은 100주 × ₩1,000 = ₩100,000이다.

〈배당지급일〉

(차) 미교부주식배당금(자본조정)	100,000	(대) 보통주자본금	100,000

[주당순이익]

9. A주식회사의 당기 순이익은 ₩1,700,000이다. 동사의 보통주발행주식수는 100,000 주이며 보통주자기주식수는 20,000주다. A주식회사의 당기 우선주배당금이 ₩100,000일 경우 당해 주당순이익(EPS)을 계산하라.

풀이

주당순이익은 당기순이익에서 우선주 배당금을 차감한 금액을 유통보통주식수로 나누어 계산한다. A사의 배당가능이익은 (₩1,700,000 − ₩100,000) = ₩1,600,000이며 유통주식수는 발생주식수에서 자기주식수를 차감한 (100,000주 − 20,000주) = 80,000주다. 따라서 주당순이익은 다음과 같이 계산된다.

주당순이익 (EPS) = ₩1,600,000 / 80,000주 = ₩20
즉, A사는 보통주 1주당 ₩20의 순이익을 얻었다.

[자본계정 일반]

10. ㈜ A사의 12월 31일자 재무상태표상 자본항목은 다음과 같다.

자 본	
보통주자본금 (액면가액 ₩100)	₩1,500,000
보통주주식발행초과금	600,000
자기주식 – 보통주	(100,000)
이익잉여금	2,000,000

다음 물음에 답하라.

(1) 보통주의 총 발행주식수는 몇 주인가?
(2) 회사가 자기주식을 액면가액으로 재취득했다면, 보통주의 총 유통주식수는 몇 주인가?
(3) 보통주의 1주당 평균 발행가액은 얼마인가?

풀이

(1) 발행주식수는 자본금액을 액면가액으로 나누어 계산한다.

$$\text{보통주 발행주식수} = \frac{₩1{,}500{,}000}{₩100} = 15{,}000\text{주}$$

(2) 유통주식수는 발행주식수에서 자기주식수를 차감해 계산된다.

$$\text{보통주 자기주식수} = \frac{₩100{,}000}{₩100} = 1{,}000\text{주}$$

$$\text{유통주식수} = 15{,}000\text{주} - 1{,}000\text{주} = 14{,}000\text{주}$$

(3) 발행가액 계산 시에는 액면가액과 주식발행초과금을 모두 고려해야 한다.
평균발행가액은 액면가액과 주식발행초과금을 더한 금액을 발행주식수로 나누어 계산한다.

$$\text{보통주 1주당 평균발행가액} = \frac{₩1{,}500{,}000 + ₩600{,}000}{₩15{,}000\text{주}} = ₩140$$

연·습·문·제

[자본의 개념]

1. ㈜A사는 올해 1월 1일 아래와 같은 자산 및 부채를 가지고 영업을 개시했다. 당해 연도 포괄손익계산서에 기록된 당기순이익은 ₩300,000이다. 당해 연도 중 회사의 자산 및 부채에 변화가 없다고 가정할 때, 기말 자본금액을 계산하라(단, 배당금의 지급은 없었음).

과 목	장부금액
현금 및 현금성자산	₩1,200,000
토지	600,000
건물	4,000,000
구축물	700,000
매입채무	3,500,000
전환사채	1,000,000

[주식수]

2. ㈜A사의 당기 자본거래 내역은 다음과 같다.

일 자	거 래	단 가	금 액
2월 1일	유상증자	₩7,000	₩350,000
4월 30일	주식배당	5,000	200,000
5월 1일	자기주식 재취득	3,000	210,000
7월 12일	자기주식 재취득	4,000	360,000
11월 30일	자기주식 재발행	6,000	540,000

㈜A사의 기초 자본금이 ₩500,000이고 1월 1일 현재 주식발행초과금 및 재취득해 보유 중인 자기주식은 없다고 가정할 때, 12월 31일 현재 유통주식수를 계산하라(단, 주식의 액면가액은 ₩5,000임).

[주식의 발행]

3. ㈜A는 보통주 100주를 발행하였다. 발행금액이 다음과 같을 경우, 각각 필요한 회계처리를 제시하라(주당 액면가액은 ₩5,000임).

(1) 발행가액이 주당 ₩7,000일 때
(2) 발행가액이 주당 ₩5,000일 때
(3) 발행가액이 주당 ₩4,000일 때

[주식의 발행]

4. 연습문제 3과 관련해, 만약 ㈜A가 발행하는 주식 100주가 보통주가 아니라 모두 우선주인 경우, 다음 발행가액에 대한 회계처리를 각각 제시하라(주당 액면가액은 ₩5,000임).

(1) 발행가액이 주당 ₩7,000일 때
(2) 발행가액이 주당 ₩5,000일 때
(3) 발행가액이 주당 ₩2,000일 때

[주식의 발행]

5. 주식회사 A는 1월 2일 액면가액 ₩5,000인 보통주 100주와 액면가액 ₩15,000인 우선주 50주를 발행했다. 보통주와 우선주의 발행가액이 각각 ₩8,000 및 ₩10,000이라고 가정할 때, 이 주식발행과 관련된 A 주식회사의 회계처리를 제시하라.

[주식의 감소 – 감자]

6. 주식회사 A는 3월 3일 액면가액 ₩5,000인 우선주 100주를 ₩8,000에 발행했다. 5월 10일과 6월 7일 회사는 3월 3일에 발행한 우선주 30주와 20주를 각각 ₩4,000과 ₩6,000에 매입해 소각했다. 5월 10일과 6월 7일 A주식회사의 회계처리를 제시하라.

[자기주식]

7. ㈜A의 올해 자기주식 거래내역은 다음과 같다. 1월 1일 현재 회사가 보유한 자기주식은 없다.

일 자	거 래	수 량	단 가
3월 1일	자기주식 재취득	300	₩1,100
5월 1일	자기주식 재발행	100	1,200
8월 31일	자기주식 재발행	100	1,100
12월 1일	자기주식 재발행	100	900

아래의 일자에 A주식회사가 수행할 분개를 제시하라.

(1) 3월 1일　(2) 5월 1일　(3) 8월 31일　(4) 12월 1일

[배 당]

8. A주식회사는 주주총회를 통해 미처분이익잉여금 ₩600,000 전액을 현금배당하기로 결정했다. 배당기준일의 주주명부에는 주주 X, Y, Z가 등재돼 있었으며, 배당기준일 이후 주주 Y는 자신이 소유한 주식 전부를 K에게 양도했다. 배당선언일 현재 주주명부에는 주주 X, K, Z가 등재돼 있는 상태다. 주주명부상 배당을 받을 권리가 있는 주주에게 모든 배당이 균등하게 지급되는 경우, 배당을 받는 주주는 누구인지 설명하고 회사의 회계처리를 제시하라(회계처리는 배당기준일, 배당선언일, 배당지급일로 구분할 것).

[주당순이익]

9. A주식회사의 기초이익잉여금은 ₩500,000, 기말이익잉여금은 ₩800,000이며 당기 총배당금액은 ₩700,000(보통주배당금 ₩400,000, 우선주배당금 ₩300,000)이다. 동사의 보통주발행주식수는 500,000주며, 보통주자기주식수는 100,000주다. 또한 우선주발행주식수는 100,000주며 우선주 자기주식은 없다. 동사의 당해 주당순이익(EPS)을 계산하라.

[자본계정 일반]

10. ㈜A사의 20x1년과 20x2년 재무상태표상 자본항목은 아래와 같다.

자 본	20x1년 12월 31일	20x2년 12월 31일
보통주 자본금(액면가 ₩100)	₩300,000	₩500,000
보통주주식발행초과금	100,000	250,000
이익잉여금	150,000	200,000

다음 물음에 답하라.

(1) 20x2년에 발행된 보통주식은 몇 주인가?

(2) 20x2년 발행된 보통주식의 1주당 평균발행가액은 얼마인가?

(3) 20x2년 회사의 총배당금액이 ₩70,000이라면 A사의 20x2년 당기순이익은 얼마인가?

[실무스펙 10] 기업 인수합병과 관련된 회계 및 세무

기업의 자본거래 중에서 경제사회에서 관심이 가장 높은 것은 합병과 인수(Merger and Aquisition; M&A)다. 인수(acquisition)란 투자기업이 피투자기업의 의결권 있는 주식 전부 또는 상당 부분을 취득함으로써 실질적으로 지배하는 것을 말한다. 이 경우 투자기업은 피투자회사 주식을 증권형 금융자산으로 회계처리 한다. 피투자회사의 입장에서 인수는 주주 간 거래이기 때문에 회계처리 대상에 해당되지 않는다. 인수가 이루어진 이후에는 회계연도마다 연결재무제표를 작성해야 한다(고급회계에서 다룰 사항임).

합병은 자본거래로 합병일이 속하는 회계연도 재무제표에 일시에 반영된다. 합병은 기업의 외적성장을 위한 전형적 수단이며 대상 기업은 법률적 · 경제적으로 완전히 일체화됨으로써 하나의 새로운 기업으로 태어난다. 합병에는 흡수합병(consolidation)과 신설합병(merger)이 있다. 흡수합병의 경우에는 존속기업이 소멸기업의 자산 · 부채를 포괄적으로 취득 · 승계하고 소멸기업은 청산절차 없이 소멸한다. 신설합병의 경우에는 대상기업 모두가 소멸하고 신설기업이 소멸기업의 자산과 부채를 포괄적으로 승계한다.

삼성물산과 제일모직의 경우 제일모직이 존속기업이고 삼성물산이 소멸됐으며 합병 직후 존속기업인 제일모직의 상호를 삼성물산으로 변경했다. 소멸법인 상호로 존속법인의 상호를 변경하는 것을 법인세법에서는 역합병으로 규정하고 이에 해당되면 존속법인의 이월결손금을 사후에 공제받지 못하도록 정하고 있다. 삼성물산과 제일모직 모두 이월결손금이 없기 때문에 역합병에 해당하더라도 문제될 것이 없다.

하나은행과 서울은행 합병과 관련해 법인세법상 역합병 문제가 대두됐었다. 이월결손금 공제를 목적으로 서울은행을 존속법인으로, 하나은행을 소멸법인으로 합병하면서 상호를 하나은행으로 변경한 것이 문제가 됐다. 당초 두 은행이 법인세법에서 규정한 특수관계에 해당되지 않는 것으로 판단했던 회계담당자의 실무상 혼선이 문제였다. 국세청 내부 절차를 통해 구제받기는 했지만 회계와 세무 실무자의 경각심을 일깨운 사건이다. 신한은행의 경우 조흥은행에 상당한 이월결손금이 남아 있었음에도 불구하고 공제 받기를 포기하고 신한은행이 존속법인, 조흥은행이 소멸법인인 정공법으로 마무리했다.

최근의 하나은행과 외환은행 합병은 외환은행을 존속법인으로, 하나은행을 소멸법인으로 처리했다. 합병 직후 존속은행 상호를 하나은행으로 변경했다. 이 경우에는 두 은행 모두 이월결손금이 없어서 문제될 일이 없다. 하나은행 앞에 KEB를 첨가한 것은 법적으로는 의미가 없고 홍보 편의를 위한 것이다. 국민은행을 KB국민은행으로 부르는 것과 마찬가지이다. 과거 서울은행과의 합병에 있어서 법적으로 유효한 상호를 현재의 홍보용 명칭으로 쓰든지 또는 약간만 바꿨어도 역합병에 따른 법인세 과세문제가 생기지 않았을 일이다.

과거 국민은행과 주택은행 합병 당시에는 두 은행 사이의 주도권 다툼이 극심해 두 은행을 모두 소멸시키고 소멸된 국민은행과 동일한 상호이면서도 법적으로는 다른 국민은행을 새로 설립하는 신설합병 형식으로 합병절차를 밟았다. 두 은행 모두 이월결손금이 없었기 때문에 공제와 관련된 문제는 발생하지 않았지만 두 은행 모두의 자산 · 부채를 시가로 평가함에 따라 법인세 부담이 상당히 증가하는 부작용이 생겼다. 합병 당사자의 힘겨루기 때문에 법인세 부담이 늘어났고, 결과적으로 국고에 보탬이 됐다.

합병회계와 관련해서는 국제회계기준과 상법 및 법인세법 규정이 상충되는 경우가 많아 실무적 혼란이 계속되고 있다. 회계 투명성 제고가 중요한 시점임을 감안해 국제회계기준을 중심에 놓고 관련 법령을 정비하는 작업이 속히 마무리돼야 한다.

11

CHAPTER

현금흐름표

주된 재무제표인 재무상태표와 포괄손익계산서는 기업의 재무상태와 경영성과에 관한 정보는 제공하지만 현금 및 현금성자산의 변동에 영향을 미친 사항을 충분히 설명하지는 못한다. 현금흐름표는 현금 및 현금성자산의 증감에 영향을 미치는 요소의 흐름을 정리한 보완적 재무제표다. 현금흐름표는 기업 활동을 영업활동, 투자활동, 재무활동으로 구분해 활동별 현금흐름을 표시한다.

현금흐름표를 통해 기업의 현금 및 현금성자산의 원천과 운용을 파악할 수 있으며 당기순이익과 현금흐름의 차이가 발생되는 이유를 찾을 수 있다. 11장에서는 현금흐름표의 의의와 구분표시 방법에 관해 살펴보고 간단한 사례를 들어 작성방법을 설명한다.

11.1 현금흐름표의 기초

11.2 현금흐름의 유형

11.3 현금흐름표의 작성

실무스펙 11

11.1 현금흐름표의 기초

학습포인트

- 현금흐름표가 제공하는 회계정보
- 포괄손익계산서와 현금흐름표의 연관성
- 현금흐름표의 작성방법

1. 현금흐름표의 의의

재무제표 중에서 가장 중요한 위치를 차지하는 것은 재무상태표와 포괄손익계산서다. 그러나 재무상태표와 포괄손익계산서만으로는 회계정보이용자의 의사결정에 유용한 정보를 충분히 제공하지 못한다.

기업이 영업활동에서 얼마만큼의 '현금 및 현금성자산(편의상 현금으로 줄여 부르기도 함)'을 창출했는지, 현금배당의 지급여력은 얼마나 되는지, 투자에 사용된 현금은 얼마인지, 순손실이 발생했음에도 불구하고 현금은 오히려 증가된 이유는 무엇인지 등의 질문에 대답하기 위해서는 현금흐름표가 유용하게 활용될 수 있다.

현금흐름표(statement of cash flows)는 특정 회계기간 동안 기업의 현금유입과 유출, 즉 조달과 운용에 관한 정보를 요약해 전달하는 재무제표인 것이다.

2. 현금 및 현금성자산의 구성요소

현금흐름표는 특정한 회계기간 동안의 현금흐름을 영업활동, 투자활동 및 재무활동으로 구분해 표시한다. 여기서 현금으로 줄여 부르지만 실제로는 현금 및 현금성자산을 의미한다.

현금은 기업이 보유한 통화 및 통화 대용증권을 포함하는 개념이다. 현금성자산(cash equivalents)이란 투자 등 사용목적이 특정되지 않은 단기적 현금 수요를 충족할 목적으로 보유하는 자산이다. 확정된 금액의 현금으로 전환이 용이하고 가치변동의 위험이 경미한 자산이어야 한다. 만기가 단시일 이내에 도래하는 금융자산은 일반적으로 현금성자산으로 분류한다. 그러나 주식 등의 지분상품은 현금으로 전환될 금액이 확정되지 않기 때문에 현금성자산에 포함시킬 수 없다.

예금잔액을 초과해 당좌수표를 발행할 때 발생되는 당좌차월의 경우 차입금 성격이 강할 경우에는 재무활동에 의한 차입금으로 구분하지만 금융기관의 요구가 있을 때 즉시 상환할 의무를 부담하는 경우라면 현금성자산으로 분류해 자산을 줄이는 감소요인으로 표시해야 한다. 따라서 재무상태표의 현금 및 현금성자산의 금액과 현금흐름표에 최종적으로 제시되는 현금 및 현금성자산 금액은 차이가 생길 수 있다. 이러한 경우에는 그 내용을 적절한 방법으로 공시해야 한다.

11.2 현금흐름의 유형

1. 현금흐름 유형 구분

현금흐름표의 골격은 기초 현금잔액과 기말 현금잔액의 차이를 영업활동, 투자활동, 재무활동으로 구분해 표시하는 것이다. 현금흐름을 3가지 유형으로 구분하는 것은 이들 활동의 특성이 서로 다르고 각 활동별 현금흐름 금액에 따라 기업 경영의 방향을 파악할 수 있기 때문이다. 먼저 기업 활동을 3가지 유형으로 나누는 구분기준을 명확히 정해야 한다.

(1) 영업활동 현금흐름

기업의 영업활동을 통해 조달하거나 운용한 현금을 나타내는 데 당기순손익에 영향을 미치는 거래가 핵심적 구성요소다. 영업활동 현금흐름에 포함되는 사항은 다음과 같다.

① 재화와 용역의 판매 또는 제공에 따른 현금유입 및 이의 구입에 따른 현금유출
② 로열티, 수수료, 중개료 및 기타 수익에 따른 현금유입
③ 종업원과 관련해 직접 또는 간접으로 발생하는 현금유출
④ 법인세의 환급 또는 납부(다만, 재무활동 또는 투자활동과 명백히 관련된 사항은 제외함)
⑤ 단기매매 목적으로 보유하는 계약에서 발생하는 현금유입

위의 ⑤에서 제시된 바와 같이 단기매매 목적의 유가증권이나 단기적 대여금의 경우에는 이를 투자활동 또는 재무활동이 아닌 영업활동으로 분류한다. 판매목적으로 보유하는 재고자산의 구입은 ①에 포함된 내용과 같이 투자활동이 아닌 영업활동으로 분류한다.

이와 같은 분류방법에 따라 영업활동 현금흐름으로 구분하는 구체적 사항을 예시하면 다음과 같다.

현금유입 사례

- 상품 매출에 의한 수입
- 용역 제공으로 인한 수입
- 단기대여금에 대한 이자수입
- 단기매매목적으로 보유하는 주식의 배당금 수입
- 법인세환급금 수입

현금유출 사례

- 재고자산 구입을 위한 지출
- 급료, 법인세비용, 이자비용의 지출
- 광고비 등 영업 관련 비용의 지출

(2) 투자활동 현금흐름

투자활동은 기업의 미래 수익창출 및 현금창출 능력을 좌우하는 활동이며 기업성장의 결정적 변수다. 투자활동의 현금흐름의 예는 다음과 같다.

① 유형자산, 무형자산 및 기타 장기성 자산의 처분에 따른 현금유입 또는 취득에 따른 현금유출

② 다른 기업의 지분상품 및 채무상품, 조인트 벤처 투자지분 등의 처분 또는 취득(다만, 현금성자산과 단기매매금융자산에 속하는 것은 제외함)

③ 제3자에 대한 선급금 및 대여금의 회수 또는 지급(금융회사의 경우에는 이를 영업활동으로 분류함)

④ 선물계약, 선도계약, 옵션계약 및 스왑계약에 따른 현금유입 또는 현금유출

이러한 분류기준은 기업의 영업특성에 따라 달라질 수 있다. 임대목적의 유형자산과 관련된 현금 수지는 투자활동으로 분류하지만 임대가 중단되고 이를 판매 목적으로 재분류해 매각할 경우 영업활동으로 분류하는 등 특수한 상황도 생긴다.

(3) 재무활동 현금흐름

재무활동 현금흐름은 자본 및 금융부채와 관련된 미래 현금흐름 예측을 위한 유용한 정보를 제공한다. 재무활동의 현금흐름의 예는 다음과 같다.

① 주식이나 기타 지분상품 발행을 통한 현금유입 또는 발행된 주식의 재취득이나 매입상환에 따른 현금유출
② 담보부사채, 무담보부사채 및 어음의 발행과 장기 및 단기차입에 따른 현금유입 또는 이의 상환에 따른 현금유출
③ 리스이용자의 금융리스부채 상환에 따른 현금유출

2. 활동구분의 특수사항과 비현금거래

현금흐름표의 활동구분은 기업의 영업특성에 따른 개별적 고려사항이 많다. 특히 이자지급 및 이자수입, 배당금수입은 금융회사의 경우는 영업활동 현금흐름에 속하지만 다른 기업에서는 재무활동 현금흐름 또는 투자활동 현금흐름으로 분류 되기도 한다. 배당금수입을 투자활동으로 분류하기 위해서는 당기순손익에서 배당금수입을 차감한 금액을 영업활동 현금흐름에 반영하는 동시에 배당금수입은 투자활동 현금흐름의 수입으로 표시해야 한다(간접법에 의한 현금흐름표 작성을 가정하는 경우인데 그 내용은 곧바로 설명될 것임).

현금흐름의 수입 또는 지출을 수반하지 않는 비현금거래에 속하는 투자활동 또는 재무활동은 현금흐름표에서 제외시킨다. 비현금거래의 예로는 장기대여금과 상계하고 유형자산을 취득하는 경우, 주식을 발행해 다른 기업을 인수해 투자자산으로 계상하는 경우, 부채를 자본으로 전환하는 경우 등이 있다. 이와 같은 비현금거래는 주석으로 공시할 수 있다.

3. 유형별 현금흐름의 특성

현금흐름표에서 제시된 현금의 증가 또는 감소는 기업의 미래의 투자여력을 판단하는 데 유용한 정보다. 현금흐름표상 현금의 증감에 변동이 없을 경우에도 활동구분상의 현금흐름의 특성에 따라 기업의 현재 또는 미래의 재무상황을 파악할 수 있다.

[표 11-1]과 같은 상황을 통해 기업의 상황을 분석해 보기로 한다.

[표 11-1] 기업별 현금흐름 상황사례

구 분	기업 A	기업 B	기업 C	기업 D	기업 E
영업활동 현금흐름	(−)	(+)	(+)	(−)	(+)
투자활동 현금흐름	(−)	(−)	(−)	(+)	(+)
재무활동 현금흐름	(+)	(+)	(−)	(−)	(−)

* 현금의 기초잔액과 기말잔액은 동일한 것으로 가정한다.

앞의 사례에서 기업 A는 재무활동에서 유입한 현금을 영업활동과 투자활동에 동시에 사용하고 있다. 이는 기업 창립초기에 발생되는 일반적 현상으로 외부에서 자금을 조달해 투자와 영업활동 기반조성에 지출하고 있는 상황을 나타낸다.

기업 B의 경우는 재무활동에서 계속 현금을 조달하고 투자에 계속 현금을 지출하는 상황인데 영업활동은 정상 궤도에 올라 현금이 유입되는 사례다. 기업 C는 영업활동에서 유입된 현금을 투자활동뿐만 아니라 재무활동에도 사용하는 경우다. 영업활동에서 획득한 현금을 투자에 충분히 활용하고도 차입금 상환, 현금배당 지급, 자기주식 취득 등 재무활동에 투입할 여력이 있는 경우다.

기업 D의 경우는 영업활동도 부진해 현금이 유출되고 재무활동에서도 현금유출이 있는 상황에서 투자활동에서 자산의 매각 등을 통해 현금을 보충하는 부실징후 사례다. 기업 E는 영업활동에서 현금유입이 생기고 투자도 축소해 현금유입을 얻고 재무활동에 현금을 유출하는 경우다. 영업에서 창출한 현금과 자산매각에서 얻은 현금을 현금배당이나 유상감자 등의 방식으로 사용하거나 차입금을 상환하는 사례로 투자 철수의 징후가 의심되는 상황이다. 이와 같은 현금흐름의 구분별 정보를 통해 기업의 성장과 축소의 방향을 개괄적으로 판단할 수 있다.

11.3 현금흐름표의 작성

1. 현금흐름표 작성의 기초

현금흐름표 작성에 있어서 영업활동 현금흐름을 계산하는 방식에는 직접법(direct approach)과 간접법(indirect approach)이 있다. 투자활동 현금흐름과 재무활동 현금흐름은 유입과 유출을 각각 표시하는 방법을 적용한다.

(1) 영업활동 현금흐름 계산의 직접법

직접법은 현금 수지를 수반하는 영업상의 수익 또는 비용 항목을 개별적으로 집계하여 영업활동 현금흐름을 계산하는 방법이다. 직접법을 적용함에 있어서도 현금거래를 개별적으로 집계하는 방식과 포괄손익계산서상 매출수익 또는 매출원가 및 제반 비용항목에서 관련 채권 · 채무를 가산 또는 차감 조정해 현금흐름을 계산하는 방식이 있다.

(2) 영업활동 현금흐름 계산의 간접법

간접법은 영업활동으로 인한 현금흐름을 포괄손익계산서상의 당기순이익에 감가상각비와 같은 현금유출이 없는 비용이나 유형자산처분손익과 같은 투자활동 또는 재무활동과 관련된 수익 · 비용을 차감 또는 가산 조정하고 영업 관련 재고자산, 매출채권, 매입채무 등의 잔액변동을 가감해 계산하는 방식이다. 간접법에 의한 현금흐름표의 영업활동 현금흐름 부분을 예시하면 [그림 11-1]과 같다.

[그림 11-1] 간접법에 의한 영업활동 현금흐름 부분

한편 기업회계기준서에서는 이자비용은 위의 가산조정에 포함시키고 이자수익과 배당금수익은 차감조정에 포함시켜 '영업에서 창출된 현금'을 계산한 다음 이자수취 및 배당금수취는 가산하고 이자지급은 차감해 영업활동 순현금흐름을 계산하도록 정하고 있다. 이자 수취 · 지급 및 배당금 수취를 재무활동 또는 투자활동으로 구분하는 것이 보다 합리적인 것으로 판단되면 당기순손익에서 가산 또는 차감된 항목을 다시 영업활동 현금흐름에 포함시키는 대신 재무활동 또는 투자활동으로 이동시켜야 한다.

실무상으로는 포괄손익계산서와의 연계관계가 명확히 드러나는 간접법이 선호되지만 직접법으로 공시하는 사례도 자주 관찰된다.

2. 최초 회계연도의 현금흐름표 사례

현금흐름표의 기본구조를 이해하기 위해 회사 설립 초년도의 사례를 들어 설명하기로 한다. 구조를 단순화하기 위해 20x1년의 연도 중 거래는 다음과 같이 제한적인 것으로 가정한다.

1월 1일	현금 ₩1,500을 출자해 회사를 설립하다.
1월 1일	건물 ₩600을 취득하고 대금은 현금으로 지급하다(정액법상각을 적용하며 잔존가치는 없으며 내용연수는 12년임).
5월 1일	상품 ₩800을 외상매입하다.
5월 5일	위의 상품 중 절반을 ₩700에 외상매출하다.
12월 24일	외상매출금 ₩350을 회수하고 외상매입금 ₩500을 지급하다.
12월 25일	급료 ₩100을 현금으로 지급하다.
12월 31일	토지를 현금 ₩500에 매입하다.

위의 사항을 회계처리해 재무상태표 및 포괄손익계산서를 작성하면 [표 11-2]와 같다.

[표 11-2] 재무상태표 및 포괄손익계산서

재무상태표

자 산		
토 지		₩500
건 물	₩600	
감가상각누계액	(50)	550
재고자산		400
외상매출금		350
현 금		150
자산합계		₩1,950
부채 및 자본		
납입자본		₩1,500
이익잉여금		150
외상매입금		300
부채 및 자본합계		₩1,950

포괄손익계산서

매출수익		₩700
매출원가		
매입액	₩800	
기말재고액	(400)	400
급 료		100
감가상각비		50
당기순이익		₩150

앞의 사례에 대해 직접법에 의한 영업활동 현금흐름을 산출하는 방식으로 현금흐름표를 작성하기로 한다. 우선 매출활동에 의한 현금수입을 계산하면 매출액 ₩700 중에서 ₩350은 외상매출금으로 남아있기 때문에 기중 현금수입은 ₩350임을 알 수 있다. 재고자산 매입에 의한 현금지출을 매입액 ₩800 중에서 외상매입금 잔액이 ₩300 남아있기 때문에 현금지출은 ₩500임을 알 수 있다. 그리고 급료가 ₩100 지급됐기 때문에 영업활동 순현금흐름은 부(−)의 금액으로 ₩250이 발생된다.

[표 11-3] 직접법에 의한 현금흐름표 사례

현금흐름표	
영업활동 현금흐름	
매출수익 수입	₩350
재고자산 매입지출	(500)
급료지급	(100)
영업활동 순현금흐름	₩(250)
투자활동 현금흐름	
토지매입	₩(500)
건물매입	(600)
투자활동 순현금흐름	₩(1,100)
재무활동 현금흐름	
납입자본금 수취	₩1,500
재무활동 순현금흐름	₩1,500
현금의 증가	₩150

상장제약기업 2016년도 상반기 영업활동에 의한 현금흐름

상장제약사들은 올 상반기 '영업활동에 의한 현금흐름'이 전년도 같은 기간에 비해 두자릿수 증가세를 가져온 것으로 나타났다. 본지가 12월말 결산 66개 상장제약기업들의 2016년 상반기 현금흐름표(개별 기준) 가운데 '영업활동으로 인한 현금흐름'(CFO)을 분석한 결과, 2015년 상반기 4,457억원에서 이번 상반기에는 8,315억원으로 86.6% 늘어났다.

이는 한미약품이 지난해 8조원대 신약물질에 대한 기술수출에 따른 계약금이 유입되며 전체 평균을 올렸기 때문이다. 한미약품의 유입현금을 제외하면 전년도 같은 기간에 비해 평균 10.9% 증가하는데 그쳤다.

집계 대상 66개사 중 40개사가 영업활동으로 인한 현금흐름이 늘어났다. 이중 9개사는 전년도 같은 기간에 마이너스에서 올 들어 실제 유입된 자금이 늘면서 플러스로 돌아선 반면 13개사는 유입금액이 줄었고, 5개사는 지난해에 이어 올 상반기에도 마이너스 금액이 지속됐고, 8개사는 전년도 플러스에서 올해 마이너스로 돌아서는 등 기업간의 희비가 교차됐다.

'영업활동으로 인한 현금흐름'이란?, 기업이 제품판매 등을 통해 실제 벌어들인 현금만을 계산한 것을 말한다. 따라서 기업에 따라 장부상에 기재된 금액과 차이를 보일 수 있다. 영업활동에 의한 현금 유입에는 매출, 이익, 예금이자, 배당수입 등이 있고, 유출은 매입, 대출이자, 법인세 등이 있다.

– 메디파나뉴스 2016.8.29 기사 중 –

투자활동 순현금흐름은 토지매입 ₩500과 건물매입 ₩600을 합친 ₩1,100이 부(−)의 금액으로 나타난다. 재무활동 순현금흐름은 납입자본금 수령에 의한 금액이 ₩1,500으로 정(+)의 금액으로 나타난다. 이와 같은 3가지 활동의 순현금흐름을 합산하면 정(+)의 금액 ₩150이 발생되는데 이것은 재무상태표상 현금잔액과 일치한다. 이와 같은 기초에 의해 작성한 현금흐름표는 [표 11−3]과 같다.

한편 간접법에 의해 영업활동 현금흐름을 산출하는 방식도 직접법의 경우와 동일한 합계금액이 산출된다. 간접법에 의한 영업활동 현금흐름은 당기순이익에서 현금지출 없는 비용을 가산하고 현금수입 없는 수익은 차감하며 영업활동에 속하지 않는 거래에서 발생된 손익은 차감 또는 가산 조정하고 재고자산, 매출채권, 매입채무와 영업관련 자산 또는 부채의 증감액을 조정해 계산한다. 이런 방식에 의해 작성한 현금흐름표는 [표 11−4]와 같다.

[표 11−4] 간접법에 의한 현금흐름표 사례

현금흐름표

영업활동 현금흐름	
당기순이익	₩150
(+) 감가상각비	50
(−) 재고자산 증가	(400)
(−) 외상매출금 증가	(350)
(+) 외상매입금 증가	300
영업활동 순현금흐름	₩(250)
투자활동 현금흐름	
토지매입	₩(500)
건물매입	(600)
투자활동 순현금흐름	₩(1,100)
재무활동 현금흐름	
납입자본금 수취	₩1,500
재무활동 순현금흐름	₩1,500
현금의 증가	₩150

한편 실무상으로는 당기순이익으로부터 조정해 영업활동 순현금흐름을 계산하는 간접법이 선호되고 있다. 직접법을 사용하려면 기업의 회계기록 전부를 현금기준으로 다시 분류하는 번거로움이 따르기 때문이다. 전년도와 당해연도를 비교해 현금흐름표를 작성하는 다음 사례에

있어서는 편의상 간접법 사례만을 설명하기로 한다.

"장부와 차이 3조원 이상 분식회계"

기업의 장부상 이익과 실제 현금흐름과 차이가 3조원 이상이면 분식회계를 의심해야 한다는 주장이 나왔다. 추정영업현금흐름과 실제영업현금흐름 간 괴리비율이 200%가 넘고 괴리금액이 1조원이 넘는 기업이 8곳인 것으로 나타났다. 경제개혁연구소 이총희 연구위원은 20일 이와 같은 내용을 골자로 한 '대우조선해양 분식 논란과 상장회사 현금흐름 분석' 보고서에서 이같이 밝혔다.

보고서에 따르면 최근 10년 누계기준으로 장부상 이익과 실제 현금흐름 간 괴리비율이 200%를 초과하고 괴리금액이 1조원이 넘는 기업은 모두 8곳이다. 삼성중공업과 현대중공업 현대건설 포스코대우 삼성물산 에이제이(AJ)렌터카 GS건설 대우건설 등이다. 이와 같은 조건을 적용한 것은 우리나라 회계기준이 수익으로 '들어올 것'을 인식하는 발생주의이기 때문이다. '들어온 것'을 인식하는 현금주의와 다르다.

최근 분식회계 의혹을 받고 있는 대우조선해양은 2006년부터 2014년까지 영업이익 기준으로 괴리금액은 무려 8조 5,000억원에 달한다. 당기순이익 기준은 6조 5,000억원이다. 나중에 수정된 재무제표를 적용하면 영업이익 기준 괴리금액은 3조 7,000억원, 당기순이익 기준은 2조 9,000억원이다.

– 내일신문 2016.6.21 기사 중 –

3. 비교재무상태표에 의한 현금흐름표 작성사례

회사 설립 첫 회계연도 이후의 현금흐름표는 당해연도와 전년도의 재무상태 변동금액에 의해 작성한다. 앞의 사례의 연장으로 20x1년 회계거래는 이월된 토지를 ₩100의 처분이익을 얻고 현금으로 매각하고 배당금을 ₩50 지급했으며, 유상증자 ₩300이 있었고 12월 31일에 건물 ₩750을 추가 매입한 거래를 포함해 재무상태표와 포괄손익계산서가 [표 11-5]와 같은 것으로 가정한다.

[표 11–5] 재무상태표와 포괄손익계산서

재무상태표

자 산		
토 지		₩0
건 물	₩1,350	
감가상각누계액	(100)	1,250
재고자산		300
외상매출금		500
현 금		250
자산합계		₩2,300
부채 및 자본		
납입자본		₩1,800
이익잉여금		300
외상매입금		200
부채 및 자본합계		₩2,300

포괄손익계산서

매출수익		₩1,100
유형자산처분이익		100
매출원가		
기초재고액	₩400	
매입액	600	
기말재고액	(300)	(700)
급 료		(250)
감가상각비		(50)
당기순이익		₩200

앞의 자료를 이용하여 20x2년과 20x1년의 재무상태표 잔액의 차액을 계산하는 정산표는 [표 11–6]과 같다.

[표 11-6] 현금흐름표 작성용 정산표

	20x2년		20x1년		차액	
	차 변	대 변	차 변	대 변	차 변	대 변
토 지	0		500			500
건 물	1,350		600		750	
감 가 상 각 누 계 액		100		50		50
재 고 자 산	300		400			100
외 상 매 출 금	500		350		150	
현 금	250		150		100	
납 입 자 본		1,800		1,500		300
이 익 잉 여 금		300		150		150
외 상 매 입 금		200		300	100	
					1,100	1,100
배 당 금 지 급					50	50[1]
유 형 자 산 처 분 이 익					100[2]	100

1) 배당금 지급액 ₩50은 이익잉여금에서 차감된 것이기 때문에 이를 이익잉여금 증가액과 합산하면 당기순이익과 같은 금액임. 배당금 지급액은 재무활동으로 처리함.
2) 유형자산처분이익은 영업활동이 아닌 투자활동 관련 항목이므로 영업활동 현금흐름에서 제외시키고 투자활동 현금흐름에 가산함.

현금흐름표 작성용 정산표의 대변은 현금유입을 차변은 현금유출을 나타내며 현금의 차변 차액은 현금증가분을 표시한다. 감가상각누계액 증가분 ₩50은 감가상각비로, 이는 당기순이익에 가산하는 항목이다. 정산표에 따라 현금흐름표를 작성하면 [표 11-7]과 같다.

현금흐름표 작성을 위해 기말과 기초잔액의 차액을 계산할 때 계정과목 내부의 상계항목에 주목해야 한다. 예를 들어 토지계정의 기초잔액은 ₩100이고 당기의 신규취득이 ₩600, 당기의 처분된 장부가액이 ₩200이라고 하면 토지의 기말잔액은 ₩500이 되고 차액은 차변에 ₩400이 발생된다. 이 경우 토지구입에 지출된 현금유출이 ₩400인 것으로 잘못 표시하지 않도록 주의해야 한다. 특히 유형자산처분이익이 있을 경우에는 토지계정 대변에 기입된 매각시 장부가액에서 유형자산처분이익을 가산해 토지매각에 따른 현금유입을 산출해야 한다. 유형자산처분손실이 있는 경우에는 장부가액 감소액에서 유형자산처분손실을 차감해 현금유입을 계상해야 한다. 따라서 취득과 매각이 동시에 발생되는 자산의 거래는 차입과 상환이 동시에 발생되는 부채거래는 계정과목의 거래내용을 분석해 현금유입과 현금유출을 상계하지 않고 총액으로 계상해야 한다.

같은 논리로 이익잉여금 계정의 차액에 있어서 당기순이익과 배당금 지급이 상계되는 사항도 각각 분류해서 적절히 조정해야 한다. 현금흐름표는 중급회계에서 보다 자세히 다루어지기 때문에 이 책에서는 기본적 원리를 이해하는 수준에서 설명을 마감한다.

[표 11-7] 현금흐름표 사례

현금흐름표

영업활동 현금흐름	
당기순이익	₩200
(+) 감가상각비	50
(+) 재고자산 감소	100
(−) 외상매출금 증가	(150)
(−) 외상매입금 감소	(100)
(−) 유형자산처분이익	(100)
영업활동 순현금흐름	₩0
투자활동 현금흐름	
토지매각	₩600
건물매입	(750)
투자활동 순현금흐름	₩(150)
재무활동 현금흐름	
납입자본금 수취	₩300
배당금 지급	(50)
재무활동 순현금흐름	₩250
현금의 증가	₩100

돈 빼낸 한진해운, 돈 퍼부은 대우조선

법정관리 조짐은 한진해운 현금흐름표에서 쉽게 찾을 수 있다. 현금흐름표는 현금(요구불예금 등 현금성자산을 포함)의 유입과 유출을 영업활동 · 투자활동 · 재무활동으로 구분해 표시하는 기본재무제표로서, 분식회계로 손익이 조작돼도 영향을 받지 않는 장점이 있다. 영업활동에서 유입된 현금을 투자활동에 투입해 유출하는 것이 정상적 흐름이다. 한진해운은 영업활동과 투자활동에서 모두 현금이 유입됐고 이는 빚을 갚는 재무활동에 유출됐다. 투자활동에서의 현금 유입은 자산 매각을 뜻한다. 영업에서 번 돈과 자산 매각대금을 채권단이 모두 회수해 현금잔액은 해마다 감소했다. 회사 존립보다는 채권 회수가 우선이었다.

대우조선은 완전 반대다. 영업활동에서 대규모 현금 적자가 발생했음에도 불구하고 투자 지출은 계속됐다. 부족한 현금은 재무활동에서 모두 조달됐다. 2015년에는 재무활동 순유입액이 1조 8,320억원으로 확대됐고 현금잔액도 1조 722억원으로 대폭 증가했다. 이자를 지급하고도 영업활동에서 돈을 벌어들인 한진해운에 대해서는 자산 매각까지 요구하며 채권을 회수했다. 그러나 이자를 제외한 영업활동 자체만으로도 현금적자인 대우조선에는 투자용을 보태 현금 공급을 늘렸다. 민간기업과 공기업 관리기준은 천양지차(天壤之差)였다.

한진해운 · 대우조선 현금흐름표 (단위: 십억원)

활동/연도별	2014년		2015년	
	한진해운	대우조선	한진해운	대우조선
영업활동	134.5	△523.4	170.2	△606.3
투자활동	514.7	△224.3	447.0	△165.4
재무활동	△682.6	539.6	△813.5	1,832.0
연말 현금잔액	386.5	17.6	184.6	1,072.2
영업활동에 포함된 이자유출	310.5	170.7	278.5	206.6

주) 활동별금액은 순유입이며, △는 유입보다 유출이 더 많은 순유출을 의미함.

– 한국경제 다산칼럼(이만우) 2016.10.5 칼럼 중 –

토·의·문·제

1. 현금흐름표에 표시되는 정보의 내용을 설명하라.

2. 현금 및 현금성자산의 구성요소를 설명하라.

3. 현금흐름의 3가지 유형을 구분하라.

4. 비현금거래란 무엇인가?

5. 현금흐름을 유형별로 구분할 경우 얻을 수 있는 정보에 대해 설명하라.

6. 영업활동 현금흐름 산정방법을 직접법과 간접법을 비교해 설명하라.

7. 배당금 수입의 현금흐름표 표시방법을 설명하라.

8. 현금흐름표와 다른 재무제표의 연관성을 설명하라.

자·습·문·제

[영업활동 현금흐름 계산]

1. 20x1년도 현금흐름표 작성을 위한 영업활동 관련 계정의 기초 및 기말잔액이 다음과 같고 당기순이익은 ₩10,000이고 현금 수지에 영향이 없는 비용과 수익으로는 감가상각비 ₩3,000뿐일 경우에 현금흐름표에 표시될 영업활동 순현금흐름을 계산하면 얼마인가?

	기초잔액	기말잔액
매 출 채 권	₩8,000	₩12,000
선 급 임 차 료	6,000	5,000
매 입 채 무	5,000	4,000
미 지 급 급 료	2,000	4,000

풀이

영업활동 현금흐름	
당기순이익	₩10,000
(+)감가상각비	3,000
(−)매출채권의 증가	(4,000)
(+)선급임차료의 감소	1,000
(−)매입채무의 감소	(1,000)
(+)미지급급료의 증가	2,000
영업활동 순현금흐름	₩11,000

[영업활동 현금흐름 계산]

2. 다음 자료는 20x1년 12월 31일로 종료하는 회계연도의 B기업의 회계기록이다(회사의 매출액은 전액 외상매출이고 당기분 매출총액은 ₩1,000,000인 것을 가정함). 위의 자료에 의해 20x1년도의 영업활동 순현금흐름을 계산하면 얼마인가?

매출채권 현금회수액	₩800,000
임대료 수취액	20,000
종업원 급료 및 기타 판매비용 현금지급액	300,000
법인세 지급액	100,000
토지 처분액(처분이익 ₩20,000 포함)	180,000
배당금 지급액	50,000

풀이

이는 직접법에 의해 영업활동 현금흐름을 산출할 수 있는 자료이며 토지처분과 배당금지급은 영업활동이 아니어서 제외된다.

영업활동 현금흐름	
매출채권 회수액	₩800,000
임대료 수취액	20,000
종업원 급료 등 지급액	(300,000)
법인세 지급액	(100,000)
영업활동 순현금흐름	₩420,000

[투자활동 현금흐름 계산]

3. 다음 자료에 의해 투자활동에 의한 현금흐름을 계산하면 얼마인가?

당기 토지 매입액	₩1,000,000
당기 토지 처분액(처분손실 ₩20,000 발생)	800,000
당기 건물 처분액(취득원가 ₩500,000, 감가상각누계액 ₩200,000)	450,000
당기분 건물 감가상각비	100,000
당기에 처분된 투자유가증권 장부가액	90,000
투자유가증권 처분이익	20,000

풀이

투자활동 현금흐름	
토지처분액	₩800,000
토지매입액	(1,000,000)
건물처분액	450,000
투자유가증권처분액	110,000
투자활동 순현금흐름	₩360,000

[간접법 영업활동 현금흐름]

4. 영업활동과 관련된 계정의 기초 및 기말잔액이 다음과 같은 경우 당기순이익이 ₩30,000이라면 영업활동 현금흐름은 얼마인가?

	기초잔액	기말잔액
매출채권	₩50,000	₩80,000
선급보험료	60,000	40,000
매입채무	30,000	20,000

풀이

영업활동 현금흐름	
당기순이익	₩30,000
매출채권의 증가	(30,000)
선급보험료의 감소	20,000
매입채무의 감소	(10,000)
영업활동 순현금흐름	₩10,000

[직접법 영업활동 현금흐름]

5. 다음은 회계기간 중의 영업활동과 관련된 현금흐름 관련사항 전부와 다른 활동 거래의 일부를 포함한 자료다. 이에 의해 영업활동 현금흐름을 계산하면 얼마인가?

매출채권 현금회수액	₩900,000
상품 외상매출액	1,000,000
임대료 수취액	100,000
종업원 급여지급액	300,000
매입채무 지급액	200,000
법인세 지급액	50,000
매도가능증권 처분액	30,000
비품 처분액(장부가액으로 처분)	80,000

풀이

영업활동 현금흐름	
매출채권 회수액	₩900,000
임대료 수취액	100,000
종업원 급여지급액	(300,000)
매입채무 지급액	(200,000)
법인세 지급액	(50,000)
영업활동 현금흐름증가	₩450,000

[직접법과 간접법 비교]

6. 다음에 제시된 사항에 의해 연도 중 현금의 변동을 계산하라.

기계장치 처분에 의한 현금 수입	₩20,000
급료 현금 지급	18,000
감가상각비	12,000
신주발행에 따른 현금 수입	150,000
고객에 대한 현금판매	50,000
고객에 대한 외상판매	120,000
고객으로부터 외상 대금 수취	80,000
영업비용 현금 지급	30,000
상품 구입대금 현금 지급	100,000

풀이

현금증가액 = ₩20,000 − ₩18,000 + ₩150,000 + ₩50,000 + ₩80,000 − ₩30,000 − ₩100,000
= ₩152,000

당기순이익이 제시되지 않아서 간접법은 적용할 수 없고 직접법을 적용해야 한다. 직접법 적용에 있어서 감가상각비는 현금 지출이 수반되지 않기 때문에 고려할 필요가 없으며 외상판매의 경우도 마찬가지다. 외상 대금 수취는 고려할 대상으로 현금에 가산할 항목이다.

연·습·문·제

[영업활동 현금흐름 계산]

1. 20x1년도 현금흐름표 작성을 위한 영업활동 계정의 기초 및 기말잔액이 다음과 같고 당기순이익 ₩50,000 중에는 현금수지에 영향이 없는 비용인 감가상각비 ₩20,000과 유형자산처분이익 ₩10,000이 포함돼 있는 경우 현금흐름표에 표시될 영업활동 순현금흐름을 계산하면 얼마인가?

	기초잔액	기말잔액
매출채권	₩90,000	₩70,000
선급보험료	5,000	3,000
매입채무	80,000	90,000
미지급법인세	30,000	20,000

[영업활동 현금흐름 계산]

2. 20x1년 12월 31일로 종료되는 G기업의 다음 회계기록에 의해 동 연도의 영업활동 순현금흐름을 계산하면 얼마인가?

매출채권 현금회수액	₩1,000,000
임차료 지급액	30,000
급료 지급액	200,000
토지 처분액(처분손실 ₩30,000 포함)	300,000
매도가능증권 취득액	150,000

[투자활동 현금흐름 계산]

3. 다음 자료에 의해 투자활동에 의한 현금흐름을 계산하면 얼마인가?

당기 기계장치 취득액	₩1,000,000
당기에 처분된 기계장치 장부가액	1,000,000
기계장치 처분손실	300,000
건물감가상각비	500,000
투자유가증권 처분액(처분이익 ₩30,000 포함)	300,000

[활동별 현금흐름]

4. 다음 정보에 의해 현금흐름표의 투자활동과 재무활동 부분을 표시하라.

기계장치 처분이익	₩4,000
기계장치 처분으로부터 현금 회수	10,000
기계장치 신규구입 시 현금 지급	80,000
현금배당 선언 금액	5,000
현금배당 지급 금액	2,000
자기주식 재발행시 현금 회수	90,000
차입금 원금 현금상환	21,000
차입금이자 현금 지급	1,000

[간접법 영업활동 현금흐름]

5. 영업활동과 관련된 계정의 기초 및 기말잔액이 다음과 같은 경우 당기순이익이 ₩500,000이라면 영업활동 현금흐름은 얼마인가?

	기초잔액	기말잔액
매출채권	₩300,000	₩400,000
선급임차료	100,000	150,000
매입채무	200,000	250,000

[직접법 영업활동 현금흐름]

6. 다음은 회계기간 중의 영업활동과 관련된 현금흐름 관련사항 전부와 다른 활동 거래의 일부를 포함한 자료다. 이에 의해 영업활동 현금흐름을 계산하면 얼마인가?

매출채권 현금회수액	₩2,000,000
임차료 지급액	100,000
급여 지급액	400,000
매입채무 지급액	1,000,000
법인세 지급액	50,000
재고자산 현금 구입액	200,000
매도가능증권 구입액	300,000
비품 구입액	100,000

[실무스펙 11] 현금흐름 분석을 통한 기업의 앞날 예측

재무제표는 과거 실적을 토대로 작성되지만 예측 목적으로도 유용하게 활용된다. 미래 예측에 가장 적합한 재무제표는 현금흐름표다. 현금이 얼마나 증가 또는 감소했는지를 따지는 최종금액(bottom line)보다는 활동별 현금흐름 정보가 더 중요하다. 영업활동, 투자활동, 재무활동에서의 현금흐름 내용을 분석하면 기업 활동의 방향을 파악할 수 있다.

영국 프리미어 리그의 선두주자 맨유(Manchester United)의 운용 주체는 뉴욕증권거래소(NYSE)에 상장된 주식회사다. 맨유 홈페이지 IR(Investor Relations) 섹션에는 재무제표가 공시돼 있다. 이 중에서 2개 연도 현금흐름표를 발췌해 요약한 것이 [표 11-8]이다.

2013년과 2014년 모두 맨유는 선수 영입을 위한 투자활동에 영업활동을 통해 조달한 현금을 집중적으로 투입했다. 영업활동에서 상당한 순이익을 확보했음에도 불구하고 이익배당은 한 푼도 지급하지 않았고 전액 선수 영입에 투입했다. 일부 선수는 다른 팀으로 이적시키고 이적료를 받았다. 2013년 선수 이적료 수입 내역에서는 십여 년 동안 올드 트래포드를 누볐던 박지성 선수의 이적료 관련 사항이 공시돼 있다. 선수별 이적료 수입을 따로 구분하지는 않았지만 다음과 같은 이적 선수 명단이 공시돼 있다.

"Robbie Brady(Hull), Park Ji-Sung(QPR), Dimital Berbatov(Fulham) and Paul Pogba(Juventus)"

영업활동에서 유입된 거액의 자금을 투자활동에 사용하는 것이 가장 바람직한 현금흐름이다. 지속적 성장을 위해 재무활동을 통해서도 추가 현금을 조달해 투자활동에 투입하는 기업도 많다.

일부 기업은 기존의 사업을 줄여 나가면서 영업활동에서 유입된 현금 대부분을 배당금 지급이나 자사주 매입 등 재무활동에 사용한다. 금연정책 확산으로 관련 세금이 인상되고 흡연인구가 줄어드는 상황에 직면한 담배회사가 대표적 사례다.

[표 11-9]에 제시된 KT&G의 2014년 및 2013년의 요약 현금흐름표는 이런 사정을 잘 나타내고 있다. 2014년의 경우 영업활동에서 조달된 7,516억원의 현금으로 4,022억원의 현금배당을 지급했다. 투자활동에 사용한 금액은 2,737억원에 지나지 않는데 이는 현금지출 없는 비용인 감가상각비를 보충하는 수준이다. 이와 같은 '투자축소 · 배당확대' 추세는 상당 기간 지속되고

있다. 주로 외국인 주주의 요구에 따른 결정이기는 하지만 지나친 수세적 경영이 아닐 수 없다. 현금배당 확대보다는 바이오 등 성장산업에 대한 투자를 늘려 일자리 창출에도 기여할 통로를 열어야 한다.

[표 11-8] 맨유의 현금흐름표

현금흐름표

Manchester United — 2013년 7월 1일부터 2014년 6월 30일까지 / 2012년 7월 1일부터 2013년 6월 30일까지 — (단위: 백만 파운드)

항목	금액	
	2014년	2013년
영업활동 현금흐름		
영업활동으로부터 현금유입	£101.7	£129.9
이자비용	(27.8)	(76.7)
이자수익	0.3	0.9
세금환급(지급)	(1.4)	3.1
합계	£72.8	£57.2
투자활동 현금흐름		
건물, 시설, 장비 구입	£(10.8)	£(12.5)
선수영입 관련 지출	(92.9)	(46.0)
선수이적료 수입	14.0	9.7
합계	£(89.7)	£(48.8)
재무활동 현금흐름		
신주발행	–	£66.1
신규차입	–	209.2
차입금 상환	£(5.0)	(259.3)
합계	£(5.0)	£16.0
현금의 증가(감소)	£(21.9)	£24.4

[표 11-9] KT&G의 현금흐름표

<u>현금흐름표</u>

KT&G　　2014년 1월 1일부터 2014년 12월 31일까지　　(단위: 10억원)
　　　　2013년 1월 1일부터 2013년 12월 31일까지

항목	금액	
	2014년	2013년
영업활동 현금흐름	₩751.6	₩631.3
투자활동 현금흐름	(273.7)	(249.5)
재무활동 현금흐름	(402.2)	(402.6)
현금의 증가(감소)	₩75.7	₩(20.9)

12

CHAPTER

재무제표 구성 및 분석

재무제표에는 재무상태표, 포괄손익계산서, 자본변동표 및 현금흐름표가 포함된다. 종전에는 이익잉여금처분계산서도 포함됐으나 국제회계기준을 채택하면서 제외시켰다. 이익잉여금처분계산서는 자본항목의 한 요소인 이익잉여금 처분내역을 다루는 것이므로 이를 제외시켜도 자본항목 전체의 변동내역을 표시하는 자본변동표로 충분한 정보를 제공할 수 있을 것이다. 그러나 한국의 법률체계와의 일관성을 유지하기 위해 한국회계기준위원회에서는 이익잉여금처분계산서(또는 결손금처리계산서)를 주석으로 공시할 수 있도록 했다. 12장에서는 재무제표 중 양대 산맥인 재무상태표와 포괄손익계산서에 대해 살펴보기로 한다. 자본변동표는 10장에서 그리고 현금흐름표는 11장에서 이미 다룬 바 있다.

재무제표에 포함된 정보의 효율적 활용을 위해 연도별 추세를 분석하고 각종 재무비율을 산정하는 재무제표분석 기법도 개략적으로 다룬다.

12.1 재무상태표와 포괄손익계산서의 연관성

12.2 재무상태표

12.3 포괄손익계산서

12.4 재무제표 분석

실무스펙 12

12.1 재무상태표와 포괄손익계산서의 연관성

학습포인트

- 재무상태표와 포괄손익계산서의 연관성
- 재무상태표의 작성원칙
- 포괄손익계산서의 작성원칙
- 재무상태표와 포괄손익계산서 계정 구성
- 재무제표 분석

모든 회계거래는 자산, 부채, 자본 항목으로 분류하고 이들 3가지 항목의 세부명세인 계정과목을 통해 집계돼 재무상태표에 표시된다. 회계등식과 재무상태표의 관계를 축약해 표시하면 [그림 12–1]과 같다.

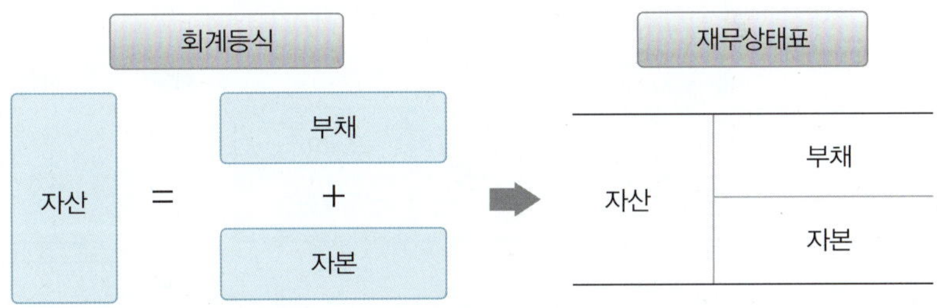

[그림 12–1] 회계등식과 재무상태표

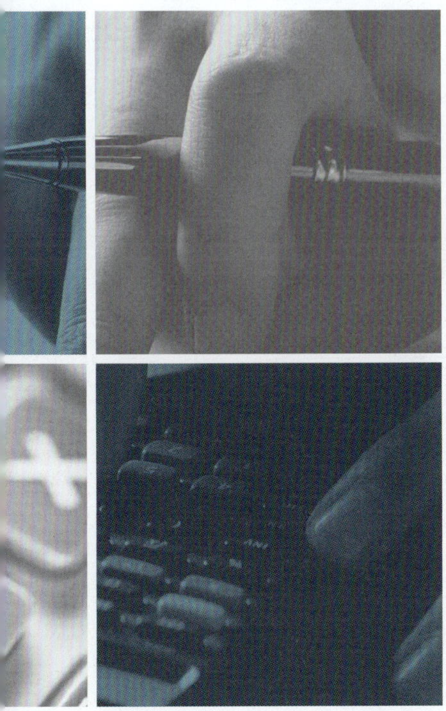

재무상태표는 특정 시점 현재의 자산, 부채, 자본과 관련된 재무상태에 관한 정보를 제공한다. 회계정보이용자는 기업의 재무상태뿐만 아니라 경영성과에 관한 정보도 활용한다. 기업의 경영성과에 관한 정보는 어떤 형식으로 제공될 수 있을까? 회계등식을 세분해 살펴보기로 한다.

회계등식 중 자본의 변동을 가져오는 요인은 '주주와의 자본거래'와 '영업활동을 통한 손익거래'로 나눌 수 있다. 주주와의 자본거래로부터 발생한 결과물은 자본항목 중 자본금 · 자본잉여금 및 자본조정에 집계되며, 손익거래는 이익잉여금 및 기타포괄손익누계액으로 집계된다. 자본의 증가를 가져오는 손익요인을 수익이라 하고, 자본의 감소를 가져오는 손익요인을 비용이라 한다.

자본의 변동내역 중 손익에 관한 수익항목과 비용항목을 별도로 집계하면 기업의 경영성과를 나타내는 회계정보를 도출할 수 있다. 이러한 통상적 손익사항과 기타포괄손익을 포함한 재무제표가 포괄손익계산서다. 재무상태표의 자본항목 중 이익잉여금과 기타포괄손익누계액이 특정 회계기간 동안 어떻게 증감됐는지를 표시하는 재무제표가 포괄손익계산서다.

포괄손익계산서 하단에 표시되는 총포괄손익은 2개의 성격이 다른 항목인 당기순손익과 기타포괄손익으로 구성된다.

총포괄손익 = 당기순손익 + 기타포괄손익

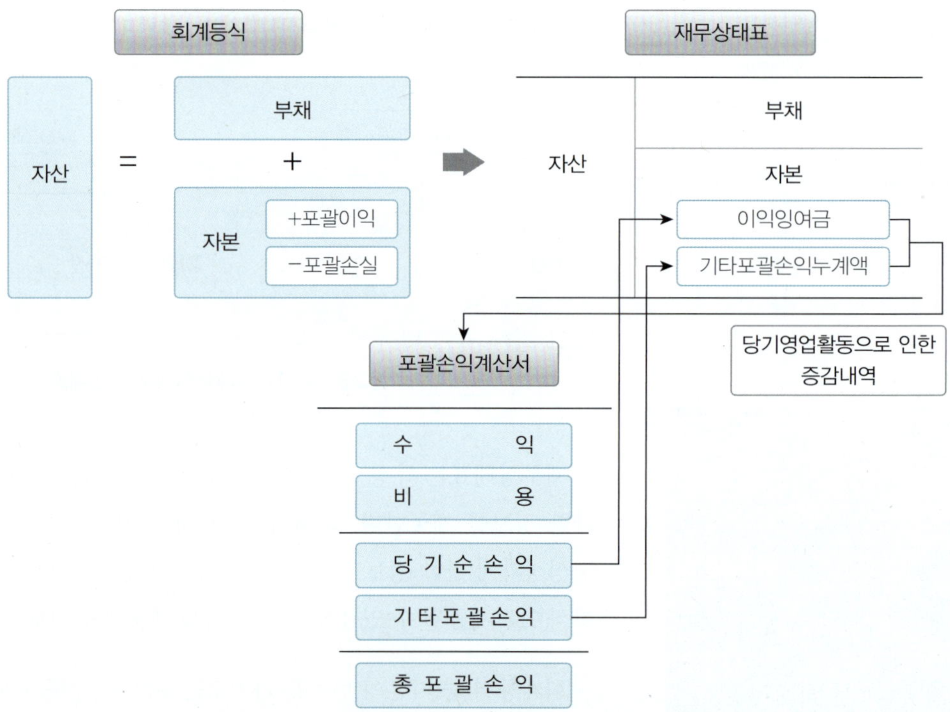

[그림 12-2] 재무상태표와 포괄손익계산서의 연관성

[그림 12-2]는 손익의 발생으로 인한 자본의 증감 내역이 포괄손익계산서에 표시되는 흐름을 나타낸다. 이는 회계기간 동안 발생한 손익 내역을 재무상태표에 모두 담을 필요는 없음을 보여준다. 재무상태표가 유일한 재무제표라면 자본의 증감을 가져오는 손익거래의 결과도 상세히 표시해야겠지만 별도의 손익정보를 담은 재무제표인 포괄손익계산서가 제공된다면 회계기간의 손익의 최종결과만을 재무상태표에 포함시켜도 충분하다. 손익의 최종결과는 당기순손익과 기타포괄손익으로 구분되며 당기순손익은 재무상태표상 이익잉여금에, 기타포괄손익은 재무상태표상 기타포괄손익누계액에 대체된다.

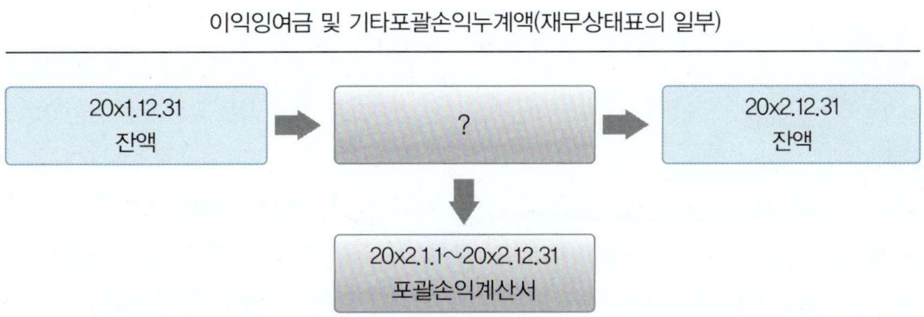

[그림 12-3] 이익잉여금 및 포괄손익계산서와 포괄손익계산서의 연관성

포괄손익계산서의 당기순이익과 기타포괄손익을 재무상태표상 자본항목에 속하는 이익잉여금과 기타포괄손익누계액으로 대체하려면 어떤 회계처리가 필요할까? 당기순이익은 3장에서 이미 설명한 바와 같이 결산분개 과정에서 집합손익계정에 대체된다. 당기순이익을 구성하는 수익과 비용 계정의 잔액은 집합손익이라는 임시계정으로 대체돼 마감되고, 집합손익계정의 잔액은 미처분이익잉여금(또는 미처리결손금)으로 대체된다.

[수익 및 비용계정의 집합손익 계정 대체]

(차) 수 익	×××	(대) 집 합 손 익	×××
(차) 집 합 손 익	×××	(대) 비 용	×××

[집합손익계정 잔액을 이익잉여금계정으로 대체]

당기순이익이 발생한 경우 :	(차) 집 합 손 익	×××	(대) 미처분이익잉여금	×××
당기순손실이 발생한 경우 :	(차) 미처분이익잉여금	×××	(대) 집 합 손 익	×××

*기존에 결손금이 남아 있는 경우는 이를 먼저 정리해야 하기 때문에 미처리결손금으로 대체된다.

기타포괄손익을 구성하는 손익계정 잔액은 직접 기타포괄손익누계액으로 대체된다. 기타포괄이익과 기타포괄손실은 서로 상계해 이익이 더 많으면 기타포괄이익으로 손실이 더 많으면 기타포괄손실로 표시한다. 이는 기타포괄손익으로 통칭되기도 한다.

[기타포괄손익 계정의 잔액들을 기타포괄손익누계액 계정으로 대체]

(차) 기 타 포 괄 이 익	×××	(대) 기타포괄손익누계액	×××
(차) 기타포괄손익누계액	×××	(대) 기 타 포 괄 손 실	×××

금감원 "기업 재무제표, 외부감사인 대리작성 엄중 제재"

금융감독원은 30일 외부감사인(회계법인)이 감사 대상 기업의 재무제표를 대신 작성해주거나 자문하는 행위를 적발해 엄중히 제재하겠다고 밝혔다.

금감원은 이날 2016회계연도 결산 유의사항을 안내하며 "기업이 재무제표 작성 업무를 회계법인에 의존하는 관행으로 외부감사를 통한 오류 검증 기능을 약화시켰다"며 "이제부터라도 스스로 결산 업무를 마쳐야 할 것"이라고 강조했다. 아울러 금감원은 기업이 감사 전 재무제표를 외부감사인뿐만 아니라 금융위원회 산하 증권선물위원회에도 함께 제출할 것을 요구했다.외부감사를 받는 기업은 재무상태표, 손익계산서, 자본변동표, 현금흐름표, 주석 등을 정기주주총회 6주 전(별도 재무제표 기준)에 외부감사인과 증선위에 각각 내야 한다.

– 서울경제 2016.12.30 기사 중 –

[예 12–1] 당기순손익과 기타포괄손익

A사의 20x1년도 회계자료의 일부는 다음과 같다.

일 자	자산총계	부채총계
20x1년 1월 1일	₩5,000,000	₩2,000,000
20x1년 12월 31일	8,000,000	3,000,000

20x1년도의 포괄손익계산서상 당기순이익은 ₩1,500,000이라고 할 때, 기타포괄이익은 얼마인가? 단, 제시된 거래 이외에 주주와의 자본거래는 없었다고 가정한다.

풀이

20x1년 1월 1일 자본총계 = 자산총계 – 부채총계
= ₩5,000,000 – ₩2,000,000
= ₩3,000,000

20x1년 12월 31일 자본총계 = 자산총계 – 부채총계
= ₩8,000,000 – ₩3,000,000
= ₩5,000,000

20x1년도에 자본은 ₩2,000,000 증가됐으며, 그 중 당기순이익의 증가로 인한 금액 ₩1,500,000이므로 차액 ₩500,000이 기타포괄이익에 해당된다.

12.2 재무상태표

1. 재무상태표에 표시할 사항

재무상태표는 특정 시점의 자산, 부채, 자본이 얼마인지를 표시하는 재무제표로 일정 기간의 수익과 비용을 포함하는 포괄손익계산서와는 시간 개념상 차이가 있다. 재무상태표가 특정 시점의 저량(stock)을 표시하는 것과는 달리 포괄손익계산서는 일정 기간 동안의 유량(flow)을 표시한다.

재무상태표 계정은 중요성 관점에서 일부 계정들을 통합해 하나의 항목으로 표시할 수도 있다.[1] 기업회계기준서에는 이와 관련한 구체적 기준은 제시하지 않았다. 다만 기업회계기준서 제1001호『재무제표 표시』문단 13에서 재무상태표에 표시해야 할 최소항목만을 제시하고 있다. 따라서 이 책에서는 실무적 이해를 돕기 위해 기업이 일반적으로 사용하는 재무상태표 계정의 대표적인 항목들을 세분해 설명하고, 재무상태표 작성사례를 예를 들어 설명한다.

2. 재무상태표 구성항목

(1) 자산계정

자산은 크게 유동자산과 비유동자산으로 구분된다. 다음 기준들 중 어느 하나에 해당하면 유동자산으로 분류하며, 그 이외의 경우에는 비유동자산이다.[2]

① 기업의 정상영업주기[3] 내에 실현될 것으로 예상하거나, 정상영업주기 내에 판매하거나 소비할 의도가 있다.

② 주로 단기매매 목적으로 보유하고 있다.

③ 보고기간 후 12개월 이내에 실현될 것으로 예상한다.

④ 현금이나 현금성자산(기업회계기준서 제1007호의 정의 참조)으로서, 교환이나 부채 상환 목적으로의 사용에 대한 제한 기간이 보고기간 후 12개월 이상이 아니다.

---

1) 유사한 항목은 중요성 분류에 따라 재무제표에 구분해 표시한다. 상이한 성격이나 기능을 가진 항목은 구분해 표시한다. 다만 중요하지 않은 항목은 성격이나 기능이 유사한 항목과 통합해 표시할 수 있다(기업회계기준서 제1001호『재무제표 표시』문단 29).

2) 기업회계기준서 제1001호에서는 유형자산, 무형자산 및 장기의 성격을 가진 금융자산을 포함해 '비유동'이라는 용어를 사용하고 있다. 만약 의미가 명확하다면 대체적인 용어를 사용하는 것을 금지하지는 않는다.

3) 정상영업주기란 영업활동을 위한 자산의 취득시점부터 해당 자산이 현금 또는 현금성자산으로 전환되는 시점까지의 기간을 말한다.

● 유동자산

① 현금 : 회계상으로는 지폐나 주화와 같은 통화뿐만 아니라 통화대용증권도 현금으로 본다. 통화대용증권으로는 타인발행수표, 기일이 도래한 공사채 이자표, 배당금지급통지서 등이 있다.

② 보통예금 : 은행에 예치된 예금으로 필요할 때마다 자유롭게 인출해 사용할 수 있는 요구불예금이다.

③ 당좌예금 : 보통예금과 마찬가지로 요구불예금이다. 다만 보통예금과 달리 수표를 이용해 예금을 인출한다는 점에서 보통예금과 차이가 있다. 예금 인출시 사용되는 수표를 '당좌수표'라 한다.

④ 현금성자산 : 현금으로의 전환이 용이하고 가치변동의 위험이 중요하지 않은 단기 투자자산을 의미한다. 이때 단기투자자산이 현금성자산에 해당하기 위해서는 취득일로부터 만기일(또는 상환일)이 3개월 이내여야 한다.

* 현금, 요구불예금(보통예금, 당좌예금), 현금성자산은 재무상태표에 공시될 때 현금 및 현금성자산으로 통합돼 공시된다.

⑤ 매출채권 : 주된 영업활동으로부터 발생한 외상매출금과 받을어음을 말한다.

⑥ 미수금 : 주된 영업활동 이외의 거래에서 발생한 미수채권을 말한다.

⑦ 미수수익 : 당기에 발생한 수익으로 아직 회수되지 않은 금액을 말한다. 이자가 발생했으나 아직 수령하지 않은 경우 등이 있다.

⑧ 단기대여금 : 대여금 중 만기가 1년 이내에 도래하는 것을 말한다.

⑨ 선급금 : 상품, 원재료 등 재고자산을 인도받기 전에 미리 돈을 준 경우를 말한다.

⑩ 선급비용 : 보험료 등을 선급한 경우로서 1년 이내에 비용화되는 경우 선급비용 자산으로 처리한다.

⑪ 재고자산 : 주된 영업활동 과정에서 판매를 목적으로 보유하거나 판매될 제품의 제조를 위해 사용되는 재화를 말한다. 재고자산은 그 유형에 따라 상품, 제품, 반제품, 재공품, 원재료, 저장품 등으로 세분된다.

- 상　품 : 판매를 목적으로 구입한 재화를 말한다.
- 제　품 : 판매를 목적으로 제조한 생산품 · 부산물 등을 말한다.
- 반제품 : 자가 제조한 중간제품과 부분품을 말한다.
- 재공품 : 제품 또는 반제품의 제조를 위해 재공과정에 있는 것을 말한다.
- 원재료 : 원료, 재료, 매입부분품 및 미착원재료를 말한다.

⑫ 당기손익인식금융자산[4]: 지분증권 또는 채무증권을 단기간 내에 매매할 목적으로 취득한 경우를 말한다.

● 비유동자산

① 장기대여금 : 유동자산에 속하는 대여금 이외의 것을 말한다.

② 장기매출채권 : 매출채권 중 유동자산에 포함되지 아니하는 것을 말한다.

③ 장기미수금 : 미수금 중 유동자산에 포함되지 아니하는 것을 말한다.

④ 장기선급금 : 선급금 중 유동자산에 포함되지 아니하는 것을 말한다.

⑤ 장기선급비용 : 선급비용 중 유동자산에 포함되지 아니하는 것을 말한다.

⑥ 유형자산 : 재화나 용역의 생산이나 제공, 타인에 대한 임대 또는 관리활동에 사용할 목적으로 보유하는 물리적 형체가 있는 자산으로서 한 회계기간을 초과해 사용할 것으로 예상되는 자산을 말한다. 유형자산의 대표적인 세부 계정과목은 다음과 같다.

- 토　　지 : 대지, 임야, 전답, 잡종지 등을 말한다.
- 건　　물 : 건물과 냉난방 · 조명 · 통풍 및 기타의 건물부속설비로 한다.
- 구 축 물 : 교량 등 토목설비 또는 공작물 등을 말한다.
- 기계장치 : 제품을 생산하기 위한 각종 기계 등을 말한다.
- 차량운반구 : 철도차량, 자동차 및 기타의 육상운반구 등으로 한다.
- 건설중인 자산 : 유형자산의 건설을 위한 재료비 · 노무비 및 경비로 하되, 건설을 위해 지출한 도급금액 또는 취득한 기계 등을 포함한다.

⑦ 무형자산 : 물리적 실체는 없지만 식별가능한 비화폐성자산을 말하며, 대표적인 세부 계정과목은 다음과 같다.

- 산업재산권 : 일정기간 독점적 · 배타적으로 이용할 수 있는 권리로서 특허권 · 실용신안권 · 의장권 및 상표권 등으로 한다.
- 광업권 : 일정한 광구에서 등록을 한 광물과 동 광상 중에서 부존하는 다른 광물을 채굴해 취득할 수 있는 권리로 한다.
- 어업권 : 일정한 수면에서 독점적 · 배타적으로 어업을 경영할 수 있는 권리로 한다.
- 개발비 : 개발단계에서 발생한 지출액으로 자산 인식 요건을 충족한 경우로 한다.

⑧ 투자부동산 : 임대수익이나 시세차익 또는 두 가지 모두를 얻기 위해 보유하고 있는 부동산[토지, 건물(또는 건물의 일부분) 또는 2가지 모두]을 말한다. 다만, 재화의 생산이나 용

4) 당기손익인식금융자산은 단기매매금융자산과 당기손익인식금융자산으로 세분되는데, 이에 대한 자세한 내용은 7장 금융자산에서 다룬 바 있다.

역의 제공 또는 관리목적에 사용(이는 유형자산으로 분류됨), 정상적인 영업과정에서의 판매 목적으로 보유하는 부동산(이는 재고자산으로 분류됨)은 제외한다.

⑨ 만기보유금융자산 : 채권의 만기까지 보유할 목적으로 채무증권을 취득한 경우 만기보유금융자산으로 분류된다.

⑩ 매도가능금융자산 : 지분증권 또는 채무증권 취득 시 당기손익인식금융자산, 만기보유금융자산으로 분류되지 않으면 매도가능금융자산으로 분류한다.

(2) 부채계정

부채계정도 자산계정과 마찬가지로 유동부채계정과 비유동부채계정으로 나눌 수 있다. 부채는 다음의 경우에 유동부채로 분류하며, 그 이외의 모든 부채는 비유동부채로 분류된다.

① 정상영업주기 내에 결제될 것으로 예상하고 있다.
② 주로 단기매매 목적으로 보유하고 있다.
③ 보고기간 후 12개월 이내에 결제하기로 되어 있다.
④ 보고기간 후 12개월 이상 부채의 결제를 연기할 수 있는 무조건의 권리를 가지고 있지 않다.

그 밖의 모든 부채는 비유동부채로 분류한다.

● 유동부채

① 매입채무 : 일반적 상거래에서 발생한 외상매입금과 지급어음으로 한다.
② 단기차입금 : 금융기관으로부터의 당좌차월액과 1년 내에 상환될 차입금으로 한다.
③ 미지급금 : 일반적 상거래 이외에서 발생한 채무(미지급비용을 제외)로 한다.
④ 선수금 : 수주공사 · 수주품 및 기타 일반적 상거래에서 발생한 선수액으로 한다.
⑤ 예수금 : 일반적 상거래 이외에서 발생한 일시적 제 예수액으로 한다.
⑥ 미지급비용 : 발생된 비용으로서 지급되지 아니한 것으로 한다.
⑦ 미지급배당금 : 이익잉여금처분계산서 상의 현금배당액 등으로 한다.
⑧ 선수수익 : 받은 수익 중 차기 이후에 속하는 금액으로 한다.
⑨ 유동성장기부채 : 비유동부채 중 1년 이내에 상환될 것 등으로 한다.

● 비유동부채

① 사채 : 1년 이후에 상환되는 사채를 말한다.

② 장기차입금 : 1년 이후에 상환되는 차입금을 말한다.

③ 장기성매입채무 : 유동부채에 속하지 아니하는 일반적 상거래에서 발생한 장기의 외상매입금 및 지급어음으로 한다.

④ 장기미지급금 : 일반적 상거래 이외에서 발생한 미지급금으로 1년 이후에 상환되는 채무를 말한다.

(3) 자본계정

자본은 자산에서 부채를 차감한 잔여 금액으로 '순자산'이라고도 한다. 자본에 대해 기업회계기준서 제1001호에서는 재무상태표에 표시되는 항목으로 종속회사 순자산의 공정가치 중 소수주주에게 귀속될 지분인 비지배지분, 지배기업의 소유주에게 귀속되는 납입자본과 적립금을 최소 항목으로 제시하고 있다. 여기에서는 전통적으로 자본을 나누는 5가지 분류에 의해 설명한다.

① 자본금 : 기업이 발행한 주식의 액면가액을 말한다.

② 자본잉여금 : 기업과 주주 간의 자본거래에서 발생하는 잉여금을 말한다. 세부 계정으로는 다음과 같은 것들이 있다.

- 주식발행초과금 : 주식발행가액이 액면가액을 초과하는 경우 그 초과하는 금액을 말한다.
- 자기주식처분이익 : 자기주식을 처분할 때 발생하는 이익을 말한다.
- 감자차익 : 자본감소의 경우 그 자본금의 감소액이 주식의 소각, 주금의 반환에 요한 금액과 결손의 보전에 충당한 금액을 초과한 때에 그 초과금액을 말한다.

③ 자본조정 : 자본거래로부터 발생했으나 최종 납입된 자본으로 볼 수 없거나 자본의 가감 성격으로 자본금 또는 자본잉여금으로 분류할 수 없는 것을 말한다. 세부 계정은 다음과 같다.

- 자기주식 : 기업이 이미 발행한 주식을 주주로부터 취득한 경우 그 취득가액을 말한다.
- 주식할인발행차금 : 주식발행가액이 액면가액에 미달하는 경우 그 미달하는 금액을 말한다.
- 자기주식처분손실 : 자기주식을 취득원가보다 낮은 금액으로 처분한 경우 발생한다.
- 감자차손 : 유상감자시 감소되는 자본금 보다 감자대가가 더 많을 경우 발생한다.

④ 이익잉여금 : 손익거래로부터 발생한 순이익에서 배당을 차감한 후의 잔액을 말한다. 기업의 매년 당기순이익은 결산마감분개에서 이익잉여금으로 대체되므로 이익잉여금의 잔액은 누적잔액이다.

⑤ 기타포괄손익누계액 : 자본거래를 제외한 자본의 변동은 대부분 포괄손익계산서의 당기순손익을 구성해 이익잉여금으로 대체되지만, 일부는 당기순손익에 반영되지 않고 기타포괄손익을 구성한 후 이익잉여금과는 별개의 계정에 대체된다. 이때 별개의 계정이 기타포괄손익누계액이며, 보고기간 말 현재 기타포괄손익의 잔액을 나타낸다. 기타포괄손익의 대표적 유형은 다음과 같다.

- 유형자산과 무형자산의 재평가시 인식하는 재평가잉여금
- 공정가치 측정 금융자산 중 공정가치 변동을 기타포괄손익으로 인식한 금액(매도가능금융자산평가손익)

3. 재무상태표의 작성방법 및 예시

자산과 부채는 원칙적으로 유동과 비유동으로 구분(유동성/비유동성 구분법)해 표시된다. 이는 운전자본으로서 계속 순환되는 순자산과 장기 영업활동에서 사용하는 순자산을 구분함으로써 유용한 정보를 제공하기 위한 목적이다. 정상영업주기 내에 실현될 것으로 예상되는 자산과 동 기간 내에 결제 기일이 도래하는 부채를 구분해 표시하는 것이다.

이러한 원칙에도 불구하고 금융회사와 같은 일부 기업은 재화나 서비스를 명확히 식별 가능한 영업주기 내에 제공하지 않기 때문에 유동성/비유동성 구분법보다 오름차순이나 내림차순의 유동성 순서에 따른 표시방법(유동성배열법)으로 자산과 부채를 표시하는 것이 신뢰성 있고 더욱 목적적합한 정보를 제공할 수 있다. 이러한 경우에는 유동성/비유동성 구분법 대신 유동성 배열법을 채택할 수 있다. 신뢰성 있고 더욱 목적적합한 정보를 제공한다면 자산과 부채의 일부는 유동성/비유동성 구분법으로, 나머지는 유동성 순서에 따른 표시방법으로 표시하는 것이 허용된다. 이러한 혼합표시방법은 기업이 다양한 사업을 영위하는 경우에 필요할 수 있다.

재무상태표는 직전 연도와 비교 표시하는 형식으로 작성되는데, 유동/비유동 구분법을 이용해 예시하면 [표 12-1]과 같다. 국제회계기준에서는 연결재무제표가 주재무제표다. 연결대상 종속회사를 둔 지배회사 재무상태표의 경우 자본을 '지배기업의 소유주에게 귀속되는 자본'과 '비지배지분'로 구분하는데 [표 12-1]은 이를 반영한 것이다. 이는 고급회계에서 다뤄질 사항이며 연결대상 종속회사가 없을 경우 이런 구분이 발생될 여지가 없다.

[표 12-1] A사의 20x2.12.31 현재의 재무상태표

A사 – 20x2년 12월 31일 현재의 재무상태표

(단위 : 천원)

	20x2.12.31	20x1.12.31
자 산		
비유동자산		
유형자산	₩350,700	₩360,020
영업권	80,800	91,200
기타무형자산	227,470	227,470
관계기업투자	100,150	110,770
매도가능금융자산	142,500	156,000
비유동자산 합계	₩901,620	₩945,460
유동자산		
재고자산	₩135,230	₩132,500
매출채권	91,600	110,800
기타유동자산	25,650	12,540
현금및현금성자산	312,400	322,900
유동자산 합계	₩564,880	₩578,740
자산총계	₩1,466,500	₩1,524,200
자본 및 부채		
지배기업의 소유주에게 귀속되는 자본		
납입자본	₩650,000	₩600,000
이익잉여금	243,500	161,700
기타자본구성요소	10,200	21,200
	₩903,700	₩782,900
비지배지분	70,050	48,600
자본총계	₩973,750	₩831,500
비유동부채		
장기차입금	₩120,000	₩160,000
장기이연법인세부채	28,800	26,040
장기충당부채	28,850	52,240
비유동부채 합계	₩177,650	₩238,280

유동부채		
매입채무와 기타미지급금	₩115,100	₩187,620
단기차입금	150,000	200,000
유동성장기차입금	10,000	20,000
미지급법인세	35,000	42,000
단기충당부채	5,000	4,800
유동부채 합계	₩315,100	₩454,420
부채총계	₩492,750	₩692,700
자본 및 부채 총계	₩1,466,500	₩1,524,200

12.3 포괄손익계산서

1. 포괄손익계산서에 표시될 사항

포괄손익계산서란 일정한 회계기간 동안 발생된 수익과 비용을 보고하는 재무제표인데 수익과 비용의 차이인 당기순손익뿐만 아니라 기타포괄손익누계액의 당기 변동내역인 기타포괄손익도 포함된다.

기타포괄손익이란 당기순손익 계산에 반영되는 수익과 비용에는 포함되지 않으나, 자본의 증감을 가져오는 손익항목을 말한다.

총포괄손익 = 당기순손익 + 기타포괄손익

종전에는 당기순손익만을 공시하는 손익계산서가 사용됐는데, 국제회계기준 도입으로 당기순손익과 기타포괄손익을 함께 공시하는 포괄손익계산서 구조로 바뀌었다. 종전의 손익계산서 구조에서는 자산·부채의 평가원칙이 취득원가주의였고 예외적으로 일부 자산에 대해 공정가치 평가를 적용했기 때문에 기타포괄손익이 손익계산서에 포함될 필요성이 적었다. 국제회계기준에서 공정가치 평가를 확대함으로써 기타포괄손익 정보를 손익계산서에 포함시킬 필요성이 증대됐던 것이다.

수익이란 자산의 유입이나 증가 또는 부채의 감소에 따른 자본의 증가(지분참여자 출연분은 제외)를 말하며, 비용이란 자산의 유출이나 소멸 또는 부채의 증가에 따른 자본의 감소(지분참여자에 대한 분배는 제외)를 말한다.

2. 포괄손익계산서에 포함될 계정과목

(1) 수익계정

① 매출 : 매출은 기업의 주된 영업활동에서 발생한 상품 또는 제품 등의 판매액을 말하며 기업의 수익 항목 중 가장 대표적인 계정이다.

② 이자수익 : 타인에게 대여한 금전 또는 예금 등으로부터 발생하는 이자를 말한다.

③ 배당금수익 : 다른 기업이 발행한 주식을 취득해 배당을 받은 경우를 말한다.

④ 임대료 : 부동산 등을 타인에게 임대하고 그 대가로 받은 금액을 말한다.

⑤ 유형자산처분이익 : 유형자산을 처분하고 받은 금액이 해당 자산의 장부가액을 초과할 때 그 차액을 말한다.

⑥ 당기손익인식금융자산처분이익 : 금융자산을 처분하고 받은 금액이 장부가액을 초과할 때 그 차액을 말한다. 자세한 사항은 7장 금융자산에서 설명한 바 있다.

(2) 비용계정

① 매출원가 : 수익계정인 매출에 대응되는 비용으로 판매된 상품(또는 제품)의 매입원가(또는 제조원가)를 말한다. 매출원가는 기초재고액에 당기매입액을 더한 후 기말재고액을 차감해 산출하는데, 4장에서 자세히 다룬 바 있다.

② 급여 : 기업의 임직원이 제공한 근로에 대한 대가로 지급하는 금액을 말한다.

③ 감가상각비 : 유형자산의 취득원가에 대해서는 합리적인 방법에 의해 내용연수 동안 비용으로 계상하는데, 이를 감가상각비라 한다.

④ 손상차손 : 수취채권의 회수가 불가능해진 경우 발생하는 비용을 말한다. 보다 자세한 사항은 7장 금융자산에서 다룬 바 있다.

⑤ 연구비 : 연구단계에서 발생한 지출액을 말한다.

⑥ 이자비용 : 차입금으로부터 발생하는 이자를 말한다.

⑦ 임차료 : 부동산 등을 임차하고 이에 대해 지급한 대가를 말한다.

⑧ 유형자산처분손실 : 유형자산을 처분하고 받은 금액이 해당 자산의 장부가액에 미달할 때 그 차액을 말한다.

⑨ 당기손익인식금융자산처분손실 : 금융자산을 처분하고 받은 금액이 장부가액에 미달할

때 그 차액을 말한다. 자세한 내용은 7장 금융자산에서 다룬바 있다.

⑩ 보험료 : 기업이 각종 보험에 가입하고 납부한 금액을 말한다.

3. 포괄손익계산서의 작성방법 및 예시

(1) 작성형식

포괄손익계산서는 2가지 방법으로 작성 가능하다. 하나는 [표 12-2]와 같이 당기순손익과 기타포괄손익을 같이 표시하는 단일포괄손익계산서이고, 다른 하나는 [표 12-3]과 같이 당기순손익을 표시하는 손익계산서와 당기순손익에서 시작해 기타포괄손익의 구성요소를 배열하는 포괄손익계산서를 구분해 작성하는 방법이다.

[표 12-2] 단일 포괄손익계산서

A사의 20x2 회계연도 포괄손익계산서

(단위: 원)

과 목	금액
수 익	×××
매출원가	×××
매출총이익	×××
기타수익	×××
관리비	×××
금융원가	×××
⋮	⋮
법인세비용 차감전 순손익	×××
법인세비용	×××
계속영업손익	×××
중단영업손익	×××
당기순손익	×××
기타포괄손익	×××
총포괄손익	×××

[표 12-3] 구분 포괄손익계산서

A사의 20x2 회계연도 포괄손익계산서

(단위: 원)

과 목	금액
수 익	×××
매출원가	×××
매출총이익	×××
기타수익	×××
관리비	×××
금융원가	×××
⋮	⋮
법인세비용 차감전 순손익	×××
법인세비용	×××
계속영업손익	×××
중단영업손익	×××
당기순손익	×××

A사의 20x2 회계연도 포괄손익계산서

(단위: 원)

과 목	금액
당기순손익	×××
기타포괄손익	×××
총포괄손익	×××

(2) 표시항목 및 표시방법

기업회계기준서에서는 포괄손익계산서에 표시되는 수익과 비용의 세부항목을 열거하는 대신 다음과 같은 최소한의 표시항목을 제시하고 있다.

① 수익
② 금융원가
③ 지분법 적용대상인 관계기업과 조인트벤처의 당기순손익에 대한 지분
④ 법인세비용
⑤ 다음의 (가)와 (나)를 합한 금액
(가) 세후 중단영업손익

(나) 중단영업에 속한 자산이나 처분자산집단의 처분으로 인해 또는 순공정가치의 측정으로 인해 인식된 세후 중단영업손익

⑥ 당기순손익

⑦ 성격별로 분류되는 기타포괄손익의 각 구성요소(⑧의 금액은 제외)

⑧ 지분법 적용대상인 관계기업과 조인트벤처의 기타포괄손익에 대한 지분

⑨ 총포괄손익

그러나 이처럼 포괄손익계산서에 최소한 표시돼야 할 항목 외에 기업은 수익과 비용 항목이 중요하다고 판단할 경우 그 성격과 금액을 별도로 공시한다. 수익과 비용 항목의 별도 공시가 필요할 수 있는 상황은 다음을 포함한다.

① 재고자산을 순실현가능가치로 감액하거나 유형자산을 회수가능액으로 감액하는 경우의 그 금액과 그러한 감액의 환입

② 기업 활동에 대한 구조조정과 구조조정 충당부채의 환입

③ 유형자산의 처분

④ 투자자산의 처분

⑤ 중단영업

⑥ 소송사건의 해결

⑦ 기타 충당부채의 환입

한편, 기업은 비용의 공시와 관련해 비용의 성격별 또는 기능별 분류방법 중에서 신뢰성 있고 더욱 목적적합한 정보를 제공할 수 있는 방법을 적용해 당기손익으로 인식한 비용의 분석

[표 12-4] 비용의 성격별 분류에 의한 포괄손익계산서 (일부분)

수 익		×××
기타 수익		×××
제품과 재공품의 변동	×××	
원재료와 소모품의 사용액	×××	
종업원급여비용	×××	
감가상각비와 기타 상각비	×××	
기타 비용	×××	
총 비용		(×××)
법인세비용 차감전 순손익		×××

내용을 표시한다. 분석내용은 두 가지 형태 중 하나로 제공된다. 분석의 첫 번째 형태는 성격별 분류다. 당기손익에 포함된 비용은 그 성격(예: 감가상각비, 원재료의 구입, 운송비, 종업원급여와 광고비)별로 통합하며, 기능별로 재배분하지 않는다. 비용을 기능별 분류로 배분할 필요가 없기 때문에 적용이 간단할 수 있다. 비용의 성격별 분류의 예는 [표 12-4]와 같다.

분석의 두 번째 형태는 기능별 분류법(또는 매출원가법)으로서, 비용을 매출원가, 그리고 물류원가와 관리활동원가 등과 같이 기능별로 분류한다. 이 방법에서는 적어도 매출원가를 다른 비용과 분리해 공시한다. 이 방법은 성격별 분류보다 재무제표 이용자에게 더욱 목적적합한 정보를 제공할 수 있지만 비용을 기능별로 배분하는데 자의적인 배분과 상당한 정도의 판단이 개입될 여지가 있다. 비용의 기능별 분류의 예는 [표 12-5]와 같다.

[표 12-5] 비용의 기능별분류에 의한 포괄손익계산서(부분)

수 익	×××
매출원가	(×××)
매출총이익	×××
기타수익	×××
물류원가	(×××)
관 리 비	(×××)
기타 비용	(×××)
법인세비용 차감전 순손익	×××

비용을 기능별로 분류하는 기업은 감가상각비, 기타 상각비와 종업원급여비용을 포함해 비용의 성격에 대한 추가정보를 공시한다.

비용의 기능별 분류 또는 성격별 분류에 대한 선택은 역사적 · 산업적 요인과 기업의 성격에 따라 다르다. 두 방법 모두 기업의 비용이 매출 또는 생산 수준에 따라 직접 또는 간접으로 연계돼 변동된다는 전제를 내포하고 있다. 각 방법이 상이한 유형의 기업별로 장점이 있기 때문에 기업회계기준서에서는 신뢰성 있고 보다 목적적합한 표시방법을 경영진이 선택하도록 하고 있다. 그러나 비용의 성격에 대한 정보가 미래현금흐름을 예측하는 데 유용하기 때문에, 비용을 기능별로 분류하는 경우에는 추가공시가 필요하다.

포괄손익을 단일의 보고서에 표시하고 당기손익 내 비용을 기능별로 분류하는 방법으로 기업회계기준서에서 예시하고 있는 포괄손익계산서는 [표 12-6]과 같다. 연결재무제표가 주재무제표이기 때문에 연결대상 종속회사가 있는 경우 재무상태표와 마찬가지로 '지배기업의 소유주'와 '비지배지분'에 대한 구분표시가 필요하다.

당기순이익과 총포괄이익의 귀속을 '지배기업의 소유주'와 '비지배지분'으로 구분해 표시하는데 이에 관한 사항은 고급회계에서 다룬다. 종속회사가 없는 경우는 이와 같은 구분이 문제될 여지가 없다.

[표 12-6] 포괄손익계산서 예시

XYZ 그룹 – 20x2년 12월 31로 종료하는 회계연도의 연결포괄손익계산서

(단위 : 천원)

	20x2년	20x1년
수익	₩390,000	₩355,000
매출원가	(245,000)	(230,000)
매출총이익	₩145,000	₩125,000
기타수익	20,667	11,300
물류원가	(9,000)	(8,700)
관리비	(20,000)	(21,000)
기타비용	(2,100)	(1,200)
금융원가	(8,000)	(7,500)
관계기업의 이익에 대한 지분①	35,100	30,100
법인세비용 차감전 순이익	₩161,667	₩128,000
법인세비용	(40,417)	(32,000)
계속영업이익	₩121,250	₩96,000
중단영업손실	–	(30,500)
당기순이익	₩121,250	₩65,500
기타포괄손익		
해외사업장 환산 외환차이②	5,334	10,667
매도가능금융자산②	(24,000)	26,667
현금흐름위험회피②	(667)	(4,000)
자산재평가차익	933	3,367
확정급여제도의 보험수리적손익	(667)	1,333
관계기업의 기타포괄손익에 대한 지분③	400	(700)
기타포괄손익의 구성요소와 관련된 법인세④	4,667	(9,334)

법인세비용 차감후 기타포괄손익	₩(14,000)	₩28,000
총포괄이익	₩107,250	₩93,500
당기순이익의 귀속		
지배기업의 소유주	₩97,000	₩52,400
비지배지분	24,250	13,100
	₩121,250	₩65,500
총포괄이익의 귀속		
지배기업의 소유주	₩85,800	₩74,800
비지배지분	21,450	18,700
	₩107,250	₩93,500
주당이익(단위: 원)		
기본 및 희석	₩0.46	₩0.30

대체적인 방법으로, 기타포괄손익의 구성요소는 포괄손익계산서에 세후금액으로 표시될 수 있다.

	20x2년	20x1년
법인세비용 차감후 기타포괄손익		
해외사업장 환산 외환차이	₩4,000	₩8,000
매도가능금융자산	(18,000)	20,000
현금흐름위험회피	(500)	(3,000)
자산재평가차익	600	2,700
확정급여제도의 보험수리적손익	(500)	1,000
관계기업의 기타포괄손익에 대한 지분	400	(700)
법인세비용 차감후 기타포괄손익합계④	₩(14,000)	₩28,000

① 관계기업의 소유주에게 귀속되는 관계기업 이익에 대한 지분을 의미한다(즉, 관계기업에 대한 세후의 비지배지분임).
② 당기의 차손익과 재분류조정에 대한 공시를 주석에 표시하는 누적표시를 예시한다. 대체적인 방법으로 총계표시가 사용될 수 있다.
③ 관계기업의 소유주에게 귀속되는 관계기업 기타포괄손익에 대한 지분을 의미한다(즉, 관계기업에 대한 세후의 비지배지분임).
④ 기타포괄손익의 각 구성요소와 관련된 법인세는 주석에 공시한다.

[예 12–2] 계정과목의 분류

다음 각 계정과목들을 자산, 부채, 자본, 수익, 비용 항목으로 분류하되, 자산과 부채의 경우 유동항목인지 아니면 비유동항목인지를 표시하라.

주식할인발행차금	비품
이자수익	자본금
미지급금	주식발행초과금
선수금	사채
선급금	단기대여금
매출채권	장기차입금
이자비용	급료
미수이자	선급보험료
미지급이자	소모품
건물	매출
토지	매입채무
차량운반구	매출원가
기타포괄손익누계액	이익잉여금

풀이

계정과목	항 목	유 형
주식할인발행차금	자본	
이자수익	수익	
미지급금	부채	유동
선수금	부채	유동
선급금	자산	유동
매출채권	자산	유동
이자비용	비용	
미수이자	자산	유동
미지급이자	부채	유동
건물	자산	비유동
토지	자산	비유동
차량운반구	자산	비유동
기타포괄손익누계액	자본	
비품	자산	비유동
자본금	자본	
주식발행초과금	자본	

계정과목	항 목	유 형
사 채	부 채	비유동
단 기 대 여 금	자 산	유 동
장 기 차 입 금	부 채	비유동
급 료	비 용	
선 급 보 험 료	자 산	유 동
소 모 품	자 산	유 동
매 출	수 익	
매 입 채 무	부 채	유 동
매 출 원 가	비 용	
이 익 잉 여 금	자 본	

12.4 재무제표 분석

1. 재무제표 분석의 의의

재무분석은 회계정보이용자가 기업 재무정보를 의사결정에 유용하게 활용할 수 있도록 정리하고 분석하는 기법이다. 재무분석은 기업의 재무제표뿐만 아니라 주식시장 동향, 정부의 조사통계 등 다양한 자료를 활용한다. 이 중에서 기업 재무제표를 위주로 하는 분석을 재무제표분석이라 한다. 재무제표분석이 차지하는 비중이 높다는 측면에서 재무분석과 재무제표분석은 동의어로 취급되기도 한다.

재무제표분석은 수단과 대상에 따라 추세분석, 구성비율분석 및 재무비율분석으로 구분된다.

2. 추세분석

추세분석(trend analysis)이란 기준 연도와 비교 대상 연도와의 변화의 크기 및 방향을 분석해 미래 변화에 대해 예측하는 기법이다. 2개 연도를 대상으로 하는 비교분석과는 달리 추세분석은 최소한 3개 기간 이상의 자료를 이용하는 것이 일반적이다. 추세분석은 절대적 수치의 비교뿐만 아니라 상대적 비율이나 지수의 방식으로 수행되기도 한다. 대표적 사례는 주가지수다. 주가지수는 특정한 기준연도를 설정하고 이 시점의 지수를 100으로 정하고 이후 주가 변동을 지수로 나타낸다.

기업의 매출액 추세는 성장성을 확인하는 유용한 지표다. 매출총액의 추세뿐만 아니라 외상 매출, 신용카드로 결제된 매출액, 고객의 성별 또는 연령별로 구분한 매출액의 추세를 계산해 효과적 마케팅 전략을 구축하는 정보로 활용할 수 있다.

추세분석은 장기적 변동 방향을 파악해 미래예측에 도움을 줄 수 있지만 여러 가지 제약도 있다. 분석기간이 장기간일 경우 환경요인의 변화가 달라짐으로 해석상 주의를 요하는 경우가 많다.

3. 구성비율분석

구성비율분석(component ratio analysis)이란 재무제표의 가장 기본이 되는 항목을 100%로 놓고 나머지 항목 간의 구성비율을 표시하는 분석기법이다. 이런 기법을 적용해 재무제표를 재구성하면 백분율 재무제표(common size financial statements)를 얻을 수 있다.

[표 12-7] 비교 및 백분율 재무상태표

재무상태표

20x2년 및 20x1년 12월 31일 현재

A사 (단위 : 원)

	20x2.12.31		20x1.12.31	
	금액	구성비율	금액	구성비율
유동자산				
매출채권	₩40,000	10.5%	₩30,000	9.7%
매출채권 이외 당좌자산	60,000	15.8%	50,000	16.1%
재고자산	80,000	21.1%	70,000	22.6%
비유동자산	200,000	52.6%	160,000	51.6%
자산총계	₩380,000	100%	₩310,000	100%
유동부채	₩60,000	15.8%	₩40,000	12.9%
비유동부채	190,000	50.0%	150,000	48.4%
자본금	50,000	13.2%	50,000	16.1%
이익잉여금	80,000	21.0%	70,000	22.6%
부채와 자본 총계	₩380,000	100%	₩310,000	100%

백분율 재무제표의 작성에 있어서 가장 중요한 요소인 기본항목은 개별 구성항목 전체를 포괄하는 개념을 지녀야 한다. 일반적으로 재무상태표의 경우는 자산총액, 포괄손익계산서에 있어서는 순매출액이 기본항목으로 사용된다. 백분율 재무제표로 기업 또는 기간을 비교하면 규모의 차이가 제거되고 구성비율만 부각되기 때문에 적합한 정보를 도출할 수 있다.

백분율 재무상태표 사례는 [표 12-7], 백분율 포괄손익계산서 사례는 [표 12-8]에 제시돼 있다.

[표 12-8] 비교 및 백분율 포괄손익계산서

포괄손익계산서

20x2년 및 20x1년 12월 31일로 종료되는 회계연도

A사 (단위 : 원)

	20x2년도		20x1년도	
	금액	구성비율	금액	구성비율
매출액	₩2,000,000	100%	₩1,800,000	100%
매출원가	(1,300,000)	65.0%	(1,200,000)	66.7%
매출총이익	₩700,000	35.0%	₩600,000	33.3%
영업비용	(300,000)	15.0%	(250,000)	13.9%
영업이익	₩400,000	20.0%	₩350,000	19.4%
기타수익	10,000	0.5%	10,000	0.5%
기타비용				
이자비용	(20,000)	1.0%	(15,000)	0.8%
그밖의비용	(330,000)	16.5%	(305,000)	16.9%
법인세비용 차감전 순이익	₩60,000	3.0%	₩40,000	2.2%
법인세비용	(20,000)	1.0%	(15,000)	0.8%
당기순이익	₩40,000	2.0%	₩25,000	1.4%

*기타포괄손익은 없음.

4. 재무비율분석

재무비율이란 재무제표 구성항목의 상관관계를 비율로 표시한 것이며 이를 정보이용자의 요구에 따라 다양하게 활용하는 기법을 재무비율분석이라 한다. 이는 크게 유동성비율, 안정성비율, 활동성비율, 수익성비율로 구분된다. 재무비율은 전년도 실적비율, 계획했던 목표비율, 동종업계 평균비율, 경쟁기업 실적비율 등과의 비교해 양호 또는 미흡 여부를 판단한다.

(1) 유동성비율

유동성비율(liquidity ratios)이란 기업의 단기채무 지급능력을 나타내는 비율이다. 일반적으로 1년 이내 지급 기일이 도래하는 유동성 부채와 상환재원으로 활용될 수 있는 1년 이내 현금화가 가능한 유동자산을 비교한 수치로 표시된다.

● 유동비율

유동비율(current ratio)은 유동자산을 유동부채로 나눈 비율로, 기업의 단기채무에 충당할 유동자산이 얼마나 되는지를 나타낸다. 유동비율은 대출심사에 핵심적으로 활용되는 대표적 비율이다. 앞으로 비율 산정의 예는 [표 12-7]과 [표 12-8]의 20x2년도 실적을 사용한다.

$$\text{유동비율} = \frac{\text{유동자산}}{\text{유동부채}} \times 100 = \frac{₩180,000}{₩60,000} \times 100 = 300\%$$

● 당좌비율

당좌비율(quick ratio)은 유동자산 중에서 가장 신속한 현금화가 가능한 당좌자산을 유동부채로 나눈 비율이다. 이는 유동비율 보다 엄격한 현금화 기준을 적용한 점에 특징이 있다.

$$\text{당좌비율} = \frac{\text{당좌자산}}{\text{유동부채}} \times 100 = \frac{₩100,000}{₩60,000} \times 100 = 166.67\%$$

(2) 안정성비율

안정성비율(stability ratio)은 기업이 어떤 방식으로 자금을 조달해 어떤 자산에 활용하고 있는지를 나타내는 비율이다. 기업의 자금조달 방식은 자기자본과 타인자본(부채)로 나뉜다. 부채는 단기부채와 장기부채로 나눌 수 있다. 자본은 상환기간이 없다는 측면에서 장기성으로 분류된다. 안정성비율은 비유동자산이 장기성 자본으로 조달됐는지, 자기자본과 타인자본의 구성이 적합한지를 측정한다. 타인자본에 대한 이자지급능력도 안정성비율의 한 유형이다.

● 부채비율

부채비율(debt ratio)은 부채총액을 자기자본으로 나눈 비율이다.

$$\text{부채비율} = \frac{\text{부채}}{\text{자기자본}} \times 100 = \frac{₩250,000}{₩130,000} \times 100 = 192.3\%$$

● 자기자본비율

자기자본비율(net worth to total assets ratio)은 자산총액에서 자기자본이 차지하는 비율을 말한다.

$$자기자본비율 = \frac{자기자본}{총자산} \times 100 = \frac{₩130,000}{₩380,000} \times 100 = 34.2\%$$

일부에서는 부채비율을 계산함에 있어서 분모를 자기자본 대신 총자산을 사용하기도 한다. 이런 산식으로 계산한 부채비율은 65.8%가 되는데 이 경우 부채비율과 자기자본비율의 합계는 100%가 된다.

● 고정장기적합률

고정장기적합률은 기업이 조달한 자기자본과 비유동부채 중에서 고정자산(유형자산과 무형자산을 포함함)에 투자한 정도를 나타내는 비율을 말한다. 이는 투자회수기간이 비교적 장기인 고정자산에 안정적 자본이 뒷받침되고 있는지를 나타내는 비율이다.

$$고정장기적합률 = \frac{고정자산}{장기자본} \times 100 = \frac{₩200,000}{₩190,000 + ₩130,000} \times 100 = 62.5\%$$

* 비유동자산은 전액 유형자산 또는 무형자산으로 구성된 것으로 가정함.

● 이자보상비율

이자보상비율(times interest earned ratio)은 타인자본 사용에 따른 이자의 지급능력을 측정하는 비율로 영업이익이 이자비용의 몇 배나 되는지를 나타낸다. 이는 배수 또는 비율로 표시한다.

$$이자보상비율 = \frac{영업이익}{이자비용} = \frac{₩400,000}{₩20,000} = 20배$$

$$이자보상비율 = \frac{영업이익}{이자비용} \times 100 = \frac{₩400,000}{₩20,000} \times 100 = 2,000\%$$

한편 위의 산식에서 영업이익 대신 법인세비용 차감전 순이익에 이자비용을 가산한 금액을 사용하는 경우도 있다. 이 경우, 이자보상비율은 다음과 같이 계산된다.

$$이자보상비율 = (₩60,000 + ₩20,000) / ₩20,000 \times 100 = 400\%$$

4년만에 실적 턴어라운드 이끈 '제대로 · 미래로 · 한라路'

지난해 매일경제 더비즈타임스와 인터뷰한 캐스린 해리건 컬럼비아대학교 비즈니스스쿨 교수는 "기업들의 턴어라운드는 각각 다르기는 하지만 일반적으로는 3~4년 정도 걸린다"면서 "경영상 문제를 집중적으로 해결하기 위해서는 그 정도 시간이 필요하다"고 설명했다. 이는 기업의 구조조정이 단기간에 해결되는 문제가 아니며 최소 3~4년의 고통스러운 기간을 보내야 한다는 뜻이기도 하다. 한라그룹의 건설부문 계열사인 (주)한라(이하 한라)는 2016년 연결기준 영업이익이 전년 대비 194% 증가한 911억원, 당기순이익 134억원을 달성해 순이익 기준 흑자전환을 하는 데 성공했다. 더비즈타임스는 한라로부터 턴어라운드 과정에 대해서 들어봤다.

구조조정 노력은 재무지표로 나타났다. 턴어라운드에 성공했을 뿐 아니라 부채비율과 차입금이 절반 가까이 줄었다. 부채비율은 2015년 409%에서 2016년 267%로, 차입금은 2015년 6,600억원에서 2016년 3,300억원 수준으로 줄고 이자보상배율(영업이익/이자비용)도 1.8을 기록했다.

실적 개선을 이룬 주요 요인은 건축 및 주택사업부문의 호조 분위기 속에서 수익성 위주의 선별적 수주와 강도 높은 혁신활동으로 원가율 · 판관비가 큰 폭으로 낮아졌기 때문이다. 재무구조 개선을 통해 차입금이 줄어들어 이자비용도 2015년 653억원에서 2016년 405억원으로 감소했다. 자본시장의 평가는 긍정적이다. 한국기업평가는 한라의 신용등급을 'BBB/안정적'으로 상향평가했고, 나이스신용평가에서도 'BBB/안정적'으로 평가했으며, 한라는 올해 초 4년 4개월여 만에 공모채시장 재진입에도 성공했다. 주요 증권사 애널리스트들도 긍정적인 전망을 내놓았다.

– 매일경제 2017.3.3 기사 중 –

(3) 활동성비율

활동성비율(activity ratio)은 기업의 자산이 얼마나 효율적으로 활용되고 있는지를 나타낸다. 기업의 활동성은 매출액을 기준으로 측정한다. 매출액은 일정기간 동안의 유량(flow)을 반영한다. 이를 저량(stock) 개념인 자산 항목과 비교하기 위해서는 기초와 기말의 평균을 사용하는 것이 보다 적절한 방법이다.

● 매출채권회전율

매출채권회전율(receivables turnover)은 매출액을 매출채권으로 나눈 횟수로 표시된다. 이는 매출채권이 얼마나 빨리 회수되는지를 나타낸다.

$$\text{매출채권회전율} = \frac{\text{매출액}}{\text{평균매출채권}} = \frac{₩2,000,000}{(₩40,000 + ₩30,000)/2} = 57.1\text{회}$$

매출채권회전율은 외상매출과 관련된 것이어서 분자를 매출액 중에서 외상매출액만 포함시켜 계산하는 경우도 있다.

● 재고자산회전율

재고자산회전율(inventory turnover)이란 연매출액을 재고자산으로 나누어 계산하며 재고자산 회전속도를 나타낸다. 재고자산회전율의 분자는 매출액 대신 매입액 또는 매출원가가 사용되기도 한다.

$$\text{재고자산회전율} = \frac{\text{매출액}}{\text{평균재고자산}} = \frac{₩2,000,000}{(₩80,000 + ₩70,000)/2} = 26.7\text{회}$$

● 유형자산회전율

유형자산회전율은 기업의 생산능력의 핵심인 유형자산의 효율성을 측정하기 위한 것으로 매출액을 유형자산으로 나누어 계산한다.

$$\text{유형자산회전율} = \frac{\text{매출액}}{\text{평균유형자산}} = \frac{₩2,000,000}{(₩100,000 + ₩80,000)/2} = 22.2\text{회}$$

*비유동자산 중의 2분의 1이 유형자산인 것으로 가정하고 계산함

● 총자산회전율

총자산회전율(total assets turnover)은 매출액을 총자산으로 나누어 계산한다. 총자산은 총자본(타인자본과 자기자본을 합산한 금액을 말함)과 같은 금액이므로 이를 총자본회전율이라고도 한다.

$$\text{총자산(총자본)회전율} = \frac{\text{매출액}}{\text{평균총자산}} = \frac{₩2,000,000}{(₩380,000 + ₩310,000)/2} = 5.8\text{회}$$

(4) 수익성비율

수익성비율(profitability ratio)은 기업의 경영성과를 다양한 기준으로 측정한다. 당기순이익을 기준으로 하는 측정치가 많이 사용된다. 당기순이익을 분자로 사용하기 때문에 저량인 재무상

태표 항목이 분모인 경우는 활동성 비율의 경우와 마찬가지로 기초와 기말의 평균을 사용하는 것이 적절하다.

- 매출액순이익률

매출액 중에서 당기순이익이 차지하는 비중이 얼마나 되는지를 측정하는 비율이다.

$$\text{매출액순이익률} = \frac{\text{당기순이익}}{\text{매출액}} \times 100 = \frac{₩40,000}{₩2,000,000} \times 100 = 2\%$$

매출액을 분모로 고정시키고 분자를 매출총이익 또는 영업이익을 적용해 매출총이익률 또는 매출액영업이익률을 계산할 수 있다. 또 분모인 매출액을 고정시키고 분자에 매출원가를 대입하면 매출원가율이 산출된다. 매출총이익률과 매출원가를 더하면 100%가 된다.

- 자기자본영업이익률

재무상태표의 자본합계를 영업이익으로 나누어 자기자본영업이익률을 계산한다.

$$\text{자기자본영업이익률} = \frac{\text{영업이익}}{\text{평균자기자본}} \times 100 = \frac{₩400,000}{(₩130,000 + ₩120,000)/2} \times 100 = 320\%$$

자기자본영업이익률은 다음과 같이 세분될 수 있다.

$$\begin{aligned}\text{자기자본영업이익률} &= \frac{\text{영업이익}}{\text{평균자기자본}} \times \frac{\text{매출액}}{\text{매출액}} \\ &= \frac{\text{영업이익}}{\text{매출액}} \times \frac{\text{매출액}}{\text{평균자기자본}} \\ &= \text{매출액영업이익률} \times \text{자기자본회전율}\end{aligned}$$

자기자본영업이익률은 매출액영업이익률과 자기자본회전율을 곱한 비율이다. 결국 자기자본영업이익률을 높이려면 매출액영업이익률과 자기자본회전율이 각각 높아져야 하는 것이다. 이런 관계를 산식으로 보이면 다음과 같다.

$$\text{자기자본영업이익률} = \frac{₩400,000}{(₩130,000 + ₩120,000)/2}$$

$$= \frac{₩400,000}{₩2,000,000} \times \frac{₩2,000,000}{₩125,000} = 320\%$$

$$= 20\% \times 16\text{회} = 320\%$$

$$= \text{매출액영업이익률} \times \text{자기자본회전율}$$

● 총자산이익률

총자산이익률(return on assets)은 순이익을 총자산으로 나눈 비율이다. 이는 총자본이익률과 같은 개념이다.

$$\text{총자본이익률} = \frac{\text{당기순이익}}{\text{평균자산}} \times 100 = \frac{₩40,000}{(₩380,000 + ₩310,000)/2} \times 100 = 11.6\%$$

● 주가수익비율

주가수익비율(price earning ratio)은 주당주식가격을 주당순이익으로 나누어 계산한다.

$$\text{주가수익비율} = \frac{\text{주당주식가격}}{\text{주당순이익}} = \frac{₩30,000}{₩1,500} = 20\text{배}$$

*주당 주식가격을 ₩30,000, 주당순이익을 ₩1,500으로 가정했음.

● 배당수익률

배당수익률(dividend yield)은 주당 배당액을 주당 주식가격으로 나누어 계산한다.

$$\text{배당수익률} = \frac{\text{주당배당액}}{\text{주당주식가격}} \times 100 = \frac{₩1,200}{₩30,000} \times 100 = 4\%$$

*주당배당액을 ₩1,200으로 가정했음.

여기서 분모를 주식 액면가액으로 바꾼 비율을 배당률이라 한다. 주식의 액면가액과 시장가격의 차이가 크면 배당률과 배당수익률의 괴리가 커진다.

● 배당성향

당기순이익 중에서 배당으로 지급되는 금액의 비율을 배당성향이라 한다.

$$\text{배당성향} = \frac{\text{배당금총액}}{\text{당기순이익}} \times 100 = \frac{₩16,000}{₩40,000} \times 100 = 40\%$$

*배당금 총액을 ₩16,000으로 가정했음.

일반적으로 투자기회가 많은 성장산업의 배당성향은 낮고 이미 투자된 시설과 판매량이 포화상태인 경우는 높은 배당성향을 유지한다.

배당 늘리는 은행주, 실적 개선에다 당국 불간섭

은행주가 올해 최고 30% 이상 배당금 총액을 늘린 것으로 나타났다. 작년 당기순이익이 늘어난데다 금융당국이 배당정책에 대한 개입 최소화 원칙을 지켜면서 은행들이 주주 친화 정책에 힘쓰는 분위기다. 미국의 3월 금리 인상이 기정사실화되면서 은행주에 대한 투자 심리도 회복되고 있다.

6일 금융감독원 전자공시시스템에 따르면 KB금융은 올해 전년 대비 31% 증가한 총 4,980억원을 배당하기로 했다. 하나금융지주는 2,368억원, 신한지주는 6,876억원으로 전년 대비 배당 총액을 각각 23%, 20% 늘렸다. 우리은행은 배당총액은 2,693억원으로 전년 대비 20% 가량 줄였지만 시가배당률은 3% 수준을 유지했다. 기업은행이 아직 배당금액을 공시하지 않았지만 전년보다 높은 수준을 보일 것으로 예상되고 있다.

주요 은행들은 지난해 당기순이익 증가에 힘입어 주주 배당을 늘리는 추세다. 주가가 오르는 동시에 배당도 늘려 매년 3% 안팎의 시가배당률을 유지하고 있다. 연 2%가 채 안되는 정기예금 이자보다 높은 배당수익을 제공하는 셈이다. 또 금감원이 금융지주의 배당정책 개입을 최소화한다는 기조를 유지하면서 당기순이익 대비 배당금이 차지하는 비율인 배당성향도 서서히 올라가는 추세다. 하나금융지주의 배당성향은 23.4%로 전년 대비 2.3%포인트 올랐다.

신한지주와 KB금융의 배당성향도 24.8%, 22.7%로 전년 대비 각각 0.8%포인트, 0.5%포인트 상승했다. 우리은행은 배당성향은 21.4%로 전년 대비 10% 이상 감소했지만 올해가 민영화 첫해인 만큼 앞으로 배당성향이 증가할 것으로 기대되고 있다.

– 매일경제 2017.3.6 기사 중 –

● 성장성 관련 비율

성장성비율은 전기 실적에 대비한 당기의 증가 또는 감소에 대한 비율을 계산된다. 특히 자산총액, 매출액 또는 순이익의 증가를 측정한 성장성비율이 많이 활용된다.

토·의·문·제

1. 국제회계기준에서 규정하고 있는 재무제표의 종류에 대해 설명하라.

2. 국제회계기준 도입 후에 이익잉여금처분계산서가 재무제표에서 제외된 이유는 무엇인가?

3. 회계등식과 재무상태표 간의 관계를 설명하라.

4. 재무상태표와 포괄손익계산서의 역할 및 양자 간의 관계에 대해 설명하라.

5. 손익계산서가 국제회계기준에서 포괄손익계산서로 전환된 이유는 무엇인가?

6. 유동자산과 비유동자산, 유동부채와 비유동부채의 구분기준과 구분이유에 대해 설명하라.

7. 포괄손익계산서상 비용의 분류방법에 대해 설명하라.

8. 당기순손익과 기타포괄손익 간의 관계를 설명하라.

9. 재무상태표 계정과 손익계산서 계정 간의 차이점에 대해 설명하라.

10. 재무제표분석 기법의 종류를 설명하라.

11. 백분율 재무제표의 작성방법을 설명하라.

12. 비율분석의 종류를 설명하라.

자·습·문·제

[집합손익 및 기타포괄손익 정리]

1. A상사의 20x1년 12월 31일 현재 수정후 시산표에 표시된 관련 계정금액은 다음과 같다(편의상 수익과 비용을 총계로 표시함).

수익	₩200,000	비용	₩150,000
기타포괄이익	30,000	미처분이익잉여금	80,000
기타포괄손익누계액	120,000		

위의 잔액에 따라 A상사의 결산분개와 재무상태표에 표시될 항목의 잔액을 산출하라.

풀이

[결산분개]

① 수익과 비용을 집합손익계정에 대체

(차) 수익	200,000	(대) 집합손익	200,000
집합손익	150,000	비용	150,000

② 집합손익을 미처분이익잉여금으로 대체

(차) 집합손익	50,000	(대) 미처분이익잉여금	50,000

③ 기타포괄이익은 기타포괄손익누계액으로 대체

(차) 기타포괄이익	30,000	(대) 기타포괄손익누계액	30,000

재무상태표에 표시될 금액

미처분이익잉여금 : ₩80,000 + ₩50,000 = ₩130,000

기타포괄손익누계액 : ₩120,000 + ₩30,000 = ₩150,000

[당기순손익과 기타포괄손익]

2. A사의 20x1년도 회계자료의 일부는 다음과 같다.

일 자	자산총계	부채총계
20x1년 1월 1일	₩10,000,000	₩6,000,000
20x1년 12월 31일	15,000,000	9,000,000

20x1년 1월 1일 이익잉여금 계정의 잔액은 ₩2,000,000이며, 20x1년 12월 31일의 잔액(20x1년 당기순이익 포함)은 ₩3,700,000이다. 제시된 거래 이외에 주주와의 자본거래는 없다고 할 때, 20x1년 포괄손익계산서상 기타포괄이익은 얼마인가?

풀이

20x1년 1월 1일 자본총계 = 자산총계 − 부채총계
= ₩10,000,000 − ₩6,000,000
= ₩4,000,000

20x1년 12월 31일 자본총계 = 자산총계 − 부채총계
= ₩15,000,000 − ₩9,000,000
= ₩6,000,000

20x1년도에 자본은 ₩2,000,000 증가되었으며, 그 중 당기순이익의 증가로 인한 금액이 ₩1,700,000이므로 차액 ₩300,000이 기타포괄이익에 해당한다.

[재무상태표와 포괄손익계산서의 작성]

3. 다음 자료를 이용해 20x1년 A사의 재무상태표와 포괄손익계산서를 작성하라.

계정과목	금 액	계정과목	금 액
현금및현금성자산	₩8,000,000	매출채권	₩15,000,000
매출	150,000,000	이자비용	7,000,000
건물	200,000,000	재고자산	9,000,000
차량운반구	30,000,000	법인세비용	7,500,000
무형자산	30,000,000	이익잉여금(당기순이익포함)	75,000,000
매출원가	100,000,000	자본금	100,000,000
유형자산처분이익	10,000,000	매입채무	20,000,000
유형자산처분손실	6,500,000	단기차입금	12,000,000
토지	160,000,000	장기차입금	50,000,000
임대료	12,000,000	자본잉여금	120,000,000
이자수익	5,000,000	자본조정	15,000,000
사채	100,000,000	기타포괄손익누계액(당기기타포괄손익포함)	20,000,000
건물재평가이익	9,000,000	미지급금	10,000,000
투자부동산	70,000,000	판매비	18,000,000
관리비	7,000,000		

단, 재무상태표는 유동/비유동 구분법에 의해 작성하고, 포괄손익계산서는 단일형식 및 비용의 기능별분류 방법에 의해 작성하라.

풀이

재무상태표

A사	20x1.12.31 현재		(단위 : 원)
비유동자산		자본금	₩100,000,000
유형자산		자본잉여금	120,000,000
차량운반구	₩30,000,000	자본조정	15,000,000
건 물	200,000,000	기타포괄손익누계액	20,000,000
토 지	160,000,000	이익잉여금	75,000,000
무형자산	30,000,000	**자본총계**	₩330,000,000
투자부동산	70,000,000	**비유동부채**	
유동자산		사채	₩100,000,000
현금및현금성자산	8,000,000	장기차입금	50,000,000
매출채권	15,000,000	유동부채	
재고자산	9,000,000	매입채무	20,000,000
		미지급금	10,000,000
		단기차입금	12,000,000
		부채총계	₩192,000,000
자산총계	₩522,000,000	자본과 부채총계	₩522,000,000

포괄손익계산서

A사	20x1.1.1~20x1.12.31	(단위 : 원)
매 출		₩150,000,000
매출원가		100,000,000
매출총이익		₩50,000,000
기타수익		
유형자산처분이익	₩10,000,000	
이자수익	5,000,000	
임대료	12,000,000	27,000,000
판매비		(18,000,000)
관리비		(7,000,000)
기타비용		
유형자산처분손실	₩6,500,000	
이자비용	7,000,000	(13,500,000)
법인세비용차감전순이익		₩38,500,000
법인세비용		(7,500,000)
당기순이익		₩31,000,000
기타포괄손익		
건물재평가이익		9,000,000
당기총포괄이익		₩40,000,000

[성격별 비용분류방식]

4. 상품매매업을 영위하는 A사의 20x1년 포괄손익계산서 작성을 위한 자료는 다음과 같다. 20x1년 A회사의 포괄손익계산서를 작성하라. 단, 포괄손익계산서는 단일 포괄손익계산서로 작성한다.

[20x1년 수익 관련 자료]
① 매출액 : ₩180,000,000
② 유형자산처분이익 : ₩2,000,000
③ 이자수익 : ₩800,000
④ 기타포괄손익인식금융자산 평가이익 : ₩14,000,000
  * 기타포괄손익인식금융자산 평가이익은 당기순손익에 반영되는 것이 아니라 기타포괄손익에 반영됨.

[20x1년 비용 관련 자료]
① 매출원가 : ₩100,000,000
② 종업원 급여비용 : ₩22,000,000
③ 감가상각비 : ₩3,600,000
④ 법인세비용 : ₩8,700,000

풀이

포괄손익계산서

A사	20x1.1.1~20x1.12.31	(단위 : 원)
매 출		₩180,000,000
매출원가		(100,000,000)
매출총이익		₩80,000,000
기타수익		
유형자산처분이익	₩2,000,000	
이자수익	800,000	2,800,000
판매비와 관리비		
급 여	₩22,000,000	
감가상각비	3,600,000	(25,600,000)
법인세비용 차감전 순이익		₩57,200,000
법인세비용		(8,700,000)
당기순이익		₩48,500,000
기타포괄손익		
금융자산평가이익	₩14,000,000	14,000,000
당기총포괄이익		₩62,500,000

[재무상태표의 작성]

5. 다음은 20x1년 12월 31일 현재 A사의 재무상태와 관련한 자료이다. 재무상태표를 작성하라.

현금및현금성자산	₩2,700,000	차입금	₩14,000,000 ①
선급비용	750,000	재고자산	3,500,000
미수수익	690,000	자본잉여금	3,000,000
매입채무	8,500,000	토지	8,800,000
자본금	5,000,000	재평가잉여금	400,000
매출채권	14,000,000	투자부동산	3,600,000
산업재산권	960,000	미수금	1,000,000 ②
자본조정 ③	1,000,000	차량운반구	4,000,000
미지급금	2,000,000 ④	선수수익	1,600,000
이익잉여금	4,100,000	미지급비용	400,000

① 차입금 가운데 ₩4,000,000은 20x2년 3월 14일에 상환해야 하며 나머지는 20x3년 7월에 상환하기로 되어 있다.
② 미수금 가운데 ₩800,000에 해당하는 금액만 20x2년에 회수할 것으로 약정했다. 나머지 잔액은 20x3년에 회수한다.
③ 자본조정 내역은 미교부주식배당금으로 대변에 기록된다.
④ 미지급금 가운데 ₩300,000은 20x3년 7월에 지급하기로 약정했으며 나머지는 20x2년에 지급한다.

풀이

재무상태표

A사 20x1년 12월 31일 현재 (단위 : 원)

유동자산		유동부채	
현금및현금성자산	₩2,700,000	매입채무	₩8,500,000
매출채권재고자산	14,000,000	단기차입금	4,000,000
단기미수금	800,000	미지급금	1,700,000
선급비용	750,000	미지급비용	400,000
미수수익	690,000	선수수익	1,600,000
재고자산	3,500,000	비유동부채	
비유동자산		장기차입금	10,000,000
장기미수금	200,000	장기미지급금	300,000
유형자산		부채 총계	₩26,500,000
토지	8,800,000	자본금	₩5,000,000
차량운반구	4,000,000	자본잉여금	3,000,000
무형자산		자본조정	1,000,000
산업재산권	960,000	기타포괄손익누계액	400,000
투자부동산	3,600,000	이익잉여금	4,100,000
		자본 총계	₩13,500,000
자산 총계	₩40,000,000	부채와 자본총계	₩40,000,000

[재무비율분석]

6. A사의 20x1년 12월 31일로 종료하는 회계연도의 재무제표에 표시된 금액은 다음과 같다.

매 출 액	₩500,000	당 기 순 이 익	₩200,000
기 초 자 산 총 액	₩300,000	기 말 자 산 총 액	₩380,000

위의 자료로 다음 비율을 계산하라.

(1) 매출액순이익률
(2) 총자산순이익률
(3) 총자본회전율

풀이

(1) 매출액순이익률 $= \dfrac{₩200{,}000}{₩500{,}000} \times 100 = 40\%$

(2) 총자산순이익률 $= \dfrac{₩200{,}000}{(₩300{,}000 + ₩380{,}000)/2} \times 100 = 58.8\%$

(3) 총자본회전율 $= \dfrac{₩500{,}000}{(₩300{,}000 + ₩380{,}000)/2} = 1.47$회

(총자본은 총자산과 동일하므로 총자산 수치를 활용해 계산할 수 있음)

연·습·문·제

[집합손익 및 기타포괄손익 마감절차]

1. 다음은 (주)동서의 수정후 시산표에 표시된 수익 · 비용 및 기타포괄손익 관련 사항이다(수익과 비용은 총계를 표시함).

수익	₩100,000	비용	₩50,000
미처분이익잉여금	60,000	매도가능증권평가손실	40,000
기타포괄손익누계액	50,000		

위의 사항에 따라 다음 항목의 금액을 산출하라.

(1) 당기순이익
(2) 총포괄이익
(3) 미처분이익잉여금
(4) 기타포괄손익누계액

[당기순손익과 기타포괄손익]

2. A사의 20x1년 1월 1일과 12월 31일의 재무상태표의 일부 자료는 다음과 같다.

	1월 1일	12월 31일
자산총계	₩526,797,000	₩534,042,000
부채총계	284,359,000	269,324,000

A사는 라디오를 제조해 판매하는 제조업체이며, 20x1년말 라디오를 제조하는 데 필수적인 기계장치에 대해 처음으로 재평가모형을 적용하기로 했다. A사는 재평가모형을 선택해 기계장치를 평가함으로써 재평가잉여금으로 ₩3,000,000을 장부에 계상했다.
위 자료를 통해 A사의 당기순이익을 산출하라. 단, 제시된 거래 이외에 다른 자본 관련 거래는 없었다고 가정한다.

[회계등식]

3. A사는 20x1년 1월 1일 재무상태와 20x1년 12월 31일 재무상태를 비교해 본 결과, 부채가 ₩2,789,000만큼 증가했음을 알게 됐다. 또한 20x1년 A사의 당기순이익은 ₩700,000이고, 20x1년말 재평가모형을 유형자산에 적용함으로써 ₩92,000의 재평가잉여금을 장부에 계상했다. 20x1년 12월 31일 자산의 총계가 ₩12,844,000이라고 할 때, 20x1년 1월 1일 자산의 총계를 계산하라. 단, 제시된 거래 이외에 주주와의 자본거래는 없다고 가정할 것.

[성격별 비용분류방식]

4. 20x1년 A 사의 포괄손익계산서 작성을 위한 자료는 다음과 같다. 20x1년 A 사의 포괄손익계산서를 작성하라. 단, 포괄손익계산서는 단일 포괄손익계산서로 작성한다.

[20x1년 수익 관련 자료]
① 매출액 : ₩7,841,000
② 유형자산처분이익 : ₩452,000
③ 이자수익 : ₩285,000
④ 기타포괄손익인식금융자산 평가이익 : ₩100,000
* 기타포괄손익인식금융자산 평가이익은 당기순손익에 반영되는 것이 아니라 기타포괄손익에 반영됨.

[20x1년 비용 관련 자료]
① 매출원가 : ₩2,139,000
② 종업원 급여 비용 : ₩3,713,000
③ 감가상각비와 기타 상각비 : ₩1,292,000
④ 기타비용 : ₩990,000
⑤ 법인세 비용 : ₩133,200

[재무상태표와 포괄손익계산서의 작성]

5. 다음 자료는 20x1년 A사의 재무상태표와 포괄손익계산서 작성을 위한 자료이다. 포괄손익계산서와 재무상태표를 작성하고 20x1년 12월 31일 현재 현금및현금성자산의 잔액을 계산하라. 참고로 20x1년 1월 1일 A사의 이익잉여금 잔액은 ₩330,000이고 20x1년 중 주주와의 다른 자본거래는 없었다. 재무상태표는 유동/비유동 구분법에 의해 작성하고, 포괄손익계산서는 단일형식 및 비용의 기능별분류 방법에 의해 작성하라.

계정과목	금 액	계정과목	금 액
현금및현금성자산	₩ ×××	사채 ①	₩380,000
매출원가	3,560,000	유형자산처분이익	129,000
매입채무	287,000	차입금 ②	775,000
건물	875,000	법인세비용	369,000
이자비용	213,000	자본금	200,000
관리비	741,000	판매비	180,000
투자부동산	129,000	매출	5,100,000
자본잉여금	200,000	유형자산처분손실	401,000
이자수익	189,000	건물재평가이익	314,000
개발비	200,000	임대료	174,000
자본조정	100,000	재고자산	556,000
이익잉여금 (당기순이익포함)	×××	기타포괄손익누계액 (당기 재평가잉여금 포함)	400,000
토지	771,000	매출채권	443,000

① 사채의 상환일은 모두 20x2년 12월 31일 이후이다.
② 차입금 가운데 ₩215,000에 해당하는 부분만 20x2년 중 상환해야 한다. 나머지 잔액의 상환일은 모두 20x3년이다.

[재무비율분석]

6. (주)남북의 재무제표에서 뽑아낸 관련 수치는 다음과 같다.

매출액	₩500,000	당기순이익	₩50,000
영업이익	100,000	이자비용	30,000
자산총액(기초)	200,000	자산총액(기말)	220,000
매출채권(기초)	100,000	매출채권(기말)	60,000

위의 자료에 의해 다음의 재무비율을 계산하라.

(1) 매출액순이익률
(2) 총자산순이익률
(3) 총자본회전율
(4) 매출채권회전율

[실무스펙 12] 투명경영은 국가경쟁력의 견인차

시장경제를 이끌고 나가는 핵심 주체는 기업이다. 기업은 일자리를 만들어 가계에 소득을 제공하고 세금을 납부해 국가재정을 뒷받침한다. 제품 생산과 용역 제공을 통해 국민생활의 기반을 조성하고 국민저축을 생산적으로 활용해 임금 및 이자 · 배당을 배분한다. 기술개발과 시장개척을 통해 이익을 창출하고 이를 사회에 환원함으로써 사회적 책임을 완수한다.

기업이 국민경제에서 차지하는 비중과 역할이 중요함에도 불구하고 부정적인 시각도 많다. 기업에 대한 부정적 정서는 주로 불투명한 경영관행에서 유발된다. 투명경영을 통한 정면 돌파로 이를 속히 해소해야 한다.

투명경영을 위해서는 경영권을 보유한 대주주와 최고경영층이 앞장서야 한다. 정치권과 행정부에서도 불필요한 기업규제를 줄이고 행정의 투명성과 공정성을 높여야 한다. 국민 모두 깨끗한 사회를 만들기 위해 거래 증빙 주고받기와 부정한 청탁 안하기 등 공정한 사회 분위기 조성에 힘을 보태야 한다.

우리나라의 투명성에 대한 국제적 인식은 부당하게 저평가되고 있다. 국제투명성기구가 매년 발표하는 국가별 부패인식지수에서 우리나라는 경제협력개발기구(OECD) 국가 중 하위권을 벗어나지 못한다. 불법 정치자금 수수와 이에 대한 사법처리 미흡이 중요한 감점 요인으로 지적되고 있다. 정치와 행정 분야의 부패추방과 기업부문의 투명성 제고를 통해 국가 투명성 순위를 개선해야 한다.

투명경영을 위해서는 투명한 회계시스템이 필수적이다. 과거 부실기업 처리과정에서 치밀하게 조작된 대규모 분식회계가 사후적으로 드러난 사례가 많았다. 분식회계는 기업주가 단독으로 직접 처리할 수는 없기 때문에 회계나 자금담당 임직원이 불법행위에 가담하는 경우가 많다. 기업주의 부정행위를 알고 있는 내부자가 이를 빌미로 공금을 착복하는 사례도 빈번하다. 기업주의 약점을 이용한 금품 갈취와 회계분식을 눈감는 대가로 거액의 부당 용역비를 챙기는 회계감사인이 적발되기도 했다.

부도덕한 기업주가 주도하는 회계부정은 기업의 효율성에도 치명적 손상을 입혀 부실기업으로 전락시키는 독약이 된다. 근래에는 투명성에 대한 인식이 개선되고 인터넷의 발달로 내부자 고발도 용이해져 기업에서 부정을 감추기가 어려워졌고 기업주 스스로가 투명경영을 최우선 목표로 정하고 실천하는 관행이 정착되고 있다.

기업경영의 투명성을 촉진하기 위해서는 기업관련 법규와 국세행정 및 공정거래 감독을 보다 강화해야 한다. 기업의 비자금은 수입금액 누락, 필요경비 가공계상 및 협력업체로부터의 리베이트 뜯어내기 등의 불법적 수단으로 조성되기도 하지만 기업주 일가의 재산상속과정에서 파생되기도 한다.

우리나라 민법의 재산상속 규정은 피상속인의 선택권을 과도히 제약하면서 상속인 사이의 균등한 분배를 원칙으로 정하고 있다. 특히 기업 경영권과 관련된 주식 지분 상속과정에서 경영능력이 있는 자녀에게 경영권을 넘기기 위한 차명계좌가 다수 유지돼 왔다. 차명으로 보유한 주식의 배당수입을 관리하기 위한 신규 차명예금계좌 수요도 계속 발생하고 있는데 이러한 기업주 일가의 상속관련 비자금은 해당 기업과는 직접적 관련이 없음에도 불구하고 기업계 전체의 투명성에 대한 불신을 확산시키는 부작용을 유발하고 있다.

민법의 상속규정을 개정해 불필요한 차명관행의 확산을 막고 특히 주식지분에 대해서는 주식보유에 대한 재산권과 경영권을 분리해 상속할 수 있는 방안을 마련해야 한다. 주식에 대한 상속세 제도를 개선해 경영능력이 있는 자녀는 상속세를 나중에 내는 조건으로 기업경영을 먼저 맡는 과세이연 방식도 검토돼야 한다.

국세행정의 선진화에도 박차를 가해 모든 거래내역이 투명하게 드러나게 하고 건설공사나 부품구입에서 공정한 경쟁체제가 담보되도록 공정거래 질서를 확립해야 한다. 기업경영의 투명성이 확보되면 가진 자에 대한 사회적 인식이 긍정적으로 바뀌고 기업인이 자긍심과 보람을 가지고 적극적인 투자에 나설 수 있게 된다. 투명경영은 기업에 대한 사회전반의 인식을 긍정적으로 변화시키고 기업가 사기진작을 통해 대한민국을 한 단계 끌어올릴 원동력이다.

[부록 1] 현가표

[표 1] 복리이자 요소(CVIF)

CVIF − $(1+i)^n$ (n=기간, i=기간당 이자율)

n/i	1.0	2.0	3.0	4.0	5.0	6.0	7.0	8.0	9.0	10.0
1	1.01000	1.02000	1.03000	1.04000	1.05000	1.06000	1.07000	1.08000	1.09000	1.10000
2	1.01010	1.04040	1.06090	1.08160	1.10250	1.12360	1.14490	1.16640	1.18810	1.21000
3	1.03030	1.06121	1.09273	1.12486	1.15762	1.19102	1.22504	1.25971	1.29503	1.33100
4	1.04060	1.08243	1.12551	1.16986	1.21551	1.26248	1.31080	1.36049	1.41158	1.46410
5	1.05101	1.10408	1.15927	1.21665	1.27628	1.33823	1.40255	1.46933	1.53862	1.64051
6	1.06152	1.12616	1.19405	1.26532	1.34010	1.41852	1.50073	1.58687	1.67710	1.77156
7	1.07214	1.14869	1.22987	1.31593	1.40710	1.50363	1.60578	1.71382	1.82804	1.94872
8	1.08286	1.17166	1.26677	1.36857	1.47746	1.59385	1.71819	1.85093	1.99256	2.14359
9	1.09369	1.19509	1.30477	1.42331	1.55133	1.68948	1.83846	1.99900	2.17189	2.35795
10	1.10462	1.21899	1.34392	1.48024	1.62889	1.79085	1.96715	2.15892	2.36736	2.59374
11	1.11567	1.24337	1.38423	1.53945	1.71034	1.89380	2.10485	2.33164	2.58043	2.85312
12	1.12682	1.26824	1.42576	1.60103	1.79586	2.01220	2.25219	2.51817	2.81266	3.13843
13	1.13809	1.29361	1.46853	1.66507	1.88565	2.13293	2.40984	2.71962	3.06580	3.45227
14	1.14947	1.31948	1.51259	1.73168	1.97993	2.26090	2.57853	2.93719	3.34173	3.79750
15	1.16097	1.34587	1.55797	1.80094	2.07893	2.39656	2.75903	3.17217	3.64248	4.17725
16	1.17258	1.37279	1.60471	1.87298	2.18287	2.54035	2.95216	3.42594	3.97030	4.59497
17	1.18430	1.40024	1.65285	1.94790	2.29202	2.69277	3.15881	3.70002	4.32763	5.05447
18	1.19615	1.42825	1.70243	2.02582	2.40662	2.85434	3.37993	3.99602	4.71712	5.55992
19	1.20811	1.45681	1.75351	2.10685	2.52695	3.02560	3.61653	4.31570	5.14166	6.11591
20	1.220x2	1.48595	1.80611	2.19112	2.65330	3.20713	3.86968	4.66096	5.60441	6.72750

n/i	11.0	12.0	13.0	14.0	15.0	16.0	17.0	18.0	19.0	20.0
1	1.11000	1.12000	1.13000	1.14000	1.15000	1.16000	1.17000	1.18000	1.19000	1.20000
2	1.23210	1.25440	1.27690	1.29960	1.32250	1.34560	1.36890	1.39240	1.41610	1.44000
3	1.36763	1.40943	1.44290	1.48154	1.52087	1.56090	1.60161	1.64303	1.68516	1.72800
4	1.51807	1.57352	1.63048	1.68896	1.74901	1.81064	1.87389	1.93878	2.00534	2.07360
5	1.68506	1.76234	1.84244	1.92541	2.01136	2.10034	2.19245	2.28776	2.8635	2.48832
6	1.87041	1.97382	2.08195	2.19497	2.31306	2.43640	2.56516	2.69955	2.83976	2.98598
7	2.07616	2.21068	2.25261	2.50227	2.66002	2.82622	3.00124	3.18547	3.37931	3.58318
8	2.30454	2.47596	2.65844	2.85259	3.05902	3.27841	3.51145	3.75886	4.02138	4.29982
9	2.55804	2.77308	3.00404	3.35195	3.51788	3.80296	4.10840	4.43545	4.78545	5.15978
10	2.83942	3.10585	3.39457	3.70722	4.04556	4.41143	4.80683	5.23383	5.69468	6.19173
11	3.15176	3.47855	3.83586	4.22623	4.65239	5.11726	5.62399	6.17592	6.77667	7.43008
12	3.49845	3.89598	4.33452	4.81790	5.35025	5.93603	6.58007	7.28759	8.06242	8.91610
13	3.88328	4.36349	4.89801	5.49241	6.15279	6.88579	7.69868	8.59936	9.59645	10.69932
14	4.31044	4.88711	5.53475	6.26135	7.07570	7.98752	9.00745	10.14724	11.41977	12.83918
15	4.78459	5.47356	6.25427	7.13794	8.13706	9.26552	10.53872	11.97374	13.58953	15.40701
16	5.31089	6.13039	7.06732	8.13725	9.35762	10.74800	12.33030	14.12902	16.17154	18.48842
17	5.89509	6.86604	7.98608	9.27646	10.76126	12.46768	14.42645	16.67224	19.24413	22.18610
18	6.54355	7.68996	9.02427	10.57517	12.37545	14.46251	16.87895	19.67324	22.90051	26.62332
19	7.26334	8.61276	10.19742	12.05569	14.23177	16.77651	19.74837	23.21443	27.25161	31.94798
20	8.06231	9.64629	11.52309	13.74348	16.36653	19.46075	23.10559	27.39302	32.42941	38.33758

[표 2] 연금의 복리이자요소(CVIFa = [(1+i)^n − 1] / i)

CVIFa − $(1+i)^n$ (n=기간, i=기간당 이자율)

n/i	1.0	2.0	3.0	4.0	5.0	6.0	7.0	8.0	9.0	10.0
1	1.00000	1.00000	1.00000	1.00000	1.00000	1.00000	1.00000	1.00000	1.00000	1.00000
2	2.01000	2.02000	2.03000	2.04000	2.04500	2.06000	2.0700	2.08000	2.0900	2.10000
3	3.03010	3.06040	3.09090	3.12160	3.13702	3.18360	3.21490	3.24640	3.27810	3.31000
4	4.06040	4.12161	4.18363	4.24646	4.27819	4.67462	4.43994	4.50611	4.57313	4.64100
5	5.10100	5.20404	5.30914	5.41632	5.47071	5.63709	5.75074	5.86660	5.98471	6.10510
6	6.15201	6.30812	6.46841	6.63298	6.71689	6.97532	7.15329	7.33593	7.53222	7.71561
7	7.21353	7.43428	7.66246	7.89829	8.01915	8.39384	8.65402	8.92280	9.20043	9.48717
8	8.28567	8.58297	8.89234	9.24123	9.38001	9.89747	10.25980	10.63663	11.02847	11.43589
9	9.36853	9.75463	10.15911	10.58279	10.80211	11.49132	11.97799	12.48756	13.02104	13.57948
10	10.46221	10.94972	11.46388	12.00611	12.28821	13.18079	13.81645	14.48656	15.19293	15.93742
11	11.56683	12.16871	12.80779	13.48635	13.54118	14.97164	15.78360	16.64549	17.56029	18.53117
12	12.68250	13.41209	14.19203	15.02580	15.46403	16.86994	17.88845	18.97713	20.14072	21.38428
13	13.80933	14.68033	15.61779	16.62684	17.15991	18.88214	20.14064	21.49530	22.95338	24.52271
14	14.94742	15.97394	17.08632	18.29191	18.93211	21.01506	22.55049	24.21492	26.01919	27.97498
15	16.09689	17.29342	18.59891	20.02359	20.78405	23.27597	25.12902	27.15211	29.36091	31.77248
16	17.25786	18.63928	20.15688	21.82453	22.71933	25.67252	27.88805	30.32428	33.00339	35.94973
17	18.43044	20.01207	21.76158	23.69751	24.74170	28.21287	30.84021	33.75022	36.97370	40.54470
18	19.61474	21.41231	23.41443	25.64541	26.85508	30.90565	33.99903	37.45024	41.30133	45.59917
19	20.81089	22.84056	25.11686	27.67123	29.06356	33.75998	37.37896	41.44626	46.01845	51.15908
20	22.01900	24.29737	26.87037	29.77807	31.37142	36.78558	40.99549	48.76196	51.16011	57.27499

n/i	11.0	12.0	13.0	14.0	15.0	16.0	17.0	18.0	19.0	20.0
1	1.00000	1.00000	1.00000	1.00000	1.00000	1.00000	1.00000	1.00000	1.00000	1.00000
2	2.11000	2.12000	2.13000	2.14000	2.15000	2.16000	2.17000	2.18000	2.19000	2.20000
3	3.34210	3.37440	3.40690	3.43960	3.47250	3.50560	3.539890	3.57240	3.60610	3.64000
4	4.70973	4.77933	4.84980	4.92114	4.99337	5.06650	5.14051	5.21543	5.29126	5.36800
5	6.22780	6.35285	6.48027	6.61010	6.74238	6.87714	7.01440	7.15421	7.29660	7.44160
6	7.91286	8.11519	8.32271	8.53552	8.75374	8.97748	9.20685	9.44197	9.68295	9.92992
7	9.78327	10.08901	10.40466	10.73049	11.06680	11.41387	11.77201	12.14152	12.52271	12.91590
8	11.85943	12.29969	12.75726	13.23276	13.72682	14.24009	14.77325	15.32699	15.90203	16.49908
9	14.16397	14.77566	15.41571	16.08535	16.78584	17.51851	18.28471	19.08585	19.92341	20.9890
10	16.72201	17.54873	18.41975	19.33729	20.30372	21.32147	22.39311	23.52131	24.70886	25.95868
11	19.56143	20.65458	21.81432	23.04451	24.34927	25.73290	27.19993	28.75514	30.40354	32.15041
12	22.71318	24.13313	25.65018	27.27074	29.00166	30.85016	32.82392	34.93106	37.10821	39.58049
13	26.21163	28.02911	29.98470	32.08865	34.35191	36.78619	39.40399	42.21865	45.2445	48.49659
14	30.09491	32.39260	34.88271	37.58106	40.50470	43.67198	47.10266	50.81801	54.84090	59.19591
15	34.40535	37.27971	40.41746	43.84241	47.58041	51.65949	56.11012	60.96525	66.26067	72.03509
16	39.18994	42.75327	46.67173	50.98034	55.71747	60.92501	66.64883	72.93899	79.85019	87.44210
17	44.50083	48.88367	53.73906	59.11759	65.07508	71.67301	79.97913	87.06801	96.02173	105.93052
18	50.39592	55.74971	61.72513	68.39405	75.83635	84.14069	93.40599	103.74025	115.26585	128.11662
19	56.93947	63.43967	70.74940	78.96922	88.21180	98.60320	110.28453	123.41349	138.16636	154.73994
20	64.20282	72.05243	80.94682	91.02491	102.44357	115.37971	130.03290	146.62792	165.41797	186.68792

[표 3] 현가이자요소(PVIF = 1 / [(1+i)^n])

CVIF – $(1+i)^n$ (n=기간, i=기간당 이자율)

n/i	1.0	2.0	3.0	4.0	5.0	6.0	7.0	8.0	9.0	10.0
1	0.99010	0.98039	0.97089	0.96154	0.95238	0.94340	0.93458	0.92593	0.91743	0.90909
2	0.98030	0.96117	0.94260	0.92456	0.90703	0.89000	0.87344	0.85734	0.84168	0.82645
3	0.97059	0.94232	0.91514	0.88900	0.86384	0.83962	0.81630	0.79383	0.77218	0.75131
4	0.96098	0.92385	0.88849	0.85480	0.82270	0.79209	0.76290	0.73503	0.70843	0.68301
5	0.95147	0.90573	0.86261	0.82193	0.78353	0.74726	0.71299	0.68058	0.64996	0.62092
6	0.94205	0.88797	0.83748	0.79031	0.74622	0.70496	0.66634	0.63017	0.59627	0.56447
7	0.93272	0.87056	0.81309	0.75992	0.71068	0.66506	0.62275	0.58349	0.54703	0.51316
8	0.92348	0.85349	0.78941	0.73069	0.67684	0.62741	0.58201	0.54027	0.50187	0.46651
9	0.91434	0.83676	0.76642	0.70259	0.64461	0.59190	0.54393	0.50025	0.46043	0.42410
10	0.90529	0.82035	0.74409	0.67556	0.61391	0.55839	0.50835	0.46319	0.42241	0.38554
11	0.89632	0.80426	0.72242	0.64958	0.58468	0.52679	0.47509	0.42888	0.38753	0.35049
12	0.88745	0.78849	0.70138	0.62460	0.55684	0.49697	0.44401	0.39711	0.35553	0.31863
13	0.87866	0.773034	0.68095	0.60057	0.53032	0.46884	0.41496	0.36770	0.32618	0.28966
14	0.86996	0.75788	0.66112	0.57748	0.50507	0.44230	0.38782	0.34046	0.29925	0.26333
15	0.86135	0.74301	0.64186	0.55526	0.48102	0.41727	0.36245	0.31524	0.27454	0.23939
16	0.85282	0.72845	0.62317	0.53391	0.45811	0.39365	0.33873	0.29189	0.25187	0.21763
17	0.84438	0.71416	0.60502	0.51337	0.43630	0.37136	0.31657	0.27027	0.23107	0.19784
18	0.83602	0.70016	0.58739	0.49363	0.41552	0.35034	0.29586	0.25025	0.21199	0.17986
19	0.82774	0.68643	0.57029	0.47464	0.39573	0.33051	0.27651	0.23171	0.19449	0.16351
20	0.81954	0.67297	0.55368	0.45639	0.37689	0.31180	0.25842	0.21455	0.17843	0.14864

n/i	11.0	12.0	13.0	14.0	15.0	16.0	17.0	18.0	19.0	20.0
1	0.90090	0.89286	0.88496	0.87719	0.86957	0.86207	0.85470	0.84746	0.84034	0.83333
2	0.81162	0.79719	0.78315	0.76947	0.75614	0.74316	0.73051	0.71818	0.70616	0.69444
3	0.73119	0.71178	0.69305	0.67497	0.65752	0.64066	0.62437	0.60863	0.59342	0.57870
4	0.65873	0.63552	0.61332	0.59208	0.57175	0.55229	0.53365	0.51579	0.49867	0.48225
5	0.59345	0.56743	0.54276	0.51937	0.49718	0.47611	0.45611	0.43711	0.41905	0.40188
6	0.53464	0.50663	0.48032	0.45559	0.43233	0.41044	0.38984	0.37043	0.35214	0.33490
7	0.48166	0.45235	0.42506	0.39964	0.37594	0.35383	0.33320	0.31393	0.29592	0.27908
8	0.43393	0.40388	0.37616	0.35056	0.32690	0.30503	0.28478	0.26604	0.24867	0.23257
9	0.39092	0.36061	0.33288	0.30751	0.28426	0.26295	0.24340	0.22546	0.20897	2.19381
10	0.35218	0.32197	0.29459	0.26974	0.24718	0.22668	0.20804	0.19106	0.17560	0.16151
11	0.31728	0.28748	0.26070	0.23662	0.21494	0.19542	0.17781	0.16192	0.14757	0.13459
12	0.28584	0.25668	0.23071	0.20756	0.18691	0.16846	0.15176	0.13722	0.12400	0.11216
13	0.25751	0.22917	0.20416	0.18207	0.16253	0.14523	0.12989	0.11629	0.10421	0.09346
14	0.23199	0.20462	0.18068	0.15971	0.14133	0.12520	0.11102	0.09855	0.08757	0.07789
15	0.20900	0.18270	0.15989	0.14010	0.12289	0.10793	0.09489	0.08352	0.07359	0.06491
16	0.18829	0.16312	0.14150	0.12289	0.10686	0.09304	0.08110	0.07078	0.6184	0.05409
17	0.16963	0.14564	0.12522	0.10780	0.09293	0.08021	0.06932	0.05998	0.05196	0.04507
18	0.15282	0.13004	0.11081	0.09456	0.08081	0.06914	0.05925	0.05083	0.04367	0.03756
19	0.13768	0.11611	0.09806	0.08295	0.07027	0.05961	0.05064	0.04308	0.03670	0.03130
20	0.12403	0.10367	0.08678	0.07276	0.06110	0.05139	0.04328	0.03651	0.03084	0.02608

[표 4] 연금의 현가이자요소(PVIFa = [1 − {1 / (1+i)^n}] / i)

CVIF − $(1+i)^n$ (n=기간, i=기간당 이자율)

n/i	1.0	2.0	3.0	4.0	5.0	6.0	7.0	8.0	9.0	10.0
1	0.99010	0.98039	0.97087	0.96154	0.95238	0.94340	0.93458	0.92593	0.91743	0.90909
2	1.97039	1.94156	1.91347	1.88609	1.85941	1.83339	1.80802	1.78326	1.75911	1.73554
3	2.94098	2.88388	2.82681	2.77509	2.72325	2.67301	2.62432	2.57710	2.53129	2.48685
4	3.90197	3.80773	3.71710	3.62990	3.54595	3.46511	3.38721	3.31213	3.23972	3.16987
5	4.85343	4.71346	4.87971	4.45182	4.32948	4.21236	4.0020	3.99271	3.88965	3.79079
6	5.79548	5.60143	5.41719	5.24214	5.07569	4.91732	4.76654	4.62288	4.48592	4.35526
7	6.72819	6.47199	6.23028	6.00206	5.78637	5.58238	5.38929	5.20637	5.03295	4.86842
8	7.65168	7.32548	7.01969	6.73275	6.46321	6.20979	5.97130	5.74664	5.53482	5.33493
9	8.55602	8.16224	7.78611	7.43533	7.10782	6.80169	6.51523	6.24689	5.99525	5.75902
10	9.47130	8.98259	8.53020	8.11090	7.72174	7.36009	7.02358	6.71008	6.41766	6.14457
11	10.36763	9.78685	9.25262	8.76048	8.30642	7.88687	7.49867	7.13896	6.80519	6.49506
12	11.25508	10.57534	9.95400	9.38507	8.86325	8.38384	7.94269	7.53608	7.16073	6.81369
13	12.13374	11.34837	10.63495	9.98565	9.39357	8.85268	8.35765	7.90378	7.48690	7.10336
14	13.00370	12.10625	11.29607	10.56312	9.89864	9.29498	8.74547	8.24424	7.78615	7.36669
15	13.86050	12.84926	11.93793	11.11839	10.37966	9.71225	9.10791	8.55948	8.06069	7.60608
16	14.71787	13.57771	12.56110	11.65230	10.83777	10.10590	9.44665	8.85137	8.31256	7.82371
17	15.56225	14.29187	13.16612	12.16567	11.27407	10.47726	9.76322	9.12164	8.54363	8.02155
18	16.39827	14.99203	13.75351	12.65930	11.68959	10.82760	10.05909	9.37189	8.75563	8.20141
19	17.22601	15.67846	14.32380	13.13394	12.08532	11.15182	10.33560	9.60360	8.95011	8.36492
20	18.0455	16.35143	14.87747	13.59033	12.46221	11.46992	10.59401	9.81815	9.12855	8.51356

n/i	11.0	12.0	13.0	14.0	15.0	16.0	17.0	18.0	19.0	20.0
1	0.90090	0.89286	0.88496	0.87719	0.86957	0.86207	0.85470	0.84746	0.84034	0.8333
2	1.71252	1.69005	1.66810	1.64666	1.62571	1.60523	1.58521	1.56564	1.54650	1.52778
3	2.44371	2.40183	2.36115	2.32163	2.28323	2.24589	2.20959	2.17427	2.13992	2.10648
4	3.10245	3.03735	2.97447	2.91371	2.85498	2.79818	2.74324	2.69006	2.63859	2.58873
5	3.69590	3.60478	3.51723	3.43308	3.35216	3.27429	3.19935	3.12717	3.05764	2.99061
6	4.23054	4.11141	3.99755	3.88867	3.78448	3.68474	3.58918	3.49760	3.40978	3.32551
7	4.71220	4.56376	4.42261	4.28830	4.16043	4.03857	3.92238	3.81153	3.70570	3.60459
8	5.14612	4.96764	4.79877	4.63886	4.48732	4.34359	4.20716	4.07757	3.95437	3.83716
9	5.53705	5.32825	5.13166	4.94637	4.77158	4.60654	4.45057	4.30302	4.16333	4.03097
10	5.88923	5.65022	5.42624	5.21612	5.01877	4.83323	4.65860	4.49409	4.323894	4.19247
11	6.20652	5.93770	5.68694	5.45273	5.23371	5.02864	4.83641	4.65601	4.48650	4.32706
12	6.49236	6.19437	5.91765	5.66029	5.42062	5.19711	4.98839	4.79323	4.61050	4.43922
13	6.74987	6.42355	6.12181	5.84236	5.58315	5.34233	5.11828	4.90951	4.71471	4.53268
14	6.98187	6.62817	6.30249	6.00207	5.72448	5.46753	5.22930	5.00806	4.80228	4.61057
15	7.19087	6.81086	6.46238	6.14217	5.84737	5.57546	5.32419	5.09158	4.87586	4.67547
16	7.37916	6.97399	6.60388	6.26506	5.95424	5.66850	5.40529	5.16235	4.93770	4.72956
17	7.54879	7.11963	6.72909	6.37286	6.04716	5.74870	5.47461	5.22233	4.98966	4.77463
18	7.70162	7.24967	6.83991	6.46742	6.12797	5.81785	5.53385	5.27316	5.0333	4.81220
19	7.83929	7.36578	6.93797	6.55037	6.19823	5.87746	5.58449	5.31624	5.07003	4.84350
20	7.96333	7.46944	7.02475	6.62313	6.25933	5.92884	5.62777	5.35275	5.10086	4.86958

[부록 2] 연습문제 풀이 체크포인트

CHAPTER 1

1. 부채비율 = 150%

2. 기말자본 = ₩1,600,000

3. 순 이 익 = ₩400,000

4. 기말부채 = ₩1,800,000

CHAPTER 2

1. ₩600,000 = ₩350,000 + X

2. ₩3,600 + X + ₩4,300 = ₩8,800 + ₩6,000

3. 자산합계 ₩21,900 자본합계 ₩8,000

4. 자산합계 ₩48,000 부채합계 ₩13,900

5. ₩17,500 = ₩7,000 + ₩3,800 + X

6. 1. ₩5,000 + A + ₩3,000 = ₩6,000 + 2,560 + ₩4,800
   2. ₩2,500 + 8,124 + ₩5,630 = B + 3,600 + ₩10,000
   3. ₩4,542 + ₩10,000 + ₩45,032 = ₩1,000 + ₩4,500 + C
   4. D + ₩3,000 + ₩2,400 = ₩300 + ₩10,000 + ₩5,000

7. • 자산 : 현금, 차량운반구, 기계장치, 외상매출금, 토지, 건물, 소모품
   • 부채 : 차입금, 사채, 미지급금
   • 자본 : 자본금, 이익잉여금

8. 거래내역별 분개

A	(차) 현　　　금	50,000	(대) 자　본　금	50,000
B	(차) 기 계 장 치	30,000	(대) 현　　　금	30,000
C	(차) 소　모　품	5,600	(대) 미 지 급 금	5,600
D	(차) 현　　　금	8,000	(대) 사　　　채	8,000
E	(차) 미 지 급 금	4,000	(대) 현　　　금	4,000
F	(차) 현　　　금	10,000	(대) 기 계 장 치	10,000
G	(차) 기 계 장 치	4,000	(대) 미 지 급 금	4,000
H	(차) 자　본　금	10,000	(대) 현　　　금	10,000

9. 다양한 거래를 가정할 수 있음.

10. ₩4,800 + ₩10,000 + ₩20,000 + ₩5,000 = ₩8,200 + ₩6,000 + ₩10,000 + ₩5,000 + {₩19,500 − (A + ₩1,000 + ₩2,900)}

11. 기말자본 = 기말자산 − 기말부채
당기순이익 = 기말자본 − 기초자본

12. 적합한 거래내용을 추정할 것

13. 날짜별로 분개를 행할 것

14. 날짜별로 분개를 행할 것

15. 날짜별로 분개를 행할 것

16. 날짜별로 분개를 행할 것

17. 적절한 거래내용을 추정할 것

18. 적절한 거래내용을 추정할 것

19. 자산 : 기계장치, 차량운반구, 구축물, 상품, 원재료
부채 : 매입채무, 미지급급료

수익 : 운송료수익, 임대료수익
비용 : 여비교통비

20.

	차변	대변
1.	(차) 자산의 증가	(대) 자산의 감소
2.	(차) 자산의 증가	(대) 수익의 발생
3.	(차) 비용의 발생	(대) 부채의 증가
4.	(차) 비용의 발생	(대) 자산의 감소
5.	(차) 자산의 증가	(대) 부채의 증가

CHAPTER 3

1. [물음 1]

	차변	금액	대변	금액
1)	(차) 현금	8,000	(대) 자본금	8,000
2)	(차) 선급임차료	600	(대) 현금	600
3)	(차) 비품	5,000	(대) 외상매입금	5,000
4)	(차) 현금	600	(대) 용역수입	600
5)	(차) 소모품비	20	(대) 현금	20
6)	(차) 소모품	1,500	(대) 외상매입금	1,500
7)	(차) 외상매출금	2,500	(대) 용역수입	2,500
8)	(차) 현금	500	(대) 외상매출금	500
9)	(차) 외상매입금	2,500	(대) 현금	2,500
10)	(차) 현금	1,000	(대) 비품	1,000
11)	(차) 외상매입금	1,500	(대) 현금	1,500
12)	(차) 전력료	100	(대) 외상매입금	100
13)	(차) 현금	1,000	(대) 외상매출금	1,000
14)	(차) 광고비	150	(대) 현금	150
15)	(차) 통신비	50	(대) 현금	50
16)	(차) 차량유지비	1,000	(대) 현금	1,000
17)	(차) 급여	2,500	(대) 현금	2,500
18)	(차) 외상매출금	2,000	(대) 용역수입	2,000
19)	(차) 임차료	300	(대) 선급임차료	300
20)	(차) 소모품비	1,350	(대) 소모품	1,350

[물음 2]
잔액시산표 차변 및 대변 합계는 ₩15,700

[물음 3]
포괄손익계산서의 당기순손실은 ₩370

[물음 4]
재무상태표의 차변 합계는 ₩10,230

2. [물음 1]
날짜별로 분개를 행할 것

[물음 2]

a)	(차) 보 험 료	150	(대) 선급보험료	150
b)	(차) 임 차 료	400	(대) 선급임차료	400
c)	(차) 소 모 품 비	650	(대) 소 모 품	650
d)	(차) 용 역 수 입	2,000	(대) 선 수 수 익	2,000
e)	(차) 급 여	1,500	(대) 미지급급여	1,500

3. 현금부족으로 잡손실 처리한 금액은 ₩13,300임

4. 적절한 수정분개를 행할 것

5. 적절한 수정분개를 행할 것

6. [물음 1]
수정후 시산표의 차변 합계는 ₩234,900

[물음 2]
포괄손익계산서의 당기순이익은 ₩39,950

[물음 3]
재무상태표의 자산총계는 ₩155,850

7. [물음 1]과 [물음 2]
적절한 분개를 행할 것

[물음 3]
포괄손익계산서의 당기순이익은 ₩6,300

[물음 4]
재무상태표의 자산총계는 ₩106,300

8. 적절한 수정분개를 행할 것

9. 적절한 수정분개를 행할 것

10. 올바른 당기순이익은 ₩12,220

11. 적절한 수정분개를 행할 것

12. 어느 방법에 의하든 수정분개 후 보험료 계정과 선급보험료 계정의 잔액은 동일하다.

13. 〈20x1년 12월 31일의 기말수정분개〉

(차) 급 료	120,000	(대) 미지급급료	120,000

14. 적절한 수정분개를 표시할 것

15. 적절한 수정분개를 표시할 것

16. 적절한 수정분개를 행할 것. 수정분개 후에는 두 가지 방법의 결과가 동일함.

17. 적절한 수정분개를 표시할 것

18. 기중 거래와 기말 수정사항을 적절히 분개하고 수정 후 시산표와 재무제표를 작성할 것

19. 기중 거래와 수정사항을 적절히 분개하고 시산표와 재무제표를 작성할 것

20. 거래발생시 자산 혹은 부채로 회계처리한 경우 재수정분개를 할 필요가 없다.
5, 6의 분개는 재수정분개가 필요하다.

CHAPTER 4

1. 적절한 거래내용을 추정할 것

2. (1) ₩111,000 + ₩339,000
(2) ₩36,000 + ₩122,000 − X = ₩111,000
(3) ₩36,000 + ₩122,000
(4) ₩770,000 − Y = ₩280,000
(5) ₩525,000 − ₩300,000
(6) (5) + 300,000 − (4)

3. 적절한 분개를 행할 것

4. 실제 창고에 존재했던 재고자산 금액
= ₩30,000 − ₩1,500(판매되지 않은 위탁재고)
− ₩2,500(선적지 인도조건으로 현재 운송중인 재고)
− ₩2,500(타 창고에 보관된 재고)
− ₩200(구매의사가 결정되지 않은 시용판매조건 재고)

5. 판매가능재고 = ₩4,000,000 + ₩64,400,000 − ₩1,000,000 − ₩716,000 + ₩9,600,000

6. 선적지 인도기준은 상품의 선적시점에 소유권이 판매자로부터 매입자에게 이전되는 조건을, 목적지 인도기준은 상품이 목적지에 도착하는 시점에 소유권이 이전되는 조건을 의미함.

7. 평균법과 실사법 가정

$$\text{평균 단위당 원가} = \frac{(50 \times ₩200 + 80 \times ₩250 + 70 \times ₩400)}{50 + 80 + 70}$$

기말재고자산 = ₩290 × (50 + 80 + 70 − 60 − 80)

8. 기말재고자산 수량 = 50 + 80 + 70 − 60 − 80
기말재고자산 단위당 원가 = ₩400
기말재고자산 = ₩400 × 60

9. 1) $\text{매출액} = \frac{₩37{,}500}{(1-10\%)}$ 또는 10 : 9 = x : 37,500

2) 도착지 인도기준으로 판매했으나, 아직 운송중이며 (주) 주영의 재고자산이므로 매출로 인식하지 않는다.

10. {(200개 × ₩300) + (600개 × ₩320)} ÷ 800개

11. (100개 + 200개 − 250개 + 100개 − 100개 + 300개 − 300개) × ₩89

12. 총평균법 단가: (100개 × ₩80 + 200개 × ₩83 +100개 × ₩86 + 300개 × ₩89) ÷ 700개

13. (200개 + 150개 − 100개 + 100개 − 200개 + 250개 − 150개) × ₩15

14. 200개 × ₩14 + 50개 × ₩15

15.

구 분	1차년도	2차년도	3차년도
선입선출법에서의 당기순이익	₩263,250	₩204,750	₩117,000
기초재고조정	−	152,100	99,750
기말재고조정	(152,100)	(99,750)	(87,750)

16. 20x1년 1월 1일 기초잔액에 1월 중 거래내용을 분개하고, 수정분개를 반영해 재무제표를 작성할 것

17. 20x1년 12월말 잔액을 20x2년 1월 1일 기초잔액으로 개시해 1월 중 거래를 분개하고, 수정사항을 반영해 재무제표를 작성할 것

18.

기초재고액	₩28,000
당기매입액	260,000
매입운임	12,000
매입환출	(2,000)
당기판매가능재고	₩298,000

19. 1. 평균법 원가율 = $\frac{₩100,000 + ₩3,000,000}{₩200,000 + ₩5,000,000 + (₩300,000 - ₩100,000) - (₩150,000 - ₩80,000)}$

2. 저가법 원가율 = $\frac{₩3,100,000}{₩200,000 + ₩5,000,000 + (₩300,000 - ₩100,000)}$

20. 매가에 의한 기말재고금액
= ₩150,000 + ₩445,000 + (₩67,000 − ₩12,000) − (₩55,000 − ₩5,000) − (₩520,000 − ₩10,000) = ₩90,000

1. 평균법 원가율

$\frac{₩72,000 + (₩200,000 - ₩20,000)}{₩150,000 + ₩445,000 + (₩67,000 - ₩12,000) - (₩55,000 - ₩5,000)}$

2. 저가법 원가율

$$\frac{₩72{,}000 + (₩200{,}000 - ₩20{,}000)}{₩150{,}000 + ₩445{,}000 + (₩67{,}000 - ₩12{,}000)}$$

CHAPTER 5

1. 시장가치 기준으로 구입원가를 배분하여 각 자산의 원가를 구한다. 배분된 원가는 아래와 같다. 분개는 일반적인 유형자산 구입분개와 동일하다.

토 지	600,000,000
건 물	750,000,000
기 계 장 치	150,000,000

2. 재평가손실은 당기손익항목이다. 따라서 이 문제의 경우 분개를 통해 재무상태표상 유형자산이 감소하고 포괄손익계산서상 당기순이익이 감소하거나 당기순손실이 증가한다.

3. 취득일에 유의하여 자산의 감가상각비를 계산해야 한다. 7월 1일에 기계장치를 취득하였으므로 6개월분의 감가상각비만을 계상한다. 취득원가에서 감가상각 누계액을 차감한 장부가액은 다음과 같다.

   12월 31일 기계의 장부금액 = ₩1,400,000

4. 기계장치 K는 1월 1일, 기계장치 Y는 7월 1일에 구입하였음을 고려하여 각각 정액법 및 정률법에 의해 감가상각비를 계산한 후 합산한 금액은 아래와 같다.

   포괄손익계산서 상 기계장치 감가상각비 = ₩182,500

5\.

[잔존가치가 ₩300,000인 경우]

연 도	감가상각비
20x1년	200,000
20x2년	150,000
20x3년	112,500
20x4년	37,500
20x5년	0

[잔존가치가 ₩100,000인 경우]

연 도	감가상각비
20x1년	200,000
20x2년	150,000
20x3년	112,500
20x4년	84,375
20x5년	63,281

*기말장부가액이 잔존가치보다 작아질 수 없음을 유의한다.

6. 기중취득이므로 월할계산을 수행한다.

   취득연도 감가상각비 = ₩125,000,000

7. 20x1년 감가상각비 = ₩27,000,000
20x2년 감가상각비 = ₩18,000,000

*생산량비례법을 사용할 경우 당기 생산량에 의해 연간 감가상각비가 계산된다. 여기서는 2개년 분만 제시한다.

8. 20x8년 감가상각비 = ₩50,000,000
*정액법의 경우 매년 감가상각비가 일정하다.

내용연수 마지막 해에는 월할 계산을 해야 한다. 내용연수기간동안 감가상각비의 총합은 [취득원가 − 잔존가치] 이다. 구체적인 계산은 생략한다.

9. 정액법 감가상각비 = ₩125,000
이중체감법 감가상각비 = ₩150,000
정률법 감가상각비 = ₩138,240
생산량비례법 감가상각비 = ₩200,000
연수합계법 감가상각비 = ₩150,000

10. 먼저 처분시점까지 매년 감가상각비를 계산해 처분시점에서의 감가상각누계액을 계산한 후, 이를 취득원가에서 차감해 처분시점의 장부가액을 구한다. 다음으로 처분시점에서의 장부가액과 현금수취액을 비교하여 유형자산 처분손익을 계산한다. 이 문제에서는 현금수취액이 장부가액보다 더 크므로 유형자산처분이익이 기록된다. 유형자산 처분이익은 포괄손익계산서상 이익이므로 대변에 기록된다. 분개는 일반적인 처분관련 분개를 수행한다.

유형자산처분이익 = ₩5,000,000

11. 위의 10번과 동일한 논리로 계산하지만 이 문제에서는 현금수취액이 장부가액보다 더 적으므로 유형자산처분손실이 기록된다. 한편, 이 문제의 경우 6월 30일에 처분했으므로 처분연도의 감가상각비는 월할계산해야 함을 유의한다.

유형자산처분손실 = ₩35,500,000

12. 1) 연간감가상각비 감소
2) 연간감가상각비 증가
*정액법계산식에서 내용연수 또는 잔존가치가 변할 경우 전체 감가상각비에 미치는영향을 고려해본다.

13. 토지와 건물 모두 투자부동산으로 분류된다. 일반적인 수선유지비용은 투자부동산의 장부금액으로 인식하지 않고 비용처리한다.

투자부동산의 장부가액 = ₩12,200,000

14. [원가법] 건물의 기말장부가액 = ₩4,400,000
(감가상각을 적용한 후의 금액이다.)

[공정가치법] 건물의 기말장부가액 = ₩6,000,000
(공정가치법의 경우 감가상각을 하지 않고 기말 공정가치로 평가한다.)

15. 최초 건물 취득 시 투자부동산으로 분류되며 잔존가치는 영(0)으로 가정하고 감가상각을 수행한다. 계정대체시 대체시점에서의 감가상각누계액(₩160,000)과 투자부동산을 제거하고 건물로 대체해 준다. 구체적인 분개는 생략한다.

CHAPTER 6

1. 사업결합으로 취득하였고 분리가능하므로 무형자산의 인식조건을 모두 충족함.

2. 1) 인식하지 않음.
   2) 영업권으로 인식.
   3), 4) 무형자산으로 인식.

3. 자산을 사용 가능한 상태로 만드는데 직접적으로 발생하는 종업원급여와 전문가 수수료는 직접관련원가이므로 무형자산의 취득원가에 가산한다. 반면 홍보비용은 무형자산의 창출과 직접적 관련이 없는 비용이기 때문에 무형자산의 원가를 구성하지 않고 당기비용으로 인식한다. 구체적인 분개는 생략한다.

4. 1) 구분이 어려운 경우에는 모두 연구단계로 본다.
   2) 개발단계에서 지출된 비용은 인식조건을 만족할 경우 무형자산의 원가를 구성한다.

5. 1) 일반적으로 내용연수가 유한한 무형자산의 잔존가치는 특정한 경우를 제외하고는 영(0)으로 본다. 그리고 무형자산의 상각시 미래 경제적 효익과 관련되어 예상되는 소비형태를 신뢰성 있게 결정할 수 없는 경우에는 정액법을 사용한다.
   2) 활성시장에 기초하여 잔존가치를 결정할 수 있고, 그러한 활성시장이 내용연수 종료시점에 존재할 가능성이 높으므로 무형자산(특허권)의 잔존가치는 ₩500,000이다.

   위에서 주어진 잔존가치정보에 유의해 정액법에 의한 감가상각을 수행한다.

6. 3년간 상각누계액 ₩375,000을 차감한 20x3년 12월 31일 무형자산의 장부가액은 ₩125,000이다. 즉, 장부가액 ₩125,000인 무형자산을 ₩50,000에 매각했으므로 회사는 ₩75,000의 처분손실을 인식한다. 구체적인 분개는 생략한다.

1. 현금 및 현금성자산 = ₩7,685,000

2. 현　　금 = ₩250,000
당좌예금 = ₩150,000

3. 적절한 분개를 제시할 것

4. 7월 31일 수정후 잔액 = ₩28,000

5. 은행계정조정표를 통해 조정전 회사 장부상 잔액을 역산하여 구하면 된다.

조정전 회사 장부상 잔액 = ₩10,000

6. 장기미수금 장부가액 조정표

날 짜	유효이자 (6%)	상각액	장부가액
20x1년 1월 1일			₩183,339
20x1년 12월 31일	₩11,000	₩11,000	94,339
20x2년 12월 31일	5,661	5,661	0

*₩183,339 + ₩11,000 − ₩100,000 = ₩94,339

7. 〈20x2.12.31〉

(차) 손 상 차 손　40,000　(대) 손 실 충 당 금　40,000

〈20x3.12.31〉

(차) 손 실 충 당 금　10,000　(대) 손실충당금환입　10,000

8. 분개를 해보면 20x1년 12월 31일 A사는 ₩20,000의 손상차손을 추가로 계상했음을 알 수 있다. 따라서 손실충당금을 차감한 순매출채권잔액은 ₩3,350,000이다.

9. 4월 24일 현재 A사가 보유한 공정가치측정 금융자산은 ₩140,000 이다.
반면, 대여금과 현금은 상각후원가 금융자산에 포함된다.

10. 날짜별로 분개를 제시할 것

11. 사채의 취득원가는 취득일 시점의 공정가치로 측정된다. 따라서 사채를 보유함으로써 얻게 되는 미래 현금흐름의 현재가치의 합(₩946,540)이 사채의 취득원가로 계상된다.

유효 이자율법에 의한 장부가액 조정표

일 자	유효이자(6%)	표시이자(4%)	상각액	장부가액
20x1.1.1				946,540
20x1.12.31	56,792	40,000	16,792	963,332
20x2.12.31	57,800	40,000	17,800	981,132
20x3.12.31	58,868	40,000	18,868	1,000,000

12. 적절한 분개를 제시할 것

13. 취득원가 : $\frac{₩50,000}{(1.06)} + \frac{₩50,000}{(1.06)^2} + \frac{₩50,000 + ₩1,000,000}{(1.06)^3} = ₩973,270$

14. 보유기간 동안 A사가 지분상품금융자산과 관련하여 인식해야 할 총 손익 = ₩5,000

15. 20x3.7.1 처분시 현금 600,000을 받았는데 처분이익이 40,000 발생했으므로 제거된 당기손익인식금융자산은 560,000이다.

16. 20x1년 12월 31일과 20x2년 12월 31일의 공정가치를 파악할 수 없더라도 20x2년 12월 31일 기타포괄손익누계액에 반영되어 있는 평가손익을 통해 20x2년 12월 31일 현재 지분상품금융자산의 공정가치를 알 수 있다.

CHAPTER 8

1.

일 자	분 개			
20x1.12.31	(차) 이 자 비 용	15,000	(대) 미 지 급 이 자	15,000
20x2.12.31	(차) 이 자 비 용	15,000	(대) 미 지 급 이 자	15,000
20x3.12.31	(차) 이 자 비 용	15,000	(대) 미 지 급 이 자	15,000
20x4.6.30	(차) 미 지 급 이 자	15,000	(대) 현 금	30,000
	이 자 비 용	15,000		
	(차) 사 채	1,000,000	(대) 현 금	1,000,000

2.

일 자	분 개				
20x1.4.1	(차) 현 금	1,000,000	(대) 사 채	1,000,000
20x1.12.31	(차) 이 자 비 용	10,000	미 지 급 이 자	10,000
20x2.3.31	(차) 미 지 급 이 자	10,000	(대) 현 금	20,000
	이 자 비 용	10,000		
20x4.3.31	(차) 미 지 급 이 자	10,000	(대) 현 금	20,000
	이 자 비 용	10,000		
	(차) 사 채	1,000,000	(대) 현 금	1,000,000

3. 〈사채의 발행가액〉

$$\frac{₩20,000}{(1.04)} + \frac{₩20,000}{(1.04)^2} + \frac{₩20,000 + ₩1,000,000}{(1.04)^3} = ₩944,498$$

〈유효이자율법에 의한 상각표〉

일 자	유효이자(4%)	표시이자(2%)	상각액	장부가액
20x1.1.1				944,498
20x1.12.31	37,780	20,000	17,780	962,278
20x2.12.31	38,491	20,000	18,491	980,769
20x3.12.31	39,231	20,000	19,231	1,000,000

4. 〈사채의 발행가액〉

$$\frac{₩20,000}{(1.03)} + \frac{₩20,000}{(1.03)^2} + \frac{₩20,000 + ₩1,000,000}{(1.03)^3} = ₩971,714$$

〈유효 이자율법에 의한 장부가액 조정표〉

일 자	유효이자(3%)	표시이자(2%)	상각액	장부가액
20x1.7.1				971,714
20x1.6.30	29,151	20,000	9,151	980,865
20x3.6.30	29,426	20,000	9,426	990,291
20x4.6.30	29,709	20,000	9,709	1,000,000

5. 〈사채의 발행가액〉

$$\frac{₩10,000}{(1.015)} + \frac{₩10,000}{(1.015)^2} + \cdots + \frac{₩10,000 + ₩1,000,000}{(1.015)^8} = ₩962,570$$

〈유효이자율법에 의한 상각표〉

일 자	유효이자(1.5%)	표시이자(1%)	상각액	장부가액
20x1.4.1				₩962,570
20x1.6.30	14,439	10,000	4,439	967,009
20x1.9.30	14,505	10,000	4,505	971,514
20x1.12.31	14,573	10,000	4,573	976,087
20x2.3.31	14,641	10,000	4,641	980,728
20x2.6.30	14,711	10,000	4,711	985,439
20x2.9.30	14,782	10,000	4,782	990,221
20x2.12.31	14,853	10,000	4,853	995,074
20x3.3.31	14,926	10,000	4,926	1,000,000

6. 〈사채의 발행가액〉

$$\frac{₩60,000}{(1.03)} + \frac{₩60,000}{(1.03)^2} + \frac{₩60,000 + ₩1,000,000}{(1.03)^3} = ₩1,084,858$$

〈유효이자율법에 의한 상각표〉

일 자	유효이자(3%)	표시이자(6%)	상각액	장부가액
20x1.6.1				1,084,858
20x2.5.31	32,546	60,000	(27,454)	1,057,404
20x3.5.31	31,722	60,000	(28,278)	1,029,126
20x4.5.31	30,874	60,000	(29,126)	1,000,000

7. 〈사채의 발행가액〉

15,000 × 7.32548 + 1,000,000 × 0.85349 = 1,038,258

〈유효이자율법에 의한 상각표〉

일 자	유효이자(1%)	표시이자(1.5%)	상각액	장부가액
20x1.4.1				₩1,038,258
20x1.6.30	10,383	15,000	− 4,617	1,033,641
20x1.9.30	10,336	15,000	− 4,664	1,028,977
20x1.12.31	10,290	15,000	− 4,710	1,024,267
20x2.3.31	10,243	15,000	− 4,757	1,019,510
20x2.6.30	10,195	15,000	− 4,805	1,014,705
20x2.9.30	10,147	15,000	− 4,853	1,009,852
20x2.12.31	10,099	15,000	− 4,901	1,004,950
20x3.3.31	10,050	15,000	− 4,950	1,000,000

8. ₩1,000,000 × 0.92385(2%, 4 현가) + ₩1,000,000 × 표시이자율 × (1/2) × 3.80773(2%, 4 연금현가) = ₩1,038,077

표시이자율은 6%이다.

9. 사채로 인해 A사가 만기까지 인식해야 할 이자비용의 총 합은 발행일의 사채할인발행차금(₩37,171) + 액면이자(₩1,000,000 × 4% × 0.5 × 4회) = ₩117,171이다.

10. 유효이자율은 4%이다.

CHAPTER 9

1.

일 자	분 개			
5월 7일	(차) 외상매입금	300,000	(대) 현금	294,000
			매입할인	6,000
5월 9일	(차) 현금	196,000	(대) 외상매출금	4,000
	매출할인	4,000		

2. 기말 지급채무 잔액 ₩4,875,741*

* 단수 차이가 발생할 수 있다.

3. 1. 20x1년 매출액 = ₩500,000,000
2. 20x2년 매출액 = ₩650,000,000

4. A사가 토지를 복구하기 위해 지출할 비용의 현재가치는 다음과 같다.

복구충당부채 = ₩500,000 × 0.78353 = ₩391,765

5. 토지 취득원가 = ₩92,598,000

〈유효이자율법에 의한 상각표〉

일자	유효이자	상각액	상환전 장부가액	상환후 장부가액
20x1.1.1				72,598,000
20x1.12.31	2,903,920	2,903,920	75,501,920	55,501,920
20x2.12.31	2,220,077	2,220,077	57,721,997	37,721,997
20x3.12.31	1,508,880	1,508,880	39,230,877	19,230,877
20x4.12.31	769,123[(1)]	769,123	20,000,000	0

(1) 단수차이 조정

CHAPTER 10

1. [자산 = 부채 + 자본]의 회계등식을 이용해 기초 자본액을 구한다. 기중 자산과 부채의 변동이 없으므로 자본에 영향을 미치는 것은 당기순이익이다. 당기순이익을 고려한 기말 자본금액은 아래와 같다.

   기말자본 = ₩2,300,000

2. 기초 자본금이 ₩500,000이고 주당 액면가액이 ₩5,000이므로 기초 유통주식수는 100주이다. 거래금액을 단가로 나누어 당해 유통주식수의 변동내역을 분석하면 다음과 같은 기말유통주식 수가 구해진다.

   12월 31일 현재 유통주식수 = 120주

3. (1)

(차) 현 금	700,000	(대) 보 통 주 자 본 금	500,000
		주식발행초과금(보통주)	200,000

(2) 액면발행의 경우 주식발행초과금이 발생하지 않는다. 분개는 생략한다.
(3) 할인발행의 경우 차변에 주식할인발행차금이 발생한다. 분개는 생략한다.

4. 위 10−3 해답과 같으나 보통주대신 우선주라는 명칭을 사용한다.

5. 우선주의 경우 차변에 주식할인발행차금(우선주)가 발생하고, 보통주의 경우 대변에 주식발행초과금(보통주)가 발생한다. 분개는 생략한다.

6. (1) 5월 10일

(차) 우 선 주 자 본 금	150,000	(대) 현 금	120,000
		감 자 차 익	30,000

(2) 6월 7일 분개의 경우 5월10일 인식한 감자차익을 차변에 기록해 우선 상계하게 된다. 이 문제의 경우 감자차익으로 6월 7일 인식하게 될 현금과 자본금의 차액이 전액 보전되므로 감자차손을 인식할 필요가 없다. 분개는 생략한다.

7. (1) 3월 1일

(차) 자 기 주 식	330,000	(대) 현 금	330,000

(2) 5월 1일

(차) 현 금	120,000	(대) 자 기 주 식	110,000
		자기주식처분이익(납입자본)	10,000

(3) 8월 31일

(차) 현 금	110,000	(대) 자 기 주 식	110,000

(4) 12월 1일

자기주식 액면미달 재발행시 수행할 분개이다. 자기주식처분이익이 있으으면 차변에 기록해 먼저 상계하고, 부족한 금액을 자기주식처분손실로 인식한다. 분개는 생략한다.

8. 배당을 받는 주주는 배당기준일에 주주명부상 등재되어 있는 주주이다.

〈배당선언일〉

(차) 미처분이익잉여금	600,000	(대) 미 지 급 배 당 금	600,000

〈배당지급일〉

(차) 미 지 급 배 당 금	600,000	(대) 현 금	600,000

9. 먼저 동사의 당기순이익을 아래 식을 이용해 계산한다.

기초이익잉여금 + 당기순이익 − 총배당금 = 기말이익잉여금

* 배당가능이익은 당기순이익에서 우선주배당금을 차감한 금액이다.
* 보통주 유통주식수는 발행주식수에서 자기주식수를 차감해 계산한다.

위 사항을 고려해 계산한 A사의 주당순이익은 ₩1.75 이다.

10. (1) 자본금 증가액을 액면가액으로 나누어 계산한다.
따라서 보통주발행주식수는 2,000주이다.

(2) 1주당 평균발행가액은 액면가액과 주식발행초과금의 증가분의 합계를 위 (1)에서 계산한 발행주식수로 나누어 준다.

(3) 당기순이익은 기말이익잉여금계산식
[기초이익잉여금 + 당기순이익 − 배당금 = 기말이익잉여금] 을 통해 구할 수 있다. 이를 이용해 계산한 당기순이익은 ₩120,000 이다.

CHAPTER 11

1. 영업활동 순현금흐름 = ₩82,000 (증가)

당기순이익 ₩50,000으로부터 시작해 감가상각비, 매출채권의 감소, 선급보험료의 감소 및 매입채무의 증가를 더하고, 유형자산처분이익과 미지급법인세의 감소를 차감해 계산된다.

2. 영업활동 순현금흐름 = ₩770,000 (증가)

매출채권회수액에서 임차료 및 급료지급액을 차감해 계산된다.

3. 투자활동 현금흐름 = ₩0

투자활동으로 부터의 현금유출액은 기계장치 취득액이며, 현금유입액은 기계장치 처분액 및 투자유가증권 처분액이다.

4. 투자활동 현금흐름감소 = ₩(70,000)
재무활동 현금흐름증가 = ₩67,000

투자활동으로부터의 현금유입액은 기계장치처분이며, 유출액은 기계장치구입이다.
재무활동으로부터의 현금유입액은 자기주식재발행이며, 유출액은 현금배당지급과 차입금상환이다.

5. 영업활동 현금흐름증가 = ₩400,000

당기순이익 ₩500,000 으로부터 시작해 매출채권의 증가 및 선급임차료의 증가를 차감해주고 매입채무의 증가를 더해 주어 계산된다.

6. 영업활동 현금흐름증가 = ₩250,000

영업활동으로부터의 현금유입액은 매출채권현금회수액이며, 유출액은 임차료, 급여, 매입채무, 법인세지급액 및 재고자산 현금구입액이다.

CHAPTER 12

---

1. (1) 당기순이익 = ₩50,000
(2) 총포괄이익 = ₩50,000(당기순이익) − ₩40,000 = ₩10,000
(3) 미처분이익잉여금 = ₩60,000 + ₩50,000 = ₩110,000
(4) 기타포괄손익누계액 = ₩10,000

2. 20x1년 A사의 당기순이익 = ₩22,280,000 − ₩3,000,000 = ₩19,280,000

3. 20x1년 1월 1일 자산 총계 = ₩9,263,000

4. 법인세비용차감전 순이익 = ₩444,000
당기순이익 = ₩310,800
총포괄손익 = ₩410,800

5. 당기순이익 = ₩128,000
총포괄손익 = ₩442,000
자산총계 = ₩3,220,000
이익잉여금 = ₩458,000
현금및현금성자산 = ₩246,000

6. (1) 매출액순이익률 = 10.0%
(2) 총자산순이익률 = 23.8%
(3) 총자본회전율 = 2.38회
(4) 매출채권회전율 = 6.25회

찾·아·보·기

ㄱ

간접법 472
감가상각대상금액 238
감가상각비 505
감자차손 501
감자차익 501
개념체계 29
개발비 499
거래 51
거래의 이중성 53
건물 499
건설중인 자산 499
검증가능성 31
경과계정 300
경영자 25
경제적 자원 52
계속기록법 188
계속기업 32
계정 60
계정과목 60
고급회계 26, 41
고장장기적합률 517
관리회계 26
광업권 499
구성비율분석 514
구입가격 277
구축물 499
국세청 25
국제회계기준 28
규칙중심 회계기준 29
금융감독원 25
금융부채 379
금융위원회 25
금융자산 314
급여 505
기계장치 499
기금회계 27
기본 재무제표 41
기업회계 23
기업회계기준 28
기업회계기준서 28
기타포괄손익 493, 504
기타포괄손익누계액 495, 502
기타포괄손익인식금융자산 315

ㄷ

단기대여금 498
단기차입금 500
담보부사채 380
당기손익인식금융부채 379
당기손익인식금융자산 315, 499
당기손익인식금융자산처분손실 505
당기손익인식금융자산처분이익 505
당기순이익 59, 476
당좌비율 516
당좌예금 498
당좌차월 297, 468
대변 60
대손상각비 505
대손충당금 310
대여금 308
대차대조표 35

ㄹ

루카 파치올리 23, 52

ㅁ

만기보유금융자산 500
매도가능금융자산 500

매도가능금융자산평가손익 502
매입채무 415, 500
매출 505
매출액순이익률 520
매출원가 505
매출채권 308, 498
매출채권회전율 518
목적적합성 30
무담보부사채 380
무보증사채 380
무형자산 274, 499
무형자산의 상각 281
미국회계학회 23
미래의 효익 52
미수금 308, 498
미수수익 308, 498
미지급금 57, 65, 416, 500
미지급배당금 500
미지급비용 416, 500
미처리결손금 495
미처분이익잉여금 450, 495

ㅂ

반제품 498
발생기준 32
배당금수익 505
배당성향 521
배당수익률 521
배당지급일 449
백분율 재무상태표 514
백분율 재무제표 514
백분율 포괄손익계산서 515
별도재무제표 41
보수주의 51
보증사채 380
보통예금 498
보험료 506
복구충당부채 423
복식부기 53, 60
부기 23
부채 32, 52, 500
부채비율 516
분개 62, 67
비교가능성 31
비교재무상태표 477
비매출채권 308
비영리회계 27
비용 33, 493, 505
비유동부채 500
비유동자산 232, 497, 499
비지배지분 502
비현금거래 470

ㅅ

사채 380, 500
사채할인발행차금 389
사채할증발행차금 391
산업재산권 499
상각후원가측정금융부채 379
상각후원가측정금융자산 315
상계항목 479
상품 498
선급금 308, 498
선급비용 308, 498
선수금 416, 500
선수수익 416, 500
성장성비율 522
세무회 27
세무회계 27
소모품 55
소액현금제도 298
소유주지분 52
손상 310
손상평가 281
수익 33, 493, 505
수익성비율 519
수취채권 308
순액표 329

실사법 188

ㅇ

안정성비율 516
어업권 499
역사적 원가 33
연결재무제표 40, 502
연구비 505
영업권(goodwill) 276
영업활동 현금흐름 468
예수금 500
외상매입금 57, 65
우발부채 420
원가모형 279
원가회계 26
원재료 498
원칙중심 회계기준 29
유동부채 500
유동비율 516
유동성배열법 502
유동성비율 516
유동성장기부채 500
유동자산 497
유보이익 47
유상감자 442
유형자산 232, 499
유형자산처분손실 , 479
유형자산처분이익 505
유형자산회전율 519
유효이자율 324
유효이자율법 327
은행계정조정표 301
이월결손금 55
이익잉여금 47, 55, 501
이익잉여금처분계산서 450
이자보상비율 517
이자비용 505
이자수익 505
이해가능성 31
이해관계자 24
인식(recognition) 33
임대료 505
임차료 505

ㅈ

자기자본비율 517
자기자본영업이익률 520
자기주식 501
자기주식처분손실 501
자기주식처분이익 501
자본 33, 501
자본금 55, 501
자본변동표 40
자본잉여금 501
자본조정 501
자산 32
장기대여금 499
장기매출채권 499
장기미수금 499
장기미지급금 419, 501
장기선급금 499
장기선급비용 499
장기성매입채무 501
장기차입금 501
재고자산 498
재고자산회전율 519
재공품 498
재무분석 513
재무비율분석 515
재무상태표 32, 35, 493, 497
재무제표분석 513
재무제표의 목적 30
재무제표의 요소 32
재무제표의 질적 특성 30
재무활동 현금흐름 470
재무회계 26
재분류조정 344
재평가모형 279

재평가잉여금 502
적시성 31
전기 67
정거래위원회 25
정보시스템 23
정상영업주기 497
제품 498
제품보증충당부채 421
주가수익비율 521
주가지수 513
주식발행초과금 501
주식할인발행차금 501
중급회계 26
중앙은행 19
증권선물위원회 26
지급채무 415
지방자치단체 25
지분증권 314
직접관련원가 277
직접법 472
집합손익 495

ㅊ

차량운반구 499
차변 60
차입금 47, 416
채권자 24
채무상품금융자산 343
채무증권 314
청구권 52
총계정원 67
총액표시 329
총자본회전율 519
총자산이익률 521
총자산회전율 519
총포괄손익 494
최초측정 318
추세분석 513
충당부채 420
충실한 표현 30
측정(measurement) 33

ㅌ

토지 499
통화 대용증권 467
투자부동산 232, 499
투자자 24
투자활동 현금흐름 469

ㅍ

포괄손익계산서 33, 38, 494, 504, 505
표시이자 380

ㅎ

한국채택국제회계기준 28
한국회계기준 28
한국회계기준위원회 28
할인발행 382
할증발행 383
현금 498
현금 및 현금성자산 295, 467
현금성자산 467, 497, 498
현금흐름표 40, 467
현재가치할인차금 329, 419
화폐발행 부채 19
활동성비율 518
회계감사 26
회계거래 51
회계기준 제정기구 28
회계등식 52
회계시스템 19
회계원리 26
회계원칙 27
회계의 순환과정 93
회계정보시스 26
회계정보의 공급자 25
회계정보의 수요자 24
후속측정 319

저자 약력

이만우(李晩雨)
고려대학교 경영대학 명예교수
고려대학교 경영대학 경영학사
University of Georgia 경영학박사(Ph.D.)
한국 및 미국 공인회계사
한국회계학회장, 한국세무학회장 역임
국민경제자문위원, 재정경제부 정책자문평가위원장,
기획재정부 세제발전심의위원, KBS 객원해설위원,
신한금융지주회사 감사위원장, 삼성꿈장학재단 이사 역임
주요 저서: 세법개론(공저), IFRS 고급회계(공저)

김기영(金基榮)
명지대학교 경영대학 교수
고려대학교 경영대학 경영학사
University of Pennsylvania Law School 법학석사
Boston University School of Law 세법석사
고려대학교 경영학박사(Ph.D.)
한국 공인회계사 및 세무사
국세청 국세심사위원, 금융감독원 회계자문교수 역임
주요 저서: 법률가의 회계학(공저), 재무회계(공저)

최우석(崔祐碩)
고려대학교 경영대학 교수
고려대학교 경영대학 경영학사 및 석사
University of Texas at Austin 회계학석사(MPA)
Michigan State University 경영학박사(Ph.D.)
한국 공인회계사 및 세무사
California State University at Los Angeles 경영대학 교수 역임
주요 저서: 경영학의 이해(공역)

조광희(趙光熙)
동국대학교 경영대학 교수
고려대학교 경영대학 경영학사 및 석사
George Washington University 회계학석사
University of Illinois at Chicago 경영학박사(Ph.D.)
미국 공인회계사
한국은행 조사부 근무, 금융감독원 회계자문교수 역임
주요 논문: "The role of institutional environment in cross border mergers: A perspective from bidders' earnings management behavior" with B. Baik, W.choi, J. Kang. Management International Review. 55(2015).

심준용(沈俊龍)
명지대학교 경영대학 부교수
고려대학교 경영대학 경영학사
서울대학교 경영학석사
고려대학교 경영학박사(Ph.D.)
한국 공인회계사
한국생산성본부, KPMG삼정회계법인 근무
주요 저서: 세법개론(공저)